Georg Baumert

Lehrbuch der gerichtlichen Chemie

Georg Baumert

Lehrbuch der gerichtlichen Chemie

ISBN/EAN: 9783743689220

Hergestellt in Europa, USA, Kanada, Australien, Japan

Cover: Foto ©ninafisch / pixelio.de

Weitere Bücher finden Sie auf **www.hansebooks.com**

LEHRBUCH

DER

ERICHTLICHEN CHEMIE

MIT BERÜCKSICHTIGUNG

SANITÄTSPOLIZEILICHER UND MEDICINISCH-
CHEMISCHER UNTERSUCHUNGEN.

Holzstiche
aus dem xylographischen Atelier
von Friedrich Vieweg und Sohn
in Braunschweig.

Papier
aus der mechanischen Papier-Fabrik
der Gebrüder Vieweg zu Wendhausen
bei Braunschweig.

LEHRBUCH

DER

GERICHTLICHEN CHEMIE

MIT BERÜCKSICHTIGUNG

SANITÄTSPOLIZEILICHER UND MEDICINISCH-
CHEMISCHER UNTERSUCHUNGEN

ZUM GEBRAUCHE

BEI VORLESUNGEN UND IM LABORATORIUM

BEARBEITET

VON

Dr. GEORG BAUMERT,

Chemiker des Königl. landwirthschaftlichen Institutes und Privatdocenten
der Universität Halle a. Saale.

MIT 30 EINGEDRUCKTEN HOLZSTICHEN.

BRAUNSCHWEIG,

DRUCK UND VERLAG VON FRIEDRICH VIEWEG UND SOHN.

1889 — 1893.

VORWORT.

Unter den vielen Lehrbüchern der angewandten Chemie ist die Zahl derjenigen, welche die gerichtliche Chemie zum Gegenstande haben, eine verhältnissmässig sehr kleine, so dass auf diesem, durch die Reichsgesetzgebung neuerdings erweiterten und an Bedeutung gewinnenden Gebiete noch Manches zu thun übrig bleibt.

In dieser Richtung einen Beitrag zu liefern, entschloss ich mich, einer besonderen Anregung des Herrn Professor Dr. J. Volhard in Halle folgend und gestützt auf ein zustimmendes Urtheil des Herrn Professor Dr. E. Schmidt in Marburg, das vorliegende „Lehrbuch der gerichtlichen Chemie" der Oeffentlichkeit zu übergeben.

Dasselbe entstand auf Grund mehrjähriger Erfahrungen, welche ich sowohl beim Unterrichte, wie auch bei einer Reihe, im Auftrage von Justizbehörden ausgeführten, Untersuchungen zu sammeln Gelegenheit hatte.

Seiner Entstehung nach sucht dieses Buch, in welchem die gerichtliche Chemie als eine der gerichtlichen Medicin gleichberechtigte Wissenschaft behandelt ist, Theorie und Praxis auf gerichtlich-chemischem Gebiete in einer, dem Zwecke und Ziele eines etwas ausführlicheren Lehrbuches entsprechenden Weise zu verbinden, so dass es nicht bloss zu den ersten Studien im Hörsaale und im Laboratorium benutzt werden kann, sondern auch, wie ich hoffe, noch weiteren wissenschaftlichen und praktischen Zwecken zu dienen vermag.

Da der Unterricht in der gerichtlichen Chemie erst nach Erwerbung einer bestimmten Summe von Kenntnissen und Fertigkeiten in der allgemeinen und analytischen Chemie beginnt, so darf ein gerichtlich-chemisches Lehrbuch in dieser Beziehung mehr oder weniger weitgehende Voraussetzungen machen zu Gunsten anderer Dinge, die zur verständnissvollen Bearbeitung gerichtlich-chemischer Fragen unentbehrlich sind.

In dem vorliegenden Buche nun wird man das Bestreben des Verfassers erkennen, den Studirenden von Anfang an, neben den Hauptaufgaben, auch mit dem für gerichtlich-chemische Experten sonst Wissenswerthesten bekannt zu machen und ihm öfter Gelegenheit zu geben, den Inhalt der bezüglichen Gesetze und amtlichen Verordnungen kennen zu lernen, welche zu diesem Zwecke anhangsweise beigefügt sind.

Den Hauptinhalt des Werkes bilden die Methoden zum Nachweise von Giften und gesundheitsschädlichen Stoffen in anatomischen Objecten, Nahrungs- und Genussmitteln, Gebrauchsgegenständen, kosmetischen Präparaten, Wasser, Luft u. s. w., doch sind auch andere Fragen, z. B. die Erkennung von Blutflecken, die Schädigung land- und forstwirthschaftlicher Interessen durch industrielle Anlagen, die Prüfung von Gold- und Silberwaaren, Ermittelung von Schriftfälschungen, sowie steueramtliche Fragen gelegentlich kurz berührt worden.

Zahlreiche, genau controlirte Literaturnachweise und verschiedene Andeutungen über noch schwebende, analytisch-chemische Fragen sollen gegebenen Falls ein tieferes Eingehen auf Gebiete, die ganz oder theilweise ausserhalb des Rahmens dieses Werkes liegen, ermöglichen oder zu wissenschaftlichen Untersuchungen gerichtlich-chemischen Charakters anregen.

Für die ausführlichere, einen ganzen Abschnitt einnehmende Bearbeitung der Reagentienlehre war namentlich der Umstand maassgebend, dass dieses wichtige Capitel selbst in den besten Werken gerichtlich-chemischen Charakters fast nur andeutungsweise behandelt ist.

Alles, was den nächstliegenden Bedürfnissen des Unterrichts oder der Praxis entspricht, ist durch grösseren Schriftsatz schon äusserlich von dem weniger Wichtigen oder zur Erklärung dienenden unterschieden, so dass z. B. Niemand dazu verleitet wird, nach augenblicklich noch nicht genügend ausgebildeten Methoden zu arbeiten.

In der Behandlung des Stoffes befolgte ich den Grundsatz: von den einfachsten Formen gerichtlich-chemischer Untersuchungen ausgehend allmälig zu schwierigeren

Aufgaben fortzuschreiten und knüpfte dabei, nachdem in der Einleitung und im allgemeinen Theile das zum Verständniss derartiger Arbeiten Nothwendige erörtert ist, an die bekanntesten Capitel der analytischen Chemie, d. i. der Nachweis der Metalle, an.

An die, in sich alphabetisch geordnete, Gruppe der Metallgifte schliessen sich dann, ebenfalls in Gruppen gesondert, die übrigen unorganischen, später die organischen Substanzen an, soweit dieselben bekannte Gifte sind oder im Sinne der Gesetzgebung als gesundheitsschädlich betrachtet werden.

Innerhalb einer jeden Gruppe sind die Methoden zur Ausmittelung und zum Nachweise der einzelnen Substanzen in den Vordergrund gestellt; dann folgen die zugehörigen sanitätspolizeilichen und medicinisch-chemischen Untersuchungen.

Spätere Capitel behandeln an geeigneter Stelle grössere Analysenabschnitte, wie z. B. die Analyse auf Phosphor, auf Metallgifte, auf Alkaloide u. s. w., bis schliesslich der schwierigste Fall: die diagnoselose Analyse auf Gift überhaupt, zur Besprechung gelangt.

Dies vorausgeschickt, übergebe ich das vorliegende Buch der Oeffentlichkeit, indem ich es einer wohlwollenden Beurtheilung Seitens der Herren Fachgenossen empfehle und dieselben bitte, mich für eine etwa folgende Auflage durch Rathschläge gütigst unterstützen zu wollen, für die ich stets dankbar sein werde.

Halle a. S., im Februar 1893.

Dr. G. Baumert.

INHALTSÜBERSICHT.

— — — — — —

Specieller Theil.

Erste Abtheilung.

Anorganisch-chemische Toxikologie.

Erster Abschnitt.

Gifte aus den Gruppen der Schwermetalle.

Zweiter Abschnitt.

Allgemeine Charakteristik und specieller Nachweis
der einzelnen Metallgifte.

Zweite Abtheilung.

Organisch-chemische Toxikologie.

Erster Abschnitt.

Flüchtige Gifte und andere Stoffe, welche Gegenstand amtlich-chemischer Untersuchungen sein können.

Erste Gruppe:

Zweite Gruppe:

Dritte Gruppe:

Dritter Abschnitt.

Allgemeine Charakteristik und specieller Nachweis
einzelner Pflanzengifte.

EINLEITUNG.

Unter den mannigfachen Anwendungen, welche die Chemie für die
verschiedensten Zwecke in der Wissenschaft wie in der Praxis findet,
bildet die eine, welche Gegenstand des vorliegenden Buches ist, einen
Theil der ausübenden Gerechtigkeitspflege.

Im Dienste der Justiz und hervorgegangen aus der gerichtlichen
Medicin hat sich im Laufe der letzten Decennien eine besondere chemische
Disciplin entwickelt: die gerichtliche oder forensische Chemie.

Ihre Aufgabe besteht in erster Linie, aber nicht ausschliesslich,
darin: bei begangenen, versuchten oder nur vermutheten
Verbrechen, z. B. bei Mord oder Selbstmord, den Nachweis der An- oder Abwesenheit von Giften zu führen, um
so in Ergänzung der juristischen Beweisführung nach der einen oder
anderen Seite hin zur Klärung und Entscheidung beizutragen.

In dieser Begrenzung ist die gerichtliche Chemie identisch mit
ihrem Hauptgebiete: der chemischen Toxikologie oder der toxikologischen Analyse und kurz als die Lehre vom Nachweise
der Gifte in gerichtlichen Fällen zu definiren.

Die Toxikologie — abgeleitet von τοξικόν (φάρμακον), Pfeilgift — ist
die Lehre von den Giften und zerfällt, da jedes Gift nach zwei Seiten hin —
chemisch und physiologisch — von wissenschaftlichem Interesse ist, in zwei
nicht streng von einander zu scheidende Theile: die chemische und die physiologische Toxikologie. Letztere, die Toxikologie im engeren Sinne,
ist eine specifisch-medicinische Disciplin geblieben.

Die chemische Toxikologie im weitesten Sinne wäre gleichbedeutend mit
der Chemie der Gifte und hätte sich als solche mit der analytischen und
synthetischen Darstellung giftiger Stoffe, der Ermittelung ihrer chemischen·
Zusammensetzung, sowie mit der Frage nach den Beziehungen zwischen der
Constitution und den physiologischen Eigenschaften organischer Substanzen zu
befassen. Ein weiterer Ausblick würde sich dieser Chemie der Gifte mit der
neueren Anschauung eröffnen, dass gewisse Infectionskrankheiten nicht unmittelbar durch Mikroorganismen, sondern erst mittelbar durch von jenen erzeugte chemische Gifte hervorgerufen werden (L. Brieger).

Was ist ein Gift?

Orfila, der Begründer der Toxikologie, verstand unter Gift eine Substanz, welche, in geringer Menge mit dem lebenden Organismus in Berührung gebracht, die Gesundheit zerstört oder das Leben vernichtet.

In naher Uebereinstimmung mit dieser Definition bezeichnet auch der gewöhnliche Sprachgebrauch nur solche Stoffe als giftig, von denen schon kleine Mengen ausreichend sind, die Gesundheit zu schädigen oder den Tod herbeizuführen.

Ob eine Substanz als giftig zu bezeichnen ist oder nicht, hängt also nicht allein von ihrer Qualität ab, sondern es kommt dabei auch auf die Quantität an, in welcher der als giftig zu bezeichnende Stoff schädliche Wirkungen auf den Organismus auszuüben vermag.

Zum Beweise dafür sei an die bekannte Thatsache erinnert, dass Quecksilberpräparate, Arsenik, Blausäure, Strychnin und andere starke Gifte gleichzeitig Heilmittel sind; ob dieselben nach der einen oder anderen Seite, giftig oder heilkräftig im gebräuchlichen Sinne, wirken, hängt von der Quantität — Dosis — ab, in welcher sie dem Organismus zugeführt werden.

Diejenige Menge eines Giftes, welche in den meisten Fällen tödtlich wirkt, bezeichnet man als *dosis letalis;* von dieser absteigend kommt man zunächst zur *dosis toxica*, welche diejenige Menge eines Giftes angiebt, in welcher dasselbe das Leben mehr oder weniger bedroht; die *dosis pharmacotherapeutica* endlich giebt diejenige Quantität an, in welcher Gifte für Heilzwecke verwendbar sind. Bei weiterer Verminderung der Dosis verringert sich auch die Giftwirkung immer mehr, um selbst bei dem stärksten Gifte schliesslich ganz zu verschwinden.

Die Quantität ist aber nicht das einzige Moment, welches für die Frage, ob eine Substanz giftig ist oder nicht, mitbestimmend ist.

Weiter kommt hinzu, dass gleiche Substanzen, selbst in gleichen Dosen, nicht nur auf Menschen und Thiere bezw. auf verschiedene Thierclassen ganz verschieden wirken, sondern auch auf verschiedene Individuen ein und derselben Classe von Organismen je nach Alter, Geschlecht, Ernährungszustand u. s. w. Für manche Gifte (z. B. Pfeilgift, Schlangengift) ist es auch rücksichtlich ihrer Wirkung nicht gleichgültig, auf welchem Wege, ob durch den Magen oder durch directe Einführung in das Blut, sie in den Körper gelangen.

So liessen sich noch manche andere Umstände anführen, die für gewisse Substanzen, wenn sie als Gifte wirken sollen, vorhanden sein müssen.

Aus dem Gesagten geht bereits hervor, dass der Begriff „Gift" ein sehr relativer ist und dass es „Gifte an sich" überhaupt nicht giebt.

Vom praktischen Standpunkte aus aber und insbesondere für die Zwecke des vorliegenden Buches, in welchem es sich nur um den Nachweis chemischer Gifte[1]) handelt, bezeichnet man als Gifte solche,

---

[1]) Ausser chemischen Giften giebt es noch mechanische Gifte (z. B. Glaspulver) und organisirte (bacterielle) Gifte.

theils unorganische, theils organische, künstlich darstellbare oder in der Natur vorgebildete, nicht organisirte Stoffe, welche durch ihre chemische Natur unter gewissen Bedingungen irgend welches Organ lebender Wesen so beeinträchtigen, dass die Gesundheit oder das relative Wohlbefinden dieser Organismen dadurch vorübergehend oder dauernd schwer beeinträchtigt wird[1]).

Mit dem Begriffe „Gift" verbindet man hiernach stets die Vorstellung einer physiologisch wirksamen chemischen Substanz.

Das Gesetz dagegen kennt diese Beschränkung nicht und spricht, da es ihm nur auf die Wirkung ankommt, von „Gift oder anderen Stoffen, welche geeignet sind, die Gesundheit zu zerstören", gleichgültig, ob diese Schädigung das Resultat eines physiologisch-chemischen Processes — Vergiftung — war, oder sich als Folge einer mechanischen Verletzung oder Störung innerer Organe, z. B. durch Glaspulver u. dergl., darstellt.

Das Strafgesetzbuch für das Deutsche Reich enthält keine Definition des Begriffes „Gift". Im Commentar (Bd. II, S. 798, Note 3 ad §. 229) zu diesem Gesetzbuche sagt Olshausen: „Gift ist nach dem allgemeinen Sprachgebrauche ein Stoff, welcher in kleiner Dose durch seine chemische Beschaffenheit die Gesundheit oder das Leben zu zerstören geeignet ist"[2]).

Im Sinne des Gesetzes giebt es also ausser chemischen auch mechanische Gifte.

Der Gegensatz zwischen beiden Arten von Giften ist indessen kein so schroffer, als es auf den ersten Blick scheint, sondern wird vermittelt durch eine Reihe wohlcharakterisirter chemischer Substanzen, deren schädigende Wirkungen vorzugsweise auf ihren starken chemischen Affinitäten beruhen, wie z. B. Chlor, Brom, Mineralsäuren, Aetzalkalien und andere Stoffe, welche bei bestimmter Concentration die mit ihnen in Berührung kommenden Körpertheile heftig angreifen und zu ihren Functionen untauglich machen.

Substanzen genannter Art sind häufiger Gegenstand gerichtlich-chemischer Untersuchungen, bei denen es sich weniger um eigentliche Vergiftungen, sondern mehr um Körperverletzungen oder Sachbeschädigungen handelt.

Ausser diesen eben erwähnten sogenannten ätzenden oder zerstörenden Giften unterscheidet man noch solche Gifte, welche den Stoffwechsel hemmen oder aufheben, Nervengifte, Herzgifte, Blutgifte u. s. w. — Früher theilte man die Gifte nach dem Vorgange von Dioskorides und Galenus rücksichtlich ihres Vorkommens in der Natur ein in: Thiergifte, Pflanzengifte und Mineralgifte.

[1]) Kobert-Werber, Compendium der praktischen Toxikologie, S. 1.
[2]) Ebenda, S. 2.

Die neuere wissenschaftliche Classificirung der Gifte lehnt sich entweder·
an das chemische System an oder sie geschieht nach pharmakotherapeu-
tischen Gruppen.

Für die Zwecke des vorliegenden Buches sind die Gifte, bezw. gesundheitsnachtheiligen Stoffe zunächst in zwei grosse Abtheilungen: Anorganische
und Organische Gifte eingetheilt und innerhalb dieser Abtheilungen in folgende „Gruppen" geordnet.

I. Abtheilung. Anorganische Gifte.

Erste Gruppe: Schwermetalle.
> Arsen, Antimon, Blei, Cadmium, Chrom, Kupfer, Quecksilber, Silber.
> Uran, Wismuth, Zink, Zinn.

Zweite Gruppe: Alkalische Erden und Alkalien.
> Bariumverbindungen, Kaliumchlorat, Aetzalkalien.

Dritte Gruppe: Mineralsäuren und Halogene.
> Schwefelsäure, Salpetersäure, Salzsäure, Chlor, Brom, Jod.

Vierte Gruppe: Phosphor.

Fünfte Gruppe: Giftige und schädliche Gase.
> Kohlensäure, Kohlenoxyd, Schwefeldioxyd, Schwefelwasserstoff u. a.

II. Abtheilung: Organische Gifte.

Dieselben bilden, ebenfalls in Gruppen geordnet, den Inhalt des zweiten
Theiles dieses Buches.

Die Zahl der giftigen und gesundheitsschädlichen Stoffe ist eine sehr be-
deutende und mit den Fortschritten der Chemie stetig wachsende. Dies gilt
namentlich für die alljährlich analytisch und synthetisch neu dargestellten,
zahlreichen organischen Substanzen. Aber auch bei unorganischen Stoffen können
durch gegenseitige Verbindungen giftiger und ungiftiger Säuren und Basen
sehr mannigfache Complicationen entstehen, die einen oder zwei giftige Bestandtheile enthalten.

Salze organischer Säuren mit unorganischen Basen und umgekehrt
rechnet man zu den organischen Giften, wenn ihr organischer Bestandtheil der vorzugsweise giftige ist, andernfalls zu den unorganischen Giften.
So gehört z. B. der Nachweis einer Kleesalzvergiftung in das Gebiet des
organischen Theiles, die Ausmittelung des Bleiacetates dagegen dem unorganischen Theile der chemischen Toxikologie an.

Die Wirkungsintensität der Gifte ist unter verschiedenen
Bedingungen sehr verschieden und hängt u. a. ab von ihrer physika-
lischen Beschaffenheit, namentlich von ihrer Löslichkeit in Wasser, dem
sauren Magensafte, der alkalischen Pankreasflüssigkeit, dem
eiweissreichen Blute u. s. w., derart, dass unter sonst gleichen Umständen der leichteren Löslichkeit einer giftigen Substanz auch eine
intensivere Wirkung entspricht.

Hieraus erklärt sich auch die Thatsache, dass ein und dasselbe
Element giftige und ungiftige Verbindungen zu bilden vermag; so treten
z. B. Quecksilbersulfid (Zinnober) und Bariumsulfat wegen ihrer
Unlöslichkeit in Wasser, sauren, alkalischen, eiweisshaltigen u. s. w.
Flüssigkeiten als ungiftige Substanzen in einen schroffen Gegensatz
zu den in den genannten Flüssigkeiten löslichen und deshalb giftigen
Verbindungen derselben Elemente.

Für die gerichtlich-chemische Analyse folgt hieraus, dass es vielfach nicht genügt, den allgemeinen Nachweis eines giftige Verbindungen bildenden oder selbst giftigen Elementes geführt zu haben, sondern dass es darüber hinaus noch besonderer Versuche bedarf, um das Gift als solches zu isoliren oder wenigstens seine Löslichkeit oder Unlöslichkeit in Wasser, verdünnten Säuren oder Alkalien zu constatiren.

Würde z. B. Quecksilber nachgewiesen und es stellte sich weiter heraus, dass dasselbe in dem einen Falle als Quecksilberchlorid, in einem anderen als Zinnober vorliegt, so würde nur im ersteren, niemals aber im letzteren Falle der Rückschluss auf eine Vergiftung statthaft sein.

Fast so lange man Gifte kennt, hat man auch nach Mitteln und Wegen gesucht, ihre Wirkungen aufzuheben oder doch wenigstens abzuschwächen. Diese Bestrebungen führten zur Kenntniss der Gegengifte — *Antidota* —, deren Anwendung natürlich die Kenntniss der chemischen und physiologischen Eigenschaften der Gifte voraussetzt.

Der Begriff „Gegengift" ist nicht minder relativ wie der Begriff „Gift", so dass eine und dieselbe Substanz in dem einen Falle Gift, in dem anderen Falle Gegengift sein kann.

Die antidotarische Behandlung der Vergiftungen gründet sich theils auf rein chemische, theils auf physiologische Thatsachen.

In ersterer Beziehung handelt es sich entweder um eine chemische Neutralisation des Giftes, wie z. B. ätzender Säuren durch milde Alkalien, ätzender Alkalien durch schwache Säuren, oder um die Ueberführung des löslichen Giftes in eine unlösliche Verbindungsform.

In diesem Sinne sind z. B. „Gegengifte" bezw. Gegenmittel: lösliche Sulfate bei Blei- und Bariumvergiftung, Milch und sonstige eiweisshaltige Flüssigkeiten bei Vergiftungen mit Schwermetallen überhaupt, indem diese mit Eiweiss unlösliche Metallalbuminate bilden.

Das officinelle *Antidotum Arsenici* besteht aus einer Mischung von Eisenoxydhydrat und Magnesiumsulfat; seine Gegenwirkung bei Arsenikvergiftung beruht in erster Linie auf der Bildung von unlöslichem basisch-arsenigsaurem Eisenoxyd.

Während in allen derartigen Fällen streng genommen nicht von „Gegengiften", sondern nur von Gegenmitteln gesprochen werden kann, bedient man sich andererseits häufig notorischer Gifte zur Rettung Vergifteter. Hier wirkt also in der That Gift gegen Gift, und zwar im Allgemeinen so, dass das eine Gift durch ein entgegengesetzt wirkendes anderes Gift physiologisch wenigstens theilweise neutralisirt wird.

So wird z. B. gegen das die Herzthätigkeit vermindernde Morphin das die Herzthätigkeit steigernde Atropin als physiologisches Antidotum angewendet.

Dass auch derartige Umstände bei toxikologischen Analysen Berücksichtigung finden müssen, liegt auf der Hand, wenn sich auch natürlich auf chemischem Wege

nicht feststellen lässt, ob ein Gift als Medicament oder
aus anderen Gründen in den Organismus gelangt ist.

Derselbe besitzt übrigens Giften gegenüber drei Arten der Selbst-
hülfe, indem er dieselben eliminirt, deponirt (fixirt) oder verwandelt.

Die Eliminirung — Entfernung, Ausscheidung — von Giften aus dem
Körper geschieht am häufigsten durch Erbrechen und mit dem Urin. Auch
durch die Leber, den Darm, Speichel- und Schweissdrüsen, sowie durch
die Lunge werden Gifte theilweise beseitigt.

Die Deponirung (Fixirung) — Ablagerung, Aufspeicherung — gewisser
Gifte findet in verschiedenen Organen statt, unter denen vorzugsweise die Leber
in Betracht kommt, „die geradezu als ein Giftfilter anzusehen ist, wenigstens
was Metalle (z. B. Arsenik) und Alkaloide (z. B. Strychnin) anlangt" (Kobert).

Die Verwandlung der Gifte im Organnismus bezw. durch denselben
vollzieht sich in verschiedener Weise, doch so, dass relativ unschädliche Pro-
ducte entstehen. So wird z. B. Natriumperchlorat zu Natriumchlorid reducirt,
Kaliumsulfid zu Kaliumsulfat oxydirt, Carbolsäure mit Schwefelsäure zu
Phenylätherschwefelsäure gepaart, Kaliumoxalat in unlösliches Calciumoxalat,
Ammoniumcarbonat in Harnstoff umgewandelt.

Ein Einblick in diese Verhältnisse ist für den gerichtlich-
chemischen Experten bisweilen recht werthvoll.

Unter **Vergiftung** versteht man jede, durch Einführung
einer schädlichen chemischen Substanz in den Organismus bewirkte, sich häufig in charakteristischen Krankheitserscheinungen — Symptomen — äussernde Störung
des normalen Zustandes.

Je nach Umständen nehmen Vergiftungen einen schnelleren, mitunter ganz rapiden Verlauf oder gelangen nur allmälig zur Entwickelung; im ersteren Falle spricht man von acuten, im letzteren von
chronischen Vergiftungen.

Rücksichtlich ihrer äusseren Veranlassung sind Vergiftungen entweder absichtliche — Mord, Selbstmord — oder zufällige; die
letzteren können entweder medicinale, kosmetische, technische
oder ökonomische sein.

Medicinale Vergiftungen sind die Folge fahrlässiger oder
zweckwidriger Anwendung von Arzneimitteln.

Kosmetische Vergiftungen werden veranlasst durch den andauernden Gebrauch von zur Pflege, Reinigung und Färbung der Haut,
des Haares und der Mundhöhle bestimmter Mittel, wenn diese schädliche (z. B. metallische) Bestandtheile enthalten.

Zu beiden Arten von Vergiftungen stellt selbstverständlich die Kurpfuscherei und der Geheimmittelschwindel ein starkes Contingent.

Technische Vergiftungen werden dadurch hervorgerufen,
dass in Fabriken und technischen bezw. gewerblichen Werkstätten bei
der Darstellung oder Verwendung giftiger Stoffe diese theilweise verdampfen oder verstäuben und in diesem Zustande eingeathmet werden.
So führt z. B. die berufsmässige Beschäftigung mit Blei und dessen Ver-

bindungen zu einer der bekanntesten Gewerbekrankheiten, der sogenannten Bleikolik, die nichts Anderes ist als eine chronische Bleivergiftung.

Unter ökonomischer Vergiftung endlich versteht man die
vielen leichteren oder schwereren Gesundheitsschädigungen, welche in
letzter Instanz aus der Verwendung schädlicher Stoffe im Haushalte und
bei Herstellung und Aufbewahrung von allerlei Lebenswaaren und häuslichen Gebrauchsgegenständen resultiren.

Die mannigfache Art und Weise, auf welche dem Gesagten
zufolge Vergiftungen zu Stande kommen können, ist nicht
nur für die Medicin und die öffentliche Gesundheitspflege,
sondern auch für die gerichtliche Chemie von ganz besonde-
rem Interesse, sofern die Kenntniss der verschiedenen Möglichkeiten, wie Gifte auch ohne verbrecherische Absichten,
oft völlig unbewusst in den menschlichen Organismus gelangen können, dem gerichtlich-chemischen Experten die grösste
Vorsicht bei der gutachtlichen Verwerthung seiner Analysen-
resultate zur dringendsten Pflicht macht.

Zu allen Zeiten und bei allen Völkern, in den höchsten wie in den
niedrigsten Schichten der menschlichen Gesellschaft hat Gift eine Rolle
gespielt als ein sicheres und bequemes Mittel, gefährliche Gegner und
lästige Rivalen in öffentlichen und privaten Angelegenheiten aus dem
Wege zu räumen. Haben es doch sogar Staat und Kirche in früheren
Zeiten nicht verschmäht, die Dienste von Giftmischern und Giftmische-
rinnen in Anspruch zu nehmen, und so lässt sich neben dem verbrecherischen Giftmorde auch die sanctionirte Anwendung von Gift bis in die
graue Vorzeit zurück verfolgen. So war bekanntermaassen im alten
Athen das Trinken des Schierlingsbechers die officielle Form der Todes-
strafe für Staatsverbrecher und im alten Aegypten starb der Priester,
der zum Verräther an den Tempelmysterien wurde, den Tod durch Gift,
welches man aus den Kernen des Pfirsichbaumes zu bereiten verstand.

Der Giftmord wird, weil er stets eine gewisse Vorbereitung, also
auch eines bestimmten Grades von Ueberlegung seitens des Mörders bedarf, den schwersten derartigen Verbrechen zugezählt.

„Wer vorsätzlich — so verordnet §. 229 des Strafgesetsbuches für das
Deutsche Reich — einem anderen, um dessen Gesundheit zu beschädigen, Gift
oder andere Stoffe beibringt, welche die Gesundheit zu zerstören geeignet
sind, wird mit Zuchthaus bis zu 10 Jahren bestraft. Ist durch die Handlung
eine schwere Körperverletzung verursacht worden, so ist auf Zuchthaus nicht
unter 5 Jahren und wenn durch die Handlung der Tod verursacht worden,
auf Zuchthaus nicht unter 10 Jahren oder auf lebenslängliches Zuchthaus zu
erkennen.

Ist die vorsätzliche, rechtswidrige Handlung des Gift- etc. Beibringens
auf das Tödten gerichtet, soll also durch dieselbe (gewollter Weise) der Tod
eines anderen herbeigeführt werden, so kommt in Betracht §. 211:

Wer vorsätzlich einen Menschen tödtet, wird, wenn er die Tödtung mit
Ueberlegung ausgeführt hat, wegen Mordes mit dem Tode bestraft."

Und weiter heisst es §. 324:

„Wer vorsätzlich Brunnen oder Wasserbehälter, welche zum Gebrauche
anderer dienen, oder Gegenstände, welche zum öffentlichen Verkaufe oder Ver-
brauche bestimmt sind, vergiftet, oder denselben Stoffe beimischt, von denen ihm
bekannt ist, dass sie die menschliche Gesundheit zu zerstören geeignet sind;
ingleichen, wer solche vergiftete oder mit gefährlichen Stoffen vermischte
Sachen wissentlich und mit Verschweigung dieser Eigenschaft verkauft, feilhält
oder sonst in Verkehr bringt, wird mit Zuchthaus bis zu 10 Jahren und wenn
durch die Handlung der Tod eines Menschen verursacht worden ist, mit Zuchthaus nicht unter 10 Jahren oder mit lebenslänglichem Zuchthaus bestraft."

Der moderne Staat hat aber nicht nur die Pflicht, durch Androhung
und Vollstreckung schwerer Strafen die verbrecherische Anwendung von
Giften auf das geringste Maass zu beschränken — ganz werden derartige
Verbrechen voraussichtlich nie verschwinden —, sondern er hat auch die
weitere Aufgabe, gegen jede missbräuchliche, absichtliche wie unabsichtliche
Verwendung gesundheitsnachtheiliger Substanzen bei der Herstellung von
Lebensmitteln, technischen, gewerblichen und hausräthlichen Gebrauchsgegenständen u. s. w. von vornherein geeignete Vorkehrungen zum
Schutze seiner Bürger zu treffen und so den oben als technische, ökono-
mische u. s. w. bezeichneten Vergiftungen und Gesundheitsschädigungen
vorzubeugen.

Seit seinem Bestehen hat das Deutsche Reich auch auf diesem Gebiete sehr dankenswerthe Leistungen zu verzeichnen, für welche, soweit sie
die gerichtliche Chemie berühren, das Reichsgesetz vom 14. Mai 1879,
betreffend den Verkehr mit Nahrungsmitteln, Genussmitteln
und Gebrauchsgegenständen den Ausgangspunkt und gewissermaassen auch die Basis bildet.

Dieses, unter dem Namen des Nahrungsmittelgesetzes auch in weiteren Kreisen bekannte Gesetz richtet sich gegen diejenigen Bestrebungen
und Gebräuche der Industrie, des Handels und Verkehrs mit Nahrungsmitteln, Genussmitteln und Gebrauchsgegenständen, welche — absichtlich oder unabsichtlich — geeignet sind, den Staatsbürger rücksichtlich
seines Vermögens oder seiner Gesundheit zu gefährden oder zu
schädigen und stellt (§. 5) weitere, durch Kaiserliche Verordnungen mit
Zustimmung des Bundesrathes zum Schutze der Gesundheit zu erlassende
Vorschriften in Aussicht.

Dies ist inzwischen nach verschiedenen Richtungen hin geschehen;
die für den Inhalt des vorliegenden Buches wichtigsten und deshalb im
Anhange zur ersten Abtheilung ihrem Wortlaute nach wiedergegebenen
diesbezüglichen Theile dieser Gesetzgebung sind das

Gesetz, betreffend den Verkehr mit blei- und zinkhaltigen
    Gegenständen; vom 25. Juni 1887; sowie das

Gesetz, betreffend die Verwendung gesundheitsschädlicher
    Farben bei der Herstellung von Nahrungsmitteln, Genuss-
    mitteln und Gebrauchsgegenständen; vom 5. Juli 1887.

Das erstgenannte dieser deutschen Reichsgesetze befindet sich seit dem 1. October 1888 in Kraft; das andere seit dem 1. Mai 1888, mit welchem Tage die am 1. Mai 1882 erlassene **Kaiserliche Verordnung, betreffend die Verwendung giftiger Farben, ausser Kraft gesetzt wurde.**

Auf Grund des §. 1, Absatz 3 des Gesetzes vom 5. Juli, wonach „**der Reichskanzler ermächtigt ist, nähere Vorschriften über das bei der Feststellung des Vorhandenseins von Arsen und Zinn anzuwendende Verfahren zu erlassen**", erschien am 10. April 1888 aus dem Reichskanzleramte bezw. aus dem Reichsamte des Innern eine

Bekanntmachung, betreffend die Untersuchung von Farben, Gespinnsten und Geweben auf Arsen und Zinn,

nebst einer im Anhange zur ersten Abtheilung ebenfalls wörtlich abgedruckten, sehr ausführlichen:

Anleitung für die Untersuchung von Farben, Gespinnsten und Geweben auf Arsen und Zinn,

welche enthält

A. Verfahren zur Feststellung des Vorhandenseins von Arsen und Zinn in gefärbten Nahrungs- oder Genussmitteln.
B. Verfahren zur Feststellung des Arsengehaltes in Gespinnsten oder Geweben.

Dass diese Gesetze nur unter Mitwirkung chemischer Sachverständiger gehandhabt werden können, ist selbstverständlich.

Soweit nun die diesbezüglichen chemischen Untersuchungen **toxikologische im weitesten Sinne**, d. h. auf die Ermittelung gesundheitsnachtheiliger chemischer Stoffe in Nahrungsmitteln, Genussmitteln, Gebrauchsgegenständen, Wasser, Luft u. s. w. gerichtet, sind, schliessen sie sich — im vorliegenden Buche als **sanitätspolizeiliche** Untersuchungen bezeichnet — den eigentlichen toxikologischen Arbeiten naturgemäss an, bei denen es sich in der Regel um den Nachweis der An- oder Abwesenheit von Giften bei Criminalprocessen handelt.

Jede toxikologische, also auf den Nachweis von Giften oder gesundheitsnachtheiligen chemischen Substanzen zum Zwecke der Verfolgung eines Verbrechens oder Vergehens gerichtete chemische Untersuchung ist eine gerichtlich-chemische, aber nicht umgekehrt jede gerichtlich-chemische Untersuchung eine toxikologische.

So kann es sich z. B. bei der Analyse von Milch in dem einen Falle um die Prüfung auf irgend eine giftige oder gesundheitsschädliche Substanz, in einem anderen Falle um die Ermittelung eines, Leben und Gesundheit gewiss nicht bedrohenden, Wasserzusatzes handeln. In bei-

den Fällen ist die Untersuchung der Milch eine gerichtlich-chemische,
aber nur im ersten Falle ist sie gleichzeitig eine toxikologische.

Die gerichtlich-chemischen Arbeiten, welche keinen toxikologischen Charakter in dem angedeuteten Sinne besitzen und als polizeilich-
chemische Untersuchungen bezeichnet werden, sind, wie die toxikologischen, sehr mannigfaltiger Art; gehört doch hierher in erster Linie die
Untersuchung von Nahrungsmitteln, Genussmitteln und Gebrauchsgegenständen im Sinne des Gesetzes vom 14. Mai 1879 in all den zahlreichen
Fällen, bei denen es sich um absichtliche oder fahrlässige Verfälschungen handelt, die zwar nicht Leben und Gesundheit des Publicums gefährden, aber doch einen widerrechtlichen Vermögensvortheil auf
Seiten des Producenten oder des Händlers bezwecken.

Von sonstigen nicht toxikologischen Fragen, mit denen sich der
Gerichtschemiker häufiger zu befassen hat, seien noch erwähnt: die Ermittelung von Schrift- bezw. Urkundenfälschungen, sowie der Nachweis
von Blut und Blutflecken auf Kleidern, Wäsche, Instrumenten u. s. w.

Schliesslich giebt es noch viele Fälle, in denen der Jurist die Mitwirkung eines Chemikers als Sachverständigen in Anspruch nehmen
muss, wie z. B. bei Patentstreitigkeiten und sonstigen technischen
Fragen specieller Art; da aber die Antwort auf solche Fragen erfahrungsgemäss meist nicht von Gerichtschemikern, sondern in jedem einzelnen Falle nur von besonderen Fachmännern aus der Wissenschaft
und der Praxis verlangt und gegeben werden kann, so zählt man derartige gerichtsseitig geforderte chemische Arbeiten nicht mehr zu den
gerichtlich-chemischen Untersuchungen im engeren Sinne.

Auch nach der medicinischen Seite hin ist das Gebiet der gerichtlichen Chemie oder vielmehr deren praktische Ausübung nicht
scharf abgegrenzt; denn während der schon erwähnte Nachweis von
Blut, sowie die Untersuchung des Urins auf Gifte oder deren Umwandlungsproducte unstreitig gerichtlich-chemische Arbeiten sind, über-
nehmen namhafte Gerichtschemiker auch Aufträge, die, wie z. B. die
Identificirung von Haaren, der Nachweis von Samenflecken u. s. w.,
ganz ausserhalb der Competenz der Chemie liegen.

ALLGEMEINER THEIL.

Erster Abschnitt.

I. Allgemeine Regeln für gerichtlich-chemische Untersuchungen und gerichtlich-chemische Sachverständige.

Ihrem Zweck und ganzen Charakter nach gehören gerichtlich-chemische und namentlich toxikologische Untersuchungen zu den schwierigsten und verantwortungsvollsten analytisch-chemischen Arbeiten, und wenn sich irgendwo auf chemischem Gebiete das Wissen ohne Können als unzureichend erweist, so ist das ganz bestimmt und in erster Linie bei gerichtlich-chemischen, besonders bei toxikologischen Untersuchungen der Fall.

Wie man z. B. Phosphor oder Arsen nachweist, wissen Viele, die chemische Vorlesungen gehört haben; wer aber selbst nicht im Stande ist, einige Milligramme dieser Gifte oder gar nur Bruchtheile eines Milligramms derselben aus grösseren organischen Massen: Leichentheilen, Mageninhalt, Speisen u. dergl. abzuscheiden und mit Sicherheit zum Nachweise zu bringen, der besitzt nicht die Qualification zum gerichtlich-chemischen Sachverständigen und darf deshalb weder einen ihm von Seiten des Gerichts zugehenden Auftrag annehmen[1]), noch weniger aber sich selbst dem Gerichte als Sachverständigen zur Verfügung stellen; denn dieses ist bei dem derzeitigen, bedauernswerthen Mangel an einer chemischen, namentlich gerichtlich-chemischen Staatsprüfung[2]) nicht in der Lage, sich über die Befähigung eines Chemikers zum gerichtlich-chemischen Sachverständigen ein Urtheil zu bilden.

---

[1]) Zur Uebernahme derartiger verantwortungsreicher Arbeiten kann Niemand gezwungen werden.

[2]) Die Staatsprüfung für Apotheker erstreckt sich zwar auch auf die toxikologische Analyse, die Mehrzahl der Apotheker befasst sich aber mit gerichtlich-chemischen Untersuchungen erfahrungsgemäss nicht.

Als solchen kann der Richter jeden ernennen, der die Chemie öffentlich zum Erwerbe ausübt oder zur Ausübung derselben bestellt oder ermächtigt ist, also: Handels- und Gerichtschemiker, Apotheker, die Vertreter der Chemie an den Hochschulen und sonstigen Unterrichtsanstalten, ferner die Chemiker an Laboratorien, Versuchsstationen, Untersuchungsämtern und in Privatstellungen.

Der zum Sachverständigen ernannte Chemiker hat zwar bestimmungsgemäss[1]) der Ernennung Folge zu leisten, kann aber im Hinblick auf die mitunter höchst schwierige, stets verantwortungsvolle, ganz specielle Kenntnisse, Fertigkeiten und besondere äussere Vorbedingungen voraussetzende gerichtlich-chemische Untersuchung gleichwohl nicht ohne Weiteres, nach Umständen überhaupt nicht zur Uebernahme eines ihm gerichtsseitig ertheilten Auftrages verpflichtet werden, selbst dann nicht, wenn er vereidigter Handels- und Gerichtschemiker ist. Im Gegentheil: er ist seinerseits verpflichtet, unter Angabe triftiger Gründe die Ernennung zum Sachverständigen abzulehnen, wenn er sich aus Mangel an Uebung und Erfahrung, sowie an geeigneten localen und experimentellen Einrichtungen oder aus sonstigen Gründen der ihm gestellten Aufgabe nicht gewachsen fühlt.

Niemand lasse sich aus irgend welchen anderen Rücksichten, als im Vertrauen auf sein bereits erprobtes Wissen und Können zur Uebernahme gerichtlich-chemischer Untersuchungen bestimmen, widrigenfalls er sich des sträflichsten Leichtsinns schuldig macht, da er es in diesem Falle wagt, ohne genügende Befähigung und Berechtigung ein oft sehr schwer wiegendes Wort über Ehre, Freiheit und Leben eines Angeklagten mitzusprechen.

Hat Jemand die Ernennung zum Sachverständigen, bezw. die ihm übertragene Untersuchung angenommen, so hat er selbstverständlich alle sich weiter hieran anknüpfenden Pflichten und Obliegenheiten auf das Gewissenhafteste zu erfüllen, kann aber auch verlangen, dass ihm von Seiten des Gerichts jede wünschenswerthe Auskunft, z. B. durch Einsicht in die Untersuchungsacten, ertheilt werde.

Gerade dieser Punkt ist schon deshalb sehr wichtig, weil sich sowohl in den Aufzeichnungen über den Sachverhalt oder Thatbestand, wie auch namentlich bei Vergiftungsfällen in dem ärztlichen Gutachten (Krankengeschichte, Sectionsprotokoll), auf Grund dessen gewöhnlich „die chemische Untersuchung von Leichentheilen u. s. w. zur Ermittelung der Todesursache" angeordnet wird, nicht selten recht werthvolle Hinweise auf das im speciellen Falle gerade in Frage kommende Gift finden.

---

[1]) Die für gerichtlich-chemische Sachverständige wichtigsten gesetzlichen Bestimmungen der Strafprocess-Ordnung, der Civilprocess-Ordnung und der Gebühren-Ordnung befinden sich im Anhange zur ersten Abtheilung.

Bei gerichtlich-chemischen Untersuchungen sind stets gewisse Vorsichtsmaassregeln und Formalitäten zu beobachten, die da, wo sie ganz besonders beachtenswerth sind, nämlich bei den toxikologischen Untersuchungen, noch weiter angedeutet werden sollen und im Grunde alle darauf abzielen, jeden Irrthum nach Möglichkeit auszuschliessen und die Sicherheit des Resultates zu gewährleisten.

Erhält der gerichtlich-chemische Experte die zu untersuchenden Gegenstände nicht direct aus dazu berufener Hand, d. h. von den zuständigen Behörden oder deren Beamten, so müssen sie vorschriftsmässig, d. h. so verpackt sein, dass ohne Verletzung der Verpackung (Siegel) keine unberufene Hand zu ihnen gelangen konnte. Hiervon hat sich der Experte ausdrücklich zu überzeugen und, wenn er die Verpackung nicht vorschriftsmässig bezw. verletzt findet, v o r Inangriffnahme der Untersuchung die Behörde, welche den Auftrag ertheilt hatte, in Kenntniss zu setzen unter Hinweis darauf, ob und in wie weit die bemerkte Unregelmässigkeit das Untersuchungsergebniss gefährden könne.

Von dem Augenblicke an, wo ihm die Objecte eingehändigt werden, bis dahin, wo er sie oder ihre Ueberreste wieder vorschriftsmässig verpackt an die betreffende Behörde abliefert, ist der die Untersuchung führende Chemiker dafür verantwortlich, dass keinerlei fremde Substanzen in die reservirten Reste gelangen, die deshalb stets hinter sicherem Verschluss aufzubewahren sind.

G e r i c h t l i c h - c h e m i s c h e U n t e r s u c h u n g e n s o l l e n i n d e r R e g e l , toxikologische Analysen stets in einem besonde r e n , v e r s c h l i e s s b a r e n u n d i n A b w e s e n h e i t d e s E x p e r t e n k e i n e m U n b e f u g t e n z u g ä n g l i c h e n R a u m e a u s g e f ü h r t w e r d e n , und zwar gleichartige Untersuchungen niemals unmittelbar neben einander, wobei leicht Verwechselungen vorkommen können.

Auf die Gefahr, bei der Analyse selbst mit unreinen oder doch nicht genügend reinen Reagentien, Materialien u. s. w. in die Objecte Stoffe einzuschleppen, welche, wie z. B. viele Metalle, Gegenstand gerichtlich-chemischer Untersuchungen sind, wird in einem späteren Abschnitte noch besonders hingewiesen werden, welcher von der Reinigung und Prüfung der Reagentien u. s. w. für toxikologische Zwecke handelt.

J e d e g e r i c h t l i c h - c h e m i s c h e U n t e r s u c h u n g ist mit grösste r S o r g f a l t u n d S p a r s a m k e i t in Bezug a u f d e n V e r b r a u c h d e r U n t e r s u c h u n g s o b j e c t e a u s z u f ü h r e n , und zwar in der Regel so, dass der gesuchte oder unvermuthet gefundene Bestandtheil erforderlichen Falles sogleich quantitativ bestimmt werden kann, wodurch Material und Zeit gespart wird.

Zur gerichtlich-chemischen Untersuchung kommen, wie das ja schon aus dem früher Gesagten hervorgeht, die allerverschiedensten Dinge, nämlich ausser den noch später namhaft zu machenden Objecten für toxikologische Analysen vorzugsweise die grosse Zahl von Nahrungsmitteln, Genussmitteln und Gebrauchsgegenständen, die in Bezug auf

ihre Herstellung, Färbung, Zusammensetzung, Verpackung u. s. w. eine
gesetzlich vorgeschriebene Beschaffenheit besitzen müssen.

Bei derartigen Untersuchungen hüte man sich vor
einem gedankenlos schablonenhaften Vorgehen und versäume deshalb nie, sich bei der Untersuchung, z. B. irgend
eines Gebrauchsgegenstandes, vorher mit dem Sinne und
dem Wortlaute des in Frage kommenden Gesetzes genau
bekannt zu machen. So sind z. B. gesundheitsschädliche Farben,
blei- und zinkhaltiger Kautschuk nicht schlechtweg verboten, sondern
nur für gewisse Verwendungszwecke und unter bestimmten Umständen, welche mit sanitären Interessen collidiren.

Oben wurde bereits angedeutet, dass man sich bei Verarbei-
tung der Untersuchungsobjecte der grösstmöglichen Spar-
samkeit befleissigen solle; es ergiebt sich dies übrigens von selbst
aus der ganz einfachen Ueberlegung, dass ja die Objecte, wie z. B.
Leichentheile bei toxikologischen Analysen, nur in begrenzter Menge
und in jedem einzelnen Falle überhaupt nur einmal vorhanden und
nie wieder zu beschaffen sind.

Im Allgemeinen gilt als Grundsatz, dass die Objecte nur theilweise verarbeitet, zum anderen Theile für eine etwa erforderlich werdende Nachprüfung oder Revision[1]) zu reserviren sind, ausgenommen,
wenn die Mengen des Objectes so klein sind, dass eine Theilung desselben die Sicherheit des Resultates der Untersuchung voraussichtlich
gefährden würde. In einem solchen Falle müsste, nach vorgängiger
Verständigung der betreffenden Behörde, das ganze Object in Arbeit
genommen werden.

Eine weitere, streng zu befolgende Regel ist, dass alle, wenn auch
zu einer und derselben Untersuchungssache gehörigen, aber gesondert
eingelieferten Objecte auch einzeln, jedes für sich, untersucht werden;
indessen ist auch diese Regel nicht ohne Ausnahme, und es wäre also
unter Umständen statthaft, bezw. sogar geboten, einige kleine Objecte,
z. B. Theile verschiedener Organe, von deren gesonderter Untersuchung
man sich von vornherein keinen Erfolg verspricht, zu einem Objecte zu
vereinigen, selbstverständlich erst[2]), nachdem ein diesbezüglicher, entsprechend motivirter Antrag an das Gericht von diesem genehmigt worden ist.

Dass für die Auswahl der bei gerichtlich-chemischen Untersuchungen zu benutzenden analytischen Methoden als leitender Gesichtspunkt
in erster Reihe die Sicherheit und Verlässlichkeit im Hinblick auf das
Resultat in Betracht kommt, braucht wohl nicht besonders hervorge-

---

[1]) z. B. durch das Medicinal-Collegium oder die wissenschaftliche Medi-
cinal-Deputation.
[2]) Und nur dann, wenn etwa eine gesonderte Untersuchung verlangt und
die Verpackung eine gesonderte wäre.

hoben zu werden. Ob eine Methode einfach oder complicirt ist, spricht dabei wenig mit; neue Methoden oder solche, mit deren Ausführung man noch nicht genügend vertraut ist, hat man erst an einer Uebungs-analyse mit einem, dem vorliegenden ähnlichen Objecte zu erproben, da man bei gerichtlich - chemischen, namentlich toxikologischen Untersuchungen, wie Mohr sagt, nicht lernen, sondern nur Gelerntes anwenden soll.

Bei der schriftlichen oder mündlichen Beantwortung der ihm gerichtsseitig vorgelegten Fragen befleissige sich der gerichtlich-chemische Sachverständige einer klaren und bestimmten Ausdrucksweise, vermeide allgemeine Redensarten und lasse sich namentlich nicht verleiten, aus dem Bereiche seiner Competenz herauszutreten, widrigenfalls er sich zum mindesten persönlichen Unannehmlichkeiten aussetzt, die, wie z. B. Zurechtweisung bei öffentlichen Verhandlungen, gewiss nicht geeignet sind, das Ansehen des gerichtlich - chemischen Sachverständigen und seiner Standesgenossen in den Augen des Gerichtshofes und des Publicums zu erhöhen.

Auch der von ihm vertretenen Sache erweist der gerichtlich - chemische Experte, der übrigens auf keiner Partei, sondern denselben objectiv gegenüber stehen soll, einen schlechten Dienst, wenn er sein persönliches Ansehen durch leichtfertige Ueberschreitung seiner Competenz schädigt.

Letzteres würde z. B. der Fall sein, wenn der die Untersuchung führende Chemiker in einem Vergiftungsfalle auf Grund einer ihm gerichtsseitig gestellten Frage in eine Erörterung darüber eintreten wollte, ob eine bestimmte Menge eines aufgefundenen Giftes ausreichend war, einen Menschen zu tödten, oder wenn sich ein Chemiker zur Entscheidung der Frage berufen fühlte, ob Blutflecken von Menschenblut oder von Thierblut herrühren, oder ob ein Stück Fleisch Rindfleisch oder Pferdefleisch ist?

Diese und ähnliche Fragen, welche vor das Forum der Medicin, bezw. ihrer Specialwissenschaften: der Physiologie und der Anatomie, gehören, werden zuweilen dem gerichtlich - chemischen Sachverständigen vorgelegt, dem aber in einem solchen Falle die Pflicht obliegt, die betreffende Behörde darauf aufmerksam zu machen, dass derartige Fragen auf chemischem Wege nicht zu beantworten sind und deshalb einem anderen Sachverständigen, einem Physiologen, Anatomen, Veterinärarzte u. s. w. vorzulegen sind.

II. Abfassung von Protokollen und Gutachten. — *Corpus delicti.*

Ueber jede gerichtlich - chemische Untersuchung wird ein ausführliches Protokoll angefertigt, auf welches sich das gleichzeitig einzu-

reichende Gutachten, dem man gelegentlich noch ein besonderes Beweismittel — *corpus delicti* — beifügen muss, stützt.

In Bezug auf die Art und Weise der Abfassung derartiger Schriftstücke nach Form und Inhalt ist Manches zu beachten, was vielfach als
nebensächlich betrachtet, von der Behörde aber verlangt wird.

Was zunächst das Formelle anbetrifft, so benutzt man bei Erstattung derartiger Berichte und Gutachten stets ganze Bogen guten,
weissen Canzleipapieres, welche in üblicher Weise halb gebrochen und
auf der rechten Hälfte beschrieben werden, wogegen die linke frei
bleibt; ausgenommen die erste Seite, auf deren linke Hälfte zu setzen
ist: oben: die Bezeichnung der Untersuchungssache, darunter: das Acten-
zeichen, unten: die Adresse der Behörde, an welche der Bericht bezw.
das Gutachten erstattet wird.

Auf die rechte Hälfte der ersten Seite kommt oben: Ort und Datum,
darunter die Ueberschrift: „Bericht über die chemische Untersuchung"
bezw. „Gutachten auf Grund der chemischen Analyse" und dergl. und
endlich der laufende Text des Berichtes bezw. des Gutachtens.

In dem „Berichte" oder Protokolle, welches dem „Gutachten"
stets vorausgeschickt wird, ist zunächst das Gesuch der betreffenden
Behörde, unter Angabe des Eingangsdatums, namhaft zu machen, und
wörtlich oder seinem wesentlichen Inhalte nach zu wiederholen.

Hieran schliesst sich in der Regel eine möglichst gedrängte Ueber-
sicht über den actenmässig festgestellten Sachverhalt oder Thatbestand
mit besonderer Betonung der für den chemischen Sachverständigen bemerkenswerthen Momente.

Dann folgen genaue Angaben über die Objecte, welche zur Untersuchung eingeliefert wurden: z. B. wie sie verpackt, signirt oder sonst
bezeichnet sind; ob die Verpackung vorschriftsmässig oder ungeeignet
oder verletzt ist; dies gilt namentlich für die (näher zu beschreibenden)
Siegel. Nachdem event. das Bruttogewicht der Objecte festgestellt und
notirt ist, wird angegeben, woraus sie bestehen und was sich etwa Auf-
fälliges daran bemerkbar macht.

Den Hauptinhalt des Berichtes bildet die ausführliche Beschreibung
der einzelnen Versuche, der dabei angewendeten Methoden und Reactionen
in Bezug auf Ausführung, Verlauf und Resultat, wobei es nicht
statthaft ist, sich auf gewisse Methoden u. s. w. als „allgemein bekannte"
oder „übliche" zu beziehen oder auf solche durch blosse Literatur-
citate oder beigefügte Drucksachen zu verweisen. Bei der Abfassung
eines solchen Berichtes muss man sich stets dessen Zweck vergegen-
wärtigen, der darin besteht: ein möglichst wahrheitsgetreues
Bild von der Art und Weise zu geben, wie die betreffende
gerichtlich-chemische Untersuchung bis in die scheinbar
unbedeutendsten Einzelheiten hinein durchgeführt worden ist und somit der Revisionsinstanz ein Urtheil dar-

über zu ermöglichen, ob die Untersuchung in Plan und Ausführung eine correcte, unanfechtbare ist oder nicht.

Wird von einem solchen Berichte einerseits grosse Gründlichkeit verlangt, so sind doch andererseits unnöthige Weitschweifigkeiten zu vermeiden.

Eine gerichtlich-chemische Untersuchung erschöpfend und dabei doch möglichst kurz, klar und übersichtlich zu beschreiben, ist nicht so leicht als man gewöhnlich glaubt und sollte man deshalb nicht unterlassen, derartige Berichte, sowie auch darauf gestützte Gutachten schon bei den Unterrichtsanalysen anzufertigen.

Am Schlusse des Berichtes, welcher rein objectiv gehalten sein muss, werden die Resultate, sowie die daraus gezogenen Schlüsse nochmals kurz zusammengefasst, worauf man zum „Gutachten" übergeht, dessen Aufgabe darin besteht, die gerichtsseitig aufgeworfenen Fragen an der Hand der gewonnenen Untersuchungsergebnisse zu erörtern, bezw. diese letzteren überhaupt in geeigneter Weise für den jeweiligen vorliegenden Fall zu verwerthen. Hier ist auch der Ort, wo der chemische Sachverständige, innerhalb seiner Competenz natürlich, auch seiner subjectiven Ansicht Ausdruck geben darf oder sogar unter Umständen Ausdruck geben muss.

In der Regel soll er sich dabei innerhalb der Grenzen der ihm gerichtsseitig vorgelegten Fragen bewegen, die aus begreiflichen Gründen mitunter nicht streng chemisch-sachlich gestellt sind, sondern in die Competenzen anderer Wissenschaften, z. B. der Physiologie, Anatomie, Medicin u. s. w. hinübergreifen, wie oben bereits angedeutet wurde. Auf der anderen Seite aber darf der gerichtlich-chemische Experte natürlich auch ausserhalb der Fragestellung liegende Momente, welche im Laufe der Untersuchung und Verhandlung möglicher Weise von Bedeutung werden können, nicht verschweigen.

Für den Richter ist es immer sehr erwünscht, wenn der die Untersuchung führende Chemiker seinem Berichte und Gutachten ein Beweismittel — *corpus delicti* — beifügt, d. h. irgend ein Präparat, welches das Untersuchungsergebniss *ad oculos* demonstrirt, z. B. also einen Theil des aufgefundenen Giftes, Verfälschungsmittels u. s..w., worüber noch gelegentlich Näheres mitgetheilt werden wird.

Nicht selten ist es nun geradezu unmöglich, von einem Gifte soviel zu isoliren, dass ein Theil davon als *corpus delicti* vorgelegt werden kann, oder es sind andere Gründe vorhanden, welche die Anfertigung eines solchen Beweismittels nicht gestatten.

So gründet sich z. B. der Nachweis minimalster Quantitäten von Phosphor auf die Beobachtung einer vorübergehenden Phosphorescenzerscheinung von Wasserdämpfen oder einer Grünfärbung der Wasserstoffflamme; die Gegenwart von Pflanzengiften kann häufig auch nur, ohne

Baumert, gerichtl. Chemie.   2

objectives Beweismittel, aus mehr oder weniger subjectiven Farbenreactionen gefolgert werden.

In solchen Fällen ist es nun nothwendig, dass der gerichtlich-chemische Experimentator seine entscheidenden Versuche und Reactionen [1] — aber nur diese — vor einem fachwissenschaftlichen oder
gerichtsärztlichen Zeugen ausführt. Letzterer wird unter Umständen auch
in der Lage sein, zur Bestätigung der chemischen Ergebnisse einen physiologischen Versuch anzustellen.

Vor Gericht hat der gerichtlich-chemische Sachverständige, wenn
er nicht als solcher ein- für allemal vereidigt ist, den Sachverständigen-
eid zu leisten und zu beschwören, dass er die ihm übertragene Untersuchung mit der erforderlichen Umsicht und Sorgfalt ausgeführt und
das von ihm geforderte Gutachten nach bestem Wissen und Gewissen
erstattet habe.

Was schliesslich die Preisberechnung für toxikologische Analysen
anbelangt, so mag hier auf die betreffenden, mit einigen Anmerkungen
versehenen Stellen aus den im Anhange zur ersten Abtheilung abgedruckten wichtigsten gesetzlichen Bestimmungen für gerichtlich-chemische
Sachverständige verwiesen werden.

Bei der gegenwärtigen Lage der Verhältnisse erhält der Chemiker
bei gerichtlich-chemischen Untersuchungen für seine mitunter recht schwierigen, theilweise höchst unangenehmen, stets aber sehr verantwortungsvollen Arbeiten nur „Zeitversäumniss" entschädigt, und zwar nach Bestimmungen, die einer zeitgemässen Reform dringend bedürftig sind, da
sie dem gerichtlich-chemischen Sachverständigen gerade in den schwierigsten Fällen ein entsprechendes Aequivalent für seine Leistungen nicht
bieten.

Wer sich zur Zeit mit seinem chemischen Wissen und Können in
den Dienst der Justiz stellt, wird gut thun, wenn er seinen Lohn und
seine Befriedigung zunächst in dem wissenschaftlichen Interesse an derartigen Arbeiten, sowie in dem Bewusstsein sucht, an seinem Theile an
der Ausübung der öffentlichen Gerechtigkeitspflege mitwirken zu können.

III.   Allgemeines über Nachweis von Vergiftungen und
toxikologisch-chemische Untersuchungen.

Der Nachweis von Vergiftungen kann auf pathologisch-anato-
mischem oder auf chemischem Wege geführt werden.

Bei Vergiftungen mit tödtlichem Ausgange oder bei Todesfällen,
die unter verdächtigen Umständen erfolgen oder vom ärztlichen Stand-

----

[1] Ist es thunlich, den einen oder anderen dieser Versuche vor Gericht zu
wiederholen, so versäume man eine solche Gelegenheit nicht, das mündliche
Gutachten experimentell zu unterstützen.

punkte nicht ohne Weiteres erklärt werden können, leitet das Gericht ein „Verfahren zur Ermittelung der Todesursache" ein, welches mit der gerichtsärztlichen Obduction (Section) der, erforderlichen Falles wieder ausgegrabenen — exhumirten —, Leiche beginnt. Obwohl schon hierbei die Anwesenheit eines gerichtlich-chemischen Experten wünschens-werth ist, weil er dabei werthvolle Beobachtungen machen und Vorpro-ben anstellen kann, so sieht das Gericht doch meist von der Herbei-ziehung eines solchen zur Obduction ab.

Um so mehr liegt dem mit der Ausmittelung einer Vergiftung be-auftragten Chemiker ob, sich mit den obducirenden Aerzten zu ver-ständigen und Kenntniss von dem Sectionsprotokolle zu nehmen.

In Bezug auf die gerichtsärztliche Obduction und die Entnahme von Leichentheilen für gerichtlich-chemische Analysen bestimmt das Preussische (auch in anderen deutschen Staaten eingeführte) Regulativ für das Verfahren der Gerichtsärzte bei den gerichtlichen Unter-suchungen menschlicher Leichen vom 13. Februar 1875 — soweit es für die gerichtliche Chemie von Interesse ist — in §§. 21 und 22 Fol-gendes:

„Bei Verdacht einer Vergiftung beginnt die innere Besichtigung mit der Bauchhöhle", wobei u. a. „der etwaige Geruch zu ermitteln ist". — —

Nachdem der Magen und der Zwölffingerdarm in vorgeschriebener Weise herausgenommen und geöffnet worden ist, „wird sofort der Inhalt nach Menge, Consistenz, Farbe, Zusammensetzung, Reaction und Geruch bestimmt und in ein reines Gefäss von Porcellan oder Glas gethan".

„In den Fällen, wo sich im Mageninhalte verdächtige Körper, z. B. Bestand-theile von Blättern oder sonstige Pflanzentheile, Ueberreste von thierischer Nahrung, finden, sind dieselben einer mikroskopischen Untersuchung zu unter-werfen."

Nach Beendigung der anatomischen Untersuchung „werden der Magen und der Zwölffingerdarm in dasselbe Gefäss mit dem Mageninhalte gethan und dem Richter zur weiteren Veranlassung übergeben. In dasselbe Gefäss ist auch später die Speiseröhre, — — — — sowie in dem Falle, dass wenig Magen-inhalt vorhanden ist, der Inhalt des Leerdarms zu bringen".

„Endlich sind auch andere Substanzen und Organtheile, wie Blut, Harn, Stücke der Leber, der Nieren u. s. w., aus der Leiche zu entnehmen und dem Richter abgesondert zur weiteren Veranlassung zu übergeben. Der Harn ist für sich in einem Gefässe zu bewahren, Blut nur in dem Falle, dass von einer spectralanalytischen Untersuchung ein besonderer Aufschluss erwartet werden kann. Alle übrigen Theile sind zusammen in ein Gefäss zu bringen."

„Jedes dieser Gefässe wird verschlossen, versiegelt und bezeichnet." .

Führt der pathologisch-anatomische Weg zu keinem siche-ren Ergebniss, so ordnet der Richter die chemische Untersuchung der bei der gerichtsärztlichen Obduction entnommenen Leichentheile u. s. w. an und ernennt hierzu einen chemischen Sachverständigen.

Bei solchen, speciell toxikologischen Untersuchungen handelt es sich also, wie schon oben angedeutet wurde, um den Nachweis von Giften, sei es, dass dieser Nachweis den gerichtsärztlichen Befund be-stätigt oder, wenn dieser negativ war, ersetzt. In zweifelhaften Fällen geben die Gerichtsärzte ihr Gutachten erst auf Grund der chemi-schen Untersuchungsergebnisse ab.

2*

Eine Vergiftung ist am sichersten nachgewiesen, wenn der gerichts-ärztliche und der chemische Befund übereinstimmend auf ein und das-selbe Gift hinweisen und ein Theil von diesem noch in Substanz — als *corpus delicti* — vorgelegt werden kann.

Dass der chemische Nachweis einer Vergiftung zuweilen leicht, mitunter sehr schwierig, gelegentlich sogar unmöglich sein kann, dafür werden sich in den folgenden Abschnitten verschiedene Beispiele und Beweise finden.

Von den verschiedenen Objecten, welche Gegenstand toxikologisch-chemischer Analysen sein können, sind die gewöhnlichsten: Magen und Darm nebst Inhalt, verschiedene Theile anderer Organe, Blut und Urin (vergl. die oben mitgetheilten Stellen aus dem Regulativ für Gerichts-ärzte). Ausserdem kommen bei forensisch-chemischen Untersuchungen häufig vor: Erbrochenes, Reste von Speisen und Getränken oder von den muthmaasslich zur Vergiftung benutzten Präparaten, Medicamente und dergl. mehr. Zu diesen und ähnlichen Dingen gesellen sich dann bei Untersuchung von exhumirten Leichen oder deren Resten noch ver-schiedene Gegenstände aus der näheren oder entfernteren Umgebung der Leiche, z. B. Kleider, Holz mit farbigem Anstrich, Füllspäne und Zierrathen aus dem Inneren des Sarges, ja selbst Erde aus dem betref-fenden Grabe, und zwar sowohl oberhalb wie unterhalb des Sarges ent-nommen, weil einerseits das in einer Leiche vorhandene Gift mit deren flüssigen Zersetzungsproducten in die Umgebung der Leiche gelangt sein kann, andererseits aber auch die Möglichkeit nicht ausgeschlossen ist, dass gewisse, zu den Giften zählende Stoffe, wie z. B. Blei, Arsen u. s. w., aus der Umgebung der Leiche in deren Reste nachträglich eingeschleppt werden.

Eine toxikologische Analyse kann also, wie man sieht, unter Umstän-den recht umfangreich werden und zu ihrer correcten Ausführung einen Zeitraum von mehreren Wochen in Anspruch nehmen; auf der anderen Seite aber sind derartige Untersuchungen mitunter recht schnell und auf verhältnissmässig einfache Weise zu erledigen. Ob das eine oder andere der Fall ist, hängt natürlich ganz von den obwaltenden Um-ständen, sowie von der gerichtsseitigen Fragestellung ab.

Wird z. B. in einem Verfahren zur Ermittelung der Todesursache eine „Analyse auf Gift überhaupt" angeordnet, so steht der gerichtlich-chemische Experte begreiflicher Weise einer ungleich schwierigeren Auf-gabe gegenüber, als wenn er nur den begrenzten Auftrag erhält, be-stimmte Objecte auf Phosphor, Arsenik oder ein anderes bereits namhaft gemachtes Gift zu prüfen.

In Bezug auf die Schwierigkeit bei toxikologischen Analysen besteht ein weiterer Unterschied darin, ob das zu ermittelnde Gift ein anorgani-sches oder ein organisches ist, und zwar gehört die Ausmittelung der anorganischen Gifte im Allgemeinen zu den entschieden leichteren Aufgaben als der Nachweis von organischen Giften, namentlich von Alkaloiden.

Hieraus ergiebt sich von selbst, dass man das Studium der chemischen Toxikologie — entgegen dem systematischen Gange der gerichtlich-chemischen Analyse — mit dem Nachweise der anorganischen Gifte beginnt.

Von den übrigen analytisch-chemischen Arbeiten unterscheiden sich die toxikologischen besonders dadurch, dass es sich bei diesen in der Regel um die Auffindung minimaler Mengen giftiger Substanzen in Mitten grosser Massen organischer Stoffe handelt; hierin liegt vornehmlich die Eigenthümlichkeit und das Wesen toxikologischer Analysen.

Die Untersuchungsobjecte werden dem gerichtlich-chemischen Sachverständigen seitens des Gerichtes oder einer Medicinalbehörde übergeben mit dem Auftrage, dieselben auf ein bestimmtes, den äusseren Umständen nach zu vermuthendes Gift oder auf Gift überhaupt zu untersuchen und über das Ergebniss der Untersuchung Bericht zu erstatten.

Letztere muss sofort in Angriff genommen werden, einestheils um den Geschäftsgang eines gerichtlichen Verfahrens nicht unnöthig zu verzögern, dann aber auch, weil manche Gifte, wie z. B. Phosphor, Blausäure und dergl., nur innerhalb einer ziemlich eng begrenzten Zeit nachweisbar sind.

Die toxikologische Analyse beginnt mit einer Reihe später noch eingehender zu beschreibenden Vorsichtsmaassregeln und vorbereitenden Operationen (Reagentienprüfung, Vorproben), die genau zu protokolliren sind.

Hieran schliesst sich die Untersuchung selbst, deren nächste Aufgabe es ist: das Gift in irgend einer charakteristischen Form oder, wenn möglich, noch als solches zu isoliren. Dieser Theil der Untersuchung muss, wenn nicht eine Diagnose auf ein bestimmtes Gift vorliegt, nach einem vorher aufgestellten Plane erfolgen, derart, dass die Prüfung auf die eine Gruppe von Giften den Nachweis einer anderen Gruppe nicht von vornherein unmöglich macht. Ein derartiger schwerer Fehler wäre es z. B., wenn man bei einer toxikologischen Analyse zur Untersuchung auf Metallgifte schreiten wollte, ehe man sicher ist, dass organische Gifte bestimmt nicht in Frage kommen.

Wurde bei der Analyse ein Präparat erhalten, welches nach Art seiner Darstellung das gesuchte oder ein unvermuthet gefundenes Gift sein müsste, so handelt es sich weiter darum, dieses fragliche Präparat oder muthmaassliche Gift mit einem bestimmten Gifte in zweifelloser Weise zu identificiren, eine Aufgabe, die im Hinblick auf die meist recht kleine Menge der isolirten Substanz grosse Umsicht und manuelle Geschicklichkeit erfordert. Vor allen Dingen gilt dabei als Grundsatz, dass einige wenige, ja selbst nur eine einzige Identitätsreaction, wenn sie sicher eintritt, vollständig beweiskräftig ist, während zu viele und deshalb gerade unsichere Reactionen gar keinen Werth haben.

Man hüte sich also, die kostbare Substanz eines isolirten Giftes durch Anstellung zu vieler Reactionen nutzlos zu verzetteln, sondern begnüge sich mit wenigen oder auch nur mit einer beweiskräftigen Identitätsreaction! Gestattet die vorhandene Menge von Substanz eine grössere Reihe von Reactionen, so sind deren natürlich möglichst viele anzustellen.

Eine weitere wichtige, aber nicht immer mit Bestimmtheit zu beantwortende Frage ist, in welcher Verbindungsform ein Gift in den Untersuchungsobjecten vorliegt und in welcher Verbindungsform es in die Objecte gelangte. Beide Fragen sind nicht ohne Weiteres mit einander zu identificiren, da es doch z. B. leicht möglich ist, dass das Gift sich mit Bestandtheilen des Organismus chemisch umgesetzt hat.

Von ganz besonderer Bedeutung sind die hier angedeuteten Fragen beim Nachweise von Metallgiften und werden deshalb später an geeigneter Stelle nochmals erörtert werden.

Für den Richter und den Gerichtsarzt stets erwünscht, für den Chemiker aber keineswegs immer möglich ist eine Angabe über die Quantität des nachgewiesenen Giftes.

Deshalb wird jede toxikologische Analyse im Hinblick auf die beschränkte Menge des Untersuchungsmateriales von vornherein quantitativ angelegt und in ihren einzelnen Operationen streng nach den Regeln der quantitativen Analyse durchgeführt, zu welchem Zwecke es vor allen Dingen nöthig ist, dass man stets von abgewogenen Mengen des Untersuchungsmateriales ausgeht und dass diese eine möglichst gleichmässige Durchschnittsprobe des ganzen Objectes darstellen. Wird dann im Verlaufe der Analyse ein Gift angetroffen, so muss man immer in der Lage sein, dasselbe sogleich im Ganzen oder in einem aliquoten Theile des zuletzt erhaltenen Präparates quantitativ bestimmen zu können.

Bei ausreichenden Mengen an Untersuchungsmaterial wird man gleichwohl nicht versäumen, noch eine besondere quantitative Bestimmung auszuführen, dieselbe wird indessen, trotz sorgfältigsten Arbeitens, immer nur eine annähernde sein können, schon deshalb, weil z. B. bei Vergiftungen ein Theil des Giftes durch Erbrechen oder durch den Harn aus dem Organismus entfernt, das Erbrochene oder der Harn aber nicht vollständig gesammelt wurde, oder weil nur einzelne Organe zur Untersuchung gelangen, während das Gift sich bereits durch einen grossen Theil der ganzen Leiche verbreitet hatte oder schon theilweise zersetzt worden war.

Aus diesen und ähnlichen Gründen wird sich der gerichtlich-chemische Sachverständige in seinem Berichte und in seinem Gutachten über die ermittelten Giftmengen mit einer gewissen Reserve aussprechen und seine diesbezüglichen Resultate nicht als positiv sichere, sondern nur als „annähernde" oder „ungefähre" hinzustellen haben.

Verlief eine toxikologische Analyse vollständig resultatlos, so berechtigt ein solcher Ausfall den die Untersuchung führenden Chemiker noch keineswegs zu der Behauptung, es sei kein Gift vorhanden oder die Objecte seien giftfrei, denn es sind verschiedene Fälle nicht nur denkbar, sondern kommen thatsächlich vor, in denen Gift vorhanden, aber aus irgend welchen Gründen selbst bei regelrechter Ausführung der Analyse nicht mehr nachweisbar war.

Diese Umstände müssen im Gutachten Berücksichtigung finden und finden sie, wenn sich der gerichtlich-chemische Sachverständige dahin ausspricht, dass es ihm bei strictester Befolgung aller Vorsichtsmaassregeln nach dem augenblicklichen Stande der analytisch-chemischen Prüfungsmethoden nicht möglich gewesen sei, das vermuthete oder überhaupt ein Gift aufzufinden.

In besonderen Fällen, z. B. bei Untersuchungen auf rasch vergängliche Gifte und wenn obendrein noch zwischen dem muthmaasslichen Vergiftungsfalle und der Analyse ein Zeitraum von Wochen oder gar von Monaten liegt, wird man im Gutachten darauf hinweisen, dass „unter den obwaltenden Umständen" ein negatives Untersuchungsergebniss erklärlich und selbst bei Annahme einer thatsächlich stattgehabten Vergiftung mit ziemlicher Sicherheit vorauszusehen war.

Der negative Ausfall einer toxikologischen Analyse hat keine unbedingte Beweiskraft in dem Sinne, dass eine Vergiftung nicht anzunehmen sei, wenn bei der Analyse kein Gift gefunden wurde. Die oberste wissenschaftliche Medicinalbehörde hat vielmehr dahin entschieden, „dass der chemische Nachweis des Giftes im Leicheninhalte nicht unbedingtes Erforderniss zur Feststellung des Thatbestandes einer noch zweifelhaften Vergiftung sei, und dass diese auch ohne jenen chemischen Nachweis, je nach Umständen mit Gewissheit oder nach Wahrscheinlichkeitsgraden angenommen werden müsse, wenn die übrigen Kriterien der zweifelhaften Vergiftung für eine solche im concreten Falle sprechen, und der Fall eine andere diagnostische Deutung nicht zulässt" [1]).

Der gerichtlich-chemische Sachverständige hat seine Aufgabe gelöst, wenn er entweder ein Gift aufgefunden, identificirt und seiner Menge nach annähernd bestimmt hat, oder wenn er andererseits den unanfechtbaren Beweis erbrachte, dass sich mit den derzeitigen wissenschaftlichen Hülfsmitteln kein Gift nachweisen liess.

Weiter reichen die Functionen eines Chemikers in toxikologischen Fällen nicht! Ob das gefundene Gift nach Art und Menge geeignet war zu tödten, darüber hat der Mediciner zu entscheiden und dem Juristen bleibt es überlassen, festzustellen, wie und aus welchen Gründen das Gift in die Untersuchungsobjecte gelangt ist.

--- ---

[1]) Nach Sonnenschein's Handbuch der gerichtlichen Chemie (2. Aufl., S. 22) citirt.

IV. Allgemeine Gesichtspunkte für die Vorprüfung.

Wie bei der chemischen Analyse überhaupt, so geht auch bei toxikologischen Arbeiten der Hauptuntersuchung stets eine Vorprüfung voraus, welche den Zweck hat, in Ermangelung sonstiger Verdachtsmomente oder zur Ergänzung und Bestätigung derselben irgend welche Anhaltspunkte für die Anwesenheit einzelner Gifte oder Giftgruppen zu liefern, namentlich wenn eine allgemeine „Analyse auf Gift überhaupt" angeordnet ist.

Nachdem bei der Uebernahme der Untersuchungsobjecte die (bereits in den vorhergehenden Capiteln angedeuteten) nöthigen Feststellungen in Bezug auf Verpackung, Bezeichnung, Siegel u. dergl. protokollirt sind, wird jedes Object, einschliesslich des Gefässes, gewogen und das Gewicht notirt, damit später aus der Gewichtsdifferenz die in Arbeit genommenen Mengen ermittelt werden können.

Das Oeffnen der Gefässe muss vorsichtig geschehen, so dass dabei nichts von dem Packmaterial, z. B. Siegellack und mit diesem Blei- oder Quecksilberverbindungen, zu den Objecten gelangt. Gleichzeitig achte man dabei auf den mitunter sehr charakteristischen Geruch des Gefässinhaltes.

Es folgt nun die Feststellung und Protokollirung der äusseren Eigenschaften des Untersuchungsmaterials; bei Speiseresten oder erbrochenen Massen sind, wenn dies nicht schon aus den Acten ersichtlich, Erkundigungen über die Art und Weise des Aufsammelns einzuziehen; dasselbe gilt in Bezug auf die Frage: ob und welche Arzeneien der muthmaasslich Vergiftete vor seinem Tode genommen?

Es soll zuweilen vorkommen, dass die für gerichtlich-chemische Analysen bestimmten Objecte, um das darin vermuthete Gift vor Zersetzung zu schützen, mit conservirenden Zusätzen, z. B. Alkohol, versehen werden.

Wird bei einer Obduction eine derartige Maassregel ausnahmsweise für nothwendig erachtet, so ist ihre Ausführung einem mit den Forderungen der gerichtlichen Chemie vertrauten Chemiker oder Apotheker zu übertragen; denn wenn man sich auf der einen Seite die ernsten Pflichten vergegenwärtigt, die dem gerichtlich-chemischen Sachverständigen rücksichtlich der Reinheit seiner Reagentien u. s. w. mit Recht auferlegt werden, so muss man es andererseits als unverantwortlich bezeichnen, wenn z. B. Leichentheile u. dergl. mit käuflichem Spiritus übergossen werden, von dessen Reinheit sich vorher Niemand überzeugt hat.

Dass durch eine solche oder ähnliche Willkür der Werth einer gerichtlich-chemischen Analyse von vornherein in Frage gestellt wird [1]),

---

[1]) Vergl. z. B. Fleck, Chem. Centralbl. 1888, S. 1634.

versteht sich wohl nach dem, was im folgenden Abschnitte über die Reinigung und Prüfung der Reagentien gesagt werden wird, von selbst, und deshalb darf der gerichtliche Chemiker, dem ein solcher Fall vorkommt, nicht versäumen, schon vor dem Beginn der Analyse das Gericht von dieser Ungehörigkeit in Kenntniss zu setzen und eine Probe des benutzten Conservirungsmittels zur Controluntersuchung einzufordern.

An die Feststellung der allgemeinen äusseren Beschaffenheit schliesst sich die genaue Durchmusterung der Untersuchungsobjecte, zu welchem Zwecke man einen Theil des Objectes, bei Flüssigkeiten unter Berücksichtigung des Bodensatzes, in einer reinen Porcellanschale oder auf einer sauberen Glasplatte ausbreitet. Lässt sich mit blossem Auge nichts Fremdartiges erkennen, so nimmt man die Lupe zu Hülfe.

Bei der Durchmusterung der Objecte achte man besonders auf folgende Punkte:

Ungelöste graue, weisse oder farbige Partikelchen können Metallgifte oder Umwandlungsproducte solcher sein. Man sammelt sie durch Auslesen mit der Pincette, Abschlämmen oder auf sonst geeignete Weise, um sie theils zur chemischen Prüfung, theils als *corpus delicti* zu verwenden.

Reste von Pflanzentheilen liefern bei Vergiftungen mit Pflanzengiften mittelst giftiger Samen, Blätter, Wurzeln u. dergl. recht werthvolle Hinweise, zuweilen sogar den einzig sicheren Anhaltspunkt, wie z. B. bei Pilzvergiftungen und Collisionen von Pflanzenalkaloiden mit Fäulnissbasen.

Finden sich in einem Mageninhalte u. dergl. verdächtige Pflanzenreste, so sondert man sie sorgfältig aus und übergiebt sie einem Botaniker oder Pharmakognosten zur näheren Bestimmung.

Streichholzköpfchen weisen auf Phosphorvergiftung hin.

Auffällige Färbung des Untersuchungsobjectes kann von der Gegenwart von Chromverbindungen, Jod, Pikrinsäure, Cyanverbindungen u. s. w. herrühren.

Anatomische Veränderungen von Organen festzustellen und diagnostisch zu verwerthen, ist Sache des Arztes.

Zu der, einer toxikologisch-chemischen Analyse vorauszuschickenden, gewissenhaften und umsichtigen Vorprüfung gehören noch eine Reihe von Vorproben, von denen noch in den späteren analytischen Abschnitten ausführlicher die Rede sein wird.

Vorproben ganz allgemeiner Art sind folgende:

Ermittelung des Geruches, der mitunter sehr charakteristisch ist, sich namentlich beim Oeffnen der Gefässe bemerkbar macht und durch Zusatz von Säuren oder Alkalien (zu kleinen gesonderten Objectproben) verstärkt oder aufgehoben werden kann. Zu den Giften, welche sich schon leicht durch ihren Geruch verrathen, gehören besonders Phosphor, Blausäure,

Chloroform und viele andere vorzugsweise organische Substanzen [1]).

Ermittelung der Reaction; organische Massen zeigen im frischen oder bereits theilweise zersetzten Zustande häufig eine mehr oder weniger schwache, saure oder alkalische Reaction.

Vergiftungen oder Sachbeschädigungen durch ätzende Säuren oder Alkalien, bezw. durch saure oder alkalisch reagirende Salze ertheilen dagegen dem Untersuchungsobjecte, besonders an den geätzten Stellen, eine starke saure oder alkalische Reaction. Ist das Gift absichtlich oder zufällig neutralisirt worden, so weisen doch noch die hinterlassenen Spuren (Verletzungen, Beschädigungen) auf seine Gegenwart hin.

Leuchten im Dunkeln; Objecte, welche noch freien Phosphor enthalten, zeigen, wenn sie sauer reagiren und mit der Luft in Berührung kommen, eine eigenthümliche Phosphorescenzerscheinung.

Verhalten gegen Metalle; Objecte, welche Metallgifte enthalten, reagiren mitunter in charakteristischer Weise auf Eisen — bei der Zerkleinerung mit Scheere oder Messer —, Kupfer oder Platin in Verbindung mit Zink, indem sich auf dem als Reagens benutzten Metalle das Metall des Giftes als grauer, weisser oder rother Ueberzug niederschlägt.

Auf diese Weise erkennt man leicht Arsen, Kupfer, Quecksilber u. s. w. Das Nähere hierüber wird später mitgetheilt werden.

Die Objecte selbst dürfen durch die Vorprüfung nicht wesentlich verändert oder ihrer Hauptmenge nach mit Reagentien versetzt oder durch Anfassen mit alten, unsauberen Instrumenten (Scheere, Messer, Pincette u. dergl.) verunreinigt werden.

Die mit Reagentien versetzten Proben werden gesondert aufbewahrt.

Sorgfältige Beobachtungen bei der Besichtigung der Objecte und bei der Vorprüfung werden unter vorurtheilsfreier Berücksichtigung der actenmässig festgestellten Verdachtsmomente und des Sectionsprotokolles in vielen Fällen sehr werthvolle Anhaltspunkte für die Analyse liefern und die ganze Arbeit mitunter sehr vereinfachen.

Würden z. B. bei der Durchmusterung eines Mageninhaltes weisse Partikelchen gefunden, welche sich bei näherer Prüfung als Arsenik erwiesen, so wäre schon dadurch die Untersuchung im Wesentlichen beendet, weil das Gift in Substanz gefunden ist.

---

[1]) Unter Umständen ist ein kleiner Destillationsversuch mit oder ohne Wasserdampf noch beweisender.

In einem solchen Falle würde es sich dann nur noch um den allgemeinen Nachweis des Arsens in entfernteren Organen, z. B. in der Leber, handeln, um darzuthun, dass der Arsenik schon zu Lebzeiten des muthmasslich Vergifteten in dessen Körper gelangte und nicht erst nachträglich dem Mageninhalte beigemischt wurde.

Ein negativer Ausfall der Vorprüfung macht selbstredend eine weitere Untersuchung nicht überflüssig, sondern fordert im Gegentheile zu grösster Umsicht und Sorgfalt bei der Analyse selbst auf.

V. Disposition über das Untersuchungsmaterial und Plan für die Analyse.

Wie schon oben bemerkt wurde, ist das Untersuchungmaterial für toxikologische Analysen meist nur in beschränkter Menge und in jedem einzelnen Falle nur einmal vorhanden; es darf deshalb niemals zu planlosem Experimentiren und blindem Herumtappen gemissbraucht werden.

Vor Beginn der Analyse, aber nach genauer Kenntnissnahme aller einschlägigen Verhältnisse und nach Beendigung der Vorproben hat der die Untersuchung führende Chemiker zunächst über das verfügbare Material zu disponiren und nach Lage der Sache, Fragestellung, Ergebniss der Vorprüfung u. s. w., einen Plan für die Analyse zu entwerfen.

Bei der Verschiedenheit der Fälle und der sie begleitenden Umstände lassen sich genaue Vorschriften über die erwähnten beiden Punkte nicht geben, sondern nur einige ganz allgemeine Andeutungen.

Die Disposition über das verfügbare Material hängt natürlich, abgesehen von seiner absoluten Menge, von dem Umfange ab, den die Analyse voraussichtlich annehmen wird oder doch annehmen kann; wenn irgend möglich, soll man indessen die Hälfte bis ein Viertel jedes Objectes für eine Controluntersuchung von eigener oder fremder Hand (Superrevision) zurückstellen (vergl. auch Seite 14).

Ist der gerichtsseitig ertheilte Auftrag ein begrenzter oder gab die Vorprüfung, zu der man nicht mehr als $1/20$ vom Untersuchungsobjecte verbrauchen darf, ein bestimmtes Resultat, so dass bei der Analyse nur eine Giftgruppe, vielleicht nur ein Gift in Frage kommt, so kann man gleich ein Drittel oder die Hälfte jedes Objectes in Arbeit nehmen und in der vorgezeichneten Richtung direct auf eine bestimmte Giftgruppe oder auf ein einzelnes, bestimmtes Gift untersuchen.

Lautet aber die Fragestellung allgemein und verlief die Vorprüfung zweifelhaft oder ganz negativ, so wird man die Analyse nur mit einem Fünftel bis einem Viertel des vorhandenen Materiales bezw. jedes Objectes beginnen.

Da sich verschiedene Gifte im Organismus verschieden „localisiren“, d. h. vorzugsweise in bestimmten Organen ablagern, andere in das Blut übergehen oder durch den Harn ausgeschieden werden, wieder andere Brechen erregend wirken, so ergiebt sich, dass es zwecklos wäre, ein Object auf alle Gifte untersuchen zu wollen.

Deshalb, und nicht, um bei Gutachten sich in Erörterung medicinischer Fragen einzulassen, hat sich der Gerichtschemiker gewisse Kenntnisse über das Verhalten der Gifte im Organismus anzueignen.

Diesem Zwecke dienen auch die später beim Nachweise der einzelnen Gifte angegebenen physiologischen und anatomischen Notizen.

Was den vor jeder Analyse zu entwerfenden Untersuchungsplan anbetrifft, so hat derselbe unter Berücksichigung der gerichtsseitig gestellten Fragen und mit Erwägung aller sonst in Betracht kommenden Umstände von vornherein den bei der Untersuchung einzuschlagenden Weg vorzuzeichnen und dadurch zu verhüten, dass der Experte, auf halbem Wege stehen bleibend, sich eines Irrthums erst bewusst wird, wenn es zu dessen Berichtigung schon zu spät ist.

Allgemein gültige Vorschriften giebt es auch hier nicht; der Plan für die Untersuchung wird natürlich um so schwieriger, je mehr Gifte bei der betreffenden Analyse zu berücksichtigen sind, und erweitert sich schliesslich zu einem innerhalb gewisser Grenzen systematischen, auf analytisch-chemische Principien sich gründenden Abscheidungsverfahren für einzelne grössere Giftgruppen und deren einzelne Vertreter.

Die Hauptstationen dieses systematischen und vielfach verzweigten Ganges für toxikologisch-chemische „Analysen auf Gifte überhaupt“ sind folgende:

I. Nachweis gasförmiger Gifte oder schädlicher Stoffe nach den Principien der Luftanalyse, wie z. B. Kohlensäure, Kohlenoxyd, Schwefelwasserstoff, Schwefeldioxyd u. dergl.

II. Nachweis flüchtiger Gifte durch Destillation mit oder ohne Benutzung von Wasserdampf, und zwar aus neutralen, sauren oder alkalischen Objecten; z. B. Alkohol, Chloroform, Phosphor, Blausäure, Carbolsäure, Ammoniak, flüchtige Alkaloide u. dergl. mehr.

III. Nachweis von Giften, welche vorzugsweise durch Extraction mit Alkohol, bezw. durch Ausschütteln mit Aether, Petroleumäther, Benzol, Amylalkohol u. s. w. aus sauren oder alkalischen Lösungen isolirt werden können, wie z. B. die Mehrzahl der Bitterstoffe und Alkaloide.

IV. Nachweis von Giften, welche vorzugsweise durch Extraction mit Wasser gewonnen werden, wie z. B. Säuren und Alkalien, sowie deren Salze, Bariumverbindungen u. dergl.

V. Nachweis von Giften, welche nach vollständiger Zerstörung der Untersuchungsobjecte in der Regel durch Schwefelwasserstoff abgeschieden werden; z. B. die Gifte der Schwermetalle.

VI. Nachweis unlöslicher Metallverbindungen oder Umwandlungsproducte anorganischer Gifte, welche (bei V) in den unlöslichen Rückständen verbleiben, wie z. B. Zinnober, Chromoxyd, Bleisulfat, Schwerspath u. s. w.

Der diesem Analysenplane zu Grunde liegende Gedanke findet den besten Ausdruck in den eigenen Worten Dragendorff's:

„Das Ideal für die gerichtliche Chemie ist, Methoden zu finden, die uns gestatten, aus Gemengen verschiedener Stoffe durch ein und dieselbe Operation möglichst viel Gifte abzutrennen und dabei die sonst vorhandenen Stoffe soweit unversehrt zu lassen, dass das Material noch auf andere Gifte untersucht werden kann."

Wer sich mit der gerichtlichen Chemie zu beschäftigen anfängt, hat sich, abweichend von obigem Analysenplane, zunächst mit den Methoden zum Nachweise der einzelnen Gifte vollständig vertraut zu machen, und zwar von den einfachsten Fällen gerichtlich-chemischer und sanitätspolizeilicher Untersuchungen, d. i. von dem Nachweise metallischer Gifte ausgehend zu allmälig immer schwieriger werdenden Aufgaben toxikologisch-chemischer Analysen fortzuschreiten, bis er schliesslich bei dem schwierigsten Falle: der diagnoselosen „Analyse auf Gifte überhaupt" angelangt ist.

Dieser Weg wird im vorliegenden Buche verfolgt werden.

Zweiter Abschnitt.

Die Prüfung und Reinigung der hauptsächlichsten Reagentien, Materialien und Gebrauchsgegenstände für toxikologisch-chemische Zwecke.

Den wichtigsten Theil der Vorbereitungen für gerichtlich-chemische Untersuchungen bildet die Prüfung und Reinigung der zu benutzenden Reagentien, sowie die Beschaffung aller sonst erforderlichen Materialien, Apparate, Gefässe und Gebrauchsgegenstände.

Wer sich nicht bloss ausnahmsweise mit gerichtlich-chemischen Arbeiten beschäftigt, soll die Reagentien u. s. w. in vorschriftsmässiger Beschaffenheit und unter sicherem Verschlusse vorräthig halten, damit, wenn von Seiten des Gerichts eine Untersuchung angeordnet wird, dieselbe unverzüglich in Angriff genommen werden kann.

I. Reagentien und chemische Präparate.

Käufliche Reagentien und Materialien enthalten vielfach als verunreinigende Beimengungen die gleichen Substanzen, welche Gegenstand toxikologisch-chemischer Untersuchungen sein können; man bezeichnet sie deshalb im Allgemeinen als rein, wenn sie frei von solchen Stoffen sind, die man im Laufe einer toxikologischen Analyse als Gifte anzutreffen erwarten kann.

Nun ist aber der Reinheitsgrad selbst der als „chemisch rein", „officinell" oder sonstwie benannten Reagentien kein absoluter, sondern abhängig von der Schärfe der zur Prüfung benutzten Methode und der hierzu verwendeten Menge des betreffenden Materiales.

. Da aber toxikologisch-chemische Untersuchungsmethoden sehr empfindlich sind und die Reagentien dabei häufig in bei Weitem grösseren Mengen zur Anwendung gelangen als diejenigen sind, die zur Prüfung auf den Reinheitsgrad dienten, so liegt es auf der Hand, dass der Rückschluss, ein chemisch-reines Reagens müsse auch für toxikologische Zwecke genügend rein sein, durchaus ungerechtfertigt ist.

Im Sinne der deutschen Pharmakopöe z. B. ist die Salzsäure arsenrein, wenn 3 ccm derselben, nach der betreffenden Vorschrift geprüft, keine Arsenreaction liefern. Unterwirft man aber grössere Mengen, z. B. 1 Liter, dieser „arsenfreien" Säure einer geeigneten Behandlung, so wird man nicht selten Spuren von Arsen noch deutlich nachzuweisen vermögen.

Da nun die Salzsäure bei toxikologischen Analysen, z. B. zur Desorganisirung und Auflösung der Untersuchungsobjecte behufs Untersuchung auf Arsen und andere Metallgifte, meist in grösseren Quantitäten verbraucht wird, so leuchtet es ein, dass man sich hierzu nicht ohne Weiteres der officinellen „arsenfreien" Salzsäure bedienen darf, da mit grösseren Mengen derselben nachweisbare Spuren von Arsen, also einer überaus häufig den Gegenstand toxikologischer Untersuchung bildenden Substanz, den Untersuchungsobjecten zugeführt werden können.

Das in seinen Schlussfolgerungen höchst verhängnissvolle Resultat einer solchen toxikologischen Analyse wäre der Nachweis von Arsen, welches im Untersuchungsobjecte von vornherein nicht enthalten war, sondern erst nachträglich mit einer Salzsäure von ungenügendem Reinheitsgrade eingeschleppt wurde.

Die gleiche Gefahr der nachträglichen Einführung von Giften in an und für sich giftfreie Objecte bieten bei toxikologischen Analysen alle

Reagentien und Materialien, welche im gewöhnlichen Sinne, d. h. in kleinen Quantitäten geprüft, chemisch rein sind, nichtsdestoweniger aber ohne weitere Prüfung auf einen höheren Reinheitsgrad in grösseren Quantitäten zur Anwendung gelangen. Die Gefahr der Einschleppung von Giften durch Reagentien wächst aber selbstverständlich mit den Mengen, in welchen jene den Untersuchungsobjecten zugeführt werden.

Berücksichtigt man noch, wie minimal die Spuren eines Giftes zuweilen sind, welche nachgewiesen werden sollen und bei der überaus grossen Empfindlichkeit toxikologisch-chemischer Methoden auch wirklich nachgewiesen werden können, so bedarf es keines besonderen Hinweises darauf, dass die gründlichste und gewissenhafteste Prüfung aller Reagentien und sonstigen Materialien, welche im Laufe der Analyse mit den Untersuchungsobjecten in Berührung kommen, eine unerlässliche Voraussetzung jeder toxikologisch-chemischen Untersuchung ist.

Im Allgemeinen gilt als Regel: die bei toxikologischen Analysen in grösseren Mengen zu verwendenden Reagentien und Materialien sind auch in mindestens den gleichen Mengen zu prüfen.

Die zweckmässigste Art der Prüfung ist der sogenannte „blinde" Versuch, welcher gleichzeitig über die Reinheit der Reagentien und Materialien, wie auch der Gefässe, Apparate und allen sonstigen Zubehörs Aufschluss giebt.

Gesetzt den Fall, man habe in der Leiche eines muthmasslich Vergifteten eine minimale Spur Arsen gefunden, so müsste man sich, bevor man dieses Ergebniss dem Gerichte gegenüber gutachtlich verwerthet, die unumstössliche Ueberzeugung verschafft haben, dass die ermittelten Spuren des Giftes nur aus den Untersuchungsobjecten stammen können und nicht etwa in den benutzten Reagentien, Gefässen u. s. w. enthalten gewesen sind.

Diese Ueberzeugung besitzt man nur, wenn dem Hauptversuche, welcher die Anwesenheit von Arsen ergab, ein „blinder" Vorversuch vorausging, bei welchem gleiche Mengen derselben Reagentien, dieselben Gefässe und Apparate benutzt, die gleichen äusseren Versuchsbedingungen, Zeitdauer etc. innegehalten wurden, und der trotz dessen keine Spur von Arsen ergab.

Nur der alle äusseren Umstände berücksichtigende „blinde" Versuch, der sich also vom Hauptversuche nur durch die Abwesenheit des Untersuchungsobjectes unterscheidet, ist in schwierigen Fällen geeignet, jeden Zweifel zu zerstreuen und das Gefühl der Sicherheit zu verleihen, dessen der gerichtlich-chemische Experte bei seiner verantwortungsvollen Arbeit bedarf und das er sich unter allen Umständen zu verschaffen suchen muss.

Man gewöhne sich deshalb von vornherein an die peinlichste Ge-
wissenhaftigkeit bei toxikologisch-chemischen Arbeiten, insonderheit
auch bei den Vorarbeiten, z. B. der Prüfung der Reagentien, und halte
niemals ein Reagens für rein, bevor man sich selbst davon überzeugt hat. Eine Versäumniss in dieser Beziehung könnte
zur Folge haben, dass das von einer geschickten Vertheidigung mit Erfolg angegriffene chemische Gutachten werthlos gemacht wird, in Folge
dessen ein Verbrecher ungestraft bleibt, oder dass ein des Giftmordes
unschuldig Angeklagter verurtheilt wird, weil bei der betreffenden Analyse ein von aussen eingeschlepptes Gift gefunden worden war, denn
das chemische Gutachten ist stets ein wesentliches Glied in der Kette
der den Angeschuldigten belastenden oder entlastenden Momente.

Nachstehend soll nun auf die bei toxikologisch-chemischen Analysen
in Betracht kommenden Verunreinigungen der hauptsächlichsten Reagentien aufmerksam gemacht und die bezüglichen Prüfungs- und Reinigungs-
methoden angedeutet werden.

Alkohol.

Der Alkohol wird in Form von Weingeist oder als absoluter Alkohol vorzugsweise bei der Ausmittelung organischer Gifte — Bitterstoffe,
Alkaloide — in grösseren Quantitäten gebraucht, doch sucht man auch
zuweilen gewisse Metallgifte den Objecten direct durch Alkohol zu entziehen.

Für beide Verwendungszwecke kommt in Betracht, dass der käufliche Alkohol kleine Beimengungen basischer Substanzen enthalten und aus den zu seiner Herstellung und Aufbewahrung dienenden
Apparaten Spuren von Metallen — z. B. Kupfer — aufgenommen
haben kann.

Der für toxikologische Zwecke zu benutzende Alkohol, welcher die
allgemeinen Merkmale der Reinheit besitzen muss, kann durch Destillation über etwas Weinsäure leicht von den erwähnten Verunreinigungen
befreit werden.

Von der Prüfung des Alkohols auf Holzgeist und Fuselöl wird
später die Rede sein.

Aether.

Vom Aether, den man in der Regel in Form des officinellen Präparates ($d = 0,724$ bis $0,728$; Sdp. 34 bis 36^0 C.) verwendet, gilt im
Wesentlichen dasselbe wie vom Alkohol; er muss deshalb vor der Benutzung ebenfalls über Weinsäure rectificirt werden.

Ammoniak.

Bei der Prüfung des Ammoniaks, welches in der als Reagens gebräuchlichen Concentration ($d = 0,960$) angewendet wird, hat man, wenn es in grösseren Quantitäten gebraucht wird, ausser auf den allgemeinen Reinheitsgrad in erster Linie auf kleine Beimengungen von Arsen und anderen giftigen Metallen zu achten.

Zu diesem Zwecke dampft man ein grösseres Quantum — etwa 100 ccm — der betreffenden Ammoniakflüssigkeit in einer sauberen Porcellanschale auf dem Wasserbade ein und nimmt den Rückstand mit heissem Wasser, dem einige Tropfen reine Salz- oder Schwefelsäure zugesetzt sind, auf.

Die eine Hälfte dieser Lösung verwendet man zur Prüfung auf Arsen nach Marsh-Berzelius oder nach der Pharmakopöeprobe (S. 38 u. 39), während die andere Hälfte in der üblichen Weise erst mit Schwefelwasserstoff und dann mit Schwefelammonium auf sonstige metallische Verunreinigungen untersucht wird.

Bei Analysen auf Blausäure, bezw. Cyanverbindungen, hat man sich davon zu überzeugen, dass das Ammoniak nach dem Ansäuern mit Salzsäure auf Zusatz einiger Tropfen Eisenchlorid keine Rothfärbung — Rhodanammonium — giebt.

Amylalkohol.

Derselbe findet in der toxikologischen Analyse eine beschränkte Anwendung bei Ausmittelung von Pflanzengiften. Das hierzu zu benutzende Präparat siede constant bei 131 bis 132° C., hinterlasse beim Verdunsten keinen Rückstand oder doch wenigstens keinen solchen, der sich auf Zusatz eines Tropfens reiner concentrirter Schwefelsäure irgendwie färbt, und gebe beim Schütteln mit schwefelsaurem Wasser an letzteres keine Substanzen ab, welche die sogenannten allgemeinen Alkaloidreactionen liefern.

Benzol.

Das Benzol wird zu gleichen Zwecken verwendet wie der Amylalkohol und es sind somit für seine Prüfung auf Reinheit dieselben Gesichtspunkte maassgebend.

Chloroform.

Auch das Chloroform findet bei Ausmittelung von Alkaloiden Verwendung. Für die Prüfung genügt im Allgemeinen die Feststellung des officinellen Reinheitsgrades, doch ist neuerdings mehrmals arsenhaltiges Chloroform im Handel angetroffen worden [1]).

Zur Prüfung auf Arsen schüttelt man das Chloroform mit verdünnter reiner Kalilauge aus, dampft den Auszug ein und prüft den mit verdünnter arsenreiner Salz- oder Schwefelsäure angesäuerten Rückstand nach Marsh-Berzelius, Bettendorff oder nach der Pharmakopöeprobe (S. 38 ff.).

Chlorsäure.

Dieselbe dient zur Desorganisirung von Leichentheilen und ähnlichen Objecten zwecks Untersuchung auf Metallgifte (Methode von Sonnenschein-Jeserich).

Ein grösseres Quantum — mindestens 100 ccm — der concentrirten käuflichen oder selbst dargestellten [2]) Chlorsäure wird mit einer reichlichen Menge Wasser verdünnt und portionsweise vorsichtig mit arsenreiner Salzsäure versetzt, bis keine Chlorentwickelung mehr stattfindet.

Die dann durch Eindampfen concentrirte Flüssigkeit theilt man in drei Theile, von denen der eine zur Prüfung auf Arsen nach Marsh-Berzelius oder nach der Pharmakopöeprobe (S. 38) benutzt wird; den zweiten Theil prüft man mittelst Schwefelwasserstoff und Schwefelammonium auf sonstige giftige Metalle, den dritten Theil auf Barium.

Eisenchlorür.

Dasselbe dient zur Abscheidung des Arsens als Chlorarsen und muss deshalb selbst arsenfrei sein.

Das Eisenchlorür wird durch Auflösen von sogenanntem Blumendraht in concentrirter Salzsäure von gewöhnlichem Reinheitsgrade und Eindampfen der filtrirten Lösung über etwas Blumendraht mit den zur Verhinderung der Oxydation nöthigen Vorsichtsmaassregeln, wobei etwa vorhandenes Arsen verflüchtigt wird, dargestellt. Man verwendet es meist in Gestalt einer kalt gesättigten Lösung.

Erwärmt man überschüssigen Blumendraht mit 25 proc. Salzsäure, bis die Gasentwickelung fast beendet ist, so scheidet die filtrirte Lösung beim längeren Stehen in der Kälte reichliche Mengen von Krystallen ab.

Zur Prüfung auf Arsen destillirt man einen Theil dieser, event. aus Krystallen bereiteten, Lösung mit arsenfreier Salzsäure, dampft das

---

[1]) Scholvien, Apotheker-Zeitung 1887, Nr. 3.
[2]) Durch Fällen einer Lösung von Bariumchlorat mit verdünnter Schwefelsäure.

erste Drittel des Destillats nach Zusatz von einigen Krystallen Kalium-
chlorates ein und prüft den mit arsenfreier Salzsäure versetzten oder
mit arsenfreier Schwefelsäure bis zur Austreibung der Salzsäure erhitzten Rückstand im Marsh'schen Apparate oder nach der Pharmakopöeprobe (S. 38).

Essigsäure.

Die bei toxikologischen Analysen zu verwendende concentrirte oder
verdünnte Essigsäure muss die allgemeinen Merkmale der Reinheit besitzen und darf insbesondere weder durch Schwefelwasserstoff noch
durch Schwefelammonium verändert werden.

Sicherer ist es, wenn man hierzu den Verdampfungsrückstand eines
grösseren Quantums — etwa 100 ccm — der zu prüfenden Säure verwendet.

Kaliumchlorat.

Dieses Salz spielt eine wichtige Rolle bei Untersuchungen auf
Metallgifte und wird dabei oft in grösseren Quantitäten zur Desorganisirung und Auflösung der Untersuchungsobjecte (z. B. Leichentheile)
verbraucht. Das Kaliumchlorat muss deshalb auf alle die Gifte geprüft
werden, welche nach der Desorganisirung der Objecte Gegenstand der
Analyse sein können, d. h. auf Metallgifte und auf Barium.

Zu diesem Zwecke übergiesst man etwa 50 g des schon äusserlich
alle Merkmale der Reinheit besitzenden Salzes mit Wasser und lässt,
während das Gemisch auf dem Wasserbade erwärmt wird, so lange
reine, arsenfreie Salzsäure langsam zufliessen, als noch Chlorentwickelung stattfindet.

Die hierbei schliesslich resultirende Chlorkaliumlösung wird zur
einen Hälfte zur Prüfung auf Arsen nach Marsh verwendet, während
die andere Hälfte auf ihr Verhalten gegen Schwefelwasserstoff, Schwefelammonium und verdünnte Schwefelsäure untersucht wird.

Kalihydrat, Kaliumcarbonat, Kaliumnitrat.

Die Prüfung dieser Materialien, die bei toxikologischen Analysen
selbstverständlich nur in Form der reinsten Präparate Anwendung
finden, erstreckt sich in der Regel auf Metalle im Allgemeinen und
auf Arsen im Besonderen.

Zu letzterem Zwecke säuert man die wässerigen Lösungen der betreffenden Präparate mit arsenfreier Schwefelsäure an und prüft sie
im Marsh'schen Apparate. Bei der Prüfung von Kaliumnitrat ist es

dabei unbedingt erforderlich, dass die Salpetersäure durch **Eindampfen** mit überschüssiger **arsenreiner** Schwefelsäure vorher **vollständig** entfernt ist.

Natronhydrat, Natriumcarbonat, Natriumnitrat.

Die Prüfung dieser Präparate, die bei toxikologischen Analysen ebenfalls nur in **reinster** Form verwendet werden, geschieht in derselben Weise, wie bei den entsprechenden Kaliumverbindungen.

Petroleumäther.

Der zur Abscheidung von Alkaloiden zu verwendende Petroleumäther muss sehr leicht — nicht über 60° C. — flüchtig sein und darf bei gewöhnlicher Temperatur keinen Verdunstungsrückstand hinterlassen. **Dragendorff** empfiehlt, den Petroleumäther über etwas Provenceröl oder Schweineschmalz zu rectificiren.

Salpetersäure.

Sieht man ab von der nicht sehr gebräuchlichen Methode der Zerstörung grösserer organischer Massen — Leichentheile u. dergl. — mittelst Salpetersäure, z. B. nach dem **Wöhler-v. Siebold**'schen Verfahren, so spielt diese Säure keine grosse Rolle in der toxikologischen Analyse, sofern sie nur in kleineren Mengen zur Verwendung gelangt, und zwar in der üblichen Concentration der **officinellen** Salpetersäure ($d =$ 1,185) und, zur Erzielung stärkerer Oxydationswirkungen, in Form der concentrirten Säure ($d = 1,4$) oder als **rauchende** Salpetersäure, worunter hier das reine Salpetersäurehydrat ($d = 1,5$) zu verstehen ist.

Bei der Prüfung der Salpetersäure für toxikologische Zwecke handelt es sich, abgesehen von der Feststellung des allgemeinen Reinheitsgrades, vornehmlich um den Nachweis der Abwesenheit von **Metallen**, namentlich von **Arsen**.

Zu diesem Zwecke dampft man 50 bis 100 ccm der betreffenden Säure bis auf einen kleinen Rest ein, verdünnt etwa die Hälfte davon mit Wasser und prüft diese Flüssigkeit nach annähernder Neutralisation durch reines Ammoniak auf ihr Verhalten gegen Schwefelwasserstoff und Schwefelammonium.

Den übrigen Theil des Verdampfungsrückstandes erhitzt man mit reiner **arsenfreier** Schwefelsäure bis zur Entwickelung dicker weisser Dämpfe, verdünnt den erkalteten Rückstand **vorsichtig** mit Wasser und prüft diese Flüssigkeit im **Marsh**'schen Apparate.

Die Prüfung der **rauchenden** Salpetersäure geschieht in derselben Weise, nachdem sie event. mit etwa der fünffachen Menge von Wasser verdünnt worden ist.

Eine etwa sich nöthig erweisende Reinigung der Salpetersäure ist durch rectificirende Destillation zu bewirken, bei welcher die Verunreinigungen theils im Rückstande verbleiben, theils in den Vorlauf übergehen.

Für gewisse, noch näher anzugebende Zwecke muss die Salpetersäure unbedingt frei von Chlorverbindungen und niederen Oxyden des Stickstoffs sein.

Salzsäure.

Von den mannigfaltigen, metallischen und nicht metallischen Verunreinigungen der käuflichen Salzsäure ist für toxikologisch-chemische Arbeiten die gefährlichste das Arsen: ein Bestandtheil, der sich, wenn auch nur spurenweise, nicht selten noch in den reinsten Handelssorten findet, obgleich diese im chemischen oder officinellen Sinne arsenfrei sind.

Da aber, wie schon erwähnt, bei den gebräuchlichsten Methoden zur Desorganisirung der Untersuchungsobjecte oft grosse Quantitäten von Salzsäure verbraucht werden, so reichern sich die in derselben vorhandenen, an und für sich vielleicht nicht nachweisbaren Spuren von Arsen zu nachweisbaren Mengen an, von denen man dann glaubt, dass sie aus den Untersuchungsobjecten stammen, während sie doch erst mit der Salzsäure in jene eingeführt worden sind.

In Bezug auf das Vorkommen anderer Metalle in der reinen Salzsäure des Handels ist zu berücksichtigen, dass zuweilen die Reinigungsbezw. Desarsenirungsmethode gerade die Quelle einer neuen Verunreinigung des gereinigten Productes sein kann. So wurde z. B. käufliche reine Salzsäure, welche nach dem Bettendorff'schen Verfahren — durch Zinnchlorür — desarsenirt war, zwar arsenfrei, aber zinnhaltig befunden [1]).

Prüfung der Salzsäure.

Die bei toxikologischen Analysen zu verwendende Salzsäure muss zunächst alle Merkmale eines chemisch-reinen bezw. den Anforderungen der Pharmakopöe entsprechenden Präparates besitzen.

Die wichtigste Prüfung ist diejenige auf Arsen, wobei zu unterscheiden ist, ob es sich um die Feststellung des gewöhnlichen oder — wie bei den meisten toxikologischen Untersuchungen — eines höheren Reinheitsgrades handelt.

---

[1]) Vergl. E. Schmidt, Archiv der Pharmacie **221**, 678 (1883). — Gegenwärtig ist die reine Salzsäure häufiger zinnhaltig.

Arsenfreie Salzsäure im chemischen oder officinellen Sinne.

Im chemischen oder officinellen Sinne versteht man unter arsenfreier Salzsäure eine solche, welche nach Vorschrift der Pharmakopöe
geprüft, oder unter Anwendung anderer empfindlicher Arsenreactionen
keinen Arsengehalt mehr erkennen lässt.

Zur Prüfung der Salzsäure auf Arsen bedient man sich, wenn nur
die Feststellung des gewöhnlichen Reinheitsgrades beabsichtigt wird,
der folgenden Reactionen.

Pharmakopöeprobe (Gutzeit'sche Reaction)[1].

„3 ccm Salzsäure und 6 ccm Wasser werden in einem Probirrohre
(ungefähr 3 cm weit) mit Jodlösung[2] bis zur Gelbfärbung vermischt,
hierauf einige Stückchen Zink hinzugefügt; nach Einschiebung eines
losen Baumwollpfropfens wird die Oeffnung des Rohres mit einem Blatte
weissen Filtrirpapiers verschlossen, welches in seiner Mitte mit einem
Tropfen concentrirter Silberlösung (1 = 2) befeuchtet wird. Weder sogleich, noch nach einer halben Stunde darf die mit Silbernitrat benetzte
Stelle sich gelb färben, noch die Färbung von der Peripherie aus in
Braun bis Schwarz übergehen."

Bei Anwesenheit von Arsen entsteht ein gelber, braunschwarz umsäumter
Fleck, welcher beim Befeuchten mit Wasser sofort schwarz wird.

Der Vorgang ist der, dass bei Einwirkung von Arsenwasserstoff auf
Silbernitrat eine gelbe Doppelverbindung von Arsensilber und Silbernitrat ge-
bildet wird, die sich in Berührung mit Wasser sofort unter Abscheidung von
Silber zersetzt:

oder:

$$(Ag^3As . 3\,AgNO^3) + 3\,H^2O = 6\,Ag + H^3AsO^3 + 3\,HNO^3$$

$$2\,(Ag^3As . 3\,AgNO^3) + 3\,H^2O = 12\,Ag + As^2O^3 + 6\,HNO^3.$$

Genau die gleiche Reaction, wie der Arsenwasserstoff, liefert auch der
Phosphorwasserstoff in Folge Bildung einer analog zusammengesetzten und sich
in demselben Sinne zersetzenden Phosphorsilber - Silbernitrat - Verbindung.

Die durch Schwefel- und Antimonwasserstoff erzeugten gelben Silberverbindungen werden zum Unterschiede von denjenigen des Phosphors und Arsens
durch Wasser nicht sofort zersetzt bezw. geschwärzt[3].

Die Pharmakopöeprobe ist stets durch einen „blinden" Versuch mit arsenfreier Salzsäure zu controliren.

Die Silbernitratlösung muss neutral sein und darf durch das Filtrirpapier
allein nicht verändert werden[4].

---

[1] Pharmaceut. Zeitung, Bunzlau 1879, 263.
[2] Zehntel - Normaljodlösung.
[3] Poleck und Thümmel, Archiv d. Pharmacie **222**, 1 (1884).
[4] Vergl. u. a. auch Beckurts, Pharmaceut. Central - Halle 1884 und das
folgende Citat von Flückiger.

Flückiger's Modification der Pharmakopöeprobe[1]).

Die Reaction wird, statt in einem weiten Reagirrohre, in einem enghalsigen ($1^1/_2$ cm Durchmesser) Kölbchen von 50 ccm Inhalt oder in einem kleinen Stehcylinder von 10 cm Höhe und halbem Rauminhalt vorgenommen.

Die Menge des anzuwendenden Zinks wird auf etwa 1 g beschränkt; ein Stäbchen von 5 mm Dicke und 4 mm Länge entspricht diesem Zwecke.

Die zu prüfende Salzsäure wird auf etwa $7^1/_3$ Proc. HCl-Gehalt ($d =$ ca. 1,036), die zu prüfende Schwefelsäure auf etwa $8^1/_3$ Proc. H^2SO^4-Gehalt ($d =$ ca. 1,055) verdünnt und davon 1 bis 2 ccm in Prüfung genommen.

Auf die Mündung des Reagirgefässes dreht man zwei Scheibchen Filtrirpapier, darüber das, mit einem Tropfen Silbernitratlösung gleichmässig durchtränkte Stückchen Filtrirpapier (ein Quadrat von 4 cm Seitenlänge).

Die Silbernitratlösung ist eine bei jeder Temperatur des Arbeitsraumes gesättigte und mit Salpetersäure schwach angesäuert[2]).

Die Reaction wird in einem wenig belichteten Raume vorgenommen.

Zeigt sich nach einer Stunde kein gelber Fleck, so betrachte man auch die Innenseite des Silberpapiers.

In der vorstehend angedeuteten Modification verbindet die Gutzeit'sche Reaction die Vorzüge einer einfachen Ausführbarkeit mit einer alle anderen Arsenreactionen übertreffenden Schärfe; denn die praktische Empfindlichkeitsgrenze liegt bei $1/_{1000}$ mg (d. h. bei 0,000 001 g) As^2O^3; Flückiger konnte aber auch noch $1/_{10\,000}$ mg (also 0,000 000 1 g) As^2O^3 erkennen und verlangt deshalb, dass fortan diese Reaction — und nicht wie bisher die Marsh'sche — zur Feststellung des Reinheitsgrades der Reagentien für toxikologische Zwecke maassgebend sein soll.

Leider aber ist die Gutzeit'sche Reaction immer noch nicht ganz frei von Bedenken und begegnet zunächst der praktischen Schwierigkeit, dass es augenblicklich schwer hält, ein Zink von dem erforderlichen Reinheitsgrade zu erhalten. Versuche, dieses Metall durch ein anderes zu ersetzen (s. u. Zink), führten bis jetzt zu keinem brauchbaren Ergebnisse.

Die bereits oben angedeuteten, mehr theoretischen Bedenken liegen u. a. in der Aehnlichkeit der Arsenwasserstoffreaction mit derjenigen des Phosphor-, Antimon- und Schwefelwasserstoffs, sowie überhaupt in der leichten Veränderlichkeit des Silbernitrates z. B. durch Licht, Wasserstoff und organische Substanzen, werden aber bei sorgfältiger Ausführung der Reaction im Allgemeinen nur dann Zweifel veranlassen, wenn es sich in der That um den Nachweis kleinster Mengen von Arsen handelt.

Versuche, das Silbernitrat bei der Gutzeit'schen Reaction durch Quecksilberchlorid (1:20) zu ersetzen, ergaben, dass dieses Metallsalz durch Arsenwasserstoff erst gelb, dann braun gefärbt wird, dass aber diese zur Zeit noch nicht genügend aufgeklärte Sublimatreaction im Gegensatze zur Silbernitratreaction durch Licht und Wasser nicht beeinflusst wird, also in dieser Beziehung grössere Sicherheit und Bequemlichkeit in der Beobachtung bietet.

Die Sublimatreaction ist nicht ganz so empfindlich, wie die Silberreaction, gestattet aber noch bequem den Nachweis von $1/_{500}$ mg As^2O^3.

---

[1]) Flückiger, Nachweis kleinster Mengen von Arsen: Archiv der Pharmacie **227**, 1 (1889).

[2]) Neutrale Silberlösung wird schon durch Wasserstoff allein reducirt. Reichardt, Archiv d. Pharmacie **221**, 591 (1883).

Auch Phosphor-, Antimon- und Schwefelwasserstoff geben mit Queck-silberchlorid zum Theil ähnliche Reactionen, wie der Arsenwasserstoff [1]).

Von weiteren Anwendungen der Gutzeit-Flückiger'schen Reaction wird noch später die Rede sein.

Marsh'sche Reaction.

Dieselbe wird beim Nachweise des Arsens genauer beschrieben werden.

Bettendorff'sche Reaction [2]).

Einige Gramme der möglichst concentrirten Säure werden, mit dem doppelten Volum Zinnchlorürlösung vermischt, einige Zeit in der Kälte stehen gelassen oder im Wasserbade erwärmt.

Bei Anwesenheit von Arsen tritt Braunfärbung der Flüssigkeit oder Abscheidung brauner Flocken von (zinnhaltigem) metallischem Arsen ein.

Die zur Ausführung dieser Reaction erforderliche Zinnchlorürlösung — Bettendorff'sches Reagens — wird folgendermaassen bereitet: Zinnchlorür wird mit Salzsäure zu einem dünnen Brei angerieben und dieser mit gewaschenem Chlorwasserstoffgase gesättigt. Nach mehr-tägigem Stehen wird die Flüssigkeit durch Asbest filtrirt.

Einfacher kommt man zum Ziele, wenn man die auf Arsen zu prüfende concentrirte Salzsäure mit einem Stanniolblättchen erhitzt.

Schlickum'sche Reaction [3]).

In 3 bis 4 g reiner (arsenfreier) Salzsäure löst man 0,3 bis 0,4 g Zinnchlorür, fügt ein winziges Kryställchen (0,01 bis 0,02 g) Natrium-sulfit hinzu, schichtet die zu prüfende Säure darüber und stellt das Reagirglas in warmes Wasser.

Arsenhaltige Säure bewirkt an der Berührungsfläche beider Flüssig-keiten eine gelbe Zone von Schwefelarsen.

Diese Reaction beruht darauf, dass bei Einwirkung von Salzsäure auf Natriumsulfit in Gegenwart von Zinnchlorür Schwefelwasserstoff gebildet wird.

Nimmt man zu viel Natriumsulfit, so scheidet sich in der unteren Flüssigkeitsschicht Schwefelzinn ab.

---

[1]) Vergleiche z. B. Mayençon und Bergeret, Compt. rend. **79**, 118 (1874); Simon, Pogg. Annalen **42**, 369; H. Rose, Chimie analytique I, 425 und 1010 (Paris 1839); Aschan, Chemiker-Ztg. **10**, 82 u. 102 (1886); Poleck u. Goercki, Berichte d. deutsch. chem. Ges. **21**, 2412 (1888).

[2]) Zeitschrift für Chemie [2] **5**, 492 (1869).

[3]) Pharmaceut. Zeitung **30**, 465 (1885).

Reinsch'sche Reaction[1]).

Eine Probe der verdünnten Säure wird mit einem blanken Kupferblechstreifen[2]) erwärmt. Bei Anwesenheit von Arsen überzieht sich derselbe nach kürzerer oder längerer Zeit mit einem eisengrauen Beschlage, welcher zum Unterschiede von ähnlichen, durch Antimon, Zinn, Blei, Quecksilber, schwefliger Säure u. dergl. bewirkten Erscheinungen dem Bleche fest anhaftet und mit demselben im Röhrchen erhitzt ein weisses, krystallinisches Sublimat — As^2O^3 — liefert.

Auf demselben Princip wie die Reinsch'sche Reaction beruht auch Hager's Kramato- oder Messingmethode[3]).

Arsenfreie Salzsäure im toxikologisch-chemischen Sinne.

Im toxikologischen Sinne ist die Salzsäure arsenfrei, wenn sie in einer der zur Analyse verbrauchten mindestens gleichen Menge keine nachweisbaren Spuren von Arsen mehr enthält.

Der Reinheitsgrad der Salzsäure in Bezug auf Arsen müsste demnach von Fall zu Fall besonders bestimmt werden, allein es wird meistens völlig genügen, wenn man hier unter arsenfreier Salzsäure eine solche versteht, welche in 1 bis 2 Litern kein Arsen mehr erkennen lässt.

Zur Prüfung auf diesen Reinheitsgrad dampft man entweder das angegebene Quantum der betreffenden Säure, nachdem sie auf das ungefähre specifische Gewicht 1,104 verdünnt ist, in einer echten Porcellanschale unter Zusatz einiger Krystalle von Kaliumchlorat und zeitweiliger Verdünnung mit Wasser auf ein kleines Volum ein[4]) oder man unterwirft dasselbe Quantum Säure der Destillation bei Gegenwart von ca. 20 ccm Eisenchlorürlösung und dampft das etwa $^1/_3$ der angewandten Säuremenge betragende erste Destillat ebenfalls unter Zusatz von ein wenig Kaliumchlorat ein[5]).

Den in dem einen oder anderen Falle resultirenden Verdampfungsrückstand prüft man entweder nach dem Verdünnen mit Wasser direct, oder nach Entfernung der Salzsäure durch Erwärmen mit verdünnter, arsenfreier Schwefelsäure im Marsh'schen Apparate.

---

[1]) Journal f. praktische Chemie 24, 244 (1841).
[2]) Statt dessen benutzt Rideal (Chem. News 51, 292 und Ber. d. deutsch. chem. Ges. 18, [3], 514 [1885]) eine mit Kupferdraht umwickelte Stricknadel und erkennt damit 0,015 mg As^2O^3 in 1 ccm Flüssigkeit.
[3]) Pharm. Central-Halle 25, 265 und 443.
[4]) Otto, Anleitung etc. S. 146.
[5]) Beckurts, Archiv d. Pharmacie 222, 685 (1884).

Zeigt sich hierbei keine Arsenreaction, so besitzt die Säure den gewünschten Reinheitsgrad, andernfalls muss sie weiter gereinigt — desarsenirt — werden.

Desarsenirung der Salzsäure.

Mit der Desarsenirung der Salzsäure bezweckt man entweder die
Gewinnung arsenfreier Säure aus roher Säure oder die weitere Reinigung einer bereits bis zu einem gewissen Grade
arsenfreien Säure.

Methode von Otto[1]).

Dieselbe beruht auf der Fällbarkeit des Arsens durch Schwefelwasserstoff.

Da indessen die Abscheidung kleiner Mengen Arsens aus grossen
Mengen Salzsäure nur dann eine vollständige ist, wenn ausser dem
Arsen noch andere Stoffe zugegen sind, welche, wie z. B. Eisenchlorid,
Schwefeldioxyd, Chlor u. s. w. mit dem Schwefelwasserstoff unter Bil-
dung eines Niederschlages in Reaction treten, der die letzten Spuren von
Schwefelarsen mechanisch mit sich niederreisst, so eignet sich das Otto'-
sche Verfahren am besten zur directen Darstellung arsenfreier Salzsäure
aus roher Säure.

Die erforderlichen Falls auf das specifische Gewicht 1,12 verdünnte
rohe Säure wird unter stetem Bewegen mit gewöhnlichem, mit Wasser
gewaschenem Schwefelwasserstoffgase behandelt, bis sie eben nach dem
Gase riecht. Dann bleibt sie 24 Stunden in geschlossener Flasche an
einem 30 bis 40° C. warmen Orte stehen, um dann in derselben Weise
mit Schwefelwasserstoff behandelt zu werden.

Dieser Art fährt man fort, bis die Säure nach Ablauf von 24 Stunden
noch deutlich nach Schwefelwasserstoff riecht. Alsdann zieht man die
Flüssigkeit von dem Bodensatze auf ein Filter ab und unterwirft das
Filtrat der Destillation.

Sobald im Destillate kein Schwefelwasserstoff mehr nachweisbar ist,
wechselt man die Vorlage und destillirt bis auf etwa $^1/_{10}$ der ursprünglichen Säuremenge ab.

Methode von Beckurts[2]).

Dieses Verfahren gründet sich auf die von E. Fischer[3]) zur
quantitativen Trennung des Arsens von Antimon und Zinn benutzte
leichte Flüchtigkeit des Chlorarsens bei Gegenwart von Eisenchlorür
und kann ebenso zur Darstellung arsenfreier Salzsäure aus roher Säure,

---

[1]) Berichte d. deutsch. chem. Ges. **19**, 1903 (1886).
[2]) Archiv d. Pharmacie **222**, 684 (1884).
[3]) Berichte d. deutsch. chem. Ges. **13**, 1778 (1880).

wie zur weiteren Desarsenirung einer bereits bis zu einem gewissen Grade reinen Salzsäure Verwendung finden.

Das Verfahren selbst besteht einfach darin, dass man die zu desarsenirende, möglichst concentrirte Säure pro Liter mit ca. 20 ccm Eisenchlorürlösung und einem Stückchen Eisendraht (Klavierdraht oder sog. Blumendraht) versetzt und der Destillation unterwirft.

Das erste Drittel des Destillates wird als arsenhaltig beseitigt, die Hauptmenge desselben ist arsenfrei.

Die nach Beckurts desarsenirte Säure ist stets etwas eisenhaltig, was indessen ihre Anwendbarkeit für toxikologische Zwecke nicht beeinträchtigt.

Methode von Bettendorff[1]).

Diese Methode ist eine praktische Anwendung der Bettendorff'-schen Arsenreaction (Seite 40).

Die zu desarsenirende reine oder rohe Salzsäure wird in concentrirtestem Zustande, mit Bettendorff'scher Zinnchlorürlösung versetzt, längere Zeit an einem warmen Orte der Ruhe überlassen.

Alsdann zieht man die klar und farblos gewordene Flüssigkeit vorsichtig von dem Bodensatze ab und unterwirft sie der Destillation.

Die nach dieser Methode desarsenirte Säure ist in der Regel zinnhaltig; man nimmt deshalb die Destillation zweckmässig bei Gegenwart von Eisenchlorür bezw. Blumendraht vor.

Methode von Hager[2]).

Die auf das specifische Gewicht 1,13 verdünnte (rohe) Salzsäure wird zunächst mit etwas Mangansuperoxyd erwärmt und alsdann mit blanken Kupferblechstreifen oder Weissblechschnitzeln — verzinntem Eisen — digerirt.

Die nach längerem Stehen abgegossene Säure wird schliesslich über einigen Kupfer- oder Weissblechschnitzeln destillirt.

Soweit diese Methode auf der Reinsch'schen Reaction beruht, hat sie den Uebelstand, eine kupferhaltige Säure zu liefern (Otto).

Methode von Bensemann[3]).

Die bis zum specifischen Gewicht 1,12 verdünnte Salzsäure wird behufs Ueberführung des Arsens in nicht flüchtige Arsensäure mit etwas Kaliumchlorat erwärmt und dann der Destillation unterworfen.

Dieser Weg führt selbst dann nicht immer zum gewünschten Ziele, wenn während der Destillation continuirlich kleine Mengen von Kalium-

---

[1]) Zeitschrift f. Chemie [2] 5, 492 (1869).
[2]) Pharmaceut. Zeitung 31, 401.
[3]) Repertorium d. analyt. Chemie 1883, 35.

chlorat zugeführt werden, weil auch unter diesen Umständen einer theilweisen Rückverwandlung der Arsensäure in flüchtiges Chlorarsen nicht
vorgebeugt wird [1]).

Die mit Hülfe des einen oder anderen dieser Verfahren desarsenirte
Salzsäure ist vor der Verwendung sowohl auf Arsen, wie auch auf
etwa durch die Reinigungsmethode bewirkte Verunreinigungen zu prüfen.

Schwefelsäure.

Da die Schwefelsäure keine annähernd so wichtige Rolle in der
toxikologischen Analyse spielt wie die Salzsäure, sofern sie nur in kleinen
Quantitäten und zwar zur Wasserstoffentwickelung beim Nachweise des
Arsens nach Marsh-Berzelius und des Phosphors nach Dusart-
Blondlot Verwendung findet, so wird die käufliche, chemisch reine oder
die officinelle Schwefelsäure meist auch für toxikologische Untersuchungen
bereits den genügenden Reinheitsgrad besitzen.

Die gefährlichste Verunreinigung selbst chemisch reiner Schwefelsäure ist das Arsen, ausser welchem sich noch andere Metalle, namentlich Blei, vorfinden können. Die käufliche Schwefelsäure soll auch
öfters minimale Mengen von Quecksilber enthalten [2]).

Die Anwesenheit von Salpetersäure, niederen Oxyden des Stickstoffs, Schwefeldioxyd und Chlorverbindungen macht die Schwefelsäure
zum Nachweise von Arsen und Phosphor unbrauchbar.

Prüfung der Schwefelsäure.

Dem Gesagten zufolge kann man sich bei der Prüfung der Schwefelsäure für toxikologische Zwecke im Allgemeinen auf die Feststellung des
gewöhnlichen bezw. officinellen Reinheitsgrades beschränken.

Bei Untersuchungen auf Phosphor und Arsen wird zudem die
Reinheit der dabei zur Wasserstoffentwickelung zu benutzenden Schwefelsäure durch die an Ort und Stelle beschriebenen blinden Vorversuche
erwiesen.

Als arsenfrei bezeichnet man die Schwefelsäure im chemischen
und officinellen Sinne, sowie in der Mehrzahl der toxikologischen Fälle,
wenn mittelst der folgenden Reactionen kein Arsen darin nachweisbar ist.

---

[1]) Vergl. Otto, Anleitung etc. S. 144, sowie Fresenius, Zeitschrift f.
analyt. Chemie 1, 448 und Mayrhofer, Annalen der Chemie und Pharmacie
158, 326 (1871).
[2]) Berichte der deutschen chem. Ges. 18, [3], 99 (1885).

Marsh'sche Reaction.

Dieselbe verdient bei der Prüfung der Schwefelsäure für toxikologische Zwecke den Vorzug, weil und so lange noch der gerichtlich-chemische Nachweis des Arsens in den Untersuchungsobjecten mittelst derselben Reaction geführt wird.

Ihre Ausführung wird beim speciellen Nachweise des Arsens näher angegeben werden.

Pharmakopöeprobe.

2 ccm der Säure, mit 10 ccm Wasser verdünnt, dürfen nach Zusatz von $^1/_{10}$ Normal-Jodlösung und Zink unter den bei der gleichnamigen Prüfung der Salzsäure (Seite 38) angegebenen Bedingungen das mit concentrirter Silbernitratlösung benetzte Papier nicht verändern.

Vergl. auch oben (Seite 39) Flückiger's Modification der Pharmakopöeprobe.

Bettendorff'sche Reaction.

Eine Probe der zu prüfenden Säure verdünnt man mit dem gleichen Volumen Wasser und giesst die erkaltete Mischung in die doppelte Menge in einem Reagensglase befindlicher Bettendorff'scher Zinnchlorürlösung (S. 40).

Bei Anwesenheit von Arsen tritt innerhalb 30 bis 45 Minuten Bräunung oder Abscheidung brauner Flocken ein.

Nach Hager[1]) kann man diese Reaction auch so ausführen, dass man 3 bis 4 ccm der concentrirten Säure in einem Reagensglase mit einem Stückchen Zinnchlorür gut durchschüttelt und dann eine Minute kocht oder zwei bis drei Minuten auf etwa 300° C. erhitzt. Arsenfreie Säure bleibt farblos, andernfalls tritt eine gelbe oder braune Färbung ein.

Reinsch'sche Reaction.

Dieselbe wird genau so ausgeführt, wie es oben (S. 41) bei der Prüfung der Salzsäure angegeben worden ist.

——————

Soll die Schwefelsäure auf einen höheren Grad von Arsenreinheit geprüft werden, so destillirt man ein grösseres Quantum der mit etwa einem Drittel ihres Gewichtes Wasser verdünnten Säure über etwas Chlorblei (Selmi) und prüft die ersten Antheile des Destillates auf Arsen.

——————

[1]) Pharm. Central-Halle (N. F.) 3, 354.

Ebenso verfährt man bei der Desarsenirung der Schwefelsäure, zu welchem Zwecke man sich auch des Otto'schen oder Bettendorff'-schen Reinigungsverfahrens (vergl. S. 42 u. 43) bedienen kann.

Der Nachweis der in der Schwefelsäure öfters vorkommenden Spuren von Quecksilber soll nur auf elektrolytischem Wege unter Anwendung einer Goldnadel als Anode möglich sein [1]).

Schwefelwasserstoff.

Die zur Bereitung von Schwefelwasserstoff für den gewöhnlichen Laboratoriumsgebrauch benutzten Rohmaterialien sind immer arsenhaltig, und da das käufliche Schwefeleisen ausserdem noch metallisches Eisen enthält, so ist dem Schwefelwasserstoffgase fast ausnahmslos Arsen-wasserstoff event. auch Antimonwasserstoff beigemengt.

Reinen, insbesondere arsenfreien Schwefelwasserstoff erhält man entweder durch Desarsenirung des gewöhnlichen Schwefel-wasserstoffgases oder durch Darstellung aus reinen, arsen-freien Rohmaterialien.

Desarsenirung gewöhnlichen Schwefelwasserstoffs.

Methode von O. Jacobsen [2]).

Das von Arsenwasserstoff zu befreiende Schwefelwasserstoffgas wird, nachdem es mittelst Chlorcalciums getrocknet ist, durch eine etwa 30 cm lange, ziemlich enge Glasröhre geleitet, in welcher sich, schicht-weise zwischen Glaswolle vertheilt, 2 bis 3 g gröblich zerriebenes, luft-trockenes Jod befinden. Vor und hinter die Jodschicht bringt man, um Joddampf zurückzuhalten, zweckmässig einen mit Jodkaliumlösung ge-tränkten Stopfen von Glaswolle.

Die Reinigung des Schwefelwasserstoffs von Arsenwasserstoff und Antimonwasserstoff [3]) durch Jod beruht darauf, dass das erstgenannte Gas von trockenem Jod nicht verändert wird, während die beiden letzt-genannten Gase dadurch zersetzt werden:

$$As H^3 + 6 J = As J^3 + 3 HJ$$
$$Sb H^3 + 6 J = Sb J^3 + 3 HJ.$$

Zur Beseitigung des hierbei auftretenden Jodwasserstoffs muss das desarsenirte Gas vor seiner Verwendung durch Wasser gewaschen werden.

Um nachträglich den Beweis führen zu können, dass das nach Jacobsen gereinigte Schwefelwasserstoffgas wirklich frei von Arsen (und Antimon) zur Anwendung gelangte, schaltet man hinter das er-

---

[1]) Berichte d. deutsch. chem. Ges. **18**, [3], 99 (1885).
[2]) Berichte d. deutsch. chem. Ges. **20**, 1999 (1887).
[3]) Brunn, ebenda **21**, 2546 (1888).

wähnte Jodrohr ein zweites kürzeres, ebenfalls etwas Jod enthaltendes Rohr ein, welches zugeschmolzen und für die Prüfung (S. 49) aufbewahrt werden kann.

Methode von O. von der Pfordten[1]).

Gewöhnliches Schwefelwasserstoffgas wird in üblicher Weise gewaschen, getrocknet und dann durch eine Glasröhre geleitet, welche mit Stücken von Schwefelkalium (officineller Schwefelleber) gefüllt ist und in einem Luftbade auf 350° C. erhitzt wird.

Vor dem Gebrauche wird das gereinigte Gas durch Sodalösung geleitet.

Die Desarsenirung durch Schwefelkalium findet ihren wahrscheinlichen Ausdruck in folgender Gleichung:

$$3\,AsH^3 + 3\,K^2S = 2\,AsS^3K^3 + 3\,H^2S.$$

Alle Versuche, den Schwefelwasserstoff durch Waschen mit den verschiedensten Waschflüssigkeiten auf nassem Wege zu desarseniren, sind zur Zeit als gescheitert zu betrachten[2]).

Darstellung arsenfreien Schwefelwasserstoffs aus arsenfreien Materialien.

Die gebräuchlichste dieser Methoden zur Darstellung arsenfreien Schwefelwasserstoffgases ist die Zersetzung von Schwefelcalcium oder Schwefelbarium durch arsenfreie Salzsäure unter Benutzung des Kipp'-schen Apparates.

Bereitung von Schwefelcalcium oder Schwefelbarium zur Entwickelung von Schwefelwasserstoff.

Ein Gemisch von 7 Thln. entwässertem Gyps, 3 Thln. Holzkohlenpulver und 1 Thl. Roggenmehl oder ein entsprechendes Gemenge von Schwerspath, Kohle und Mehl wird mit der erforderlichen Menge Wasser zu Teig geknetet, letzterer zu Kugeln geformt und im geschlossenen hessischen Tiegel geglüht. Von dem so erhaltenen Schwefelcalcium oder Schwefelbarium rührt man 4 Thle. mit 1 Thl. gebranntem Gyps unter Zusatz der nöthigen Menge Wasser zu einem dicken Brei an, streicht diesen in flache, viereckige Papierkapseln, nimmt die erhärtete, aber noch feuchte Masse heraus, schneidet die ca. 15 mm dicken Scheiben in Würfel und trocknet sie bei gelinder Wärme[3]).

Compactes, zur Zersetzung im Kipp'schen Apparate unmittelbar brauchbares Schwefelbarium erhält man auf folgende Weise[4]).

---

[1]) Berichte d. deutsch. chem. Ges. **17**, 2897 (1884).

[2]) Vergl. hierüber z. B. Lenz, Zeitschrift f. analyt. Chemie **22**, 393 und Ber. d. deutsch. chem. Ges. **17**, 209. — Otto, ebenda **16**, 2947 u. Archiv. d. Pharm. **221**, 919 (1883). — von der Pfordten, wie oben [1]).

[3]) Fresenius, Zeitschrift f. analyt. Chemie **26**, 339 (1887).

[4]) Winkler, ebenda **27**, 26 (1888).

Ein inniges Gemenge von 100 Thln. gemahlenem Schwerspath mit 25 Thln. Steinkohlenpulver und 20 Thln. Kochsalz wird mit wenig Wasser zu einer schwach feuchten, in der Hand sich eben ballenden Masse angerührt, die man in Thontiegel einstampft und bei gelinder Wärme trocknet. Alsdann werden die Tiegel, nachdem ihr Inhalt mit einer Schicht groben Kohlenpulvers bedeckt ist, bis auf eine kleine Oeffnung geschlossen und mehrere Stunden bis zur beginnenden Weissgluth erhitzt. Sobald die Hitze zurückgegangen ist, nimmt man die Tiegel aus dem Ofen, lässt sie rasch erkalten und entleert sie durch Umstürzen. Der gesinterte harte Inhalt wird zerschlagen und ist dann sofort im Kipp'schen Apparate verwendbar.

Sonstige Materialien und Methoden zur Gewinnung reinen, arsenfreien Schwefelwasserstoffgases.

Zur Darstellung reinen, arsenfreien Schwefelwasserstoffs sind weiterhin noch folgende Vorschläge gemacht worden:

1. Zersetzung künstlichen reinen Schwefeleisens durch arsenfreie Schwefelsäure (Dragendorff).
2. Zersetzung künstlichen reinen Schwefelzinks durch arsenfreie Salzsäure (Hager[1]).
3. Zersetzung einer (durch Einleiten von gewöhnlichem Schwefelwasserstoff in Magnesiamilch oder durch Umsetzung äquivalenter Mengen der Sulfide oder Hydrosulfide der Alkalien oder alkalischen Erden mit Magnesiumsalzen erhaltenen) Schwefelmagnesiumlauge durch Erwärmen (Divers und Shimidzu; Gerhard[2]).
4. Zersetzung von Calcium- oder Bariumsulfidlaugen durch Kohlensäure (Kosmann[3]).
5. Zersetzung von Rhodanammonium durch Salzsäure und Anwendung des Schwefelwasserstoffs *in condicione nascendi* (Bonsels[4]).

Prüfung des Schwefelwasserstoffs[5]).

Bei der Prüfung des Schwefelwasserstoffs für toxikologisch-chemische Zwecke kommt in erster Linie der Arsenwasserstoff in Betracht.

Man leitet das Gas zunächst in concentrirte Natronlauge und den von dieser nicht absorbirten Theil in warme Salpetersäure ($d = 1,18$), wobei zu berücksichtigen ist, dass der Arsenwasserstoff vorzugsweise den ersten Antheilen des Schwefelwasserstoffs beigemischt ist.

Nachdem die Gasentwickelung mindestens eine Stunde lang im Gange war, dampft man die vorgelegte Salpetersäure ein, erwärmt den Rückstand behufs völliger Beseitigung der Salpetersäure mit reiner, arsenfreier Schwefelsäure und prüft die Flüssigkeit im Marsh'schen Apparate.

---

[1]) Pharm. Central-Halle 1884, Nr. 18.
[2]) Chem. Central-Blatt 1884, 964; Archiv d. Pharmacie **223**, 384 (1885).
[3]) Chemiker-Zeitung **8**, 138 (1884).
[4]) Otto, Anleitung etc. S. 159.
[5]) Otto, Berichte d. deutsch. chem. Ges. **16**, 2949 (1883).

War das Absorptionsgefäss mit der Natronlauge vor Beginn des Versuches tarirt, so ergiebt sich aus der Gewichtsvermehrung am Schlusse des Versuches annähernd die Menge des in Prüfung genommenen Gases. Antimonwasserstoff wird von der Natronlauge absorbirt.

War der Schwefelwasserstoff nach der Methode von Jacobsen desarsenirt und zur Controle ein zweites kleineres Jodrohr eingeschaltet worden (vergl. S. 47), so kann der Inhalt dieses Rohres noch nachträglich zur Prüfung auf Arsen (u. Antimon) benutzt werden [1]).

Zu diesem Zwecke vertheilt man das diesem Controlrohre entnommene Jod in Wasser, leitet arsenfreien Schwefelwasserstoff ein, bis alles Jod in Jodwasserstoff verwandelt ist und prüft den ausgeschiedenen Schwefel auf beigemengtes Schwefelarsen (bezw. Schwefelantimon): es darf sich darin weder das eine noch das andere dieser Sulfide nachweisen lassen.

Schwefelwasserstoffwasser, Schwefelammonium.

Diese beiden Reagentien werden in bekannter Weise unter Benutzung von arsenfreiem Schwefelwasserstoff bereitet.

Das zur Verwendung gelangende destillirte Wasser, sowie die Ammoniakflüssigkeit sind vorher auf ihre Reinheit zu prüfen.

Silbernitrat.

Die zum Nachweise von Arsen- und Phosphorwasserstoff dienende Silberlösung wird aus geschmolzenem Silbernitrat bereitet; sie muss auch im verdünnten Zustande völlig klar bleiben.

Wasser.

Bei toxikologisch-chemischen Arbeiten bedient man sich ausschliesslich des destillirten Wassers. Dieses aber kann unter Umständen aus den bei seiner Herstellung benutzten Apparaten Spuren von Metallen, Blei, Kupfer u. dergl. aufnehmen.

Zur Prüfung auf derartige Verunreinigungen dampft man ein grösseres Quantum — 1 bis 2 Liter — des betreffenden Wassers auf ein kleines Volum ein, sättigt den Rückstand mit Schwefelwasserstoff und fügt später einige Tropfen Schwefelammonium zu.

Selbstverständlich muss das betreffende Wasser auch alle sonstigen Merkmale chemisch-reinen Wassers an sich tragen.

---

[1]) Ber. d. deutsch. chem. Ges. 20, 2001 (1887).

Baumert, gerichtl. Chemie. 4

Wasserstoff.

Die einzige Anwendung, welche das Wasserstoffgas in der toxikologisch-chemischen Analyse findet, ist diejenige zum Nachweise von Arsen oder Antimon nach dem Marsh'schen Verfahren, sowie zur Prüfung auf Phosphor nach Dusart-Blondlot.

Zu diesen Zwecken aber ist das aus den gewöhnlichen Materialien entwickelte Wasserstoffgas, da es ausser Kohlenwasserstoffen und Schwefelwasserstoff meistens auch Arsen- und Phosphorwasserstoff enthält, unverwendbar.

Ob selbst das aus reinsten Materialien, Zink und Schwefelsäure, bereitete Gas den erforderlichen Reinheitsgrad zum Nachweise von Phosphor, Arsen oder Antimon besitzt, ergiebt sich aus den an Ort und Stelle beschriebenen „blinden" Vorversuchen.

Allerdings lässt sich der Wasserstoff ebenso leicht wie der Schwefelwasserstoff durch Jod reinigen, da er aber zum Nachweise von Arsen und Phosphor nicht als fertiges Gas, sondern *in condicione nascendi* zur Anwendung kommt, so bleibt man bei Darstellung arsen- und phosphorfreien Wasserstoffs von der Reinheit des Zinks und der Säure abhängig.

Weinsäure.

Die käufliche Weinsäure enthält nicht selten Spuren von Blei, auch wohl Kupfer; von sonstigen Beimengungen ist als toxikologisch von Interesse noch die Oxalsäure zu erwähnen.

Zur Prüfung[1]) der Weinsäure auf Blei sättigt man die mit Ammoniak fast neutralisirte Lösung mit Schwefelwasserstoff. Tritt im Verlaufe einiger Stunden keine dunkle oder bräunliche Färbung ein, so macht man die Flüssigkeit schwach ammoniakalisch und fügt nöthigenfalls noch einen Tropfen Schwefelammonium hinzu.

Eine Verunreinigung durch Oxalsäure giebt sich durch das Verhalten der Weinsäurelösung gegen Gypswasser zu erkennen.

Zink.

Selbst das reinste Stangenzink genügt den hohen Anforderungen, welche man bei toxikologischen Analysen an dessen Reinheitsgrad stellen muss, vielfach nicht, indem es noch minimale Beimengungen von Schwefel-, Arsen- und Phosphorzink enthält und deshalb zur Prüfung auf Arsen und Phosphor selbstverständlich unbrauchbar ist.

[1]) Otto, Archiv d. Pharmacie **221**, 933 (1883). — Kremel, Pharmaceut. Central-Halle **24**, 398.

Gleichwohl ist das Zink das zur Zeit bei Untersuchungen auf Arsen und Phosphor, und zwar zur Wasserstoffentwickelung, allgemein angewandte Metall, da alle Versuche[1]), dasselbe durch ein anderes Metall — Magnesium, Aluminium, Natriumamalgam u. s. w. — zu ersetzen, bislang zu keinem praktisch brauchbaren Resultate geführt haben.

Die Reinheit des Zinks für toxikologische Zwecke ergiebt sich aus der Beschaffenheit des Wasserstoffgases, welches mittelst arsenreiner Salz- oder Schwefelsäure aus dem zu prüfenden Metalle entwickelt und durch besondere Vorversuche, wie später angegeben, geprüft wird.

Was insbesondere den Grad der Arsenreinheit anbetrifft, so darf streng genommen ein Zink für gerichtlich-chemische Zwecke nur dann als arsenfrei erklärt werden, wenn das aus ungefähr 10 g des Metalls mit verdünnter Salzsäure entwickelte und in der oben angegebenen Weise[2]) auf Silbernitratpapier oder Sublimatpapier wirkende Gas während zwei Stunden bei Lichtabschluss keine Veränderung hervorruft (Flückiger), was indessen gegenwärtig nur selten der Fall sein dürfte.

Um das Zink zu desarseniren, trägt man nach L.'Hôte[3]) in das geschmolzene Metall 1 bis 1,5 Proc. wasserfreies Chlormagnesium ein[4]), wobei sich das Arsen, sowie etwa beigemengtes Antimon mit Chlorzinkdämpfen als Chloride verflüchtigen, und granulirt es dann.

Durch dieses Reinigungsverfahren wird das Zink magnesiumhaltig und erhält dadurch den Vorzug, durch reine Schwefelsäure leichter angreifbar zu werden.

II. Apparate, Gefässe und sonstige Gebrauchsgegenstände.

Nächst der Prüfung von Reagentien und chemischen Präparaten ist bei toxikologischen Analysen grosse Sorgfalt auf die richtige Auswahl, Reinigung und Prüfung von Apparaten, Gefässen und sonstigen Gebrauchsgegenständen, wie z. B. des Filtrirpapiers, der Gummischläuche, soweit sie zur Verbindung von Apparatentheilen dienen, u. dergl. mehr zu verwenden, da durch die ungeeignete Beschaffenheit und die ungenügende Reinheit der genannten Gegenstände Substanzen in die Untersuchungsobjecte eingeführt werden können, welche, wie z. B. Blei aus der Glasur von Abdampfschalen oder Arsen aus Glaswaaren, dann nothwendiger Weise als Gifte angesprochen wer-

---

[1]) Vergl. z. B. Flückiger, Archiv d. Pharmacie 227, 14 (1889). Daselbst ist weitere Literatur angegeben.

[2]) Vergl. Flückiger's Modification der Pharmakopoeprobe (Seite 39).

[3]) Compt. rend. 98, 1490 und Zeitschrift für analytische Chemie 24, 83.

[4]) Indem man ein Stück Chlormagnesium in einer Spirale aus starkem Eisendraht befestigt und in das geschmolzene Zink einführt. — Selmi empfahl zu demselben Zwecke Chlorammonium.

den würden. Gegen solche Gefahren kann man sich meist durch blinde Vorversuche schützen, welche über die Beschaffenheit und Reinheit der betreffenden Apparate und Gefässe Aufschluss geben.

Die Forderung, bei jeder toxikologischen Analyse g a n z n e u e Gefässe etc. zu benutzen, sofern man darunter noch u n g e b r a u c h t e versteht, geht entschieden zu weit, weil auch solche Gefässe ohne sorgfältige Reinigung gar keine Gewähr bieten. Dagegen sollen grundsätzlich nur Gefässe von t a d e l l o s e r Beschaffenheit, d. h. solche ohne Risse und Sprünge in der Oberfläche, Verwendung finden.

Die letzte Reinigung derselben wird mit reinen Materialien von dem die Untersuchung führenden Chemiker e i g e n h ä n d i g besorgt; derselbe versäume auch nicht, sich in geeigneter Weise von der Reinheit der Gefässe u. s. w. persönlich zu überzeugen.

Zur Verbindung von Apparatentheilen werden nur gute, schwarze G u m m i s c h l ä u c h e benutzt, die frei sind von B l e i und Z i n k; rothe Schläuche enthalten A n t i m o n.

Das F i l t r i r p a p i e r muss rein weiss sein; es soll möglichst wenig Asche enthalten, diese aber jedenfalls frei von Metallen und Schwerspath sein.

Alle diese und ähnliche Vorsichtsmaassregeln zum Schutze der Untersuchungsobjecte gegen Verunreinigung mittelst der Reagentien, Apparate, Gefässe und sonstigen Gebrauchsgegenstände sind in dem Berichte (Protocolle) ausdrücklich anzuführen.

SPECIELLER THEIL.

Erste Abtheilung.
Anorganisch-chemische Toxikologie.

Erster Abschnitt.
Gifte aus den Gruppen der Schwermetalle (Metallgifte).

I. Allgemeines über Metallgifte, deren Nachweis und quantitative Bestimmung.

Zu den Giften der Schwermetalle oder den Metallgiften rechnet man gewöhnlich folgende Elemente mit ihren Verbindungen:

Arsen,	Chrom,	Uran,
Antimon,	Kupfer,	Zink,
Blei,	Quecksilber,	Zinn,
Cadmium,	Silber,	Wismuth,

doch können vereinzelt auch Verbindungen des Goldes, Eisens, Nickels, Kobalts und Mangans Gegenstand gerichtlich-chemischer Analysen werden.

Letztere Fälle sind aber so selten, dass sie in den folgenden Abschnitten nur gelegentlich nebenbei erwähnt werden können.

Die Wirkungen der Metallgifte bestehen im Allgemeinen darin, dass sie mit Eiweissstoffen unlösliche Metallalbuminate bilden und dadurch das lebende Organeiweiss tödten. Weiterhin übt die, durch das Albuminat aus den Metallsalzen in Freiheit gesetzte, Säure mehr oder weniger ätzende Wirkungen aus.

Metallvergiftungen äussern sich deshalb meist schon durch charakteristische anatomische Veränderungen.

Nicht minder denn als Gifte im gebräuchlichen Sinne sind die genannten Elemente und ihre Verbindungen von sanitäts-polizeilichem

Interesse deshalb, weil sie zum Theil technisch und gewerblich sehr wichtige Materialien für die verschiedensten Gebrauchsgegenstände der Industrie, der Gewerbe und des Haushaltes sind und eine dem entsprechend weit ausgedehnte Anwendung finden, sowohl im metallischen Zustande, bezw. als Legirungen für Gefässe, Apparate, Küchengeräth, Packmaterialien (Metallfolien) für Lebensmittel, sowie in Form zahlreicher chemischer Verbindungen, so z. B. als Farben und Farblacke[1]), als Beizen oder Mordants, d. h. als Mittel zur Fixirung von Farbstoffen auf Gespinnsten und Geweben, ferner als Bestandtheil von Tapeten, Luxuspapier, künstlichen Blumen, Kautschuk- und Gummiwaaren, Kinderspielzeug, Bilderbüchern u. dergl. mehr.

Im Uebrigen sind eine Reihe der hier als Metallgifte bezeichneten Substanzen vielfach als medicinische und kosmetische, d. h. zur Reinigung und Pflege des Haares, der Haut oder der Mundhöhle dienende, Präparate in Gebrauch und spielen in beiden Richtungen eine hervorragende Rolle auch in der Kurpfuscherei und im Geheimmittelschwindel überhaupt.

Die genannten Metalle sind deshalb ausserordentlich häufig Gegenstand gerichtlich-chemischer und sanitäts-polizeilicher Untersuchungen.

Der Nachweis der Metalle ist hierbei principiell derselbe, wie bei der chemischen Analyse überhaupt; er wird hier indessen modificirt durch die meist eigenartige Beschaffenheit der zur gerichtlich-chemischen Untersuchung gelangenden Objecte, sofern dieselben das Metall häufig in inniger Verbindung oder Vermischung mit oft recht beträchtlichen Mengen organischer Substanz enthalten.

Nun werden aber die an sich einfachen und sicheren Reactionen der metallischen Elemente durch die Gegenwart organischer Stoffe bekanntlich gestört oder ganz aufgehoben und es besteht deshalb die erste Aufgabe bei gerichtlich-chemischen Untersuchungen mit wenigen Ausnahmen darin, die Metallgifte möglichst vollständig von allem organischen Beiwerk zu trennen.

Die zu diesem Zwecke häufiger benutzten Methoden werden im nächsten Capitel beschrieben werden.

Sobald der Nachweis eines zu den Metallgiften gehörenden Elementes im Allgemeinen geführt worden ist, so bedarf es, da ein und dasselbe Element zuweilen theils giftige — lösliche —, theils ungiftige — unlösliche — Verbindungen bildet, nicht selten noch besonderer Versuche zur Feststellung der Verbindungsform, in welcher das aufgefundene Metall im Untersuchungsobjecte vorliegt.

Am leichtesten lässt sich diese Frage experimentell noch entscheiden, wenn sich unter den, einen Vergiftungsfall begleitenden äusseren

---

[1]) Farblacke sind unlösliche Verbindungen von Farbstoffen mit Metalloxyden, namentlich von Aluminium, Eisen, Chrom, Blei, Zinn.

Umständen ein Hinweis auf ein bestimmtes Präparat (oder ein noch unbenutzter Giftrest findet.

In Ermangelung derartiger Anhaltspunkte aber muss man sich darauf beschränken, einen Theil des Untersuchungsobjectes der Reihe nach mit verschiedenen (bei den einzelnen Metallgiften angegebenen) Lösungsmitteln — Aether, Alkohol, Wasser, verdünnte Säuren u. s. w. — auszuziehen und die Extracte auf das betreffende Metall zu prüfen, um aus den Löslichkeitsverhältnissen einen Rückschluss auf die Verbindungsform ziehen zu können.

Angenommen, man habe bei der allgemeinen Analyse Quecksilber nachgewiesen, und es stellte sich bei der besonderen Prüfung weiter heraus, dass das Untersuchungsobject bei der Behandlung mit Aether an diesen Quecksilber abgiebt, so pflegt man aus dieser Thatsache zu folgern, dass das Quecksilber in diesem Falle als höchst giftiges Chlorid vorliegt. Würde dagegen dasselbe Metall dem Untersuchungsobjecte weder durch Aether, noch durch Wasser, noch durch Säuren entzogen, so würde anzunehmen sein, dass es in unlöslicher und mithin ungiftiger Verbindungsform (Zinnober) im Untersuchungsobjecte enthalten ist.

Man darf indessen bei allen solchen Schlussfolgerungen die Möglichkeit nicht ausser Acht lassen, dass zwischen dem ursprünglichen Gifte und Bestandtheilen des Objectes bereits chemische Umsetzungen stattgefunden haben können.

Dasselbe gilt auch vielfach für solche Fälle, in denen eine Metallverbindung schon bei der Durchmusterung mit der Lupe als feste Substanz angetroffen wird. So setzt sich z. B. bei Vergiftungen mit essigsaurem Blei dieses (in Alkohol lösliche Salz) unter geeigneten Bedingungen sogleich in Chlorid, Carbonat und Sulfat um.

Fände man dagegen z. B. in einem Mageninhalte weisse Körnchen, die sich bei näherer Prüfung als Arsenik erwiesen, so würde man in diesem Falle wohl kaum ein Umsetzungsproduct, sondern das ursprüngliche Gift selbst vor sich haben.

In Folge der vielfachen Anwendung, welche die technisch wichtigsten Metalle — Blei, Kupfer, Zink, Zinn — zu den verschiedensten gewerblichen und häuslichen Gebrauchsgegenständen — Ess-, Trink-, Kochgeschirr, Conservebüchsen, Packmaterial u. dergl. — finden, können dem Organismus durch Speisen und Getränke fortdauernd kleine Mengen jener Metalle einverleibt werden, so dass man sogar z. B. vom Kupfer als einem „normalen Bestandtheile" des Organismus spricht, weil dieses Metall aus den angedeuteten Gründen spurenweise fast in jeder Leiche, deren Organe zur gerichtlich-chemischen Analyse gelangen, nachzuweisen ist.

Kann man deshalb in Bezug auf Kupfer, Blei u. s. w. auch noch nicht von „normalen" Körperbestandtheilen im gebräuchlichen Sinne

reden, so steht doch fest, dass der qualitative Nachweis eines jener
Metalle noch keinen Rückschluss auf eine bezügliche Metallvergiftung
erlaubt, sondern dass in derartigen Fällen die Frage nach der Menge
des vorhandenen Metalles von grosser Bedeutung ist.

Ueber die quantitative Bestimmung einzelner Metallgifte
werden an Ort und Stelle die nöthigen Andeutungen gemacht werden;
hier sei im Allgemeinen Folgendes vorausgeschickt.

Da jede toxikologische Analyse von vornherein quantitativ angelegt
und durchgeführt wird, so kann das aufgefundene Metall, nachdem es
vollständig abgeschieden ist, sogleich in eine geeignete Wägungsform
gebracht und gewogen werden.

Die so in einem aliquoten Theile des Untersuchungsobjectes ermittelte Menge des betreffenden Metalles berechnet man alsdann —
eventuell procentisch — auf die Gesammtmenge des Objectes unter der,
mehr oder weniger zutreffenden, Voraussetzung gleichmässiger Vertheilung
des Giftes durch das ganze Untersuchungsobject.

Gelang der Nachweis einer bestimmten Metallverbindung, so wird
das Resultat auf diese — also z. B. die quantitativ ermittelte Menge
„Blei" auf „Bleiweiss" — umgerechnet.

Trotz sorgfältigster Ausführung sind die Endergeb-
nisse derartiger Quantitätsbestimmungen aus nahe liegenden Gründen doch immer nur annähernde und müssen dem
entsprechend als solche angegeben werden.

II. Die Desorganisirung der Untersuchungsobjecte und die Ueberführung des Giftes in Lösung.

A. Allgemeine Gesichtspunkte.

Die Desorganisirung der Untersuchungsobjecte, d. h. die verlustlose
vollständige oder doch zweckentsprechende Trennung metallischer Elemente von allem organischen Beiwerke, kann je nach der Beschaffenheit
des Objectes und je nach der Natur des aufzusuchenden Giftes in verschiedener Weise — auf nassem oder trockenem Wege — bewirkt
werden.

Für die Wahl des Desorganisirungsverfahrens maassgebende Punkte
sind: die Grösse des Untersuchungsobjectes bezw. die Menge
des zu beseitigenden organischen Beiwerkes und die
Flüchtigkeit oder Nichtflüchtigkeit des in Frage kommenden Metallgiftes.

Ist die Menge des zu beseitigenden organischen Beiwerkes keine
grosse und hat man nur auf ein einzelnes nicht flüchtiges Metall zu
prüfen, so kann man das Object veraschen oder verbrennen. Ist
es schwer veraschbar oder dabei Verlust an einem unter reducirenden

Einflüssen flüchtigen Metalle zu befürchten, so verpufft man es mit Salpeter.

Mehlartige oder pulverförmige organische Substanzen oxydirt man zweckmässig auf nassem Wege mittelst concentrirter Salpetersäure.

Sind grosse organische Massen zu zerstören, so geschieht dies in der Regel nach dem in allen Fällen anwendbaren Verfahren von Fresenius-v. Babo oder Sonnenschein-Jeserich, viel seltener dagegen nach der nur bedingungsweise brauchbaren Methode von Wöhler-v. Siebold.

Von den zahlreichen Methoden [1]) zur Zerstörung des organischen Beiwerkes bei Ausmittelung von Metallgiften sollen hier nur die bereits erwähnten erläutert werden.

B. Veraschen oder Verbrennen.

Das zerkleinerte oder zur Extractconsistenz eingedampfte Object wird bei höherer Temperatur ausgetrocknet und in einem Porcellantiegel mit aufgelegtem Deckel langsam und vorsichtig verkohlt.

Den Rückstand glüht man schliesslich im offenen Tiegel unter häufigem Umrühren mit einem Platin- oder blanken Eisendrahte, bis die Kohle verglimmt ist. Der Asche entzieht man das Metall durch Digestion mit Salz- oder Salpetersäure.

Das Veraschen wird dadurch wesentlich erleichtert, dass man die verkohlte Masse vor dem vollständigen Einäschern mit Wasser anrührt und eintrocknet oder einige Male mit heissem Wasser auszieht, das Ungelöste besonders verascht, den Auszug über der Asche eindampft und den Rückstand nochmals schwach glüht.

Die auch auf flüchtige Metallgifte anwendbare, aber wenig übliche Methode der Veraschung nach Verryken [2]) besteht in einer, der Elementar-Analyse ähnlichen Verbrennung kleiner Objecte im Sauerstoffstrome, wobei die flüchtigen Verbrennungsproducte durch einen, mit Wasser gefüllten Liebig'schen Kugelapparat geleitet werden.

C. Verpuffen mit Salpeter.

In einem geräumigen Porcellantiegel schmilzt man einige Gramme reines Kaliumnitrat und trägt das gut ausgetrocknete Untersuchungsobject in kleinen Antheilen in die Schmelze ein. Letztere muss immer hell bleiben, andernfalls fehlt es an Salpeter [3]).

Die erkaltete Schmelze weicht man in heissem Wasser auf, fügt verdünnte Schwefelsäure im Ueberschuss hinzu und dampft ein, bis sich Schwefelsäuredämpfe entwickeln.

---

[1]) Vergl. Dragendorff, S. 348 ff.
[2]) Journal de Pharm. d'Anvers 1872. — Dragendorff, S. 357.
[3]) Bleibend graue oder schwärzliche Färbung der Schmelze deutet auf die Anwesenheit von Kupferoxyd hin.

Nimmt man den Rückstand in Wasser auf, so hinterbleibt das
Metallgift entweder in unlöslicher Form oder es geht in Lösung.

Das Verpuffen mit Salpeter ist bei Untersuchung auf alle Metallgifte anwendbar mit Ausnahme des Quecksilbers, welches sich bei Gegenwart von Chlorverbindungen verflüchtigt.

D. Methode von Wöhler und v. Siebold[1]).

Dieses Verfahren, im Princip mit dem vorigen ganz identisch, wird
selten benutzt, ist aber da am Platze, wo es sich um Bewältigung sehr
grosser Massen von organischem Material handelt; es kann aber nur
dann Anwendung finden, wenn nach Lage der Sache eine
Prüfung auf Quecksilber, welches bei diesem Verfahren
auf alle Fälle verloren geht, nicht in Frage kommt.

Das zu zerstörende Object wird in einer Porcellanschale mit etwa
der gleichen Gewichtsmenge Salpetersäure ($d = 1,185$) auf einem Gasofen oder im Sandbade erhitzt, bis ein gleichförmiger Brei entstanden
ist.   Diesen neutralisirt man mit reiner concentrirter Kalilauge oder
mit reinem Kaliumcarbonat, setzt noch eine reichliche Menge fein ver-
riebenes Kaliumnitrat hinzu, trocknet das Salzgemisch bei höherer Temperatur — 120º C. — gut aus und trägt es in kleinen Antheilen
nach und nach in einen glühenden Porcellan- oder hessischen Tiegel
ein, welcher neu und durch Auskochen mit verdünnter Salzsäure sauber
gereinigt ist.

Hinterbleibt nach dem Verpuffen der ersten Antheile des Salz-
gemisches kein weisser, sondern ein kohliger Rückstand, so fehlt es an
Salpeter und es kann demzufolge Verlust an einem flüchtigen Metallgifte — namentlich Arsen — eintreten.

Auf der anderen Seite aber ist auch ein unnöthig grosser Ueberschuss an Salpeter zu vermeiden.

In Bezug auf die weitere Behandlung des Verpuffungsrückstandes
— Aufweichen in Wasser und Eindampfen mit Schwefelsäure — gilt
das bereits bei der vorhergehenden Methode C. Gesagte.

E. Oxydiren mit Salpetersäure.

Man übergiesst das Object, welches eine pulver- oder mehlartige
Beschaffenheit besitzen muss, in einem geräumigen, mit Trichter bedeck-
ten Kolben mit reiner concentrirter Salpetersäure ($d = 1,4$), leitet die
Oxydation durch gelindes Erwärmen ein und erhitzt, wenn die heftige
Reaction vorüber, den Kolbeninhalt zum Kochen.

Die Oxydation ist beendet, wenn sich aus der klaren oder trüben
Flüssigkeit auf Zusatz von Salpetersäure keine rothen Dämpfe mehr
entwickeln.

---

[1]) v. Siebold, Lehrb. der gerichtlichen Medicin. Berlin 1847. — Dragendorff, S. 355.

Man spült den Kolbeninhalt vollständig in eine Porcellanschale, entfernt die freie Säure durch Eindampfen und nimmt den Rückstand in Wasser auf.

Das Metall kann sich in der Lösung oder im unlöslichen Rückstande befinden.

F. Methode von Fresenius und v. Babo[1]).

Dieses am allgemeinsten angewendete, weil stets anwendbare Desorganisirungsverfahren gründet sich auf die energisch zerstörende Wirkung nascirenden Chlors.

Zur Ausführung bedient man sich zweckmässig des in Fig. 1 abgebildeten Apparates.

Das mit Scheere oder sonst wie zerkleinerte Untersuchungsobject — Leichentheile u. dergl. — bringt man in einen geräumigen Kolben a mit seitlich angebrachter Condensationsröhre b, rührt es mit Wasser unter Zusatz von etwa 3 g Kaliumchlorat zu einem dicken Brei an und vermischt diesen mit einer reichlichen Menge reiner concentrirter Salzsäure.

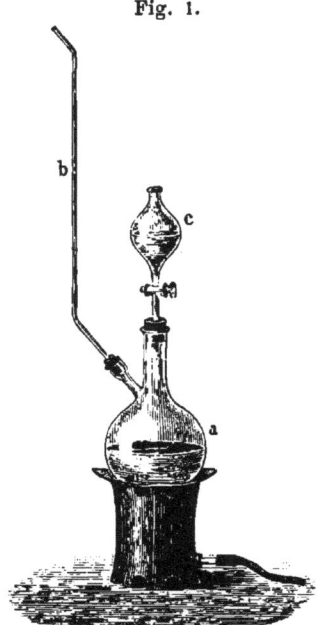

Fig. 1.

Flüssige Objecte [2]) versetzt man direct mit starker Salzsäure, ebenfalls unter Zusatz von etwas Kaliumchlorat.

Nachdem der Kolbeninhalt zunächst einige Zeit unter zeitweiligem Umschütteln bei gewöhnlicher Temperatur der Einwirkung des sich entwickelnden Chlors überlassen war, erhitzt man ihn mit der nöthigen Vorsicht auf einem Gasofen über Drahtnetz, erst ganz allmälig, dann stärker und lässt inzwischen aus dem Hahntrichter c continuirlich eine, bei der Temperatur des Arbeitsraumes gesättigte wässerige Kaliumchloratlösung tropfenweise zufliessen, schneller oder langsamer, jedenfalls so, dass im oberen Theile des Kolbens wenig oder gar kein nutzlos entweichendes Chlor zu bemerken ist.

Damit die Kaliumchloratlösung durch Fett- und Schaumschichten hindurch möglichst tief in die zu oxydirende Masse eindringe, lässt man die Tropfen möglichst hoch herabfallen.

[1]) Ann. d. Chem. u. Pharm. 49, 308 (1844). — Fresenius, Anleitung zur qualitativen chem. Analyse. — Dragendorff, S. 348.
[2]) Sind dieselben alkoholhaltig, so müssen sie erst durch Abdampfen oder Destillation davon befreit werden. Saure Reaction ist vor dem Eindampfen durch reines Natriumcarbonat abzustumpfen.

Bemerkt man beim Einfallen derselben im Vergleiche zu früher eine trägere Einwirkung, so giebt man Salzsäure zu.

Die Desorganisirung ist auf dem wünschenswerthen Punkte angelangt, wenn der Kolbeninhalt eine gelbe[1]), klare oder trübe Flüssigkeit darstellt, welche auch ohne weiteren Kaliumchloratzusatz bei fortgesetztem Erhitzen nicht mehr wesentlich dunkler wird.

Grössere Fettmassen, sowie holzige Pflanzentheile, überhaupt Cellulose, pflegen der Oxydation sehr lange zu widerstehen. Man lässt sie vorläufig unberücksichtigt, ersetzt, wenn der Endpunkt der Oxydation erreicht ist, den Hahntrichter durch ein Knierohr und leitet durch die Flüssigkeit einen lebhaften Strom gewaschener Kohlensäure, bis alles noch vorhandene freie Chlor verdrängt ist.

Schliesslich wird der, nöthigenfalls durch etwas heisses Wasser verdünnte Kolbeninhalt heiss durch ein nasses Filter filtrirt und dieses, sowie der Kolben mit heisser verdünnter Salzsäure gut ausgewaschen.

Besteht der Filterrückstand aus grösseren Fettmassen, so kocht man ihn zwei- bis dreimal mit verdünnter Salzsäure aus, lässt erkalten, hebt die erstarrte Fettschicht ab und giesst die Flüssigkeit durch das schon benutzte Filter zum Hauptfiltrate.

Das Fett kann nunmehr beseitigt werden, das Filter aber bleibt mit dem sonstigen unlöslichen Rückstande, welcher metallische Verbindungen enthalten kann, zur weiteren Untersuchung (s. Seite 63) aufbewahrt.

In der vorbeschriebenen Form führt das Fresenius-v. Babo'sche Desorganisirungsverfahren in kürzester Zeit und ohne Belästigung durch Chlor und sonstige schädliche oder unangenehme Dämpfe zum gewünschten Ziele. Verlust an flüchtigen Metallgiften findet dabei nicht statt.

Nach der seither üblichen Art[2]) der Zerstörung organischer Massen durch Kaliumchlorat und Salzsäure erwärmt man das mit Salzsäure zu einem Brei angerührte und mit etwas Kaliumchlorat vermischte Object in einer Porcellanschale oder in einem Kolben auf dem Wasserbade und setzt nach und nach kleine Quantitäten von Kaliumchlorat zu, bis der oben angedeutete Endpunkt erreicht ist. Die verdampfende Flüssigkeit muss von Zeit zu Zeit durch Zugabe von Wasser oder Salzsäure ersetzt werden.

G. Methode von Sonnenschein-Jeserich[3]).

Dieselbe beruht auf dem gleichen Principe, wie die vorige, hat aber vor ihr den Vorzug, dass sie den Untersuchungsobjecten keine Kalisalze zuführt und soll in wesentlich kürzerer Zeit zum Ziele führen als das Fresenius-Babo'sche Verfahren in der seither üblichen Art der Ausführung.

---

[1]) Mitunter jedoch braun, wenn viel Hämoglobin (Blut) vorhanden, weil dieses eisenhaltig ist.

[2]) Vergl. z. B. auch Otto, S. 142 ff.

[3]) Repertorium der analyt. Chemie, II, S. 379 (1882).

Die gut zerkleinerten, mit Wasser zu einem dünnen Brei angerühr-
ten Objecte versetzt man in einer Schale oder in einem geräumigen
Kolben[1]) mit kleinen Portionen von Chlorsäure und erwärmt langsam
und vorsichtig auf dem Wasserbade.

Sobald die Masse schwammig aufgetrieben erscheint, fügt man in
kleinen Antheilen nach und nach Salzsäure zu.

In zwei bis drei Stunden ist die Auflösung des Objectes erfolgt, die
man daran erkennt, dass sich unter einer Fettschicht eine gelbliche, fast
klare Flüssigkeit befindet.

Die weitere Behandlung derselben ist die gleiche, wie bei dem Fresenius-Babo'schen Verfahren.

Bei der Ausführung des Sonnenschein-Jeserich'schen Verfahrens ist zu beachten, dass die Chlorsäure stets im Ueberschuss
bleibt, was man leicht daran erkennt, dass eine herausgenommene
Probe der Flüssigkeit auf Zusatz von Salzsäure Chlor entwickelt. Das
verdampfende Wasser muss von Zeit zu Zeit ersetzt werden, widrigenfalls bei zu weit gehender Concentration eine explosions-
artige Reaction eintritt, der man aber noch im letzten Augenblicke,
wenn sich die Ränder der Flüssigkeit bereits dunkel färben, durch Zu-
giessen von Wasser vorbeugen kann.

III. Abscheidung der Metallgifte durch Schwefelwasserstoff.

Die Abscheidung der, den Metallgiften zu Grunde liegenden metallischen Elemente in irgend einer charakteristischen Form kann, wie
beim Nachweise der einzelnen Metallgifte gezeigt werden wird, in sehr
verschiedener Weise — auf chemischem, hydrometallurgischem oder
elektrolytischem Wege — geschehen.

Hier soll nur das allgemeine Abscheidungsverfahren metallischer
Gifte durch Schwefelwasserstoff erläutert werden und zwar unter der
Voraussetzung, dass das Untersuchungsobject in üblicher Weise nach
der Fresenius-Babo'schen Methode desorganisirt bezw. in Lösung
gebracht worden ist.

Die, wie angegeben, durch Kohlensäure von Chlorgas befreite und
heiss filtrirte salzsaure Lösung wird mit einer reichlichen Menge heissen
Wassers, eventuell bis zum Auftreten einer weissen Trübung[2]), verdünnt
und mit arsenfreiem Schwefelwasserstoff gesättigt.

---

[1]) Man kann sich dazu auch des in Fig. 1 (S. 59) abgebildeten Apparates
bedienen, aus dessen Hahntrichter man in diesem Falle Salzsäure zutropfen lässt.
[2]) Eine solche würde auf die Gegenwart von Blei, Wismuth, Antimon
oder Silber hindeuten.

Zu diesem Zwecke verschliesst man den, die zu sättigende Lösung
enthaltenden, geräumigen Kolben mit einem doppelt durchbohrten
Stopfen.

Die eine Bohrung trägt die, mit einem Kipp'schen Schwefelwasser-
stoff-Entwickler verbundene Gaszuleitungsröhre, die andere eine, etwa
1 m lange Steigröhre, welche, nachdem die im Kolben befindliche Luft
durch Schwefelwasserstoff verdrängt ist, soweit gesenkt wird, bis sie eintaucht.

Die ursprünglich heisse Flüssigkeit sättigt sich nun, unterstützt
durch öfters Umschütteln, während des Abkühlens mit dem genannten
Gase nach Maassgabe des vom Kipp'schen Apparate gelieferten Druckes,
unter welchem man, da er sich selbst regulirt, die Lösung stehen lässt.

Schwefelwasserstoff erzeugt in derartigen Flüssigkeiten fast ausnahmslos
einen Niederschlag, auch wenn kein unter den obwaltenden Bedingungen fäll-
bares Metallgift vorhanden ist. Der Niederschlag, der also event. ein Metall
enthalten k a n n, besteht im Wesentlichen aus Resten organischer Substanz in
Verbindung oder in Mischung mit Schwefel, da bei der Desorganisirung auf
nassem Wege die organische Substanz nie ganz zerstört wird und die dabei
resultirende Lösung stets Stoffe enthält, welche, wie z. B. Eisenchlorid, den
Schwefelwasserstoff unter Abscheidung von Schwefel zersetzen. — Eisen ist ein
nie fehlender Bestandtheil animalischer und vegetabilischer Stoffe.

Die Entstehung eines Schwefelwasserstoffniederschlages darf somit bei toxikologischen Analysen nie zu
der vorgefassten Meinung führen, als müsse ein Metallgift vorhanden sein.

Die völlige Abscheidung dieses Niederschlages erfordert — namentlich wenn Arsen in Frage kommt — längere Zeit — 24 Stunden und
mehr —; sie kann als beendigt angesehen werden, wenn sich der Niederschlag am Boden und an den Wandungen des Kolbens abgesetzt und
die überstehende Flüssigkeit sich geklärt hat.

Man sammelt alsdann den Niederschlag, ohne die Flüssigkeit durch
Erwärmen [1]) von Schwefelwasserstoff befreit zu haben, auf einem kleinen
Filter und wäscht ihn mit Schwefelwasserstoffwasser gut aus.

Das Filtrat davon kann probeweise mit Schwefelwasserstoffwasser
versetzt oder seiner ganzen Menge nach mit Wasser verdünnt und nochmals mit Schwefelwasserstoff behandelt werden.

Eine hierbei oder bei dem nachfolgenden Eindampfen des Filtrates
sich zeigende Ausscheidung würde dem Schwefelwasserstoffniederschlage
beizufügen sein.

---

[1]) Soll die Abscheidung des Niederschlages durch Erwärmen beschleunigt
werden, so darf man dabei die Temperatur von 40[o] bis 50[o] C. nicht überschreiten. Um dabei gelöstes Schwefelarsen wieder zu fällen, muss die erkaltete Flüssigkeit wieder mit Schwefelwasserstoff gesättigt werden.

IV. Behandlung unlöslicher Rückstände bei der Untersuchung auf Metalle.

Metallverbindungen, welche, wie z. B. Zinnober, Blei- und Bariumsulfat, sowie das in der Malerei benutzte geglühte Chromoxyd, bei der Desorganisirung des Untersuchungsobjectes durch Kaliumchlorat und Salzsäure ungelöst bleiben, können schlechterdings nicht als Gifte betrachtet werden.

Wenn man die ungelösten Rückstände gleichwohl auf Metallgifte untersucht, so geschieht es deshalb, weil einige an und für sich lösliche und auch ursprünglich in löslicher Form vorhanden gewesene Metallverbindungen, nämlich solche des Silbers, des Bleies und des Bariums, sich mit Bestandtheilen des Objectes oder bei der Desorganisirung desselben in unlösliche Verbindungsformen — Silberchlorid, Blei- und Bariumsulfat — umgesetzt haben können.

Die Entstehung von Silberchlorid ist selbstverständlich; die wenigstens theilweise Umwandlung löslicher Blei- und Bariumverbindungen in unlösliche erklärt sich daraus, dass alle animalischen und vegetabilischen Stoffe als normale Bestandtheile sowohl Sulfate, wie auch andere schwefelhaltige Substanzen, z. B. Eiweisskörper, enthalten, deren Schwefel bei der Desorganisirung zu Schwefelsäure oxydirt wird.

Dem Gesagten zufolge wird es sich bei Abscheidung von Metallgiften aus unlöslichen Rückständen nur um Silber und Blei, sowie um das Barium handeln.

Man äschert die von grösseren Fettmengen befreiten Lösungsrückstände (Seite 60), nachdem sie getrocknet sind, sammt Filter im Porcellantiegel ein und schmilzt die Asche mit Soda unter Beigabe von etwas Salpeter.

Die erkaltete Schmelze weicht man in heissem Wasser auf, leitet, ohne filtrirt zu haben, Kohlensäure ein und kocht einmal auf.

Das Ungelöste filtrirt man ab und wäscht es mit heissem Wasser gut aus.

Von der weiteren Prüfung dieses unlöslichen Rückstandes wird später noch mehrmals die Rede sein.

Zweiter Abschnitt.

Allgemeine Charakteristik und specieller Nachweis der einzelnen Metallgifte.

Arsen.

Obgleich die Zahl der absichtlichen und unabsichtlichen Arsenvergiftungen neuerdings im Gegensatze zu früher eine erfreuliche Verminderung zeigt, weil die Anwendung von Arsenpräparaten und der Verkehr mit arsenhaltigen Gebrauchsgegenständen durch Verschärfung und Erweiterung der bezüglichen Gesetze und sanitätspolizeilichen Vorschriften eine wesentliche Einschränkung erfahren hat, so beschäftigt dieses Gift doch noch überaus häufig den gerichtlichen Chemiker.

Die zu verbrecherischen Zwecken vorzugsweise benutzte Arsenverbindung ist der weisse Arsenik (Giftmehl), die sog. arsenige Säure[1]), welche z. B. in Gestalt von Rattengift dem Publicum verhältnissmässig leicht zugänglich und von Alters her als ein bequem beizubringendes und sicher wirkendes Gift selbst in niederen Volksschichten bekannt ist.

Wie die meisten Arsenverbindungen, so sind auch die bisweilen für unschädlich erklärten Sulfide: Realgar und Auripigment, sowie auch das metallische Arsen (Fliegenstein) giftig, weil diese Präparate in der Praxis nie chemisch rein sind, sondern stets mehr oder minder erhebliche Mengen von arseniger Säure enthalten.

Auf die giftigen Wirkungen des Arsenwasserstoffs werden z. B. die gesundheitsschädlichen Wirkungen arsenhaltiger Tapeten und Farben zurückgeführt, wenn sich dieselben an feuchten Wänden unter Mitwirkung von Schimmelpilzen langsam zersetzen.

Wegen seiner ausgedehnten Anwendung zu technischen Zwecken und allerlei Gebrauchsgegenständen besitzt das Arsen ein hervorragendes sanitätspolizeiliches Interesse, da schon anscheinend geringfügige Ursachen, wie z. B. das Bewohnen von Räumen, welche mit arsenhaltigen Tapeten und Farben bekleidet sind, chronische Arsenvergiftung zu veranlassen im Stande sind.

Während auf der einen Seite andauernde Zufuhr minimaler Arsenmengen aus den angedeuteten oder irgend welchen sonstigen Gründen überaus schädliche Wirkungen auf den Organismus ausübt, gewöhnt sich derselbe andererseits an kleine, allmälig sich steigernde Arsendosen ohne nachtheilige Folgen, wie das in manchen Gegenden (Steiermark, Tirol) übliche Arsenikessen beweist.

Bei acuter Arsenvergiftung, die in den meisten Fällen mit dem Tode oder mit chronischer Arsenvergiftung endet, erfolgt, in Begleitung von brennendem Schmerz im Halse und Unterleibe, heftiges Erbrechen. Im Erbrochenen, sowie an der geschwollenen und entzündeten Magenschleimhaut findet sich häufig das Gift in Gestalt von Körnchen vor.

---

[1]) Dieselbe findet arzneiliche Anwendung, ebenso das arsenigsaure Kali unter der Bezeichnung Fowler'sche Lösung.

Das durch Erbrechen oder mit Harn und Darminhalt nicht beseitigte Arsen wird in näheren und entfernteren Organen, namentlich in Leber und Niere abgelagert[1]).

Bei weiblichen Individuen geht das Arsen auch in die Milch über und kann so indirect zur Vergiftung von Kindern Veranlassung geben[2]).

Das Arsen bleibt jahrelang in Leichenresten nachweisbar, doch deutet die Thatsache, dass es sich aus faulenden oder gährenden Substanzen als Arsenwasserstoff oder in anderer Form verflüchtigen kann[3]), auf die Möglichkeit einer Verringerung oder des Verschwindens des Arsens aus fauligen Objecten hin.

Nach Arsenvergiftung bleiben Leichen oder deren Theile häufig längere Zeit erhalten und erscheinen mumificirt. Die Mumification ist aber an sich noch kein Beweis für das Vorhandensein von Arsen, da sie auch durch andere Umstände hervorgerufen sein kann[4]).

Schon aus den angedeuteten Gründen, wie auch wegen des häufigen, wenn selbst nur spurenweisen Vorkommens von Arsenverbindungen in der Natur[5]) — Wasser und Boden —, ist die Beantwortung der Frage, ob gegebenen Falles eine Arsenvergiftung anzunehmen sei, zuweilen eine sehr schwierige und experimentell umfängliche, sofern sie auch die genaue Untersuchung der unmittelbaren Umgebung der Leiche — Kleidung, Decorationsgegenstände u. dergl. — erfordert.

Die Prüfung der über und unter dem Sarge entnommenen Erde auf Arsen bezweckt die Feststellung, ob das betreffende Erdreich an sich arsenhaltig ist oder ob Arsen bei Verflüssigung der Leiche in den Boden gelangt ist.

Die Frage, ob einer beerdigten Leiche aus arsenhaltigem Boden nachträglich durch Regenwasser Arsen zugeführt werden könne, wird zur Zeit verneint[6]).

A. Ausmittelung des Arsens.

Bei Ausmittelung von Arsenvergiftungen stösst man zuweilen schon während der Durchmusterung der Untersuchungsobjecte auf verdächtige weisse oder graue oder andersfarbige Partikelchen, welche Arsenik, Fliegenstein, Schwefelarsen, Schweinfurter Grün u. dergl. sein können.

Dieselben werden gesammelt und, wie später beim Nachweise von Arsenverbindungen angegeben, als solche näher charakterisirt.

Als Vorprobe eignet sich, wenn Arsenverbindungen in fester Form nicht angetroffen worden sind, die schon oben bei der Prüfung der Salzsäure beschriebene Reinsch'sche Reaction.

---

[1]) Vergl. Ludwig, Chem. Centralblatt 1881, 90, 110, 121; Johnson und Chittenden, Berichte d. deutsch. chem. Ges. 14, 853 (1881) nach Amer. chem. Journ. 2, 332 bis 338.
[2]) Brouardel u. Pouchet, Ann. d'Hygiène publ. p. 73.
[3]) Bischoff, Repertorium d. analyt. Chemie 1883, 310.
[4]) Löwig, Arsenikvergiftung und Mumification. Breslau 1887; Zaaijer, Vierteljahrsschrift für gerichtl. Medicin 44, 249.
[5]) Sonnenschein, Archiv d. Pharmacie 193, 245 (1870).
[6]) Otto, Anleitung etc. S. 155; Dragendorff S. 370; sowie Schlagdenhauffen u. Garnier, Compt. rend. 100, 1388.

Zu diesem Zwecke säuert man eine Probe des Objectes mit arsenreiner Salzsäure an und stellt ein blankes Kupferblechstreifchen hinein.
Rührt der sich auf demselben bildende graue Niederschlag von Arsen
her, so haftet er dem Bleche fest an und giebt beim Erhitzen desselben
im Röhrchen und bei Luftzutritt ein weisses krystallinisches Sublimat: As^2O^3.

Von den zahlreichen, einander mehr oder weniger verwandten
M e t h o d e n [1]) zur Ausmittelung des Arsens sollen hier nur die gebräuchlichsten Platz finden. Dieselben stimmen darin überein, dass das Arsen,
nachdem es entweder als C h l o r ü r durch Destillation oder als S u l f i d
durch Schwefelwasserstoff a b g e s c h i e d e n worden ist, nach dem M a r s h -
B e r z e l i u s'schen Verfahren n a c h g e w i e s e n wird.

a. A b s c h e i d u n g d e s A r s e n s a l s C h l o r ü r (n a c h B e c k u r t s).

Dieses Verfahren zur directen Prüfung auf Arsen — die empfehlens-
wertheste Modification der auf gleichem Principe beruhenden Metho-
den [2]) — gründet sich auf die l e i c h t e F l ü c h t i g k e i t d e s A r s e n-
c h l o r ü r s a u s s a l z s a u r e n F l ü s s i g k e i t e n b e i G e g e n w a r t v o n
E i s e n c h l o r ü r, w o b e i g l e i c h z e i t i g e i n e T r e n n u n g d e s A r s e n s
v o n e t w a v o r h a n d e n e m A n t i m o n u n d Z i n n s t a t t f i n d e t [3]).

Das zerkleinerte oder, nach Abstumpfung saurer Reaction durch
Natriumcarbonat, eingedampfte Object wird in einer geräumigen Retorte
mit so viel concentrirtester, reiner (arsenfreier) Salzsäure vermischt, dass
ein dünnflüssiger Brei entsteht.

Nach Zusatz von etwa 20 g einer vierprocentigen arsenfreien Eisenchlorürlösung verbindet man den schräg nach aufwärts gerichteten Hals
der auf einem Gasofen stehenden Retorte unter stumpfem Winkel mit
einem Kühler, erhitzt den Retorteninhalt langsam zum Kochen und
destillirt etwa $^2/_3$ der Säure ab, derart, dass in der Minute ungefähr 3 ccm
Flüssigkeit übergehen.

Im Destillate wird das Arsen nach den weiter unten angegebenen
Methoden (S. 68) nachgewiesen und nöthigenfalls auch quantitativ bestimmt.

Bei dem vorbeschriebenen Verfahren zur Abscheidung des Arsens ist es
gleichgültig, in welcher Verbindungsform dasselbe im Untersuchungsobjecte
vorliegt. Von metallischem Arsen gelangt n u r d e r b e r e i t s o x y d i r t e Theil
desselben in das Destillat.
Bei reichlichem Arsengehalte des Objectes muss die Destillation nach Zusatz
neuer Mengen von Salzsäure noch zwei- oder dreimal wiederholt werden.

---

[1]) Vergl. z. B. D r a g e n d o r f f S. 376 ff.
[2]) Ebenda S. 353 und 354 (Methode VII) und B e c k u r t s, Archiv d. Pharmacie 222, 653 (1884).
[3]) E. F i s c h e r, Berichte der deutsch. chem. Ges. 13, 1778 (1880).

Um bei der ersten Destillation etwa mit verflüchtigte Spuren von Antimon und Zinn auszuschliessen, kann man die erste Hälfte des Destillates nochmals mit etwa 5 ccm Eisenchlorürlösung der Destillation unterwerfen.

b. Abscheidung des Arsens als Sulfid.

Soll das Arsen durch Schwefelwasserstoff abgeschieden werden, so desorganisirt man das Untersuchungsobject in der Regel nach Fresenius - Babo, ausnahmsweise auch nach Wöhler - v. Siebold.

Im letzteren Falle kann man sich schon bei der Desorganisirung die Vortheile der Meyer'schen Schmelze (s. f. S.) verschaffen, d. h. Arsen von etwa gleichzeitig vorhandenem Antimon und Zinn von vornherein trennen, wenn man den durch Einwirkung von Salpetersäure auf das Untersuchungsobject entstehenden Brei mit Natronlauge bezw. Natriumcarbonat neutralisirt und dann mit Natriumnitrat vermischt.

Den Verpuffungsrückstand behandelt man mit Wasser, leitet Kohlensäure ein, filtrirt und säuert das Filtrat, in welchem sich das etwa vorhandene Arsen als Arsenat befindet, mit Salzsäure an.

Die auf diese oder jene Art erhaltene Lösung wird einer sehr sorgfältigen Behandlung mit arsenfreiem Schwefelwasserstoff unterworfen. Die Abscheidung des Arsens geht nur langsam von statten, weil die in der Lösung enthaltene Arsensäure durch den Schwefelwasserstoff verschiedene Umwandlungen erleidet [1]).

Den Niederschlag sammelt man nach erfolgter Klärung der Flüssigkeit auf einem kleinen Filter mit Hahntrichter oder Quetschhahnverschluss, wäscht ihn erst gut mit Schwefelwasserstoffwasser und laugt ihn dann mit verdünnter warmer Ammoniakflüssigkeit aus, indem man diese einige Minuten auf dem Filter verweilen und dann in eine Porcellanschale ablaufen lässt.

Diese letztere Operation wird noch einige Male wiederholt und das dabei erhaltene ammoniakalische Filtrat zur Trockne eingedampft.

Den Verdampfungsrückstand übergiesst man unter Bedeckung mit einem Uhrglase vorsichtig mit allmälig zuzusetzenden kleinen Quantitäten rauchender Salpetersäure und bringt dann den Schaleninhalt wieder zur Trockne.

Diese Behandlung mit rauchender Salpetersäure ist noch ein- oder zweimal zu wiederholen, jedenfalls so oft, bis der Verdampfungsrückstand hellgelb gefärbt ist und bis beim Aufgiessen neuer Säure keine rothen Dämpfe mehr auftreten.

Alsdann befeuchtet man ihn mit einigen Tropfen reiner Natronlauge, verreibt ihn mit einem trockenen Gemenge von Natriumcarbonat und Natriumnitrat (1:2) und erhitzt das gut ausgetrocknete Salzgemisch in einem Porcellantiegel langsam zum Schmelzen.

---

[1]) Vergl. z. B. Monatshefte für Chemie 8, 607 (1887); Zeitschrift für analyt. Chemie 27, 632 (1888).

Bleibt die Schmelze dunkel oder grau gefärbt, so fehlt es entweder noch an Natriumnitrat oder es sind Spuren von Kupferoxyd vorhanden. Im letzteren Falle ist die Färbung der Schmelze auch durch weiteren Zusatz von Natriumnitrat natürlich nicht zu beseitigen.

Die eben beschriebene Operation, die Meyer'sche Schmelze, bezweckt neben der Zerstörung aller noch vorhandenen Reste von organischer Substanz eine Trennung des Arsens von etwa vorhandenem Antimon und Zinn.

Das Arsen befindet sich nämlich in dieser Schmelze als in Wasser lösliches Natriumarsenat, Antimon und Zinn dagegen als in Wasser unlösliches Natriumpyroantimoniat bezw. Zinnoxyd.

Diese Trennung gelingt nur bei Natriumsalzen, nicht aber bei den entsprechenden Kaliumverbindungen, weil Kaliumpyroantimoniat ein lösliches Salz ist.

Die Schmelze behandelt man mit warmem Wasser, leitet in die meist trübe Lösung Kohlensäure ein, filtrirt durch ein kleines Filter, wäscht letzteres erst mit Wasser, dann mit stark verdünntem Alkohol aus und dampft das klare Filtrat mit arsenreiner Schwefelsäure im Ueberschusse so weit ein, bis sich dicke weisse Dämpfe entwickeln.

Nach dem Erkalten wird der Verdampfungsrückstand vorsichtig mit Wasser verdünnt und im Marsh'schen Apparate oder nach einer anderen der sogleich zu beschreibenden Methoden auf Arsen geprüft.

B. Nachweis des Arsens.

Von den verschiedenen, zum Nachweise des Arsens dienenden Methoden und Reactionen ist bei toxikologischen Analysen bis jetzt das Marsh-Berzelius'sche Verfahren das maassgebende und deshalb in erster Linie in Betracht kommende, obwohl schon seit längerer Zeit Bedenken gegen dasselbe erhoben worden sind, so namentlich von Reichardt[1] und zuletzt von Flückiger[2], welcher die Prüfung nach Marsh-Berzelius durch die weit einfachere und empfindlichere Gutzeit'sche Reaction ersetzt oder doch nur für den Fall in ihrem Rechte belassen will, „dass die Anwesenheit des Arsens schon anderweitig festgestellt ist und dass man wünschen müsste, in aller kürzester Frist einen Arsenspiegel zu haben“.

a. Methode von Marsh-Berzelius[3].

(Marsh'sche Reaction.)

Dieses Verfahren gründet sich in seiner heutigen, von der ursprünglichen[4] wesentlich verschiedenen, Form auf folgende Thatsachen.

[1] Archiv der Pharmacie **217**, 1 (1880).
[2] Ebenda **227**, 9 (1889).
[3] Vergl. Dragendorff S. 376 ff.
[4] Edinburgh, New Philosophical Journal **21**, 230, 234 (1836).

Gewisse Verbindungen des Arsens, arsenige Säure, Arsensäure, Arsenite, Arsenate und Arsenchlorür, liefern mit Wasserstoff *in condicione nascendi* Arsenwasserstoff:

$$As^2O^3 + 12H = 2AsH^3 + 3H^2O.$$

In der Glühhitze und bei Ausschluss von Sauerstoff wird der Arsenwasserstoff unter Abscheidung von metallischem Arsen in seine Elemente zerlegt:

$$AsH^3 = As + 3H.$$

Arsenwasserstoff enthaltendes Wasserstoffgas brennt mit bläulichweisser Flamme, aus welcher sich auf einem in dieselbe eingeführten kalten Gegenstande metallisches Arsen niederschlägt:

$$2AsH^3 + 3O = 2As + 3H^2O.$$

Arsenwasserstoff reducirt Silbernitratlösung unter Abscheidung von Silber und gleichzeitiger Bildung von arseniger Säure:

$$AsH^3 + 6AgNO^3 + 3H^2O = H^3AsO^3 + 6Ag + 6HNO^3.$$

Zur Ausführung einer solchen Prüfung auf Arsen dient der im Laufe der Zeit vielfach modificirte, namentlich von Berzelius verbesserte, sogenannte Marsh'sche Apparat, dessen gebräuchlichste Formen die in Fig. 2 und Fig. 3 (a. f. S.) abgebildeten sind.

Fig. 2.

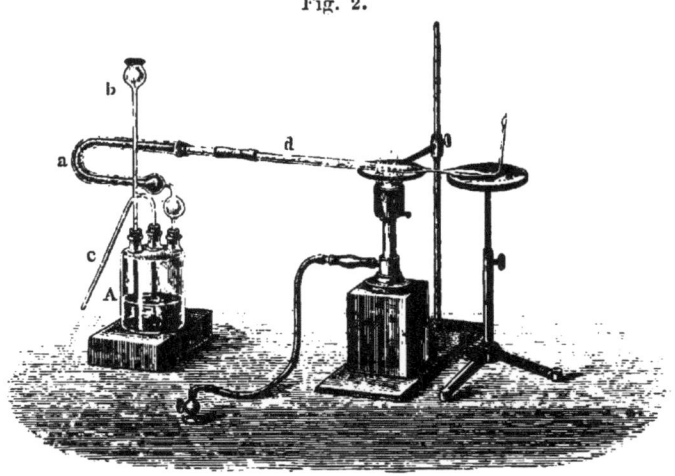

Das Gasentwickelungsgefäss *A*, eine Woulff'sche Flasche oder ein Kölbchen von 150 bis 200 ccm Rauminhalt, ist in üblicher Weise mit einem Trichter *b*, einem Trockenrohre *a*, event. auch mit einem Heber *c* (Fig. 2) versehen, welcher letztere bei grösseren Versuchen zur bequemen Entleerung des Entwickelungsgefässes dient.

An die Trockenröhre *a*, welche mit kleinen Stücken eines Gemisches
von 2 Thln. entwässerten Chlorcalciums und 1 Thl. geschmolzenen Kali-
hydrates gefüllt ist und ausserdem vorn und hinten lose Wattepfropfen

Fig. 3.

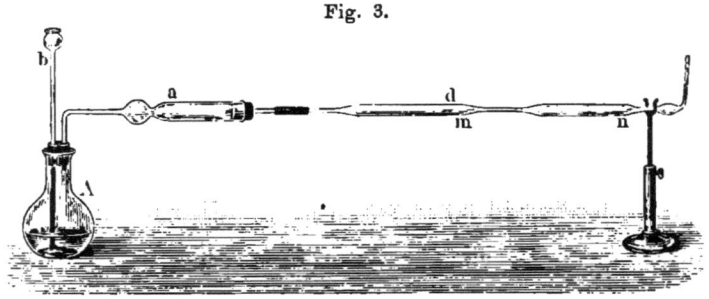

Fig. 4.  enthält, schliesst sich mittelst einer Gummiverbindung das
Reductionsrohr *d*, bestehend aus einer strengflüssigen Glas-
röhre, deren Weite und Wandstärke dem in Fig. 4 abgebildeten Querschnitte möglichst nahe kommt. An zwei oder
mehreren Stellen ist das Reductionsrohr durch Ausziehen stark
verengt und endigt in einer feinen, aufrecht gebogenen Spitze.
Die Prüfung nach Marsh-Berzelius zerfällt in einen Vorversuch
und den Hauptversuch; ersterer bezweckt die Feststellung der Reinheit
der zu benutzenden Reagentien, sowie des Apparates.

Vorversuch.

Zu diesem Behufe entwickelt man in dem Gefässe *a* Wasserstoff aus
chemisch reinem Zink und verdünnter, d. h. 10- bis 15 proc., arsenfreier
Salzsäure[1]) oder einem erkalteten Gemische von 1 Thl. chemisch
reiner, arsenfreier Schwefelsäure mit 8 Thln. Wasser[2]), indem man
die Säure zu dem mit etwas Wasser bedeckten Zink durch den Trichter
fliessen lässt.

Je reiner die Reagentien — Zink und Schwefelsäure — sind, desto schwerer
und langsamer wirken sie auf einander ein, so dass namentlich zu Anfang eine
äusserst spärliche Gasentwickelung stattfindet.
Dieser Uebelstand, welcher bei magnesiumhaltigem, nach L'Hôte'scher
Methode desarsenirtem, Zink nicht hervortritt, lässt sich dadurch beseitigen,
dass man das Zink vor der Benutzung platinirt oder versilbert.

---

[1]) Diese Säure wird im Marsh'schen Apparate verwendet, wenn salzsaure
Flüssigkeiten auf Arsen geprüft werden sollen, wie z. B. das Destillat vom
Beckurts'schen Verfahren. Ueber die Anwendung von Salzsäure im Marsh'-
schen Apparate vergl. Beckurts, Archiv der Pharmacie **222**, 681 (1884).
[2]) Statt dieses von Dragendorff befürworteten Verdünnungsgrades
empfiehlt Otto eine Concentration 1 : 3.

Dies geschieht einfach in der Weise, dass man das Zink mit verdünnter reiner Schwefelsäure bedeckt und einige Tropfen Platinchlorid oder Silbernitrat zusetzt. Kurz nach dem Eintritt einer stürmischen Gasentwickelung nimmt man das Zink aus der Flüssigkeit heraus und spült es mit Wasser ab.

Die Platinirung im Entwickelungsgefässe und während des Versuches durch Zusatz von einem Tropfen Platinchlorid vorzunehmen, ist unzulässig, weil dabei das Arsen ganz oder theilweise in Platinarsen verwandelt und als solches dem Nachweise entzogen wird.

Auf die Thatsache, dass chemisch reines Zink schon durch Umwinden mit Platindraht für reine Schwefelsäure leichter angreifbar wird, gründet sich die Lehmann'sche Verbesserung des Marsh'schen Apparates[1].

Das in diesem Falle weithalsige und birnförmige Entwickelungsgefäss ist mit einem dreifach durchbohrten Kautschukstopfen verschlossen, welcher ausser der gewöhnlichen Trichter- und Trockenröhre einen leicht nach auf- und abwärts verschiebbaren Glasstab trägt, an welchen unten ein Oehr aus Platindraht angeschmolzen ist. Letzteres dient zum Aufhängen von fünf bis sechs in Platinspiralen ruhenden Zinkstäbchen.

Durch mehr oder weniger tiefes Einsenken derselben in die Säure oder durch Herausheben aus derselben kann die Gasentwickelung beliebig verstärkt, abgeschwächt oder ganz unterbrochen werden.

War die Gasentwickelung etwa $\frac{1}{2}$ Stunde in regelmässigem, aber langsamem Gange und ist man sicher, die Luft vollständig aus dem Apparate verdrängt zu haben, so erhitzt man das Reductionsrohr an einer oder zwei, durch Stative in geeigneter Weise zu unterstützenden Stellen m, n (Fig. 3) und zwar nahe vor der Einschnürung allmälig zur hellen Rothgluth.

Zeigt sich im Verlaufe von einer bis zwei Stunden, während welcher für eine ruhige und regelmässige Gasentwickelung gesorgt wurde, hinter den erhitzten Stellen, bezw. in den sich verengenden Theilen des Rohres, kein schwarzer oder brauner Anflug, so sind Apparat und Reagentien genügend rein.

Hauptversuch.

Zur Ausführung des Hauptversuches trägt man, nachdem das Entwickelungsgefäss grösstentheils entleert[2] und event. mit Zink neu beschickt ist, die auf Arsen zu prüfende Flüssigkeit in kleinen Antheilen nach und nach in den Apparat ein, so dass unter zeitweiligem Zusatz von Säure ein ruhiger, langsamer Gasstrom die, wie beim Vorversuche, stellenweise rothglühende Reductionsröhre durchstreicht.

Beim Vorhandensein von Arsen entstehen je nach der Menge desselben nach kürzerer oder längerer Zeit hinter den Erhitzungsstellen, also in den sich verengenden Theilen des Reductionsrohres, mehr oder

---

[1] Pharmaceut. Zeitschrift für Russland 27, 193 (1888).
[2] Ist an dem Entwickelungsgefässe ein Heber angebracht, so entleert es sich von selbst, wenn man die Gummiverbindung zwischen dem Trocken- und Reductionsrohre mittelst eines Quetschhahnes schliesst.

weniger starke, glänzend braunschwarze oder nur schwach
braune Anfläge von metallischem Arsen — Arsenspiegel —,
deren Bildung man am besten beobachten kann, wenn man hinter die
betreffende Stelle des Rohres ein weisses Blatt Papier hält.

Fig. 5 soll einige an Stärke verschiedene Arsenspiegel veranschaulichen.

Hat man einen oder einige Arsenspiegel[1]) erhalten, so entfernt
man die Flamme unter dem Reductionsrohre und zündet das der feinen
Endspitze entströmende Wasserstoffgas an.

Ist sein Arsengehalt nicht zu gering, so brennt es mit bläulichweisser Flamme, jedenfalls aber entstehen, wenn überhaupt Arsen
vorhanden ist, auf einer in die Flamme eingeführten kalten Porcellanschale schwarzbraune oder nur hellbraune Flecken von metallischem Arsen — Arsenflecken.

Da dieselben nur an kalten Flächen entstehen, so darf man die
Flamme immer nur wenige Augenblicke auf eine und dieselbe Stelle der

Fig. 5.

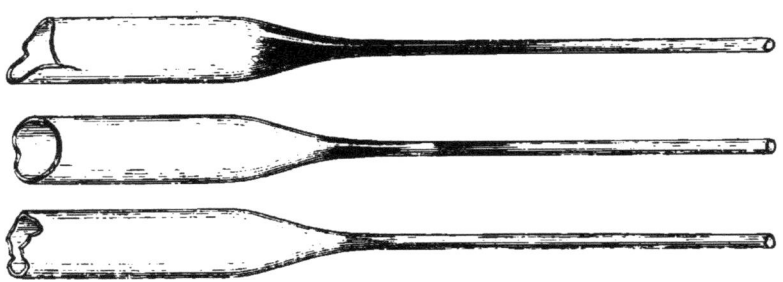

Porcellanschale wirken lassen. Es ist zweckmässig, eine Anzahl solcher
Flecke auf die Innenflächen mehrerer Schälchen zu vertheilen, damit
einige der später angegebenen Identitätsreactionen ausgeführt werden
können.

Schliesslich leitet man, nachdem das Flämmchen ausgelöscht und
die Ausströmungsöffnung nach abwärts gewendet ist, das Gas längere
Zeit in Silbernitratlösung ein, welche mit einigen Tropfen verdünnter
Salpetersäure schwach angesäuert ist.

Bei Anwesenheit von Arsen trübt sich die Silberlösung in Folge
Abscheidung von Silber und es bildet sich beim tropfenweisen Zusatz
von Ammoniak zu der filtrirten Flüssigkeit ein gelber Niederschlag
oder eine gelbe Zone von Silberarsenit[2]).

Ist die Silberlösung neutral und concentrirt (1 = 2), so entsteht,
falls Arsen, bezw. Arsenwasserstoff dem Gase beigemengt ist, eine citro-

---

[1]) Dieselben sind ebenso wie die später zu erhaltenden Arsenflecke ein
sehr geeignetes *corpus delicti*.
[2]) Dasselbe ist in überschüssigem Ammoniak löslich.

nengelbe Färbung, die beim Erwärmen oder auf Zusatz von Wasser verschwindet, wobei sich metallisches Silber ausscheidet[1]).

War während einer ein- bis zweistündigen Versuchsdauer und bei Beobachtung aller Vorsichtsmaassregeln keine Spur eines Arsenspiegels oder Arsenfleckens zu erhalten, so **kann das Untersuchungsobject als arsenfrei betrachtet werden.** Die Silberlösung kann zwar in einem solchen Falle reducirt sein, z. B. wenn sie neutral war, durch Wasserstoff allein, es tritt aber dann auf Zusatz von Ammoniak **keine** Ausscheidung von Silberarsenit ein.

Bemerkungen zur Marsh'schen Reaction.

Die Marsh'sche Reaction ist ausserordentlich empfindlich, so dass durch dieselbe noch Zehntel-, selbst Hundertstel-Milligramme Arsen nachgewiesen werden können.

Voraussetzungen hierfür sind: **eine sehr langsame und gleichmässige, längere Zeit andauernde Gasentwickelung, sowie helle Rothgluth der betreffenden Theile des Reductionsrohrs.**

Mit der Grösse des Entwickelungsgefässes und mit zunehmender Feuchtigkeit des Trockenrohrs vermindert sich die Empfindlichkeit, weshalb bei lange dauernden Versuchen unter Umständen ein Auswechseln der benutzten Trockenröhre gegen eine neue nothwendig wird.

Die im Marsh'schen Apparate zu prüfenden Flüssigkeiten **dürfen weder oxydirend wirkende, noch Schwefelwasserstoff liefernde Substanzen, noch Salze schwerer Metalle enthalten,** da durch die Gegenwart solcher Stoffe die Marsh'sche Reaction beeinträchtigt oder ganz aufgehoben wird.

Sollte sich im Laufe der Zeit das Entwickelungsgefäss erwärmen, so ist es durch Einstellen in kaltes Wasser zu kühlen.

Die Versuche mit dem Marsh'schen Apparate sind so **lange fortzusetzen, bis alles vorhandene Arsen in Gestalt von Arsenspiegeln und Arsenflecken oder als arsenige Säure in der Silberlösung gewonnen ist.**

Um Verluste bei der Darstellung der Arsenspiegel möglichst zu vermeiden, muss das Reductionsrohr an mindestens zwei Stellen zum Glühen erhitzt oder das ausströmende Gas gleich anfangs in Silberlösung geleitet werden.

Unterscheidung der Arsenspiegel und Arsenflecke von Antimonspiegeln und Antimonflecken.

Wie später beim Nachweise des Antimons gezeigt werden wird, verhalten sich gewisse Antimonverbindungen im Marsh'schen Apparate den Arsenverbindungen sehr ähnlich: sie liefern, wie diese, im Reductionsrohre Spiegel, auf Porcellan Flecken und reduciren Silberlösung unter Abscheidung eines schwarzen Niederschlages.

---

[1]) Vergl. die Pharmakopöeprobe zur Prüfung der Salzsäure auf Arsen.

Um nun jede, diesem Umstande entspringende, verhängnissvolle
Täuschung: Verwechselung des Arsens mit vielleicht aus
Brechweinstein stammendem Antimon, auszuschliessen, sind
folgende Bedingungen zu erfüllen:

1. Die im Marsh'schen Apparate auf Arsen zu prüfende Flüssigkeit muss so zubereitet werden, dass
dabei bereits eine Trennung des Arsens vom Antimon stattfindet.

Dies geschieht in der vorbeschriebenen Art entweder durch die
Abscheidung des Arsens als Chlorür nach Beckurts oder, falls das
Arsen als Sulfid isolirt worden war, mittelst der Meyer'schen Schmelze.

2. Die erhaltenen Arsenspiegel und Arsenflecke
müssen, obgleich sie nach Lage der Sache keine
Antimonreactionen sein können, doch noch besonders als Arsenspiegel und Arsenflecke charakterisirt werden, schon deshalb, weil das Gericht diesen
Nachweis verlangt.

Aus der grossen Zahl der zur Unterscheidung der Arsenspiegel und
Arsenflecke einerseits von den Antimonspiegeln und Antimonflecken
andererseits dienenden Merkmalen und Reactionen mögen hier nur die
wichtigsten Platz finden [1]).

Arsenspiegel befinden sich stets nur hinter der Erhitzungsstelle, sind glänzend braunschwarz oder braun, im Wasserstoffstrome beim Erhitzen leicht flüchtig und verbreiten dabei einen
knoblauchartigen Geruch.

Antimonspiegel finden sich theilweise schon vor der
Erhitzungsstelle abgelagert, der Flamme zunächst zu Kügelchen zusam-
mengeschmolzen; sie sind sammetartig schwarz, schwer flüchtig und dabei geruchlos.

Arsenspiegel verwandeln sich beim vorsichtigen Erhitzen in
einem langsamen Luftstrome in ein weisses, aus glänzenden Kryställchen bestehendes Sublimat (As^2O^3).

Antimonspiegel gehen unter den gleichen Umständen in amorphes Antimonoxyd über.

Arsenspiegel liefern beim vorsichtigen Erhitzen in einem langsamen Strome trockenen Schwefelwasserstoffgases gelbes Schwefelarsen.

Antimonspiegel werden unter denselben Bedingungen in rothes
oder schwarzes Schwefelantimon übergeführt.

---

[1]) Auch von diesen genügen schon einige zur Identificirung der Arsenspiegel und -Flecke. — Ueber sonstige, demselben Zwecke dienende Reactionen
vergl. Otto S. 188 u. 189 und Dragendorff S. 391 bis 394.

Arsenflecke verschwinden beim Befeuchten mit Natrium-hypochloritlösung [1]).

Antimonflecke bleiben dabei unverändert.

Arsenflecke lösen sich in Salpetersäure ($d = 1,3$); auf Zusatz von Silbernitrat und einer Spur Ammoniak [2]) entsteht ein g e l b e r Niederschlag von S i l b e r a r s e n i t.

Dampft man die salpetersaure Auflösung des Arsenfleckes i n d e r W ä r m e ein, so färbt sich der Rückstand auf Zusatz von Silbernitrat und einer Spur Ammoniak r o t h b r a u n (S i l b e r a r s e n a t).

Antimonflecke lösen sich in Salpetersäure ebenfalls auf; befeuchtet man den Verdampfungsrückstand mit Silbernitrat unter Zusatz einer Spur Ammoniak, so tritt i n d e r K ä l t e k e i n e V e r ä n d e r u n g, beim E r w ä r m e n aber S c h w ä r z u n g ein in Folge Reduction von Silber.

Arsenflecke lösen sich in Schwefelammonium auf; die Lösung hinterlässt beim Verdunsten g e l b e s, i n S a l z s ä u r e u n l ö s l i c h e s, in A m m o n i a k und A m m o n i u m c a r b o n a t l ö s l i c h e s Schwefelarsen.

Antimonflecke liefern bei gleicher Behandlung o r a n g e r o t h e s, i n w a r m e r S a l z s ä u r e l ö s l i c h e s, i n A m m o n i a k und A m m o -n i u m c a r b o n a t a b e r u n l ö s l i c h e s Schwefelantimon.

Arsenflecke gehen, wenn man das betreffende Schälchen über einen Splitter Jod deckt, allmälig in g e l b b r a u n e s Arsenjodür über, welches s i c h b e i m A n h a u c h e n e n t f ä r b t; bringt man dann auf dieselbe Stelle einen Tropfen starkes Schwefelwasserstoffwasser, so entsteht g e l b e s Schwefelarsen.

Antimonflecke liefern unter den gleichen Umständen r o t h -b r a u n e s Antimonjodür, welches b e i m A n h a u c h e n n i c h t e n t f ä r b t und durch Schwefelwasserstoffwasser in o r a n g e r o t h e s Schwefelantimon umgewandelt wird.

Von der a n s c h e i n e n d g l e i c h e n, t h a t s ä c h l i c h a b e r g a n z v e r s c h i e d e n e n Einwirkung des Arsen- und Antimonwasserstoffs auf Silberlösung wird später beim Antimon die Rede sein.

b. Methode von Bloxam-Wolff [3]).

Der wesentliche Unterschied zwischen diesem und dem M a r s h -B e r z e l i u s 'schen Verfahren besteht darin, dass bei ersterem die Ueber-

---

[1]) Frei von ungebundenem Chlor und freier unterchloriger Säure zu erhalten durch Anreiben von Chlorkalk mit Sodalösung und Filtration der schwach alkalischen Flüssigkeit.

[2]) Indem man ein in verdünntes Ammoniak getauchtes Glasstäbchen darüber hält.

[3]) Vergl. D r a g e n d o r f f S. 390 und C. H. W o l f f, Pharmaceut. Central-Halle 27, 608, sowie Zeitschr. f. analyt. Chemie 27, 125 (1888).

führung des Arsens in Arsenwasserstoff auf elektrolytischem Wege
bewirkt wird.

Der Haupttheil des zur Ausführung einer elektrolytischen Prüfung
auf Arsen dienenden Wolff'schen Apparates, Fig. 6, ist das U-förmige,
von einem Stative getragene Zersetzungsgefäss *a*, in dessen Schenkel
seitlich die aus dünnen Platinspiralen bestehenden Elektroden *b* und *c*
eingeschmolzen sind.

Der oben kugelartig erweiterte Schenkel dieses Rohres trägt eine
mit dem Dreiweghahn *e* versehene Trichterröhre *d*; der andere Schenkel
ist durch einen Glashahn *i* mit doppelter Seitenbohrung geschlossen,
vermöge dessen man das an der Elektrode *b* entwickelte Sauerstoffgas

Fig. 6.

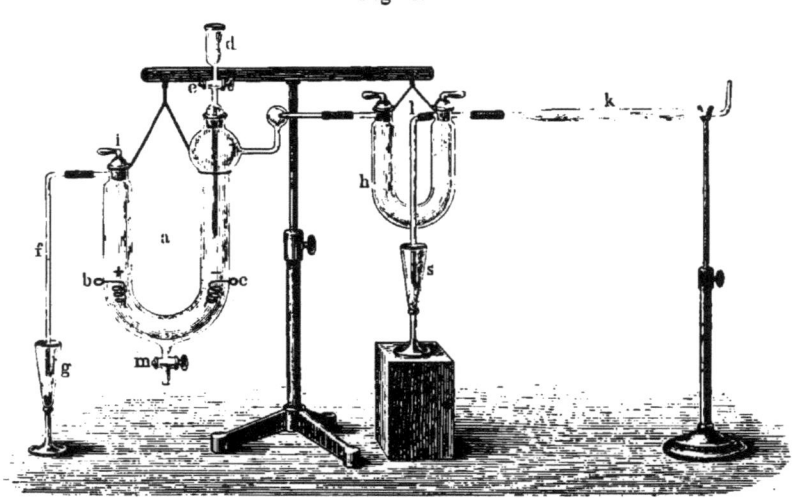

entweder in die Luft entlassen oder zur Ausgleichung der Druckver-
hältnisse durch das Ableitungsrohr *f* in ein Gläschen mit Wasser *g* eintreten lassen kann.

An das Zersetzungsgefäss *a* schliesst sich das ebenfalls an einem
Stative befestigte, zur einen Hälfte mit Aetzkali, zur anderen mit Chlorcalcium gefüllte Trockenrohr *h* mit eingeschliffenen Glasstöpseln, durch
deren einen man das Gas entweder weiter in das Reductionsrohr *k* oder
seitlich durch *l* in ein Gläschen mit Silbernitratlösung *s* leiten kann.

Das an einer Stelle dünn ausgezogene, in eine feine, nach aufwärts
gebogene Spitze endigende Reductionsrohr *k* aus schwer schmelzbarem
arsenfreiem Glase liegt, an drei Stellen durch Platindrähte unterstützt,
in einem mit Asbestpappe ausgekleideten Ofen aus starkem Eisenblech
und kann durch drei Gasflammen erhitzt werden.

Damit die Platindrähte nicht in das Rohr einschmelzen, ist letzteres an den betreffenden Stellen mit Ringen von unechtem Blattgolde umgeben.

Als Elektricitätsquelle dient eine Bunsen'sche Batterie von sechs Elementen oder eine gleich starke andere Batterie mit constantem Strome.

Bei der Prüfung selbst verfährt man folgendermaassen:

In das Zersetzungsgefäss *a* giesst man so viel (8 bis 10 ccm) verdünnte (1 = 5) reine Schwefelsäure, dass die Elektroden gehörig eintauchen, verbindet den Dreiweghahn *c* mit der Waschflasche eines Kipp'-schen Apparates und leitet durch den einen Schenkel von *a*, sowie durch die Trockenröhre *h* und das Reductionsrohr *k* arsenfreien Wasserstoff, bis die Luft aus diesen Theilen des Apparates vollständig verdrängt ist.

Sobald das der Spitze des Reductionsrohres *k* entströmende Gas ruhig brennt, schliesst man den Strom, indem man die Elektroden mit den entsprechenden Poldrähten der Batterie verbindet, setzt den Kipp'-schen Apparat ausser Thätigkeit und erhitzt das Reductionsrohr *k* vor der Verengung mittelst des letzten und vorletzten Gasbrenners zur hellen Rothgluth.

Zeigt sich im Verlaufe einer Stunde keine Spur eines braunen Anfluges im Reductionsrohre, so lässt man die zu prüfende Flüssigkeit[1]) durch den Trichter *d* tropfenweise in das Zersetzungsgefäss *a* einfliessen.

Ist Arsen vorhanden, so bildet sich sehr bald im Reductionsrohre der bekannte Arsenspiegel; man entzündet dann noch die dritte Gasflamme und lässt den Spiegel sich allmälig verstärken.

Zur Erzeugung von Arsenflecken löscht man die Gasflammen aus, setzt den Kipp'schen Apparat wieder vorsichtig in Thätigkeit, zündet den Wasserstoff an der Endspitze an und lässt das Flämmchen in bekannter Weise auf Porcellanschälchen wirken.

Schliesslich leitet man das Gas aus der Trockenröhre *h* vermöge einer Drehung des betreffenden Glashahnes seitlich durch das Röhrchen *l* in das Gläschen mit der Silberlösung ab, welche in bekannter Weise (S. 72) weiter untersucht wird.

Nach Beendigung des Versuches wird das Zersetzungsgefäss *a* durch Oeffnen des Hahnes *m* entleert.

---

[1]) Dieselbe muss das Arsen als arsenige Säure enthalten. Die aus der Meyer'schen Schmelze resultirende schwefelsaure Lösung muss deshalb mit Schwefeldioxyd — aus Kohle und reiner concentrirter Schwefelsäure — in der Wärme behandelt, vor der Prüfung aber von dem Reductionsmittel wieder vollständig befreit werden.

Das Beckurts'sche Destillat, wie überhaupt salzsaure Lösungen müssen mit etwas Kaliumchlorat eingedampft, die Rückstände mit reiner verdünnter Schwefelsäure erwärmt und mit Schwefeldioxyd behandelt werden.

c. Methode von Fresenius-v. Babo[1]).

Dieses Verfahren beruht auf der Flüchtigkeit des Arsens beim Schmelzen von Schwefelarsen[2]) mit Soda und Cyankalium:

$$As^2S^3 + 3\,KCN = 2\,As + 3\,KCNS,$$

in einem Strome von Kohlendioxyd, wobei das Arsen als ein Spiegel von bekannten Eigenschaften erhalten wird.

Den auf Arsen zu prüfenden Schwefelwasserstoffniederschlag behandelt man mit Ammoniak, verdunstet das Filtrat unter Zusatz von etwas reiner Soda zur Trockne und mischt den Rückstand mit der acht- bis zehnfachen Menge eines vollkommen trockenen, aus 1 Thl. Cyankalium mit 3 Thln. wasserfreien Natriumcarbonates bestehenden Pulvers.

Die so vorbereitete Substanz schüttet man in ein geräumiges Porcellanschiffchen mit tadelloser Glasur und schiebt dieses in ein etwa 20 cm langes, in eine feine Spitze ausgezogenes, schwer schmelzbares Glasrohr, Fig. 7, welches an die, concentrirte Schwefelsäure enthaltende Waschflasche eines Kipp'schen Kohlensäureentwicklers luftdicht angefügt ist und horizontal auf einem Stative ruht.

Fig. 7.

Während des ganzen Versuches geht ein langsamer Strom von Kohlensäure durch das Rohr, welches man zunächst, nachdem die Luft verdrängt ist, seiner ganzen Länge nach mit einer kleinen Flamme gelinde erwärmt, um noch die letzten, im Rohre sowie in dem Schiffcheninhalte, befindlichen Spuren von Feuchtigkeit zu entfernen. Dies ist eine wesentliche Bedingung für das Gelingen der Reaction.

Alsdann erhitzt man den zwischen dem Schiffchen und der Verengung liegenden Theil b des Rohres zur Rothgluth und schreitet, unter Benutzung einer zweiten Flamme, langsam mit dem Erhitzen in der Richtung nach a zu fort, bis zur Stelle, wo sich das Schiffchen befindet. Dabei hat man sorgfältig darauf zu achten, dass sein Inhalt ruhig schmilzt und nicht mit den Rohrwandungen in Berührung kommt[3]).

Bei Anwesenheit von Arsen entsteht in dem sich verengenden Theile des Rohres ein Arsenspiegel.

---

[1]) Fresenius, Anleitung zur qual. chem. Analyse und Zeitschrift für analyt. Chemie 20, 522 (1881).

[2]) Die Sauerstoffverbindungen des Arsens werden in demselben Sinne reducirt. — Dem Schwefelarsen darf kein freier Schwefel beigemischt sein.

[3]) Das Glas ist meist arsenhaltig und liefert dann beim Schmelzen mit Soda und Cyankalium an sich schon einen Arsenspiegel. Vergl. Fresenius, Zeitschrift f. analyt. Chemie 22, 397 (1883).

Antimonverbindungen werden unter den gleichen Bedingungen zwar reducirt, das metallische Antimon verflüchtigt sich aber nicht und kann deshalb auch nicht zur Bildung eines Antimonspiegels Veranlassung geben.

Vielfach genügt es[1]), die auf Arsen zu prüfende, mit Soda, Cyankalium und etwas Calciumcarbonat gemischte Substanz in völlig trockenem Zustande in einem dünn ausgezogenen, unten kugelartig erweiterten Röhrchen, Fig. 8, aus schwer schmelzbarem Glase erst gelinde, um alle Feuchtigkeit zu beseitigen, dann allmälig zum Glühen zu erhitzen.

Fig. 8.

Ist Arsen vorhanden, so sublimirt es und bildet in dem engen, mittelst eines Stäbchens aus Filtrirpapier sauber gereinigten Theile des Röhrchens einen Arsenspiegel.

Sonstige bemerkenswerthe Reactionen und Prüfungsmethoden auf Arsen sind zum Theil bereits bei der Prüfung der Salzsäure angegeben, theils werden sie weiter unten bei den sanitätspolizeilichen Untersuchungen beschrieben werden.

C. Nachweis von Arsenverbindungen.

Die Frage, in welcher Verbindungsform das bei einer gerichtlichchemischen Untersuchung nachgewiesene Arsen vorliegt, wird sich nur dann mit einiger Sicherheit beantworten lassen, wenn es gelang, die betreffende Arsenverbindung oder das Arsen selbst in fester Form mechanisch auszusondern[2]).

1. Weisse Körnchen charakterisiren sich als Arsenik durch folgendes Verhalten:

Bringt man das Körnchen, in gereinigtem und getrocknetem Zustande, in ein unten spitz ausgezogenes Röhrchen, Fig. 9, schiebt darüber

Fig. 9.

einen Splitter frisch ausgeglühter Holzkohle und erhitzt erst diesen zum Glühen, später auch das Körnchen, ohne indessen den Kohlensplitter aus der Flamme zu entfernen, so bildet sich über der Kohle ein Arsenspiegel.

---

[1]) Otto, Anleitung S. 195.
[2]) Eine Probe davon würde als *corpus delicti* vorzulegen sein.

Erhitzt man das Körnchen für sich — ohne den Kohlensplitter — in einem Röhrchen, so entsteht ein aus kleinen glänzenden Octaëdern gebildetes Sublimat.

In der wässerigen Lösung eines Körnchen Arsenik erzeugt:

Schwefelwasserstoffwasser: eine Gelbfärbung; auf Zusatz von Salzsäure entsteht dann ein gelber, in Ammoniak löslicher Niederschlag.

Silbernitrat: auf sehr vorsichtigen Zusatz verdünnten Ammoniaks einen gelben Niederschlag, der sich in überschüssigem Ammoniak wieder löst.

2. Graue Körnchen oder Flittern erkennt man als Fliegenstein daran, dass sie für sich — ohne Kohlensplitter — im Röhrchen erhitzt, unter Verbreitung eines knoblauchartigen Geruches einen Arsenspiegel liefern.

3. Gelbe oder rothe Körnchen können Schwefelarsen — Realgar oder Auripigment — sein und werden als solches beim Erhitzen mit Soda und Cyankalium (Fig. 8, S. 79) erkannt, wobei sich in diesem Falle ein Arsenspiegel bildet.

4. Grüne Körnchen geben, wenn sie Arsenfarben sind, dieselbe allgemeine Arsenreaction, mit Ammoniak behandelt, liefern sie meist eine blaue, kupferhaltige Lösung.

Finden sich in den Untersuchungsobjecten keine festen Partikelchen muthmaasslicher Arsenverbindungen vor, so bliebe noch übrig, wässerige, saure oder ammoniakalische Auszüge des Objectes auf Arsen zu prüfen, um über die Löslichkeitsverhältnisse Aufschluss zu erhalten.

In Berührung mit faulenden Stoffen erleiden die Arsenverbindungen Umwandlungen derart, dass dabei Arsenwasserstoff oder andere flüchtige Arsenverbindungen auftreten und arsenige Säure zu Arsensäure oxydirt wird [1].

Durch die bei Arsenikvergiftung üblichen Gegenmittel: Eisenoxydhydrat oder Magnesiahydrat oder das als *Antidotum arsenici* officinelle Gemisch von Eisenoxydhydrat und Magnesiumsulfat wird die arsenige Säure in schwer lösliche basische Salze des Eisens bezw. Magnesiums übergeführt.

D. Sanitätspolizeiliche und medicinisch-chemische Untersuchungen auf Arsen.

a. Nachweis des Arsens in Nahrungsmitteln, Genussmitteln und Gebrauchsgegenständen.

Nahrungs- und Genussmittel, namentlich aber verschiedene Gebrauchsgegenstände, wie Gespinnste, Gewebe, Tapeten, künstliche Blumen, Papier u. s. w., sind häufig arsenhaltig, weil bei ihrer Herstellung arsenhaltige Materialien, z. B. Farben, zur Verwendung gelangen.

---

[1] Vergl. hierüber z. B. Bischoff, Repertorium d. analytischen Chemie 1883, 310. — Hamberg, Pharmaceutische Zeitschrift für Russland 25, 779 und 795 (1886).

Wein, Bier, Essig u. dergl. können auch dadurch arsenhaltig werden, dass in den betreffenden Flaschen Schrotkörner (Arsenblei) zurückgeblieben sind oder dass zur Reinigung der Fässer rohe, arsenhaltige Schwefelsäure benutzt worden war.

Angesichts der grossen Empfindlichkeit der Arsenprüfungsmethoden und der ungemein weiten, wenn auch nur spurenweisen Verbreitung des Arsens in der Natur und in den verschiedensten chemischen Producten ist die Gefahr, das Arsen gelegentlich zu übersehen, geringer, wie diejenige, gefundenen Arsenspuren eine zu grosse Bedeutung beizulegen[1]).

Man halte sich also bei allen derartigen Untersuchungen streng an die vereinbarten bezw. amtlich vorgeschriebenen Methoden und vergegenwärtige sich dabei den Sinn der bezüglichen Gesetze und sanitätspolizeilichen Vorschriften.

Die diesem Capitel angehörenden Untersuchungen sind, soweit sie nicht in das Gebiet der oben beschriebenen Ausmittelung des Arsens fallen, nach der vom Reichskanzleramte unter dem 10. April 1888 veröffentlichten und weiter unten (im Anhange zur ersten Abtheilung) wörtlich wiedergegebenen

„Anleitung für die Untersuchung von Farben, Gespinnsten und Geweben auf Arsen und Zinn"

auszuführen.

Im Uebrigen mögen hier noch folgende Methoden, welche zum Theil früher zur Prüfung von Tapeten, Papier, Oblaten, Visitenkarten, künstlichen Blumen u. dergl. mehr mit gutem Erfolge angewendet wurden und noch jetzt gelegentlich benutzt werden können, Platz finden.

α. Methode von Fleck[2]).

Die zu prüfenden Gegenstände werden in kleinen Abschnitten 18 bis 20 Stunden lang mit 50 bis 100 g Schwefelsäure[3]) (25 Proc.) bei 50 bis 60⁰ C. digerirt. Sollte dabei, der Regel zuwider, keine vollständige Trennung des Farbstoffes von der Faser bewirkt werden, so fügt man 3 bis 5 g Salpetersäure[4]) ($d = 1,24$) hinzu.

Alsdann wird die Lösung von den noch vorhandenen Gewebelementen abfiltrirt, das Filter gut ausgewaschen und das Filtrat auf 200 ccm verdünnt.

---

[1]) Dragendorff, S. 398.
[2]) Repertorium d. analyt. Chemie 3, 17 (1883).
[3]) 200 g derselben dürfen mit 10 g granulirtem, reinem Zink unter Beifügung eines Platinblechs im Marsh'schen Apparate bei einem Gasstrome von höchstens 200 ccm in 3 Minuten und während einer halbstündigen Gasentwickelung in einem schwer schmelzbaren Rohre von 2 mm Durchmesser keinen Arsenspiegel liefern.
[4]) Der Verdunstungsrückstand von 20 ccm dieser Salpetersäure darf mit 100 ccm obiger Schwefelsäure, unter den angegebenen Versuchsbedingungen im Marsh'schen Apparate geprüft, keinen Arsenspiegel liefern.

Hatte die Digestion unter Mitwirkung von Salpetersäure stattgefunden, so ist behufs deren Entfernung das Filtrat vor der Verdünnung bis zur Entwickelung von Schwefelsäuredämpfen zu concentriren.

Von der so vorbereiteten Farbstofflösung prüft man zunächst 20 ccm im Marsh'schen Apparate.

Tritt nach halbstündlicher Gasentwickelung (1 l Gas in 15 Minuten) kein Arsenspiegel auf, so setzt man weitere 20 ccm der Lösung zu und fährt mit dem halbstündigen Zusatz von je 20 ccm fort, bis ein Arsenspiegel entsteht oder bis die Gesammtmenge der Lösung verbraucht ist.

Lieferten schon die ersten 20 oder 40 ccm der Farbstofflösung einen deutlichen Arsenspiegel, so verwendet man die noch übrigen 180 ccm bezw. 160 ccm derselben zur quantitativen Bestimmung, indem man den darin durch Schwefelwasserstoff erzeugten Niederschlag, nach dem Waschen mit Wasser, Alkohol und Schwefelkohlenstoff, in Ammoniak löst und das aus dieser Lösung durch reine Schwefelsäure wieder gefällte Schwefelarsen auf einem gewogenen Filter sammelt, trocknet und wägt.

Beträgt die Menge des so erhaltenen Schwefelarsens mehr als 5 mg, so empfiehlt es sich, dasselbe durch Oxydation mit Salpetersäure in Arsensäure überzuführen und diese gewichts- oder maassanalytisch zu bestimmen.

β. Methode von Reichardt[1]).

Das Untersuchungsobject wird mit verdünnter Salzsäure unter Zusatz von etwas Kaliumchlorat digerirt, die filtrirte Lösung mit Schwefelwasserstoff behandelt, der Niederschlag mit Bromwasser oxydirt und die

Fig. 10.

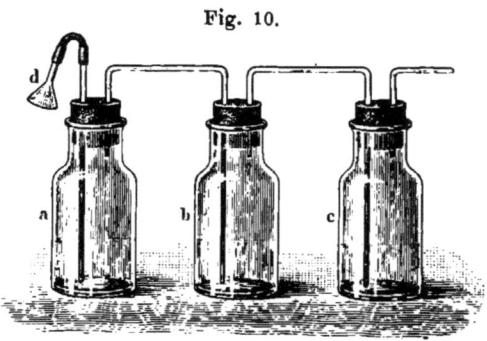

vom überschüssigen Brom befreite und filtrirte Flüssigkeit auf ein bestimmtes Volum verdünnt.

Der zum Nachweise und zur quantitativen Bestimmung des Arsens in dieser Flüssigkeit dienende Apparat Fig. 10 besteht aus drei, in be-

1) Archiv der Pharmacie 217, 1 (1880).

kannter Weise durch Glasröhren mit einander communicirenden Fläschchen *a*, *b*, *c*, von ca. 30 ccm Rauminhalt.

In dem ersten, einen Wasserstoffentwickler darstellenden, Fläschchen *a* befinden sich einige Stückchen chemisch reinen Zinks, die mit Wasser bedeckt sind. Zum Eingiessen der Säure dient ein Glasrohr, an welches mittelst einer Gummiverbindung ein Trichterchen *d* angefügt ist. Lässt man dasselbe seitlich herunterhängen, so ist das Einflussrohr geschlossen.

Die beiden anderen Fläschchen *b* und *c* enthalten je 1 bis 2 ccm Silbernitratlösung (1 : 24), ebenso viel concentrirte Salpetersäure und etwa 10 ccm Wasser.

Zum Beginne des Versuches leitet man durch Zusatz von 0,5 bis 1 ccm Salzsäure in dem Fläschchen *a* eine sehr mässige Gasentwickelung ein und giebt, wenn das Gas in der Silberlösung keine Veränderung bewirkt, einen aliquoten Theil der zu prüfenden Flüssigkeit mit der Vorsicht zu, dass die Gasentwickelung stets ruhig und langsam vor sich geht. Stark saure Lösungen müssen deshalb vorher ganz oder theilweise mit reiner Natronlauge neutralisirt werden.

Bei Anwesenheit von Arsen trübt sich die Silberlösung; nachdem sie sich wieder geklärt, versetzt man den Inhalt beider Absorptionsfläschchen mit Bromwasser im Ueberschuss, schüttelt um, filtrirt und fügt zum Filtrate, nach Entfernung des freien Broms, Magnesiamixtur.

Das Vorhandensein von Arsen kennzeichnet sich durch den bekannten Niederschlag von Ammonium- Magnesiumarsenat, welcher nach 24 Stunden quantitativ bestimmt wird.

γ. Methode von Gutzeit-Flückiger[1]).

Man digerirt die gehörig zerkleinerten Gewebe oder Papiere mit Ammoniak (*d* = 0,960), filtrirt und concentrirt die Flüssigkeit oder dampft sie zur Trockne ein, nimmt den Rückstand mit wenig Wasser auf und prüft die Lösung, wie oben (S. 39) angegeben, auf Arsen, wobei man sich zuerst des Sublimatpapieres, dann des Silbernitratpapieres bedient.

Giebt nur das letztere die Arsenreaction, so kann die Menge des vorhandenen Arsens nur sehr gering (weniger als 0,019 Milligramm) sein. Zeigt auch das Silberpapier kein Arsen an, so ist wahrscheinlich gar keins vorhanden, oder es liegt der höchst unwahrscheinliche Fall vor, dass das Ammoniak den arsenhaltigen Farbstoff nicht angegriffen hat.

Die Gutzeit-Flückiger'sche Arsenprobe eignet sich sehr gut zur Vorprüfung für die sehr umständliche amtliche „Anleitung zur Untersuchung von Farben, Gespinnsten und Geweben auf Arsen und Zinn", da sie diese an Empfindlichkeit weit übertrifft.

---

[1]) Archiv d. Pharmacie **227**, 27 (1889).

Die Gutzeit-Flückiger'sche Reaction soll durch Benutzung alkalischer
Silbernitratlösung noch bedeutend verschärft werden können; auf Pergament-
papier entstehen in diesem Falle glänzende Metallspiegel. Ebenso verhält sich
Antimonwasserstoff [1]).

δ. Schwedische Methode.

Das in Schweden eingeführte Verfahren zur Controle des Arsengehaltes
in Tapeten, Geweben und ähnlichen Gebrauchsgegenständen besteht aus einer
Vorprobe und einer Hauptprüfung [2]).

Bei der ersteren bringt man ein Stück des betreffenden Gegenstandes
mit verdünnter Salzsäure, Zink und etwas Ferrosulfat in ein Probirrohr, welches
einen mit Bleiessig getränkten Wattepfropfen enthält und mit einem lose aufsitzenden Stopfen geschlossen ist; an demselben sind zwei Papierstreifen befestigt, von denen der eine mit Bleizucker-, der andere mit Silbernitratlösung befeuchtet ist [3]).

Zeigt sich nach 12 Stunden das Silbernitratpapier nicht geschwärzt, so
ist Arsen als abwesend zu betrachten.

Bei der Hauptprüfung destillirt man 200 qcm Tapete oder 100 qcm
Gewebe u. s. w. mit Salzsäure ($d = 1,19$) und 1 bis 2 g Ferrosulfat.

Der Apparat besteht aus einem sehr langhalsigen, schräg liegenden
Kolben in Verbindung mit einer 100 ccm-Pipette, welche auf einem 200 ccm
Wasser enthaltenden Kolben ruht, so dass sie mit ihrer Spitze eben in dasselbe
eintaucht.

Wenn die Pipette, die also gleichzeitig als Kühler dient, heiss wird, ist
die Destillation schon zu Ende.

Von dem Destillate prüft man 10 ccm, wie bei der Vorprobe; die Hauptmenge desselben sättigt man mit Schwefelwasserstoff, sammelt den Niederschlag
nach 24 Stunden auf einem kleinen Filter, wäscht ihn mit Schwefelwasserstoffwasser aus und behandelt ihn mit verdünntem Ammoniak.

Der Verdampfungsrückstand des ammoniakalischen Filtrates wird mit
Natronlauge befeuchtet, eingetrocknet, mit Soda und Cyankalium gemengt und
nach Fresenius-Babo (S. 78) im Kohlensäurestrome geprüft.

Statt dessen soll das salzsaure Destillat mit Salpetersäure zur Trockne
verdunstet, der Rückstand in wenig Wasser gelöst und mit Silbernitrat versetzt
werden. Wird hierbei die charakteristische rothbraune Färbung des Silber-
arsenates nicht wahrgenommen, so verdunstet man zur Trockne [4]).

b. Nachweis des Arsens im Wasser.

20 bis 50 l des zu prüfenden Wassers werden nach Zusatz einiger
Tropfen reiner Salpetersäure eingedampft.

Den Rückstand erhitzt man mit verdünnter, arsenreiner Schwefelsäure, bis sich weisse Dämpfe der letzteren entwickeln und prüft die
erkaltete, mit Wasser verdünnte Flüssigkeit im Marsh'schen Apparate
oder nach einer anderen der oben beschriebenen Methoden auf Arsen.

---

[1]) E. Ritsert, Pharm. Zeitung 34, 368 (1889).
[2]) Nach Repertorium der analyt. Chemie 5, 200.
[3]) Vergl. d. Pharmakopöeprobe auf Arsen.
[4]) Nachträglicher Vorschlag von Atterberg, Chem. Centralbl. 1885, 600.

Viele natürliche Wässer enthalten, auch wenn Verunreinigungen durch gewerbliche und Fabrikabflüsse ausgeschlossen sind, spurenweise Arsen, wie die Untersuchung von eisenhaltigen Absätzen und von Kesselstein lehrt.

Arsenverbindungen sind auch normale Bestandtheile einiger Mineralwässer.

Quantitative Bestimmung der Arsensäure in Mineralwässern[1]).

Ein möglichst grosses Quantum des betreffenden Wassers versetzt man mit etwas Natriumhypochlorit und Salzsäure, fügt dann Eisenchlorid hinzu und schliesslich Calciumcarbonat im Ueberschusse.

Der Niederschlag wird in Salzsäure gelöst und wiederholt mit Eisenchlorür destillirt, bis Schwefelwasserstoff im Destillate keine Fällung mehr erzeugt.

Die vereinigten Destillate behandelt man mit Schwefelwasserstoff, sammelt den Niederschlag auf einem gewogenen Filter und bringt das gereinigte und getrocknete Schwefelarsen: As^2S^3, zur Wägung.

c. Nachweis des Arsens in der Luft.

Die Luft von Wohnräumen, Werkstätten u. dergl. kann durch Verstäuben von Arsenverbindungen oder bei Einwirkung von Säuren auf Metalle oder durch Zersetzung arsenhaltiger Farbstoffe an feuchten Wänden — Entwickelung von Arsenwasserstoff unter Mitwirkung von Schimmelpilzen — arsenhaltig werden. Mit Arsenfarben gefärbte Kerzen liefern arsenhaltige Verbrennungsproducte und veranlassen dadurch ebenfalls chronische Arsenvergiftungen.

Zum Nachweise von Arsenstaub in der Luft von Wohnräumen, Werkstätten u. s. w. empfiehlt Dragendorff reine Teller aufzustellen, den nach kürzerer oder längerer Zeit darauf abgelagerten Staub zu sammeln und auf Arsen zu prüfen.

Befindet sich das Arsen in der Luft als Arsenwasserstoff, wie es z. B. in Räumen der Fall ist, in denen Metalle mit roher Salz- oder Schwefelsäure behandelt werden, so leitet man die betreffende Luft zweckmässig durch ein mit Kalihydrat und Chlorcalcium gefülltes, vorn und hinten mit Glaswollepfropfen versehenes Rohr in Silberlösung. Vergl. im Uebrigen die Methode von Reichardt (S. 82).

d. Nachweis des Arsens in Kerzen.

Die Untersuchung von Kerzen u. dergl. kann entweder so geführt werden, dass man dieselben mit Aether, Petroleumäther, Schwefelkohlenstoff oder sonst einem geeigneten Lösungsmittel für Wachs, Paraffin u. s. w. behandelt, wobei sich der Farbstoff abscheidet[2]) und als solcher weiter geprüft werden kann (s. u. Arsenfarben), oder man verbrennt einen Theil der vorher gewogenen Kerze in einem Luftstrome, welcher dann sammt

---

[1]) Fresenius, Zeitschrift f. analyt. Chemie 25, 202 (1886).
[2]) Lowe, The Analyst 14, 83 (1889); die von ihm untersuchten und als arsenhaltig befundenen grünen Kerzen hatten chronische Arsenkrankheit veranlasst.

den Verbrennungsproducten mittelst eines Aspirators durch einen mit arsenfreier Natronlauge gefüllten Absorptionsapparat geleitet wird.

Nachdem der grösste Theil der Kerze verbrannt und der Rest zurückgewogen ist, spült man den Inhalt des Absorptionsgefässes in eine Schale, übersättigt ihn vorsichtig mit verdünnter, arsenreiner Schwefelsäure und prüft den mit Wasser verdünnten Eindampfrückstand im Marsh'schen Apparate u. s. w.

e. Erkennung des Arsens in Farben.

Bei der Untersuchung von Farben auf Arsen hat man zu unterscheiden, ob dieselben das Arsen als constituirenden Bestandtheil oder nur als eine bei der Herstellung vielfach unvermeidliche, verunreinigende Beimengung enthalten.

α. Arsenfarben, d. h. solche Farben, welche das Arsen als constituirenden Bestandtheil enthalten, sind höchst gesundheitsschädlich und demgemäss in ihrer Anwendung sehr beschränkt. Vergl. das Gesetz vom 5. Juli 1887.

Die Arsenfarben sind am häufigsten grüne Farben; ihr Hauptrepräsentant ist das in den verschiedensten Schattirungen — Nüancen — und ebenso viel verschiedenen Namen[1]) im Handel vorkommende Schweinfurter Grün: eine Doppelverbindung von Kupferarsenit und Kupferacetat.

Andere grüne Arsenfarben, z. B. das schwedische oder Scheele'sche Grün, bestehen im Wesentlichen nur aus Kupferarsenit.

Gelbe oder rothe Arsenfarben enthalten das Arsen als Schwefelverbindung: Auripigment und Realgar.

Arsenfarben[2]) erkennt man als solche einfach in folgender Weise:

1. Durch die Löthrohrprobe, bei welcher besonders auf den charakteristischen Knoblauchgeruch zu achten ist.

2. Durch die, namentlich für gelbe und rothe Farben geeignete, Methode von Fresenius-Babo in der Modification von Otto (S. 79).

3. Grüne Farben reibt man mit Wasser an, setzt reine Kalilauge zu und leitet in die stark alkalische Masse arsenfreien Schwefelwasserstoff ein. Beim Vorhandensein von Arsen giebt das Fil-

---

[1]) Uebersichten über Farben, deren Benennung und chemische Bestandtheile finden sich in Eulenberg's Handbuch des öffentl. Gesundheitswesens (Bd. 1, S. 611) und in Wagner's Handbuch d. chem. Technologie, 13. Auflage von Fischer 1889, sowie in der kleinen Schrift von Poppe: Unsere Farben und Farbwaaren. Leipzig 1887.

[2]) Sind dieselben auf Wände, Holz u. s. w. aufgetragen, so kratzt man den Anstrich ab. Oelfarben sind vorher in geeigneter Weise durch Behandlung mit Aether u. dergl. zu entfetten.

trat auf Zusatz von Salzsäure einen gelben Niederschlag von Schwefelarsen.

4. Eine andere Probe der Farbe digerirt man mit Ammoniak, wobei sich die Gegenwart des Kupfers, welches ein steter Begleiter des Arsens in grünen Farben ist, schon durch die Blaufärbung der Lösung zu erkennen giebt.

5. Schweinfurter Grün charakterisirt sich ausserdem noch dadurch, dass es bei der Destillation mit verdünnter Schwefelsäure Essigsäure liefert.

β. Arsenhaltige Farben, d. h. solche, welche das Arsen nur als verunreinigende Beimengung enthalten, dürfen zur Herstellung von Nahrungs- und Genussmitteln nicht verwendet werden; dagegen finden die Bestimmungen der §§. 2 bis 9 des Gesetzes vom 5. Juli 1887 (s. dieses) auf die hier in Rede stehenden Farben keine Anwendung, wenn diese das Arsen höchstens in solchen Mengen enthalten, welche sich bei den in der Technik gebräuchlichen Darstellungsverfahren nicht vermeiden lassen[1]). Vergl. §. 10 des genannten Gesetzes.

Um in derartigen Farben, z. B. Anilinfarben, die früher wegen ihres aus der Fabrikation herstammenden Arsengehaltes vielfach beanstandet werden mussten, das Arsen nachzuweisen, bezw. quantitativ zu bestimmen, werden einige Gramme des betreffenden Farbstoffes mit Salzsäure und Eisenchlorür destillirt, bis nur noch ein geringer Rückstand in der Retorte verbleibt.

Das Destillat prüft man entweder direct im Marsh'schen Apparate oder man sättigt es mit Schwefelwasserstoff, um den entstehenden Niederschlag in der einen oder anderen Weise weiter als Schwefelarsen zu charakterisiren.

Ueber die quantitative Bestimmung siehe Seite 90.

---

[1]) Vergl. z. B. das Capitel „Gebrauchsgegenstände" in den Vereinbarungen der freien Vereinigung bayerischer Vertreter der angewandten Chemie. Herausgegeben v. Hilger. Berlin 1885.

Hiernach dürfen 1 g Farbe oder 100 qcm bemaltes Holz oder 600 qcm Papier, Tapete u. s. w. an schädlichen Beimengungen, wenn man diese auf folgende Verbindungen umrechnet, enthalten:

Arsenige Säure. 0,0026 g	Bleisulfat . . . . 0,0029 g	Uranacetat. . . 0,0247 g
Bariumchlorid . 0,0151 „	Brechweinstein . 0,0051 „	Zinkchlorid . . 0,0209 „
Bleiacetat . . . 0,0029 „	Cadmiumsulfat . 0,0216 „	Zinksulfat . . . 0,0247 „
Bleicarbonat . . 0,0025 „	Kaliumbichromat 0,0056 „	Zinnchlorür . . 0,0160 „
	Kupfersulfat . . 0,0045 „	

Enthält die Farbe zwei oder mehrere schädliche Bestandtheile, so darf deren Summe nur so viel betragen, als wenn bloss eine der Substanzen vorhanden wäre.

f. Nachweis des Arsens im Harn.

Zur Prüfung auf Arsen kann man den Harn entweder mit Salzsäure und Eisenchlorür destilliren oder nach dem Erwärmen mit Salzsäure und Kaliumchlorat, nachdem der Chlorgeruch verschwunden ist, mit Schwefelwasserstoff behandeln.

Es genügt aber auch, den mit Salzsäure angesäuerten Harn direct mit Schwefelwasserstoff zu sättigen und 12 bis 24 Stunden stehen zu lassen.

Alsdann sammelt man den Niederschlag auf einem Filter, wäscht ihn aus, behandelt ihn mit Bromwasser und untersucht die durch Erwärmen vom überschüssigen Brom befreite und filtrirte Lösung nach der Methode von Reichardt (S. 82) auf Arsen[1]).

Bei Arsenvergiftung sind im Harn verschiedene arsenhaltige Substanzen: eine saure und eine basische, daneben mehrere flüchtige arsenfreie Basen, sowie ein neutraler, flüchtiger, phosphorhaltiger Körper beobachtet worden[2]).

E. Quantitative Bestimmung des Arsens.

Die quantitative Bestimmung des Arsens kann für die hier in Betracht kommenden Zwecke auf verschiedene Weise erfolgen.

a. War das Arsen durch Destillation mit Eisenchlorür[3]) (S. 66) abgeschieden worden, so kann es in dem Destillate oder in einem aliquoten Theile desselben entweder gewichtsanalytisch als Arsentrisulfid oder maassanalytisch mittelst Jodlösung bestimmt werden.

1. Im ersteren Falle wird die mit Wasser verdünnte salzsaure Flüssigkeit in der Kälte mit Schwefelwasserstoff gesättigt, der Niederschlag nach dem Absetzen und nach Beseitigung des Schwefelwasserstoffs durch Kohlensäure auf einem gewogenen Filter gesammelt, der Reihe nach mit Wasser, Alkohol, Schwefelkohlenstoff, dann wieder mit Alkohol gewaschen, bei 110° C. getrocknet und gewogen (Bunsen). Arsentrisulfid enthält 60,98 Proc. Arsen.
2. Zur maassanalytischen Bestimmung des Arsens neutralisirt man die Flüssigkeit mit reiner Soda, setzt eine Lösung von Natriumbicarbonat oder von reinem Kaliumcarbonat[4]) und Stärkekleister zu und lässt $\frac{1}{10}$-Normal-Jodlösung bis zur bleibenden Blaufärbung zufliessen.

1 ccm dieser Jodlösung entspricht 0,00495 g As^2O^3.

---

[1]) Neubauer und Vogel, Anleitung zur qualitativen und quantitativen Analyse des Harns. Achte Auflage von Huppert und Thomas, S. 217.

[2]) Selmi, Ber. d. deutsch. chem. Ges. 14, 119 (1881) nach Gazz. chim. 10, 431.

[3]) E. Fischer, Liebig's Annalen 208, 182 (1881).

[4]) Aus käuflichem Kaliumbicarbonat durch gelindes Glühen erhalten (E. Fischer l. c.).

b. Wurde das Arsen aus dem Untersuchungsobjecte durch Schwefel-wasserstoff (S. 67) isolirt, so führt man es durch rauchende Salpeter-säure, oder Kaliumchlorat und Salzsäure oder Bromwasser in Arsensäure über und bestimmt es gewichtsanalytisch als Ammonium-Magnesiumarsenat oder Magnesiumpyroarsenat.

Man übersättigt die Flüssigkeit mit Ammoniak, setzt Magnesiamixtur zu, sammelt den nach 24 Stunden abgeschiedenen Niederschlag mittelst des Fil-trates auf einem gewogenen Filter und wäscht ihn schliesslich mit möglichst wenig verdünntem Ammoniak (1 : 3) aus.

Der bei 105° C. bis zum constanten Gewicht getrocknete Niederschlag (Ammonium-Magnesiumarsenat) enthält 39,48 Proc. Arsen.

Schneller gelangt man zum Ziele, wenn man den Niederschlag durch Glühen im Porcellantiegel in Magnesiumpyroarsenat überführt, welches 48,41 Proc. Arsen enthält.

c. Nach Polenske[1]) kann man das Arsen auch durch Wägung eines unter gewissen Bedingungen im Marsh'schen Apparate hergestell-ten Arsenspiegels quantitativ bestimmen.

Minimale Mengen von Arsen lassen sich annähernd schätzen durch Vergleichung der erhaltenen Arsenspiegel[2]) mit solchen, die unter möglichst gleichen Versuchsbedingungen aus bekannten Mengen — Milligrammen oder Bruchtheilen eines Milligrammes — arseniger Säure hergestellt sind.

Bestimmung des Arsens in Nahrungsmitteln, Genuss-mitteln und Gebrauchsgegenständen.

Nahrungs- und Genussmittel, bezw. die bei der Herstellung derselben benutzten Farben, einschliesslich der sogenannten „Zucker-couleur"[3]), dürfen überhaupt keine nachweisbaren Spuren von Arsen enthalten.

Bei der Prüfung derartiger Gegenstände nach dem amtlich vorge-schriebenen:

„Verfahren zur Feststellung des Vorhandenseins von Arsen und Zinn in gefärbten Nahrungs- oder Genussmitteln"

resultirt das etwa vorhandene Arsen als Ammonium-Magnesiumphos-phat und könnte eventuell als solches bestimmt werden.

Gespinnste oder Gewebe, welche zum Zwecke des Färbens oder Bedruckens mit arsenhaltigen Beizen oder Fixirungsmitteln behandelt worden sind, dürfen nach §. 7 des Gesetzes vom 5. Juli 1887 (s. daselbst) das Arsen nicht in wasserlöslicher Form oder in solcher

---

[1]) Arbeiten a. d. Kaiserl. Gesundheitsamte 5, 357 (1889).
[2]) Otto, Anleitung etc. S. 179.
[3]) Schweissinger, Vierteljahrsschrift für Nahrungsmittel-Chemie 2, 81 (1887); Bischoff, ebenda 3, 179 (1888).

Menge enthalten, dass sich in 100 qcm des fertigen Gegenstandes mehr als 2 mg Arsen vorfinden.

Quantitative Arsenbestimmungen dieser Art sind nach dem amtlich
vorgeschriebenen:

"Verfahren zur Feststellung des Arsengehaltes in
Gespinnsten oder Geweben"

auszuführen[1]).

An Stelle dieser amtlich vorgeschriebenen, sehr umständlichen Verfahren zur Prüfung und Bestimmung des Arsengehaltes von gefärbten
Zuckerwaaren, Geweben, Gespinnsten u. dergl. wurde neuerdings das folgende einfachere und auch sonst bequemere Verfahren in
Vorschlag gebracht.

Methode von Mayrhofer[2]).

Das Princip derselben ist: den aus arsenhaltigen Materialien
sich entwickelnden Arsenwasserstoff in titrirte Silberlösung zu leiten und das nach Beendigung des Versuches in
Lösung gebliebene überschüssige Silber zurückzutitriren.

Die Beziehungen zwischen Arsenwasserstoff und Silbernitrat sind
aus folgender Gleichung ersichtlich:

$$AsH^3 + 6 AgNO^3 + 3 H^2O = H^3AsO^3 + 6 Ag + 6 HNO^3.$$

Das Verfahren selbst ist folgendes:

In eine Woulf'sche Flasche von etwa $1/2$ l Inhalt bringt man 20 g
reines, arsenfreies Zink und ungefähr 30 ccm reine, arsenfreie, verdünnte (1 : 5) Schwefelsäure.

Die Woulf'sche Flasche trägt einerseits einen etwa 100 ccm fassenden Scheidetrichter, welcher zur Aufnahme der auf Arsen zu prüfenden
Lösung (s. w. u.) bestimmt ist, andererseits steht sie in Verbindung mit
einem, alkalische Bleilösung enthaltenden, Reagenscylinder, an welchen
sich das Absorptionsgefäss anschliesst. Letzteres besteht aus einer etwas
modificirten Peligot'schen Röhre (mit sechs Kugeln), deren offener
Schenkel mit einem Trichterchen bedeckt ist, und wird vor Beginn des
Versuches mit einer bestimmten Menge — z. B. 20 ccm — $1/100$ - Normal-
Silbernitratlösung beschickt.

Ist die Gasentwickelung in mässig lebhaftem Gange, so lässt man die
zu untersuchende Lösung (s. w. u.) aus dem Scheidetrichter langsam in
das Entwickelungsgefäss tropfen und zwar so, dass die Gesammtmenge
jener Lösung in etwa drei Stunden in den Apparat gelangt ist. Hierauf

---

[1]) Vergl. auch Fresenius und Hintze, Zeitschrift f. analyt. Chemie 27,
179 (1888).

[2]) Bericht über die siebente Versammlung der freien Vereinigung bayer.
Vertreter d. angewandten Chemie in Speyer 1888 (Berlin 1889), S. 141.

setzt man nach Bedarf noch etwa 50 ccm verdünnte Schwefelsäure zu, um eine lange andauernde, langsame Gasentwickelung zu erzielen.

Letztere durch Zusatz von Platinchlorid beschleunigen zu wollen, ist durchaus unzulässig.

Nach Beendigung des Versuches — in allen Fällen nach 20 Stunden — filtrirt man die vorgelegte, von ausgeschiedenem Silber getrübte Silberlösung durch ein Asbestfilter [1]), wäscht dieses sowie den Absorptionsapparat drei- bis viermal sorgfältig aus und titrirt die im Filtrirkolben befindliche Silberlösung mit $1/_{100}$-Normal-Rhodanammoniumlösung [2]).

Zieht man die hierdurch als noch vorhanden ermittelte Anzahl Cubikcentimeter $1/_{100}$-Normal-Silberlösung von der angewandten Anzahl Cubikcentimeter dieser Lösung ab, so ergiebt die Differenz diejenige Anzahl Cubikcentimeter $1/_{100}$-Normal-Silberlösung, welche durch den Arsenwasserstoff zersetzt worden ist (s. obige Gleichung).

1 ccm $1/_{100}$-Normal-Silberlösung entspricht 0,000125 g As.

Um Zuckerwaaren, Syrupe, Fruchtsäfte, Gelées u. dergl. nach obiger Methode auf Arsen zu prüfen, braucht man nur 5 bis 10 g (genau gewogen) von den betreffenden Proben in Wasser zu lösen, die Lösung mit verdünnter, arsenfreier Schwefelsäure anzusäuern und die etwa 100 ccm betragende Lösung, wie oben angegeben, durch den Scheidetrichter in das Entwickelungsgefäss fliessen zu lassen.

Sind die zu untersuchenden Waaren in Wasser nicht löslich, wie z. B. Lebkuchen u. dergl., so desorganisirt man die abgewogene Probe durch concentrirte Salpetersäure ($d = 1,4$).

Um die dabei entstandene Oxalsäure grösstentheils zu zerstören, muss das gelinde Erhitzen nach Beendigung der Hauptreaction noch einige Stunden fortgesetzt werden, indem man halbstündlich 10 bis 15 ccm Salpetersäure zusetzt (v. Raumer).

Schliesslich wird die Salpetersäure durch Eindampfen und Erhitzen mit arsenfreier Schwefelsäure entfernt und der vorsichtig mit Wasser verdünnte Rückstand, wie oben angegeben, geprüft.

Liegen Gewebe zur Untersuchung vor, so genügt es, 100 qcm (nach Bedürfniss auch bis zu 400 qcm) in kleine Stücke zerschnitten, in einem Becherglase mit so viel arsenreiner, concentrirter Salzsäure zu übergiessen, dass das Untersuchungsobject davon vollständig durchfeuchtet und bedeckt ist, und eine Stunde bei gewöhnlicher Temperatur stehen zu lassen.

Alsdann bringt man den Inhalt des Becherglases auf einen nur mit Platinconus versehenen Trichter, wäscht den Rückstand mit Wasser nach und prüft das Filtrat, indem man es, wie angegeben, durch den Scheidetrichter in das Entwickelungsgefäss fliessen lässt, in welchem in diesem

[1]) d. i. ein unten ausgezogenes und in dem sich verjüngenden Theile einen losen Asbestpfropfen enthaltendes Röhrchen.
[2]) Vergl. Volhard, Liebig's Annalen 190, 1 (1878).

Falle der Wasserstoff von Anfang an mit Hülfe von verdünnter Salzsäure (vergl. S. 70) entwickelt wird.

Die Mayrhofer'sche Methode bedarf noch weiterer Prüfung von anderer
Seite; sie ist eine sogenannte expeditive Methode, welche die gleichzeitige
Untersuchung einer grösseren Anzahl von Proben ermöglicht.
Sie eignet sich nur für die Bestimmung geringer Arsenmengen und gelingt am besten, wenn man die zu untersuchende Lösung erst dann tropfenweise zufliessen lässt, nachdem die Wasserstoffentwickelung sich bereits in einem
mässig lebhaften Gauge befindet.

Antimon.

Die toxikologisch wichtigste Antimonverbindung ist der Brechweinstein,
dessen missbräuchliche Anwendung zu leichteren und schwereren Vergiftungen
Veranlassung giebt. Er wirkt, wie viele Antimonpräparate, brechenerregend und
findet deshalb medicinische Verwendung. Letzterer Umstand ist für die gerichtlich-chemische Analyse wichtig, sofern er die Möglichkeit nahe legt, dass
das Antimon gelegentlich als Gegengift angetroffen wird. Auf diese Weise
könnte z. B. Arsen und Antimon gleichzeitig in einem Untersuchungsobjecte vorhanden sein: eine im Hinblick auf das ähnliche chemische
Verhalten beider Elemente höchst beachtenswerthe Complication.
Die für den chemischen Nachweis einer Antimonvergiftung wichtigsten
Organe sind der Darm, die Niere und die Leber, welche letztere das Antimon
mehrere Monate lang zurückhalten kann [1].
In sanitärer Hinsicht interessirt das Antimon als Bestandtheil von
Beizen — Mordants — und Farben.
Enthalten nämlich die, zwecks Fixirung von Farbstoffen mit Antimonbeizen behandelten Garne, Gewebe und andere Erzeugnisse der Textilindustrie
das Antimon in wasserlöslicher Form, so üben die aus jenen Materialien gefertigten Bekleidungsgegenstände, soweit sie mit der Körperhaut in Berührung
kommen, nachtheilige Wirkungen auf dieselbe aus.

A. Ausmittelung des Antimons.

Für die Ausmittelung des Antimons gilt zunächst im Allgemeinen
das bereits beim Arsen Gesagte.

So finden sich mitunter schon bei der Durchmusterung der Untersuchungsobjecte Antimonverbindungen in Gestalt weisser oder orange-
rother Partikelchen vor, die man dann, wie weiter unten beim
„Nachweise von Antimonverbindungen“ angegeben, näher als solche
charakterisiren kann.

Auch bei der Vorprobe nach Reinsch zeigen antimonhaltige
Objecte ein ähnliches Verhalten wie arsenhaltige; beim Erhitzen des
Kupferbleches entsteht aber kein weisses, krystallinisches Sublimat.

Da bei Antimonvergiftungen in erster Linie der Brechweinstein
in Frage kommt, so ist es meist zweckmässig, zunächst auf dieses Prä-

---

[1] Ueber Vertheilung des Antimons im Körper s. z. B. Chittenden und
Blake, Berichte d. deutsch. chem. Ges. 21 [3], 257 (1888).

parat zu prüfen, so wie es beim Nachweis von Antimonverbindungen
angegeben ist.

Das allgemeine Verfahren zur Ausmittelung des Antimons
stimmt in seinem ersten Theile mit der entsprechenden Methode der
Arsenausmittelung (S. 65) fast vollständig überein und ist kurz folgendes:
Die durch Salzsäure und Kaliumchlorat bewirkte Auflösung des
Untersuchungsobjectes oder der Rückstände von der Prüfung auf Brechweinstein wird stark, eventuell bis zum Auftreten einer weissen Trübung,
verdünnt und mit Schwefelwasserstoff gesättigt.

Den Niederschlag sammelt man auf einem Filter, wäscht ihn mit
Schwefelwasserstoffwasser [1]), dann mit reinem Wasser, zuletzt mit Ammoniumcarbonatlösung gut aus und schmilzt den getrockneten Filterrückstand mit Soda und Natriumnitrat. Vergl. das oben (Seite 68) über die
Meyer'sche Schmelze Gesagte.

Die erkaltete Schmelze behandelt man mit warmem Wasser, leitet
Kohlensäure ein, filtrirt und wäscht das Filter mit Wasser unter Zusatz
von etwas Alkohol aus. Nach dem Trocknen wird das Filter sammt
Inhalt in einem Porcellantiegel eingeäschert und der Rückstand mit
Cyankalium geschmolzen.

Ist Antimon vorhanden, so hinterbleibt es beim Auflösen der Schmelze
als schwarzes, in Salzsäure unlösliches Metall.

Um dasselbe weiter als Antimon zu charakterisiren, löst man es in
Salzsäure unter Zusatz einiger Tropfen concentrirter Kaliumchloratlösung auf und dampft die Lösung stark ein.

B. Nachweis des Antimons.

In der so vorbereiteten Flüssigkeit weist man das Antimon durch
folgende Reactionen oder mittelst des Marsh'schen Apparates nach.

Wasser erzeugt in der concentrirten, sauren Flüssigkeit eine
weisse Fällung, die sich auf Zusatz von Salzsäure oder Weinsäure wieder auflöst.

Schwefelwasserstoff scheidet aus dieser salzsauren oder mit
Weinsäure versetzten Lösung einen orangerothen Niederschlag
ab, der sich in Schwefelammonium, nicht aber in Ammoniumcarbonat wieder auflöst.

Zink und Platin: Bringt man einige Tropfen der schwach sauren Lösung [2]) in den Deckel eines Platintiegels und legt ein
Stückchen reines Zink hinein, so schlägt sich das Antimon sogleich oder nach einiger Zeit auf dem Platin schwarz oder

---

[1]) Dabei überzeugt man sich davon, dass das Filtrat bei weiterer Verdünnung keine Ausscheidung mehr giebt.
[2]) Dieselbe darf keine Salpetersäure enthalten.

braunschwarz nieder. Dieser Beschlag ist in Salzsäure unlöslich, auf Zusatz eines Tropfens Jodtinctur aber löst er sich
leicht auf. Diese Reaction ist sehr empfindlich.

Nachweis des Antimons nach Marsh-Berzelius.

Will man das Antimon mittelst des Marsh'schen Apparates
nachweisen, so geschieht dies in der beim Arsen (S. 68) erörterten Weise,
das Trockenrohr darf aber in diesem Falle nur Chlorcalcium, kein
Kalihydrat enthalten.

Beim Vorhandensein von Antimon entwickelt sich im Marsh'schen
Apparate Antimonwasserstoff:

$$Sb^2O^3 + 12H = 2SbH^3 + 3H^2O,$$

welcher im Reductionsrohre einen schwarzen Metallspiegel liefert:

$$SbH^3 = Sb + 3H.$$

Führt man in die Flamme antimonhaltigen Wasserstoffgases ein
kaltes Porcellanschälchen ein, so bilden sich darauf schwarze Flecken:

$$2SbH^3 + 3O = 2Sb + 3H^2O.$$

Die genauere Charakteristik dieser Spiegel und Flecke als Antimonspiegel und Antimonflecke wurde bereits früher (S. 74) gegeben. Sie
sind ein geeignetes *corpus delicti*[1]):

In Silbernitratlösung bewirkt antimonhaltiges Wasserstoffgas bezw.
Antimonwasserstoff einen schwarzen Niederschlag, diese Reaction verläuft
aber anders, wie beim Arsenwasserstoff, nämlich:

$$SbH^3 + 3AgNO^3 = Ag^3Sb + 3HNO^3,$$
$$AsH^3 + 6AgNO^3 + 3H^2O = 6Ag + 6HNO^3 + H^3AsO^3.$$

Der wesentliche Unterschied beider Reactionen ist also der, dass
das Antimon mit dem Silber gefällt wird, während das
Arsen in Lösung bleibt und, wie früher angegeben, darin nachgewiesen werden kann.

Zur Prüfung des Niederschlages auf Antimon digerirt man denselben
mit Weinsäure; ist Antimon zugegen, so bewirkt Schwefelwasserstoff
in dem weinsauren Filtrate eine orangerothe Färbung, nach Zusatz von
Salzsäure einen gleichfarbigen Niederschlag von Schwefelantimon.

C. Nachweis von Antimonverbindungen.

Zur Prüfung auf das, in toxikologischen Fällen zunächst in Frage
kommende, Antimonpräparat: den Brechweinstein, zieht man das

---

[1]) Dem gleichen Zwecke kann auch Schwefelantimon und das basische
Chlorantimon, sowie das auf Platin niedergeschlagene oder durch die Cyankaliumschmelze reducirte metallische Antimon dienen.

Object mit heissem Wasser aus und sucht aus dem filtrirten und sehr stark eingedampften Auszuge den Brechweinstein durch Fällung mit absolutem Alkohol und Umkrystallisiren des Niederschlages aus heissem Wasser in Substanz abzuscheiden, um ihn dann weiter chemisch zu charakterisiren.

Gelingt die Abscheidung in Substanz nicht, so würde der möglichst gereinigte wässerige Auszug auf Antimon und auf Weinsäure zu prüfen sein.

In wässeriger Lösung zersetzt sich der Brechweinstein unter Abscheidung eines weisslichen Pulvers.

Antimonverbindungen finden sich zuweilen in Gestalt weisser oder orangefarbener Partikel in den Objecten vor und können dann auf mechanischem Wege isolirt und geprüft werden.

Um sie wenigstens im Allgemeinen als Antimonverbindungen zu charakterisiren, behandelt man ein oder mehrere solcher Partikelchen [1]) mit einigen Tropfen Schwefelammonium und lässt die Flüssigkeit in einem Porcellanschälchen verdunsten oder säuert sie mit verdünnter Salzsäure vorsichtig an.

Antimonverbindungen geben in diesem Falle einen orangerothen Verdunstungsrückstand bezw. einen orangerothen Niederschlag.

Behandelt man die fraglichen weissen Partikelchen mit Weinsäurelösung und setzt einen Tropfen Schwefelwasserstoffwasser zu, so färbt sich bei Antimonverbindungen die Flüssigkeit orangeroth und giebt auf Zusatz von etwas verdünnter Salzsäure einen ebenso gefärbten Niederschlag.

D. Sanitätspolizeiliche und medicinisch-chemische Untersuchungen auf Antimon.

In sanitärer Beziehung besitzen die Antimonverbindungen das Hauptinteresse auf dem Gebiete der Textilindustrie bezw. in der Färberei als Beizen — Mordants — zum Zwecke der Befestigung gewisser Farbstoffe auf Gespinnsten oder Geweben, namentlich auf Baumwolle.

Als Farbstoffe selbst sind die Antimonverbindungen nur von untergeordneter Bedeutung.

a. Prüfung von Gespinnsten, Geweben u. dergl. auf Antimon.

Die Prüfung von Gespinnsten, Geweben und daraus gefertigter Bekleidungsgegenstände auf Antimon vom sanitätspolizeilichen Standpunkte aus betrachtet, bezweckt nur die Feststellung, ob Gebrauchs-

---

[1]) Den Rest legt man als *corpus delicti* vor.

gegenstände genannter Art das Antimon in wasserlöslicher Verbindungsform enthalten.

Demgemäss zieht man das zu untersuchende Object mehrmals mit
heissem Wasser aus und behandelt die durch Eindampfen concentrirte
und mit Salzsäure angesäuerte Flüssigkeit mit Schwefelwasserstoff.

Sollte der hierdurch erzeugte Niederschlag in Folge Verunreinigung
durch organische Substanzen nicht zweifellos als Schwefelantimon kenntlich sein, so behandelt man ihn, wie den (S. 93) bei der Ausmittelung
des Antimons erhaltenen Schwefelwasserstoffniederschlag und weist darin
das Antimon, wie dort angegeben, nach.

Als Antimonbeizen werden Lösungen von Brechweinstein in Verbindung mit Gerbsäure verwendet, wobei sich auf der Faser unlösliches Antimon-
tannat bildet.

Als Ersatzmittel für Brechweinstein benutzt man neuerdings das billigere
Antimonoxalat oder oxalsaures Antimonoxyd-Kalium oder das paten-
tirte de Haën'sche „Antimonsalz".

Letzteres Präparat ist meist Antimonfluorid-Ammoniumsulfat. —
$SbF^3 + (NH^4)^2 SO^4 —$, doch werden auch andere Doppelsalze des Antimon-
fluorids mit den Sulfaten und Chloriden der Alkalimetalle dargestellt[1]).

Bei nicht ganz sorgfältiger Arbeit bleibt Antimon in wasserlöslicher
Form in den damit gebeizten Gespinnsten u. s. w. zurück und bewirkt, dass
die aus solchen antimonhaltigen Materialien (namentlich Baumwollgarn) hergestellten Bekleidungsgegenstände (Strümpfe, Tricot) auf die Körperhaut mehr
oder minder empfindliche Reize ausüben.

Bei einem für Hosentaschen verwendeten braunen Baumwollstoffe fand
Kayser[2]) im Quadratdecimeter 0,085 g Antimon in wasserlöslicher Form,
während Bischoff[3]) in einer Reihe von Garnen nur Spuren bis zu 0,014 Proc.
Antimon in derselben Verbindungsform constatirte.

b. Erkennung des Antimons in Farben.

Ausser durch die Löthrohrprobe, bei welcher sich das Antimon
als weisser, geruchloser Rauch verflüchtigt, erkennt man die Antimonverbindungen z. B. leicht daran, dass sie beim Digeriren mit Schwefelammonium eine Lösung geben, in welcher Salzsäure einen orangerothen
Niederschlag von Schwefelantimon erzeugt.

Die Antimonfarben, deren technisch wichtigste der Antimonzinnober
(Antimonoxysulfid) ist, werden im Sinne des Gesetzes vom 5. Juli 1887 als
gesundheitsschädlich betrachtet, sind aber praktisch nur von untergeordneter
Bedeutung.

Selten dürften vorkommen: Antimonweiss (Antimonoxyd) als Ersatz
für Bleiweiss; Antimongelb, ein schön goldgelber, je nach Bereitungsweise
blei- oder wismuthhaltiger Farbstoff; Antimonorange, im Wesentlichen
ein Gemenge von Antimonzinnober mit Bariumsulfat; Antimonblau, eine dem
Ultramarin ähnliche, durch Fällen einer Lösung von Antimon in Königswasser
durch Blutlaugensalz gewonnene Farbe.

---

[1]) Vergl. z. B. Berichte d. deutsch. chem. Ges. 21 [3], 901 (1888).
[2]) Repertorium d. analyt. Chemie 3, 121.
[3]) Ebenda 3, 307.

c. Nachweis des Antimons im Harn.

Die Prüfung des Harns auf Antimon wird entweder analog derjenigen auf Arsen (S. 88) ausgeführt oder auf elektrolytischem Wege [1]), zu welchem Zwecke man den Harn mit 4 Proc. verdünnter Schwefelsäure versetzt [2]).

Im ersteren Falle wird der durch Schwefelwasserstoff erzeugte Niederschlag in Salzsäure unter Mitwirkung von etwas Kaliumchlorat aufgelöst bezw. desorganisirt und die durch Eindampfen concentrirte Lösung in bekannter Weise (S. 93) auf Antimon geprüft.

E. Quantitative Bestimmung des Antimons.

Der alles Antimon enthaltende unreine Schwefelwasserstoffniederschlag wird in Salzsäure unter Mitwirkung von etwas Kaliumchlorat gelöst.

In dieser Lösung bestimmt man nach Entfernung des freien Chlors das Antimon am einfachsten und mit genügender Genauigkeit als Metall. Zu diesem Zwecke erwärmt man die Flüssigkeit mit etwas Eisen in Form von Blumendraht, bis die Gelbfärbung in Grün übergegangen und alles Eisen gelöst ist, sammelt das ausgeschiedene Antimon mit Hülfe des Filtrates auf einem gewogenen Filter, wäscht es mit verdünnter Salzsäure, trocknet und wägt es.

Blei.

Bleisalze, selbst lösliche, wie z. B. Bleizucker, Bleiessig, Bleisalpeter, bewirken nur in grösseren Dosen schwere acute Vergiftungen.

Während ein Theil des Giftes durch Erbrechen wieder entfernt wird, findet sich der im Körper verbleibende Theil in verschiedenen Organen [3]) — namentlich in der Leber und dem Gehirn —, sowie in den Knochen abgelagert. Urin und Darminhalt sind nach Bleivergiftung ebenfalls bleihaltig.

Auf der entzündeten oder verschrumpften Schleimhaut des Magens und der angrenzenden Darmpartien sieht man zuweilen eine weisse oder graue Schicht von Bleialbuminat, welche sich beim Betupfen mit Schwefelwasserstoffwasser schwärzt.

Der bleikranke Körper ist abgemagert, die Haut trocken und fahl; am Zahnfleische befindet sich häufig ein dunkler Streifen — Bleisaum — von Bleisulfid.

Während acute Bleivergiftungen schon wegen des widerlich metallischen Geschmackes löslicher Bleipräparate nicht eben häufig sind, bedingt die mannigfaltige Anwendung, welche das Blei sowohl als Metall, wie in Gestalt von

---

[1]) Classen u. Ludwig, Berichte d. deutsch. chem. Ges. 18, 1104 (1885).
[2]) Chittenden u. Blake, ebenda 21 [3], 257 (1888).
[3]) Vergl. z. B. Lehmann, Zeitschrift für physiolog. Chemie 6, 528.

Legirungen und sonstigen chemischen Verbindungen zu den verschiedensten
Zwecken in der Industrie, den Gewerben, der Medicin, der Kosmetik und im
Haushalte findet, mancherlei Conflicte mit sanitären Interessen, zumal die Bleiverbindungen nicht allein vom Magen aus in den Organismus aufgenommen —
resorbirt — werden, sondern auch, wenn sie in Dampf- oder Staubform in die
Athmungsorgane gelangen oder in Gestalt von Salben und Schminken andauernd
mit der Oberhaut in Berührung kommen.

Blei kann mithin auch ohne schlimme Absicht auf sehr verschiedene Weise
in den menschlichen Körper gelangen und wird spurenweise bei gerichtlich-
chemischen Analysen häufig gefunden, auch wenn bestimmt keine Bleivergiftung
vorliegt.

Hieraus folgt aber ohne Weiteres, dass der Nachweis minimaler Mengen von Blei in menschlichen Organen, Speisen u. dergl.
zur Annahme einer Bleivergiftung nicht berechtigt, sondern dass
zur Beurtheilung dieser Frage stets eine quantitative Bleibestim-
mung erforderlich ist.

A. Ausmittelung des Bleies.

Bei Bleivergiftungen findet sich das Blei meist in Form schwer löslicher Verbindungen — Bleicarbonat, Bleichlorid oder Bleisulfat — in
den Untersuchungsobjecten vor (s. Nachweis von Bleiverbindungen).

Für den Nachweis des Bleies im Allgemeinen kann das Untersuchungsobject, wenn die Menge des zu beseitigenden organischen Beiwerkes nicht
zu gross ist, eingeäschert und die Asche mit Salpetersäure ausgezogen
werden.

Grössere organische Massen desorganisirt man in der Regel mittelst
des Fresenius-Babo'schen Verfahrens, wobei das Blei wenigstens theilweise in den unlöslichen Rückständen verbleiben kann.

Bei der Desorganisirung nach Wöhler-Siebold geht das Blei
beim Zersetzen des Verpuffungsrückstandes mit (bleifreier) Schwefelsäure
selbstverständlich seiner ganzen Menge nach in unlösliches Bleisulfat
über.

Abscheidung des Bleies aus der Lösung.

Die in der einen oder anderen Weise erzielte Lösung, welche wenig
oder gar keine freie Salpetersäure enthalten darf, wird heiss mit Schwefelwasserstoff gesättigt und einige Zeit der Ruhe überlassen.

Bei Anwesenheit von Blei entsteht ein schwarzer (in salzsaurer
Lösung anfänglich rother, dann schwarz werdender) Niederschlag.

Derselbe wird nach erfolgter Abscheidung abfiltrirt, ausgewaschen,
getrocknet und sammt Filter in einem Porcellantiegel verbrannt.

Die Asche digerirt man mit verdünnter Salpetersäure, spült den
Tiegelinhalt vollständig in ein (tarirtes) Becherglässchen, setzt Schwefelsäure, dann etwas Alkohol hinzu und lässt das Gemisch einige Zeit
stehen.

Das Vorhandensein eines weissen pulverigen Niederschlages bestätigt die Gegenwart von Blei.

Man wäscht ihn durch Decantation mit alkoholhaltigem Wasser aus, übergiesst ihn, nachdem er getrocknet und gewogen ist, mit einer Lösung von Natriumbicarbonat oder Ammoniumcarbonat und lässt ihn unter öfterem Umrühren und zeitweiliger Erneuerung der Flüssigkeit mit dieser einige Stunden in Berührung.

Der Zweck dieser Operation: Umwandlung des Bleisulfates in Bleicarbonat, ist erreicht, wenn das mit Wasser sorgfältig abgewaschene weisse Pulver sich in verdünnter Essigsäure vollständig auflöst.

In dieser Lösung weist man das Blei nach den weiter unten angegebenen Reactionen nach.

Abscheidung des Bleies aus den unlöslichen Rückständen.

Zur Isolirung des Bleies aus unlöslichen Rückständen werden diese getrocknet und sammt Filtern im Porcellantiegel eingeäschert.

Die Asche schmilzt man mit Soda unter Zusatz von etwas Salpeter, weicht die Schmelze in heissem Wasser auf und leitet in die (nicht filtrirte) Lösung Kohlensäure ein.

Was dann nach einmaligem Aufkochen ungelöst bleibt, wird abfiltrirt, mit heissem Wasser ausgewaschen und in möglichst wenig Salpetersäure aufgelöst.

In dieser Lösung wird das Blei nach den unten angegebenen Reactionen nachgewiesen.

Statt mit Soda und Salpeter kann man die Asche der unlöslichen Rückstände auch mit Cyankalium schmelzen, die Schmelze in Wasser lösen, etwa sich vorfindende Metallkügelchen [1] abwaschen (trocknen, wägen) und zur weiteren Prüfung auf Blei in Salpetersäure lösen.

B. Nachweis des Bleies.

In den, wie angegeben, erhaltenen Lösungen erkennt man das Blei durch folgende Reactionen [2]:

Schwefelwasserstoff: schwarzbraune, in Schwefelammonium unlösliche Fällung.

Kaliumchromat: gelber, in Kali- oder Natronlauge löslicher, durch Essig- oder Salpetersäure wieder fällbarer Niederschlag.

Jodkalium: gelber, in heissem Wasser löslicher, beim Erkalten sich in glänzenden Flittern wieder abscheidender Niederschlag.

Schwefelsäure: weisse, in Kali- oder Natronlauge, sowie in ammoniakalischer Ammoniumtartratlösung lösliche Fällung.

---

[1] Einige derselben legt man als *corpus delicti* vor.
[2] Die dabei erhaltenen Niederschläge oder die daraus durch Schmelzen mit Cyankalium erhaltenen Bleikörner dienen ebenfalls als *corpus delicti*.

7*

C. Nachweis von Bleiverbindungen.

Bei der grossen Reactionsfähigkeit löslicher Bleisalze gegen Kohlen-säure, Chlorverbindungen und Schwefelsäure wird sich das Blei in orga-nischen Massen ganz oder theilweise als Carbonat, Chlorid oder Sulfat, sowie in Verbindung mit Eiweissstoffen als Bleialbuminat finden.

Zur Prüfung auf essigsaures Blei und Bleinitrat dient ein alkoholischer bezw. wässeriger Auszug aus dem Untersuchungsobject, zur Prüfung auf schwer lösliche Bleiverbindungen — z. B. Bleiweiss, Bleioxyd u. s. w. — ein salpetersaurer Extract.

Bei Durchmusterung des Objectes mit der Lupe werden Bleiver-bindungen — Farben — häufig als weisse oder farbige Partikel auf-gefunden.

D. Sanitätspolizeiliche und medicinisch-chemische Untersuchungen auf Blei.

Wie schon angedeutet, gefährdet das Blei sowohl im metallischen bezw. legirten Zustande, wie auch in Form chemischer Verbindungen — z. B. Farben — vielfach sanitäre Interessen. Vergl. das Gesetz vom 25. Juni 1887 und dasjenige vom 5. Juli 1887.

a. Nachweis des Bleies in Nahrungs- und Genussmitteln.

Die Fälle, in denen Nahrungs- und Genussmittel bleihaltig werden können, sind in Folge der ausgedehnten technischen und gewerblichen Anwendung von Blei, Bleilegirungen und Bleiverbindungen — Farben — zahlreich und mannigfaltig. Dazu kommen noch absichtliche oder fahr-lässige Fälschungen, z. B. von Mehl oder Zucker durch Bleiweiss.

Der Nachweis des Bleies in den verschiedenen hier in Betracht kommenden Objecten geschieht in folgender Weise:

Mehl, Backwaaren und andere Mehlfabrikate können ge-trocknet und eingeäschert oder durch Oxydation mittelst Salpetersäure ($d = 1,4$) desorganisirt werden. Aus der salpetersauren Lösung der Asche oder des Objectes scheidet man das Blei durch Schwefelwasser-stoff ab und untersucht den Niederschlag in bekannter Weise weiter auf Blei (vergl. S. 99).

Mehl und Backwaaren können auch durch Mühlsteine, welche mit bleihaltigem Kitt ausgebessert sind, bleihaltig geworden sein.

Die Benutzung solcher Mühlsteine ist verboten. Vergl. §. 5 des Gesetzes vom 25. Juni 1887.

Bei Zucker und Zuckerwaaren gelingt es meist schon durch blosse Behandlung mit Wasser, etwa vorhandene Bleiverbindungen — z. B. Farben — zu isoliren.

Wein, Bier, Essig, Fruchtsäfte u. dergl. mit mehr oder weniger organischen Extractivstoffen werden zur Prüfung auf Blei entweder mit einigen Tropfen Salpetersäure eingedampft und verascht oder direct mit Salzsäure unter Zusatz von ein wenig Kaliumchloratlösung erhitzt, bis Entfärbung eingetreten und der Chlorgeruch verschwunden ist.

Diese Flüssigkeit oder die salpetersaure Lösung der Asche prüft man mit Schwefelwasserstoff und untersucht den etwa entstehenden schwarzen Niederschlag weiter auf Blei.

Bei Oelen genügt zur Isolirung des Bleies meist wiederholtes Ausschütteln derselben mit warmer Salzsäure im Scheidetrichter oder Schüttelcylinder. Aus den vereinigten Auszügen fällt man das Blei durch Schwefelwasserstoff.

Der Bleigehalt von Wein, Bier, Fruchtsäften, Essig, Speiseölen u. dergl. stammt meist aus den bei Herstellung und zur Aufbewahrung benutzten Apparaten und Gefässen, sowie von Schrotrückständen in den betreffenden Flaschen. Vergl. das Gesetz vom 25. Juni 1887.

Fleisch- und Fischconserven u. dergl. werden als grössere Objecte meist nach dem oben beschriebenen Verfahren zur Ausmittelung des Bleies untersucht.

In verschiedenen derartigen Conserven constatirte z. B. A. Gautier[1] pro Kilogramm folgende, aus den mit Blei verlötheten Blechbüchsen stammende Mengen von Blei:

Gemüseconserven 1,2 bis 4,2 mg, Gänseleberpasteten 11,8 mg, Hummern 27,0 mg, Sardinen 20,0 bis 50,0 mg. Das zu den letzteren gehörige Oel enthielt noch mehr Blei.

b. Nachweis des Bleies im Wasser und in Mineralwässern.

Ein oder einige Liter des zu prüfenden Wassers werden unter Zusatz von etwas Salpetersäure (1 Tropfen pro Liter) in einer Schale mit bleifreier Glasur (s. w. u.) auf etwa 100 bis 200 ccm eingeengt[2].

Tritt dabei bräunliche Färbung, von organischer Substanz herrührend, ein, so ist diese durch einige Körnchen Kaliumchlorat zu beseitigen.

Den eingeengten Wasserrest sättigt man mit Schwefelwasserstoff, Braunfärbung oder dunkler Niederschlag deutet auf Blei (oder Kupfer s. daselbst) hin.

Die Anwendung von Bleiröhren zu Wasserleitungen ist gesetzlich erlaubt, da sich dieselben erfahrungsgemäss in Berührung mit Trinkwasser, welches ja immer Kohlensäure und Mineralbestandtheile enthält, im Inneren mit einer isolirenden Schicht unlöslicher Bleisalze bedecken.

---

[1] Bulletin de l'académie de médecine 1881.
[2] Eine dabei auftretende weisse Ausscheidung könnte Bleisulfat sein oder enthalten.

Gleichwohl kann Trinkwasser aus bleiernen Röhren unter Umständen Blei aufnehmen, wobei folgende Momente[1]) in Betracht kommen: die Mitwirkung der Luft, die Zusammensetzung, Bewegung und Temperatur des Wassers, die Dauer der Berührung und das Rohrmaterial.

Nach Untersuchungen von Müller[2]) ist das relative Mengenverhältniss der in Wasser gelösten Gase — Sauerstoff und Kohlensäure —, sowie die An- oder Abwesenheit von Calciumcarbonat für die corrodirende Wirkung des Wassers auf Bleiröhren bestimmend.

Wasser, welches so stark beihaltig ist, dass es nach dem Ansäuern direct auf Schwefelwasserstoff reagirt, ist als Trink- und Wirthschaftswasser zweifellos ungeeignet.

Bei Mineralwässern stammt der Bleigehalt gewöhnlich aus den bei der Herstellung benutzten Apparaten bezw. aus den Siphons.

Gautier[3]) z. B. fand in Mineralwässern pro Liter 0,436 mg Blei, welches wahrscheinlich aus dem Lothe der Siphons stammte.

Colorimetrische Bestimmung des Bleigehaltes im Wasser[4]).

Um minimale Mengen von Blei im Wasser annähernd colorimetrisch zu bestimmen, bringt man 200 ccm des zu prüfenden, durch Kochen von Kohlensäure befreiten Wassers in ein Becherglas und setzt 10 ccm verdünnte (1:3) Salzsäure zu.

In einem zweiten, gleich grossen Becherglase, welches neben jenem auf einer weissen Unterlage steht, befindet sich ein Gemisch von 10 ccm Salzsäure und 200 ccm destillirtem Wasser.

Man giebt nun in jedes Becherglas 20 ccm gesättigtes Schwefelwasserstoffwasser und lässt zum Inhalte des zweiten Becherglases so viel Bleizuckerlösung (1 g im Liter) zufliessen, bis die gut umgerührte Flüssigkeit, gegen den weissen Untergrund betrachtet, den gleichen Farbenton angenommen hat, wie der Inhalt des ersten Becherglases.

1 ccm jener Bleizuckerlösung entspricht 0,0005462 g metallischem Blei.

c. Prüfung von Glasuren und Emaillen auf Blei.

Nach dem Gesetze vom 25. Juni 1887 dürfen Ess-, Trink- und Kochgeschirre nicht mit Email oder Glasur versehen sein, welche bei halbstündigem Kochen mit einem in 100 Gewichtsthln. 4 Gewichtsthle. Essigsäure enthaltenden Essig an den letzteren Blei abgeben.

Dem entsprechend kocht man in den Gefässen, deren Glasur oder Email auf vorschriftsmässige Beschaffenheit untersucht werden soll, eine halbe Stunde unter Zusatz der verdampfenden Flüssigkeit 4 proc. Essigsäure oder ein Gemisch von je 2 Thln. Kochsalz und 30 proc. Essigsäure (*acidum aceticum dilutum*) mit 60 Thln. Wasser, dampft dann die Flüssigkeit in einer Schale mit bleifreier Glasur noch weiter ein und prüft sie mit Schwefelwasserstoff.

---

[1]) Vergl. z. B. Wolfhügel, Arbeiten a. d. Kaiserl. Gesundheitsamte II, 484 (1887).
[2]) Journal für praktische Chemie **36**, 317 (1887).
[3]) Bulletin de l'académie de médecine 1881.
[4]) Liebermann, Pharmaceut. Central-Halle **29**, 10.

Tritt hierbei eine bräunliche Färbung ein, so entspricht die betreffende Glasur den gesetzlichen Vorschriften nicht [1]).

d. Prüfung von Kautschuk- und Gummiwaaren auf Blei.

Der zu untersuchende Gegenstand wird mit Scheere oder Messer fein zerschnitzelt und nach und nach in schmelzenden Salpeter eingetragen.

Die erkaltete, rein weisse Schmelze löst man in heissem Wasser und dampft sie mit einem mässigen Ueberschusse von Schwefelsäure ein.

Hinterbleibt beim Aufnehmen des Verdampfungsrückstandes mit Wasser ein weisses Pulver, welches in der früher (S. 99) angedeuteten Art sich mit Bleisulfat identisch erweist, so ist hiermit die Gegenwart von Blei constatirt.

Nach dem Gesetze vom 25. Juni 1887 ist die Verwendung bleihaltiger Kautschukschläuche zu Leitungen für Wein, Bier und Essig verboten, ebenso die Herstellung von Trinkgeräthen, Saughütchen und Kinderspielzeug aus bleihaltigem Kautschuk.

e. Erkennung von Bleifarben.

In Farben und ähnlichen Präparaten erkennt man das Blei leicht durch die Löthrohrprobe oder die Cyankaliumschmelze, sowie an der Schwärzung, welche die Bleiverbindungen sowohl durch Schwefelwasserstoff wie durch Schwefelammonium erleiden.

Diese Reactionen ähneln denjenigen des Wismuths (s. dort).

Die Bleifarben gehören zu den gesundheitsschädlichen Farben im Sinne des Gesetzes vom 5. Juli 1887.

Als Farbstoffe sind folgende Bleiverbindungen in Anwendung: Bleiweiss unter den verschiedensten Namen, wie z. B. Kremser, Hamburger, Schnee-, Silber-Weiss u. s. w., ferner Mennige als rothe Farbe; Bleioxyd (Glätte, Massicot), Bleijodid, Bleichromat, auch basisches Chlorblei und Bleiantimoniat als gelbe oder orange Farben. Grüne Farben können Gemenge der genannten gelben Bleiverbindungen mit Berlinerblau oder Kupferfarben sein.

f. Nachweis des Bleies im Harn.

Der zu prüfende Harn kann nach dem Ansäuern mit Salzsäure direct oder, nachdem er mit Salzsäure und etwas Kaliumchlorat bis zum Verschwinden des Chlorgeruches erwärmt worden ist, mit Schwefelwasserstoff behandelt werden.

Das Auftreten einer braunen Fällung oder Färbung deutet auf das Vorhandensein von Blei hin.

---

[1]) Nach Untersuchungen von Filsinger sind die Emaillen von Kochgeschirren gegenwärtig (1888) fast ausnahmslos Zinnoxyd-Emaillen und geben bei Körpertemperatur an 1 proc. Salzsäure reichlich Zinn ab. Chemiker-Zeitung 12, 956 (1888).

E. Quantitative Bestimmung des Bleies.

Dieselbe geschieht in unmittelbarem Anschluss an die Abscheidung des Bleisulfates, indem man dieses, wie schon oben angedeutet, vor seiner Umwandlung in Bleicarbonat trocknet und wägt.

Auch die beim Schmelzen mit Cyankalium resultirenden Bleikörner können, nachdem sie gewaschen und getrocknet sind, unmittelbar zur quantitativen Bestimmung des Bleies dienen.

Bestimmung des Bleigehaltes von Legirungen.

Von den Bleilegirungen ist die in sanitärer Hinsicht wichtigste das Bleizinn, welches mit wechselndem, oft hohem Bleigehalte zu Ess- und Trinkgeschirr, Packmaterial für Chocolade, Käse, Schnupftabak u. s. w. Verwendung findet.

Durch das Gesetz vom 25. Juni 1887 ist der Bleigehalt von Legirungen für bestimmte Zwecke auf 10 Proc. oder 1 Proc. *in maximo* normirt. Vergl. das Gesetz selbst.

Zur Bestimmung des Bleies im Bleizinn erwärmt man eine genau abgewogene Probe — etwa 1 g — der betreffenden Legirung im geraspelten Zustande mit reinem Salpetersäurehydrat, bis keine rothen Dämpfe mehr bemerkbar sind, dampft ein, zieht den Rückstand mit heissem Wasser aus und fällt das Blei durch Schwefelammonium.

Von Metallfolien — Stanniol — kann man auch 1 g etwa eine halbe Stunde mit 20 ccm concentrirter Salzsäure erwärmen[1]). Alsdann setzt man, gleichgültig ob die Legirung vollständig gelöst ist oder nicht, Bromwasser bis zur Gelbfärbung zu, entfernt das überschüssige Brom durch Erwärmen und giesst die auf 100 ccm verdünnte, erkaltete Flüssigkeit in dünnem Strahle unter Umschwenken in eine Lösung von 40 g käuflichem, krystallisirtem Schwefelnatrium in 150 ccm Wasser.

Nach dem Absetzen sammelt man das Bleisulfid auf einem Filter und wäscht es mit verdünntem Schwefelammonium (1 Vol. Schwefelammonium aus 10 proc. Ammoniakflüssigkeit bereitet und 9 Vol. Wasser) aus.

Das auf die eine oder andere Weise erhaltene Bleisulfid wird sammt Filter in einer mit Trichter bedeckten Porcellanschale vorsichtig mit 10 ccm Salpetersäure ($d = 1,5$) und nach beendigter Einwirkung mit 5 ccm concentrirter Schwefelsäure versetzt und erwärmt, bis der Schaleninhalt farblos oder bräunlich geworden ist.

Nach dem Erkalten verdünnt man das Gemisch mit 50 proc. Weingeist auf 100 ccm und bringt das ausgeschiedene Bleisulfat in bekannter Weise zur Wägung.

---

[1]) Schwarz, Chemiker-Zeitung 12, 52 (1888).

Etwa beigemengtes Zinn bleibt beim Auflösen des Bleisulfates in ammoniakalischem Ammoniumtartrat (100 g Weinsäure in käuflichem, 10 proc. Ammoniak zum Liter gelöst) zurück und kann in Abrechnung gebracht werden.

Cadmium.

Die Cadmiumverbindungen stehen hinsichtlich ihrer toxischen Wirkungen denen des Zinks nahe, haben aber seither so wenig zu Vergiftungen Veranlassung gegeben, dass sie als Gifte praktisch kaum in Betracht kommen[1]).

Chlor-, Brom- und Jodcadmium finden in der Photographie Anwendung; Schwefelcadmium ist als Farbe (Cadmiumgelb, Jaune brillant) im Gebrauch und unterliegt in dieser Beziehung den Bestimmungen des Gesetzes von 5. Juli 1887.

Zum Nachweise des Cadmiums in organischen Gemengen werden diese durch Kaliumchlorat und Salzsäure oder durch Verpuffen mit Salpeter, nicht aber durch Veraschen desorganisirt.

Aus der sauren Lösung des Objectes, der Asche oder des Verpuffungsrückstandes scheidet Schwefelwasserstoff das Cadmium als gelben, in Schwefelammonium und ätzenden Alkalien unlöslichen Niederschlag ab, der ein geeignetes corpus delicti darstellt.

In Farben u. dergl. erkennt man das Cadmium leicht durch die Löthrohrprobe.

Chrom.

Die toxischen Wirkungen des Chroms[2]) sind in den Chromaten und Chromoxydsalzen qualitativ gleich, quantitativ aber derart verschieden, dass die Chromate etwa 100 mal giftiger sind, als die Chromoxydverbindungen. Letztere veranlassen nur chronische, erstere dagegen schwere acute Vergiftungen mit choleraähnlichen Erscheinungen.

Der grösste Theil des durch Erbrechen nicht beseitigten Chroms geht durch die bei Chromvergiftung stets entzündeten Nieren in den Harn über. Demnächst findet sich das meiste Chrom in der Leber. Das Blut ist himbeerfarbig und gleichfalls, wenigstens zeitweise, chromhaltig.

Während absichtliche Chromvergiftungen selten sind, besitzt das Chrom als Bestandtheil von Farben ein allgemeineres Interesse in sanitätspolizeilicher Beziehung.

A. Ausmittelung des Chroms.

Die auf Chrom zu untersuchenden Objecte, in denen sich die Chromverbindungen zuweilen schon durch ihre Färbung kenntlich machen,

---

[1]) Ueber eine Vergiftung mit Cadmiumbromid vergl. Husemann, Pharmaceut. Zeitung 1877, Nr. 24.

[2]) Arbeiten des pharmakologischen Institutes zu Dorpat, herausgegeben von R. Kobert, 2. Bd., 1888: H. Pander, Ueber die Wirkungen des Chroms.

werden mit Salpeter verpufft, zu welchem Zwecke man, abweichend von
der gewöhnlichen Art der Ausführung dieses Desorganisirungsverfahrens,
das möglichst zerkleinerte Object mit einer concentrirten Lösung von
3 Thln. Natriumbicarbonat und 1 Thl. Natriumnitrat eintrocknen kann [1]).

Die Masse wird alsdann in einen glühenden Tiegel eingetragen,
vollständig desorganisirt und nach dem Erkalten mit heissem Wasser
ausgezogen.

B. Nachweis des Chroms.

In dieser Lösung erkennt man das Chrom in der Regel schon an
der gelben Färbung, die beim Ansäuern mit Salzsäure (oder Essigsäure)
in Rothgelb übergeht.

Kocht man die mit Salzsäure angesäuerte Lösung mit allmählich
zuzusetzenden kleinen Quantitäten Alkohol oder schwefliger Säure, so
tritt Grünfärbung ein.

Ammoniak: erzeugt in der heissen, grünen Lösung einen grau-
blauen Niederschlag von Chromoxydhydrat. Schmilzt man diesen Niederschlag, nachdem er gewaschen, eventuell auch geglüht
und gewogen ist, mit Soda und Salpeter, so resultirt eine gelbe
Schmelze, deren wässerige Lösung nach dem Neutralisiren mit
Salpetersäure die Reactionen der Chromsäure liefert; z. B.:

Silbernitrat: giebt einen rothen Niederschlag von Silberchromat.

Bleiacetat: erzeugt in der neutralen oder essigsauren Lösung einen
gelben Niederschlag, welcher sich in Kali- oder Natronlauge löst
und durch Ansäuern mit Essigsäure wieder ausgeschieden wird.

Zum Nachweise sehr geringer Mengen von Chromsäure oder
Chromaten eignen sich folgende Reactionen [2]):

Wasserstoffsuperoxyd: 6 bis 7 ccm davon werden in einem
Reagensglase mit Schwefelsäure angesäuert und mit einer dünnen
Aetherschicht bedeckt.

Setzt man nun die zu prüfende Lösung in kleinen Portionen unter
Umschütteln zu, so färbt sich bei Anwesenheit von Chromsäure die
Aetherschicht blau [Ueberchromsäure oder eine Verbindung von Chrom-
säureanhydrid mit Wasserstoffsuperoxyd ($CrO^3 . H^2O^2$, Moissan)].

Statt, wie angegeben, kann man die auf Chromsäure zu untersuchende
Flüssigkeit auch mit wasserstoffsuperoxydhaltigem Aether schütteln.

Man erhält solchen Aether, der sich lange Zeit hält, leicht, wenn
man Bariumsuperoxyd mit Aether übergiesst und in Zwischenräumen
unter Umschütteln Salzsäure zuträufelt [3]).

---

[1]) Kobert und Pander, s. das vorhergehende Citat.
[2]) Kobert u. Pander, s. das vorhergehende Citat.
[3]) Böttger, Neues Repertor. d. Pharmacie 19, 120 (1870).

Guajactinctur: 5 bis 8 ccm der zu prüfenden Flüssigkeit, die mit so viel verdünnter Schwefelsäure versetzt wurde, dass sie eben sauer reagirt, vermischt man unter leisem Schütteln tropfenweise mit Guajactinctur (1 Thl. Guajacharz in 100 Thln. Alkohol), bis eine Trübung bemerkbar wird. Letztere, vom ausgeschiedenen Guajacharz herrührend, ist bei Abwesenheit von Chromsäure weiss, im gegentheiligen Falle aber mehr oder weniger intensiv blau. Fügt man dann noch einige Tropfen Guajactinctur zu, derart, dass sie eine obenauf liegende Schicht bildet, so zeigt sich diese bei Anwesenheit von viel Chromsäure ebenfalls blau gefärbt.

Diese Reaction ist noch bei einer Verdünnung von 1 : 80 000 deutlich wahrnehmbar, aber unter Umständen nicht ganz verlässlich, weil es ausser Chromsäure noch andere Substanzen giebt, welche die Guajactinctur bläuen.

Campechenholzextrat: Von einer concentrirten Campechenholz-Abkochung wird eine kleine Portion mit Wasser so lange verdünnt, bis sie braunroth, goldgelb und zuletzt fast farblos geworden ist.

Von dieser Lösung nimmt man zu jeder Reaction eine bestimmte Menge, kocht sie, bis eine deutliche Rosafärbung eintritt, und halbirt dann die Flüssigkeit annähernd.

Während die eine Hälfte zum Vergleiche zurückbehalten wird, setzt man zur anderen Hälfte eine kleine Menge der auf Chrom zu untersuchenden Lösung und kocht einige Minuten.

Ist Chromsäure vorhanden, so färbt sich die Flüssigkeit, im Gegensatze zu der Vergleichsprobe, blauviolett — Chromtinte (Bunge'sche Reaction).

Diese Reaction ist zwar sehr empfindlich (1 : 60 000), wird aber durch die Gegenwart gewisser Stoffe gestört, so dass ihr Ausbleiben keinen bündigen Beweis für die Abwesenheit von Chromsäure liefert.

C. Nachweis von Chromverbindungen.

Ob das in vorstehender Weise im Allgemeinen zum Nachweis gebrachte Chrom in Form der stark giftigen Chromate oder der weniger giftigen Chromoxydsalze vorliegt, wird man zuweilen schon an der rothen, gelben, grünen oder violetten Färbung des Objectes oder seiner wässerigen Auszüge erkennen, die man in bekannter Weise auf Chromate und Chromoxydverbindungen prüft. Letztere können aus ersteren durch Reduction im Objecte selbst entstanden sein.

Unlösliche Chrompräparate verrathen sich leicht durch ihre Färbung und können unter Umständen mechanisch abgesondert und weiter untersucht werden [1]).

In technisch verwendeten Chromaten (Farben) ist die Chromsäure häufig mit Blei, Zink oder Barium verbunden, so dass die Auffindung eines solchen Bestandtheiles neben Chrom, und zwar meist in dem in Wasser unlöslichen Theile des Verpuffungsrückstandes, einen erwünschten Hinweis auf die eben vorliegende Chromverbindung bietet.

Das in der Malerei gebrauchte, in Säuren, selbst in Salzsäure und Kaliumchlorat, unlösliche Chromoxyd ist ungiftig.

---

[1]) Eine Probe davon oder von dem bei der Analyse gewonnenen Chromoxydhydrat wird als *corpus delicti* vorgelegt.

D. Sanitätspolizeiliche und medicinisch-chemische Untersuchungen auf Chrom.

Das sanitätspolizeiliche Interesse des Chroms beschränkt sich auf die als Farben Anwendung findenden Chromverbindungen, mit Ausnahme des ganz unlöslichen, geglühten Chromoxydes und bedingungsweise auch des Guignet'schen Grüns (s. u. Chromfarben).

a. Nachweis des Chroms in Nahrungs- und Genussmitteln.

Die zu untersuchende Substanz wird entweder in der bei der Ausmittelung des Chroms beschriebenen Weise mit Salpeter und kohlensaurem Natrium verpufft oder man behandelt sie mit Wasser, wobei entweder die Chromverbindungen in Lösung gehen oder, wie z. B. bei Zuckerwerk, unlöslich zurückbleiben.

Den wässerigen Auszug dampft man mit Natriumcarbonat und Salpeter ein, schmilzt den Rückstand und prüft die gelbe Lösung, wie oben angegeben, auf Chromate.

In Zierrathen für Conditorwaaren sind vereinzelt Chromfarben — Chromblei — gefunden; in einem bis jetzt vereinzelt dastehenden Falle fand Kaliumbichromat an Stelle von Salpeter bei Herstellung von Wurst Verwendung[1]).

b. Erkennung des Chroms in Farben.

Ausser durch die schon erwähnte Schmelze mit Natriumcarbonat und Salpeter erkennt man die Chromverbindungen leicht daran, dass sie die Boraxperle in der reducirenden Flamme grün, in der oxydirenden Flamme gelb, die Phosphorsalzperle aber in beiden Fällen grün färben.

Als Farben sind folgende Chromverbindungen im Gebrauch: Barium-chromat, Bleichromat, Eisenchromat und Zinkchromat als gelbe, orange oder rothe Farben unter den verschiedensten Benennungen.

Das Guignet'sche Grün ist ein Chromoxydhydrat, dem wechselnde Mengen von Borsäure beigemischt sind[2]). Mit Pikrinsäure vermengt, bildet es das dem Schweinfurter Grün ähnliche Naturgrün. Ein anderes Chrom-grün besteht aus Bleichromat und Berlinerblau.

Im übrigen kommen in einigen Chromfarbstoffen vor: Kupfer, Zinn, Thonerde, Magnesia und Kalk.

Die Chromfarben werden, mit gewissen Ausnahmen, im Sinne des Gesetzes von 5. Juli 1887 (s. dieses) als gesundheitsschädlich betrachtet.

---

[1]) Otto, Anleitung S. 208. — Ueber Chromblei enthaltende Gespinnste s. Weyl, Zeitschrift f. Hygiene 6, 369 (1889).
[2]) Scheurer-Kestner, Journ. f. prakt. Chemie 94, 415 u. 95, 498 (1865).

Das Guignet'sche Grün hat sich, abgesehen von den Beimengungen, als ungiftig erwiesen[1]). Dasselbe gilt von dem namentlich in der Porcellanmalerei angewendeten, geglühten Chromoxyde, welches in Säuren ganz unlöslich ist.

c. Nachweis des Chroms im Harn.

Der zu untersuchende Harn wird unter Zusatz eines aus 3 Thln. Natriumcarbonat und 1 Thl. Salpeter bestehenden Gemisches eingedampft, der Rückstand scharf getrocknet und geschmolzen.

In dem filtrirten, wässerigen Auszuge dieser Schmelze weist man das Chrom in der oben (S. 106) angegebenen Weise nach.

E. Quantitative Bestimmung des Chroms.

Die mit Natriumcarbonat und Salpeter geschmolzene Asche eines aliquoten Theiles des Untersuchungsobjectes wird mit Wasser erschöpft, die filtrirte Lösung mit Schwefelsäure angesäuert und mit schwefliger Säure oder Alkohol erhitzt, bis die Flüssigkeit grün erscheint.

Aus dieser scheidet man nun in üblicher Weise das Chrom durch Ammoniak als Oxydhydrat ab und führt letzteres durch starkes Glühen in Chromoxyd über. Dieses enthält 68,62 Proc. Chrom.

Eisen.

Das Eisen wird nicht zu den Metallgiften gerechnet, gleichwohl hat der allgemein bekannte grüne Vitriol, sowie das Eisenchlorid bereits mehrfach Vergiftungen veranlasst, die sich als Aetzvergiftungen charakterisiren. Der Eisenvitriol war auch zuweilen Gegenstand gerichtlicher Untersuchungen, bei denen es sich um Sachbeschädigung — Begiessen von Wäsche mit Eisenvitriollösung — handelte.

Da Eisen ein normaler Bestandtheil des thierischen und pflanzlichen Organismus ist, so kann es bei allen Untersuchungen auf Metallgifte beobachtet werden.

Bei der Ausmittelung des Eisens hat man deshalb sein Augenmerk darauf zu richten, dass sich dasselbe in grösserer Menge und in löslicher Verbindungsform in den Objecten vorfindet, wobei wiederum zu berücksichtigen ist, dass verschiedene Eisenpräparate — z. B. Eisenchlorid, Eisenjodür, Eisenzucker, *Antidotum Arsenici* (Eisenoxydhydrat) u. a. — in arzneilicher Anwendung sind.

Zur Untersuchung auf Eisen dient zunächst ein wässeriger oder salzsaurer Auszug aus dem Untersuchungsobjecte. Soll letzteres desorganisirt werden, so kann dies je nach Umständen durch Veraschen oder nach dem Fresenius-Babo'schen Verfahren geschehen. Die Asche zieht man mit verdünnter Salzsäure aus.

Die auf die eine oder andere Art hergestellte Lösung sättigt man mit Schwefelwasserstoff, filtrirt sie nach einigen Stunden von dem etwa entstandenen

---

[1]) Viron, Contribution à l'étude physiologique et toxicologique de quelques préparations chromées. Thèse de Paris 1885.

Niederschlage ab, macht sie ammoniakalisch und setzt noch nach Bedarf Schwefelammonium hinzu.

Dieser Niederschlag, welcher ausser Schwefeleisen auch Phosphate und Reste von organischer Substanz enthalten kann, wird nach den Regeln der qualitativen Analyse untersucht und das Eisen in bekannter Weise als Eisenoxyd quantitativ bestimmt.

Von den Cyanverbindungen des Eisens wird im zweiten, organischen Theile die Rede sein.

Gold.

Vergiftungen mit Goldsalzen — Goldchlorid, Kaliumgoldcyanid u. dergl. — sind sehr selten.

Bei der Ausmittelung des Goldes wird das (von reducirtem Golde stellenweise braun gefärbte) Untersuchungsobject nach Fresenius-Babo desorganisirt, die erzielte Lösung mit Schwefelwasserstoff behandelt und der dadurch bewirkte Niederschlag mit Schwefelammonium ausgezogen.

In dieser Lösung erkennt man das Gold schon dadurch, dass ein hineingestellter Zinkstab vergoldet wird.

Verdunstet man die Schwefelammoniumlösung zur Trockne und löst dann den Rückstand in Salzsäure unter Mitwirkung von Kaliumchlorat auf, so erkennt man das Gold in dieser Lösung durch folgende Reactionen:

Schwefelwasserstoff: erzeugt einen schwarzbraunen, in Schwefelammonium löslichen Niederschlag.

Zinnchlorür: veranlasst eine rothe, violette oder braunrothe Fällung (Goldpurpur).

Eisenvitriol: scheidet metallisches Gold in braunen Flocken ab.

Oxalsäure: liefert beim Erwärmen unter vorübergehender Blaufärbung der Flüssigkeit ebenfalls eine Ausscheidung von metallischem Golde, welches sich an den Gefässwandungen mitunter als Goldspiegel niederschlägt.

Die quantitative Bestimmung des Goldes geschieht als metallisches Gold durch Abscheidung desselben aus der Lösung mittelst Eisenvitriols oder Oxalsäure.

Viel häufiger als in toxikologischer Hinsicht ist das Gold Gegenstand gerichtlicher Untersuchungen, bei denen es sich um Falschmünzerei und andere Betrügereien, bezw. um Verstösse gegen das Reichsgesetz, betreffend den Feingehalt der Gold- und Silberwaaren, vom 16. Juli 1884 handelt.

Hierüber wird im Anhange zur ersten Abtheilung noch Einiges mitgetheilt werden.

Erkennung von Goldflecken.

Lösliche Goldsalze erzeugen auf der Haut, auf wollenen oder leinenen Bekleidungsgegenständen u. dergl., besonders unter Mitwirkung des Lichtes, rothe Flecke, welche von Salzsäure, Salpetersäure oder Schwefelsäure nicht verändert, von Chlorwasser und concentrirter Cyankaliumlösung aber gelöst werden.

Ist es thunlich, so behandelt man die ausgeschnittenen Flecke mit warmem Königswasser, dampft den filtrirten Auszug zur Trockne ein und nimmt den Rückstand mit wenig Wasser auf.

In dieser Lösung erkennt man das Gold, wie oben angegeben, durch Zinnchlorür.

Nickel und Kobalt.

Von diesen beiden Metallen ist etwa dasselbe zu sagen, wie vom Eisen; man rechnet sie nicht zu den Metallgiften, obwohl ihre Sulfate Aetzvergiftungen hervorrufen können.

Nickel ist ein erlaubter Bestandtheil verschiedener Legirungen — Neusilber, Argentan —; Kobalt findet in verschiedenen Verbindungen Anwendung als Farben — Smalte, Zaffer u. a. —, die, wenn sie nicht andere giftige Metalle (Arsen, Zink u. s. w.) enthalten, zu den gesundheitsschädlichen Farben nicht gerechnet werden.

Die Untersuchung auf Nickel oder Kobalt würde wie diejenige auf Eisen vorzunehmen und der Schwefelammoniumniederschlag nach den Regeln der qualitativen Analyse weiter zu untersuchen sein.

Die deutschen Nickelmünzen enthalten 25 Proc. Nickel und 75 Proc. Kupfer.

Kupfer.

Von dem Kupfer als einem gleichzeitig technisch wichtigen und gesundheitsschädlichen Metalle gilt im Allgemeinen das schon beim Blei Gesagte: wie dieses, so giebt auch das Kupfer Veranlassung zu absichtlichen und unabsichtlichen Vergiftungen und gefährdet als Material für industrielle, gewerbliche und hausräthliche Gegenstände, sowie als Bestandtheil von Legirungen, Farben u. s. w. mannigfach sanitäre Interessen.

Speisen und Getränke, namentlich solche mit saurem oder fettigem Charakter, nehmen aus kupfernen, messingenen (auch silbernen) Geräthschaften, in denen sie bereitet und aufbewahrt werden, in Folge von Bildung echten oder nur fälschlich so genannten Grünspans nachweisbare Mengen von Kupfer auf. Ja man benutzt zeitweilig diese Eigenschaft kupferner Geschirre absichtlich zur Färbung von Gemüse- und Fruchtconserven.

Mögen auch die so mittelst der Nahrung dem Organismus zugeführten Quantitäten von Kupfer meist nicht ausreichen, um schädliche Wirkungen hervorzubringen, so erklärt sich doch hieraus das häufige spurenweise Auftreten des Kupfers bei gerichtlich- oder polizeilich-chemischen Untersuchungen. Zudem gilt das Kupfer für einen im Pflanzenreiche weit verbreiteten, wenn auch nur in minimalen Spuren vorkommenden Bestandtheil.

Hieraus ergiebt sich für die toxikologische Analyse, dass man nur aus dem quantitativen Nachweise relativ grösserer Kupfermengen mit Bestimmtheit einen Rückschluss auf Kupfervergiftung zu ziehen berechtigt ist.

Die Kupfervergiftung äussert sich in Kolikanfällen und Erbrechen grünlicher oder bläulicher Massen, sowie Schwellung und Entzündung der berührten Organe, namentlich der Magenschleimhaut, an welcher sich häufig noch (grüne) Partikel von Kupferbindungen vorfinden.

Harn und Darminhalt sind kupferhaltig. Das vom Organismus nicht ausgeschiedene Kupfer wird in Leber, Nieren, Nerven und Muskeln deponirt.

A. Ausmittelung des Kupfers.

Kupferverbindungen machen sich zuweilen schon durch die grünliche oder bläuliche Färbung der Untersuchungsobjecte bemerkbar.

Bringt man eine Probe des mit Wasser zu einem dünnen Brei an-
gerührten und mit einigen Tropfen Salzsäure angesäuerten Objectes in
eine Platinschale und legt auf den Boden derselben ein Stückchen Zink,
so entsteht bei Anwesenheit von Kupfer auf der Platinschale ein rother
Beschlag von metallischem Kupfer.

Zum weiteren Nachweise oder zur quantitativen Bestimmung des
Kupfers löst man grössere organische Massen in Salzsäure unter Mitwirkung von Kaliumchlorat auf, wobei alles Kupfer in Lösung geht.

Kleinere Objecte kann man mit Salpetersäure ($d = 1,4$) oxydiren
oder veraschen und die Asche mit Salzsäure unter Zusatz einiger Körnchen Kaliumchlorat erwärmen.

Die in geeigneter Weise bereitete, schwach saure und verdünnte
Lösung wird heiss mit Schwefelwasserstoff behandelt, der Niederschlag
nach 12 bis 24 Stunden auf einem Filter unter möglichst beschränktem
Luftzutritt gesammelt und mit Schwefelwasserstoffwasser gewaschen.

Nach dem Trocknen äschert [1]) man ihn sammt Filter in einem
Porcellantiegel ein, digerirt die Asche mit Salpetersäure und dampft die
Lösung mit einigen Tropfen verdünnter Schwefelsäure ein.

B. Nachweis des Kupfers.

War in dem Untersuchungsobjecte Kupfer enthalten, so wird sich
dasselbe schon durch die Blaufärbung des Verdampfungsrückstandes bemerklich machen.

Zur weiteren Identificirung löst man diesen Rückstand in Wasser
und führt folgende Reactionen aus:

Eisendraht: überzieht sich in der schwach sauren Flüssigkeit
      mit einem rothen Beschlage von metallischem Kupfer [2]).
Ammoniak: erzeugt einen blaugrünen, im Ueberschusse des
      Fällungsmittels mit lasurblauer Farbe löslichen Niederschlag.
Ferrocyankalium: bewirkt eine rothe Fällung oder Färbung [3]).
Platin und Zink: Bringt man die auf Kupfer zu prüfende Lösung
      nebst einem kleinen Stückchen reinen Zinks in eine (gewogene)
      Platinschale, so scheidet sich das etwa vorhandene Kupfer nach
      einiger Zeit metallisch ab.

---

[1]) Will man auch Rücksicht auf Arsen nehmen, welches in einigen Präparaten, wie Schweinfurter Grün und anderen Farben. neben Kupfer enthalten ist,
so muss der Schwefelwasserstoffniederschlag vor dem Einäschern mit Schwefelammonium ausgewaschen und die auch Spuren von Kupfer enthaltende Flüssigkeit, wie früher (S. 67) angegeben, auf Arsen geprüft werden.
[2]) Das auf Eisen oder Platin niedergeschlagene Kupfer ist ein geeignetes
corpus delicti.
[3]) In der blauen, ammoniakalischen Flüssigkeit erst nach dem Ansäuern
mit Salzsäure.

C. Nachweis von Kupferverbindungen.

Die toxikologisch wichtigsten Kupferverbindungen sind der blaue Vitriol und der sogenannte oder der echte Grünspan.

In organischen Massen wird man Kupferverbindungen zuweilen in Gestalt farbiger Körnchen erkennen oder das Kupfer in wässerigen, salpetersauren oder ammoniakalischen Auszügen nachweisen können. Würde neben Kupfer auch Arsen gefunden, so hätte man es wahrscheinlich mit einer Farbe: Schweinfurter oder Scheele'schem Grün, zu thun.

D. Sanitätspolizeiliche und medicinisch-chemische Untersuchungen auf Kupfer.

Die Benutzung kupferner Gefässe und Geräthe bei der Herstellung und Aufbewahrung von Speisen, Getränken, Fruchtconserven u. s. w. veranlasst zahlreiche Fälle ökonomischer Vergiftungen, da sich das Kupfer bei gleichzeitiger Einwirkung von Luft und Feuchtigkeit und bei Gegenwart von sauren, fetten oder salzreichen Speisen leicht oxydirt und in lösliche Verbindungen übergeht.

Im Uebrigen sind die als Farben (s. u.) verwendeten Kupferverbindungen von sanitärem Interesse.

a. Nachweis des Kupfers in Nahrungs- und Genussmitteln.

Bei Untersuchung von Frucht- oder Gemüseconserven, Extracten und ähnlichen Dingen auf Kupfer genügt es meist, wenn man das in geeigneter Weise zerkleinerte Object entweder mit Hülfe der dabei befindlichen Flüssigkeit oder mit Wasser zu einem dünnen Brei anrührt, denselben mit Salzsäure und ein wenig Kaliumchlorat erwärmt und in die nicht mehr nach Chlor riechende Masse eine blanke Messerklinge oder eine Stricknadel hineinstellt.

In gleicher Weise verfährt man bei Prüfung von Mehl und Backwaaren auf Kupfer.

Wein, Bier, Essig, Branntwein, Liqueure u. dergl. dampft man mit einigen Tropfen verdünnter Schwefelsäure in einer Platinschale ein und legt in die Flüssigkeit ein Stückchen reinen Zinks.

Bei Anwesenheit von Kupfer im Objecte entsteht auf der Messerklinge, der Stricknadel oder in der Platinschale der bekannte rothe Niederschlag von metallischem Kupfer.

Eine eingehendere Untersuchung von Speisen etc. würde, wie oben bei der Ausmittelung des Kupfers angegeben, geschehen müssen.

Der Kupfergehalt von Nahrungs - und Genussmitteln ist meist auf den Gebrauch kupferner oder messingener Apparate, Gefässe und Geräthe zurückzuführen. Zuweilen wird dabei die Erzielung einer schönen grünen Färbung direct beabsichtigt.

Mehl, dessen Kleber sich bereits zu verflüssigen beginnt, wird mitunter durch Zusatz kleiner Mengen von Kupfervitriol wieder backfähig gemacht.

b. Nachweis des Kupfers im Wasser.

Ein grösseres Quantum des zu prüfenden Wassers wird unter Zusatz einiger Tropfen verdünnter Schwefelsäure stark eingedampft und der Rückstand mit Ammoniak übersättigt, wobei sich das Kupfer durch Blaufärbung zu erkennen giebt.

c. Erkennung von Kupferfarben.

Grüne und blaue Farben charakterisiren sich als Kupferfarben hauptsächlich dadurch, dass sie bei der Digestion mit Ammoniak eine blaue Lösung geben, in welcher das Kupfer durch die früher angegebenen Reactionen nachgewiesen werden kann.

Beim Schmelzen mit Soda auf Kohle in der reducirenden Löthrohrflamme wird metallisches Kupfer abgeschieden.

Mit Kochsalz am Platindrahte in die Flamme eingeführt, liefern die Kupferfarben eine schön blaue Färbung (Beilstein'sche Reaction).

Die Kupferfarben sind häufig gleichzeitig Arsenfarben (s. diese).

Sie gehören, auch wenn sie arsenfrei sind, zu den gesundheitsschädlichen Farben im Sinne des Gesetzes vom 5. Juli 1887. Vergl. dieses selbst.

Als Farbstoffe finden namentlich folgende Kupferverbindungen Anwendung: Kupferchlorid (Braunschweiger Grün); Kupferhydroxyd (Bremer Blau, Bremer Grün, Neuwieder Blau); basisches Sulfat (Casselmann's Grün); basisches Carbonat (Mineralgrün, Bergblau); Kupfersulfid (Oelblau, Vernet'sches Blau); Kupferstannat (Gentele's Grün); basische Acetate (Grünspan).

Bronzefarben (Brocate), aus den Abfällen der Metallschlägereien oder Schaumgoldfabrikation, sind im Wesentlichen Kupferzinklegirungen mit 81,5 bis 98,9 Proc. Kupfer.

d. Nachweis des Kupfers im Harn.

Der zu untersuchende Harn wird mit Salzsäure angesäuert und nach Zugabe von etwas Kaliumchlorat erhitzt, bis kein Chlorgeruch mehr wahrnehmbar ist.

Aus der so vorbereiteten Flüssigkeit kann das Kupfer durch Schwefelwasserstoff abgeschieden und weiter untersucht oder in bekannter Weise mittelst Zink auf Platin niedergeschlagen werden.

E. Quantitative Bestimmung des Kupfers.

Man führt entweder den durch Einäschern desorganisirten Schwefel-wasserstoffniederschlag durch Glühen mit Schwefelpulver im Wasserstoff-strome in Kupfersulfür über und wägt dieses oder man schlägt das Kupfer in einer gewogenen Platinschale durch Zink nieder (s. o.).

Nachdem sich dieses unter langsamer Wasserstoffentwickelung gelöst hat und in der Flüssigkeit kein Kupfer mehr nachweisbar ist, giesst man sie ab, wäscht das gefällte Metall erst mit siedendem Wasser, dann mit Alkohol aus, trocknet und wägt.

Mangan.

Von den Verbindungen des Mangans besitzen einige, z. B. der Mangan-vitriol, besonders aber die Manganate und Permanganate, von welchen letzteren das Kaliumsalz als Zahn- und Mundreinigungsmittel im Gebrauch ist, mehr oder weniger stark ätzende Eigenschaften und können insofern Ver-giftungen veranlassen.

Der allgemeine Nachweis des Mangans würde wie derjenige des Eisens zu führen und der Schwefelammoniumniederschlag in üblicher Weise auf Mangan zu prüfen sein.

Dieses Metall kommt indessen spurenweise, neben Eisen, in sehr vielen Pflanzen vor und wird in diesem Sinne auch als normaler Bestandtheil des thierischen Organismus betrachtet.

Die Annahme einer Manganvergiftung könnte sich also nur auf den quantitativen Nachweis einer erheblicheren Menge dieses Metalles stützen.

Die wichtigste Frage, ob das gefundene Mangan in ätzender Verbindungs-form — als Manganat oder Permanganat — vorhanden war, lässt sich chemisch nicht beantworten, weil die bezüglichen Mangansalze in Berührung mit organi-schen Stoffen sogleich reducirt werden.

Quecksilber.

Die häufige Anwendung von Quecksilber und Quecksilberverbindungen zu technischen und medicinischen (auch kosmetischen) Zwecken einschliesslich der Kurpfuscherei giebt nicht selten Gelegenheit und Veranlassung zu absichtlichen und unabsichtlichen, leichteren oder schwereren, theils acuten, theils chronischen Vergiftungen.

Schon das metallische Quecksilber wirkt giftig, wenn es in feiner Ver-theilung — extingirt — eingeathmet oder, als graue Salbe verständnisslos an-gewendet, in grösserer Menge von der Haut resorbirt wird.

Die Quecksilberverbindungen sind je nach dem Grade ihrer Löslichkeit starke oder schwächere Gifte; man unterscheidet in dieser Beziehung acute und milde Quecksilberpräparate und versteht unter ersteren solche Quecksilber-verbindungen, welche in Wasser und verdünnter Salzsäure löslich, unter letzteren solche, welche in diesen Lösungsmitteln unlöslich sind.

8*

Im Allgemeinen sind die Mercuriverbindungen acute, die Mercurover-
bindungen milde Mercurialien.

Die am häufigsten schwere Vergiftungen hervorrufende Quecksilberver-
verbindung ist der Sublimat; nicht giftig ist das Schwefelquecksilber in Form
von Zinnober.

Die Quecksilbervergiftungen, acute wie chronische, gehören zu den ge-
fährlichsten Intoxicationen.

Die acute Quecksilbervergiftung hat gewisse Aehnlichkeit mit dem
acuten Brechdurchfall bei Kindern und äussert sich in starkem Erbrechen oft
schleimiger und blutiger Massen, verbunden mit heftigen Unterleibsschmerzen
und blutigen Darmentleerungen. Die mit dem Gifte in Berührung kommenden
Organe werden mehr oder minder stark corrodirt, am meisten durch Sublimat.

Technische oder gewerbliche Beschäftigung mit Quecksilber, dessen Legirungen und chemischen Präparaten, missbräuchliche medicinale Anwendung —
Schmierkuren —, ja selbst das Bewohnen von Räumen, in denen Quecksilber
verstreut wurde, führt zum chronischen Mercurialismus oder Quecksilber-
krankheit, die sich in Speichelfluss, Lockerung der Zähne, Geschwüren in der
Mundhöhle und sonstigen anatomischen Veränderungen äussert und nicht selten
mit der völligen — physischen und intellectuellen — Zerrüttung des Organismus endigt.

Das dem Körper zugeführte Quecksilber geht, soweit es nicht durch Erbrechen beseitigt wird, in den Urin, den Speichel und den Schweiss, bei weiblichen Individuen auch in die Milch über, oder wird in näheren und entfernteren
Organen zurückgehalten.

A. Ausmittelung des Quecksilbers.

Sollten sich keine unlöslichen Quecksilberverbindungen im Objecte
vorfinden, so bedient man sich als Vorprobe zweckmässig der Reinsch'-
schen Reaction, bei welcher sich vorhandenes Quecksilber auf dem Kupfer-
bleche niederschlägt (vergl. S. 117).

Da die Mehrzahl der acuten Quecksilbervergiftungen Sublimatver-
giftungen sind und dieses Präparat in Berührung mit organischen Stoffen
ziemlich rasch Veränderungen erleiden kann, so empfiehlt es sich, zunächst auf die erwähnte Quecksilberverbindung zu prüfen (s. S. 121)
und erst, wenn diese Prüfung ergebnisslos verlief, den allgemeinen Weg
zur Ausmittelung des Quecksilbers zu beschreiten.

Zu letzterem Zwecke wird das Untersuchungsobject, bezw. der
ätherfreie Extractionsrückstand von der Prüfung auf Sublimat, nach
dem Fresenius-Babo'schen Verfahren, desorganisirt und zwar in
einem mit Condensationsrohr versehenen Kolben. Vergl. den Apparat
Fig. 1 auf Seite 59.

Alle anderen Zerstörungsmethoden, ausgenommen natürlich diejenige von Sonnenschein-Jeserich, welche an Stelle der
Fresenius-Babo'schen Methode stets benutzbar ist, sind hier
ausgeschlossen, weil dabei Verluste an Quecksilber statt-
finden können.

Aus demselben Grunde ist auch das Eindampfen der erzielten salzsauren Lösung zu unterlassen.

Sind die zu erwartenden Mengen von Quecksilber nach Lage der Sache sehr gering, so thut man besser, die weitere Prüfung der Objectlösung nach den weiter unten (S. 118 u. 120) beschriebenen Methoden von Ludwig oder Schneider-Wolff vorzunehmen, unter denen wiederum die zuletzt genannte die empfindlichere ist.

In der Regel aber führt man den Nachweis des Quecksilbers auf rein chemischem Wege, zu welchem Zwecke die, wie angegeben, hergestellte Lösung, nachdem sie durch Kohlensäure von Chlorgas befreit ist, in der Wärme mit Schwefelwasserstoff gesättigt und dann 12 bis 24 Stunden der Ruhe überlassen wird.

Nach Ablauf dieser Zeit sammelt man den Niederschlag auf einem Filter, wäscht ihn mit Wasser aus und erwärmt ihn mit Salzsäure unter allmählichem Zusatz von Kaliumchlorat, bis das Filter der Hauptsache nach zerstört ist.

Die nicht mehr nach Chlor riechende und etwas verdünnte Flüssigkeit wird nun wieder mit Schwefelwasserstoff behandelt.

Sind die vorhandenen Mengen von Quecksilber nicht gar zu minimal, so entsteht ein (anfänglich mitunter weisser, dann gelb und braun werdender) schwarzer Niederschlag, der sich in chlorfreier Salpetersäure ($d = 1,18$) selbst beim Erwärmen nicht auflöst.

B. Nachweis des Quecksilbers.

Der Nachweis des Quecksilbers kann, wie oben bereits angedeutet, auf dreifache Weise: rein chemisch oder nach Ludwig oder nach Schneider-Wolff, geführt werden.

a. Nachweis des Quecksilbers auf rein chemischem Wege.

Der, wie angegeben, erhaltene und in Salpetersäure unlösliche, schwarze Schwefelwasserstoffniederschlag wird, nachdem er durch Decantation gewaschen, event. auch getrocknet und gewogen ist, in Salzsäure unter Mitwirkung von einigen Körnchen Kaliumchlorat aufgelöst.

In dieser Lösung erkennt man das Quecksilber durch folgende Reactionen.

Zinnchlorür: frisch bereitet und tropfenweise zugesetzt, giebt weisse Trübung oder Fällung, die auf weiteren Zusatz des Reagenzes und beim Erwärmen grau wird. Giesst man die Masse in ein Schälchen, so fliesst das fein vertheilte Quecksilber beim längeren Stehen auf dem Wasserbade zu grösseren Tröpfchen zusammen.

Kupferblech: überzieht sich in der nicht zu sauren Flüssigkeit nach kürzerer oder längerer Zeit mit einem grauen Beschlage, der nach dem Abtrocknen und Reiben mit Papier oder Wolle silberglänzend wird, beim Erhitzen aber verschwindet.

Sublimations-Probe: Erhitzt man das amalgamirte Kupferblech, nachdem es getrocknet und zusammengerollt ist, in einem
unten zugeschmolzenen, oben capillar ausgezogenen Röhrchen,
so entsteht in dem oberen, sich verengenden Theile des Röhrchens ein grauer Anflug — Quecksilberspiegel[1]) —, welcher
unter der Lupe kleine metallische Tröpfchen erkennen lässt.

Jodreaction: Hängt man das Röhrchen mit dem Quecksilberspiegel in ein Gläschen (Fig. 11), auf dessen Boden sich ein
Splitter Jod befindet, so geht der graue

Fig. 11.

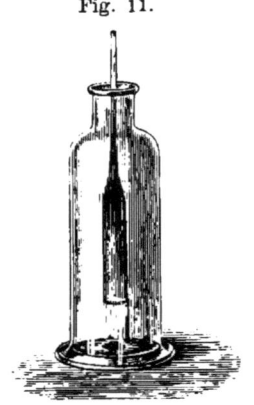

Beschlag unter dem Einflusse der (sich
schon bei gewöhnlicher Temperatur
entwickelnden) Joddämpfe im Verlaufe
einiger Stunden in einen schön rothen
Anflug — Quecksilberjodid — über.

Klein'sche (umgekehrte Nessler'-
sche) Reaction[2]): Versetzt man
die zu prüfende Flüssigkeit mit ein
wenig Jodkalium, fügt dann einen
Tropfen Chlorammonium und vorsichtig tropfenweise Natronlauge zu,
so entsteht bei Gegenwart von
Quecksilber ein gelber oder brauner Niederschlag (Oxydimercuri-
ammoniumjodid).

Sehr geringe Mengen von Quecksilber erkennt man noch an der
Trübung, welche die mit etwas Jodkalium versetzte Flüssigkeit beim
Ueberschichten mit etwas salmiakhaltiger Natronlauge an der Berührungsstelle beider Flüssigkeiten liefert.

b. Nachweis des Quecksilbers nach Ludwig[3]).

Dieses Verfahren beruht auf der Bildung eines Kupfer- oder Zink-
amalgams, welches sich beim Erhitzen zersetzt, wobei das sich verflüch-
tigende Quecksilber unter geeigneten Bedingungen einen Quecksilberspiegel bildet.

Das auf Quecksilber zu untersuchende Object wird entweder in der
üblichen Weise durch Salzsäure und Kaliumchlorat in Lösung gebracht
oder man kocht es in gut zerkleinertem Zustande zunächst 3 bis 4 Stunden
in einem Kolben am Rückflusskühler mit Salzsäure von gewöhnlicher
Concentration, fügt dann Kaliumchlorat hinzu und filtrirt[4]).

[1]) Dieser, sowie der später zu erhaltende Jodidbeschlag sind sehr geeignet als *corpus delicti*; demselben Zwecke dienen Quecksilberkügelchen und
Calomel.
[2]) Archiv d. Pharmacie **227**, 73 (1889).
[3]) Wiener medicin. Jahrb. 1877 und 1880; nach Zeitschrift f. analyt.
Chemie **17**, 395 (1878) und **20**, 475 (1881).
[4]) Vergl. Chem. Centralblatt 1889, I, 610.

Die in der einen oder anderen Weise erhaltene Flüssigkeit wird, nachdem der grösste Theil der freien Säure durch Natronlauge abgestumpft ist, bei 50 bis 60° C. mit 5 g Zinkstaub oder einer entsprechenden Menge, durch Zinkstaub aus Kupfervitriollösung gefällten Kupfers versetzt und etwa eine halbe Minute kräftig umgerührt, so dass das Metallpulver in möglichst vielfache Berührung mit der Flüssigkeit kommt.

Nach dem Absetzen giesst man dieselbe soweit als möglich ab, wiederholt diese Operation mit der Flüssigkeit noch einige Male, reinigt dann das zurückgebliebene Metallpulver durch Decantation mit heissem Wasser, sehr verdünnter Natronlauge, Alkohol und Aether und trocknet es schliesslich bei einer 60° C. nicht übersteigenden Temperatur.

War in der Lösung Quecksilber enthalten, so hat es sich bei der eben beschriebenen Operation mit dem Metallpulver amalgamirt und liefert beim Erhitzen desselben unter geeigneten Bedingungen einen Quecksilberspiegel, der unter dem Einflusse von Joddämpfen (s. o.) in einen rothen Quecksilberjodidbeschlag übergeht.

Die Erzeugung des Quecksilberspiegels geschieht mit gleichzeitigem Ausschluss von Wasser und theerartigen Destillationsproducten in folgender Weise:

Das, wie angegeben, gereinigte und getrocknete Metallpulver füllt man in ein 25 bis 30 cm langes, unten geschlossenes Verbrennungsrohr von 8 bis 10 mm lichter Weite.

Auf das (amalgamirte) Metallpulver folgt, von diesem durch einen losen Asbestpfropfen getrennt, eine 5 bis 6 cm lange Schicht grobkörnigen Kupferoxyds, an welche sich, wieder durch Asbest getrennt, eine etwa gleich lange Schicht von Zinkstaub anschliesst, der durch Erhitzen im Porcellantiegel vollständig getrocknet ist.

Den Schluss bildet wieder ein Asbestpfropfen, hinter welchem das Rohr capillar ausgezogen wird.

Fig. 12 soll das Gesagte veranschaulichen.

Fig. 12.

A   B

AB ist die nach Beendigung der Füllung capillar ausgezogene Verbrennungsröhre; a, b, c sind die durch Asbestpfropfen eingeschlossenen Schichten, und zwar a das amalgamirte Metallpulver, b Kupferoxyd, c Zinkstaub.

Durch Klopfen des Rohres in horizontaler Lage wird über den Schichten eine Rinne gebildet.

Das so vorbereitete Rohr wird von c nach a hin allmählich erhitzt: das Kupferoxyd (b) auf dunkle Rothgluth, der Zinkstaub vorsichtig nur so weit, dass er nicht zum Schmelzen kommt; der leere Theil (d) des

Rohres vor der Capillare wird heiss, diese selbst kalt gehalten, so dass die Condensation von Dämpfen nicht v o r, sondern i n der Capillare erfolgt.

Erst wenn die übrigen Theile des Verbrennungsrohres die richtige Temperatur haben, wird das amalgamirte Metallpulver (a) erhitzt, anfangs ganz gelinde, dann unter allmählicher Steigerung der Temperatur, aber mit der Vorsicht, dass der Zinkstaub dabei nicht zum Schmelzen kommt.

Die beim Erhitzen der Schicht a sich entwickelnden Dämpfe werden beim Passiren des glühenden Kupferoxyds (b) desorganisirt, während das hierbei entstehende, sowie das ursprünglich vorhandene Wasser durch den Zinkstaub (c) unter Entbindung von Wasserstoff zersetzt wird. Etwa vorhandene Quecksilberdämpfe condensiren sich nun frei von Wasser und theerartigen Destillationsproducten in der Capillare, daselbst den charakteristischen, aus kleinen grauen Tröpfchen bestehenden Anflug bildend.

Nach 10 bis 15 Minuten, vom Beginne der Erhitzung des amalgamirten Metallpulvers an gerechnet, ist der Quecksilberspiegel fertig.

Zur Umwandlung desselben in den Jodidbeschlag sprengt man die Capillare (durch Aufbringen eines Tropfens kalten Wassers) bei d ab, legt in den weiten, noch warmen Theil einen Splitter Jod und saugt dessen Dampf langsam durch die Capillare hindurch, zu welchem Zwecke dieselbe mittelst eines über e geschobenen Gummischlauches mit einem Aspirator verbunden wird.

Neuerdings modificirte Ludwig[1] sein Verfahren dahin, dass das Rohr an einem Ende U-förmig ausgezogen und dieser aus dem Verbrennungsofen hervorragende Theil durch Wasser gekühlt wird.

Vor der verengten Stelle des Rohres sitzt ein Asbestpfropfen, davor eine Schicht Kalk, dann Kupferoxyd, endlich das amalgamirte Metallpulver.

Das Erhitzen beginnt bei der Kalkschicht und schreitet von hier langsam über das Kupferoxyd nach dem amalgamirten Zinkstaub fort, während ein Luftstrom die Röhre durchstreicht.

Ist Quecksilber vorhanden, so scheidet es sich in dem durch Wasser gekühlten Theile der Röhre ab.

c. Nachweis des Quecksilbers nach Schneider-Wolff[2]).

Dieses Verfahren, eine Verfeinerung der an sich schon sehr empfindlichen Schneider'schen Methode, besteht im Wesentlichen darin, dass man die auf Quecksilber zu prüfende Flüssigkeit aus einem verstellbaren Behälter wiederholt durch eine, von einem Stative getragene, unten und oben seitlich mit Zu - und Abfluss versehene Glasröhre fliessen lässt, welche oben offen, unten mit einem Korke geschlossen ist.

---

[1]) Vergl. Chem. Centralblatt 1889, I, 610.
[2]) Repertorium d. analyt. Chemie 3, 114 (1883).

Durch diesen tritt die Kathode, ein aus galvanisch vergoldeten Silberdrähten gefertigter Pinsel, ein, während die Anode, eine Platinspirale, aus deren Mitte eine Troddel von Platindrähten herabhängt, oben eintaucht.

Der elektrische Strom muss so stark sein, dass er in einer Stunde etwa 500 ccm Knallgas entwickelt.

Nach Beendigung der Operation wird die Kathode mit Wasser und Alkohol abgespült, bei gelinder Wärme getrocknet und in einem capillar ausgezogenen Röhrchen erhitzt.

Der entstandene Quecksilberspiegel wird in bekannter Weise in den Jodidbeschlag verwandelt.

C. Nachweis von Quecksilberverbindungen.

Wurde bei einer gerichtlich-chemischen Analyse Quecksilber aufgefunden, so ist es von grossem Interesse, noch den speciellen Nachweis des Sublimats, der toxikologisch wichtigsten Quecksilberverbindung, zu führen.

Zu diesem Zwecke zieht man das Object durch wiederholtes Ausschütteln oder Digestion mit Aether am Rückflusskühler aus, destillirt das Extractionsmittel von den vereinigten Auszügen ab und prüft die filtrirte wässerige Lösung des Rückstandes auf Quecksilber.

Auch Quecksilberjodid und Quecksilbercyanid sind in Aether löslich.

Zur weiteren Prüfung auf leichter oder schwerer lösliche Verbindungsformen oder auf metallisches Quecksilber würden wässerige bezw. salpetersaure Auszüge anzufertigen und auf Quecksilber zu prüfen sein.

Das als nicht giftig anzusehende Quecksilbersulfid — Zinnober — ist in den gebräuchlichen Lösungsmitteln unlöslich.

In Berührung mit organischer Substanz erleiden sowohl die Mercuro- wie die Mercuriverbindungen und zwar innerhalb wie ausserhalb des Organismus leicht Veränderungen[1]), denen zufolge z. B. aus Calomel bezw. Quecksilberoxyd bei Gegenwart von Chlorverbindungen — Kochsalz — Sublimat entstehen kann; andererseits aber ist auch der Sublimat unter dem Einflusse von organischen Stoffen unbeständig und deshalb nur innerhalb einer eng begrenzten Zeit als solcher noch nachweisbar. Beim Erwärmen mit organischer Substanz wird das Quecksilberchlorid schnell zu Quecksilber unter theilweiser Verflüchtigung desselben reducirt[2]).

---

[1]) Vergl. z. B. Fürbringer, Deutsche med. Wochen-Schrift 1884; Fleischer, ebenda.
[2]) Lecco, Berichte der deutsch. chem. Ges. 19, 1175 (1886).

D. Sanitätspolizeiliche und medicinisch-chemische Untersuchungen auf Quecksilber.

Von sanitärer Bedeutung ist das Quecksilber und seine Verbindungen vorzugsweise auf technischem bezw. gewerblichem Gebiete, sofern das Einathmen von quecksilberhaltigem Staube, namentlich aber von Quecksilberdämpfen [1]) zu höchst gefährlichen chronischen Vergiftungen führt.

Als Bestandtheil von Farben für Nahrungsmittel, Genussmittel, kosmetische Präparate u. dergl. ist das Quecksilber praktisch nur von untergeordnetem Interesse, zumal die wichtigste Quecksilberfarbe — Zinnober — wegen ihrer Unlöslichkeit als ungiftig betrachtet wird. Vergl. das Gesetz vom 5. Juli 1887.

Für die Untersuchung von Nahrungs- und Genussmitteln auf Quecksilber bezw. Quecksilberfarben kann hier auf das bei der Ausmittelung des Quecksilbers Gesagte verwiesen werden, während die Prüfung kosmetischer und medicinischer Präparate auf Quecksilber später bei der Untersuchung von Salben und Schminken berücksichtigt werden wird.

a. Nachweis des Quecksilbers in der Luft.

Um in der Luft von technischen Werkstätten und Wohnräumen, in denen Quecksilber verstreut wurde, Quecksilberdämpfe nachzuweisen, bedient man sich eines Goldblättchens, welches sich bei längerem Verweilen in quecksilberhaltiger Luft amalgamirt (Faraday).

Beim Erhitzen des Goldblättchens im capillar ausgezogenen Röhrchen entsteht, wenn die Menge nicht zu minimal ist, ein Quecksilberspiegel.

Das empfindlichste Reagens auf Quecksilberdampf ist das ammoniakalische Silbernitrat [2]).

Zur quantitativen Bestimmung [3]) des Quecksilberdampfes in der Luft saugt man dieselbe, um sie zunächst von Staub zu befreien, langsam durch einen Wattepfropfen, alsdann durch einen mit Blattgold lose gefüllten Absorptionsapparat, welcher, nachdem sein Inhalt durch einen trockenen (quecksilberfreien) Luftstrom von anhaftender Feuchtigkeit befreit ist, gewogen wird.

---

[1]) Vergl. Renk, Untersuchungen über das Verstäuben und Verdampfen von Quecksilber mit besonderer Berücksichtigung der Verhältnisse in den Spiegelbeleganstalten. Arbeiten a. d. Kaiserlichen Gesundheitsamte 5, 113 (1889).

[2]) Merget, Compt. rend. 73, 1356. — Vergl. auch unten: Methode von Mayer. — Von Zimmerpflanzen sind besonders empfindlich gegen Quecksilberdämpfe: Heliotrop und chinesische Primel, die unter sonst sorgfältiger Pflege in quecksilberhaltiger Luft absterben. Solche Räume sind gesundheitsschädlich (Pappenheim).

[3]) Renk, vergl. dessen oben citirte Arbeit.

Dieser Absorptionsapparat besteht aus drei kleinen, etwa 25 ccm fassenden Kölbchen, welche durch Glasröhren so mit einander verbunden sind, dass sie zusammen auf die Wage gestellt werden können.

b. Erkennung von Quecksilberfarben.

Als Farben finden nur zwei Quecksilberverbindungen Anwendung: der Zinnober und das Quecksilberjodid.

Von letzterem sowie von anderen rothen Farben unterscheidet sich der Zinnober dadurch, dass er sich in Berührung mit ammoniakalischer Silbernitratlösung sogleich oder nach kurzer Zeit in Folge Bildung von Silbersulfid schwärzt.

Der Zinnober wird mitunter durch Zusätze von anderen rothen Metallfarben — Mennige u. s. w. — verfälscht.

Schüttelt man Quecksilberjodid mit Chlorwasser und das Filtrat mit Chloroform oder Schwefelkohlenstoff, so löst sich in letzteren Flüssigkeiten das Jod mit bekannter Färbung auf.

Alle Quecksilberverbindungen sind beim Erhitzen im Röhrchen flüchtig; bei Gegenwart von Soda entstehen in diesem Falle Quecksilberspiegel, die aus kleinen metallischen Tröpfchen gebildet werden.

Quecksilberhaltige Farben sind im Sinne des Gesetzes vom 5. Juli 1887 gesundheitsschädlich; der reine Zinnober ist indessen nur für die Färbung von Nahrungs- und Genussmitteln verboten. Vergl. das genannte Gesetz.

c. Nachweis des Quecksilbers im Harn.

Die gebräuchlichsten Methoden zur Prüfung des Harns auf Quecksilber sind Modificationen des bereits (S. 118) beschriebenen Ludwig'schen Verfahrens und beruhen, wie dieses, im Princip darauf, ein Amalgam zu erzeugen, dasselbe durch Erhitzen im Röhrchen zu zerlegen und den dabei entstehenden Quecksilberspiegel in den rothen Jodidbeschlag umzuwandeln.

Methode von Ludwig[1]).

500 ccm des zu prüfenden Harns werden mit 1 bis 2 ccm Salzsäure angesäuert und auf 50 bis 60°C. erwärmt.

Alsdann setzt man Zinkstaub oder fein vertheiltes (durch Zinkstaub aus Kupfervitriollösung gefälltes) Kupfer zu und rührt etwa eine halbe Minute kräftig um.

Die weitere Behandlung und Prüfung des Metallpulvers geschieht in der bereits (S. 119) beschriebenen Weise.

---

[1]) Wiener med. Jahrb. 1877 und Zeitschrift f. analyt. Chemie 17, 397.

Methode von Fürbringer[1]).

Der mit Salzsäure leicht angesäuerte Harn wird mit etwa 0,5 g aufgefaserter Messingwolle (Lametta, der bekannte Christbaumschmuck) 5 bis 10 Minuten lang bei 60 bis 80° C. digerirt.

Die mit Wasser, Alkohol und Aether gereinigte und bei mässiger Wärme getrocknete Messingwolle bringt man im zusammengedrückten Zustande in ein Stück dünnes Verbrennungsrohr von 6 bis 8 mm lichter Weite, Fig. 13.

Dasselbe ist an einem Ende b zu einer mindestens 1 mm weiten Capillare ausgezogen und wird nach Einführung der Messingwolle auch

Fig. 13.

am anderen Ende c capillar verengt; die ausgezogenen Enden bleiben offen.

Zur Zersetzung des Amalgams, bezw. zur Erzeugung der Quecksilberspiegel erhitzt man den die Messingwolle enthaltenden Theil a des Röhrchens unter langsamem Drehen über einer Gasflamme bis zur beginnenden Rothgluth.

Nach Paschkis[2]) erwärmt man den salzsauren Harn mit Flittergold, spült letzteres mit Wasser, Alkohol und Aether ab, trocknet es und erhitzt es, zu Kügelchen zusammengeknetet, im Röhrchen.

Wolff und Nega[3]) behandeln den mit Salzsäure und Kaliumchlorat entfärbten und von Chlorgas befreiten Harn mit Schwefelwasserstoff, lösen den Niederschlag in Königswasser und digeriren die verdünnte Lösung längere Zeit bei 80° C. mit dünnen, im Wasserstoffstrome ausgeglühten Streifchen von Kupferblech, die dann mit Kalilauge und absolutem Alkohol gewaschen, mit Fliesspapier abgerieben, getrocknet und im Röhrchen erhitzt werden.

Zum Nachweise sehr geringer Mengen von Quecksilber soll man nach Almén[4]) etwa 300 ccm Harn mit etwas Natronlauge, eventuell unter Zusatz eines reducirenden Zuckers, ¼ Stunde am Rückflusskühler kochen, den Niederschlag in Salzsäure lösen und diese Lösung etwa 1½ Stunden mit einem vorher ausgeglühten Messingdrahte erwärmen.

Methode von Mayer[5]).

Dieselbe beruht auf der leichten Flüchtigkeit des Quecksilbers mit Wasserdämpfen und besteht darin, dass man etwa 300 ccm Harn mit 30 g Kalkhydrat,

---

[1]) Berliner klinische Wochenschrift 1878, Nr. 23 und Zeitschrift f. analyt. Chemie **17**, 526 (1878).
[2]) Zeitschrift f. physiolog. Chemie **6**, 495 (1882).
[3]) Zeitschrift f. analyt. Chemie **26**, 116 (1887).
[4]) Zeitschrift f. analyt. Chemie **26**, 669 (1887).
[5]) Wiener med. Jahrb. 1877 und Zeitschrift f. analyt. Chemie **17**, 402 (1878).

20 ccm Kalilauge und — zur Verhinderung des Schäumens — mit etwas Kochsalzlösung versetzt und in einem Chlorcalciumbade auf 140°C. erhitzt.

Der den Harn u. s. w. enthaltende Kolben ist durch eine absteigende Glasröhre mit einem etwa 10 cm hohen und $^3/_4$ cm weiten U-Rohre derart verbunden, dass dieses ebenfalls in das Bad eintaucht.

Zur Fixirung des den Wasserdämpfen beigemischten Quecksilbers dient Glaswolle, welche mit ammoniakalischer Silberlösung durchfeuchtet und getrocknet ist, und die sich in dem der Kochflasche benachbarten Schenkel der U-Röhre befindet.

Die Prüfung der Silbernitrat-Glaswolle auf Quecksilber geschieht in der Art, dass man den dieselbe enthaltenden Schenkel der U-Röhre in einem Verbrennungsrohre erhitzt und die Dämpfe im Wasserstoffstrome durch eine Schicht glühenden Kupfers hindurchleitet.

Bei Anwesenheit von Quecksilber entsteht der bekannte, durch Joddampf sich roth färbende Quecksilberspiegel.

Mit Hülfe der vorstehend beschriebenen Methoden, deren empfindlichste die Mayer'sche sein soll [1]), kann man 1 mg Quecksilber und weniger im Harne nachweisen.

E. Quantitative Bestimmung des Quecksilbers.

Das Quecksilber kann in bekannter Weise als Sulfid oder als Chlorür bestimmt werden, oder man erwärmt die betreffende Lösung mit überschüssigem Zinnchlorür in einem Schälchen auf dem Wasserbade, bis sich das ausgeschiedene Quecksilber zu grösseren Kügelchen vereinigt hat, die man dann durch Decantation mit Wasser und Alkohol reinigt, trocknet und wägt [2]).

Von der Bestimmung des Quecksilberdampfes in der Luft war schon (S. 122) die Rede.

Silber.

Trotz der ausgedehnten Anwendung, welche einzelne Silberverbindungen, wie z. B. das Silbernitrat, das Silbernitrat-Ammoniak, das Cyansilber-Cyankalium, zu medicinischen, kosmetischen und technischen Zwecken, in letzterer Beziehung namentlich in der Photographie und bei der galvanischen Versilberung finden, sind Silbervergiftungen sehr selten und auf wenige, meist unglückliche Zufälle: Abbrechen von Höllensteinstäbchen beim Aetzen des Halses, Verwechselung u. dergl., beschränkt.

Von allgemeinerem sanitärem Interesse ist das Silber als Bestandtheil von Haarfärbemitteln (s. u.), deren andauernde und unvernünftige Anwendung chronische Silbervergiftung — Argyria — zur Folge haben kann.

------

[1]) Lehmann, Experimentelle Untersuchungen über die besten Methoden zum Nachweise von Blei, Silber und Quecksilber bei Vergiftungen: Zeitschrift f. physiolog. Chemie 6, 1 (1882).

[2]) Lecco, Berichte der deutsch. chem. Ges. 19, 1175 (1886).

Silbersalze, besonders Silbernitrat, wirken ätzend unter Erzeugung weisser, allmählich sich schwärzender Flecke.

Bei acuter Silbervergiftung erfolgt Erbrechen weisser, käsiger, am Lichte dunkler werdender Massen.

Die Argyrie charakterisirt sich als schwärzliche oder blaugrüne Färbung, namentlich der dem Lichte ausgesetzten Theile, der Oberhaut.

A. Ausmittelung des Silbers.

Zur Untersuchung auf Silber kann das Object verascht, mit Salpeter verpufft oder durch Salzsäure und Kaliumchlorat desorganisirt werden.

Die Asche digerirt man mit Königswasser und zieht den eingedampften Rückstand mit Ammoniak aus.

War das Object mit Salpeter verpufft worden, so behandelt man die Schmelze mit heissem Wasser, setzt Salzsäure zu und lässt die stark verdünnte Flüssigkeit sich klären.

Das Ungelöste wird von der Lösung getrennt, mit Wasser gut ausgewaschen und mit Ammoniak ausgezogen.

Die mittelst Salzsäure und Kaliumchlorats erhaltene Auflösung des Untersuchungsobjectes überlässt man zunächst im stark verdünnten Zustande einige Zeit der Ruhe, damit sich der etwa in Lösung gebliebene Theil des Chlorsilbers abscheide.

Alsdann sammelt man das Ungelöste auf einem Filter, wäscht es mit Wasser aus, trocknet es und verascht es sammt dem Filter oder verpufft es mit Salpeter.

Der hierbei verbleibende Aschen- oder Verpuffungsrückstand wird, wie oben angegeben, behandelt, so dass schliesslich auch hier eine, das etwa vorhandene Silber enthaltende, ammoniakalische Lösung resultirt.

B. Nachweis des Silbers.

In der auf die eine oder andere Art erhaltenen ammoniakalischen Lösung erkennt man das Silber durch folgende Reactionen:

Salpetersäure: erzeugt, im Ueberschuss zugesetzt, den bekannten weissen, lichtempfindlichen Niederschlag von Chlorsilber, welcher sich in Cyankalium und unterschwefligsaurem Natrium leicht auflöst.

Aldehyd: scheidet aus der verdünnten ammoniakalischen Flüssigkeit allmählich, schneller beim Erwärmen, metallisches Silber in Gestalt eines glänzenden Silberspiegels[1] ab.

Cyankalium-Schmelze: schmilzt man Chlorsilber mit Cyankalium (oder für sich im Wasserstoffstrome), so resultirt metallisches Silber.

---

[1] Als *corpus delicti* kann ausser dem Silberspiegel auch das bei der Cyankalium-Schmelze resultirende metallische Silber, sowie Chlorsilber dienen.

C. Nachweis von Silberverbindungen.

In Gemengen mit animalischen und vegetabilischen Stoffen wird sich das Silber meist als Chlorsilber oder als Silberalbuminat befinden.

Näheren Aufschluss über die gerade vorliegende Silberverbindung erhält man nur, wenn es gelingt, in dem wässerigen Auszuge des Objectes Salpetersäure, Cyanverbindungen oder andere vermuthlich mit Silber verbunden gewesene Bestandtheile nachzuweisen.

D. Verschiedene Untersuchungen auf Silber[1]).

a. Prüfung von Haarfärbemitteln auf Silber und andere metallische Bestandtheile.

Die gebräuchlichsten metallischen Bestandtheile derartiger, theils flüssiger, theils pulverförmiger Präparate sind Silber, Blei und Kupfer bezw. Silbernitrat, Bleiacetat und Kupfersulfat.

Flüssige Präparate. Die von einem etwa vorhandenen Bodensatze abfiltrirte Flüssigkeit wird eingedampft, der Rückstand geglüht, mit Königswasser digerirt, zur Trockne verdunstet und mit Ammoniak ausgezogen.

Bei Gegenwart von Kupfer ist diese Lösung blau gefärbt. Giebt sie beim Ansäuern mit Salpetersäure einen weissen Niederschlag, so ist Silber vorhanden.

Was sich in Ammoniak nicht gelöst hat, prüft man durch Schmelzen mit Cyankalium und Auflösen der dabei resultirenden Metallkörner in Salpetersäure auf Blei. Der oben erhaltene Filtrationsrückstand wird getrocknet und im Porcellantiegel erhitzt.

Verschwindet er dabei vollständig unter den bekannten Erscheinungen des brennenden Schwefels, so ist seine Beschaffenheit hierdurch aufgeklärt.

Verbleibt ein unverbrennlicher Rückstand, so ist derselbe weiter auf Metalle zu prüfen.

Pulverige Präparate. Dieselben werden geglüht, dann in Salpetersäure gelöst und im Uebrigen wie flüssige Präparate behandelt.

Die Anwendung von Silber-, Blei- und Kupfersalzen zum Schwärzen grauen Haares beruht auf der Bildung der entsprechenden Schwefelverbindungen. Der hierzu erforderliche Schwefel ist ein normaler Bestandtheil des Haares; häufig aber besteht das Haarfärbemittel aus zwei getrennt von einander anzuwendenden Flüssigkeiten: einer Metallsalzlösung und einer Alkalisulfidlösung (Schwefelleber).

---

[1]) Ueber Untersuchung von Silberwaaren und Münzen ist im Anhange zur ersten Abtheilung Einiges mitgetheilt.

b. Nachweis des Silbers in Haaren, Geweben, Papier u. dergl.

Wird der Nachweis verlangt, ob Haare, Gewebe, Papier u. s. w. mit Silberverbindungen gefärbt oder beschrieben [1]) oder befleckt sind, so verbrennt man den betreffenden Gegenstand im Porcellantiegel, dampft den Rückstand mit Königswasser ein und zieht ihn schliesslich mit Ammoniak aus.

Beim Ansäuern dieser Lösung giebt sich das Silber durch eine weisse Fällung zu erkennen.

c. Erkennung von Silberflecken.

Sollen schwarze Flecke auf Wäsche, Papier u. s. w. bei möglichster Schonung des betreffenden Gegenstandes mit Silberflecken identificirt werden, so bedient man sich hierzu der folgenden Proben:

1. Betupft man den Fleck mit Salzsäure, so bleibt er unverändert.
2. Durch warme Chromsäurelösung[2]) werden Silberflecke roth gefärbt und lösen sich dann in Ammoniak auf.
3. Nach dem Befeuchten mit Jodtinctur löst sich der Silberfleck in unterschwefligsaurem Natrium auf.
4. Mit Cyankaliumlösung befeuchtet, verblassen oder verschwinden die Silberflecke.
5. Durch Reiben mit Fett oder Oel findet bei Silberflecken, zum Unterschiede von Buchdruckerschwärze, kein Erweichen oder Verwischen statt.

d. Nachweis des Silbers im Harn.

Der noch flüssige Verdampfungsrückstand des zu prüfenden Harns wird mit Soda und Salpeter gemischt, scharf getrocknet und geschmolzen.

Den in Wasser unlöslichen Theil der Schmelze löst man, nachdem er chlorfrei ausgewaschen ist, in Salpetersäure und prüft die Lösung mit Salzsäure.

E. Quantitative Bestimmung des Silbers.

Dieselbe geschieht in bekannter Weise durch Wägung des abgeschiedenen Chlorsilbers — dasselbe enthält 75,28 Proc. Silber — oder in salpetersaurer Lösung — z. B. von Legirungen — durch Titration mit Rhodanammonium nach Vollhard[3]).

---

[1]) Unauslöschliche Tinte.

[2]) 1 Thl. Chromsäure und 10 Thle. Wasser oder 1 Thl. Kaliumdichromat, 10 Thle. Wasser und 2 Thle. concentrirte Schwefelsäure.

[3]) Liebig's Annalen 190, 1 (1878).

Uran.

Uranvergiftungen sind seither nicht beobachtet worden, obwohl dieses Metall alle anderen, selbst das Arsen an Giftigkeit übertrifft[1]). Es ist das einzige Metall, welches Zuckerkrankheit verursacht. Das charakteristischste Symptom der Uranvergiftung ist die als „Scharlachniere" bezeichnete Nierenveränderung, welche zu Urämie — Harnvergiftung — und dadurch zum Tode führt.

Praktisch besitzen die Uranverbindungen, abgesehen von analytisch-chemischer Anwendung, wenig oder gar keine Bedeutung; in sanitärer Beziehung sind sie als Farben zu erwähnen, welche im Sinne des Gesetzes vom 5. Juli 1887 als gesundheitsschädlich angesehen werden.

Die wichtigste dieser Farben ist das Urangelb, eigentlich Natriumuranat, meist aber kohlensaures Uranoxyd-Natrium bezw. -Ammonium. Uranverbindungen werden durch Schwefelwasserstoff nicht, durch Schwefelammonium dunkelbraun gefällt.

Dieser Niederschlag ist in Ammoniumcarbonat löslich und geht beim Digeriren mit Kaliumsulfhydrat in Uranroth — schwefelhaltiges Uranoxyd-Kalium — über[2]).

Uranoxydsalze werden durch Lösungen ätzender oder kohlensaurer Alkalien gelb gefällt.

Die Phosphorsalz- und Boraxperle wird von Uranverbindungen in der reducirenden Flamme grün gefärbt; in der oxydirenden Flamme ist die Perle gelb, nach dem Erkalten gelbgrün.

Wismuth.

Schwere Vergiftungen mit Wismuthpräparaten sind nicht bekannt, doch steht es andererseits fest, dass der therapeutische und kosmetische Gebrauch von Wismuthverbindungen den Organismus unter Umständen zu schädigen vermag.

Aber selbst davon abgesehen, so ist doch das Wismuth schon als Medicament bei Magenleiden für die toxikologische Analyse von Interesse.

Besondere Beachtung verdient der nicht seltene Blei- und Arsengehalt[3]) technischer Wismuthpräparate.

A. Ausmittelung des Wismuths.

Die mittelst Kaliumchlorat und Salzsäure erhaltene Auflösung des Untersuchungsobjectes wird, nachdem sie heiss filtrirt ist, probeweise mit Wasser stark verdünnt, wobei sich das Vorhandensein reichlicherer Mengen von Wismuth durch einen weissen Niederschlag oder eine Trübung bemerkbar macht.

[1]) R. Kobert, Vortrag im Naturwiss. Verein f. Sachsen und Thüringen in Halle am 11. Juli 1889.
[2]) Zimmermann, Liebig's Annalen 204, 204 (1880).
[3]) Auch Selen und Tellur kommen in Wismuthpräparaten vor.

In die Hauptmenge der noch warmen Lösung leitet man Schwefelwasserstoff ein, verdünnt sie dann mit Wasser und sättigt sie während
des Erkaltens mit dem genannten Gase.

Nach einiger Zeit der Ruhe filtrirt man den Niederschlag ab, wäscht
ihn aus und löst ihn in Salzsäure unter Zuhülfenahme von Kaliumchlorat auf.

Die filtrirte klare Lösung wird auf dem Wasserbade bei gelinder
Wärme stark concentrirt.

B. Nachweis des Wismuths.

In der sauren, concentrirten Flüssigkeit erzeugt:

Wasser, besonders salmiakhaltiges, einen weissen Niederschlag von
basischem Chlorwismuth[1]).

Der durch Wasser erzeugte Wismuthniederschlag unterscheidet sich von
entsprechenden Antimonfällungen durch seine Unlöslichkeit in Weinsäure,
Kalilauge und Schwefelammonium.

Vom Blei unterscheidet sich das Wismuth durch seine Nichtfällbarkeit
mittelst Schwefelsäure, die Unlöslichkeit seines Chromates in Natronlauge
und dessen Löslichkeit in Salpetersäure.

Weitere Unterschiede bieten die Löthrohrproben.

Die Aehnlichkeit, welche Wismuth, Blei und Antimon in gewissen Reactionen zeigen, sind bei gerichtlich- und polizeilich-chemischen Untersuchungen
um so mehr zu beachten, als Präparate der drei genannten Elemente zu gleichen oder ähnlichen, z. B. kosmetischen Zwecken verwendet werden.

Léger'sche Reaction[2]). Versetzt man die zu prüfende Flüssigkeit mit
einem Ueberschuss von Cinchoninreagens, so entsteht bei Gegenwart von
Wismuth, selbst noch bei einer Verdünnung von 1 : 500 000, ein orangefarbener Niederschlag, der in Alkohol löslich ist.

Das Cinchoninreagens wird erhalten, indem man 1 g Cinchonin in
Nitrat überführt und dieses nebst 2 g Jodkalium in 100 ccm Wasser auflöst.

Diese Reaction setzt voraus, dass die zu untersuchende Lösung frei von
Schwefelsäure, Salzsäure und den in Schwefelammonium unlöslichen
Metallen der Schwefelwasserstoffgruppe ist und dass sie ferner keinen grossen
Ueberschuss von Salpetersäure enthält.

Prüfung von Salben und Schminken auf Wismuth
und sonstige metallische Bestandtheile.

Salben für medicinische oder kosmetische Zwecke und ähnliche
Präparate können Blei, Quecksilber, Wismuth oder Zink enthalten.

Zur Trennung des metallischen Bestandtheiles von der meist aus
Fett bestehenden Grundmasse der Salbe erwärmt man einige Gramme
des betreffenden Präparates in einer Schale mit Wasser oder mit ver-

---

[1]) Eine Probe basischen Chlorwismuths oder ein mit Hülfe des Löthrohres
dargestelltes Metallkorn dient als *corpus delicti*.
[2]) Zeitschrift f. analyt. Chemie **28**, 347 (1889).

dünnter Salpetersäure 5 bis 10 Minuten lang unter lebhaftem Umrühren, lässt erkalten und hebt die erstarrte Fettschicht ab.

Der in der Salbe enthalten gewesene metallische Bestandtheil befindet sich alsdann entweder als charakteristischer Bodensatz — Quecksilber, Bleiweiss, Zinkweiss u. dergl. — in der wässerigen Flüssigkeit
oder er ist, wenn diese sauer war, darin gelöst.

Die weitere Prüfung der Lösung oder des Bodensatzes auf Blei,
Quecksilber, Wismuth, Zink, überhaupt auf Metalle, geschieht in der
üblichen Weise.

Schminken, Puder und ähnliche kosmetische Mittel in Pulver-
form können ausser Stärke, Talk, Speckstein auch Bleiweiss, basische
Wismuthsalze, Zinkoxyd oder Zinnoxyd enthalten. Der gefährlichste dieser Bestandtheile ist das Bleiweiss.

Zur Prüfung derartiger Toilettenmittel erhitzt man eine Probe
davon im Porcellantiegel, digerirt den etwa verbleibenden Aschenrück-
stand mit Salpetersäure und prüft die Lösung mit Schwefelwasserstoff.

Den in Salpetersäure nicht löslichen Theil der Asche erwärmt man
mit gelbem Schwefelammonium und prüft das Filtrat auf Zinn.

Flüssige Schminken werden entweder eingedampft und verascht
oder nach Trennung eines gesondert zu untersuchenden Bodensatzes
direct mit Schwefelwasserstoff geprüft.

Als rother Farbstoff findet zur Bereitung von Schminken meist
Carmin oder Carthamin Verwendung.

Zinnober ist als Farbe für Kosmetika zulässig. Vergl. das Gesetz
vom 5. Juli 1887.

Zink.

Das Zink findet bekanntlich als solches, wie in Form von Legirungen
(Messing, Neusilber) und verschiedenen Verbindungen (Chlor- und Jodzink,
Zinkvitriol, Zinkoxyd, basischem Zinkcarbonat) ausgedehnte Verwendung zu
technischen, gewerblichen und auch zu medicinalen Zwecken, wodurch mannigfache Gelegenheit zu absichtlichen und zufälligen Vergiftungen gegeben ist, die
vorzugsweise acute sind und nicht selten einen tödtlichen Ausgang nehmen.

Grössere Dosen löslicher Zinksalze bewirken Erbrechen und Durchfall; der
Urin, sowie verschiedene Organe (Leber, Milz) sind nach Zinkvergiftung zinkhaltig.

Chlorzink und Chlorcadmium besitzen corrodirende Eigenschaften.

In sanitärer Hinsicht spielt das Zink als Material für Gefässe zum Abmessen und Aufbewahren von Nahrungsmitteln und Getränken, sowie als Bestandtheil von Kautschukwaaren und Farben eine bemerkenswerthe Rolle.

Vergl. die Gesetze, betreffend den Verkehr mit blei- und zinkhaltigen
Gegenständen und die Verwendung gesundheitsschädlicher Farben u. s. w. vom
25. Juni bezw. 5. Juli 1887.

B. Ausmittelung des Zinks.

Bei Untersuchungen auf Zink kann man das Object entweder durch Verpuffen mit Soda[1]) und Salpeter oder mittelst Kaliumchlorat und Salzsäure desorganisiren, wogegen beim Veraschen Verlust an diesem, unter reducirenden Einflüssen flüchtigen, Metalle zu befürchten ist.

Wird der Verpuffungsrückstand in der üblichen Weise mit verdünnter Schwefelsäure behandelt, so geht alles Zink in Lösung; dasselbe ist bei der Desorganisirung durch Salzsäure und Kaliumchlorat der Fall.

Die auf die eine oder andere Weise erhaltene Lösung wird zunächst bei nicht zu stark saurem Charakter mit Schwefelwasserstoff behandelt und von einem etwa entstehenden Niederschlage, der hier[2]) nicht weiter in Betracht kommt, durch Filtration getrennt.

Das Filtrat versetzt man nun, ohne den Schwefelwasserstoff vorher entfernt zu haben, mit so viel Natriumacetat, dass sämmtliche freie Mineralsäure an Natrium gebunden und die Lösung essigsauer wird. Man behandelt sie dann nochmals mit Schwefelwasserstoff.

Man kann indessen auch so verfahren, dass man die Flüssigkeit, anstatt sie mit Natriumacetat zu versetzen, mit Ammoniak alkalisch macht, Schwefelammonium hinzufügt und mit Essigsäure ansäuert; beim Erwärmen der gut umgeschüttelten Flüssigkeit löst sich das mitgefällte Schwefeleisen theilweise wieder auf.

Den auf die eine oder andere Weise erzeugten Niederschlag, welcher das vorhandene Zink als weisses Schwefelzink meist in Mischung mit Schwefeleisen und organischer Substanz enthält, sammelt man, nachdem sich die Flüssigkeit geklärt hat, auf einem Filter, wäscht ihn unter thunlichst beschränktem Luftzutritt mit Schwefelwasserstoffwasser aus und röstet ihn schliesslich im Porcellantiegel.

Der Rückstand wird mit verdünnter Schwefelsäure in der Wärme ausgezogen; resultirt hierbei keine farblose, sondern eine gelbe (eisenhaltige) Lösung, so neutralisirt man sie mit Natriumcarbonat, kocht sie dann mit Natriumacetat und filtrirt das ausgeschiedene Eisen ab.

B. Nachweis des Zinks.

In der so erhaltenen Lösung erkennt man das Zink durch folgende Reactionen:

Schwefelwasserstoff: erzeugt erst in der mit Natriumacetat versetzten Flüssigkeit einen weissen Niederschlag[3]), der sich

---

[1]) Der Zusatz von Soda hat den Zweck, einer Verflüchtigung von Chlorzink vorzubeugen.
[2]) d. h. wenn die Untersuchung ausschliesslich auf Zink gerichtet ist.
[3]) Eine Probe dieses Schwefelzinks wird als *corpus delicti* vorgelegt.

in Mineralsäuren leicht auflöst, in Schwefelammonium und Kalilauge aber unlöslich ist.

Ferrocyankalium: giebt einen weissen Niederschlag, der sich in kochender Kalilauge löst.

Natriumcarbonat: weisse Fällung; befeuchtet man dieselbe nach dem Glühen mit Kobaltnitrat und glüht sie dann wieder, so färbt sich die Masse grün (Rinmann's Grün).

C. Nachweis von Zinkverbindungen.

Von den bereits erwähnten, bei toxikologischen Untersuchungen in Frage kommenden Zinkverbindungen sind Zinkoxyd (Zinkweiss) und Zinkcarbonat in Wasser unlöslich und zuweilen auf mechanischem Wege zu isoliren; Zinkvitriol, Chlor- und Jodzink, sowie Zinkacetat lösen sich leicht in Wasser, die drei letzteren auch in Alkohol.

Für Jodzink und Zinkchromat ist besonders der Nachweis des mit dem Zink verbundenen Bestandtheiles von Wichtigkeit. Das Zink hat grosse Verwandtschaft mit Albuminaten.

D. Sanitätspolizeiliche und medicinisch-chemische Untersuchungen auf Zink.

Wie schon erwähnt, ist das Zink bei seiner vielfachen Verwendung zu Gefässen und vielen anderen Gebrauchsgegenständen von einem hervorragenderen sanitätspolizeilichen Interesse und stellt sich in dieser Beziehung dem Blei an die Seite, mit welchem zusammen es Gegenstand eines besonderen Reichsgesetzes (vom 25. Juni 1887) ist, während die Verwendung gewisser Zinkverbindungen als Farben den Bestimmungen des Gesetzes vom 5. Juli 1887 unterliegt[1]).

a. Nachweis des Zinks in Nahrungs- und Genussmitteln.

Bei Prüfung von Nahrungs- oder Genussmitteln auf Zink wird man sich vielfach des bereits oben beschriebenen allgemeinen Ausmittelungsverfahrens bedienen können.

Mehl, Brot, Backwaaren werden im ausgetrockneten Zustande mit Salpeter und Soda verpufft; Milch und sonstige flüssige Objecte dampft man ein, vermischt den noch flüssigen Rückstand mit Soda und Salpeter und erhitzt die gut ausgetrocknete Masse zum Schmelzen.

---

[1]) Vergl. auch E. Sell, Ueber blei- und zinkhaltige Gegenstände; Arbeiten aus dem Kaiserl. Gesundheitsamte, II, 232.

Die Schmelze wird mit verdünnter Schwefelsäure behandelt und die klar filtrirte Lösung in bekannter Weise auf Zink untersucht.

Liegt Zuckerwerk u. dergl. zur Prüfung vor, so lässt sich häufig schon durch Behandlung mit Wasser die etwa vorhandene Zinkverbindung isoliren.

Nahrungs- oder Genussmittel können aus metallenen Gefässen und Geräthschaften Zink aufnehmen; ein verwerfliches Mittel zur Aufbesserung schlechten Mehles besteht in der Behandlung desselben mit Zinkvitriol (oder Kupfervitriol, S. 114). Zur Färbung von Zuckerwerk und Schmuck für Conditoreiwaaren haben vereinzelt Zinkverbindungen (s. Zinkfarben) Anwendung gefunden.

b. Nachweis des Zinks im Wasser.

Soll Wasser, welches mit Zinkgefässen in Berührung war, oder von Zinkdächern gesammeltes Regenwasser auf Zink geprüft werden, so dampft man 10 bis 20 l davon auf ein kleines Volum ein, säuert es mit Salzsäure an und sättigt mit Schwefelwasserstoff.

In der dann von einem etwa entstandenen Niederschlage (Blei, Kupfer) abfiltrirten Flüssigkeit erzeugt, wenn sie genügend Schwefelwasserstoff enthält, Natriumacetat bei Anwesenheit von Zink einen weissen Niederschlag.

c. Prüfung von Kautschuk- und Gummiwaaren auf Zink.

Bei derartigen Untersuchungen verfährt man so, wie es bei der Prüfung von Kautschuk- und Gummiwaaren auf Blei angegeben worden ist (S. 103).

Der das etwa vorhandene Zink enthaltende, in verdünnter Schwefelsäure lösliche Theil der Schmelze wird mit Schwefelwasserstoff behandelt, einige Zeit ruhig stehen gelassen, dann direct oder wenn nöthig im filtrirten Zustande mit einer genügenden Menge von Natriumacetat versetzt und erforderlichen Falles nochmals mit Schwefelwasserstoff behandelt.

Nach dem Gesetze vom 25. Juni 1887 darf zinkhaltiger Kautschuk für gewisse Gebrauchsgegenstände nicht verwendet werden. Vergl. das Gesetz selbst.

d. Nachweis des Zinks im Harn.

Der auf Zink zu untersuchende Harn wird mit Soda und Salpeter zur Trockne eingedampft, der Rückstand geschmolzen und die Schmelze, welche beim Vorhandensein einer ausreichenden Menge von Salpeter weiss ist, nach dem Erkalten mit verdünnter Schwefelsäure behandelt.

Die mit Schwefelwasserstoff gesättigte und nöthigenfalls nochmals filtrirte Flüssigkeit versetzt man mit einer reichlichen Menge von Natriumacetat, wobei sich etwa vorhandenes Zink als weisses oder grauweisses Schwefelzink abscheidet.

e. Erkennung von Zinkfarben.

Die Zinkfarben werden leicht beim Schmelzen mit Soda auf Kohle vor dem Löthrohre erkannt.

Durch Schwefelwasserstoff werden sie nicht geschwärzt, auch nicht durch Schwefelammonium, wenn sie frei von anderen Metallen, z. B. von Eisen, sind.

Unter derselben Voraussetzung geben die Lösungen von Zinkfarben mit Schwefelwasserstoff einen weissen Niederschlag, aber nur bei neutraler, essigsaurer oder alkalischer Reaction der Flüssigkeit.

Die wichtigsten Zinkfarben sind: Zinkweiss (Zinkoxyd), Zinkcarbonat Zinkgelb (Zinkchromat), Zinkgrün (Zinkgelb und Berlinerblau), Rinmann's Grün (Zinkoxyd-Kobaltoxydul). Lithophan, Lithopone, Zinkolith und Griffith'-sches Zinkweiss sind Gemische von Schwefelzink und Bariumsulfat. Satinweiss besteht aus Zinkoxyd, Kalk und wenig Indigo.

Die als Victoriagrün, Zinkgrün u. s. w. bezeichneten grünen Farben, welche aus Zinkchromat, Chromoxyd und Bariumsulfat in wechselnden Mengenverhältnissen bestehen, können für gewisse Verwendungszwecke — Rouleaux, Tapeten, Blumen, Buntpapier, soweit dieses nicht zur Verpackung von Nahrungsmitteln benutzt wird — zugelassen werden, wenn sie nicht mehr als 12 Proc. Zinkchromat enthalten. Vergl. das Capitel: Gebrauchsgegenstände in den Vereinbarungen der freien Vereinigung bayer. Vertreter der angewandten Chemie; herausgegeben von Hilger, Berlin 1885, S. 232.

E. Quantitative Bestimmung des Zinks.

In der zum Nachweise des Zinks vorbereiteten Auflösung des aus essigsaurer Lösung gefällten unreinen Schwefelzinks oder in einem aliquoten Theile dieser Auflösung wird das Zink durch Schwefelwasserstoff — wieder aus essigsaurer Lösung — gefällt, gewaschen, getrocknet und mit Schwefelpulver gemischt im Wasserstoffstrome bis zur Gewichtsconstanz geglüht.

Oder man fällt das Zink aus heisser, von Ammoniaksalzen freier Flüssigkeit durch Natriumcarbonat und führt den Niederschlag durch Glühen in Zinkoxyd über.

Schwefelzink enthält 67,03 Proc., Zinkoxyd 80,26 Proc. Zink.

Zinn.

Acute Zinnvergiftungen mit technischen Zinnpräparaten, z. B. mit dem in der Färberei vielfach benutzten Zinnsalz — Zinnchlorür —, Pinksalz — Zinnchlorid-Chlorammonium —, zinnsauren Natrium und Zinnoxydul-Natrium, gehören zu den Seltenheiten.

Dagegen giebt die Benutzung von Zinn und Zinnlegirungen zu allerlei Gebrauchsgegenständen, sowie als Packmaterial für Nahrungs- und Genussmittel etc. zu begründeten sanitären Bedenken Veranlassung, selbst wenn man davon absieht, dass das Zinn häufig mehr oder weniger beträchtliche Mengen von Blei enthält.

Andauernder Genuss kleiner Mengen von Zinn — z. B. aus Büchsen-conserven stammend — kann schliesslich zu chronischer Zinnvergiftung führen [1]).
Dass Emaillen von Kochgeschirren sehr häufig Zinnoxyd enthalten und dasselbe schon an 0,1 proc. Salzsäure abgeben, wurde bereits bei den Blei-glasuren erwähnt.
Aus diesen und ähnlichen Gründen kann man bei toxikologischen Ana-lysen, selbst in menschlichen Organen, leicht auf kleine Mengen von Zinn stossen, ohne dass eine Zinnvergiftung vorliegt.
Bei dieser findet Erbrechen mit Kolikanfällen statt und die Schleimhaut des Magens und Darmes zeigt starke Aetzung.

A. Ausmittelung des Zinns.

Das Untersuchungsobject kann je nach Grösse und sonstiger Be-schaffenheit durch Salzsäure und Kaliumchlorat oder durch Salpetersäure bezw. durch Verpuffen mit Salpeter desorganisirt werden. Im ersteren Falle geht das Zinn als leicht flüchtiges Tetrachlorid in Lösung, im letz-teren Falle bleibt es als Oxyd ungelöst oder es ist in lösliches zinnsaures Salz verwandelt.
Aus der genügend verdünnten, nicht zu viel freie Säure enthalten-den Lösung scheidet man das Zinn mit Schwefelwasserstoff ab, sammelt den Niederschlag auf einem Filter und röstet ihn, nachdem er mit einer stark verdünnten Ammoniumnitratlösung ausgewaschen und getrocknet ist, in einem Porcellantiegel.
Das auf die eine oder andere Art erhaltene Zinnoxyd schmilzt man dann mit überschüssigem Cyankalium und behandelt die erkaltete Schmelze mit Wasser, wobei das Zinn in Gestalt weicher Metallkügel-chen [2]) zurückbleibt, die sich in verdünnter, warmer Salzsäure leicht auf-lösen.

B. Nachweis des Zinns.

Diese Lösung charakterisirt sich als Zinnchlorürlösung durch folgen-des Verhalten:

Quecksilberchlorid: Giebt man die zu prüfende Flüssigkeit in einzelnen Tropfen zu einer kleinen Menge verdünnter Queck-silberchloridlösung, so entsteht eine weisse Fällung (Hg^2Cl^2), die beim weiteren Zusatz der Zinnlösung allmählich grau (Hg) wird.

Goldchlorid: Eine andere Probe der Flüssigkeit, unter gleichen Bedingungen zu einer neutralen, sehr verdünnten Goldchlorid-lösung hinzugefügt, liefert einen dunklen, rothbraunen Nieder-schlag oder eine rothe Färbung (Cassius' Goldpurpur).

---

[1]) Vergl. z. B. Unger und Bodländer, Zeitschrift f. Hygiene Bd. II (1887).
[2]) Einige davon werden als *corpus delicti* vorgelegt.

Schwefelwasserstoff: erzeugt einen braunen Niederschlag (Sn S); erhitzt man die zu prüfende Lösung vorher mit einigen Tropfen Salpetersäure, so entsteht auf Zusatz von Schwefelwasserstoff ein **gelber**, in Ammoniak und Ammoniumcarbonat unlöslicher, in gelbem Schwefelammonium löslicher Niederschlag (Sn S²).

C. Sanitätspolizeiliche und medicinisch-chemische Untersuchungen auf Zinn.

Auf die sanitätspolizeiliche Bedeutung des Zinns wurde bereits oben aufmerksam gemacht.

a. Nachweis des Zinns in Nahrungs- und Genussmitteln.

Derartige, in amtlichem Auftrage vorzunehmende Untersuchungen sind nach dem, in der „Anleitung für die Untersuchung von Farben, Gespinnsten und Geweben auf Arsen und Zinn" vom Reichsamte des Innern vorgeschriebenen und im Anhange zur ersten Abtheilung abgedruckten

„Verfahren zur Feststellung des Vorhandenseins von Arsen und Zinn in gefärbten Nahrungs- oder Genussmitteln"

auszuführen.

Einfacher ist die folgende, zunächst zur Prüfung empfohlene [1]

Methode von Mayrhofer.

Die zu untersuchenden Gegenstände, Zucker, Conditoreiwaaren etc., werden, wie zur Prüfung auf Arsen (Seite 91) angegeben, durch Kochen mit Salpetersäure oxydirt.

Die Lösung giesst man in eine Porcellanschale, spült den Kolben mit etwas (10 ccm) Salzsäure aus und verdampft zur Trockne.

Der Rückstand wird mit Wasser und Salzsäure aufgenommen, die etwa 100 ccm betragende, auf 60 bis 70⁰ C. warm gehaltene Flüssigkeit eine halbe Stunde mit Schwefelwasserstoff behandelt, der entstandene Niederschlag nach dem Erkalten auf einem Filter gesammelt, letzteres in der Platinspirale verbrannt und die Asche durch Glühen im Porcellanschiffchen im Wasserstoffstrome reducirt.

In der salzsauren Lösung der Asche wird das Zinn in bekannter Weise nachgewiesen oder quantitativ bestimmt.

---

[1] Bericht über die Siebente Versammlung der freien Vereinigung bayer. Vertreter d. angew. Chemie 1888, S. 151.

b. Erkennung von Zinnfarben.

Die Zinnverbindungen sind als Farbstoffe direct nur von ganz untergeordneter Bedeutung, indirect dagegen als Farbenträger für Farblacke sind sie unentbehrlich.

Die wichtigste Zinnfarbe ist die als Musivgold (Musivgelb oder Malergold) bezeichnete, goldgelbe Schuppen bildende Modification des Zinnsulfides (SnS^2), welche indessen wegen ihrer Schwerlöslichkeit in Säuren kaum als giftig zu bezeichnen ist.

In Farben u. dergl. erkennt man das Zinn leicht daran, dass dieselben bei der Digestion mit gelbem Schwefelammonium eine Lösung geben, welche beim Ansäuern mit Salzsäure einen gelben, in Ammoniumcarbonat unlöslichen Niederschlag liefert.

Beim Schmelzen mit Cyankalium geben Zinnverbindungen oder deren Glührückstände weisse Metallkörner, deren salzsaure Auflösung das oben (S. 136) beschriebene Verhalten gegen Reagentien zeigt.

c. Nachweis des Zinns im Harn.

Der mit Salzsäure und Kaliumchlorat bis zum Verschwinden des Chlorgeruches erwärmte oder auch nur mit Salzsäure angesäuerte Harn wird mit Schwefelwasserstoff behandelt und der Niederschlag in bekannter Weise (S. 136) auf Zinn weiter untersucht.

D. Quantitative Bestimmung des Zinns.

Der zuerst erhaltene unreine Schwefelwasserstoffniederschlag wird in einem mit Trichter bedeckten Kolben mit Salzsäure und der nöthigen Menge Kaliumchlorat erwärmt, bis das Filter der Hauptsache nach zerstört ist.

Aus der filtrirten Lösung oder einem aliquoten Theile derselben scheidet man das Zinn durch Schwefelwasserstoff ab, sammelt den Niederschlag auf einem Filter, wäscht ihn mit essigsaurem Ammoniak aus und röstet ihn schliesslich im Porcellantiegel.

Das zur Wägung gelangende Zinnoxyd (SnO^2) enthält 78,38 Proc. Zinn.

Dritter Abschnitt.

Gifte aus den Gruppen der alkalischen Erden und der Alkalien.

Von den Metallen der alkalischen Erden und der Alkalien besitzen nur Barium, Kalium und das praktisch kaum in Betracht kommende Lithium[1]) specifische, diesen Elementen als solchen eigenthümliche Giftwirkungen. In Gestalt ihrer Hydrate aber beanspruchen neben Barium und Kalium auch Calcium und Natrium, sowie das Ammoniak nicht nur ein toxikologisches Interesse als sogenannte ätzende oder zerstörende Gifte, sondern sie sind auch häufig als Veranlassung von Sachbeschädigungen Gegenstand gerichtlich-chemischer Untersuchungen.

Von den neutralen Alkalisalzen mit giftigen Säuren sollen in diesem Capitel nur die Chlorate bezw. das Kaliumchlorat besonders berücksichtigt werden, während z. B. der Nachweis von Cyankalium, Kaliumchromat, Kleesalz u. dergl. den Abschnitten angehört, welche von der Ausmittelung der Blausäure, Chromsäure und Oxalsäure handeln.

Barium.

Die Bariumverbindungen sind sämmtlich energische Gifte, ausgenommen das in Flüssigkeiten verschiedensten Charakters unlösliche Bariumsulfat (Schwerspath). Sie wirken brechenerregend und beeinflussen die Herzthätigkeit; grosse Dosen führen schnell den Tod durch Herzlähmung herbei.

Bariumpräparate, namentlich Bariumcarbonat, finden als Rattengift Anwendung und haben in Folge von Verwechselung oder absichtlich häufiger zu Vergiftungen Anlass gegeben. Als Gegenmittel finden bei vermutheter Bariumvergiftung lösliche Sulfate (Bittersalz, Glaubersalz) Verwendung.

A. Ausmittelung des Bariums.

Unlösliche Bariumverbindungen, möglicherweise durch Umsetzung löslicher Bariumsalze mit Bestandtheilen der Untersuchungsobjecte entstanden, finden sich in diesen mitunter schon bei der Durchmusterung vor, während bei Vergiftung mit Aetzbaryt dieser sich schon durch seine alkalische Reaction zu erkennen giebt. Vergl. weiter unten den Nachweis von Bariumverbindungen.

Bei Ausmittelung des Bariums genügt es meist, das Object mit Wasser oder verdünnter Salzsäure auszulaugen, die salzsauren Flüssig-

---

[1]) *Lithium carbonicum* ist officinell.

keiten unter Zusatz von Kaliumchlorat einzudampfen und die dadurch concentrirten und desorganisirten Lösungen auf Barium zu untersuchen.

Sollte dasselbe hierbei nicht gefunden werden, so sind die Extractionsrückstände zu zerstören, wobei es lediglich von der Grösse und sonstigen Beschaffenheit des Untersuchungsobjectes abhängt, welcher Desorganisirungsmethode man sich bedienen will.

War das Object verascht worden, so zieht man die Asche mit Salzsäure aus, wobei ein Theil des etwa vorhandenen Bariums ungelöst bleiben kann.

Bei der Verpuffung mit Salpeter und üblicher Behandlung des Rückstandes mit verdünnter Schwefelsäure geht das Barium selbstverständlich seiner ganzen Menge nach in unlösliches Sulfat über.

Auch bei der Desorganisirung mit Salzsäure und Kaliumchlorat kann das in Rede stehende Metall ganz oder theilweise im ungelösten Rückstande verbleiben, weil es entweder schon als Sulfat im Objecte enthalten war oder bei der Desorganisirung zum Theil in diese Verbindungsform überging (vergl. Seite 63).

B. Nachweis des Bariums.

Dem Gesagten zu Folge kann sich das Barium entweder in den Lösungen oder in den unlöslichen Rückständen vorfinden.

Nachweis in der Lösung.

Die in der einen oder anderen Weise erhaltene Lösung wird heiss mit verdünnter Schwefelsäure versetzt.

Entsteht während des Erkaltens und nach längerer Zeit gar kein Niederschlag, so ist Barium nicht vorhanden, andernfalls kann der Niederschlag Bariumsulfat sein oder doch enthalten.

Man sammelt ihn auf einem Filter, wäscht ihn mit warmer, verdünnter Salzsäure, zuletzt mit heissem Wasser aus.

Um den Niederschlag weiter als Bariumsulfat zu charakterisiren, schmilzt man ihn entweder mit kohlensaurem Natronkali ($2 Na^2 CO^3 + 1 K^2 CO^3$) oder erhitzt ihn längere Zeit unter häufigem Umrühren mit einer öfter zu erneuernden concentrirten Lösung von Kalium- oder Natriumcarbonat.

Das ungelöst bleibende weisse Pulver bezw. den in heissem Wasser unlöslichen Theil der Schmelze wäscht man durch Decantiren mit heissem Wasser gut aus, bis letzteres keine Schwefelsäurereaction mehr liefert, und löst den Rückstand in verdünnter Salzsäure auf.

In dieser Lösung erkennt man das Barium durch folgende Reactionen:

Gypswasser und Strontianwasser: giebt einen weissen, in verdünnter Salzsäure unlöslichen Niederschlag [1]).

Kaliumdichromat: liefert in der mit Natriumacetat versetzten (essigsauren) Flüssigkeit einen gelben, in Salzsäure löslichen Niederschlag (Unterschied von Calcium- und Strontiumsalzen, welche durch Kaliumdichromat aus essigsaurer Lösung nicht gefällt werden).

Flammenreaction: die nicht leuchtende Bunsen'sche Flamme (auch brennender Alkohol) wird durch Bariumsalze grün gefärbt.

Nachweis des Bariums in unlöslichen Rückständen.

Die auf Barium zu untersuchenden Lösungsrückstände werden nach dem Trocknen und Einäschern mit kohlensaurem Natronkali (13 Thle. trockene, reine Pottasche und 10 Thle. wasserfreie, reine Soda) geschmolzen.

Die erkaltete Schmelze behandelt man mit heissem Wasser, wäscht das Ungelöste bis zum Verschwinden der Schwefelsäurereaction aus und löst es dann in verdünnter Salzsäure auf.

Diese Lösung wird mittelst der oben angegebenen Reactionen auf Barium geprüft.

C. Nachweis von Bariumverbindungen.

Beim Nachweise von Bariumverbindungen handelt es sich vor allen Dingen um die Feststellung, ob das Barium im Untersuchungsobjecte in Gestalt einer löslichen Verbindung oder als unlösliches (ungiftiges) Bariumsulfat vorliegt.

Zur Prüfung auf Bariumhydrat, dessen Anwesenheit sich schon durch die alkalische Reaction des Objectes bemerkbar machen würde, dient ein alkoholischer Auszug, welcher bei Anwesenheit von Aetzbaryt nach der Entfernung des Extractionsmittels eine alkalisch reagirende, wässerige Flüssigkeit hinterlässt, aus welcher Kohlensäure einen weissen, noch weiter als Bariumcarbonat zu charakterisirenden Niederschlag abscheidet.

Chlorbarium und Bariumnitrat werden dem Untersuchungsobjecte durch Wasser, Bariumcarbonat, Bariumphosphat und Bariumchromat durch verdünnte Salzsäure entzogen.

Ist in keinem dieser Auszüge Barium nachweisbar, so liegt dieses Metall, wenn es bei der Ausmittelung gefunden worden war, als ungiftiges Sulfat vor, wobei freilich dahingestellt bleiben muss, ob dieses schon als solches in das Object gelangte oder ob es durch Umsetzung einer löslichen (giftigen) Barium-

---

[1]) Derselbe ist als *corpus delicti* brauchbar; er unterscheidet sich vom Bleisulfat dadurch, dass er in ammoniakalischer Weinsäurelösung unlöslich ist und durch Schwefelwasserstoff nicht geschwärzt wird.

verbindung mit den normalen Sulfaten des Objectes oder mit Medicamenten (Bittersalz, Glaubersalz) erst nachträglich entstand. Auch Bariumcarbonat kann aus ursprünglich vorhandenem Aetzbaryt entstanden sein.

Eine Beantwortung dieser Fragen wird dadurch ermöglicht, dass nur die löslichen Bariumverbindungen, einschliesslich des Bariumcarbonates, giftige Wirkungen besitzen und ausserdem im Organismus gewisse anatomische Veränderungen hervorrufen.

D. Sanitätspolizeiliche und medicinisch-chemische Untersuchungen auf Barium.

a. Prüfung von Mehl, Zucker u. dergl. auf Bariumverbindungen und sonstige mineralische Fälschungsmittel.

Zur Gewichtsvermehrung von Mehl, Zucker u. dergl. wird neben anderen mineralischen Fälschungsmitteln (Kreide, Magnesit, Gyps u. s. w.) zumeist der (ungiftige) Schwerspath verwendet, doch hat man an dessen Stelle auch schon das (giftige) Bariumcarbonat gefunden.

Bei löslichen Objecten, wie z. B. Zucker, verrathen sich die mineralischen Zusätze schon beim Behandeln mit Wasser, wobei man eine trübe Lösung oder einen unlöslichen Bodensatz erhält.

Zur Orientirung über eine Fälschung von Mehl mittelst mineralischer Zusätze dient die Chloroformprobe [1]).

2 bis 4 g Mehl werden im Reagensglase oder Cylinder mit 30 bis 40 ccm Chloroform geschüttelt, 40 bis 50 Tropfen Wasser zugesetzt und einige Zeit stehen gelassen. Die fein gepulverten mineralischen Beimengungen fallen zu Boden und können in bekannter Weise leicht auf Schwerspath, Bariumcarbonat, Gyps, Kreide, Magnesit, Bleiweiss etc. geprüft werden.

b. Erkennung von Barytfarben.

Das Gesetz vom 5. Juli 1887, betreffend die Verwendung gesundheitsschädlicher Farben etc., zählt unter diese auch die Barytfarben, giebt aber das Bariumsulfat (Blanc fix, Barytweiss) sowie Barytfarblacke [2]), sofern sie frei von Bariumcarbonat sind, für eine Reihe von Verwendungszwecken frei. Vergl. das Gesetz selbst.

Die als Farbstoff am meisten benutzte Bariumverbindung ist das Bariumsulfat, welches sich durch seine Unlöslichkeit in verdünnten Säuren

---

[1]) Vereinbarungen der freien Vereinigung bayerischer Vertreter der angewandten Chemie betreffs der Untersuchung und Beurtheilung von Nahrungs- und Genussmitteln, sowie Gebrauchsgegenständen. Von A. Hilger. Berlin 1885.

[2]) Barytfarblacke werden gewonnen durch Fällen von Chlorbarium bei Gegenwart von Theerfarbstoffen mit verdünnter Schwefelsäure, sind also im Wesentlichen Bariumsulfat in Verbindung mit dem betreffenden Farbstoffe.

auszeichnet und zum Unterschiede von Bleisulfat durch Schwefelwasserstoff nicht geschwärzt wird.

Barytweiss, Blanc fix, Mineralweiss, Permanentweiss sind nur andere Bezeichnungen für das (meist künstlich hergestellte) Bariumsulfat.

Die als Barytgelb bezeichnete Farbe ist meist zinkhaltig und wird durch Fällen einer Lösung von basischem Chlorzink und Chlorbarium durch Kaliumchromat gewonnen.

c. Nachweis des Bariums im Harn.

Der auf Barium zu prüfende Harn wird eingedampft, gegen Ende hin mit Soda und Salpeter vermischt, zur Trockne gebracht und schliesslich im Tiegel verpufft.

Die verpuffte Masse untersucht man auf Barium, so wie es oben in Bezug auf die unlöslichen Rückstände (S. 141) angegeben worden ist.

E. Quantitative Bestimmung des Bariums.

Dieselbe geschieht in bekannter Weise als Bariumsulfat; dieses enthält 58,8 Proc. Barium.

Kaliumchlorat.

Dieses als Medicament und als Hausmittel bei Halsaffectionen überaus häufig angewendete Salz, das Kalium chloricum der Pharmakopöe, besitzt in grösseren — bei fortgesetztem Gebrauche auch schon in kleinen — Dosen stark giftige Wirkungen, indem es unter anderen anatomischen Veränderungen das Blut in eine chokoladenfarbige, schmierige Masse verwandelt.

Nach Vergiftung mit Kaliumchlorat erfolgt zuweilen Erbrechen; im Harn sind reichliche Mengen des unveränderten Salzes — neben Eiweiss — enthalten.

Der specifisch giftige Bestandtheil des Kaliumchlorats ist die Chlorsäure, weshalb das hier Gesagte auch für Natrium- und Magnesiumchlorat gilt.

Nachweis des Kaliumchlorats.

Bei der Ausmittelung des Kaliumchlorats [1]) hat man so zu operiren, dass dieses Salz wo möglich in Substanz abgeschieden oder dass doch wenigstens eine Lösung erhalten wird, mit welcher man einige Reactionen auf Kaliumchlorat bezw. auf Chlorate überhaupt anstellen kann.

Der Nachweis des Kaliums allein genügt nicht, da dieses ein normaler Bestandtheil animalischer und vegetabilischer Substanzen ist.

---

[1]) Aehnliches gilt für die Ausmittelung anderer Alkalisalze, z. B. der Nitrate, Sulfate, Carbonate u. s. w., die man alle auf dem Wege der directen Extraction abzuscheiden sucht.

Um das Kaliumchlorat aus organischen Massen abzuscheiden, zieht man dieselben in zerkleinertem Zustande mit heissem Wasser aus oder bringt sie verdünnt auf einen Dialysator, in welchem man während 24 Stunden das Wasser im äusseren Gefässe ein- oder zweimal erneuert [1]).

Die vereinigten Auszüge oder Dialysate werden auf dem Wasserbade concentrirt, heiss filtrirt und zur Krystallisation aufgestellt.

Sind reichlichere Mengen von Kaliumchlorat vorhanden, so scheidet sich dasselbe theilweise, entweder freiwillig oder auf Zusatz von absolutem Alkohol, aus und kann dann durch Pressen zwischen Fliesspapier oder auch wohl durch Umkrystallisiren gereinigt und identificirt werden [2]).

Gelingt die Abscheidung des Salzes in fester Form nicht, so prüft man die zuletzt erhaltene Flüssigkeit auf Chlorsäure, wie folgt:

1. Eine Probe der zu untersuchenden Flüssigkeit wird mit Salzsäure erwärmt; bei Anwesenheit von Chlorsäure entwickelt sich Chlor, welches in bekannter Weise (s. u. Chlor) nachgewiesen wird.

2. Erhitzt man die (keine Salpetersäure oder Nitrate enthaltende) Flüssigkeit mit Salzsäure und ein wenig Brucin langsam zum Kochen, so tritt, falls Chlorsäure vorhanden ist, eine Gelbfärbung ein, die bald in Rothgelb und Roth übergeht. Ammoniak verwandelt das Roth wieder in Gelb.

3. Versetzt man die auf Kaliumchlorat oder auf Chlorate zu prüfende Flüssigkeit mit etwas verdünnter Schwefelsäure und Indigolösung, so tritt keine Veränderung ein; fügt man dann aber tropfenweise Natriumsulfitlösung zu, so verschwindet die Blaufärbung (in Folge Reduction der den Indigofarbstoff nicht alterirenden Chlorsäure zu niederen Oxyden des Chlors, welche den Indigo zerstören).

Nachweis von Kaliumchlorat im Harn.

Zur Prüfung des Harns auf Kaliumchlorat oder auf Chlorsäure im Allgemeinen kocht man denselben, nach dem Ansäuern mit Essigsäure, auf und verfährt mit der heiss filtrirten Flüssigkeit im Uebrigen, wie oben angegeben.

Quantitative Bestimmung des Kaliumchlorats.

Soll das Kaliumchlorat z. B. im Harn quantitativ bestimmt werden, so ermittelt man in der einen Hälfte der betreffenden Flüssigkeit den Gehalt an durch Silbernitrat fällbarem Chlor.

---

[1]) Bischoff, Ber. d. deutsch. chem. Ges. 16, 1343 (1883).
[2]) Eine Probe davon bleibt als *corpus delicti* aufbewahrt.

Die andere Hälfte der Flüssigkeit erhitzt man behufs Reduction des Kaliumchlorats zu Kaliumchlorid mit Zinkstaub und Essigsäure und bestimmt dann auch hier die durch Silbernitrat fällbaren Chlorverbindungen.

Zieht man dann das Ergebniss der ersten Chlorbestimmung von demjenigen der zweiten ab, so erhält man in der Differenz die als Chlorat vorhanden gewesene Menge von Chlor.

Aetzende Alkalien.

Aetzende Alkalien: Kalihydrat, Natronhydrat und Ammoniak geben in Form von Laugen gar nicht selten zu Vergiftungen bezw. Körperverletzungen und Sachbeschädigungen Veranlassung, da sie vermöge ihrer stark ausgeprägten basischen Natur je nach Concentration mehr oder weniger tief greifende Veränderungen an allen mit ihnen in Berührung kommenden Körpertheilen, Kleidern u. s. w. hervorrufen und aus demselben Grunde natürlich den lebenden Organismus in empfindlichster Weise zu schädigen vermögen. Man bezeichnet deshalb die hier in Rede stehenden Stoffe vom toxikologischen Standpunkte aus als ätzende oder zerstörende Gifte.

Nachweis der Aetzalkalien.

Da Kalium- und Natriumverbindungen im thierischen wie im pflanzlichen Organismus normal vorkommen und das Ammoniak ein Zersetzungsproduct stickstoffhaltiger, organischer Stoffe ist, so genügt es nicht, den Nachweis der genannten Alkalien überhaupt zu führen, sondern es muss dargethan werden, dass dieselben in derjenigen Verbindungsform vorliegen, in welcher sie befähigt sind, ätzend und zerstörend zu wirken, nämlich als freie Alkalien.

Diese aber sind bekanntlich ausserordentlich leicht geneigt, schon unter dem Einflusse der Luft in Carbonate überzugehen, somit nur bedingungsweise und günstigen Falles noch neben den entsprechenden kohlensauren Salzen nachweisbar. Letztere theilen zwar mit den Aetzalkalien die stark alkalische Reaction, aber nicht deren zerstörende Wirkungen, wenigstens bei Weitem nicht in gleichem Grade.

Zwecks Untersuchung auf Aetzalkalien zieht man das in geeigneter Weise zerkleinerte, stark alkalisch reagirende Object — Organe, Wäsche, Kleider u. dergl. — in einer verschliessbaren Flasche mehrmals mit starkem Weingeist aus und unterwirft die vereinigten Auszüge der Destillation.

Bei Anwesenheit von Ammoniak befindet sich dasselbe im Destillate und kann darin in bekannter Weise nachgewiesen oder quantitativ bestimmt werden. Dasselbe würde sich indessen schon von vornherein durch seinen Geruch verrathen haben.

Da das Ammoniak ein Zersetzungsproduct stickstoffhaltiger, organischer Substanzen ist, so lässt sich eine Vergiftung oder Sachbeschädigung durch Ammoniak nur aus dem Nachweise grösserer Mengen dieses Körpers ableiten.

Um festzustellen, ob in dem wässerigen Destillationsrückstande oder in dem direct bereiteten wässerigen Auszuge des Untersuchungsobjectes Aetzkali oder Aetznatron enthalten sind, versetzt man eine Probe der stark alkalisch reagirenden Flüssigkeit, wenn dieselbe farblos ist, mit einigen Tropfen alkoholischer Phenolphtaleïnlösung (1:100) und fügt Chlorbarium im Ueberschuss hinzu.

Rührt die alkalische Reaction der Flüssigkeit nur von kohlensauren Alkalien her, so verschwindet die Alkalität und es tritt vollständige Entfärbung ein (a), während bei gleichzeitiger Anwesenheit von Aetzalkalien die Flüssigkeit ihre alkalische Reaction und damit ihre rothe Farbe beibehält (b):

a) $K^2CO^3 + BaCl^2 = BaCO^3 + 2\,KCl$,

b) $K^2CO^3 + 2\,KOH + 2\,BaCl^2 = BaCO^3 + Ba(OH)^2 + 4\,KCl$.

Bei gefärbten Flüssigkeiten muss diese Prüfung auf bleibende oder verschwindende alkalische Reaction vor und nach dem Zusatz von Chlorbarium mit Reagenspapier vorgenommen werden.

Die weitere Frage, ob die vorliegende Alkaliverbindung eine solche des Kaliums oder Natriums ist, entscheidet man in dem Reste der zu prüfenden Lösung, nachdem sie mit Salzsäure angesäuert ist, in der üblichen Weise durch Platinchlorid.

Sollte die Lösung, wie es häufig der Fall sein wird, viel organische Substanz enthalten, so dampft man sie vor dem Ansäuern in einer Silberschale ein und löst den durch Schmelzen oder Glühen desorganisirten Rückstand nach dem Erkalten in verdünnter Salzsäure auf.

Prüfung auf Aetzalkalien nach Vitali[1]).

a) Consistente Objecte werden in zerkleinertem Zustande direct, flüssige nach dem Eindampfen bei möglichstem Luftabschlusse 24 Stunden mit dem achtfachen Volum Weingeist macerirt.

Eine Probe des Extractes schüttelt man mit präcipitirtem Mercurochlorid, welches sich bei Anwesenheit von freien Alkalien oder deren Eiweissverbindungen schwärzt. Die von Mercurooxyd herrührende Schwärzung ist (zum Unterschiede von Schwefelquecksilber) in verdünnter Salpetersäure löslich.

Die Hauptmenge des alkoholischen Extractes versetzt man mit Schwefelsäure, löst den getrockneten und geglühten Niederschlag in Wasser und benutzt diese Lösung zur Erzeugung von Krystallen oder zu den üblichen Reactionen auf Kalium oder Natrium.

b) Der in Alkohol unlösliche Rückstand [von a)] wird mit heissem Wasser erschöpft, die Lösung auf Syrupsconsistenz eingedampft, mit dem sechsfachen Volum absoluten Alkohols und dann noch mit so viel Aether versetzt, als noch eine Fällung entsteht.

Wirkt dieser Niederschlag schwärzend auf Mercurochlorid ein, so enthält er in Wasser lösliche Verbindungen von Aetzalkalien mit Eiweissstoffen. Zur weiteren Prüfung auf Kalium und Natrium wird er verascht und die Asche mit Salzsäure ausgezogen.

---

[1]) L'Orosi 11, 37; Archiv d. Pharmacie 226, 516 (1888).

c) Der in Alkohol und Wasser unlösliche Rückstand [von b)], welcher bei Anwesenheit von Alkaliverbindungen der Eiweissstoffe Curcuma bräunt und Mercurochlorid schwärzt, wird mit Salzsäure behandelt und die resultirende Lösung im Uebrigen wie der Wasserextract b) auf Kalium und Natrium geprüft.
Erfahrungen über diese Methode liegen zur Zeit nicht vor.

Quantitative Bestimmung der Aetzalkalien.

Die quantitative Bestimmung der Aetzalkalien, d. h. die Feststellung: wie viel Alkali zur Zeit der Analyse noch im freien Zustande vorhanden und wie viel bereits in Carbonat umgewandelt ist, geschieht in bekannter Weise auf maassanalytischem Wege, indem man in einem aliquoten Theile der Lösung die Gesammtalkalität — Carbonate + Hydrate —, in einem anderen Theile nach Zusatz von Chlorbarium die Hydrate allein titrirt.

Das freie und gebundene Ammoniak wird im Destillate, vor und nach dem Zusatze von Magnesia, bestimmt.

Schwefelalkalien.

Während man seither die Vergiftung mit Schwefelalkalien — Schwefelkalium (Schwefelleber), Schwefelnatrium, Schwefelammonium — auf die giftigen Wirkungen des Schwefelwasserstoffs (s. w. u.) zurückführte, der sich aus den genannten Präparaten bei Einwirkung verdünnter Säuren, sauren Magensaftes und selbst schon der Kohlensäure entwickelt, sprechen neuere Untersuchungen [1] dafür, dass die Schwefelalkalien specifische Giftwirkungen besitzen und dass die Giftigkeit des Schwefelwasserstoffs auf der Bildung von Schwefelalkalien im Blute beruht.

Nachweis der Schwefelalkalien.

Der wässerige Auszug des Untersuchungsobjectes, welches noch vollständig frisch sein muss, d. h. keinen auf dem Wege der Fäulniss entstandenen Schwefelwasserstoff enthalten darf, zeigt beim Vorhandensein von Schwefelalkalien meist Schwefelwasserstoffgeruch und folgendes Verhalten:

Salzsäure: entwickelt Schwefelwasserstoff, event. unter Abscheidung von Schwefel in Gestalt einer milchigen Trübung (Polysulfide).

Nitroprussidnatrium: versetzt man die zu prüfende Flüssigkeit, welche in diesem Falle möglichst farblos sein muss, mit einigen Tropfen einer verdünnten (1 : 100) wässerigen Auflösung von Nitroprussidnatrium, so entsteht bei Anwesenheit von Schwefelalkalien eine violette Färbung.

Bleiacetat: erzeugt in Flüssigkeiten, welche Schwefelalkalien enthalten, einen schwarzen Niederschlag.

---

[1] Pohl, Ber. d. deutsch. chem. Ges. **20** (3), 595 (1887).

Vierter Abschnitt.

Gifte aus den Gruppen der Säuren und Halogene.

Diese vom toxikologischen Standpunkte zu den ätzenden oder zerstörenden Giften gezählten, Stoffe sind, namentlich was die bekanntesten Mineralsäuren anbetrifft, sehr häufig Veranlassung zu absichtlichen oder fahrlässigen Körperverletzungen und Sachbeschädigungen.

Die von ihnen hinterlassenen Spuren sind leicht kenntlich, zum Theil sehr charakteristisch, so dass der Nachweis derartiger Aetzgifte im Allgemeinen keine Schwierigkeiten bietet; es sei denn, dass mit mehr oder weniger Erfolg versucht worden ist, die zerstörende Wirkung dieser Stoffe durch Gegenmittel — Neutralisation durch Alkalien, Magnesia u. dergl. — zu hemmen oder zu verdecken.

Mineralsäuren.

Die den Gerichtschemiker zwecks Ermittelung von Körperverletzungen und Sachbeschädigungen am häufigsten beschäftigenden Mineralsäuren sind die technisch, gewerblich und auch im Haushalte vielfach verwendete: Schwefelsäure (Vitriolöl), Salpetersäure (Scheidewasser) und Salzsäure.

Dieselben üben je nach Concentration eine mehr oder weniger tiefgreifende, zerstörende Wirkung auf alle mit ihnen in Berührung kommenden organischen Stoffe aus; besonders charakteristisch sind die von concentrirter Schwefelsäure herrührenden „Brandwunden" und „Brandflecke", während die Salpetersäure sich ausserdem noch dadurch leicht kenntlich macht, dass sie animalische Substanzen — Haut, Haare, Nägel, Federn, Wolle, Seide u. s. w. — intensiv gelb färbt (Xanthoproteïnsäure).

Nachweis von Mineralsäuren.

Der allgemeine Weg zum Nachweise von Säuren ist die Extraction des Untersuchungsobjectes mit Wasser, welches in diesem Falle saure Reaction annimmt [1]).

---

[1]) Wenn es angeht, z. B. bei theilweise befleckten Kleidern u. dergl., untersucht man die veränderten und die anscheinend unberührten Theile des Objectes gesondert, aber in analoger Weise.

Die Extracte werden auf ein bestimmtes Volum gebracht und zum Theil zur qualitativen, zum anderen Theile zur quantitativen Bestimmung der Säure verwendet.

Um nun zunächst festzustellen, ob die saure Reaction des Auszuges von einer **freien Mineralsäure** oder nur von einer **organischen** Säure, bezw. von einem **sauren Salze** herrührt, bedient man sich u. a. folgender Proben:

1. a) Versetzt man die zu prüfende Flüssigkeit mit einigen Tropfen einer alkoholischen Lösung (1:100) von **Methylviolett**[1]), so tritt nur bei Gegenwart **freier Mineralsäuren Blaufärbung** ein.

   b) **Congoroth** wird nur durch **freie Mineralsäuren blau** gefärbt.

   c) Breitet man drei bis vier Tropfen einer alkoholischen Lösung (1:1000) von **Tropäolin OO** in einer Porcellanschale aus und fügt dazu einige Tropfen der zu prüfenden Flüssigkeit, so tritt, wenn die letztere **freie Mineralsäure** enthält, beim Erwärmen unter Umschwenken **Violettfärbung** auf.

2. In einer mit etwas Rhodankalium versetzten, sehr verdünnten Lösung von Eisenacetat — *Liquor ferri acetici* bis zur Gelbfärbung mit Wasser vermischt — erzeugt die zu prüfende Flüssigkeit nur dann eine blutrothe Färbung, wenn sie **freie Mineralsäure** enthält.

3. Unter derselben Voraussetzung, d. h. wenn die zu prüfende Flüssigkeit **freie Mineralsäure** enthält, entsteht in einer sehr verdünnten und mit etwas Jodkalium versetzten Eisenacetatlösung bei Gegenwart von Stärkekleister die bekannte blaue Färbung der Jodstärke.

Ist auf diese Weise die Gegenwart einer **freien Mineralsäure** im **Allgemeinen** nachgewiesen, so ist dieselbe weiter mit einer **bestimmten** Säure zu identificiren, wobei wiederum der Nachdruck auf den Nachweis der **freien Säure** zu legen ist, weil Sulfate, Nitrate und Chloride normale Bestandtheile pflanzlicher und animalischer Stoffe sind.

Nachweis der Schwefelsäure.

1. Dampft man eine Probe des Extractes allein oder über einem Körnchen Zucker ein, so resultirt beim Vorhandensein **freier Schwefelsäure** ein schwarzer, kohliger Rückstand.

2. Wird ein Theil des auf dem Wasserbade concentrirten Extractes mit feinen Kupferblechschnitzeln erhitzt, so entwickelt sich Schwefeldioxyd.

   Zweckmässiger führt man diese Reaction in Gestalt eines kleinen Destillationsversuches aus, bei welchem man das Schwefel-

---

[1]) Auf weiteren Zusatz der sauren Flüssigkeit geht das Blau in Grün über.

dioxyd aus einem kleinen Kölbchen durch ein zweimal senkrecht
gebogenes Glasröhrchen direct in etwas Wasser einleitet, welches
man dann zu den üblichen Reactionen auf schweflige Säure (s. dort)
verwendet.

3. Chlorbarium und Bleiacetat erzeugen in dem Auszuge, wenn derselbe Schwefelsäure oder Sulfate enthält, weisse Niederschläge [1]).
Schmilzt man dieselben mit Soda und Kohlenpulver und laugt die
erkaltete Masse mit Wasser aus, so erhält man eine Lösung von
Schwefelnatrium, welche auf Silbermünzen schwarze Flecke erzeugt
und, mit Salzsäure versetzt, Schwefelwasserstoff entwickelt.

Nachweis der Salpetersäure.

1. Erhitzt man eine Probe des auf Salpetersäure zu prüfenden Auszuges mit Kupferblechschnitzeln, so treten bei Anwesenheit freier
Salpetersäure (bei Gegenwart von Nitraten erst nach dem Zusatz
von Schwefelsäure) die charakteristischen, an der Luft sich roth
färbenden Dämpfe auf.

2. Setzt man zu der mit einigen Tropfen Diphenylaminsulfatlösung [2])
vermischten Flüssigkeit concentrirte Schwefelsäure [3]) derart, dass
sich zwei Flüssigkeitsschichten bilden, so erscheint an deren
Berührungsstelle bei Anwesenheit von Salpetersäure oder Nitraten
eine blaue Zone.

3. Unter den gleichen Bedingungen liefert die auf Salpetersäure bezw.
auf Nitrate zu prüfende Flüssigkeit, nachdem sie mit frisch bereiteter Eisenvitriollösung vermischt wurde, eine braune Zone.

4. Mit dem gleichen Volum Brucinsulfatlösung [4]) gemischt und mit
concentrirter Schwefelsäure geschichtet, liefert die zu untersuchende
Flüssigkeit, wenn sie Salpetersäure oder Nitrate enthält, eine rothe
Zone.

5. Anilinsulfatlösung [5]) giebt unter den gleichen Bedingungen eine
rosenroth-braunrothe Zone.

Sollten die vorstehenden Reactionen wegen zu dunkler Färbung der
Extracte nicht erkennbar, eine Abscheidung der Salpetersäure durch
Destillation aber wegen Anwesenheit organischer Stoffe nicht angängig
sein, so kann man die Prüfung auf Salpetersäure und Nitrate in folgender Weise vornehmen.

---

[1]) Brauchbar als *corpus delicti*.
[2]) 1,0 g Diphenylamin, 5,0 g verdünnte Schwefelsäure, 100,0 g Wasser.
[3]) Die zu dieser und den folgenden Reactionen zu verwendende Schwefelsäure darf für sich allein diese Reactionen auf Salpetersäure nicht geben.
[4]) 1,0 g Brucin, 5,0 g verdünnte Schwefelsäure, 100,0 g Wasser.
[5]) 20 Tropfen käufliches Anilin — Anilinöl —, 5,0 g verdünnte Schwefelsäure und 1000,0 g Wasser.

6. Die mit Schwefelsäure versetzte und dann mit Kalkmilch alkalisch gemachte Flüssigkeit, welche auf Salpetersäure oder auf Nitrate geprüft werden soll, wird durch nöthigenfalls wiederholtes Eindampfen von etwa vorhandenem Ammoniak vollständig befreit und der Trockenrückstand mit starkem Alkohol ausgezogen. Diesen Auszug bringt man in einen fertig zusammengestellten, mit seinem Kühlrohre in verdünnte Salzsäure eintauchenden Destillirapparat, setzt concentrirte, reine Kalilauge und Zink- oder Magnesiumpulver zu und destillirt den Kolbeninhalt nach mehreren Stunden ab. Das Destillat prüft man auf Ammoniak[1]).

Nachweis der Salzsäure.

Der Nachweis der Salzsäure, die übrigens von den genannten drei Mineralsäuren am wenigsten zu gerichtlich-chemischen Untersuchungen Veranlassung giebt, ist insofern misslich, als sie in Form von Salzen einen fast nie fehlenden Bestandtheil pflanzlicher und thierischer Stoffe bildet und in geringen Mengen auch frei im Magensafte enthalten ist.

Zur Erkennung der Salzsäure und ihrer Salze dienen u. a. folgende Reactionen:

1. Ein in die zu prüfende Flüssigkeit getauchter Streifen Filtrirpapier wird, wenn dieselbe freie Salzsäure enthält, beim Trocknen (100° C.) braun und brüchig.

2. Erwärmt man eine Probe des Extractes mit gepulvertem Braunstein, so entwickelt sich Chlor.

   Führt man diese Reaction in Form eines kleinen Destillationsversuches aus, bei welchem man das Kühlrohr in Wasser eintauchen lässt, so kann man in letzterem das Chlor noch weiter durch Indigolösung etc. nachweisen.

3. In der mit Salpetersäure versetzten Flüssigkeit entsteht auf Zusatz von Silbernitrat bei Gegenwart von Salzsäure und Chloriden der bekannte Niederschlag von Chlorsilber, der sich am Lichte dunkel färbt und in Ammoniak leicht löslich ist.

4. Unterwirft man die zu prüfende Flüssigkeit vor und nach Zusatz von Schwefelsäure der Destillation, so zeigt die Silberreaction im Destillate freie und gebundene Salzsäure an.

---

[1]) Das empfindlichste Reagens auf Ammoniak, die Nessler'sche Kaliumquecksilberjodidlösung wird, wie folgt, bereitet: in eine Lösung von 2,0 g Jodkalium in 5,0 g Wasser trägt man nach und nach rothes Quecksilberjodid so lange ein, als es noch gelöst wird, setzt dann 20,0 g Wasser und 40 g Kalilauge (enthaltend 13,4 geschmolzenes Kalihydrat) zu und filtrirt die Lösung nach dem Absetzen durch Asbest. Das Nessler'sche Reagens ist in Flaschen mit Glasstopfen vor Licht geschützt aufzubewahren.

Prüfung auf Salzsäure nach Vitali[1]).

A. Die Untersuchungsobjecte — Eingeweide u. dergl. — werden in zerkleinertem Zustande 24 Stunden mit dem achtfachen Volumen Weingeist
macerirt, dann auf ein Filter gebracht und mit Weingeist ausgewaschen,
bis die Waschflüssigkeit durch Silbernitrat nicht mehr getrübt wird.

Das alkoholische Filtrat wird durch Destillation in zwei Theile zerlegt: das den gesammten Alkohol enthaltende Destillat (α) und den
Destillationsrückstand (β).

    α. Das Destillat wird fractionirend destillirt; die ersten Antheile
    prüft man auf Aethylchlorid. Sobald das Destillat saure Reac-
    tion annimmt und durch Silberlösung getrübt wird, wechselt man
    die Vorlage und destillirt bis auf einen kleinen Rest ab.

    β. Der bei A. verbliebene Destillationsrückstand wird eingetrocknet
    und der trockenen Destillation unterworfen.

        Das Destillat verdunstet man ebenfalls zur Trockne, wäscht
    es mit Weingeist und laugt den Rückstand mit Wasser aus, diese
    Lösung dient zur Prüfung auf Salmiak.

Finden sich in diesen drei Destillationsproducten mehr als Spuren von
Chlorverbindungen, so ist eine Salzsäure-Vergiftung wahrscheinlich.

B. Der in Alkohol unlösliche Theil des Objectes (s. u. A.) wird 24 Stunden
mit Wasser ausgelaugt, der filtrirte Auszug auf Syrupsconsistenz eingedampft und mit dem achtfachen Volumen Alkohol gefällt. Den Niederschlag sowohl, wie auch den Alkohol-Verdunstungs-Rückstand glüht
man in getrocknetem Zustande mit reiner (chlorfreier) Soda, löst die
erkaltete Masse in Wasser und prüft die Lösung mit Silbernitrat.

        Auch hier deutet das Vorhandensein irgend erheblicher Mengen von
Chlorverbindungen auf stattgehabte Salzsäurevergiftung.

C. Der in Wasser unlösliche Rückstand vom Untersuchungsobjecte (s. u. B.)
giebt an Sodalösung eine chlorhaltige Substanz ab.

        Bestätigende Erfahrungen aus der gerichtlich-chemischen Praxis fehlen
zur Zeit noch.

Quantitative Bestimmung von Schwefelsäure, Salpeter-säure und Salzsäure.

Die noch in freiem Zustande vorhandene Menge der Säure wird in
einem aliquoten Theile des Wasserextractes titrimetrisch ermittelt.

Soll die Gesammtmenge einer dieser Säuren bestimmt werden, so verdampft man den mit reiner Soda neutralisirten Auszug oder eine gewogene
Menge des Objectes zur Trockne.

Zur Bestimmung der Schwefelsäure und der Salzsäure mittelst Chlorbarium bezw. Silbernitrat wird der trockene, sodahaltige Rückstand mit reinem
Salpeter geglüht, die wässerige Lösung der Schmelze mit Salzsäure bezw. Salpetersäure angesäuert und mit Chlorbarium bezw. Silbernitrat gefällt.

In der mit Salpetersäure angesäuerten Lösung der Schmelze kann das
Chlor bezw. die Salzsäure auch maassanalytisch nach Volhard[2]) — durch
Silbernitrat und Rhodanammonium bei Gegenwart von Eisenoxydsulfat — be-
stimmt werden.

---

1) L'Orosi 9, 361; Archiv. d. Pharmacie 25, 225 (1887).
2) Liebig's Annalen 190, 23 (1878).

Zur Bestimmung der Salpetersäure und der Nitrate dampft man, wie erwähnt, den wässerigen Auszug des Objectes mit Soda ein, erwärmt ihn mit reiner Kalilauge, bis alles etwa vorhandene Ammoniak entfernt ist und bringt ihn dann mit Alkohol und Zinkpulver, an dessen Stelle besser Aluminium- oder Magnesiumpulver benutzt wird, in einen Destillirapparat, dessen Kühlrohr in titrirte Salz- oder Schwefelsäure eintaucht. Nach einigen Stunden destillirt man ab und titrirt das Destillat auf Ammoniak.

17 Thle. Ammoniak entsprechen 63 Thln. Salpetersäure.

Halogene.

Die hier in Betracht kommenden Halogene: Chlor, Brom, Jod, üben vermöge ihrer starken chemischen Affinitäten im freien Zustande energisch zerstörende Wirkungen auf thierische und pflanzliche Stoffe aus, so dass sie z. B. schon spurenweise eingeathmet die Respirationsorgane heftig reizen. Gerade dieser Umstand aber ist ein natürliches Schutzmittel gegen Vergiftungen, namentlich mit Chlor und Brom, und weiterhin auch der Grund, weshalb der Nachweis von Halogenen im freien Zustande entweder sehr leicht oder gar nicht mehr gelingt und im letzeren Falle nur noch aus den Vergiftungssymptomen und hinterlassenen Spuren gefolgert werden kann.

Nachweis des Chlors.

Vergiftungen und Sachbeschädigungen durch Chlor kommen im Laboratorium und bei technischen Processen — Bleichen, Desinficiren, Darstellung von Chlorpräparaten — in Folge von Einathmung und unvorsichtiger Anwendung dieses Gases vor.

Unter den Chlorverbindungen bewirken die als Bleich- und Desinfectionsmittel angewendeten Hypochlorite (s. Nachweis von Chlorverbindungen) in Folge ihrer leichten Zersetzlichkeit ebenfalls Chlorvergiftungen.

Der Nachweis freien Chlors ist entweder leicht oder gar nicht mehr zu führen, weil dieses Gas, wie bekannt, bei Gegenwart von Wasser sehr energisch auf organische Stoffe einwirkt.

Freies Chlor wird leicht an seinem Geruch, sowie daran erkannt, dass ein durch das mässig erwärmte Untersuchungsobject geleiteter Luftstrom verdünnte Indigolösung entfärbt oder Jodkaliumstärkekleister bläut.

Ist freies Chlor nicht nachweisbar, so kann man aus dem Vorhandensein freier Salzsäure einen Rückschluss auf vorhanden gewesenes freies Chlor ziehen, namentlich wenn schon charakteristische äussere Veränderungen des Objects auf Einwirkung von Chlor hindeuten.

Nachweis von Chlorverbindungen.

Chloride sind normale Bestandtheile des thierischen und pflanzlichen Organimus und kommen deshalb toxikologisch nur in Frage, wenn sie in abnorm grossen Mengen vorhanden sind oder wenn das in ihnen enthaltene Metall ein giftiges ist, in welchem Falle sich dann die Untersuchung auf dieses zu richten hat.

Mit Ausnahme von Chlorsilber, Chlorblei und Quecksilber-chlorür sind die Metallchloride in Wasser löslich.

Der Nachweis der Hypochlorite, deren praktisch wichtigste der Chlorkalk, sowie das Kalium- und Natriumhypochlorit, letztere als wirksame Bestandtheile der Javelle'schen Lauge bezw. des eau de La-barraque, sind, stützt sich in erster Linie auf den Nachweis activen Chlors, wird aber wegen der rasch fortschreitenden Zersetzung, welche derartige Prä-parate in Berührung mit organischen Substanzen erleiden, meist nicht gelingen.

Von dem Nachweis der Chlorate war schon früher (s. u. Kalium-chlorat) die Rede; organische Chlorverbindungen sind in der zweiten Ab-theilung berücksichtigt.

Nachweis des Broms.

Vom Brom gilt im Allgemeinen das vom Chlor Gesagte; sein Dampf wirkt kaum weniger heftig auf die Athmungsorgane ein und ruft weiterhin noch andere, zum Theil nervöse Vergiftungserscheinungen hervor. Mitunter findet Erbrechen bromhaltiger Massen statt. Die Ausscheidung des Broms und seiner Salze geschieht durch alle Secrete, also auch durch Urin und Milch.

Letzterer Umstand führte schon mehrmals zu Bromvergiftung bei Kindern, deren Mütter mit Bromkalium behandelt wurden.

Der Nachweis des freien Broms ist unter Umständen ebenso leicht zu führen, wie derjenige des Chlors. Ist nämlich noch Brom in freiem Zustande vorhanden, so erkennt man dasselbe schon an seinem Geruch.

Leitet man durch das Object einen Luftstrom in Wasser, so entfärbt letzteres bei Anwesenheit von Brom Indigolösung und giebt auf Zusatz von verdünntem Carbolwasser einen gelblichen Niederschlag oder eine Trübung von Tribromphenol (s. Nachweis der Carbolsäure).

Meist wird man indessen Brom selbst nicht mehr, sondern an seiner Stelle Bromwasserstoff vorfinden, der dem Objecte eine stark saure Reaction ertheilt, durch Destillation abgeschieden und im Destillate durch die unten angegebenen Reactionen nachgewiesen werden kann.

Schliesslich lässt sich der Nachweis des Broms, da Bromverbindun-gen im thierischen und pflanzlichen Organismus normal nicht vorkom-men, auch ganz allgemein in folgender Weise führen.

Das Untersuchungsobject wird mit reiner Soda vermischt, bis es alkalisch reagirt, dann eingetrocknet und verkohlt.

In dem wässerigen Auszuge der verkohlten Masse erkennt man das Brom durch folgende Reactionen:

Silbernitrat: erzeugt in der mit Salpetersäure angesäuerten Flüssigkeit einen gelblich-weissen, in Ammoniak schwer löslichen Niederschlag.

Chloroform: färbt sich, wenn man einige Tropfen davon mit der zu prüfenden, vorher mit einigen Tropfen Chlorwasser versetzten Flüssigkeit schüttelt, gelb oder braun.

Dieselbe Reaction giebt unter den gleichen Bedingungen in Wasser suspendirtes Bromsilber.

Kaliumbichromat und Schwefelsäure: scheiden bei der Destillation freies Brom ab, welches im Destillate durch Chloroform oder Schwefelkohlenstoff erkannt wird. Schüttelt man die braun oder gelb gefärbte Chloroform- bezw. Schwefelkohlenstofflösung mit etwas Kalilauge, so tritt Entfärbung ein und die Kalilauge giebt, nach dem Ansäuern mit Salpetersäure, auf Zusatz von Silbernitrat einen Niederschlag von Bromsilber [1]).

Prüfung auf Brom nach Vitali [2]).

Die zerkleinerten Organe, welche nach Bromvergiftung aufgequollen erscheinen, stark sauer reagiren, aber nicht mehr nach Brom riechen, werden 24 Stunden mit dem achtfachen Volumen Alkohol digerirt, dann auf ein Filter gebracht und mit Alkohol gewaschen, bis dieser neutral abläuft.

a) Das alkoholische Filtrat, welches Bromwasserstoffsäure und Verbindungen dieser mit Albuminsubstanzen enthält, wird durch Destillation von Alkohol befreit, der keine Bromverbindungen mitführt.

b) Der wässerige, stark saure Destillationsrückstand (von a) wird weiter destillirt. Bei Anwesenheit von Brom enthält das Destillat Bromwasserstoffsäure, die man ausser nach den üblichen Methoden auch durch folgende empfindliche und gerade für Bromwasserstoff und Bromide charakteristische Reaction nachweisen kann.

Die sehr verdünnte Lösung von Bromwasserstoff oder eines Bromids wird mit wenig Schwefelsäure und Kupfersulfat eingedampft, wobei, wenn Brom vorhanden, in Folge von Bildung wasserfreien Kupferbromids eine stark violettlichtbraune Färbung oder Trübung auftritt, die beim Verdünnen wieder verschwindet.

Chlorwasserstoff und Jodwasserstoff, Chloride und Jodide geben diese Reaction nicht.

c) Der Retortenrückstand (von b) wird der trockenen Destillation unterworfen und das Product auf Ammoniumbromid bezw. auf Brom überhaupt geprüft.

d) Den in Alkohol unlöslichen Theil des Untersuchungsobjectes erschöpft man mit heissem Wasser, dampft den Extract zum Syrup ein und vermischt diesen mit etwa dem achtfachen Volum absoluten Alkohols. Es entsteht ein flockiger Niederschlag, der nach Bromvergiftung bromhaltig ist. Man schmilzt ihn mit Aetzkali (im Silbertiegel) und prüft die Lösung der Schmelze auf Kaliumbromid bezw. auf Brom.

e) Der Rückstand von der Wasserextraction (d) wird mit verdünnter Sodalösung ausgezogen, der Auszug eingedampft und verascht, wobei der Geruch nach verbranntem Horn auftritt. Die Asche prüft man auf Natriumbromid bezw. auf Brom.

Bestätigungen der vorstehenden Angaben wurden bisher nicht bekannt.

Nachweis von Bromverbindungen.

Ausser dem in der Medicin angewendeten Bromkalium oder Bromnatrium können die in der Photographie benutzten Bromide des Zinks und des Cadmiums in Frage kommen.

---

[1]) Eine Probe davon kann als *corpus delicti* dienen.
[2]) L'Orosi 10, 400; Archiv d. Pharmacie 226, 230 (1888).

Diese Metalle würden in dem unlöslichen Theile des mit Soda eingetrockneten und verkohlten Rückstandes (S. 154) zu suchen sein.

Nachweis des Jods.

Die ziemlich ausgedehnte Anwendung, welche das Jod in Gestalt von
Lösungen — Jodtinctur und Jod-Jodkalium (Lugol'sche Lösung) — zu
medicinischen, photographischen und chemischen Zwecken findet, gab schon
mehrfach zu unabsichtlichen Vergiftungen und Schädigungen Veranlassung,
während die absichtlichen Jodvergiftungen seither auf einige wenige Fälle von
Selbstmord beschränkt geblieben sind.

Vergiftungen und Sachbeschädigungen durch Jod verrathen sich, wenn
noch frisch, in nahezu unzweideutiger Weise schon durch die auf Körpertheilen und Kleidungsstücken etc. befindlichen braunen Flecke, welche sich
ausser durch ihre dunklere Farbe von Salpetersäureflecken dadurch
unterscheiden, dass sie beim Betupfen mit Ammoniak oder Kalilauge sofort,
im Uebrigen in kurzer Zeit auch freiwillig verschwinden. Salpetersäureflecken sind durch Waschen mit Wasser, Alkohol, Benzol nicht zu entfernen
und färben sich in Berührung mit Ammoniak und Kalilauge dunkler orange.

Bei Jodvergiftung erfolgt Erbrechen brauner, zum Theil bläulicher Massen
(Jodstärke); die Schleimhäute sind corrodirt; Harn, Schweiss, Speichel enthalten Jodverbindungen.

Zur Prüfung auf freies Jod lässt sich unter Umständen dessen
leichte Flüchtigkeit beim Erwärmen im Luftstrome oder seine Löslichkeit in Schwefelkohlenstoff benutzen.

Ein mit Stärkekleister befeuchteter Papierstreifen färbt sich in jod-
haltiger Atmosphäre blau.

War freies Jod nicht nachweisbar, so wird das mit reiner Soda alkalisch gemachte, nöthigenfalls eingedampfte Object im trockenen Zustande
verkohlt und die Kohle mit heissem Wasser erschöpft.

In dieser durch Eindampfen concentrirten und mit Schwefelsäure
schwach angesäuerten Lösung erkennt man das Jod folgendermaassen:

Silbernitrat: erzeugt einen hellgelben, käsigen, in Ammoniak
    unlöslichen Niederschlag[1]).

Chloroform oder Schwefelkohlenstoff: färbt sich beim
    Schütteln der vorsichtig mit einigen Tropfen Chlorwasser ver-
    setzten Flüssigkeit violettroth.

Chlorwasser: bewirkt in der mit etwas Stärkekleister vermischten
    Flüssigkeit Blaufärbung (Jodstärke).

Kaliumchromat und Schwefelsäure: scheiden bei der Destil-
    lation Jod ab, welches im (braunen) Destillate durch Chloro-
    form oder Schwefelkohlenstoff erkannt werden kann.

Das Jod und seine Verbindungen kommen im Organismus der Thiere
und der Landpflanzen normal gar nicht oder ausnahmsweise nur in
Spuren vor.

---

[1]) Derselbe kann als *corpus delicti* dienen.

Prüfung auf Jod nach Vitali[1]).

Das Verfahren ist das gleiche, wie es oben bei der Prüfung auf Brom angedeutet worden ist. Erfahrungen liegen auch hier noch nicht vor.

Nachweis von Jodverbindungen.

Jodkalium und Jodnatrium werden den Objecten durch Alkohol entzogen. Ausser diesen beiden Jodiden kommen noch in Frage solche mit meist giftigen Schwermetallen, z. B. das in der Medicin angewendete Eisenjodür, Bleijodid, Quecksilberjodür, Quecksilberjodid, sowie das in der Photographie benutzte Cadmium - und Zinkjodid.

Für den Nachweis derartiger Jodverbindungen mit Schwermetallen gilt in Bezug auf den metallischen Bestandtheil das bereits oben bei der Ausmittelung von Blei, Cadmium, Quecksilber, Zink und deren Verbindungen Gesagte.

Soweit die genannten Metalle nicht leicht flüchtig sind, können sie auch in dem verkohlten und mit Wasser erschöpften Rückstande (S. 156) aufgesucht werden.

Nachweis der Halogene im Harn.

Chlorverbindungen sind normale Bestandtheile des Harns, nicht aber Brom - und Jodverbindungen.

Zum Nachweise der letzteren dampft man den Harn mit Soda ein, erschöpft den verkohlten Rückstand mit heissem Wasser und prüft die Lösung auf Brom und Jod, wie angegeben, am besten durch Schütteln mit Chloroform oder Schwefelkohlenstoff nach vorsichtigem Zusatz eines oder einiger Tropfen Chlorwasser.

Fünfter Abschnitt.

Phosphor.

Während der Phosphor in chemischer Verbindung mit anderen Elementen, namentlich in Gestalt von Phosphaten, einen normalen Bestandtheil des pflanzlichen und thierischen Organismus bildet, besitzt er im elementaren Zustande, und zwar nur in der einen, sogenannten farblosen oder octaëdrischen Modification, die Eigenschaften eines höchst energischen Giftes.

Von den Verbindungen des Phosphors sind zwar einige, wie z. B. der Phosphorwasserstoff, ebenfalls giftig, allein sie kommen praktisch nicht in Betracht, wogegen die Gefährlichkeit des gewöhnlichen, giftigen Phosphors gerade durch den Umstand erhöht wird, dass er in Form von Streichhölzern und als Vertilgungsmittel für Ratten u. s. w. leicht zur Hand und selbst dem Ungebildetsten als Gift bekannt ist.

---

[1]) L'Orosi **10**, 400; Archiv d. Pharmacie **226**, 230 (1888).

Streichhölzer und Phosphorlatwerge [1]) sind deshalb auch die zur Ausführung verbrecherischer Absichten am häufigsten benutzten Phosphorpräparate.

Die giftige Modification des Phosphors ist bekanntlich wenig beständig; sie geht unter dem Einflusse von Luft und Feuchtigkeit schnell in Phosphorsäure über, diese aber ist ein nie fehlender Bestandtheil aller pflanzlichen und thierischen Organismen.

Der Phosphor ist somit ein **G i f t , w e l c h e s s i c h i m L a u f e d e r Z e i t m i t n o r m a l e n B e s t a n d t h e i l e n d e s K ö r p e r s u n d d e r N a h r u n g s m i t t e l i d e n t i f i c i r t** : eine Thatsache, welche für den gerichtlich - chemischen Nachweis des Phosphors insofern von grosser Bedeutung ist, als daraus u. a. folgt, **d a s s d i e P h o s p h o r v e r g i f t u n g n u r i n n e r h a l b e i n e r e n g b e g r e n z t e n Z e i t , nämlich n u r s o l a n g e n a c h w e i s b a r b l e i b t , a l s j e n e r U e b e r g a n g d e s P h o s p h o r s i n P h o s p h o r s ä u r e n o c h n i c h t v o l l s t ä n d i g s t a t t g e f u n d e n h a t .**

Deshalb gilt als Regel, dass die Nachweisbarkeit des Phosphors um so schwieriger und unwahrscheinlicher wird, je längere Zeit zwischen dem Vergiftungsfalle und der chemischen Analyse verstrichen ist, diese **u n v e r z ü g l i c h u n d m i t m ö g l i c h s t e r V e r m e i d u n g a l l e r d i e O x y d a t i o n d e s P h o s p h o r s b e s c h l e u n i g e n d e n V o r b e r e i t u n g e n i n A n g r i f f z u n e h m e n i s t .**

Die Phosphorvergiftung existirt in einer **a c u t e n** und einer **c h r o n i s c h e n** Form; letztere ist eine technische Vergiftung, welche durch Einathmung von Phosphordampf entsteht und sich als eine Krankheit der Kieferknochen — Phosphornecrose — charakterisirt.

Bei acuter Phosphorvergiftung erfolgt unter brennenden inneren Schmerzen Erbrechen von Massen, welche nach Phosphor riechen und im Dunkeln leuchten.

Gehirn, Leber und Harn enthalten nach Phosphorvergiftung einige theils flüchtige, theils nicht flüchtige phosphorhaltige Basen — Phosphine [2]).

Anatomisch kündigt sich die Phophorvergiftung durch Verfettung [3]) der Leber, der Nieren und des Herzmuskels, sowie durch einzelne rothe Flecke an der inneren Wandung des Magens und Darmes an.

Wie lange der Phosphor nachweisbar bleibt, hängt ganz von äusseren Umständen, namentlich davon ab, in wie weit er durch die Untersuchungsobjecte selbst vor Luftzutritt geschützt ist. Verschiedene Versuche und gelegentliche Beobachtungen aus der forensisch - chemischen Praxis haben indessen gezeigt, dass der Phosphor unter Umständen länger nachweisbar bleibt, als man bei seinem energischen Bestreben, sich zu oxydiren, erwarten durfte [4]). In einem

---

[1]) Die **Z ü n d m a s s e d e r g e w ö h n l i c h e n S t r e i c h h ö l z e r** enthält ausser Phosphor eine ganze Reihe anderer, theils Sauerstoff liefernder oder anderen Zwecken dienender Bestandtheile, wie z. B. **B l e i n i t r a t , B l e i s u p e r o x y d , M e n n i g e , K a l i u m b i c h r o m a t , B r a u n s t e i n , S c h w e f e l a n t i m o n , Z i n n o b e r** u. s. w., vereinzelt auch Arsen.

S c h w e d i s c h e S t r e i c h h ö l z e r enthalten **K a l i u m c h l o r a t , K a l i u m b i c h r o m a t , M e n n i g e , S c h w e f e l a n t i m o n** ; die **R e i b f l ä c h e** besteht aus **a m o r p h e m** (ungiftigem) **P h o s p h o r** und Schwefelantimon oder Schwefelkies.

Ausführliche Angaben hierüber finden sich z. B. im Artikel „Zündwaaren" in Muspratt's Handbuch d. technischen Chemie.

Phosphorlatwerge (Phosphorpaste) ist phosphorhaltiger, häufig in Pillenform gebrachter Mehlbrei, gewürzt mit Fett, Zucker u. s. w.

[2]) Selmi, Archiv d. Pharmacie **219**, 276 (1881).

[3]) Vergl. z. B. Leo, Zeitschrift für physiolog. Chemie **9**, 469.

[4]) Fischer und Müller, Zeitschrift f. analyt. Chemie **15**, 57 (1876). — Hessler, Vierteljahrsschrift für gerichtl. Medicin **36**, 42. — Medicus, Zeitschrift f. analyt. Chemie **19**, 164 (1880).

bis jetzt einzig dastehenden Ausnahmefalle wurden in einer Leiche noch drei Monate nach erfolgter Vergiftung Spuren von noch nicht völlig oxydirtem Phosphor zum Nachweis gebracht [1]).

A. Nachweis des Phophors.

Die forensisch-chemischen Methoden zum Nachweise des Phosphors gründen sich, dem Gesagten zufolge, in erster Linie auf gewisse Eigenschaften des elementaren, giftigen Phosphors, dann aber auch auf Reactionen seiner nächsten Umwandlungsproducte, welche, wie z. B. die phosphorige Säure, keine normalen Bestandtheile des Organismus sind.

Methode von Scherer [2]).

Dieses sehr einfache Verfahren zum Nachweise freien Phosphors basirt auf der reducirenden Wirkung, welche Phosphordampf auf Silbernitrat ausübt.

Das nöthigenfalls mit Wasser zur Breiconsistenz verdünnte und mit Weinsäure angesäuerte Untersuchungsobject wird in einem Kolben auf dem Wasserbade gelinde erwärmt.

Der Kolben ist mit einem lose aufsitzenden Korke geschlossen, von dessen Unterseite zwei Streifen Filtrirpapier in den Kolbenhals hineinhängen, deren einer mit neutraler Silbernitratlösung, deren anderer mit alkalischer Bleilösung — durch Fällen eines Bleisalzes mit überschüssiger Natronlauge erhalten — befeuchtet ist.

Zum Schutze des Silbernitratpapiers gegen das Licht muss der Kolbenhals mit einem Mantel von schwarzem Papier umgeben oder die ganze Operation im Dunkeln vorgenommen werden.

Bei Anwesenheit freien Phosphors verflüchtigt sich derselbe und es tritt in Folge der Bildung von Phosphorsilber Schwärzung des Silbernitratpapieres ein, während das Bleipapier unverändert bleibt, vorausgesetzt, dass kein Schwefelwasserstoff zugegen ist.

Auch bei Abwesenheit von Schwefelwasserstoff braucht die Schwärzung des Silbernitratpapieres nicht unbedingt von Phosphordampf herzurühren, sondern sie kann auch durch irgend welche reducirend wirkende, flüchtige, organische Substanzen hervorgerufen sein.

Ist die Schwärzung des Silbernitratpapieres durch Phosphorsilber bewirkt, so lässt sich ein directer Beweis hierfür durch eine Phosphorsäurereaction liefern.

Zu diesem Zwecke behandelt man das geschwärzte Papier mit Königswasser, dampft das Filtrat stark ein und lässt es tropfenweise in einen Ueberschuss von erwärmter Ammoniummolybdänlösung fliessen.

Hierbei ist wohl zu berücksichtigen, dass das Filtrirpapier an und für sich Spuren von Phosphaten enthalten kann, und mithin deren Abwesenheit durch einen „blinden" Versuch erwiesen sein muss.

---

[1]) Poleck, Archiv. d. Pharm. **225** (1887).
[2]) Liebig's Annalen **112**, 214 (1859).

Die Scherer'sche Reaction ist mehr eine Prüfung auf Abwesenheit, als auf Anwesenheit von freiem Phosphor, denn wenn keine Veränderung des Silbernitratpapieres stattfindet, so kann auch kein freier Phosphor vorhanden sein.

Methode von Mitscherlich[1]).

Dieselbe beruht auf der Flüchtigkeit des Phosphors mit Wasserdämpfen und der Eigenschaft der letzteren, bei Gegenwart selbst ganz minimaler Phosphormengen in charakteristischer Weise zu leuchten.

Zur Ausführung einer derartigen Prüfung bedient man sich jetzt allgemein des nachstehend abgebildeten Apparates (Fig. 14), welcher sich von dem ursprünglichen Mitscherlich'schen Apparate im Wesent-

Fig. 14.

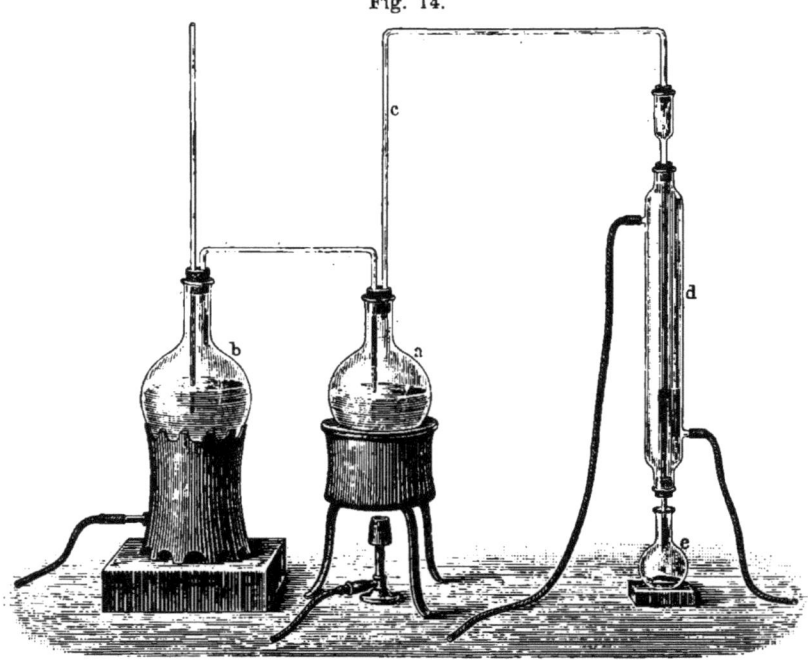

lichen nur dadurch unterscheidet, dass das Untersuchungsobject nicht direct mit Wasser destillirt, sondern mit Wasserdampf behandelt wird[2]).

Das auf freien Phosphor zu prüfende Object bringt man in den, später mittelst eines Wasserbades zu erwärmenden Kolben a, fügt so viel Wasser zu, dass ein dünnflüssiger Brei entsteht und säuert diesen mit Weinsäure oder verdünnter Schwefelsäure deutlich an.

---

[1]) Journal f. prakt. Chemie 66, 238 (1855).
[2]) Buchner, Zeitschrift f. analyt. Chemie 14, 165 (1875).

Nachdem der Kolben *a* mittelst gebogener Glasröhren in der aus der Skizze ersichtlichen Weise einerseits mit einem Dampfentwickler *b*, andererseits mit einem gläsernen Kühler *d* in Verbindung gesetzt ist, erhitzt man das Wasserbad unter *a* und leitet aus *b* einen kräftigen Wasserdampfstrom durch das Untersuchungsobject hindurch.

Enthält dasselbe freien Phosphor, so mischt sich sein Dampf den Wasserdämpfen bei und erzeugt meist schon im Kolben *a* weisse Nebel, welche das Fortschreiten des Wasserdampfes durch das Rohr *c* und den Kühler *d* begleiten.

Betrachtet man die Destillation im Dunkeln, so zeigt sich im Kühler, dort, wo der Wasserdampf condensirt wird und mit Luft in Berührung kommt, eine prächtige Phosphorescenzerscheinung, häufig in Gestalt eines auf- und niedersteigenden leuchtenden Ringes.

1 mg Phosphor in 200 000 facher Verdünnung bewirkt noch ein deutliches, circa halbstündiges Leuchten, welches aber nur dann sichtbar ist, wenn die Beobachtung bei völliger Dunkelheit und mit Ausschluss jedes, das Auge täuschenden, fremden Lichtreflexes vorgenommen wird.

Das im Kölbchen *e* sich sammelnde Destillat [1]) enthält bei Anwesenheit von Phosphor im Objecte meist phosphorige Säure, da die beschriebene Phosphorescenzerscheinung ein Oxydationsvorgang ist; mitunter aber gelangt auch noch freier Phosphor in das Destillat, welches dann den charakteristischen Phosphorgeruch besitzt, beim Schütteln leuchtet, auch wohl feste Phosphorpartikelchen enthält.

Um zu untersuchen, ob das Destillat überhaupt Phosphor enthält, was nur dann der Fall ist, wenn in dem Objecte f r e i e r Phosphor vorhanden war, dampft man die Flüssigkeit mit Chlorwasser oder Salpetersäure ein und prüft den Rückstand, indem man ihn tropfenweise in überschüssige warme Ammoniummolybdänatlösung einträgt, auf Phosphorsäure.

Das Mitscherlich'sche Verfahren ist nicht frei von Mängeln, darin bestehend, dass die Gegenwart gewisser Substanzen, wie z. B. Alkohol, Aether, Terpentinöl, Schwefelwasserstoff, Carbolsäure [2]) und Quecksilberchlorid [3]) das Leuchten des Phosphors verhindern, entweder gänzlich oder nur so lange, bis die störende Substanz abdestillirt ist.

Der früher behauptete nachtheilige Einfluss von Buttersäure [4]) und Bleisalzen [5]) auf die Mitscherlich'sche Reaction hat sich nicht bestätigt.

Aber selbst wenn in Folge der erwähnten Unzulänglichkeiten des Mitscherlich'schen Verfahrens kleine Mengen von Phosphor optisch nicht wahrnehmbar sind, liefert das Destillat die Phosphorsäurereaction.

---

[1]) Ein Theil davon, wo möglich mit einigen Phosphorpartikelchen in ein Röhrchen eingeschmolzen, dient als *corpus delicti*.

[2]) M a n k i e w i c z, Tageblatt der 59. Versammlung deutscher Naturforscher und Aerzte 1886, 421.

[3]) P o l s t o r f f und M e n s c h i n g, Berichte der deutsch. chem. Ges. **19**, 1763 (1886).

[4]) O t t o, Anleitung etc. S. 20.

[5]) B e c k u r t s, Archiv. d. Pharmacie **221**, 582 (1883).

Methode von Dusart-Blondlot.

Entwickelt sich Wasserstoff bei Gegenwart von Phosphor, unter-
phosphoriger oder phosphoriger Säure, so resultirt ein phosphorhaltiges
Wasserstoffgas, z. B.

$$H^3PO^3 + 6H = H^3P + 3H^2O,$$

welches Silbernitratlösung unter Abscheidung von Silber und Phosphorsilber bei gleichzeitiger Bildung von Phosphorsäure zersetzt[1]):

$$6\,Ag\,NO^3 + 2\,H^3P = 2\,Ag^3P + 6\,HNO^3,$$

$$2\,Ag^3P + 5\,O + 3\,H^2O = 6\,Ag + 2\,H^3PO^4.$$

Phosphorsilber liefert mit Wasserstoff *in condicione nascendi* wiederum
Phosphorwasserstoff:

$$Ag^3P + 3H = H^3P + 3\,Ag,$$

welcher der Flamme eine smaragdgrüne Färbung ertheilt (Dusart'sche
Reaction).

Dies sind die Grundlagen des von Dusart[2]) aufgefundenen und von
Blondlot[3]) in die gerichtliche Chemie eingeführten Verfahrens zum Nachweise minimaler Mengen von Phosphor.

Die Ausführung einer Untersuchung auf Phosphor nach Dusart-
Blondlot zerfällt in der Regel in zwei, getrennt von einander vorzunehmende Operationen.

a. Abscheidung des Phosphors und Ueberführung in Phosphorsilber.

Das zerkleinerte und mit Wasser zu einem dünnen Brei angerührte
Untersuchungsobject oder ein wässeriger Auszug aus demselben wird in
einen gewöhnlichen Wasserstoffentwickelungsapparat gebracht, welcher
mit einer, neutrale Silbernitratlösung enthaltenden, Vorlage verbunden ist.

Zur Gasentwickelung dient verdünnte (1:5) chemisch reine Schwefelsäure und phosphorfreies Zink; der erforderliche Reinheitsgrad dieser
Reagentien kennzeichnet sich dadurch, dass sie ein Gas liefern, welches
die Dusart'sche Reaction (s. w. u.) nicht zeigt.

Im Verlaufe einer längere Zeit andauernden, ruhigen Gasentwickelung
tritt Zersetzung der vorgelegten Silbernitratlösung unter Abscheidung
eines grauen oder schwarzen Niederschlages ein, der aber an sich noch
kein Beweis für die Anwesenheit von Phosphor ist, da die Silberlösung

---

[1]) Vergl. Kulisch, Liebig's Annalen **231**, 352 (1885).
[2]) Compt. rend. **43**, 1126 (1856).
[3]) Daselbst **52**, 1197 (1861).

auch durch andere Substanzen, wie z. B. Schwefelwasserstoff, Arsenwasserstoff, reducirend wirkende organische Stoffe u. dergl. in ähnlicher Weise verändert wird.

b. Ausführung der Dusart'schen Reaction.

Ob der Silberniederschlag unter Mitwirkung von Phosphor entstanden ist oder nicht, erkennt man daran, dass er die Dusart'sche Reaction liefert und dass in der von jenem Niederschlage getrennten Silberlösung Phosphorsäure enthalten ist.

Zur Ausführung der Dusart'schen Reaction dient der in Fig. 15 abgebildete Apparat.

Fig. 15.

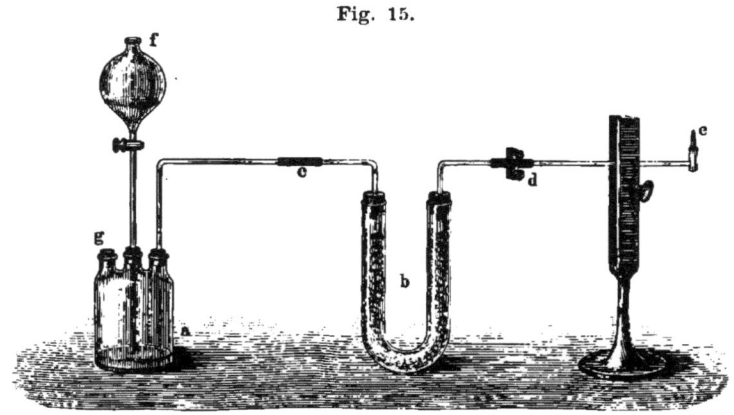

a ist eine dreifach tubulirte Woulf'sche Flasche von 300 bis 500 ccm Rauminhalt mit einem als Flüssigkeitsbehälter dienenden Scheidetrichter *f*; dieser, einen Wasserstoffentwickler darstellende Theil des Apparates steht durch ein Stück Gummischlauch *c* mit einer U-Röhre *b* in Verbindung, welche mit concentrirter Kalilauge getränkte Bimssteinstücke enthält und zur Absorption von Schwefelwasserstoff dient.

An die U-Röhre *b* schliesst sich mittelst einer Gummiverbindung, welche durch den Schraubenquetschhahn *d* geöffnet oder geschlossen werden kann, ein Löthrohr mit der Platinspitze *e* an, unterhalb derselben mit Watte umwickelt, welche nass gehalten wird und als Kühler wirkt.

Vorversuch.

In die Flasche *a* bringt man chemisch reines, phosphorfreies Zink und lässt aus dem Scheidetrichter *f* reine, verdünnte (1 : 5) Schwefelsäure zufliessen.

Die wegen der Reinheit der Reagentien anfänglich äusserst spärliche
Gasentwickelung lässt sich, wie schon bei der Marsh'schen Arsenreaction erwähnt, durch Platinirung oder Versilberung des Zinks beschleunigen (vergl. S. 71).

Ist die Luft im ganzen Apparate durch Wasserstoff ersetzt, so
zündet man das der Platinspitze e entströmende Gas an und beobachtet die
mittelst der Schraube d regulirbare Flamme im Dunkeln oder bei sehr
mässiger Beleuchtung.

Brennt der Wasserstoff mit wenig leuchtender, nahezu farbloser
Flamme o h n e g r ü n e n K e r n und o h n e g r ü n e s L e u c h t e n beim
Niederdrücken mit einer kalten Porcellanschale, so ist durch diesen
„blinden" Versuch die Reinheit der Reagentien und des Apparates erwiesen.

Hauptversuch.

Alsdann spült man den zu prüfenden Silberniederschlag, nachdem
er durch Abgiessen und einmalige Decantation mit Wasser von der
Silberlösung getrennt ist, durch den für gewöhnlich mit einem Stopfen
verschlossenen Tubus g in das Entwickelungsgefäss a, lässt durch
Schliessen der Schraube d den grössten Theil der Säure in dem Scheidetrichter f aufsteigen, setzt dann den Apparat durch allmähliches Oeffnen
des Quetschhahnes d wieder in Thätigkeit und zündet das Gas an der
Platinspitze e an.

E n t h ä l t d e r S i l b e r n i e d e r s c h l a g a u c h n u r e i n K ö r n -
c h e n P h o s p h o r s i l b e r , s o z e i g t s i c h n a c h e i n i g e r Z e i t i m
I n n e r n d e r a n f a n g s f a r b l o s e n o d e r b l a s s b l ä u l i c h e n F l a m m e ,
w e l c h e m i t t e l s t d e r S c h r a u b e d a u f e i n e m i t t l e r e G r ö s s e
e i n g e s t e l l t i s t , e i n g r ü n e r K e r n ; d r ü c k t m a n d i e F l a m m e
m i t e i n e m k a l t e n P o r c e l l a n s c h ä l c h e n n i e d e r , s o l e u c h t e t
s i e p r a c h t v o l l s m a r a g d g r ü n .

Diese Reaction ist so empfindlich, dass sie noch bei einer Verdünnung
von 1 mg Phosphor in 15 l Wasserstoff deutlich sichtbar ist.

Die Dalmon'sche Modification[1]) der Dusart'schen Reaction besteht
darin, dass man, wie bei der „chemischen Harmonika", eine Glasröhre über die
Wasserstoffflamme hält, die dann in ihrer ganzen Ausdehnung grün leuchtet,
wobei in Verbindung mit kleinen Detonationen phosphorescirende Lichtwellen
auftreten. Drückt man die Flamme durch Senken der Glasröhre zusammen, so
tritt dunkelblaue Färbung ein.

Zum Nachweise der Phosphorsäure in der vom Silberniederschlage
abgegossenen Silbernitratlösung fällt man das Silber durch Salzsäure aus,
dampft das Filtrat[2]) ein und lässt es tropfenweise in warme Ammoniummolybdänatlösung einfliessen.

---

[1]) Vergl. Chem. Centralblatt 1871, 717.
[2]) Wie schon erwähnt, enthält das Filtrirpapier nicht selten Spuren von
Phosphaten.

Die Dusart- Blondlot'sche Methode hat vor allen anderen den grossen Vorzug, dass sie den Nachweis des Phosphors auch dann noch ermöglicht, wenn er sich bereits nicht mehr im freien Zustande, sondern bereits auf den nächsten Oxydationsstufen befindet.

Wollte man dieses Verfahren zur Prüfung auf freien Phosphor benutzen, so müsste man das Object zunächst der Destillation unterwerfen und das Destillat in der angegebenen Weise prüfen.

Phosphorsäure und Phosphate liefern mit Wasserstoff *in condicione nascendi* keinen Phosphorwasserstoff, können also auch zu keinen Täuschungen Veranlassung geben.

Bei directer Prüfung eines Objectes oder dessen Auszuges im Dusart-Blondlot'schen Apparate ist zu berücksichtigen, dass gewisse Substanzen, wie z. B. Alkohol, Aether und sonstige organische Stoffe, die Dusart'sche Reaction stören bezw. aufheben.

Methode von Fresenius-Neubauer[1]).

Dieselbe ist eine Combination des Mitscherlich'schen und Dusart-Blondlot'schen Verfahrens und besteht im Wesentlichen darin, den im Objecte vorhandenen freien Phosphor im Kohlensäurestrome zu verflüchtigen, ihn dann in Silbernitratlösung zu führen und den hier er-

Fig. 16.

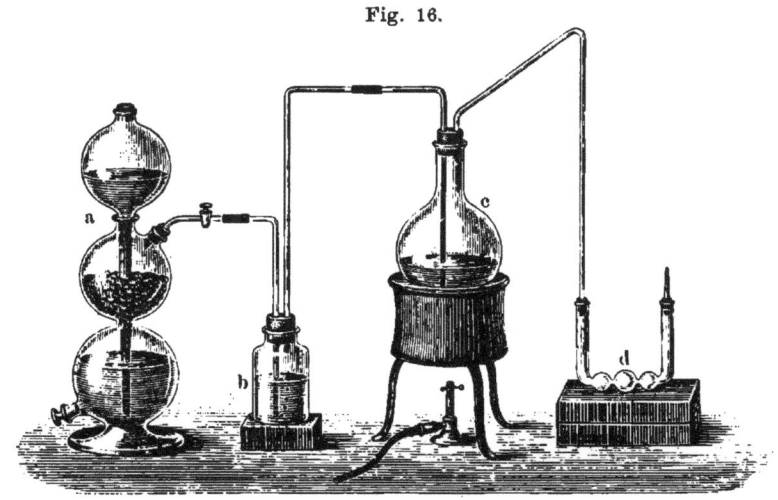

zeugten Silberniederschlag im Dusart-Blondlot'schen Apparate zu prüfen.

Eine Phosphorescenzerscheinung findet hierbei wegen Ausschlusses der Luft nicht statt, andererseits aber auch kein Verlust freien Phosphors.

---

[1]) Zeitschrift f. analyt. Chemie **1** (1862).

Das zerkleinerte, mit Wasser verdünnte und mit Schwefelsäure angesäuerte Object bringt man in einen geräumigen Kolben c (Fig. 16 a. v. S.),
welcher auf einem Wasserbade steht und in der aus der Zeichnung ersichtlichen Weise einerseits mit einem Kohlensäureentwickelungsapparat a,
bezw. dessen Wasser enthaltender Waschflasche b, andererseits mit einer
Vorlage, einer Péligot'schen Röhre d, verbunden ist, in welcher sich
Silbernitratlösung befindet.

Nachdem die Luft aus dem Apparate verdrängt ist, erwärmt man
das Wasserbad auf 60^0 bis 70^0 C. und lässt unter Innehaltung dieser
Temperatur den Kohlensäurestrom einige Stunden durch den Apparat
hindurchstreichen.

Ist dem Gase Phosphordampf beigemischt, so wird derselbe von
der Silbernitratlösung unter Abscheidung von Silber und Phosphorsilber,
sowie unter gleichzeitiger Bildung von Phosphorsäure absorbirt.

Die Reduction der Silberlösung ist indessen auch hier an und für
sich noch kein Beweis für das Vorhandensein von Phosphor.

Die weitere Prüfung des Silberniederschlages auf Phosphorsilber,
sowie der Silberlösung auf Phosphorsäure geschieht, wie es bei der
Dusart-Blondlot'schen Methode angegeben worden ist.

Methode von Lipowitz[1]).

Dieses erste rationelle Verfahren zum Nachweise kleiner Mengen Phosphors, welches indessen heute nur noch ein historisches Interesse besitzt, gründet sich auf die Thatsache, dass Schwefel und Phosphor beim Erwärmen unter
Wasser sich mit einander vereinigen, dass phosphorhaltiger Schwefel im Dunkeln leuchtet und beim Auflösen in Salpetersäure eine phosphorsäurehaltige
Flüssigkeit liefert.

Eine Reihe anderer Versuche[2]), den Phosphor aus den Untersuchungsobjecten durch Extraction mittelst Aethers, Petroleumäthers, Schwefelkohlenstoffs oder einer Auflösung von Schwefel in Schwefelkohlenstoff zu isoliren,
haben keine praktische Bedeutung erlangt.

Nachweis von nicht normalen Phosphorverbindungen im Harn, Gehirn und Leber.

Phosphate sind, wie im pflanzlichen und thierischen Organismus überhaupt, so auch im Harn normal enthalten.

Bei Phosphorvergiftung zeigt der meist dunkel gefärbte, an Gallenfarbstoffen[3]) und Eiweiss reiche Harn ein sehr charakteristisches Verhalten, mag
die Vergiftung einen tödtlichen Ausgang nehmen oder nicht. So besitzt er

---

[1]) Poggendorff's Annalen **90**, 600.
[2]) Vergl. z. B. Hager, Pharmaceut. Central-Halle **20**, 363. — Dusart,
Zeitschrift für analyt. Chemie **15**, 505 (1876).
[3]) Vergl. z. B. Hilger, Archiv. d. Pharmacie **206**, 385 (1875).

z. B. den eigenthümlichen phosphorartigen Geruch und leuchtet auch zuweilen; beim Erwärmen liefert er die Scherer'sche, mit Zink und Schwefelsäure die Dusart'sche Reaction.

Auch sollen im Harn nach Phosphorvergiftung einige eigenthümliche zum Theil basische, flüchtige und nicht flüchtige Phosphorverbindungen enthalten sein, die man durch Destillation oder Ausschütteln mit Chloroform isoliren kann [1]).

Gehirn und Leber enthalten nach Phosphorvergiftung ebenfalls mehrere, theils feste, theils flüchtige Phosphorbasen — Phosphine —, die von denjenigen im Harn verschieden sind, sowie saure phosphorhaltige Substanzen, welche mit Zink und Schwefelsäure die Dusart'sche Reaction geben [2]).

Quantitative Bestimmung des freien Phosphors.

Bei der quantitativen Bestimmung des Phosphors handelt es sich in toxikologischen Fällen natürlich nur um die Feststellung, wie viel Phosphor zur Zeit der Analyse noch in freiem Zustande vorhanden ist.

Annähernd lässt sich diese Frage durch das Mitscherlich'sche Verfahren beantworten, wenn man die Destillation so leitet, dass das Leuchten im Kühler stattfindet, und nach Beendigung des Versuches in dem mit Salpetersäure eingedampften Destillate die Phosphorsäure bestimmt.

Magnesiumpyrophosphat enthält 27,92 Proc. Phosphor.

Da aber das so erhaltene Resultat stets zu niedrig ausfällt, weil die anfänglich im Apparate vorhandene Luft den freien Phosphor theilweise oxydirt, so pflegt man auf je 1 mg Phosphor im Destillate 1,5 mg freien Phosphor im Objecte anzunehmen [3]).

Am besten eignet sich zur quantitativen Bestimmung des noch im unoxydirten Zustande vorliegenden Phosphors das Fresenius-Neubauer'sche Verfahren.

Man beschickt dabei die Vorlage mit concentrirter Salpetersäure, dampft diese nach Beendigung des Versuches, d. h. nach mehrstündigem Durchleiten des Kohlensäurestromes, ein und bestimmt im Rückstande die Phosphorsäure als Magnesiumpyrophosphat.

B. Die Analyse auf Phosphor.

Ist in einem Untersuchungsobjecte freier, giftiger Phosphor enthalten, so macht sich derselbe meist schon durch seinen charakteristischen Geruch, sowie dadurch bemerkbar, dass das (sauer reagirende

---

[1]) Näheres hierüber s. Selmi, nach Husemann, Archiv der Pharmacie **219**, 276 (1881).

[2]) Ebenda.

[3]) Vergl. L. Meyer und Schifferdecker, Zeitschrift für analyt. Chemie **11**, 279 (1872).

oder mit Weinsäure angesäuerte) Object beim Umrühren mit einem Glas-
stabe weisse Dämpfe entwickelt und im Dunkeln leuchtet.

Während in einem solchen Falle der Nachweis des Phosphors bereits
geführt ist und nur noch durch das Mitscherlich'sche Verfahren be-
stätigt zu werden braucht, bedarf es in schwierigeren Fällen zur Beantwortung der Frage, ob eine Phosphorvergiftung anzunehmen sei oder
nicht, eines systematischen Vorgehens, bei welchem man in erster Linie
noch Spuren freien Phosphors nachzuweisen und wenn dies nicht mehr
gelingt, wenigstens noch den Nachweis der phosphorigen Säure zu führen
sucht.

Eine derartige Analyse auf Phosphor gestaltet sich, wie folgt:

Man führt zunächst mit einem kleinen Theile des Untersuchungsmateriales eine Vorprobe nach der Methode von Scherer (S. 159) aus.

Ist das Ergebniss derselben ein solches, dass danach noch freier
Phosphor erwartet werden kann, so prüft man die Hälfte des noch verfügbaren Materiales nach Mitscherlich'schem Verfahren (S. 160).

Beobachtet man dabei die charakteristische Phosphorescenzerscheinung, so ist das Vorhandensein freien Phosphors unumstösslich erwiesen.

Wird jene Lichterscheinung nicht wahrgenommen, so ist das an sich
noch kein Beweis für die Abwesenheit freien Phosphors, weil störende
Einflüsse vorhanden sein können, welche das Leuchten der Wasserdämpfe
verhindern.

In diesem Falle aber ist das Destillat dennoch phosphorhaltig:
es giebt dann, in den Dusart-Blondlot'schen Apparat (S. 163) gebracht,
die Dusart'sche Reaction und nach dem Eindampfen mit Salpetersäure
oder Chlorwasser die Molybdänreaction auf Phosphorsäure.

Auch wenn, ohne dass eine Phosphorescenzerscheinung sichtbar war,
im Destillate des Mitscherlich'schen Apparates Phosphor nachgewiesen wurde, ist die Annahme freien Phosphors im Untersuchungsobjecte
gerechtfertigt.

Aber auch bei gänzlich negativem Ausfalle des Mitscherlich'schen
Verfahrens wäre immerhin die Möglichkeit nicht ausgeschlossen, dass anfänglich freier Phosphor in ganz minimalen Spuren vorhanden war,
die indessen von der im Apparate befindlichen Luft oxydirt wurden,
bevor sie sich durch die Phosphorescenz der Wasserdämpfe bemerkbar
machten.

In einem solchen Falle, auf den übrigens schon das völlig oder fast
negative Ergebniss der Vorprobe hinweist, prüft man (am besten gleich
von vornherein) nach Fresenius-Neubauer (S. 165).

Liefert auch diese Methode kein positives Resultat, so ist freier
Phosphor im Objecte bestimmt nicht vorhanden.

Es bleibt dann nur noch übrig, zu untersuchen, ob sich in demselben
phosphorige Säure oder dieser sich ähnlich verhaltende, d. h. die Dusart'sche Reaction gebende, Phosphorverbindungen befinden, die keine
normalen Bestandtheile des thierischen und pflanzlichen Organismus sind

und deshalb einen Rückschluss auf vorher vorhanden gewesenen freien Phosphor gestatten.

Diese Prüfung auf die nächsten Oxydationsproducte des Phosphors geschieht nach dem Verfahren von Dusart-Blondlot (S. 162).

Sechster Abschnitt.

Einige giftige oder schädliche Gase.

Diese Gruppe umfasst die bekanntesten Vertreter der giftigen und schädlichen Gase [1]) und Dämpfe, welche — von einigen Fällen beabsichtigter Kohlenoxydvergiftung abgesehen — zuweilen zufällige oder technische Vergiftungen veranlassen. Einige dieser Substanzen sind zudem nicht selten Gegenstand gerichtlich-chemischer Untersuchungen, bei denen es sich um Klagen über Belästigung der Anwohner oder über Schädigung der Vegetation [2]) in der Umgebung chemischer Fabriken, Hüttenwerke u. s. w. handelt.

Von dem Nachweise einiger hierher gehöriger Substanzen, nämlich von Chlor, Brom und Arsenwasserstoff, war schon vorher (S. 153, 154, 85) die Rede.

Kohlenoxyd.

Dieses Gas, bekanntlich das Product unvollständiger Verbrennung kohlenstoffhaltiger Substanzen, bildet den vorzugsweise giftigen Bestandtheil des sogenannten Kohlendunstes, sowie des Leucht- und Heizgases (s. w. u.) und tritt bei gewissen metallurgischen Reductionsprocessen in grossen Mengen auf.

Die Giftigkeit des Kohlenoxyds in Mischung mit Luft hängt wesentlich von dem Concentrationsgrade ab; denn während die kleinen Mengen von Kohlenoxyd, welche durch Heizung und Beleuchtung, sowie durch den Tabaksrauch in die Luft bewohnter Räume und in den Organismus gelangen, erfahrungsgemäss unschädlich sind, wirkt Luft mit 0,06 bis 0,08 Proc. Kohlenoxyd bereits giftig und solche mit 0,10 Proc. kann schon tödtliche Vergiftungen veranlassen [3]).

Die Giftwirkung dieses Gases beruht hauptsächlich darauf, dass es den Sauerstoff aus dem Blute, bezw. aus dem Oxyhämoglobin, verdrängt, indem es letzteres durch Substitution in Kohlenoxydhämoglobin umwandelt, wodurch die Sauerstoffabgabe seitens des Blutes an die Körpergewebe aufgehoben und schliesslich der Erstickungstod herbeigeführt wird.

Das Kohlenoxyd wird deshalb im praktischen Leben fälschlich als „Stickgas" bezeichnet.

---

[1]) Vergl. Eulenberg, Die Lehre von den schädlichen und giftigen Gasen. Braunschweig 1865.

[2]) Vergl. z. B. J. von Schroeder und C. Reuss, Die Beschädigung der Vegetation durch Rauch und die Oberharzer Hüttenrauchschäden. Berlin 1883.

[3]) Vergl. z. B. d. Capitel „Heizung" in Eulenberg's Handb. des öffentl. Gesundheitswesens, Bd. II. — Kobert-Werber, Compendium der praktischen Toxikologie S. 103.

Kohlenoxyd- bezw. Kohlendunstvergiftungen sind meist Unglücksfälle, hervorgerufen durch vorzeitiges Schliessen der (an vielen Orten polizeilich verbotenen) Ofenklappen oder durch den nicht minder verwerflichen Gebrauch von Kohlenpfannen zu Heizzwecken.

Zuweilen sind derartige Vergiftungen auch absichtliche (Mord und Selbstmord).

Das Kohlenoxyd ist ein um so gefährlicheres Gas, als es sich nicht schon durch seinen Geruch bemerkbar macht, denn Kohlendunst und Leuchtgasgeruch sind zwar häufige, aber keineswegs nothwendige Begleiter des Kohlenoxyds.

Nach Kohlenoxydvergiftung ist das Blut hellroth bis rosa gefärbt und länger haltbar als gewöhnliches Blut, weshalb derartige Vergiftungen mitunter noch längere Zeit nach dem Tode nachweisbar sind.

Nachweis des Kohlenoxyds.

Der Nachweis des Kohlenoxyds bei Vergiftungsfällen kann durch Untersuchung des Blutes des Vergifteten oder der Luft des betreffenden Raumes, in welchem die Vergiftung stattfand, geführt werden.

a. Nachweis des Kohlenoxyds im Blute.

Kohlenoxydblut ist, wie schon erwähnt, hellroth bis rosa gefärbt und unterscheidet sich von normalem Blute weiterhin durch längere Haltbarkeit, sowie namentlich durch ein sehr charakteristisches chemisches und spectroskopisches Verhalten.

Sollte das zu untersuchende Blut etwa schon eingetrocknet sein, so weicht man es in lauwarmem Wasser auf und prüft die filtrirte Lösung, wie sogleich angegeben werden soll, spectroskopisch.

Will man Kohlenoxydblut als *corpus delicti* zur Demonstration vor Gericht aufbewahren, so vermischt man es mit dem gleichen Volum kaltgesättigter Boraxlösung.

Chemische Reactionen auf Kohlenoxydblut.

Natronprobe (Hoppe-Seyler): Schüttelt man das zu untersuchende (defibrinirte) Blut mit dem einfachen oder doppelten Volum Natronlauge ($d = 1,3$), so entsteht, bei Vorhandensein von Kohlenoxyd (bis zu 0,1 Proc. herab) ein rothes Coagulum, während normales Blut eine schwarze, in dünner Schicht (auf Porcellan gestrichen) grünbraune, schleimige Masse liefert.

Erwärmt man eine Lösung von Kohlenoxydblut mit Natronlauge ($d = 1,115$) kurze Zeit, so zeigt sich eine zinnoberrothe Färbung. Kohlenoxydfreies Blut färbt sich unter denselben Bedingungen grünlich schwarzbraun.

Versetzt man das 20 fach verdünnte Blut im Reagensglase mit dem gleichen Volum Natronlauge ($d = 1,34$), so tritt bei Kohlenoxydblut eine weissliche Trübung, dann eine hellrothe Färbung ein und beim

Stehen sammeln sich auf der r o s a gefärbten Flüssigkeit h e l l r o t h e Flocken (S a l k o w s k i [1]).

C h l o r c a l c i u m p r o b e (E u l e n b e r g): Versetzt man ein Gemisch von 1 Volum Blut und 2 Volumen Natronlauge ($d = 1,3$) mit 2,5 Volumen Chlorcalciumlösung (1:3), so färbt sich Kohlenoxydblut c a r m i n r o t h, normales Blut aber schmutzig braun.

K u p f e r p r o b e (Z a l e s k i [2]): Zu 4 ccm des zu prüfenden und auf das doppelte Volum verdünnten Blutes setzt man drei Tropfen gesättigte und mit der dreifachen Menge Wassers vermischte Kupfervitriollösung.

Einige Minuten nach dem Umschütteln scheidet Kohlenoxydblut einen flockigen z i e g e l r o t h e n, gewöhnliches Blut dagegen einen c h o c o l a d e n - b r a u n e n Niederschlag ab.

Der Unterschied tritt deutlicher hervor, wenn man die Flüssigkeit vom Niederschlage abgiesst und durch Wasser ersetzt.

S c h w e f e l w a s s e r s t o f f p r o b e (S a l k o w s k i [3]): Zu 50 ccm Wasser giebt man 20 bis 24 Tropfen des betreffenden Blutes und vermischt diese Lösung mit $\frac{1}{2}$ bis $\frac{3}{4}$ Volum gesättigten Schwefelwasserstoffwassers.

Während normales Blut sich hierbei schmutzig grün entfärbt, verändert Kohlenoxydblut seine rothe Färbung kaum merklich.

S c h w e f e l a m m o n i u m p r o b e (K u n i y o s i K a t a y a m a [4]): Man verdünnt 2 ccm des Blutes mit 100 ccm Wasser und fügt 0,2 ccm orangefarbenes Schwefelammonium [5]), sowie 0,2 bis 0,3 ccm Essigsäure (von 30 Proc.) bis zur schwach sauren Reaction hinzu.

Mischt man dann den Inhalt des Reagensglases durch ein- oder zweimaliges Umdrehen desselben, so zeigt Kohlenoxydblut eine schön h e l l r o t h e, normales Blut eine g r ü n l i c h g r a u e oder r ö t h l i c h g r ü n g r a u e Färbung.

Diese Flüssigkeit zeigt, wie diejenige bei der Schwefelwasserstoffprobe, das Doppelspectrum des Kohlenoxydhämoglobins und des Schwefelmethämoglobins.

P a l l a d i u m p r o b e (v. F o d o r): Dieselbe dient auch zur quantitativen Bestimmung des Kohlenoxyds im Blute und ist weiter unten (S. 175) beschrieben.

Spectroskopischer Nachweis des Kohlenoxyds.

Der Nachweis des Kohlenoxyds im Blute bezw. der Kohlenoxydvergiftung überhaupt wird in der Regel, weil am einfachsten und sichersten, auf spectroskopischem Wege geführt und beruht auf folgenden Thatsachen.

K o h l e n o x y d b l u t zeigt, wenn man seine stark verdünnte wässerige Lösung in einem Spectralapparate beobachtet, im gelbgrünen, nahe bei der F r a u n h o f e r'schen Linie D liegenden Theile des Spectrums z w e i d u n k l e A b s o r p t i o n s t r e i f e n, welche nach Zusatz von

---

[1]) Zeitschrift f. physiol. Chemie 12, 227 und Zeitschrift f. analyt. Chemie 27, 541 (1888).

[2]) Zeitschrift f. physiol. Chemie 9, 225 und Zeitschrift f. analyt. Chemie 24, 482 (1885).

[3]) Zeitschrift f. physiol. Chemie 7, 114 (1883).

[4]) Virchow's Archiv 114, 53 und Chem. Centralblatt 1888, S. 1633.

[5]) Durch Auflösen von 2,5 g Schwefel in 100 ccm frisch bereitetem, farblosem Schwefelammonium zu erhalten.

Reductionsmitteln — z. B. einigen Tropfen Schwefelammo-
niums — tagelang erhalten bleiben.

Kohlenoxydfreies Blut liefert unter denselben Bedingungen ebenfalls zwei, den vorigen fast ganz gleiche Absorptionsstreifen,
die sich indessen nach Zusatz von etwas Schwefelammonium sehr bald zu einem breiten Streifen vereinigen.

Schüttelt man die mit Schwefelammonium versetzte Blutlösung mit
Luft, so zeigt sie an Stelle des einen breiten Streifens wieder die ursprünglichen zwei Absorptionsstreifen.

Diese Erscheinungen finden ihre Erklärung darin, dass die Verbindung
des Kohlenoxyds mit dem Hämoglobin des Blutes eine sehr beständige,
diejenige des Sauerstoffs mit Hämoglobin dagegen eine leicht veränderliche
ist, in Folge dessen die letztere Verbindung — das Oxyhämoglobin — durch
Schwefelammonium zu (sauerstofffreiem) Hämoglobin reducirt wird, erstere —
das Kohlenoxydhämoglobin — aber nicht; beim Schütteln mit Luft geht dann
das reducirte Hämoglobin durch Sauerstoffaufnahme wieder in Oxyhämoglobin über.

b. Nachweis des Kohlenoxyds in der Luft.

Der Nachweis des Kohlenoxyds in der Luft von Wohnräumen u. s. w.
kann entweder direct oder indirect so geführt werden, dass man
dasselbe auf Blut überträgt und dieses dann chemisch oder spectroskopisch auf Kohlenoxyd untersucht.

Methode von Böttger[1]).

In dem Raume, dessen Luft auf Kohlenoxyd geprüft werden soll,
entleert man den Inhalt einer etwa 10 Liter Wasser enthaltenden Flasche
bis auf einen kleinen Rest und verschliesst sie mit einem Stopfen, an
welchem mittelst eines Platindrahtes ein mit neutraler, verdünnter Palladiumchlorürlösung[2]) getränkter Streifen von Filtrirpapier befestigt ist.

Tritt innerhalb 24 Stunden keine Schwärzung des Reagenspapieres
ein, so sind nachweisbare Spuren von Kohlenoxyd nicht vorhanden,
andernfalls färbt sich das Papier schon nach wenigen Minuten oder
mehreren Stunden schwarz.

Diese Schwärzung kann indessen auch von Ammoniak, Schwefelwasserstoff oder Kohlenwasserstoffen — Leuchtgasbestand-
theilen — herrühren.

---

[1]) Journal f. prakt. Chemie 76, 233 (1859); Zeitschr. f. analyt. Chemie
22, 81 (1883); Elsner, Die Praxis des Chemikers etc. S. 392.
[2]) Käufliches Palladiumchlorür wird in Salzsäure gelöst, die Lösung ab-
gedampft, der Rückstand wiederholt mit Wasser durchfeuchtet und eingetrocknet,
zuletzt mit Wasser ausgezogen und das Filtrat verdünnt. — Als geeignete Verdünnung giebt v. Fodor an: 0,2 mg Palladiumchlorür in 100 ccm Wasser.

Um die beiden erstgenannten Gase auszuschliessen, kann man die zu untersuchende Luft durch einen, aus drei Absorptionsgefässen bestehenden Apparat hindurchsaugen, von denen das erste mit verdünnter Schwefelsäure, das zweite mit Bleiacetatlösung und das dritte mit neutraler Palladiumchlorürlösung (1 : 500) beschickt ist[1]).

Enthält die betreffende Luft Kohlenoxyd (oder Kohlenwasserstoffe), so entsteht in dem letzten Absorptionsgefässe eine schwarze Ausscheidung von metallischem Palladium.

Methode von de la Harpe und Reverdin[2]).

Dieses, noch der Bestätigung bedürfende, Verfahren beruht darauf, dass Kohlenoxyd Jodsäure unter Abscheidung von Jod reducirt, welches dann durch Stärkelösung erkannt wird.

Zu diesem Zwecke leitet man die zu untersuchende, durch Baumwolle filtrirte und nöthigenfalls auch von anderen reducirenden Gasen befreite Luft durch den Hals eines Fractionirkölbchens über etwas reine Jodsäure, die sich auf dem Boden des Kölbchens befindet, und dann durch dessen Ansatzrohr, welches am Ende nach abwärts gebogen ist, in verdünnte Stärkekleisterlösung.

Während der Dauer des Versuches wird das Kölbchen mit der Jodsäure in einem Oelbade auf 150° C. erhitzt.

Enthält die Luft Kohlenoxyd, so tritt nach kürzerer oder längerer Zeit Blaufärbung des Stärkekleisters ein.

Methode von Vogel[3]).

Diese, sowie die folgenden Methoden gründen sich auf die Thatsache, dass sich das der Luft beigemengte Kohlenoxyd leicht auf Blut übertragen und dann mittelst desselben weiter nachweisen lässt.

Um die Luft eines Zimmers nach Vogel auf Kohlenoxyd zu prüfen, giesst man den Inhalt einer etwa 1 Liter Wasser enthaltenden Flasche aus und schüttelt die nunmehr in derselben befindliche Luft mit 2 bis 5 ccm sehr stark verdünnter wässeriger Blutlösung (die nur noch einen Stich ins Rothe besitzt, aber das bekannte Oxyhämoglobinspectrum deutlich zeigt) einige Minuten gut um.

Vorhandenes Kohlenoxyd erkennt man dabei schon an der Farbenveränderung der Blutlösung, besonders aber an dem, bereits oben (S. 171) angedeuteten, spectroskopischen Verhalten derselben.

Auf die angegebene Weise kann man das Kohlenoxyd in Mengen bis zu 0,25 Proc. in der Luft nachweisen.

---

[1]) Enthält die Luft saure Gase, wie es z. B. beim Kohlendunst der Fall ist, so leitet man sie vorher über Aetzkalk, namentlich wenn das Kohlenoxyd, wie bei den Methoden von Vogel u. Wolff, mittelst Blut nachgewiesen werden soll.

[2]) Chemiker-Zeitung 12, 1726 (1888).

[3]) Berichte der deutsch. chem. Ges. 10, 792 und 11, 235 (1877 u. 1878). — Vogel, Handb. d. prakt. Spectralanalyse.

Um diese Methode noch empfindlicher zu machen, soll man nach Hempel[1]) mindestens 10 Liter der zu prüfenden Luft durch einige Cubikcentimeter verdünnter, in einem Liebig'schen Kugelapparate befindlicher Blutlösung hindurch saugen oder in der betreffenden Luft eine Maus athmen lassen und dann deren Blut spectroskopisch untersuchen.

Im ersteren Falle kann man noch 0,05 Proc., im letzteren 0,03 Proc. Kohlenoxyd erkennen.

Methode von Wolff[2]).

In das Rohr a des in Fig. 17 abgebildeten Apparates füllt man, nachdem in die Einschnürung bei d ein loser Glaswollpfropfen eingesetzt ist, bis zur Höhe f Glaspulver, welches die Korngrösse mittelfeinen Schiesspulvers besitzt, durch Absieben von Staub befreit, dann mit Salzsäure digerirt, sorgfältig mit Wasser ausgewaschen und schliesslich getrocknet ist.

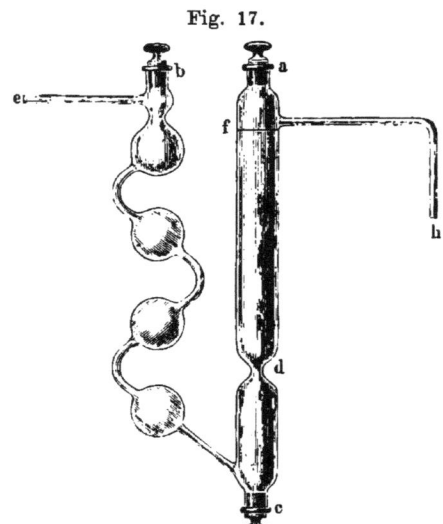

Fig. 17.

Nachdem das Glaspulver angefeuchtet ist (was in der Weise geschieht dass man durch a etwas Wasser aufgiesst, dasselbe mittelst einer Luftpumpe bei e absaugt und den Ueberschuss durch c ablaufen lässt), tröpfelt man auf dasselbe 2 ccm auf $1/40$ verdünntes Blut und vertheilt dasselbe durch gelindes Hineinblasen bei h, nach Schliessung von a, durch die ganze Glaspulverschicht, so dass diese von f bis d gleichmässig gefärbt erscheint.

Nachdem durch b nach c hin 2 bis 3 ccm Wasser eingebracht sind, welche als Sperrflüssigkeit bezw. zur Beobachtung des Luftdurchgangs durch den Apparat dienen, saugt oder treibt man durch denselben 10 Liter der zu prüfenden Luft hindurch.

Im ersteren Falle verbindet man das Rohr e mit einem Aspirator, im letzteren das Rohr h mit einer geräumigen, die zu untersuchende Luft enthaltenden, Flasche und lässt in dieselbe 10 Liter Wasser langsam einfliessen.

[1]) Zeitschrift f. analyt. Chemie 18, 399 (1879).
[2]) Correspondenz-Blatt d. Vereins analyt. Chemiker 1880 und Elsner, Die Praxis d. Chemikers S. 393.

Der Luftstrom wird durch Schraubenquetschhähne so regulirt, dass 1000 ccm Luft den Apparat in 20 bis 25 Minuten passiren.

Nach Beendigung des Versuches lässt man zunächst durch c die Sperrflüssigkeit ab, stellt dann unter c ein mit einer 3 ccm - Marke versehenes, Reagensglas und tröpfelt durch a Wasser auf das Glaspulver, bis das Reagensglas bis zur Marke mit der vom Wasser verdrängten Blutlösung gefüllt ist.

Nach Entfernung des Reagensglases wäscht man das Glaspulver vollständig aus und saugt die letzten Reste von Wasser ab.

Die Blutlösung, welche bei dem beschriebenen Verfahren von $1/40$ auf $1/60$ verdünnt worden ist, untersucht man in einem kleinen, rechteckigen und flachen Fläschchen von circa 1,5 ccm Inhalt auf ihr (bereits oben S. 171 angedeutetes) Verhalten im Spectroskope, vor und nach dem Schütteln mit einem Tropfen Schwefelammonium, und vergleicht sie unter denselben Bedingungen mit einer in einem zweiten Fläschchen befindlichen reinen Blutlösung.

Das zu diesem Verfahren nöthige Blut kann man sich vorräthig halten, indem man defibrinirtes (in jeder Schlächterei erhältliches) Blut mit dem gleichen Volum kalt gesättigter Boraxlösung mischt.

Vor dem jedesmaligen Gebrauche versetzt man 1 ccm dieser Mischung mit 19 ccm Wasser und erhält so die erforderliche Verdünnung des Blutes auf $1/40$.

Quantitative Bestimmung des Kohlenoxyds nach v. Fodor[1]).

10 bis 20 l Luft werden 15 bis 20 Minuten mit 50 ccm verdünntem (1:5) Blute geschüttelt oder man leitet das angegebene Quantum Luft durch die Blutlösung hindurch und erhitzt dieselbe sogleich in einem Kolben zum Sieden, während ein vorher durch Palladiumchlorürlösung gewaschener Luftstrom 3 bis 4 Stunden lang hindurchgeführt wird. Derselbe passirt nach dem Verlassen des die kochende Blutlösung enthaltenden Kolbens zunächst eine Waschflasche mit verdünnter Schwefelsäure, dann eine solche mit Bleizuckerlösung und tritt schliesslich in einen mit verdünnter, neutraler Palladiumchlorürlösung gefüllten Absorptionsapparat ein.

Beim Vorhandensein von Kohlenoxyd entsteht in der Palladiumchlorürlösung ein schwarzer Niederschlag von metallischem Palladium.

Zur quantitativen Bestimmung des Kohlenoxyds wird dieser Niederschlag gesammelt, in Königswasser gelöst und mit Jodkaliumlösung (1,486 g KJ im Liter) titrirt, bis eine abfiltrirte Probe mit einem Tropfen

---

[1]) v. Fodor, Das Kohlenoxyd und seine Beziehungen zur Gesundheit; Deutsche Vierteljahrsschrift f. öffentl. Gesundheitspflege 12 (1881). — Zeitschr. f. analyt. Chemie 20, 574 (1882).

der Titerflüssigkeit keine Trübung mehr giebt. 1 ccm obiger Jodkalium-lösung zeigt 0,1 ccm Kohlenoxyd an.

Nach G r u b e r[1]) giebt dieses Verfahren gute Resultate, wenn das Blut frisch ist, bezw. wenn die Blutlösung unmittelbar nach dem Schütteln mit der kohlenoxydhaltigen Luft zum Kochen erhitzt wird, nach einigen Stunden aber nicht mehr.

Diesem Uebelstande kann man nach G a g l i o[2]) leicht dadurch abhelfen, dass man bereits älterem Kohlenoxydblute Kali in Stücken oder in concentrirter Lösung zusetzt. Dieses Hülfsmittel bietet den weiteren Vortheil, dass das Blut alsdann beim Erhitzen nicht coagulirt und somit unverdünnt angewendet werden kann.

Leuchtgas und Wassergas.

Das meist durch trockene Destillation von Steinkohlen dargestellte L e u c h t -g a s besteht im Wesentlichen aus K o h l e n w a s s e r s t o f f e n nebst Beimengungen von K o h l e n s ä u r e , K o h l e n o x y d und S c h w e f e l w a s s e r s t o f f , während das technisch immer mehr Anwendung findende W a s s e r g a s der Hauptsache nach ein durch Zersetzung von Wasserdampf mittelst glühender Kohlen fabri-cirtes Gemisch von W a s s e r s t o f f und K o h l e n o x y d darstellt.

Unter H a l b w a s s e r g a s versteht man ein wasserstoffhaltiges Gene-ratorgas, welches durch Einführung von Wasserdampf in Kohlenoxydgene-ratoren — Dowsongas — erzeugt wird.

Der vorzugsweise giftige Bestandtheil des L e u c h t g a s e s[3]) und des W a s s e r - bezw. H a l b w a s s e r g a s e s ist das K o h l e n o x y d , welches im Leuchtgase durchschnittlich 8 bis 10 Proc., im Halbwassergase 22 bis 25 Proc. und im Wassergase circa 40 Proc. beträgt.

L e u c h t g a s - und W a s s e r g a s v e r g i f t u n g e n sind deshalb im Wesent-lichen identisch mit Kohlenoxydvergiftungen und werden auch wie diese nach-gewiesen, d. h. durch Untersuchung des Leichenblutes auf Kohlenoxyd.

Für den N a c h w e i s des L e u c h t g a s e s[4]) in der L u f t kommt in Betracht, 1) der G e r u c h , welcher schon minimale Mengen des Gases anzeigt, und 2) d i e P r ü f u n g a u f K o h l e n o x y d mittelst Palladiumchlorür.

Beim Hindurchfiltriren durch Bodenschichten (z. B. bei Rohrbrüchen) verliert das Leuchtgas vorübergehend seinen Geruch, aber nichts von seiner Giftigkeit[5]).

Um L e u c h t g a s i m B o d e n nachzuweisen, treibt man nach B u n t e an der verdächtigen Stelle ein Gasrohr ein und setzt auf dessen Mündung mittelst eines Korkes ein Stück Glasrohr lose auf, in welchem sich ein mit Palladium-chlorür getränktes Röllchen Fliesspapier befindet.

W a s s e r g a s besitzt keinen oder doch nur einen schwachen Geruch und lässt sich somit nur mittelst Palladiumchlorür erkennen; deshalb und wegen s e i n e s b e d e u t e n d h ö h e r e n K o h l e n o x y d g e h a l t e s ü b e r t r i f f t d a s W a s s e r g a s i n B e z u g a u f G e f ä h r l i c h k e i t b e i W e i t e m d a s L e u c h t g a s[6]).

---

[1]) Zeitschrift f. analyt. Chemie **20**, 575 (1881).

[2]) Daselbst **26**, 669 (1887).

[3]) Oelgas enthält ca. 17 Proc. Kohlenoxyd; letzteres ist auch der giftige Bestandtheil der Pulver- oder Minengase.

[4]) Vergl. B u n t e , Archiv der Pharmacie **224**, 132 (1885).

[5]) Vergl. v. Pettenkofer, Chem. Centralblatt 1883, S. 716.

[6]) Ueber Wassergas vergl. L u n g e , Zeitschrift f. angewandte Chemie **1**, 462; W ü s s ebenda; S c h i l l e r , Zeitschrift f. Hygiene **4**, 440.

Kohlensäure.

Die Kohlensäure, bekanntlich ein normaler und für das Pflanzenleben ausserordentlich wichtiger Bestandtheil der Luft, wirkt, wenn sie sich in Räumen mit ungenügender Ventilation bis zu einem gewissen Grade ansammelt, schädlich und kann, in grösseren Mengen eingeathmet, sogar tödtliche Vergiftungen veranlassen.

Ihre Wirkung ist nicht, wie man gewöhnlich glaubt, lediglich eine erstickende, sondern eine narkotische.

Der normale Kohlensäuregehalt der Luft beträgt durchschnittlich 0,04 Vol.-Proc., die zulässige Grenze für Wohnräume 0,07 Vol.-Proc.

Kohlensäurevergiftungen kommen vor in schlecht ventilirten Räumen, in denen sich in Folge von chemischen oder vegetativen Processen grössere Mengen von Kohlensäure entwickeln, also z. B. in chemischen Fabriken, Gährkellern, Malzfabriken, ferner in Bergwerken, Brunnengewölben, Grüften und Höhlen, die mit Vulcanen in Verbindung stehen, wie z. B. die Hundsgrotte von Neapel u. s. w.

Die Kohlensäurevergiftung ist durch chemische Untersuchung der Organe oder des Blutes nicht festzustellen, sondern kann nur aus der Untersuchung der Luft des betreffenden Raumes, in welchem die Vergiftung stattfand, gefolgert werden.

Die Bestimmung des Kohlensäuregehaltes der Luft, meist im hygienischen Interesse behufs Controllirung der Ventilation [1]) in Schulen, Versammlungssälen u. s. w. verlangt, wird nach dem bekannten maassanalytischen Verfahren von Pettenkofer ausgeführt.

Schwefelwasserstoff.

Der Schwefelwasserstoff gehört zu den giftigsten Gasen, seine Gefährlichkeit wird aber dadurch sehr vermindert, dass sich schon minimale Mengen davon durch den höchst widerwärtigen Geruch verrathen, lange bevor die ersten Anzeichen einer Vergiftung — Kopfschmerz, Schwindel, Uebelkeit — eintreten.

Der Schwefelwasserstoff verändert, ähnlich wie Kohlenoxyd, in charakteristischer Weise das Blut, indem er das Hämoglobin in Sulfhämoglobin und Sulfhämatin, die für den Athmungsprocess untauglich sind, umwandelt. Schwefelwasserstoffblut besitzt eine dunkle, tintenartige Beschaffenheit.

Die Schwefelwasserstoffvergiftungen sind meist technische, und zwar Cloaken- oder Latrinengas-Vergiftungen bei Räumung von Cloaken, Latrinen und Senkgruben, in denen sich Schwefelwasserstoff, als Zersetzungsproduct eiweissartiger Stoffe, stets vorfindet neben Kohlenwasserstoffen, Kohlensäure und Ammoniak.

Unzweckmässige Anlage von Aborten kann ökonomische Schwefelwasserstoffvergiftung hervorrufen.

Bei Oeffnung der Körperhöhlen eines mit Schwefelwasserstoff Vergifteten tritt der unverkennbare Geruch dieses Gases hervor. Auch bei Lebzeiten können sich im Darmcanale abnorme Mengen von Schwefelwasserstoff entwickeln.

---

[1]) Vergl. G. Lunge, Zur Frage der Ventilation, mit Beschreibung des minimetrischen Apparates zur Bestimmung der Luftverunreinigung. Zürich 1877, 2. Auflage.

Baumert, gerichtl. Chemie.

Nachweis des Schwefelwasserstoffs.

Der Nachweis der Schwefelwasserstoffvergiftung kann, abgesehen von den Krankheitserscheinungen und anatomischen Veränderungen, auf chemischem oder spectroskopischem Wege geführt werden, jedoch nur dann, wenn die Objecte noch vollkommen frisch sind, weil sich in faulenden organischen Massen stets Schwefelwasserstoff bildet.

Chemisch erkennt man in solchen Fällen den Schwefelwasserstoff leicht an der Schwärzung eines, mit Bleiacetatlösung befeuchteten Papieres, welches man in den betreffenden Gefässen über dem Objecte aufhängt, oder dass man durch dasselbe einen indifferenten Gasstrom (z. B. Kohlensäure) hindurchleitet und diesen, wie weiter unten (s. Luft) angegeben, untersucht.

Im Spectroskope zeigt Schwefelwasserstoffblut statt der beiden Absorptionsstreifen des Oxyhämoglobins (S. 172) das breite Band des reducirten Hämoglobins, sowie einen neuen Absorptionsstreifen im Roth zwischen C und D.

Nachweis in der Luft.

In der Luft ist das Schwefelwasserstoffgas schon durch den Geruch leicht wahrzunehmen.

Kupferne und silberne Gegenstände werden in schwefelwasserstoffhaltiger Atmosphäre gebräunt oder geschwärzt.

Bleiacetatpapier wird ebenfalls gebräunt oder geschwärzt.

Arsenige Säure, in wässeriger Lösung, färbt sich beim Hindurchleiten schwefelwasserstoffhaltiger Luft gelb und giebt dann auf Zusatz einiger Tropfen Salzsäure einen gelben Niederschlag.

Ammoniakflüssigkeit, verdünnt und mit einigen Tropfen Nitroprussidnatrium (1 : 100) versetzt, färbt sich, wenn der hindurchgesaugten Luft Spuren von Schwefelwasserstoff beigemengt sind, violett.

Nachweis im Wasser.

Sofern schwefelwasserstoffhaltiges Wasser nicht schon genügend durch seinen Geruch gekennzeichnet ist, charakterisirt es sich durch folgendes Verhalten.

Alkalische Bleilösung: (durch Fällen eines Bleisalzes mit überschüssiger Natronlauge erhalten) erzeugt eine braune Färbung oder einen braunschwarzen Niederschlag.

Caro-Fischer'sche Reaction[1]): Eine Probe des zu untersuchenden Wassers versetzt man mit etwa $1/_{50}$ Volum rauchender Salz-

---

[1]) Berichte d. deutsch. chem. Ges. **16**, 2234 (1883).

säure, fügt einige Körnchen p-Amidodimethylanilinsulfat (Dimethyl-phenylendiamin) und, nachdem diese gelöst sind, noch 1 bis 2 Tropfen verdünnte Eisenchloridlösung hinzu.

Beim Vorhandensein von Schwefelwasserstoff färbt sich die Flüssig-keit nach einiger Zeit rein blau — Methylenblau —, namentlich, wenn man die Flüssigkeit in dicker Schicht gegen einen weissen Untergrund betrachtet.

Diese Reaction ist nicht nur das empfindlichste Erkennungsmittel für Schwefelwasserstoff — F i s c h e r konnte damit noch 0,00009 bis 0,0000182 g dieses Gases in 1 Liter Wasser nachweisen —, sondern sie besitzt auch noch den Vorzug, dass sie den scharfen Nachweis von Schwefelwasserstoff auch in stark sauren Flüssigkeiten, wenn sie nur farblos sind, gestattet.

Das dazu erforderliche Reagens: p-A m i d o d i m e t h y l a n i l i n oder D i m e t h y l p h e n y l e n d i a m i n, kann man sich am bequemsten, wenn auch nicht am vortheilhaftesten, aus dem käuflichen Helianthin — Orange III — herstellen, indem man 1 Thl. von letzterem mit 5 Thln. Wasser und einem Ueber-schusse — 2 bis 4 Thln. — Schwefelammonium versetzt und das Gemisch 24 Stunden bei Zimmertemperatur stehen lässt oder es 10 bis 15 Minuten auf dem Wasserbade erwärmt.

Die Spaltung bezw. Reduction des Helianthins:

$$(CH_3)_2 N . C_6 H_4 — N{=}N — C_6 H_4 . SO_3 H + 4 H =$$
Helianthin

$$(CH_3)_2 N . C_6 H_4 — NH_2 + NH_2 . C_6 H_4 . SO_3 H$$
Dimethylphenylendiamin   Sulfanilsäure

ist mit dem Verschwinden der Orangefärbung beendet.

Alsdann entzieht man der Lösung das Dimethylphenylendiamin durch Schütteln mit Aether und versetzt die ätherische Flüssigkeit, nachdem sie durch Schütteln mit in Wasser vertheiltem Bleiweiss von Schwefelammonium gereinigt ist, vorsichtig und mit Vermeidung eines Ueberschusses mit concen-trirter Schwefelsäure, wobei sich das n e u t r a l e Amidodimethylanilinsulfat als fast farblose, breiige Masse ausscheidet, die man mit 4 bis 5 Thln. absoluten Alkohols auf dem Wasserbade erwärmt. Die dabei sich bildenden feinen weissen Nadeln werden auf einem Filter mit Alkohol gewaschen, abgepresst und auf dem Wasserbade getrocknet.

Nachweis im Harn.

Um bei Schwefelwasserstoffvergiftung den, unverändert in den Harn über-gehenden, Theil des Giftes nachzuweisen, leitet man einen, mit Kalilauge ge-waschenen, Luftstrom durch den zu untersuchenden Harn in ein enges Glas-rohr, vor dessen Mündung sich ein mit alkalischer Bleizuckerlösung getränkter Papierstreifen befindet[1].

Auch die C a r o - F i s c h e r'sche Methylenblau-Reaction soll auf Harn anwendbar sein, zu welchem Zwecke die betreffende Harnprobe mit 5 Tropfen Salzsäure, 1 bis 2 Tropfen Eisenchlorid und einigen Körnchen p-Amidodime-thylanilinchlorhydrat versetzt wird[2].

---

[1] F. M ü l l e r, Zeitschrift f. analyt. Chemie **27**, 257 (1888).
[2] B o n e k o, daselbst **27**, 541 (1888).

Schweflige Säure.

Die wegen ihrer bleichenden und desinficirenden Eigenschaften technisch und gewerblich vielfach verwendete schweflige Säure wirkt am schädlichsten, wenn sie in Gasform — Schwefeldioxyd — eingeathmet wird, indem sie die Athmungsorgane heftig reizt und beim Uebergange in das Blut das Oxyhämoglobin zu Hämoglobin reducirt.

Während die schweflige Säure als Bestandtheil technisch verunreinigter Luft nur eine örtlich beschränkte Bedeutung hat, ist sie von einem allgemeinen sanitären Interesse als Desinfections- und Conservirungsmittel für Wein, Bier, Früchte u. s. w., indem man die betreffenden Gefässe oder die Früchte selbst den Dämpfen brennenden Schwefels aussetzt.

An Stelle des Schwefeldioxyds finden auch wässerige Lösungen der schwefligen Säure und einiger ihrer Salze, namentlich saures Calciumsulfit, zu den angedeuteten Zwecken Verwendung.

Nachweis der schwefligen Säure.

Schwere Vergiftungen mit schwefliger Säure werden schon an den anatomischen Veränderungen der Respirationsorgane, sowie des Blutes erkannt. Letzteres ist schmutzig braunroth gefärbt und giebt das Spectrum des Hämatins.

Unter Umständen kann auch der erhöhte Schwefelsäuregehalt des Blutes einen Hinweis auf Vergiftung mit schwefliger Säure abgeben.

Nachweis in der Luft.

Kleine Mengen von Schwefeldioxyd erkennt man schon an dem stechenden Geruche.

Ein mit jodsäurehaltigem Stärkekleister präparirter Papierstreifen färbt sich in einer Atmosphäre, die nur Spuren von Schwefeldioxyd enthält, blau.

Leitet man die betreffende Luft längere Zeit durch Wasser, so nimmt dasselbe saure und bleichende Eigenschaften an und giebt, nach Zusatz von ein wenig Bromwasser und Entfernung des Bromüberschusses durch Erwärmen mit Chlorbarium die Schwefelsäurereaction.

Nachweis in Wein, Bier u. dergl.

Das etwa $1/4$ bis $1/3$ der angewandten Menge betragende Destillat von 50 oder 100 ccm Wein, Bier u. dergl. versetzt man mit einigen Körnchen reiner Jodsäure und schüttelt die Flüssigkeit in einem cylindrischen Gefässe mit einigen Tropfen Chloroform, welches sich, bei Anwesenheit von schwefliger Säure, in Folge ausgeschiedenen Jods in bekannter Weise roth färbt.

Soll auf Sulfite geprüft werden, so setzt man vor der Destillation einige Tropfen verdünnter Schwefelsäure zu.

In Wein, Bier und sonstigen, für menschlichen Genuss bestimmten Flüssigkeiten darf schweflige Säure nicht enthalten sein; sie rührt meist aus geschwefelten Fässern her.

Untersuchung rauchbeschädigter Pflanzen.

Zahlreich, wenn auch nur von örtlicher Bedeutung, sind gerichtlich-chemische Untersuchungen, bei denen es sich um Schädigung land- und forst-wirthschaftlicher Interessen durch industrielle Anlagen handelt [1]).

Letztere können auf ihre nähere und entferntere Umgebung schädlich wirken durch Vergiftung des Bodens und des Grundwassers, durch Rauch und Flugstaub (mit metallischen Verbindungen) und durch saure Gase, deren schädlichstes das (meist auch im Rauche der Feuerungen enthaltene) Schwefeldioxyd ist.

Dasselbe wird von den Blattorganen der Pflanzen aus der Luft aufgenommen und giebt sich meist schon durch charakteristische, anatomische Veränderungen der Blätter etc. zu erkennen.

Der chemische Nachweis einer Schädigung der Vegetation durch Schwefeldioxyd wird dadurch geführt, dass man beschädigte und nicht beschädigte Pflanzentheile, die unter sonst möglichst gleichen Wachsthumsbedingungen gestanden haben, in Bezug auf ihren Gesammtschwefelsäuregehalt mit einander vergleicht.

Liegt eine Vegetationsschädigung durch Schwefeldioxyd vor, so findet man den Schwefelsäuregehalt der beschädigten Pflanzentheile gegenüber demjenigen der (analogen) nicht beschädigten erheblich gesteigert.

Die quantitative Bestimmung der Schwefelsäure in rauch-beschädigten Pflanzen geschieht in folgender Weise [2]):

Etwa 30 g (genau gewogen) der getrockneten und möglichst zerkleinerten Pflanzentheile werden in einer geräumigen Platinschale mit einer Lösung von 1 bis 3 g Natriumcarbonat in destillirtem Wasser zu einem dünnen Brei angerührt und zur Trockne eingedampft.

Der vollkommen trockene Rückstand wird alsdann über einer Spirituslampe [3]) verkohlt, die Kohle mit Wasser ausgelaugt und vollständig verbrannt.

Nachdem der oben erhaltene wässerige Auszug wieder mit der Asche vereinigt ist, säuert man die Flüssigkeit mit Salzsäure an, dampft ein, scheidet in bekannter Art die Kieselsäure ab und bestimmt im Filtrate davon die Schwefelsäure durch Chlorbarium, wobei es genügt, den Niederschlag einfach auszuwaschen.

Quantitative Bestimmung der schwefligen Säure.

Zur quantitativen Bestimmung führt man die schweflige Säure bezw. das Schwefeldioxyd mittelst Jodlösung in Schwefelsäure über und bestimmt diese, wie gewöhnlich, als Bariumsulfat.

233 Thle. Bariumsulfat entsprechen 64 Thln. Schwefeldioxyd.

---

[1]) In Bezug auf derartige, meist recht schwierige Fragen sei verwiesen auf: Die Beschädigung der Vegetation durch Rauch und die Oberharzer Hüttenrauchschäden; von J. v. Schröder und C. Reuss (Berlin 1883); vergl. ferner: Just und Heine, Zur Beurtheilung von Vegetationsschäden durch saure Gase (Landwirthschaftliche Versuchsstationen 1889, Heft 2 und ff.).

[2]) Schröder und Reuss, S. 131.

[3]) Leuchtgas führt den veraschenden Substanzen Schwefelsäure zu. Vergl. Counkler, Landwirthschaftliche Versuchsstationen 1882, S. 376.

Siebenter Abschnitt.

Die Analyse auf Metallgifte und auf Barium.

Nachdem in früheren Abschnitten die speciellen Methoden zum Nachweise der Metallgifte und des Bariums erläutert worden sind, soll hier der Weg angedeutet werden, welcher zur Auffindung dieser Gifte führt und auch den Nachweis mehrerer derselben neben einander gestattet.

Dass man bei Verdacht einer Metallvergiftung sich zunächst bemüht, das Gift oder seine Umsetzungsproducte in Gestalt weisser oder farbiger Körnchen aufzufinden, wie man diese dann als Verbindungen des Arsens, Antimons, Bleies, Bariums u. s. w. charakterisirt, wie man ferner mit Hülfe der Reinsch'schen Reaction oder einer ein Stückchen Zink enthaltenden Platinschale sich Anhaltspunkte für die Gegenwart gewisser Metalle verschaffen kann, ist bereits früher bei verschiedenen Gelegenheiten erwähnt worden.

Nach Beendigung der Vorprüfung wird das Untersuchungsobject (oder die Rückstände von der Analyse auf Phosphor und organische Gifte) desorganisirt, zu welchem Zwecke in Rücksicht auf leicht flüchtige Metalle nur das Fresenius-Babo'sche oder Sonnenschein-Jeserich'sche Verfahren benutzt werden darf.

Die hierbei resultirende Lösung wird, nachdem sie durch Einleiten von Kohlensäure von Chlorgas befreit ist, heiss durch ein nasses Filter gegossen, das Ungelöste auf demselben gesammelt und mit heisser, verdünnter Salzsäure gut ausgewaschen.

Das Metallgift kann sich ganz oder theilweise in der Lösung oder im Lösungsrückstande befinden.

a) Untersuchung auf Arsen, Antimon und Zinn.

Die wie angegeben erhaltene und mit der Waschflüssigkeit vereinigte Lösung des Objectes wird mit arsenfreiem Schwefelwasserstoff gesättigt, der Niederschlag, nachdem er sich vollständig abgeschieden, auf einem mit Hahntrichter oder Quetschhahnverschluss versehenen Filter gesammelt, mit Schwefelwasserstoffwasser gewaschen und dann mit warmem, gelbem Schwefelammonium sorgfältig ausgelaugt, bis dieses wieder vollkommen hell und klar vom Filter abläuft.

Dieses Schwefelammoniumfiltrat[1] wird nun auf dem Wasserbade zur Trockne eingedunstet, der Rückstand, wie früher (S. 67) be-

---

[1] Der Filterrückstand bleibt zur Untersuchung auf die folgende Gruppe (b) von Metallgiften aufbewahrt.

schrieben, mit Salpetersäure oxydirt und dann mit Natriumnitrat geschmolzen (Meyer'sche Schmelze).

Die Schmelze weicht man in Wasser auf, behandelt die Lösung mit Kohlensäure und filtrirt sie dann erst durch ein kleines Filter, dieses, sowie den darauf gesammelten unlöslichen Rückstand der Meyer'schen Schmelze mit Wasser, dann mit verdünntem Alkohol sauber auswaschend.

Das Filtrat dient zur Untersuchung auf Arsen: man dampft es zu diesem Zwecke mit arsenreier Schwefelsäure ein, bis diese abzurauchen beginnt, und prüft den erkalteten und versichtig mit Wasser verdünnten Rückstand im Marsh'schen Apparate (S. 69).

Zur Prüfung auf Antimon und Zinn äschert man den in Wasser unlöslichen Rückstand der Meyer'schen Schmelze sammt Filter nach vorgängigem Trocknen in einem Porcellantiegel ein und schmilzt die Asche mit Cyankalium.

Hinterbleibt beim Behandeln der erkalteten Schmelze mit Wasser ein schwammiger oder zu Kügelchen zusammengeschmolzener metallischer Rückstand, so kann derselbe aus reducirtem Antimon oder Zinn bestehen [1]).

Man digerirt ihn, nachdem er von der Lösung getrennt, gewaschen (auch wohl getrocknet und gewogen) ist, mit wenig Salzsäure und prüft die Lösung auf Zinn (S. 136).

Was bei der Digestion mit Salzsäure ungelöst [2]) bleibt, wird unter Mitwirkung von etwas Kaliumchlorat in Lösung gebracht und dient zur Prüfung auf Antimon (S. 93).

b) Untersuchung auf Blei, Kupfer, Quecksilber — Cadmium, Wismuth.

Der bei der Untersuchung auf Arsen, Antimon und Zinn erhaltene, in Schwefelammonium unlösliche Theil des Schwefelwasserstoffniederschlages wird sammt dem Filter in einer mit Condensationsrohr versehenen Kochflache mit Salzsäure und Kaliumchlorat erhitzt, bis auch das Filter der Hauptsache nach gelöst ist.

Nach Entfernung des überschüssigen Chlorgases wird die filtrirte und mit dem Waschwasser des Filters [3]) vereinigte Lösung heiss mit Schwefelwasserstoff behandelt, wobei sich die Gegenwart eines Metalles durch die Entstehung eines anfänglich mitunter farbigen, dann schwarzen Niederschlages zu erkennen giebt, der meist nur ein Metall: Blei, Kupfer oder Quecksilber, enthält.

---

[1]) Daneben können kleine Mengen von Kupfer vorhanden sein. Vergl. die folgende Anmerkung.

[2]) Sollte sich dabei Kupfer befinden (s. d. vorhergehende Anmerkung), so behandelt man den in Salzsäure unlöslichen, salzsäurefreien Rückstand mit concentrirter Salpetersäure, entzieht der eingedampften Masse das Kupfernitrat durch Wasser und löst das etwa zurückbleibende Antimonoxyd in Königswasser auf.

[3]) Auf demselben können kleine Mengen von Bleisulfat zurückbleiben.

Nachdem er sich vollständig abgesetzt hat, giesst man die überstehende klare Flüssigkeit von dem Bodensatze vorsichtig durch ein Filter ab, wäscht den Rückstand durch Decantation mit schwefelwasserstoffhaltigem Wasser so lange aus, bis letzteres keine Chlorreaction mehr zeigt, und erhitzt ihn dann einige Minuten mit chlorfreier Salpetersäure ($d = 1,18$) auf dem Wasserbade: ein ungelöst bleibender schwarzer pulveriger Rückstand deutet auf das Vorhandensein von Quecksilber; er wird in Salzsäure unter Zugabe einiger Körnchen Kaliumchlorat aufgelöst und die Lösung auf Quecksilber untersucht (S. 117).

Die salpetersaure Auflösung des Schwefelwasserstoffniederschlages, bezw. das Filtrat von dem muthmasslichen Quecksilbersulfid, dampft man mit etwas verdünnter Schwefelsäure ein: ein blauer Rückstand zeigt die Anwesenheit von Kupfer an; man nimmt ihn in Wasser auf und prüft die, nöthigenfalls filtrirte Lösung in bekannter Weise auf Kupfer (S. 112).

Hinterlässt der Verdampfungsrückstand beim Verdünnen mit Wasser ein weisses Pulver, so weist dieses auf das Vorhandensein von Blei hin.

Dieses muthmassliche Bleisulfat wird in der früher beschriebenen Art in Bleicarbonat übergeführt, letzteres in Essigsäure aufgelöst und diese Lösung auf Blei geprüft (S. 99).

Giebt die stark saure Lösung des Schwefelwasserstoffniederschlages, bezw. das Filtrat vom Quecksilbersulfid oder vom Bleisulfat beim Verdünnen mit (salmiakhaltigem) Wasser einen weissen Niederschlag, so ist derselbe auf Wismuth (S. 130) zu untersuchen, während ein in der von freier Säure möglichst befreiten Lösung durch Schwefelammonium hervorgerufener gelber Niederschlag auf Cadmium (S. 105) zu prüfen ist.

Für den bei gerichtlich-chemischen Analysen seltenen Fall der gleichzeitigen Anwesenheit von zwei oder drei Metallen dieser Gruppe kann die Trennung auf folgendem Wege bewerkstelligt werden.

a) Der in chlorfreier heisser Salpetersäure unlösliche Theil des Schwefelwasserstoffniederschlages wird mit Salzsäure und Kaliumchlorat erwärmt und mit etwas verdünnter Schwefelsäure versetzt: Bleisulfat bleibt ungelöst, vorhandenes Quecksilber befindet sich in Lösung.

b) Die salpetersaure Lösung des Schwefelwasserstoffniederschlages, bezw. das Filtrat von a), übersättigt man mit Ammoniak.

α) Ein hierbei entstehender Niederschlag — Blei oder Wismuth — wird in starker Salzsäure gelöst und mit verdünnter Schwefelsäure versetzt: Bleisulfat bleibt ungelöst; die Lösung enthält das vorhandene Wismuth.

β) Die ammoniakalische Flüssigkeit b) oder das Filtrat von α) ist bei Gegenwart von Kupfer blau gefärbt.

γ) Die farblose oder durch Cyankalium entfärbte ammoniakalische Lösung β) giebt bei Vorhandensein von Cadmium mit Schwefelwasserstoff einen gelben Niederschlag.

c) Untersuchung auf Barium.

Das Filtrat von dem, die Metallgifte der Gruppen a und b enthaltenden, Schwefelwasserstoffniederschlage wird probeweise mit verdünnter Schwefelsäure versetzt.

Entsteht dabei sogleich oder nach einigem Stehen [1]) ein weisser Niederschlag oder wenigstens eine weisse Trübung, so wird die, erforderlichenfalls durch vorsichtiges Eindampfen etwas concentrirte, jedenfalls aber erwärmte Gesammtmenge der Flüssigkeit so behandelt, wie die Probe, der Niederschlag, nachdem er sich vollständig abgesetzt hat, auf einem Filter gesammelt und auf Barium näher untersucht (S. 140).

d) Untersuchung auf Zink und Chrom.

Die in der vorstehend beschriebenen Weise untersuchte, zuletzt auf Barium geprüfte Flüssigkeit kann, von hier in Frage kommenden Metallen, nur noch Zink und Chrom enthalten.

Sie wird, nachdem sie erforderlichenfalls durch Eindampfen auf dem Wasserbade etwas concentrirt worden ist, mit Ammoniak alkalisch, dann mit Essigsäure sauer gemacht und mit Schwefelwasserstoff gesättigt; oder man versetzt sie, nach dem Zusatze von Ammoniak, mit Schwefelammonium und säuert dann mit Essigsäure an.

Mag man so oder so verfahren: es wird sich in solchen Fällen stets ein Niederschlag bilden, den man ruhig sich absetzen lässt, während die auf dem Wasserbade erhitzte und gut durchgerührte Flüssigkeit erkaltet.

Zur Prüfung auf Zink löst man den auf einem Filter vereinigten und mit Essigsäure ausgewaschenen Niederschlag in Salzsäure, nöthigenfalls unter Zuhülfenahme einiger Körnchen Kaliumchlorat, auf, versetzt die Lösung mit einer genügenden Menge Natriumacetat, so dass an Stelle der freien Salzsäure freie Essigsäure tritt, und sättigt sie dann mit Schwefelwasserstoff [2]).

Bei Gegenwart von Zink entsteht hierbei ein weisser Niederschlag, der nach den Specialreactionen dieses Metalles noch weiter zu indentificiren ist (S. 132).

Um den Nachweis des Chroms zu führen, dampft man das essigsaure Filtrat von dem auf Zink geprüften Niederschlage zur Trockne ein und verpufft den Rückstand mit Salpeter.

---

[1]) Um ganz sicher zu gehen, kann man, wenn die Reaction ausbleibt, die Flüssigkeit durch Eindampfen etwas concentriren und wieder einige Zeit stehen lassen.

[2]) Um Eisen zu entfernen, welches in allen animalischen und vegetabilischen Stoffen enthalten ist, kann man die essigsaure Flüssigkeit vor der Behandlung mit Schwefelwasserstoff kochen, bis sich basisches Eisenacetat abgeschieden hat.

Ist die Schmelze oder deren wässerige Lösung gelb gefärbt, so ver-
räth sich schon hierdurch die Gegenwart von Chrom, in welchem Falle
die Lösung der Schmelze die bekannten Reactionen der Alkalichromate
liefert (S. 106).

c) Untersuchung der Lösungsrückstände auf Silber, Blei, Barium.

Von der Behandlung unlöslicher Rückstände bei Untersuchungen
auf Metalle war bereits oben (S. 63) die Rede.

Die Lösungsrückstände werden demnach eingeäschert, die Asche
mit Soda und Salpeter geschmolzen und mit Wasser ausgelaugt [1]).

In die noch nicht filtrirte Lösung leitet man Kohlensäure ein, kocht
einmal auf und trennt die Lösung von dem Unlöslichen durch Decantation oder Filtration, bis das Waschwasser keine Chlor- und Schwefelsäurereaction mehr giebt.

Was bei dieser Behandlung schliesslich ungelöst blieb, kann Silber
(Metallkügelchen), Blei- oder Bariumcarbonat sein oder enthalten.

Man erwärmt den Rückstand mit verdünnter Salpetersäure, wobei
sich die Gegenwart des metallischen Silbers schon durch Entwickelung
rother Dämpfe zu erkennen giebt.

Die durch Eindampfen von der Hauptmenge der freien Salpetersäure befreite und mit Wasser verdünnte Lösung benutzt man zu folgenden Reactionen:

Salzsäure: erzeugt bei Anwesenheit von Silber oder Blei einen
weissen Niederschlag.

Chlorsilber schwärzt sich am Licht und löst sich leicht in
Ammoniak.

Chlorblei ist lichtbeständig und in Ammoniak unlöslich.

Schwefelsäure: giebt bei Gegenwart von Blei oder Barium
einen weissen Niederschlag.

Bleisulfat löst sich in ammoniakalischem Ammoniumtartrat
leicht auf, in dieser Lösung erzeugt Schwefelwasserstoff einen
schwarzen Niederschlag.

Bariumsulfat löst sich in der genannten Flüssigkeit nicht.

---

[1]) Gelbfärbung der Schmelze oder ihrer wässerigen Lösung deutet auf
Chrom, welches in diesem Falle als unlösliches und somit ungiftiges Chromoxyd vorlag. Zinnober geht bei obigen Abscheidungsverfahren verloren, wird
sich aber im Lösungsrückstande bereits durch seine Farbe kenntlich machen;
er ist ebenfalls nicht als Gift zu betrachten.

ANHANG.

Anhangsweise sollen hier die in den vorhergehenden Abschnitten öfter citirten amtlichen Verordnungen und Gesetze, sowie einige Andeutungen über Prüfung von Gold- und Silberwaaren Platz finden.

Bekanntmachung,
betreffend die Untersuchung von Farben, Gespinnsten und Geweben
auf Arsen und Zinn. Vom 10. April 1888.

Auf Grund der Vorschriften im §. 1, Absatz 3 und §. 7, Absatz 2 des Gesetzes, betreffend die Verwendung gesundheitsschädlicher Farben bei der Herstellung von Nahrungsmitteln, Genussmitteln und Gebrauchsgegenständen, vom 5. Juli 1887 (R.-G.-Bl., S. 277) bestimme ich, dass bei der Feststellung des Vorhandenseins von Arsen und Zinn in den zur Herstellung von Nahrungs- und Genussmitteln verwendeten Farben und bei der Ermittelung des Arsengehaltes der unter Benutzung arsenhaltiger Beizen hergestellten Gespinnste und Gewebe nach Maassgabe der folgenden Anleitung zu verfahren ist.

Berlin, den 10. April 1888.

Der Stellvertreter des Reichskanzlers.

gez. von Boetticher.

Anleitung für die Untersuchung von Farben, Gespinnsten und Geweben auf Arsen und Zinn.

(§. 1, Absatz 3, §. 7, Absatz 2 des Gesetzes, betreffend die Verwendung gesundheitsschädlicher Farben bei der Herstellung von Nahrungsmitteln, Genussmitteln und Gebrauchsgegenständen, vom 5 Juli 1887.)

A. Verfahren zur Feststellung des Vorhandenseins von Arsen und Zinn in gefärbten Nahrungs- oder Genussmitteln (§. 1 des Gesetzes).

I. Feste Körper.

1. Bei festen Nahrungs- oder Genussmitteln, welche in der Masse gefärbt sind, werden 20 g in Arbeit genommen, bei oberflächlich gefärbten wird die Farbe abgeschabt und ist so viel des Abschabsels in Arbeit zu nehmen, als einer Menge von 20 g des Nahrungs- oder Genussmittels entspricht. Nur wenn solche Mengen nicht verfügbar gemacht werden können, darf die Prüfung auch an geringeren Mengen vorgenommen werden.

2. Die Probe ist durch Reiben oder sonst in geeigneter Weise fein zu zertheilen und in einer Schale aus echtem Porcellan mit einer zu

messenden Menge reiner Salzsäure von 1,10 bis 1,12 specifischem Gewicht und so viel destillirtem Wasser zu versetzen, dass das Verhältniss der Salzsäure zum Wasser etwa wie 1 zu 3 ist. In der Regel werden 25 ccm Salzsäure und 75 ccm Wasser dem Zwecke entsprechen.

Man setzt nun 0,5 g chlorsaures Kalium hinzu, bringt die Schale auf ein Wasserbad und fügt — sobald ihr Inhalt die Temperatur des Wasserbades angenommen hat — von 5 zu 5 Minuten weitere kleine Mengen von chlorsaurem Kalium zu, bis die Flüssigkeit hellgelb, gleichförmig und dünnflüssig geworden ist. In der Regel wird ein Zusatz von im Ganzen 2 g des Salzes dem Zwecke entsprechen. Das verdampfende Wasser ist dabei von Zeit zu Zeit zu ersetzen. Wenn man den genannten Punkt erreicht hat, so fügt man nochmals 0,5 g chlorsaures Kalium hinzu und nimmt die Schale alsdann von dem Wasserbade. Nach völligem Erkalten bringt man ihren Inhalt auf ein Filter, lässt die Flüssigkeit in eine Kochflasche von etwa 400 ccm völlig ablaufen und erhitzt sie auf dem Wasserbade, bis der Geruch nach Chlor nahezu verschwunden ist. Das Filter sammt dem Rückstande, welcher sich in der Regel zeigt, wäscht man mit heissem Wasser gut aus, verdampft das Waschwasser im Wasserbade bis auf etwa 50 ccm und vereinigt diese Flüssigkeit sammt einem etwa darin entstandenen Niederschlage mit dem Hauptfiltrate. Man beachte, dass die Gesammtmenge der Flüssigkeit mindestens das Sechsfache der angewendeten Salzsäure betragen muss.

Wenn z. B. 25 ccm Salzsäure verwendet wurden, so muss das mit dem Waschwasser vereinigte Filtrat mindestens 150, besser 200 bis 250 ccm betragen.

3. Man leitet nun durch die auf 60 bis 80° C. erwärmte und auf dieser Temperatur erhaltene Flüssigkeit drei Stunden lang einen langsamen Strom von reinem, gewaschenem Schwefelwasserstoffgas, lässt hierauf die Flüssigkeit unter fortwährendem Einleiten des Gases erkalten und stellt die dieselbe enthaltende Kochflasche, mit Filtrirpapier leicht bedeckt, mindestens 12 Stunden an einen mässig warmen Ort.

4. Ist ein Niederschlag entstanden, so ist derselbe auf ein Filter zu bringen, mit schwefelwasserstoffhaltigem Wasser auszuwaschen und dann in noch feuchtem Zustande mit mässig gelbem Schwefelammonium zu behandeln, welches vorher mit etwas ammoniakalischem Wasser verdünnt worden ist. In der Regel werden 4 ccm Schwefelammonium, 2 ccm Ammoniakflüssigkeit von etwa 0,96 specifischem Gewicht und 15 ccm Wasser dem Zwecke entsprechen. Den bei der Behandlung mit Schwefelammonium verbleibenden Rückstand wäscht man mit schwefelammoniumhaltigem Wasser aus und verdampft das Filtrat und das Waschwasser in einem tiefen Porcellanschälchen von etwa 6 cm Durchmesser bei gelinder Wärme bis zur Trockne. Das nach der Verdampfung Zurückbleibende übergiesst man, unter Bedeckung der Schale mit einem Uhrglase, mit etwa 3 ccm rother, rauchender Salpetersäure und dampft dieselbe bei gelinder Wärme behutsam ab. Erhält man hierbei einen im

feuchten Zustande gelb erscheinenden Rückstand, so schreitet man zu der sogleich zu beschreibenden Behandlung. Ist der Rückstand dagegen dunkel, so muss er von Neuem so lange der Einwirkung von rother, rauchender Salpetersäure ausgesetzt werden, bis er im feuchten Zustande gelb erscheint.

5. Man versetzt den noch feuchten Rückstand mit fein zerriebenem, kohlensaurem Natrium, bis die Masse stark alkalisch reagirt, fügt 2 g eines Gemisches von 3 Thln. kohlensaurem mit 1 Thl. salpetersaurem Natrium hinzu und mischt unter Zusatz von etwas Wasser, so dass eine gleichartige, breiige Masse entsteht. Die Masse wird in dem Schälchen getrocknet und vorsichtig bis zum Sintern oder beginnenden Schmelzen erhitzt. Eine weitergehende Steigerung der Temperatur ist zu vermeiden. Man erhält so eine farblose oder weisse Masse. Sollte dies ausnahmsweise nicht der Fall sein, so fügt man noch etwas salpetersaures Natrium hinzu, bis der Zweck erreicht ist [1]).

6. Die Schmelze weicht man in gelinder Wärme mit Wasser auf und filtrirt durch ein nasses Filter. Ist Zinn zugegen, so befindet sich dieses nun im Rückstande auf dem Filter in Gestalt weissen Zinnoxyds, während das Arsen als arsensaures Natrium im Filtrate enthalten ist. Wenn ein Rückstand auf dem Filter verblieben ist, so muss berücksichtigt werden, dass auch in das Filtrat kleine Mengen von Zinn übergegangen sein können. Man wäscht den Rückstand einmal mit kaltem Wasser, dann dreimal mit einer Mischung von gleichen Theilen Wasser und Alkohol aus, dampft die Waschflüssigkeit so weit ein, dass das mit dieser vereinigte Filtrat etwa 10 ccm beträgt und fügt verdünnte Salpetersäure tropfenweise hinzu, bis die Flüssigkeit eben sauer reagirt. Sollte hierbei ein geringer Niederschlag von Zinnoxydhydrat entstehen, so filtrirt man denselben ab und wäscht ihn, wie oben angegeben, aus. Wegen der weiteren Behandlung zum Nachweise des Zinns vergl. Nr. 10.

7. Zum Nachweise des Arsens wird dasselbe zunächst in arsenmolybdänsaures Ammonium übergeführt. Zu diesem Zwecke vermischt man die nach obiger Vorschrift mit Salpetersäure angesäuerte, durch Erwärmen von Kohlensäure und salpetriger Säure befreite, darauf wieder abgekühlte, klare (nöthigenfalls filtrirte) Lösung, welche etwa 15 ccm betragen wird, in einem Kochfläschchen mit etwa gleichem Raumtheile einer Auflösung von molybdänsaurem Ammonium in Salpetersäure [2]) und lässt zunächst drei Stunden ohne Erwärmen stehen. Enthielte nämlich

---

[1]) Sollte die Schmelze trotzdem schwarz bleiben, so rührt dies in der Regel von einer geringen Menge Kupfer her, da Schwefelkupfer in Schwefelammonium nicht ganz unlöslich ist.

[2]) Die oben bezeichnete Flüssigkeit wird erhalten, indem man 1 Thl. Molybdänsäure in 4 Thln. Ammoniak von etwa 0,96 specifischem Gewicht löst und die Lösung in 15 Thle. Salpetersäure von 1,2 specifischem Gewicht giesst. Man lässt die Flüssigkeit dann einige Tage in mässiger Wärme stehen und zieht sie, wenn nöthig, klar ab.

die Flüssigkeit in Folge mangelhaften Auswaschens des Schwefelwasser-stoffniederschlages etwas Phosphorsäure, so würde sich diese als phosphor-molybdänsaures Ammonium abscheiden, während bei richtiger Ausführ-ung der Operationen ein Niederschlag nicht entsteht.

8. Die klare, bezw. filtrirte Flüssigkeit erwärmt man auf dem Wasserbade, bis sie etwa 5 Minuten lang die Temperatur des Wasser-bades angenommen hat[1]). Ist Arsen vorhanden, so entsteht ein gelber Niederschlag von arsenmolybdänsaurem Ammonium, neben welchem sich meist auch weisse Molybdänsäure ausscheidet. Man giesst die Flüssig-keit nach einstündigem Stehen durch ein Filterchen von dem der Haupt-sache nach in der kleinen Kochflasche verbleibenden Niederschlage ab, wäscht diesen zweimal mit kleinen Mengen einer Mischung von 100 Thln. Molybdänlösung, 20 Thln. Salpetersäure von 1,2 specifischem Gewicht und 80 Thln. Wasser aus, löst ihn dann unter Erwärmen in 2 bis 4 ccm wässeriger Ammonflüssigkeit von etwa 0,96 specifischem Gewicht, fügt etwa 4 ccm Wasser hinzu, giesst, wenn erforderlich, nochmals durch das Filterchen, setzt $\frac{1}{4}$ Raumtheil Alkohol und dann zwei Tropfen Chlor-magnesium-Lösung hinzu. Das Arsen scheidet sich sogleich oder beim Stehen in der Kälte als weisses, mehr oder weniger krystallinisches, arsen-saures Ammonium-Magnesium ab, welches abzufiltriren und mit einer möglichst geringen Menge einer Mischung von 1 Thl. Ammoniak, 2 Thln. Wasser und 1 Thl. Alkohol auszuwaschen ist.

9. Man löst alsdann den Niederschlag in einer möglichst kleinen Menge verdünnter Salpetersäure, verdampft die Lösung bis auf einen ganz kleinen Rest und bringt einen Tropfen auf ein Porcellanschälchen, einen anderen auf ein Objectglas. Zu ersterem fügt man einen Tropfen einer Lösung von salpetersaurem Silber, dann vom Rande aus einen Tropfen wässeriger Ammoniakflüssigkeit von 0,96 specifischem Gewicht; ist Arsen vorhanden, so muss sich in der Berührungszone ein rothbrauner Streifen von arsensaurem Silber bilden. Den Tropfen auf dem Object-glase macht man mit einer möglichst kleinen Menge wässeriger Ammon-flüssigkeit alkalisch; ist Arsen vorhanden, so entsteht sogleich oder sehr bald ein Niederschlag von arsensaurem Ammonmagnesium, der, unter dem Mikroskope betrachtet, sich als aus spiessigen Kryställchen bestehend erweist.

10. Zum Nachweise des Zinns ist das, oder sind die das Zinn-oxyd enthaltenden Filterchen zu trocknen, in einem Porcellantiegelchen einzuäschern und demnächst zu wägen[2]). Nur wenn der Rückstand (nach Abzug der Filterasche) mehr als 2 mg beträgt, ist eine weitere

---

[1]) Am sichersten ist es, das Erhitzen so lange fortzusetzen, bis sich Molybdänsäure auszuscheiden beginnt.

[2]) Sollte der Rückstand in Folge eines Gehaltes an Kupferoxyd schwarz sein, so erwärmt man ihn mit Salpetersäure, verdampft im Wasserbade zur Trockne, setzt einen Tropfen Salpetersäure und etwas Wasser zu, filtrirt, wäscht aus, glüht und wägt erst dann.

Untersuchung auf Zinn vorzunehmen. In diesem Falle bringt man den Rückstand in ein Porcellanschiffchen, schiebt dieses in eine Röhre von schwer schmelzbarem Glase, welche vorn zu einer langen Spitze mit feiner Oeffnung ausgezogen ist, und erhitzt in einem Strome reinen, trockenen Wasserstoffgases bei allmählich gesteigerter Temperatur, bis kein Wasser mehr auftritt, bis somit alles Zinnoxyd reducirt ist. Man lässt im Wasserstoffstrome erkalten, nimmt das Schiffchen aus der Röhre, neigt es ein wenig, bringt wenige Tropfen Salzsäure von 1,10 bis 1,12 specifischem Gewicht in den unteren Theil desselben, schiebt es wieder in die Röhre, leitet einen langsamen Strom Wasserstoff durch dieselbe, neigt sie so, dass die Salzsäure im Schiffchen mit dem reducirten Zinn in Berührung kommt und· erhitzt ein wenig. Es löst sich dann das Zinn unter Entbindung von etwas Wasserstoff in der Salzsäure zu Zinnchlorür. Man lässt im Wasserstoffstrome erkalten, nimmt das Schiffchen aus der Röhre, bringt nöthigenfalls noch einige Tropfen einer Mischung von 3 Thln. Wasser und 1 Thl. Salzsäure hinzu und prüft Tropfen der erhaltenen Lösung auf Zinn mit Quecksilberchlorid, Goldchlorid und Schwefelwasserstoff und zwar mit letzterem vor und nach Zusatz einer geringen Menge Bromsalzsäure oder Chlorwasser.

Bleibt beim Behandeln des Schiffchen - Inhaltes ein schwarzer Rückstand, der in Salzsäure unlöslich ist, so kann derselbe Antimon sein.

II. Flüssigkeiten, Fruchtgelées u. dergl.

11. Von Flüssigkeiten, Fruchtgelées u. dergl. ist eine solche Menge abzuwägen, dass die darin enthaltene Trockensubstanz etwa 20 g beträgt, also z. B. von Himbeersyrup etwa 30 g, von Johannisbeergelée etwa 35 g, von Rothwein, Essig oder dergl. etwa 800 bis 1000 g. Nur wenn solche Mengen nicht verfügbar gemacht werden können, darf die Prüfung auch an einer geringeren Menge vorgenommen werden.

12. Fruchtsäfte, Gelées u. dergl. werden genau nach Abschnitt I mit Salzsäure, chlorsaurem Kalium u. s. w. behandelt; dünne, nicht sauer reagirende Flüssigkeiten concentrirt man durch Abdampfen bis auf einen kleinen Rest und behandelt diesen nach Abschnitt I mit Salzsäure und chlorsaurem Kalium u. s. w.; dünne, sauer reagirende Flüssigkeiten aber destillirt man bis auf einen geringen Rest ab und behandelt diesen nach Abschnitt I mit Salzsäure, chlorsaurem Kalium u. s. w. — In das Destillat leitet man nach Zusatz von etwas Salzsäure ebenfalls Schwefelwasserstoff und vereinigt einen etwa entstehenden Niederschlag mit dem nach Nr. 3 zu erhaltenden.

B. Verfahren zur Feststellung des Arsengehaltes
in Gespinnsten oder Geweben (§. 7 des Gesetzes).

13 [1]). Man zieht 30 g des zu untersuchenden Gespinnstes oder Gewebes, nachdem man dasselbe zerschnitten hat, 3 bis 4 Stunden lang mit
destillirtem Wasser bei 70 bis 80° C. aus, filtrirt die Flüssigkeit, wäscht
den Rückstand aus, dampft Filtrat und Waschwasser bis auf etwa 25 ccm
ein, lässt erkalten, fügt 5 ccm reine concentrirte Schwefelsäure hinzu und
prüft die Flüssigkeit im Marsh'schen Apparate unter Anwendung arsenfreien Zinks auf Arsen.

Wird ein Arsenspiegel erhalten, so war Arsen in wasserlöslicher Form in dem Gespinnste oder Gewebe vorhanden.

14. Ist der Versuch unter Nr. 13 negativ ausgefallen, so sind
weitere 10 g des Stoffes anzuwenden und dem Flächeninhalte nach zu
bestimmen. Bei Gespinnsten ist der Flächeninhalt durch Vergleichung
mit einem Gewebe zu ermitteln, welches aus einem gleichartigen Gespinnste derselben Fadenstärke hergestellt ist.

15. Wenn die nach Nr. 13 und 14 erforderlichen Mengen des Gespinnstes oder Gewebes nicht verfügbar gemacht werden können, dürfen
die Untersuchungen an geringeren Mengen, sowie im Falle der Nr. 14
auch an einem Theile des nach Nr. 13 untersuchten, mit Wasser ausgezogenen, wieder getrockneten Stoffes vorgenommen werden.

16. Das Gespinnst oder Gewebe ist in kleine Stücke zu zerschneiden,
welche in eine tubulirte Retorte aus Kaliglas von etwa 400 ccm zu bringen
und mit 100 ccm reiner Salzsäure von 1,19 specifischem Gewicht zu übergiessen sind. Der Hals der Retorte sei ausgezogen und in stumpfem
Winkel gebogen. Man stellt dieselbe so, dass der an den Bauch stossende
Theil des Halses schief aufwärts, der andere Theil etwas schräg abwärts
gerichtet ist. Letzteren schiebt man in die Kühlröhre eines Liebig'-
schen Kühlapparates und schliesst die Berührungsstelle mit einem Stück
Kautschukschlauch. Die Kühlröhre führt man luftdicht in eine tubulirte
Vorlage von etwa 500 ccm Inhalt. Die Vorlage wird mit etwa 200 ccm
Wasser beschickt und, um sie abzukühlen, in eine mit kaltem Wasser
gefüllte Schale eingetaucht. Den Tubus der Vorlage verbindet man in
geeigneter Weise mit einer mit Wasser beschickten Péligot'schen
Röhre.

17. Nach Ablauf von etwa einer Stunde bringt man 5 ccm einer
aus Krystallen bereiteten, kalt gesättigten Lösung von arsenfreiem Eisen-

---

[1]) Es bleibt dem Untersuchenden unbenommen, vorweg mit dem Marsh'-
schen Apparate an einer genügend grossen Probe festzustellen, ob überhaupt
Arsen in dem Gespinnste oder Gewebe enthalten ist. Bei negativem Ausfalle eines
solchen Versuches bedarf es nicht der weiteren Prüfungen nach Nr. 13 u. s. w.
und No. 16 u. s. w. — Vergl. auch Gutzeit-Flückiger, S. 83.

chlorür (S. 34) in die Retorte und erhitzt deren Inhalt. Nachdem der überschüssige Chlorwasserstoff entwichen, steigert man die Temperatur, so dass die Flüssigkeit ins Kochen kommt und destillirt, bis der Inhalt stärker zu steigen beginnt. Man lässt jetzt erkalten, bringt nochmals 50 ccm der Salzsäure von 1,19 spec. Gew. in die Retorte und destillirt in gleicher Weise ab.

18. Die durch organische Substanzen braun gefärbte Flüssigkeit in der Vorlage vereinigt man mit dem Inhalte der Péligot'schen Röhre, verdünnt mit destillirtem Wasser etwa auf 600 bis 700 ccm und leitet, anfangs unter Erwärmen, dann in der Kälte, reines Schwefelwasserstoffgas ein.

19. Nach 12 Stunden filtrirt man den braunen, zum Theil oder ganz aus organischen Substanzen bestehenden Niederschlag auf einem Asbestfilter ab, welches man durch entsprechendes Einlegen von Asbest in einen Trichter, dessen Röhre mit einem Glashahn versehen ist, hergestellt hat. Nach kurzem Auswaschen des Niederschlages schliesst man den Hahn und behandelt den Niederschlag in dem Trichter unter Bedecken mit einer Glasplatte oder einem Uhrglase mit wenigen Cubikcentimetern Bromsalzsäure, welche durch Auflösen von Brom in Salzsäure von 1,19 spec. Gew. hergestellt worden ist. Nach etwa halbstündiger Einwirkung lässt man die Lösung durch Oeffnen des Hahnes in den Fällungskolben abfliessen, an dessen Wänden häufig noch geringe Antheile des Schwefelwasserstoffniederschlages haften. Den Rückstand auf dem Asbestfilter wäscht man mit Salzsäure von 1,19 spec. Gew. aus.

20. In dem Kolben versetzt man die Flüssigkeit wieder mit überschüssigem Eisenchlorür und bringt den Kolbeninhalt unter Nachspülen mit Salzsäure von 1,19 spec. Gew. in eine entsprechend kleinere Retorte eines zweiten, im Uebrigen dem in Nr. 16 beschriebenen gleichen Destillirapparates, destillirt, wie in Nr. 17 angegeben, ziemlich weit ab, lässt erkalten, bringt nochmals 50 ccm Salzsäure von 1,19 spec. Gew. in die Retorte und destillirt wieder ab.

21. Das Destillat ist jetzt in der Regel wasserhell. Man verdünnt es mit destillirtem Wasser auf etwa 700 ccm, leitet Schwefelwasserstoff, wie in Nr. 18 angegeben, ein, filtrirt nach 12 Stunden das etwa niedergefallene Dreifach-Schwefelarsen auf einem, nach einander mit verdünnter Salzsäure, Wasser und Alkohol ausgewaschenen, bei 110⁰ C. getrockneten und gewogenen Filterchen ab, wäscht den Rückstand auf dem Filter erst mit Wasser, dann mit absolutem Alkohol, mit erwärmtem Schwefelkohlenstoff und schliesslich wieder mit absolutem Alkohol aus, trocknet bei 110⁰ C. und wägt.

22. Man berechnet aus dem erhaltenen dreifachen Schwefelarsen die Menge des Arsens und ermittelt, unter Berücksichtigung des nach Nr. 14 festgestellten Flächeninhaltes der Probe, die auf 100 qcm des Gespinnstes oder Gewebes entfallende Arsenmenge.

Gesetz, betreffend die Verwendung gesundheitsschädlicher Farben bei der Herstellung von Nahrungsmitteln, Genussmitteln und Gebrauchsgegenständen.

Vom 5. Juli 1887.

Wir Wilhelm, von Gottes Gnaden Deutscher Kaiser, König von Preussen etc., verordnen im Namen des Reichs, nach erfolgter Zustimmung des Bundesraths und des Reichstages, was folgt:

§. 1. Gesundheitsschädliche Farben dürfen zur Herstellung von Nahrungs- und Genussmitteln, welche zum Verkaufe bestimmt sind, nicht verwendet werden.

Gesundheitsschädliche Farben im Sinne dieser Bestimmung sind diejenigen Farbstoffe und Farbzubereitungen, welche Antimon, Arsen, Barium, Blei, Cadmium, Chrom, Kupfer, Quecksilber, Uran, Zink, Zinn, Gummigutti, Korallin, Pikrinsäure enthalten.

Der Reichskanzler ist ermächtigt, nähere Vorschriften über das bei der Feststellung des Vorhandenseins von Arsen und Zinn anzuwendende Verfahren zu erlassen [1]).

§. 2. Zur Aufbewahrung oder Verpackung von Nahrungs- und Genussmitteln, welche zum Verkaufe bestimmt sind, dürfen Gefässe, Umhüllungen oder Schutzbedeckungen, zu deren Herstellung Farben der im §. 1, Absatz 2 bezeichneten Art verwendet sind, nicht benutzt werden.

Auf die Verwendung von

schwefelsaurem Barium (Schwerspath, *blanc fixe*),
Barytfarblacken, welche von kohlensaurem Barium frei sind,
Chromoxyd,
Kupfer, Zinn, Zink und Legirungen als Metallfarben,
Zinnober,
Zinnoxyd,
Schwefelzinn als Musivgold,
sowie auf alle in Glasmassen, Glasuren oder Emails eingebrannte Farben und auf den äusseren Anstrich von Gefässen aus wasserdichten Stoffen

findet diese Bestimmung nicht Anwendung.

§. 3. Zur Herstellung von kosmetischen Mitteln (Mitteln zur Reinigung, Pflege oder Färbung der Haut, des Haares oder der Mundhöhle), welche zum Verkaufe bestimmt sind, dürfen die im §. 1, Absatz 2 bezeichneten Stoffe nicht verwendet werden.

Auf schwefelsaures Barium (Schwerspath, *blanc fixe*), Schwefelcadmium, Chromoxyd, Zinnober, Zinkoxyd, Zinnoxyd, Schwefelzink, sowie auf Kupfer, Zinn, Zink und deren Legirungen in Form von Puder findet diese Bestimmung nicht Anwendung.

§. 4. Zur Herstellung von zum Verkauf bestimmten Spielwaaren (einschliesslich der Bilderbogen, Bilderbücher und Tuschfarben für Kinder), Blumentopfgittern und künstlichen Christbäumen dürfen die im §. 1, Absatz 2 bezeichneten Farben nicht verwendet werden.

Auf die im §. 2, Absatz 2 bezeichneten Stoffe, sowie auf

Schwefelantimon und Schwefelcadmium als Färbemittel der Gummimasse,
Bleioxyd in Firniss,

---

[1]) Vergl. die „Bekanntmachung" auf S. 187.

Bleiweiss als Bestandtheil des sogenannten Wachsgusses, jedoch nur,
sofern dasselbe nicht einen Gewichtstheil in 100 Gew.-Thln. der
Masse übersteigt,

chromsaures Blei (für sich oder in Verbindung mit schwefelsaurem
Blei) als Oel- oder Lackfarbe oder mit Lack- oder Firnissüberzug,

die in Wasser unlöslichen Zinkverbindungen, bei Gummispielwaaren
jedoch nur, soweit sie als Färbemittel der Gummimasse, als Oel-
oder Lackfarben oder mit Lack- oder Firnissüberzug verwendet
werden,

alle in Glasuren oder Emails eingebrannten Farben

findet diese Bestimmung nicht Anwendung.

Soweit zur Herstellung von Spielwaaren die in den §§. 7 und 8 bezeichneten
Gegenstände verwerthet werden, finden auf letztere lediglich die Vorschriften
der §§. 7 und 8 Anwendung.

§. 5.   Zur Herstellung von Buch- und Steindruck auf den in den §§. 2, 3
und 4 bezeichneten Gegenständen dürfen nur solche Farben nicht verwendet
werden, welche Arsen enthalten.

§. 6.   Tuschfarben jeder Art dürfen als frei von gesundheitsschädlichen
Stoffen, bezw. giftfrei, nicht verkauft oder feilgehalten werden, wenn sie den
Vorschriften im §. 4, Absatz 1 und 2 nicht entsprechen.

§. 7.   Zur Herstellung von zum Verkauf bestimmten Tapeten, Möbel-
stoffen, Teppichen, Stoffen zu Vorhängen oder Bekleidungsgegenständen, Masken,
Kerzen, sowie künstlichen Blättern, Blumen und Früchten dürfen Farben, welche
Arsen enthalten, nicht verwendet werden.

Auf die Verwendung arsenhaltiger Beizen oder Fixirungsmittel zum Zwecke
des Färbens oder Bedruckens von Gespinnsten oder Geweben findet diese Bestimmung nicht Anwendung.   Doch dürfen derartig bearbeitete Gespinnste oder
Gewebe zur Herstellung der im Absatz 1 bezeichneten Gegenstände nicht verwendet werden, wenn sie das Arsen in wasserlöslicher Form oder in solcher
Menge enthalten, dass in 100 qcm des fertigen Gegenstandes mehr als 2 mg
Arsen vorfinden.   Der Reichskanzler ist ermächtigt, nähere Vorschriften über
das bei der Feststellung des Arsengehaltes anzuwendende Verfahren zu erlassen[1]).

§. 8.   Die Vorschriften des §. 7 finden auch auf die Herstellung von zum
Verkauf bestimmten Schreibmaterialien, Lampen- und Lichtschirme, sowie Licht-
manschetten Anwendung.

Die Herstellung der Oblaten unterliegt den Bestimmungen im §. 1, jedoch
sofern sie nicht zum Genusse bestimmt sind, mit der Maassgabe, dass die Verwendung von schwefelsaurem Barium (Schwerspath, *blanc fixe*), Chromoxyd und
Zinnober gestattet ist.

§. 9.   Arsenhaltige Wasser- oder Leimfarben dürfen zur Herstellung des
Anstrichs von Fussböden, Decken, Wänden, Thüren, Fenstern der Wohn- oder
Geschäftsräume, von Roll-, Zug- oder Klappläden oder Vorhängen, von Möbeln
und sonstigen häuslichen Gebrauchsgegenständen nicht verwendet werden.

§. 10.   Auf die Verwendung von Farben, welche die im §. 1, Absatz 2
bezeichneten Stoffe nicht als constituirende Bestandtheile, sondern nur als Verunreinigungen, und zwar höchstens in einer Menge enthalten, welche sich bei
den in der Technik gebräuchlichen Darstellungsverfahren nicht vermeiden
lässt, finden die Bestimmungen der §§. 2 bis 9 nicht Anwendung[2]).

§. 11.   Auf die Färbung von Pelzwaaren finden die Vorschriften dieses
Gesetzes nicht Anwendung.

---

[1]) Vergl. die „Bekanntmachung" auf S. 187.
[2]) Vergl. die Anmerkung auf S. 87.

§. 12. Mit Geldstrafe bis zu einhundertfünfzig Mark oder mit Haft wird bestraft:

1. wer den Vorschriften der §§. 1 bis 5, 7, 8 und 10 zuwider, Nahrungs-mittel, Genussmittel oder Gebrauchsgegenstände herstellt, aufbewahrt oder verpackt, oder derartig hergestellte, aufbewahrte oder verpackte Gegenstände gewerbsmässig verkauft oder feilhält;
2. wer der Vorschrift des §. 6 zuwiderhandelt;
3. wer der Vorschrift des §. 9 zuwiderhandelt, ingleichen wer Gegen-stände, welche dem §. 9 zuwider hergestellt sind, gewerbsmässig ver-kauft oder feilhält.

§. 13. Neben der im §. 12 vorgesehenen Strafe kann auf Einziehung der verbotswidrig hergestellten, aufbewahrten, verpackten, verkauften oder feilgehaltenen Gegenstände erkannt werden, ohne Unterschied, ob sie dem Ver-urtheilten gehören oder nicht.

Ist die Verfolgung oder Verurtheilung einer bestimmten Person nicht aus-führbar, so kann auf die Einziehung selbstständig erkannt werden.

§. 14. Die Vorschriften des Gesetzes, betreffend den Verkehr mit Nah-rungsmitteln, Genussmitteln und Gebrauchsgegenständen vom 14. Mai 1879 (Reichsgesetzblatt, S. 145), bleiben unberührt. Die Vorschriften in den §§. 16, 17 desselben finden auch bei Zuwiderhandlungen gegen die Vorschriften des gegenwärtigen Gesetzes Anwendung.

§. 15. Dieses Gesetz tritt mit dem 1. Mai 1888 in Kraft; mit demselben Tage tritt die Kaiserliche Verordnung, betreffend die Verwendung giftiger Farben, vom 1. Mai 1882 (Reichgesetzblatt, S. 55) ausser Kraft.

Urkundlich unter Unserer Höchsteigenhändigen Unterschrift und beige-drucktem Kaiserlichen Insiegel.

Gegeben Bad Ems, den 5. Juli 1887.

(L. S.)   W i l h e l m.
                                       von Boetticher.

Gesetz, betreffend den Verkehr mit blei- und zinkhaltigen Gegenständen.

Vom 25. Juni 1887.

Wir Wilhelm, von Gottes Gnaden Deutscher Kaiser, König von Preussen etc., verordnen im Namen des Reichs, nach erfolgter Zustimmung des Bundesraths und des Reichstags, was folgt:

§. 1. Ess-, Trink- und Kochgeschirre, sowie Flüssigkeitsmaasse dürfen nicht

1. ganz oder theilweise aus Blei oder einer in 100 Gew.-Thln. mehr als 10 Gew.-Thle. Blei enthaltenden Metalllegirung hergestellt,
2. an der Innenseite mit einer in 100 Gew.-Thln. mehr als 1 Gew.-Thl. Blei enthaltenden Metalllegirung verzinnt oder mit einer in 100 Gew.-Thln. mehr als 10 Gew.-Thle. Blei enthaltenden Metalllegirung gelöthet,
3. mit Email oder Glasur versehen sein, welche bei halbstündigem Kochen mit einem in 100 Gew.-Thln. 4 Gew.-Thle. Essigsäure ent-haltenden Essig an den letzteren Blei abgeben.

Auf Geschirre und Flüssigkeitsmaasse aus bleifreiem Britannia-metall findet die Vorschrift in Ziffer 2 betreffs des Lothes nicht An-wendung.

Zur Herstellung von Druckvorrichtungen zum Ausschank von Bier, sowie von Siphons für kohlensäurehaltige Getränke und von Metalltheilen für Kindersaugflaschen dürfen nur Metalllegirungen verwendet werden, welche in 100 Gew.-Thln. nicht mehr als 1 Gew.-Thl. Blei enthalten.

§. 2. Zur Herstellung von Mundstücken für Saugflaschen, Saugringen und Warzenhütchen darf blei- oder zinkhaltiger Kautschuk nicht verwendet sein.

Zur Herstellung von Trinkbechern und von Spielwaaren, mit Ausnahme der massiven Bälle, darf bleihaltiger Kautschuk nicht verwendet sein.

Zu Leitungen für Bier, Wein oder Essig dürfen bleihaltige Kautschukschläuche nicht verwendet werden.

§. 3. Geschirre und Gefässe zur Verfertigung von Getränken und Fruchtsäften dürfen in denjenigen Theilen, welche bei dem bestimmungsgemässen oder voraus zu sehenden Gebrauche mit dem Inhalte in unmittelbare Berührung kommen, nicht den Vorschriften des §. 1 zuwider hergestellt sein.

Conservebüchsen müssen auf der Innenseite den Bedingungen des §. 1 entsprechend hergestellt sein.

Zur Aufbewahrung von Getränken dürfen Gefässe nicht verwendet sein, in welchen sich Rückstände von bleihaltigem Schrote befinden. Zur Packung von Schnupf- und Kautabak, sowie Käse dürfen Metallfolien nicht verwendet sein, welche in 100 Gew.-Thln. mehr als 1 Gew.-Thl. Blei enthalten.

§. 4. Mit Geldstrafe bis 150 Mk. oder Haft wird bestraft:

1. wer Gegenstände der im §. 1, §. 2, Absatz 1 und 2, §. 3, Absatz 1 und 2 bezeichneten Art den daselbst getroffenen Bestimmungen zuwider gewerbsmässig herstellt;

2. wer Gegenstände, welche den Bestimmungen im §. 1, §. 2, Absatz 1 und 2, und §. 3 zuwider hergestellt, aufbewahrt oder verpackt sind, gewerbsmässig verkauft oder feilhält;

3. wer Druckvorrichtungen, welche den Vorschriften im §. 1, Absatz 3 nicht entsprechen, zum Ausschank von Bier oder bleihaltige Schläuche zur Leitung von Bier, Wein oder Essig gewerbsmässig verwendet.

§. 5. Gleiche Strafe trifft denjenigen, welcher zur Verfertigung von Nahrungs- oder Genussmitteln bestimmte Mühlsteine unter Verwendung von Blei oder bleihaltigen Stoffen an der Mahlfläche herstellt, oder derartig hergestellte Mühlsteine zur Verfertigung von Nahrungs- oder Genussmitteln verwendet.

§. 6. Neben der in den §§. 4 und 5 vorgesehenen Strafe kann auf Einziehung der Gegenstände, welche den betreffenden Vorschriften zuwider hergestellt, verkauft, feilgehalten oder verwendet sind, sowie der vorschriftswidrig hergestellten Mühlsteine erkannt werden.

Ist die Verfolgung oder Verurtheilung einer bestimmten Person nicht ausführbar, so kann auf die Einziehung selbstständig erkannt werden.

§. 7. Die Vorschriften des Gesetzes, betreffend den Verkehr mit Nahrungsmitteln, Genussmitteln und Gebrauchsgegenständen, vom 14. Mai 1879 (Reichsgesetzblatt, S. 145) bleiben unberührt. Die Vorschriften in den §§. 16, 17 desselben finden auch bei Zuwiderhandlungen gegen die Vorschriften des gegenwärtigen Gesetzes Anwendung.

§. 8. Dieses Gesetz tritt mit dem 1 October 1888 in Kraft.

Urkundlich unter Unserer Höchsteigenhändigen Unterschrift und beigedrucktem Kaiserlichen Insiegel.

Gegeben Berlin, den 25. Juni 1887.

(L. S.)   W i l h e l m.

von Boetticher.

Die wichtigsten gesetzlichen Bestimmungen [1]) für gerichtlich-chemische Sachverständige.

Die Auswahl der Sachverständigen erfolgt durch den Richter; sind für gewisse Arten von Gutachten Sachverständige öffentlich ernannt, so sollen andere Personen nur dann gewählt werden, wenn besondere Umstände es erfordern. §. 73, Str.-P.-O.

Der zum Sachverständigen Ernannte hat der Ernennung Folge zu leisten, wenn er zur Erstattung von Gutachten der geforderten Art öffentlich bestellt ist, oder wenn er die Wissenschaft, die Kunst oder das Gewerbe, deren Kenntniss Voraussetzung der Begutachtung ist, öffentlich zum Erwerbe ausübt, oder wenn er zur Ausübung derselben bestellt oder ermächtigt ist. §. 75, Str.-P.-O. und §. 372, Civ.-P.-O.

Im Falle des Nichterscheinens oder der Weigerung eines zur Erstattung des Gutachtens verpflichteten Sachverständigen wird dieser zum Ersatz der Kosten und zu einer Geldstrafe bis zu 300 Mk. verurtheilt. Im Falle wiederholten Ungehorsams kann noch einmal auf eine Geldstrafe bis zu 600 Mk. erkannt werden. §. 77, Str.-P.-O.

Dem Sachverständigen kann auf sein Verlangen zur Vorbereitung des Gutachtens durch Vernehmung von Zeugen oder des Beschuldigten weitere Aufklärung verschafft werden. Zu demselben Zwecke kann ihm gestattet werden, die Acten einzusehen . . . . . . §. 80, Str.-P.-O.

Der Sachverständige erhält für seine Leistungen eine Vergütung nach Maassgabe der erforderlichen Zeitversäumniss bis zu 2 Mk. auf jede angefangene Stunde. Die Vergütung ist unter Berücksichtigung der Erwerbsverhältnisse des Sachverständigen zu bemessen und für jeden Tag auf nicht mehr als 10 Stunden zu gewähren. Ausserdem sind dem Sachverständigen die auf die Vorbereitung des Gutachtens verwendeten Kosten [2]), sowie die für eine Untersuchung verbrauchten Stoffe [3]) und Werkzeuge zu vergüten. §. 3, Geb.-O.

Bei schwierigen Untersuchungen und Sachprüfungen ist dem Sachverständigen auf Verlangen für die aufgetragene Leistung eine Vergütung nach dem üblichen Preise [4]) derselben und für die ausserdem stattfindende Theilnahme an Terminen die im vorigen Paragraphen bestimmte Vergütung zu gewähren. §. 4, Geb.-O.

---

[1]) Aus der Strafprocess-Ordnung (Str.-P.-O.), der Civilprocess-Ordnung (Civ.-P.-O.) und der Gebühren-Ordnung (Geb.-O.).

[2]) Nach §. 8 des Gesetzes vom 9. März 1872 kann der Sachverständige auch die Kosten für ein besonderes Local, in welchem die Untersuchung ausgeführt werden musste, beanspruchen.

[3]) Einschliesslich der auf ihre Reinigung und Prüfung verwendeten Zeit, letztere mit 2 Mk. pro Stunde berechnet.

[4]) Der „übliche Preis" wird von dem Regierungs-Medicinal-Rathe festgesetzt und beträgt nach §. 8 des Gesetzes vom 9. März 1872 ausschliesslich der verbrauchten Reagentien, Apparate und sonstigen Auslagen 12 bis 75 Mk. Diese vielfach ganz unzulängliche Gebühr kann allerdings nach einer Verfügung des Justizministers von 25. November 1872 mehrfach angesetzt werden, aber nur dann, wenn die Feststellungen ihrem Zwecke nach sich als verschieden darstellen.

In irgend zweifelhaften Fällen versäume man nicht, die Behörde, welche die Untersuchung angeordnet hat, zu befragen, ob es sich dabei nur um eine oder mehrere Beweisthatsachen handelt.

Als versäumt gilt für den Sachverständigen auch die Zeit, während welcher er seine gewöhnliche Beschäftigung nicht wieder aufnehmen kann. §. 5, Geb.-O.

Musste der Sachverständige einen Weg von mehr als 2 km zurücklegen, so ist ihm eine Entschädigung für die Reise und für den durch die Abwesenheit vom Aufenthaltsorte verursachten Aufwand nach folgenden Bestimmungen zu gewähren. §. 6, Geb.-O.

Soweit nach den persönlichen Verhältnissen des Sachverständigen oder nach äusseren Umständen die Benutzung von Transportmitteln für angemessen zu erachten ist, sind als Reiseentschädigung die nach billigem Ermessen in dem einzelnen Falle erforderlichen Kosten zu gewähren. In anderen Fällen beträgt die Reiseentschädigung für jedes angefangene Kilometer des Hinweges und des Rückweges 5 Pfennig. §. 7, Geb.-O.

Die Entschädigung für den durch Abwesenheit von dem Aufenthaltsorte verursachten Aufwand ist nach den persönlichen Verhältnissen des Sachverständigen zu bemessen, soll jedoch den Betrag von 5 Mk. für jeden Tag, an welchem der Sachverständige abwesend gewesen ist, und von 3 Mk. für jedes ausserhalb genommene Nachtquartier nicht übersteigen. §. 8, Geb.-O.

Auch für einen Weg von mehr als 2 km innerhalb des Ortes wird gleichmässig vergütet. §. 9, Geb.-O.

Die Gebühren der Sachverständigen werden nur auf Verlangen derselben gewährt. Der Anspruch erlischt, wenn das Verlangen binnen drei Monaten nach Abgabe des Gutachtens bei dem zuständigen Gerichte nicht angebracht wird. §. 16, Geb.-O.

Die einem Sachverständigen zu gewährenden Beträge werden durch das Gericht oder den Richter, vor welchem die Verhandlung stattfindet, festgesetzt. Sofern die Beträge aus der Staatscasse gezahlt und dieser nicht erstattet sind, kann die Festsetzung von dem Gerichte oder dem Richter, durch welche sie erfolgt ist, sowie von dem Gerichte der höheren Instanz von Amtswegen berichtigt werden.

Gegen diese Festsetzung findet Beschwerde nach Maassgabe der §§. 531 bis 538 der Civ.-P.-O. und des §. 4, al. 3 des Gerichtskostengesetzes, in Strafsachen nach Maassgabe der §§. 346 bis 352 der Str.-P.-O. statt.

Gold- und Silberwaaren.

Zur Herstellung von Gold- und Silberwaaren werden nicht die Metalle selbst, sondern nur Legirungen derselben mit einander oder mit Kupfer verwendet.

Den Gehalt derartiger Legirungen an Gold und Silber, bezw. das Verhältniss des Edelmetalles zur gesammten Metallmasse, bezeichnet man als „Feingehalt" und giebt denselben jetzt[1]) in „Tausendtheilen" an.

Dies vorausgeschickt, mögen hier die wichtigsten Paragraphen des den Handel mit Gold- und Silberwaaren regelnden Reichsgesetzes[2]) Platz finden:

---

[1]) Früher wurde der Feingehalt von Goldlegirungen in „Karaten", derjenige von Silberlegirungen in „Lothen" angegeben, indem man die Karate (Gold) oder Lothe (Silber) zählte, die in „1 Mark" (= $\frac{1}{2}$ Pfund = 24 Karat oder = 16 Loth) der betreffenden Legirung enthalten waren.

[2]) Dasselbe heisst: Gesetz, betreffend den Feingehalt der Gold- und Silberwaaren, vom 16. Juni 1884, und befindet sich seit dem 1. Januar 1888 in Kraft.

§. 1. Gold- und Silberwaaren dürfen zu jedem Feingehalte angefertigt und feilgehalten werden. Die Angabe des Feingehaltes auf denselben ist nur nach Maassgabe der folgenden Bestimmungen gestattet.

§. 2. Auf goldenen Geräthen[1]) darf der Feingehalt nur in 585 oder mehr Tausendtheilen, auf silbernen Geräthen nur in 800 oder mehr Tausendtheilen angegeben werden.

Der wirkliche Feingehalt darf weder im Ganzen der Waare noch auch in deren einzelnen Bestandtheilen, bei goldenen Geräthen mehr als fünf, bei silbernen Geräthen mehr als acht Tausendtheile unter dem angegebenen Feingehalte bleiben. Vorbehaltlich dieser Abweichung muss der Gegenstand im Ganzen und mit der Löthung eingeschmolzen den angegebenen Feingehalt haben.

§. 3. Die Angabe des Feingehaltes auf goldenen und silbernen Geräthen geschieht durch ein Stempelzeichen, welches die Zahl der Tausendtheile und die Firma des Geschäfts, für welches die Stempelung bewirkt ist, kenntlich macht. Die Form des Stempelzeichens[2]) wird durch den Bundesrath bestimmt.

§. 5. Schmucksachen von Gold und Silber dürfen in jedem Feingehalte gestempelt werden und ist in diesem Falle das letztere in Tausendtheilen anzugeben.

Die Fehlergrenze darf zehn Tausendtheile nicht überschreiten, wenn der Gegenstand im Ganzen eingeschmolzen wird.

Das vom Bundesrath gemäss §. 3 bestimmte Stempelzeichen darf auf Schmucksachen von Gold und Silber nicht angebracht werden.

§. 8. Auf Gold- und Silberwaaren, welche mit anderen metallischen Stoffen ausgefüllt sind, darf der Feingehalt nicht angegeben werden.

Dasselbe gilt von Gold- und Silberwaaren, mit welchen aus anderen Metallen bestehende Verstärkungsvorrichtungen metallisch verbunden sind.

Bei Ermittelung des Feingehaltes bleiben alle von dem zu stempelnden Metalle verschiedenen, äusserlich als solche erkennbaren Metalle ausser Betracht, welche:

1. zur Verzierung der Waare dienen;
2. zur Herstellung mechanischer Vorrichtungen erforderlich sind;
3. als Verstärkungsvorrichtungen ohne metallische Verbindung sich darstellen.

§. 9. Mit Geldstrafe bis zu eintausend Mark oder mit Gefängniss bis zu sechs Monaten wird bestraft:

1. wer Gold- oder Silberwaaren, welche nach diesem Gesetze mit einer Angabe des Feingehaltes nicht versehen sein dürfen, mit einer solchen Angabe versieht;
2. wer Gold- oder Silberwaaren, welche nach diesem Gesetze mit einer Angabe des Feingehaltes versehen sein dürfen, mit einer anderen, als der nach diesem Gesetze zulässigen Feingehaltsangabe versieht;

---

[1]) Man achte auf den Gegensatz zwischen „Geräthen", worunter Ess- und Trinkgeschirr, Tafelgeräth etc. zu verstehen ist, und „Schmucksachen". — Goldene und silberne Uhrgehäuse unterliegen nach §. 4 den Bestimmungen der §§. 2 und 3.

[2]) Dasselbe muss laut Beschluss des Bundesrathes vom 7. Januar 1886 enthalten: Das Sonnenzeichen für Gold, darin die Reichskrone; — das Mondsichelzeichen für Silber, rechts daneben die Reichskrone; — die Angabe des Feingehaltes in Tausendtheilen; — die Firma oder die eingetragene Schutzmarke des Geschäfts, für welches die Stempelung bewirkt ist.

Ausländische Waaren mit einer diesem Gesetze nicht entsprechenden Feingehaltsbezeichnung müssen nach §. 6 für den Verkauf im Deutschen Reiche mit einem Stempelzeichen nach Maassgabe dieses Gesetzes versehen werden.

3. wer gold- oder silberähnliche Waaren mit einem durch dieses Gesetz vorgesehenen Stempelzeichen oder mit einem Stempelzeichen versieht, welches nach diesem Gesetze als Feingehaltsbezeichnung für Gold- und Silberwaaren nicht zulässig ist;

4. wer Waaren feilhält, welche mit einer gegen die Bestimmungen dieses Gesetzes verstossenden Bezeichnung versehen sind.

Mit der Verurtheilung ist zugleich auf Vernichtung der gesetzwidrigen Bezeichnung oder, wenn diese in anderer Weise nicht möglich ist, auf Zerstörung der Waare zu erkennen.

Prüfung von Gold- und Silberwaaren.

Die Beantwortung der Frage, ob Gold- und Silberwaaren gegebenen Falles den vorstehend angedeuteten gesetzlichen Bestimmungen entsprechen, sowie das Urtheil über die Echtheit gold- und silberähnlicher Gegenstände wird von Seiten des Gerichtes meist Goldarbeitern oder Juwelieren als Sachverständigen aufgegeben, die ihre Untersuchungen mittelst des Probirsteines und der Probirnadeln vornehmen.

Zu diesem Zwecke wird der Strich, den der zu prüfende Gegenstand auf dem Probirsteine (Basalt, Kieselschiefer) hervorbringt, mit den Strichen der Probirnadeln, die einen verschiedenen, aber bekannten Feingehalt besitzen, in Bezug auf Farbe, Löslichkeit in Salpetersäure oder Königswasser[1]) verglichen und daraus ein Schluss auf die Echtheit oder den Feingehalt der betreffenden Waare gezogen.

Für den Chemiker handelt es sich in derartigen Fällen nur um qualitative oder quantitative Prüfungen auf Gold und Silber, was vielfach nicht ohne erhebliche Beschädigung oder gänzliche Vernichtung des Untersuchungsobjectes geschehen kann.

Unterscheidung echten Goldes oder Silbers von ähnlichen unechten Legirungen.

Ob ein gold- oder silberähnlicher Gegenstand wirklich das betreffende Edelmetall in der Masse bezw. als Ueberzug enthält, oder ob er nur aus unedlem Metall besteht, darüber können auch folgende einfache Proben Auskunft geben:

1. Auf eine vorher mit Weingeist gereinigte Stelle des zu prüfenden Gegenstandes bringt man einen Tropfen verdünnte Kupferchlorid- oder neutrale Kupfernitratlösung, spült dann das Reagens mit etwas Wasser ab und betupft die betreffende Stelle mit Fliesspapier: echte oder echt vergoldete Gegenstände zeigen keine Veränderung, wogegen bei unechten oder nur sehr schwach vergoldeten Metallen (die dann nach der später anzugebenden Methode von Finkener zu prüfen wären) ein dunkler Fleck hinterbleibt (Weber u. Löwe).

2. Betupft man das betreffende Metall mit Goldchloridlösung, so bleibt es, wenn es echtes Gold oder echt vergoldet ist, unverändert, andernfalls entsteht ein brauner Fleck.

Silbernitratlösung erzeugt nur auf unechten, goldähnlichen Metallen einen grauen Fleck (Guyot).

---

[1]) Salpetersäure vom spec. Gew. 1,34 mit 2 Proc. Salzsäure versetzt.

3. Befeuchtet man den zu prüfenden Gegenstand mit einer etwas erwärmten Lösung von Chromsäure in Wasser (1:10) oder von
Kaliumdichromat (1 Thl.), concentrirter Schwefelsäure
(2 Thln.) und Wasser (10 Thln.), so entsteht, wenn das betreffende
Metall echtes Silber oder echt versilbert ist, ein rother
Fleck von Silberchromat (Runge).
4. Silbernitratlösung (1 : 10) verändert echt silberne oder versilberte Gegenstände nicht, während auf unechten, silberähn-
lichen Metallen ein grauer oder brauner Fleck entsteht.

Erkennung leichter Vergoldung und Versilberung nach Finkener [1]).

Nach dieser officiell publicirten Instruction zur Prüfung der Echtheit anscheinender Vergoldungen und Versilberungen wird der
mit einer Federzange gefasste Untersuchungsgegenstand mit Alkohol und
gleich darauf mit Aether abgespritzt [2]), eine Minute auf Fliesspapier gelegt
und dann in ein mit Alkohol und Aether gereinigtes, trockenes Reagensglas
gebracht.

Je nach dem Gewichte des Stückes, welches etwa 0,1 bis 1,5 g betragen
mag, übergiesst man es mit 0,5 bis 10,0 ccm chlorfreier Salpetersäure
($d = 1,3$).

Bleibt die Säure klar, so lässt man das Stück sich auflösen, wird aber die
Säure milchig trübe, so giesst man sie sofort in ein anderes, reines, trockenes
Reagensglas.

War das Stück vergoldet, so sieht man in der Flüssigkeit, besonders
auf der Oberfläche und am Boden, Goldflitterchen, selbst dann noch,
wenn die auf 2 qcm Fläche enthaltene Menge Gold nur 0,01 mg beträgt.

Versilberte Waaren geben beim Betupfen mit einer Mischung gleicher
Theile Kaliumbichromat und reiner Salpetersäure ($d = 1,25$) einen
rothen Fleck [3]).

Zur Erkennung einer leichten Versilberung betupft man den mit Alkohol
und Aether gereinigten Gegenstand mit einem Tropfen einer ca. 1,5 procentigen
Lösung von Dinatriumsulfid [4]) und spült nach 10 Minuten den Tropfen mit
Wasser ab.

Versilberte Gegenstände hinterlassen einen vollen, runden, stahl-
grauen Fleck; andere weisse Metalle oder Legirungen (verquecksilbertes

---

[1]) Mittheilungen aus den Königl. technischen Versuchsanstalten zu Berlin
1884. — Wagner-Fischer, Jahresbericht über die Fortschritte der chemischen Technologie 1884, S. 248.

[2]) Um Firnissüberzüge vollständig zu entfernen, empfiehlt Kayser, auf die
Waschung mit Alkohol und Aether noch eine solche mit Chloroform folgen zu
lassen. Vergl. Mittheilungen des bayerischen Gewerbemuseums 1885.

[3]) Nach Buchner tritt diese Reaction bei sehr schwach versilberten
Waaren erst ein, wenn man das Reagens mit dem gleichen Volum Wasser
verdünnt anwendet, oder wenn man auf den zu prüfenden Gegenstand erst einen
Tropfen Wasser bringt und zu diesem ein wenig von dem unverdünnten Reagens
zufliessen lässt. Vergl. Bayer. Ind.- u. Gewerbeblatt 1890, S. 483.

[4]) 30 g krystallisirtes Schwefelnatrium werden mit 10 ccm Wasser und
4,2 g Schwefelblumen etwa 10 Minuten zum Kochen erhitzt und nach erfolgter
Lösung des Schwefels auf 1 Liter verdünnt.

Kupfer ausgenommen) zeigen bei gleicher Behandlung diese Erscheinung nicht, sondern höchstens am Rande des Tropfens einen Ring.

Verquecksilbertes Kupfer wird durch den Tropfen Schwefelnatrium schneller gefärbt und matter schwarz als Silber.

Die Probe ist so empfindlich, dass sie noch eine Versilberung anzeigt, die so dünn ist, dass sie die ursprüngliche Farbe des Metalles durchscheinen lässt.

Bestimmung des Feingehaltes von Gold- und Silberwaaren.

Die Bestimmung des Feingehaltes, d. h. des Verhältnisses, in welchem das Edelmetall zur gesammten Metallmasse steht, wird in den „Münzen", d. h. in besonderen, unter staatlicher Aufsicht stehenden Werkstätten nach bestimmt vorgeschriebenen Arbeitsmethoden ausgeführt[1]).

Für die wenigen Fälle, in denen gerichtliche Chemiker mit derartigen Untersuchungen betraut werden, genügen quantitative Gold- und Silberbestimmungen nach den in den analytischen Laboratorien gebräuchlichen Methoden.

So würde man z. B. eine Feingoldbestimmung in der Weise ausführen, dass man eine genau abgewogene Menge des Untersuchungsgegenstandes in Königswasser löst, das Gold aus dieser Lösung durch salzsaure Eisenchlorürlösung abscheidet und in der üblichen Weise zur Wägung bringt.

Soll der Feingehalt einer Silberlegirung ermittelt werden, so bedient man sich dazu der maassanalytischen Methode von Gay-Lussac — Titration mit Kochsalzlösung — oder besser derjenigen von Volhard[2]).

Letztere beruht bekanntlich darauf, dass Schwefelcyanammonium in einer salpetersauren Lösung von Silber bei Gegenwart eines Eisenoxydsalzes erst dann eine bleibende Rothfärbung erzeugt, wenn alles Silber als Schwefelcyansilber ausgefällt ist, und soll in ihrer speciellen Form als Feinsilberprobe durch ein Beispiel erläutert werden.

Vorversuch.

Man löst 1 g der zu untersuchenden Legirung in reiner Salpetersäure ($d = 1,2$) auf, entfernt die salpetrige Säure vollständig durch Erhitzen, und lässt zur erkalteten und mit 5 ccm einer kalt gesättigten Eisenammoniakalaunlösung vermischten Flüssigkeit unter Umschütteln so lange aus einer Bürette titrirte Rhodanammoniumlösung[3]) zufliessen, bis eine entschiedene bleibende Röthung eintritt.

Angenommen, es seien hierzu 89 ccm Rhodanlösung erforderlich gewesen, so ergiebt sich hieraus (da 0,1 ccm dieser Lösung 0,001 g Silber oder $^1/_{1000}$ Feingehalt anzeigt), dass derselbe $89,9 \times 0,01 = 0,899$ beträgt.

---

[1]) Vergl. hierüber ausführliche Werke, z. B. Graham-Otto-Michaelis, Ausführliches Lehrbuch der anorganischen Chemie (Braunschweig 1889, Vieweg u. Sohn), Bd. III, 1037 ff. (Silberprobiren) und Bd. IV, 1131 (Goldprobiren).

[2]) Liebig's Annalen 190, 1 (1878).

[3]) Man erhält dieselbe, wenn man 7,5 bis 8,0 g reines, chlorfreies Schwefelcyanammonium zum Liter auflöst und gegen eine Lösung von 0,5 g chemisch reinem Silber in Salpetersäure einstellt, so dass 1 ccm Rhodanlösung 0,01 g Silber entspricht.

Hauptversuch.

Nach dem Ergebniss des Vorversuches wägt man nun von dem zu untersuchenden Gegenstande so viel ab, als 1 g Silber entspricht, d. h. im vorliegenden Beispiele 1,113 g [1]), löst diese Probe, wie beim Vorversuche, in Salpetersäure, fügt nach dem Erkalten 5 ccm Eisenlösung und dann aus einer Pipette 100 ccm Rhodanlösung zu, schüttelt um, lässt die Flüssigkeit einige Minuten stehen und titrirt mit $1/10$-Rhodanlösung [2]) aus.

Zu diesem Zwecke lässt man von dieser Lösung aus einer Bürette 0,5 ccm zufliessen, schüttelt um und lässt einige Minuten stehen, dann setzt man wieder 0,5 ccm Titerflüssigkeit zu und fährt in derselben Weise fort, bis nach dem Schütteln eine g a n z s c h w a c h l i c h t b r ä u n l i c h e, a b e r b l e i b e n d e Färbung sichtbar ist. Das letzte halbe Cubikcentimeter $1/10$-Rhodanlösung wird nicht mehr gerechnet.

Angenommen nun, es wären beim Hauptversuche im Ganzen 100 ccm Rhodanlösung $\left(\text{entsprechend } \dfrac{1000}{1000} \text{ Silber}\right)$ + 2,0 ccm $1/10$-Rhodanlösung $\left(\text{ent-}\right.$

sprechend $\dfrac{2}{1000}$ Silber$\left.\right)$ erforderlich gewesen, so würde die Gesammtmenge der

verbrauchten Rhodanlösung $\dfrac{1002}{1000}$ Silber anzeigen.

Da diese Menge Silber in der angewandten Menge 1,113 g der untersuchten Legirung enthalten ist, so beträgt der Silbergehalt von 1 g Substanz, d. h. also der Feingehalt, 0,900, denn:

$$1{,}113 : 1002 = 1 : x,$$
$$x = \frac{1002}{1113} = 0{,}900.$$

Münzen.

Bei der Prüfung von M ü n z e n, worunter hier nur Geldstücke gemeint sind, kommen für den gerichtlichen Sachverständigen namentlich zwei Punkte in Frage: die E c h t h e i t und V o l l w i c h t i g k e i t.

Der Feingehalt wird bei Münzen „Korn", das Gewicht, welches sie haben sollen, „Schrot" genannt.

R e m e d i u m ist die Abweichung, welche die Münzen in „Schrot" und „Korn" zeigen dürfen, ohne als unrichtig zu gelten.

Unter P a s s i r g e w i c h t versteht man das durch natürliche Abnutzung verminderte Gewicht, bei welchem die Münzen noch als vollwichtig gelten, ehe sie eingeschmolzen werden.

Die betreffenden Daten sind für die d e u t s c h e n R e i c h s m ü n z e n in folgender Tabelle zusammengestellt [3]):

---

[1]) 899 : 1000 = 1000 : x; x = 1113.

[2]) Man erhält sie, indem man 100 ccm der titrirten Rhodanlösung auf 1000 ccm verdünnt.

[3]) Beilage zu B i e d e r m a n n's C h e m i k e r - K a l e n d e r 1890; daselbst finden sich dieselben Angaben auch für a u s l ä n d i s c h e Münzen.

Bezeichnung	Gewicht in Gramm	Feingehalt in		Toleranz im		Passir-gewicht
		Tausendstel	Gramm	Gewicht	Feingehalt	
Goldmünzen:						
20-Mark	7,96495	900	7,1685	0,0025	0,002	
10-Mark	3,9825		3,5842			
5-Mark-.	1,9912		1,7921	0,004		
Silbermünzen:						
5-Mark	27,7778	900	25,0	0,001	0,003	
2-Mark	11,1111		10,0			
1-Mark	5,5555		5,0			
50-Pfennig	2,7778		2,5			
20-Pfennig	1,1111		1,0			
Nickelmünzen:		Proc. Zusammensetzung			Remedium im Ni-Gehalt	
10-Pfennig	4,0	75 Cu + 25 Ni		0,05	0,005	
5-Pfennig	2,5					
Kupfermünzen:						
2-Pfennig	3,13	95 Cu + 4 Sn + 1 Zn		0,05	—	
1-Pfennig	2,0					

20-Mark- u. 10-Markstücke gelten noch als vollwichtig, wenn sie nicht mehr als 6/1000; 5-Markstücke, wenn sie nicht mehr als 8/1000 hinter dem Normalgewichte zurückbleiben.

Falsche Geldstücke sind oft schon an äusserlichen Merkmalen — Farbe, Prägung, Klang — unschwer zu erkennen; weiterhin ist zur Beurtheilung der Echtheit einer Gold- oder Silbermünze maassgebend das absolute und das specifische Gewicht; letzteres ermittelt man bekanntlich dadurch, dass man die an einem Pferdehaare oder sehr feinem Gold- oder Silberdrahte aufgehängte Münze erst an der Luft, dann unter Wasser wägt und mit der Differenz beider Wägungsresultate (d. h. mit dem Gewichtsverluste, den die Münze im Wasser erleidet) in ihr absolutes Gewicht dividirt.

Im Uebrigen gilt für Prüfung auf Echtheit und Feingehalt das bereits oben Gesagte.

Versuche, Geldstücke aus werthlosen Metalllegirungen nachzuahmen — Falschmünzerei —, kommen nicht selten vor, werden aber meist schon durch polizeiliche Haussuchungen festgestellt, bei denen allerlei verdächtige Gegenstände — Schmelztiegel, Formen, Prägestempel, Putz- und Polirmittel, Metallreste u. s. w. — beschlagnahmt werden.

Goldmünzen werden zuweilen durch Beschneiden, Abfeilen oder Einwirkung von Lösungsmitteln so weit entwerthet, dass sie das gesetzliche Passirgewicht nicht mehr zeigen.

Blattgold und Blattsilber.

Echtes Blattgold (Schaumgold) ist sehr dünn ausgewalztes, fast reines Gold, ebenso die echte Goldbronze oder Muschelgold, welches aus den Abfällen der Goldschlägereien hergestellt und als Farbe zum Malen benutzt wird. Unechtes Blattgold besteht aus Kupfer und Zink, ebenso

Tabellarische Uebersicht über die Bestandtheile der gebräuchlichsten Metalllegirungen für Schmucksachen und Gebrauchsgegenstände.

Namen	Bestandtheile
Alfenide	galvanisch versilbertes Neusilber.
Alpaccasilber	
Aluminiumbronze	Kupfer (90) u. Aluminium (10).
Argentan	s. Neusilber.
Britanniametall	Zinn (90) u. Antimon (10).
Bronze, moderne Kunstbronze . . .	Kupfer, Zinn, Zink (Blei).
Antike Bronze	Kupfer u. Zinn.
Chinasilber	galvanisch versilbertes Neusilber.
Christofle	
Glockenmetall	Kupfer (78), Zinn (22).
Gold zu Geräthen u. Schmucksachen	Gold u. Silber; oder Gold u. Kupfer; oder Gold, Silber u. Kupfer. Feingehalt meist 0,583 = 14 Karat.
Kanonenmetall	Kupfer (90), Zinn (9).
Mannheimer Gold	Kupfer u. Zink.
Mosaisches oder Mosaikgold	
Messing	Kupfer (70), Zink (30).
Neusilber	Kupfer (8), Zink (3,5), Nickel (2 bis 4).
Packfong	
Platine	s. Weissmessing.
Rothmessing	s. Tomback.
Silber für Geräthe u. Schmucksachen	Silber und Kupfer; Feingehalt meist 0,750 = 12 Loth.
Schnellloth	Blei u. Zinn.
Stanniol	s. Zinnfolie.
Talmigold	vergoldetes Tomback.
Tomback	Kupfer (85), Zink (15).
Weissmessing	Kupfer (55), Zink (45).
Zinnfolie	Zinn, meist bleihaltig.

die aus seinen Abfällen dargestellten B r o n z e f a r b e n , S t a u b b r o n z e n oder B r o n z e p u l v e r , die jetzt vielfach zum Bronziren der verschiedensten Gegen- stände Anwendung finden (vergl. auch Kupferfarben, S. 114).

E c h t e s B l a t t g o l d erscheint im durchfallenden Lichte g r ü n , löst sich weder in Salzsäure noch in Salpetersäure, sondern nur in Königswasser und enthält, abgesehen von einer Spur S i l b e r , keine anderen Metalle — B l e i , Z i n n , Z i n k , E i s e n .

E c h t e s B l a t t s i l b e r (Silberschaum, Argentum foliatum) zum Versilbern von Pillen u. s. w. ist r e i n e s Silber, löst sich also in Salpetersäure zu einer f a r b l o s e n Flüssigkeit auf, welche beim Uebersättigen mit Ammoniak k e i n e Färbung — K u p f e r — und auch k e i n e Trübung — B l e i , W i s m u t h — giebt. In der durch Schwefelwasserstoff entsilberten sauren Flüssigkeit bewirkt Schwefelammonium keine ·Fällung — Z i n k .

U n e c h t e s B l a t t s i l b e r ist im Wesentlichen eine zinkhaltige Z i n n f o l i e . Die Frage, ob u n e c h t e s Blattsilber bezw. Blattgold zur Herstellung von Conditoreiwaaren, Christbaumschmuck u. dergl. zugelassen oder verboten werden soll, ist noch eine offene; jedenfalls muss man unterscheiden, ob die genannten Metalle als l e i c h t z u b e s e i t i g e n d e V e r z i e r u n g e n und nur an n i c h t z u m G e n u s s e bestimmten G e g e n s t ä n d e n angebracht s i n d , oder ob sie nach Ar t i h r e r B e f e s t i g u n g und V e r w e n d u n g a l s F a r b e n f ü r N a h r u n g s - und G e n u s s m i t t e l im S i n n e des G e - s e t z e s v o m 5. J u l i 1887 (S. 194) a n z u s e h e n s i n d [1]).

Nachträge zur ersten Abtheilung.

Pharmakopöeprobe auf Arsen.

An Stelle der oben (S. 38 u. 45) angegebenen G u t z e i t ' s c h e n R e a c - t i o n schreibt das (seit dem 1. Januar 1891 eingeführte) „A r z n e i b u c h f ü r d a s D e u t s c h e R e i c h , d r i t t e A u s g a b e " die B e t t e n d o r f f ' s c h e R e a c - t i o n [2]) vor.

Die zur Ausführung derselben dienende Z i n n c h l o r ü r l ö s u n g soll fol- gendermaassen bereitet werden:

„5 Thle. krystallisirtes Z i n n c h l o r ü r werden mit 1 Thl. S a l z - s ä u r e (d = 1,124) zu einem Brei angerührt und letzterer vollständig mit trockenem Chlorwasserstoff gesättigt. Die hierdurch erzielte Lösung wird nach dem Absetzen durch Asbest filtrirt."

Die so erhaltene Z i n n c h l o r ü r l ö s u n g — das Bettendorff'- s c h e R e a g e n s — stellt eine blassgelbliche, lichtbrechende, stark rauchende Flüssigkeit von mindestens 1,900 specif. Gew. dar.

Die Ausführung der B e t t e n d o r f f ' s c h e n R e a c t i o n soll, wie folgt, geschehen:

---

[1]) Vergl. Bericht über die siebente Versammlung bayer. Vertreter der angew. Chemie 1888 in Speyer und über die achte Versammlung 1889 in Würz- burg. Jul. Springer, Berlin.

[2]) Ueber N a c h w e i s k l e i n s t e r M e n g e n v o n A r s e n mittelst obiger Reaction s. F l ü c k i g e r , Apotheker-Ztg. 4, 725 (1889).

a) Wird 1 ccm (der zu prüfenden) S a l z s ä u r e mit 3 ccm Z i n n -
   c h l o r ü r l ö s u n g versetzt, so darf im Laufe einer Stunde eine
   Färbung nicht eintreten. Vergl. S. 40.
b) Wird 1 ccm eines erkalteten Gemisches aus einem Raumtheile
   (der zu prüfenden) S c h w e f e l s ä u r e und zwei Raumtheilen
   Wasser in 3 ccm Zinnchlorürlösung gegossen, so darf im Laufe
   einer Stunde eine Färbung nicht eintreten. Vergl. S. 45.

Nachweis von Arsen.

Unterphosphorige Säure als Reagens auf Arsen[1]).

Um Arsen (auch neben Antimon und Zinn) nachzuweisen, wird die zu
prüfende Flüssigkeit, die das Arsen ebensowohl als Arsensäure, wie auch als
arsenige Säure enthalten kann, s t a r k s a l z s a u e r gemacht und auf je 10 ccm
mit mindestens 1 g unterphosphorigsaurem Natrium versetzt.

Stellt man dann das Reagensglas in siedendes Wasser, so entsteht bei
Anwesenheit von Arsen bald oder im Laufe einer halben Stunde ein dunkel-
brauner, pulveriger Niederschlag oder eine bräunliche Färbung der Flüssigkeit.

Diese Reaction wird noch empfindlicher, wenn man zu der salzsauer gemachten Lösung vor dem Zusatz des unterphosphorigsauren Natriums einen
kleinen Krystall von Jodkalium hinzufügt. In diesem Falle kann man in 5
bis 10 ccm Lösung noch 0,025 mg Arsen erkennen.

Von den übrigen Metallen, welche durch unterphosphorigsaures Natrium
gleichfalls reducirt werden, wirkt das Kupfer am meisten störend, weil es auch
bei sehr starker Verdünnung mit einer dem Arsen ähnlichen Farbe gefällt wird.

Verbindung der Marsh'schen Reaction mit derjenigen von Gutzeit[2]).

Um den Nachweis von Arsen mittelst des M a r s h 'schen Apparates zu
verschärfen und über den Reinheitsgrad der Reagentien — Zink und Säure —

Fig. 18.

a   b

schneller Gewissheit zu erhalten, theilt man das Reductionsrohr des M a r s h ' -
schen Apparates (S. 69 u. 70) in zwei Theile (a und b, Fig. 18), füllt den einen
derselben (b) mit Glaswolle, zwischen welche festes Silbernitrat (gröblich zerkleinert) vertheilt ist, und fügt ihn mittelst einer Gummiverbindung luftdicht
an den Haupttheil (a) an.

Lässt man nun, ohne das Reductionsrohr zu erhitzen, den in bekannter
Weise entwickelten Wasserstoff durch den Apparat hindurchgehen, so erkennt

---

[1]) J. T h i e l e, Analytische Beiträge zur Kenntniss von Arsen und Antimon. Inaug.-Dissert., Halle a. S. 1890.
[2]) J. K l e i n: Elemente der forensisch - chemischen Analyse (L. V o s s,
Hamburg 1890); Archiv d. Pharmacie **227**, 913 (1889).

man schon nach einigen Minuten an der eintretenden oder ausbleibenden Gelb-färbung des Silbernitrates, ob Arsen vorhanden ist oder nicht.

Tritt die Arsenreaction (S. 38) ein, so erhitzt man, ohne den Theil *b* zu entfernen, die Röhre *a* in üblicher Art zwecks Herstellung eines Arsenspiegels.

Will man Arsenflecke auf Porcellan (S. 72) erzeugen, so ersetzt man den Röhrentheil *b* durch einen eben solchen leeren Theil und zündet das Gas an der schräg aufrecht stehenden Spitze an.

Durch eine Drehung derselben nach unten kann man das austretende Gas schliesslich noch in Silbernitrat einleiten (S. 72).

Nachweis geringer Mengen von Arsen mittelst des Inductionsfunkenstromes[1]).

Geringe Mengen von Arsen liefern im Marsh'schen Apparate nur noch einen Anflug, aber keinen wirklichen Metallspiegel mehr. Letzteres ist aber der Fall, wenn man die Zerlegung des Arsenwasserstoffes in seine Componenten nicht durch Glühen, sondern durch einen Inductionsfunkenstrom bewirkt.

Da hierbei eine Erhitzung des Glasrohres nicht stattfindet, so bietet diese Methode, welche sich besonders zweckmässig mit dem oben (S. 76) beschriebenen Bloxam-Wolff'schen Verfahren verbinden lässt, den grossen Vortheil, dass alle aus Unreinigkeiten (Arsengehalt) des Glases entspringenden Täuschungen ausgeschlossen sind.

Der Haupttheil des zur Ausführung einer solchen Prüfung auf Arsen dienenden Apparates ist das in Fig. 19 (in etwa halber Grösse) abgebildete, in

Fig. 19.

der Mitte auf 0,7 bis 0,8 mm lichte Weite ausgezogene Glasrohr *A B*, welches an beiden Enden durch Gummischläuche mit den gläsernen Ansatzstücken *C* und *D* verbunden ist. Letztere sind nach aussen mit Stopfen geschlossen, durch deren Bohrungen die Elektroden *G* und *H* bis in die Mitte von *A B* hineinführen, wo sich die (aus 0,5 bis 0,6 mm dicken Platindrähten bestehenden) Elektrodenenden gegenüberstehen. Der Abstand zwischen ihnen kann durch Verschiebung der äusseren (aus 2 mm starken Platin- oder Neusilberdrähten gefertigten) Elektroden in passender Weise regulirt werden.

Diese ruhen auf den hakenförmig gebogenen Metallstreifen *I* und *K*, vermittelst deren der ganze Apparat an der Glasstange *L M* hängt, die auch etwaige Reinigungs- und Trocknungsvorrichtungen für das im Marsh'schen oder Bloxam-Wolff'schen Apparate entwickelte Wasserstoffgas trägt.

Dieses wird bei *N* durch das Ansatzstück *C* in die Zersetzungsröhre *A B* eingeführt und verlässt dieselbe durch das andere Ansatzstück *D* bei *O* wieder, um von hier gewünschten Falles noch in Silbernitratlösung geleitet zu werden.

---

[1]) Nic. von Klobukow, Zeitschr. f. analyt. Chemie 29, 129 (1890).

Man kann auch bei *O* ein gewöhnliches Reductionsrohr vom M a r s h'schen Apparate anfügen und hat in diesem Falle den Vortheil, dass man, bei Anwesenheit grösserer Mengen von Arsen, nach Belieben mit oder ohne Inductionsfunken arbeiten bezw. den letzteren nur zeitweise, z. B. bei der Reagentienprüfung oder am Schlusse des Versuches, benutzen kann.

Zur Anstellung eines solchen verbindet man den beschriebenen K l o b u k o w'schen Apparat bei *N* mit dem M a r s h'schen oder B l o x a m - W o l f f'schen Apparate und setzt, wenn alle Luft im Rohre *A B* durch Wasserstoff verdrängt ist [1]), den Inductionsapparat (s. u.) in Thätigkeit.

Ist Arsen vorhanden, so bildet sich im Rohre *A B* zwischen den Elektrodenenden ein Arsenspiegel von bekannten Eigenschaften selbst dann noch, wenn die Arsenmengen so minimal sind, dass sie beim M a r s h'schen Verfahren nur einen, unter Umständen schwer zu erkennenden „Anflug" hervorrufen würden.

Als I n d u c t i o n s a p p a r a t dient eine mit zwei B u n s e n - E l e m e n t e n (grosses Modell) betriebene R u m k o r f f'sche S p i r a l e, deren Pole in die Klemmschrauben *P* und *R* eingefügt werden.

Kritische Bemerkungen zu den Arsenprüfungsmethoden.

Nachdem schon früher von verschiedenen Seiten darauf hingewiesen worden war, dass die M a r s h'sche Reaction (S. 68) gewisse Schattenseiten besitzt, ist neuerdings der Vorschlag gemacht worden, den M a r s h'schen Apparat in die „Rumpelkammer" zu verweisen und durch die G u t z e i t'sche R e a c t i o n zu ersetzen, welche jener gegenüber den Vorzug grösster Einfachheit in der Ausführung mit demjenigen einer weit grösseren Empfindlichkeit verbindet.

Dem gegenüber muss hier nochmals betont werden, dass die G u t z e i t'sche Reaction auch ihre Schattenseiten hat (weshalb sie in die neue Ausgabe der Pharmakopöe nicht mehr aufgenommen worden ist) und dass d a s M a r s h's c h e V e r f a h r e n b e i g e r i c h t l i c h - c h e m i s c h e n A n a l y s e n nach w i e v o r d a s m a a s s g e b e n d e i s t u n d a u c h s o l a n g e b l e i b e n w i r d, b i s e i n b e s s e r e s a l l g e m e i n a n e r k a n n t b e z w. v e r e i n b a r t o d e r a m t l i c h v o r g e s c h r i e b e n ist, wie es für Untersuchung von Nahrungsmitteln, Gespinnsten und Geweben auf Arsen und Zinn (S. 187) der Fall ist. Selbstverständlich bleibt den Experten unbenommen, gelegentlich bei Vorprüfungen oder um die Ergebnisse der M a r s h'schen Reaction zu controliren, die eine oder andere der oben (S. 66) angeführten Prüfungsmethoden zu benutzen.

Ob man den Wasserstoff für den M a r s h'schen Versuch c h e m i s c h oder e l e k t r o l y t i s c h (S. 75) entwickelt, ist keine Frage von principieller Bedeutung, wenn man nur beim Vorversuch genau ebenso verfährt, wie beim Hauptversuch.

Das Bestreben, die Empfindlichkeit der Arsenreactionen bis an die äusserste Grenze [2]) ($1/1000$ Milligramm und darüber hinaus) zu treiben, ist an sich wohl gerechtfertigt, z. B. bei Prüfung von R e a g e n t i e n und M a t e r i a l i e n f ü r g e r i c h t l i c h - c h e m i s c h e Z w e c k e; in den meisten anderen Fällen aber, namentlich bei Ermittelung von Vergiftungen oder bei sanitätspolizeilicher Controle von Gebrauchsgegenständen ist die übergrosse Empfindlichkeit der

---

[1]) Die Geschwindigkeit des Gasstromes regelt man so, dass 10 bis 15 ccm Gas pro Minute den Apparat passiren.

[2]) E. R i t s e r t, Pharm. Zeitung **34**, 368 (1889).

Methode mindestens nicht nöthig, unter Umständen sogar gefährlich, weil das Arsen eine in minimalen (ganz unschädlichen) Spuren weit verbreitete Substanz ist. (Vergl. hierzu S. 81.)

In diesem Sinne äussert sich auch namentlich im Hinblick auf die Methode von Flückiger (S. 83) Nic. Jorban[1]) bei seinen „Vergleichenden Untersuchungen der wichtigeren zum Nachweise von Arsen in Tapeten und Gespinnsten empfohlenen Methoden". Soweit diese oben (S. 81 ff.) berücksichtigt sind, geht das Urtheil dahin, dass das Flückiger'sche Verfahren zur Prüfung von Gebrauchsgegenständen viel zu empfindlich, die amtlich vorgeschriebene deutsche Methode (S. 192) zu umständlich ist. Im Vergleich zu diesem, eine viermalige Destillation und zweimalige Schwefelwasserstofffällung erfordernden Verfahren beansprucht die, wohl kaum schlechtere Resultate ergebende Methode von Fleck nur etwa den dritten Theil der Zeit. Die Abscheidung des Arsens als Chlorür (nach Beckurts, S. 66) ist nur dann am Platze, wenn sich die betreffende Analyse direct auf Arsen und nur auf dieses richten soll, weil die dabei stattfindende Vermischung des Objectes mit nicht unbeträchtlichen Mengen von Eisenchlorür die Prüfung auf andere Metallgifte erschwert.

Die zuletzt (S. 208 u. 209) angegebenen Modificationen des Marsh'schen Verfahrens von Klein und von Klobukow sind vorläufig nur Vorschläge, die noch anderweitiger Bestätigung bedürfen.

Dasselbe gilt für die

Quantitative Bestimmung des Arsens nach dem Marsh'schen Verfahren[2]),

bezüglich deren näherer Ausführung auf die Originalarbeit verwiesen werden muss.

Aus dieser sei nur die Thatsache hier erwähnt, dass der Arsenwasserstoff durch Aetzkali theilweise zersetzt wird und deshalb durch Waschen mit (5 procentiger) Bleiacetatlösung und Trocknen durch mindestens 100 g Chlorcalcium, welches in einem grossen Rohre enthalten oder auf mehrere kleinere Röhren vertheilt ist, gereinigt werden muss. Sehr viel Zink und eine regelmässig lebhafte Gasentwickelung ist die Bedingung, um arsenige Säure quantitativ in Arsenwasserstoff überzuführen, zu dessen vollständiger Zersetzung bei diesem Verfahren ein Verbrennungsofen mit 24 Brennern erforderlich ist.

Zu der oben (S. 65) berührten Frage, betreffend das

Vorkommen von Arsen in Friedhofserden,

sei auf eine neuere Arbeit[3]) aufmerksam gemacht, aus der hier nur der eine Punkt hervorgehoben werden kann, dass der Uebergang von Arsen aus arsenhaltiger Erde in Leichen nur dann als möglich zu betrachten wäre, wenn sich

---

[1]) Dissert. aus dem Dragendorff'schen Laboratorium. Dorpat 1889.
[2]) Kühn u. Saeger, Berichte d. deutsch. chem. Ges. **23**, 1799 (1890). Vergl. hierzu auch die oben (S. 89) citirte Arbeit von Polenske.
[3]) Ludwig u. Mauthner, Wiener klinische Wochenschrift, Nr. 36, 1890. Referat: Chem. Centralblatt 1890, Bd. II, 858.

feststellen lässt, dass die arsenhaltige Erde bei gewöhnlicher Temperatur an reines oder ammoniakalisches Wasser Arsen abgiebt.

Nachweis von Arsen neben Antimon im Marsh'schen Apparate [1]).

Wie oben (S. 94) näher erörtert wurde, verhalten sich gewisse Antimonverbindungen den entsprechenden Arsenverbindungen insofern ganz analog, als sie im Marsh'schen Apparate in Antimonwasserstoff übergeführt werden.

Dies ist aber nur der Fall, wenn zur Gasentwickelung in üblicher Weise Zink und Schwefelsäure oder Salzsäure benutzt wird.

Entwickelt man aus dem Wasserstoff aus chemisch reinem (elektrolytisch dargestelltem) Eisen und Salzsäure, so bildet sich bei Gegenwart von Antimonverbindungen keine Spur von Antimonwasserstoff, während man daneben noch Arsen (bis zu 0,015 mg herab) bequem nachweisen kann.

Bei dieser Gelegenheit sei noch erwähnt, dass auch platinirtes Zink (S. 71) die Empfindlichkeit des Arsennachweises vermindert [2]) und dass der Grund für die Schwerlöslichkeit des chemisch reinen Zinks in Säuren (S. 70) darin liegt, dass das Metall beim Eintauchen in die Säure sich sofort mit einer isolirenden Wasserstoffatmosphäre umgiebt [3]).

Nachweis des Antimons [4]).

Der mit verdünntem Weingeist gut ausgewaschene, unlösliche Theil der Meyer'schen Schmelze (S. 68 und 93) wird mit concentrirter, reiner Schwefelsäure erhitzt, bis diese zu verdampfen beginnt. Aldann giesst man die erkaltete Masse in Wasser, lässt absetzen und prüft die überstehende klare Flüssigkeit mit Diphenylamin (S. 150). Tritt keine Blaufärbung ein — Abwesenheit von Salpetersäure —, so löst man den Bodensatz (Natriumantimoniat) durch Zusatz von Weinsäure auf, fügt etwas Jodkaliumlösung hinzu und versetzt die nöthigenfalls noch mit Wasser verdünnte Flüssigkeit mit etwas Stärkekleister. Blaufärbung zeigt das Vorhandensein von Antimon an.

Erkennung von Antimonwasserstoff neben Arsenwasserstoff.

Wegen des sehr ähnlichen Verhaltens dieser Gase (S. 73 u. 94) ist es schwierig und mitunter wichtig, Spuren von Antimonwasserstoff neben Arsenwasserstoff zu erkennen.

Zu diesem Zwecke ist folgender Vorschlag gemacht worden [5]).

Derselbe gründet sich auf die Thatsache, dass der Antimonwasserstoff bei niedrigerer Temperatur (150⁰ C.) zersetzt wird, als Arsenwasserstoff (230⁰ C.), oder mit anderen Worten, dass Antimonwasserstoff schon bei Temperaturen einen Antimonspiegel bildet, bei denen der Arsenwasserstoff noch keinen Spiegel liefert.

---

[1]) J. Thiele, Analytische Beiträge zur Kenntniss des Arsens und Antimons. Inaug.-Dissert., Halle a. S. 1890.

[2]) Thiele, l. c. S. 27.

[3]) Weeren, Berichte d. deutsch. chem. Ges. 24, 1785 (1891).

[4]) J. Klein: Archiv d. Pharmacie 227, 913 (1889).

[5]) Brunn, Berichte der deutsch. chem. Ges. 22, 3202 (1889).

Um auf diese Weise in einem arsenhaltigen Wasserstoffgase Spuren von Antimonwasserstoff zu erkennen, leitet man das zu prüfende Gas durch ein spiralförmig gewundenes Glasrohr a (Fig. 20), welches in einem Erlenmeyer'schen Kolben b hängt, in welchem man eine bei 208 bis 210° siedende Flüssigkeit — z. B. Petroleum — so weit erhitzt, dass ihr Dampf die Spirale umspült und sich im Condensationsrohre c wieder verdichtet.

Fig. 20

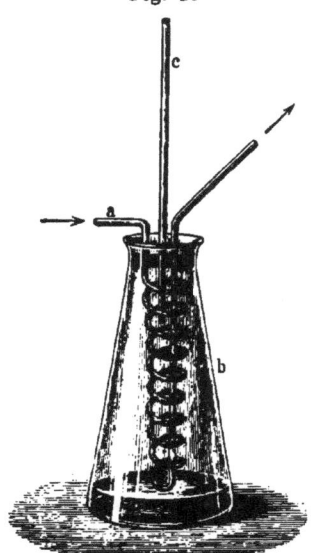

Ist dem die Spirale passirenden Gase Antimonwasserstoff beigemengt, so bildet sich ein Antimonspiegel, der noch weiter als solcher charakterisirt werden kann.

Zu der früher (S. 97) angedeuteten Methode der quantitativen Antimonbestimmung mag hier schliesslich noch erwähnt werden, dass dieselbe ganz unzuverlässig ist, weil sich das gefällte Antimon beim Abfiltriren und Waschen in Folge von Oxydation theilweise löst und der zum Trocknen gelangende Antheil dabei ebenfalls theilweise oxydirt wird[1]).

---

[1]) Vgl. die citirte Arbeit von Thiele.

Organisch-chemische Toxikologie.

Die im Sinne der oben (S. 3) gegebenen Definition als Gifte zu bezeichnenden organischen Stoffe sind ausserordentlich zahlreich; sie
finden sich entweder in der Natur fertig vorgebildet — Thiergifte,
Pflanzengifte — oder sie sind künstlich dargestellte chemische Präparate.

Dazu kommen noch Substanzen, die zwar keine Gifte im gewöhnlichen Sinne dieses Wortes sind, die aber aus sanitätspolizeilichen Gründen
oder weil sie als Arzneimittel angewendet werden, bei gerichtlich und
polizeilich-chemischen Untersuchungen zu berücksichtigen sind.

Erster Abschnitt.

Flüchtige Gifte und andere Stoffe, welche Gegenstand amtlich-chemischer Untersuchungen sein können.

Diese Gruppe umfasst eine Anzahl chemisch und toxikologisch ganz
verschiedener organischer Substanzen, die aber sämmtlich durch eine
und dieselbe Ausmittelungsmethode, nämlich durch Destillation, abgeschieden werden können.

Der leichteren oder schwierigeren Flüchtigkeit der einzelnen hier
in Betracht kommenden Substanzen entsprechend, wird beim besonderen
Nachweise derselben die Destillation entweder in gewöhnlicher Weise
oder unter Zuhülfenahme von Wasserdampf ausgeführt. (Vergl. die beim
Nachweis der Blausäure und der Carbolsäure abgebildeten Apparate.)

Ein ganz allgemeines, namentlich als Vorprobe verwerthbares
Erkennungsmittel für die einzelnen Vertreter dieser Gruppe von
Substanzen ist der Geruch, welchen sie dem Untersuchungsobjecte oder
dem daraus erhaltenen Destillate ertheilen, der aber auch durch den
Geruch z. B. des schon in Zersetzung begriffenen Objectes oder auch
auf andere Weise verdeckt sein kann.

Erste Gruppe.

Blausäure,
giftige und nicht giftige Cyanverbindungen.

Blausäurepräparate gehören zu den ältesten und noch gegenwärtig für verbrecherische Zwecke bevorzugten Giften, weil ihre unfehlbar sichere Wirkung allgemein bekannt und im grossen Publicum die Ansicht verbreitet ist, die Blausäure sei nach einem Giftmorde schwer oder gar nicht mehr nachweisbar. Blausäure selbst wird zu Vergiftungen weniger verwendet, als das im praktischen Leben so vielfach verwendete und darum unter Umständen leicht zu erhaltende Cyankalium, welches der Blausäure ganz analog wirkt.

Die Blausäure hebt die oxydativen Processe im Körper auf, oder, genauer gesagt, sie benimmt den Geweben die Fähigkeit, Sauerstoff zu binden bezw. Kohlensäure zu bilden. Diese Vergiftung ist also eine „innere Erstickung der Organe bei Gegenwart überschüssigen Sauerstoffes" [1]).

Bei Blausäure- bezw. Cyankaliumvergiftung besitzt die Ausathmungsluft den charakteristischen, bittermandelartigen Geruch, der sich auch bei der Leicheneröffnung, wenn diese bald nach dem Tode erfolgt, bemerkbar macht. Von den anatomischen Merkmalen ist das hellroth gefärbte, schwer gerinnende Blut hervorzuheben, zumal es ein Untersuchungsobject darstellt, in welchem der Nachweis von Blausäure selbst dann noch gelingt, wenn er sonst nicht mehr möglich war (s. w. u. Nachweis von Blausäure nach Kobert).

Vermöge der leichten Zersetzlichkeit der Blausäure wird ihr Nachweis in bereits faulenden Organen meist nicht mehr zu führen sein. Aehnlich verhält es sich in dieser Beziehung mit dem Cyankalium, welches indessen bedingungsweise in Leichen beständiger zu sein scheint.

Die bei Untersuchungen auf Blausäure und Cyankalium in erster Linie in Betracht kommenden Objecte sind: Magen- und Darminhalt, ferner: Blut und blutreiche Organe (Leber, Gehirn, Herz) und auch wohl der Harn [2]).

In verdünnter Lösung ist die Blausäure officinell und bildet auch einen wesentlichen Bestandtheil anderer Medicamente — Bittermandelwasser (ca. 0,1 Proc.), Kirschlorbeerwasser (0,07 bis 0,1 Proc.). Gewisse Branntweinsorten — Kirschwasser, Zwetschenwasser — verdanken ihren bittermandelartigen Geruch der Anwesenheit geringer Mengen von Blausäure oder Bittermandelöl (aus Mandeln oder Obstkernen herstammend).

Auch bittere Mandeln selbst, sowie das ätherische Bittermandelöl (s. w. u.) haben schon Vergiftungen veranlasst, die solchen mit Blausäure sehr ähnlich waren.

A. Ausmittelung von Blausäure, Cyankalium und anderen Cyanverbindungen.

Während die Blausäure selbst, sowie ihre einfachen Salze — z. B. Cyankalium — und die Doppelsalze, die das Cyankalium mit den

---

[1]) J. Geppert, Ueber das Wesen der Blausäurevergiftung. Berlin 1889.
[2]) Ueber Vertheilung von Blausäure in Leichen s. d. Analysen von C. Bischoff, Berichte der deutsch. chem. Ges. 16, 1354 (1883).

Cyaniden schwerer Metalle bildet — z. B. Kaliumgoldcyanid, Kaliumsilbercyanid und andere —, stark giftig sind und im Allgemeinen wie die Blausäure selbst wirken, sind diejenigen Cyanverbindungen, welche dem Typus des gelben und rothen Blutlaugensalzes angehören, also die Ferro- und Ferricyanide, nicht giftig oder zum mindesten doch nicht befähigt, Blausäurevergiftungen hervorzurufen.

Der Grund ist der, dass das Cyankalium und die übrigen giftigen Cyanverbindungen durch verdünnte Säuren schon bei gewöhnlicher Temperatur unter Entwickelung von Blausäure zersetzt werden, was bei Ferro- und Ferricyaniden erst bei höherer Temperatur der Fall ist.

Da diese aber bei der gewöhnlichen Methode des Blausäurenachweises, ebenso wie die giftigen Cyanide, blausäurehaltige Destillate liefern, so muss man sich zur Vermeidung verhängnissvoller Täuschungen bei Untersuchungen auf Blausäure und giftige Cyanverbindungen jedesmal vor dem Beginn der Analyse von der Ab- oder Anwesenheit von Ferro- oder Ferricyanverbindungen (s. diese) überzeugen.

Vorprobe.

(Schönbein'sche Reaction.)

Ist das Untersuchungsobject noch frisch und enthält es nennenswerthe Mengen von Blausäure oder eines leicht zersetzlichen Cyanids,

Fig. 21.

z. B. Cyankalium, so wird der charakteristische Bittermandelgeruch oft ganz unverkennbar sein, namentlich, wenn man eine Probe des Objectes mit Weinsäure ansäuert und ganz gelinde erwärmt.

Bleibt die Geruchsprobe zweifelhaft, so bringt man eine kleine Menge des Objectes in einen Kolben (Fig. 21) und befestigt an dessen Stopfen einen mit Guajacharztinctur und Kupfersulfat präparirten Papierstreifen[1]), so dass derselbe frei im Kolbenhalse herabhängt.

Tritt selbst nach längerer Zeit keine Blaufärbung des Reagenspapieres ein, so ist Blausäure oder ein leicht zersetzliches Cyanid nicht vorhanden; färbt sich aber das Papier blau, so kann diese Reaction von Blausäure herrühren, sie kann aber auch durch verschiedene andere Substanzen veranlasst sein.

---

[1]) Man bereitet solches Reagenspapier, indem man Streifen reinen, weissen Fliesspapieres mit frisch dargestellter alkoholischer Guajacharzlösung (1 : 10) tränkt und die an der Luft getrockneten Streifen dann mit sehr verdünnter (1 : 1000) Kupfersulfatlösung befeuchtet.

Die Schönbein'sche Reaction kann für sich allein niemals beweisend für die Gegenwart von Blausäure sein, weil sie mit der Blausäure selbst nichts zu thun hat, sondern auf der ozonisirenden Wirkung der Blausäuredämpfe beruht:

$$12\,HCN + 9\,CuSO_4 + 3\,H_2O = 3\,Cu_2(CN)_2 + 3\,Cu(CN)_2 + 9\,H_2SO_4 + O_3.$$

Von der Unzuverlässigkeit der Schönbein'schen Reaction zur Prüfung auf Blausäure haben neuerdings Hilger und Tamba [1]) unzweideutige Beweise gegeben.

Will man diese an und für sich sehr empfindliche Guajacprobe zur Erkennung von Blausäure in Destillaten benutzen, so empfiehlt es sich, der zu prüfenden Flüssigkeit einen Tropfen (frisch bereiteter) Guajactinctur und dann einen Tropfen Kupfersulfatlösung zuzusetzen, am besten in einer Porcellanschale.

Nachweis von Blausäure und giftigen Cyaniden bei Abwesenheit von Ferro- oder Ferricyanverbindungen.

Um bei Abwesenheit von Ferro- oder Ferricyaniden den Nachweis von Blausäure oder giftigen Cyanverbindungen zu führen, bringt

Fig. 22.

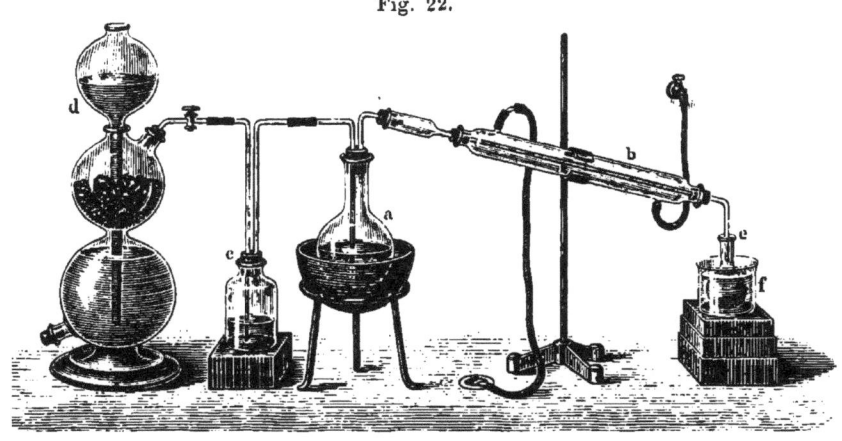

man das nöthigenfalls zerkleinerte und mit Wasser verdünnte Untersuchungsobject in einen Kolben (Fig. 22) [2]), in dessen Stopfen zwei gebogene Glasröhren eingefügt sind. Durch diese beiden Röhren, deren eine bis fast auf den Boden des Kolbens hinabreicht, steht letzterer einerseits mit einem Liebig'schen Kühler b, andererseits mit der Wasser

---

[1]) Mittheilungen aus dem pharmaceut. Institute und Laboratorium für angewandte Chemie zu Erlangen, von Hilger (Heft II, München 1889).

[2]) Statt dessen kann man sich bei grösseren Objecten auch einer Retorte bedienen und den beim Nachweise der Carbolsäure abgebildeten Apparat benutzen.

enthaltenden Waschflasche c eines Kipp'schen Kohlensäureentwicklers d
in luftdichter Verbindung.

Als Vorlage dient ein gewöhnliches, mit einem Wattepfropfen be-
decktes Kölbchen e, welches durch Einsenken in ein Gefäss mit Eiswasser f
besonders sorgfältig gekühlt wird.

Fig. 23.

Um Verflüchtigung von Blausäurespuren völlig
zu verhindern (z. B. bei quantitativen Bestimmungen),
empfiehlt es sich, das als Vorlage dienende Kölbchen e
mittelst eines doppelt durchbohrten Stopfens in der aus
Fig. 23 ersichtlichen Weise luftdicht an das Kühlerende anzuschliessen, mit einer Ableitungsröhre i zu versehen und diese in ein concentrirte Silbernitratlösung
enthaltendes Reagensglas h eintauchen zu lassen [1]).

Nachdem der Apparat vorschriftsmässig zusammengestellt und der
Inhalt des Kolbens a mit Weinsäure schwach, aber deutlich angesäuert
ist, setzt man den Kohlensäureentwickler in Thätigkeit und erhitzt die
zu untersuchende Masse ganz vorsichtig (im Wasserbade oder über einem
Gasofen), bis einige Cubikcentimeter Destillat erhalten sind, worauf man
die Vorlage wechselt.

Ist Blausäure oder ein leicht zersetzliches Cyanid vorhanden, so
findet sie sich am reichlichsten in dem ersten Destillate und giebt sich
darin meist schon durch ihren charakteristischen Geruch, sowie durch
die Schönbein'sche Reaction (s. o.) zu erkennen.

Zur weiteren, unerlässlich nothwendigen Identificirung der Blausäure in den Destillaten [2]) dienen namentlich folgende Reactionen:

1. Berlinerblaureaction: Die zu prüfende Flüssigkeit wird
mit ein wenig Kali- oder Natronlauge [3]) alkalisch gemacht, mit einem
Tropfen Eisenchlorid und einem Tropfen Eisenvitriollösung gut durchgeschüttelt und dann vorsichtig mit Salzsäure angesäuert.

Beim Vorhandensein von Blausäure entsteht der bekannte Niederschlag von Berlinerblau oder wenigstens eine grüne Flüssigkeit, aus
welcher sich beim Stehen blaue Flocken abscheiden.

2. Rhodanreaction (Liebig): Eine andere Probe des auf Blausäure zu untersuchenden Destillates wird mit einigen Tropfen verdünnter

[1]) C. Bischoff, Berichte d. deutsch. chem. Ges. 16, 1352 (1883).
[2]) Um dieselben noch weiter von flüchtigen Beimengungen zu reinigen,
versetzt man sie, wenn der Blausäuregehalt nicht augenscheinlich zu gering
ist, mit reinem Natriumcarbonat bis zur alkalischen Reaction, dampft die
Flüssigkeit zur Trockne ab und destillirt den in Wasser gelösten Rückstand
nochmals im Kohlensäurestrome (Hilger und Tamba l. c.).
[3]) Die zu benutzende Lauge darf für sich allein keine Cyanreaction
geben, andernfalls muss man sich etwas reine Lauge aus reinem Alkali-
carbonat und Aetzkalk oder durch Einwirkung von etwas Alkalimetall
auf Wasser bereiten.

Kali- oder Natronlauge, dann mit ein wenig gelbem Schwefelammonium[1]) versetzt und auf dem Wasserbade eingedampft.

War Blausäure vorhanden, so ging dieselbe bei obiger Behandlung in Rhodankalium bezw. -natrium über und es färbt sich dem entsprechend die wässerige, schwach salzsaure Lösung des Verdunstungsrückstandes auf Zusatz eines Tropfens Eisenchlorid blutroth[2]).

3. Nitroprussidreaction (Vortmann[3]): Man versetzt die zu prüfende Flüssigkeit mit einigen Tropfen Kaliumnitrit, zwei bis vier Tropfen Eisenchlorid und so viel verdünnter Schwefelsäure, bis die gelbbraune Färbung eben in Hellgelb übergeht.

Alsdann wird das Gemisch bis zum beginnenden Sieden erhitzt, abgekühlt, mit wenig Ammoniak versetzt (um das überschüssige Eisen zu fällen) und filtrirt.

Fügt man nun zum Filtrate einen bis zwei Tropfen stark verdünntes, farbloses Schwefelammonium, so zeigt eine violette, bald in Blau, Grün und Gelb übergehende Färbung das ursprüngliche Vorhandensein von Blausäure an.

Sehr geringe Mengen derselben liefern nur eine bläulichgrüne bis grünlichgelbe Färbung.

Diese Reaction ist die Umkehrung der bekannten Nitroprussidreaction auf Schwefelwasserstoff und Schwefelalkalien (S. 147); sie beruht darauf, dass bei obiger Behandlung der Flüssigkeit etwa vorhandene Blausäure in Nitroprussidkalium, $K_2Fe(NO)(CN)_5$, übergeführt wird, welches ein sehr empfindliches Reagens auf Alkalisulfide ist.

4. Silberreaction: Versetzt man die auf Blausäure zu prüfende Flüssigkeit, nachdem sie in der oben (S. 218) angedeuteten Weise oder durch Rectification über Boraxpulver von Salzsäure befreit und dann mit Salpetersäure angesäuert ist, mit Silbernitrat, so zeigt ein weisser, lichtbeständiger, in Ammoniak und Kalilauge leicht löslicher Niederschlag[4]) die Gegenwart von Blausäure an.

Die vorstehenden Reactionen auf Blausäure sind ausserordentlich empfindlich; die Grenze der Nachweisbarkeit ist angeblich[5]) für die Silberreaction 1:25 000, für die Nitroprussidreaction 1:300 000, für die Berlinerblaureaction 1:500 000 und für die Rhodanreaction 1:4 000 000. Ueber einige andere Reactionen s. u. Nachweis von Blausäure im Blute nach Kobert.

---

[1]) Die zu benutzenden Reagentien, Schwefelammonium und Natronlauge, dürfen, in analoger Weise geprüft, keine Rhodanreaction geben.

[2]) Da Spuren von Rhodanverbindungen im Organismus (Speichel, Leberblut) normal enthalten sind, so genügt die Liebig'sche Reaction allein zum Nachweise von Blausäure nicht. Ueber Trennung der Cyanverbindungen von Rhodanverbindungen s. S. 221.

[3]) Monatshefte für Chemie 7, 416 (1886).

[4]) Eine Probe Silbercyanid oder Berlinerblau kann als corpus delicti vorgelegt werden.

[5]) Link und Möckel, Zeitschrift f. analyt. Chemie 17, 455 (1878).

5. Erwärmt man die zu untersuchende Flüssigkeit, nachdem sie mit Kalilauge alkalisch gemacht ist, mit einigen Tropfen wässeriger Pikrinsäurelösung, so tritt bei Gegenwart von Blausäure eine Rothfärbung — isopurpursaures Kalium — auf. Vergl. die betreffende Reaction auf Pikrinsäure.

Nachweis von Blausäure und giftigen Cyaniden bei Anwesenheit von Ferro- oder Ferricyanverbindungen.

Sind in einem Untersuchungsobjecte Ferro- oder Ferricyanverbindungen enthalten (s. diese), so ist das oben beschriebene Verfahren zum Nachweise von Blausäure und giftigen Cyaniden deshalb nicht verwendbar, weil dabei auch die Ferro- und Ferricyanverbindungen blausäurehaltige Destillate liefern und man somit nicht wissen kann, ob die zum Nachweise gebrachte Blausäure als solche bezw. in Form giftiger Cyanide im Untersuchungsobjecte enthalten war, oder ob sie nur aus den, wie erwähnt, nicht giftigen Ferro- und Ferricyaniden herstammt.

Die verschiedenen Möglichkeiten des gewiss nur selten gleichzeitigen Vorkommens giftiger und ungiftiger Cyanverbindungen sollen hier nicht erörtert werden gegenüber der Thatsache, dass einzelne solche Fälle vorgekommen sind [1]). Die hieraus sich ergebende Aufgabe des Nachweises von Blausäure und giftigen Cyaniden neben ungiftigen Ferro- und Ferricyanverbindungen ist in mehr oder minder befriedigendem Grade durch folgende Methoden gelöst worden.

Methode von Otto [2]).

Die in bekannter Weise zur Destillation vorbereitete Substanz wird mit verdünnter Schwefelsäure deutlich sauer gemacht, dann mit einem Ueberschusse von gefälltem, reinem, sorgfältig ausgewaschenem Calciumcarbonat vermischt und bei etwa 50⁰ C. im Kohlensäurestrome destillirt. Wird dabei ein stark blausäurehaltiges Destillat erhalten, so enthielt das Object neben Ferro- oder Ferricyanverbindungen auch giftige Cyanverbindungen.

Diese Methode beruht darauf, dass freie Ferro- oder Ferricyanwasserstoffsäure durch Calciumcarbonat neutralisirt wird, freie Blausäure aber nicht. Ganz zuverlässig ist sie aber auch bei strenger Innehaltung der angegebenen Temperatur nicht, sofern sie auch bei Abwesenheit giftiger Cyanide nachweisbare Spuren von Blausäure liefert, die somit aus den nichtgiftigen Doppelcyaniden stammen [3]). Die Otto'sche Methode ist somit nur geeignet, grössere Mengen von Blau-

---

[1]) Vergl. Otto, Anleitung etc., S. 32; Ludwig, Angewandte medicin. Chemie, S. 180. Siehe auch w. u. Nachweis von Ferro- und Ferricyanverbindungen.
[2]) Vergl. Otto, Anleitung etc., S. 33.
[3]) Ebenda, S. 34.

säure und giftigen Cyaniden neben Ferro- oder Ferricyanverbindungen nachzuweisen.

Neuerdings haben Hilger und Tamba [1]) gezeigt, dass man, wenn Lösungen von Ferro- und Ferricyaniden mit Weinsäure versetzt und dann mit frisch gefälltem Calciumcarbonat bei 100⁰ C. destillirt werden, stets blausäurehaltige Destillate erhalten werden. Andererseits ist auch die Widerstandsfähigkeit der Blausäure gegenüber dem frisch gefällten Calciumcarbonat keine absolute, d. h. es werden geringe Mengen von Blausäure durch Calciumcarbonat neutralisirt.

Lösungen von Ferro- und Ferricyaniden, die mit Natriumcarbonat alkalisch gemacht wurden, geben bei der Destillation im Kohlensäurestrome bei 50 bis 60⁰ C. keine Blausäure ab, in neutraler Lösung aber werden sie durch Kohlensäure bei 80 bis 100⁰ C. unter Bildung von Blausäure zerlegt. Dasselbe ist der Fall, wenn man Berlinerblau oder Ferrocyankupfer in Wasser vertheilt und bei 100⁰ C. im Kohlensäurestrome destillirt, oder wenn man in Wasser gelöste bezw. darin suspendirte Ferro- oder Ferricyanide (ohne Mitwirkung von Kohlensäure) kocht.

Aus diesem Grunde kann man bei Anwendung der Otto'schen Methode nur aus dem Vorhandensein grösserer Mengen von Blausäure im Destillate einen Rückschluss auf Blausäure- bezw. Cyankaliumvergiftung ziehen. Dagegen lassen sich mittelst des in Rede stehenden Verfahrens Blausäure und giftige Cyanide leicht von Sulfocyanverbindungen (s. diese) trennen und neben letzteren nachweisen.

Methode von Pöllnitz und Dragendorff [2]).

Bei diesem Verfahren, welches zwar befriedigende Resultate giebt, aber auch seine Schattenseiten hat, wird das Object oder ein wässeriger Auszug daraus zwecks Abscheidung des darin enthaltenen Blutlaugensalzes zunächst mit Schwefelsäure ganz schwach, aber deutlich sauer gemacht und eben nur mit so viel neutraler Eisenchloridlösung (bei Gegenwart von gelbem Blutlaugensalz), oder Eisenvitriollösung (bei Gegenwart von rothem Blutlaugensalz) versetzt, als zur Fällung des Berliner- bezw. Turnbull'schen Blaues erforderlich ist. Ein Ueberschuss des Eisensalzes führt etwa vorhandene Blausäure oder Cyankalium in Doppelcyanide über und entzieht sie also dem Nachweise.

Erst wenn sich nach einiger Zeit der blaue Niederschlag vollständig abgesetzt hat, filtrirt man den flüssigen Theil ab, vermischt das klare Filtrat mit einer zur Bindung der freien Schwefelsäure genügenden Menge von neutralem Kaliumtartrat und unterwirft die jetzt weinsaure Flüssigkeit in bekannter Weise der Destillation.

Findet sich im Destillate Blausäure vor, so stammt dieselbe nicht aus dem Blutlaugensalze, sondern von neben diesem vorhanden gewesenen giftigen Cyaniden her.

[1]) Mittheilungen aus dem pharmaceutischen Institute zu Erlangen, herausgegeben von A. Hilger. Heft II (München 1889).
[2]) Vergl. Otto, Anleitung etc., S. 35; Dragendorff, Ermittelung von Giften etc., S. 64 u. 65.

Methode von Jacquemin[1]).

Die zu untersuchenden Massen werden in breiigem oder zerkleinertem Zustande in einer Retorte, deren schräg aufwärts gerichteter Hals unter stumpfem Winkel mit einem Liebig'schen Kühler verbunden ist (vergl. den Apparat zum Nachweise von Carbolsäure), mit einer concentrirten Lösung von Natriumbicarbonat vermischt und vorsichtig über einem Gasofen bis zur beginnenden Destillation erwärmt.

Statt dessen kann man auch (vielfach sogar zweckmässiger) nach Otto die zu prüfende Substanz mit reiner Soda alkalisch machen und im Kohlensäurestrome destilliren.

Das auf die eine oder andere Weise erhaltene Destillat wird in bekannter Art auf Blausäure untersucht.

Findet sich solche vor, so ist bewiesen, dass im Untersuchungsobjecte neben Ferro- oder Ferricyaniden auch Blausäure oder giftige Cyanverbindungen vorhanden waren.

Obiges Verfahren giebt scharfe und zuverlässige Resultate[2]); es beruht darauf, dass freie Blausäure von Natriumbicarbonat nicht gebunden wird, oder, was auf dasselbe hinausläuft, dass Kohlensäure (die sich bekanntlich aus Natriumbicarbonatlösung schon beim gelinden Erwärmen entwickelt) in alkalischen Flüssigkeiten aus Cyankalium und ähnlichen giftigen Cyaniden Blausäure frei macht, aus Ferro- oder Ferricyanverbindungen aber nicht.

Da nach Hilger und Tamba (l. c.) Blausäure in verdünnter Lösung durch Natriumbicarbonat theilweise neutralisirt werden kann, Ferro- oder Ferricyanverbindungen bei Gegenwart von Soda aber durch Kohlensäure bei 50 bis 60⁰ C. nicht unter Bildung von Blausäure zersetzt werden, so verdient die Otto'sche Modification (s. o.) vor dem ursprünglichen Jacquemin'schen Verfahren den Vorzug.

Methode von Barfoed[3]).

Dieselbe gründet sich auf die Thatsache, dass Aether aus sauren wässerigen Flüssigkeiten Blausäure[4]) aufnimmt, Ferro- oder Ferricyanwasserstoffsäure aber nicht.

Das mit Wasser genügend verdünnte Untersuchungsobject oder ein wässeriger Auszug aus demselben wird mit Schwefelsäure oder Weinsäure angesäuert und in einem gut schliessenden Glascylinder wiederholt mit Aether geschüttelt.

---

[1]) Ann. Chim. Phys. (5) 4, 135 und Archiv d. Pharm. 208, 170 (1876).
[2]) Otto, Anleitung etc., S. 34; vergl. ferner Beckurts und Schönfeld, Archiv d. Pharmacie 221, 578 (.883).
[3]) Lehrbuch d. organ. qual. Analyse von Barfoed (Kopenhagen, Hoest u. Sohn).
[4]) Auch Quecksilbercyanid (s. dieses).

Nach jedesmaliger Trennung der wässerigen und ätherischen Schicht im Cylinder hebt man letztere mit einer Pipette ab und schüttelt die vereinigten Aetherauszüge in einem anderen Cylinder oder in einem Scheidetrichter mit ätznatronhaltigem Wasser oder man versetzt die ätherischen Auszüge mit etwas alkoholischer Natronlauge und destillirt den Aether ab.

Die wässerige Lösung des Destillationsrückstandes oder die beim Schütteln der Aetherextracte mit verdünnter Natronlauge erhaltene wässerige Flüssigkeit unterwirft man in bekannter Weise, nachdem sie mit Weinsäure sauer gemacht ist, der Destillation und prüft das Destillat auf Blausäure, die in diesem Falle nicht aus Ferro- oder Ferricyaniden herrührt.

Auch dieses Verfahren giebt gute Resultate[1]) und empfiehlt sich namentlich zur directen Prüfung auf Quecksilbercyanid (s. dieses).

Specieller Nachweis einzelner Cyanverbindungen.

a) Cyankalium und analoge Cyanide.

Die nach den vorstehenden Methoden zum Nachweise gebrachte Blausäure kann als solche oder in Form leicht zersetzlicher (giftiger) Cyanide — z. B. Cyankalium — bezw. giftiger Doppelcyanide — z. B. Kaliumgoldcyanid, Kaliumsilbercyanid u. a. — im Untersuchungsobjecte vorgelegen haben.

Die weitere Frage nun, ob gegebenen Falles eine Vergiftung mit Blausäure oder einem der genannten giftigen Cyanide erfolgt ist, lässt sich in Ermangelung äusserer Anhaltspunkte nur dann mit Bestimmtheit beantworten, wenn das in dem betreffenden Cyanide enthaltene Metall — Zink, Kupfer, Quecksilber, Silber, Gold — kein normaler Bestandtheil des Untersuchungsobjectes ist.

Der Nachweis dieser Metalle geschieht in dem Destillationsrückstande von der Prüfung auf Blausäure nach den früher erörterten Methoden zum Nachweise von Metallgiften.

Bei Ermittelung von Cyankaliumvergiftungen kommt der Umstand zu statten, dass das technische Cyankalium von der Darstellung her zuweilen (unter anderen Verunreinigungen) noch gelbes Blutlaugensalz enthält, welches somit einen Rückschluss auf Cyankaliumvergiftung überhaupt oder auf Cyankalium einer bestimmten Bezugsquelle erlaubt, selbst dann noch, wenn das Cyankalium selbst (z. B. in faulenden Leichentheilen) bereits zersetzt wäre.

Es ist dies also ein Fall, in welchem eine Vergiftung unter Umständen noch festgestellt werden kann, wenn von dem bereits nicht mehr nach-

---

[1]) Beckurts und Schönfeld, Archiv d. Pharmacie 221, 580 (1883).

weisbaren, unbeständigen Gifte eine haltbarere Beimengung desselben noch vorhanden ist.

In ähnlicher Weise lässt sich aus dem Nachweise von Arsen unter Umständen ein Rückschluss auf Phosphorvergiftung ziehen.

b) Quecksilbercyanid.

Um direct auf dieses Cyanid zu untersuchen, welches seiner Wirkung nach den Quecksilbersalzen näher steht, als den Blausäurepräpa-
raten, extrahirt man das Object mit Aether (s. Methode von Barfoed,
S. 222), der das etwa vorhandene Quecksilbercyanid (wie auch
Quecksilberchlorid) aufnimmt.

Die vereinigten Aetherauszüge macht man mit alkoholischer Kalilauge alkalisch, destillirt den Aether ab und untersucht den in Wasser
aufgenommenen Rückstand nach Zusatz von Weinsäure[1]) in der üblichen
Art auf Blausäure, den Destillationsrückstand auf Quecksilber.

Man kann aber auch so verfahren, dass man den nach der Entfernung des Aethers verbleibenden und in Wasser aufgenommenen Rückstand (s. o.) mit Schwefelammonium versetzt.

Entsteht hierbei ein schwarzer Niederschlag, so prüft man denselben
auf Quecksilber (S. 117).

War dasselbe als Quecksilbercyanid (und nicht als Quecksilberchlorid) vorhanden, so ist es durch das Schwefelammonium in
Quecksilbersulfid und Sulfocyanammonium zerlegt worden.

Um letzteres nachzuweisen, wird das Filtrat vom Quecksilbersulfid
eingedunstet, der Rückstand in verdünnter Salzsäure aufgenommen und
mit einigen Tropfen Eisenchlorid versetzt.

Blutrothe Färbung zeigt die Gegenwart von Rhodanverbindungen
an. (Vergl. die Liebig'sche Reaction, S. 218.)

c) Ferro- und Ferricyanverbindungen.

Enthält ein Untersuchungsobject Ferro- oder Ferricyanverbindungen, so
werden sich dieselben häufig schon durch die Farbe verrathen, da Verbindungen
dieser Art entweder selbst gefärbt sind — z. B. Berlinerblau, Turnbull's
Blau, Ferrocyankupfer — oder mit den stets vorhandenen kleinen Eisen-
mengen animalischer und vegetabilischer Stoffe Berlinerblau bilden können.
Dass gelbes Blutlaugensalz (Ferrocyankalium) zuweilen als technische
Verunreinigung im Cyankalium vorkommt, wurde bereits erwähnt, Dragen-
dorff[2]) hat aber auch auf die Möglichkeit einer theilweisen Umwandlung von
Cyankalium in Ferrocyankalium bei Gegenwart thierischer oder pflanzlicher
Stoffe hingewiesen.

Zum Nachweise von gelbem Blutlaugensalz zieht man eine
Probe des Objectes mit Wasser aus, säuert das Filtrat mit Salzsäure schwach

---

[1]) Nach Hilger und Tamba wird das Quecksilbercyanid auch bei
der Destillation im Kohlensäurestrome vollständig zersetzt.

[2]) Seite 63 seines bekannten Werkes.

an und fügt zur einen Hälfte der Flüssigkeit einen Tropfen Eisenchlorid, zur anderen Hälfte Natriumacetat und einen Tropfen Kupfervitriollösung zu. Ist gelbes Blutlaugensalz vorhanden, so entsteht im ersten Falle der bekannte Niederschlag von Berlinerblau, im anderen Falle ein rother Niederschlag von Ferrocyankupfer. Das in der Medicin Anwendung findende Ferrocyan- zink ist in Wasser unlöslich, wird aber durch Kalilauge unter Bildung von Ferrocyankalium zerlegt.

Berlinerblau (Ferrocyaneisen) — häufig ein Sammelname für alle blauen, aus Ferro- oder Ferricyankalium und Eisensalzen hergestellten Farben — kennzeichnet sich gewöhnlich durch seine Unlöslichkeit in Wasser und verdünnten Säuren, sowie durch seine Löslichkeit in weinsaurem Ammoniak oder Oxalsäure; durch Natronlauge wird es entfärbt, beim Ansäuern mit Salz- säure erscheint die Farbe wieder. Es findet Anwendung zum Bedrucken und Färben von Gespinnsten, Geweben und Papier (Tapeten), sowie zur Herstellung von blauer Tinte, deren giftiger Bestandtheil die Oxalsäure ist.

Das lösliche Berlinerblau (Kaliumferrocyaneisen) findet nur be- schränkte Anwendung, z. B. als blaue Tinte; seine prachtvoll blaue, wässerige Lösung trübt sich beim Erhitzen unter Abscheidung eines braunen Bodensatzes.

Bei der Destillation mit verdünnter Schwefelsäure geben alle Ferrocyan- verbindungen Blausäure.

Von den Ferricyaniden gilt im Allgemeinen dasselbe.

Soll rothes Blutlaugensalz (Ferricyankalium) nachgewiesen werden, so fügt man zu dem wässerigen, mit Salzsäure angesäuerten Auszuge aus dem Untersuchungsobjecte einen Tropfen Eisenvitriollösung und erhält bei Anwesenheit von rothem Blutlaugensalz einen dem Berlinerblau ganz ähnlichen Niederschlag von Turnbull'schem Blau.

d) Sulfocyan- (Rhodan-) verbindungen.

Dieselben haben noch zu keinen Vergiftungen Anlass gegeben, müssen aber hier erwähnt werden, weil sie spurenweise im Organismus (Speichel, Leberblut) vorkommen und deshalb bei Untersuchungen auf Blausäure (s. Lie- big'sche Reaction, S. 218) Täuschungen veranlassen können.

Um auf Rhodanverbindungen zu prüfen, wird ein wässeriger Auszug aus dem Untersuchungsobjecte mit Salzsäure schwach angesäuert und mit einem Tropfen Eisenchlorid versetzt: blutrothe Färbung zeigt die Anwesenheit von Rhodanverbindungen an. Trennung von Cyaniden, S. 221.

Vom Rhodanallyl (dem ätherischen Senföl) wird an anderer Stelle (s. Aetherische Oele) die Rede sein.

Quantitative Bestimmung von Blausäure und giftigen Cyaniden.

Soll, was nur selten möglich ist, in einem Untersuchungsobjecte die noch vorhandene Menge von Blausäure bezw. eines giftigen Cyanids bestimmt werden, so geschieht dies, wenn keine Trennung von Ferro- oder Ferricyaniden erforderlich ist, dadurch, dass man ein abgewogenes Quantum vom Objecte mit Weinsäure ansäuert und in der gewöhnlichen Weise im Kohlensäurestrome destillirt (S. 217).

Sind aber Ferro- oder Ferricyanide vorhanden, so wird die Destillation nach der Jacquemin'schen Methode (Modification von Otto, S. 222) vorge- nommen.

Das Destillat fängt man in einer mit dem Kühlerende luftdicht verbundenen, salpetersaure Silberlösung enthaltenden Vorlage (Fig. 23,
S. 218) auf, bis keine Trübung mehr stattfindet.

Nach erfolgter Abscheidung sammelt man das Silbercyanid in einem
tarirten Gläschen, wäscht es durch Decantation mit Wasser aus, trocknet und
wägt es.

100 Theile AgCN entsprechen 20,15 Theilen HCN oder 48,51 Theilen
KCN.

Ist ein anderes Cyanid nachgewiesen — z.B. Cyanzink, Quecksilbercyanid, Kaliumsilber- oder Kaliumgoldcyanid —, so ist der ermittelte Blausäuregehalt auf die betreffende Verbindung umzurechnen und
durch eine quantitative Bestimmung des entsprechenden Metalles (im Destillationsrückstande) zu controliren.

Bei fauligen Objecten bildet sich im Destillate neben Silbercyanid auch
Silbersulfid; in einem solchen Falle könnte man beide Silberverbindungen
durch Ammoniak, welches das Cyansilber löst, das Schwefelsilber aber
nicht, trennen, das Resultat aber dürfte keinen zuverlässigen Anhalt für die
ursprünglich vorhanden gewesene Blausäuremenge bieten.

Fürchtet man, dass bei der Destillation des weinsauren Objectes
Spuren von Salzsäure mit übergegangen sein könnten und wünschte man diese
auszuschliessen, so müsste man das erste Destillat bei sehr sorgfältiger Kühlung
für sich auffangen und dann nochmals über Boraxpulver oder, nachdem es mit
Soda alkalisch gemacht ist, im Kohlensäurestrome destilliren.

Eine solche Vorsichtsmaassregel wird aber kaum jemals nöthig sein, da
derartige Blausäurebestimmungen überhaupt nur einen sehr relativen Werth
haben.

B. Die Analyse auf Blausäure, Cyankalium und giftige andere Cyanverbindungen.

Nachdem in den vorhergehenden Capiteln dargethan ist, wie man
auf bestimmte Cyanverbindungen untersucht, soll hier kurz der Gang
einer Analyse auf Cyanverbindungen angedeutet werden, wenn von vornherein keine bestimmten Anhaltspunkte gegeben sind.

Vorprüfung.

Blausäure, Cyankalium und andere leicht zersetzliche
Cyanide, sowie auch das ätherische Bittermandelöl (s. w. u.)
machen sich meist schon durch den Geruch bemerkbar, namentlich
wenn das Object mit Weinsäure angesäuert und ganz gelinde erwärmt
wird.

Ist der charakteristische Blausäuregeruch nicht wahrnehmbar und
giebt auch die Schönbein'sche Reaction (S. 216) keine Blaufärbung,
so ist die Gegenwart von Blausäure oder giftigen Cyaniden mindestens
sehr unwahrscheinlich; auch ein positives Resultat der Schönbein'-
schen Reaction ist noch kein Beweis für das Vorhandensein von
Blausäure.

Weitere Vorproben bezwecken die Feststellung der An- oder Abwesenheit von Ferro- oder Ferricyaniden, sowie von Rhodanverbindungen, zu welchem Behufe man einen kleinen Theil des Objectes mit Wasser auszieht und den mit Salzsäure schwach angesäuerten Extract auf sein Verhalten gegen Eisenchlorid und Eisenoxydulsulfat prüft.

Hauptversuch.

a) Um Blausäure und giftige Cyanide allein oder neben Ferro- und Ferricyaniden (und Rhodanverbindungen) nachzuweisen [1]), säuert man das (flüssige oder breiförmige) Untersuchungsobject erst mit Weinsäure an, macht es dann mit kohlensaurem Natrium (Soda) schwach alkalisch und erwärmt es (in dem S. 217 abgebildeten Apparate) längere Zeit auf eine 60° C. nicht übersteigende Temperatur im Kohlensäurestrome.

Das Destillat prüft man mit den zuverlässigsten Reactionen (S. 218) auf Blausäure, die in diesem Falle nur als solche oder in Gestalt leicht zersetzlicher (giftiger) Cyanide im Objecte vorhanden gewesen sein könnte. (Stammte sie aus ätherischem Bittermandelöl [s. w. u.], so würde im Destillate und im Destillationsrückstande der Geruch nach Benzaldehyd bemerkbar sein.)

Um die weitere Frage zu beantworten, aus was für einem Cyanid die oben nachgewiesene Blausäure herrührt, wird der Destillationsrückstand von der Untersuchung auf Blausäure nach dem Ansäuern mit Salzsäure direct oder nach der Zerstörung durch chlorsaures Kali und Salzsäure auf Metalle — Zink, Kupfer, Quecksilber, Silber, Gold — untersucht.

Findet sich ein solches nicht vor, so ist anzunehmen, dass die Blausäure als solche oder als Cyankalium vorliegt: eine Frage, die sich chemisch nur dann beantworten liesse, wenn ein noch mit Ferrocyankalium verunreinigtes Cyankalium zur Vergiftung benutzt worden wäre.

b) Hat sich bei der obigen Destillation Blausäure nicht nachweisen lassen, so säuert man den Destillationsrückstand mit verdünnter Schwefelsäure an und unterwirft ihn nochmals der Destillation.

Die in diesem Destillate sich vorfindende Blausäure stammt aus Ferro- oder Ferricyaniden, gegebenen Falles aus Rhodanverbindungen [2]) her, worüber die Vorprüfung bereits Aufschluss gab.

---

[1]) Hilger u. Tamba, Mittheilungen aus dem pharmaceutischen Institute zu Erlangen, Heft 2, S. 290.

[2]) Rhodanwasserstoffsäure wird durch Mineralsäure leicht in Blausäure und Perthiocyansäure, $C_2 N_2 S_3 H_2$, zerlegt.

Nachweis von Blausäure und Cyankalium nach Kobert[1]).

a) Erkennung der Blausäure in Blut und Harn.

Während normales Blut die Eigenschaft hat, sich selbst zu reduciren, verliert es dieselbe schon durch spurenweise Gegenwart von Blausäure, also nach Vergiftungen mit Blausäure, Cyankalium und anderen leicht zersetzlichen (giftigen) Cyaniden. Hierauf gründet sich die eine Methode zur Unterscheidung normalen Blutes von blausäurehaltigem Blute.

1. Man füllt zwei gleiche, zu spectroskopischen Beobachtungen geeignete Fläschchen mit planparallelen Wänden mit 1 proc. Blutlösungen (z. B. 1 ccm Blut und 99 ccm destillirtem Wasser), von denen die eine aus frischem, normalem Blute (von Menschen oder Säugethieren), die andere von dem auf Blausäure zu prüfenden Blute hergestellt ist.

Beobachtet man nun den Inhalt beider Fläschchen im Spectroskope, so zeigen beide das Spectrum des normalen, sauerstoffhaltigen Blutes: zwei schwarze Streifen im gelbgrünen Felde des Spectrums. Lässt man dann beide Fläschchen luftdicht verstöpselt und im Dunkeln an einem warmen Orte stehen, und betrachtet sie nach 6 bis 24 Stunden oder nach noch längerer Zeit wieder, so hat sich die aus normalem Blute hergestellte Blutlösung (in Folge der Selbstreduction) dunkler gefärbt und zeigt jetzt im Spectroskope nicht mehr das normale Oxyhämoglobinspectrum (s. o.), sondern das Spectrum des reducirten Hämoglobins: nämlich nur einen schwarzen Streifen im gelbgrünen Theile des Spectrums (etwa an derselben Stelle, an der sich vorher die beiden schwarzen Streifen des Oxyhämoglobinspectrums befanden).

War das zu prüfende Blut, dessen Lösung sich in dem anderen Fläschchen befindet, blausäurefrei, so hat es dieselbe Veränderung (durch Selbstreduction) erfahren, wie das normale Blut im ersten Fläschchen.

War es blausäurehaltig, so ist der Inhalt des zweiten Fläschchens hellroth geblieben und zeigt nach wie vor das Oxyhämoglobinspectrum (also dasjenige des sauerstoffhaltigen Blutes, weil die Selbstreduction durch die Gegenwart von Blausäure verhindert worden war).

2. Die andere Methode zum Nachweise von Blausäure im Blute basirt auf der Umwandlung des normalen Blutfarbstoffs, des Oxyhämoglobins, in Cyanmethämoglobin, welchem letzteren das Blut (namentlich dasjenige der Todtenflecke und der Magenwandungen) nach Blausäure- und Cyankaliumvergiftung seine auffallend hellrothe Färbung verdankt.

Um nach dieser Methode Blausäure im Blute nachzuweisen, verdünnt man eine kleine Probe davon mit so viel destillirtem Wasser, dass eine 1 proc. Blutlösung entsteht (z. B. 1 ccm Blut mit 99 ccm Wasser). Zur Controle bereitet man sich dann eine gleichstarke Lösung von normalem (Menschen- oder Säugethier-) Blut.

Versetzt man nun gleiche Mengen (z. B. 25 ccm) beider Blutlösungen[2])

---

[1]) Ueber Cyanmethämoglobin und den Nachweis der Blausäure. Von Prof. Dr. R. Kobert. Mit einer Farbentafel. (Stuttgart 1891, Ferd. Enke.)

[2]) Dieselben dürfen nicht alkalisch reagiren; wäre dies der Fall, so müsste man eine Spur Salzsäure zusetzen, weil das Methämoglobin in alkali-

tropfenweise unter Umschütteln mit einer frisch hergestellten 0,1 proc. Auflösung von Ferricyankalium (rothem Blutlaugensalz), so färbt sich
das blausäurefreie Blut gelb (Methämoglobin), während das blausäurehaltige Blut roth bleibt, bezw. seine Farbe von Blutroth in Hellroth ändert (Cyanmethämoglobin).

Betrachtet man dann die gelbe und die rothe Blutlösung im Spectroskope, so zeigt erstere einen Streifen im rothen Theile des Spectrums
(zwischen C und D) — Methämoglobinstreifen —, die rothe (blausäurehaltige) Blutlösung dagegen keinen oder doch nur einen
schwachen, beiderseits nicht scharf begrenzten Streifen im gelbgrünen
Theile des Spectrums (zwischen D und E).

In analoger Weise lässt sich die Blausäure im Harn erkennen, wenn
derselbe entweder schon Blut enthält — Blutharn — oder wenn man ihn mit
normalem Blute vermischt, so dass er eine etwa 1 proc. Blutlösung darstellt.

b) Nachweis von Blausäure durch Methämoglobin.

Aus dem Vorstehenden ergiebt sich, dass methämoglobinhaltiges
Blut ein sehr empfindliches Reagens auf Blausäure ist. Man
erhält solches Blut sehr einfach dadurch, dass man etwas Blut (von Menschen,
Säugethieren oder Vögeln) mit destillirtem Wasser so weit verdünnt, dass eine
1- bis 2 proc. Lösung entsteht, die man filtrirt und mit einem winzigen
Kryställchen Ferricyankalium (rothem Blutlaugensalz) nur so lange
schüttelt, bis die rothe Farbe der Blutlösung in Gelb übergegangen ist. Alsdann giesst man die Flüssigkeit sofort von dem vielleicht noch nicht ganz gelösten Blutlaugensalzkrystalle ab und das Methämoglobinreagens ist fertig.

Statt von Blut auszugehen, kann man auch (käufliches) krystallisirtes
Hämoglobin zu 1 Proc. in Wasser lösen und, wie angegeben, durch Ferricyankalium in Methämoglobin umwandeln.

Wichtig ist, dass man nicht mehr Blutlaugensalz verwendet, als
eben nothwendig ist, um die rothe Farbe der Blutlösung in Gelb zu verwandeln,
und dass das Methämoglobinreagens nicht alkalisch, sondern (höchstens)
spurenweise sauer reagirt.

Fügt man zu einer solchen Methämoglobinlösung (in einem Reagensröhrchen oder in einem zu spectroskopischen Beobachtungen dienenden Fläschchen) vorsichtig einen oder einige Tropfen der auf Blausäure zu prüfenden
Flüssigkeit (Destillat aus weinsaurem Untersuchungsobject), so dass zunächst keine Mischung stattfindet, so geht die gelbe Farbe der Methämoglobinlösung allmälig von oben her in ein prachtvolles Hellroth über. Verfolgt
man den Vorgang spectroskopisch, so sieht man das Methämoglobinspectrum
— einen Streifen im Roth — verschwinden, ohne dass an seiner Stelle dasjenige des Oxyhämoglobins — zwei Streifen im Gelbgrün — oder sonst ein
charakteristischer Streifen aufträte. Nur bei concentrirteren Methämoglobin-
lösungen zeigt sich ein der Lage nach dem reducirten Hämoglobin entsprechendes, aber viel undeutlicheres Spectrum im Gelbgrün.

Die gelbe Farbe der Methämoglobinlösung wird aber nicht nur durch
Blausäure, sondern auch durch Alkalien oder alkalische Erden,
sowie endlich von Nitraten [1]) und Nitriten ebenfalls in Roth übergeführt,

scher Lösung ebenfalls roth gefärbt ist. Es zeigt aber dann ebenfalls im
Spectrum die Linie im Roth, die dem Cyanmethämoglobin fehlt.

[1]) Daher die rothe Farbe des Pökelfleisches.

woraus folgt, dass dieser Farbenwechsel nur dann für Blausäure beweisend ist, wenn die darauf zu prüfende Substanz weder alkalisch
reagirt — in welchem Falle sich rothes alkalisches Methämoglobin
bilden würde —, noch wenn sie Nitrate oder Nitrite bezw. salpetrige
Säure enthält.

Abgesehen aber auch davon, dass man sich von der Gegenwart solcher
störenden Einflüsse — alkalische Reaction, Anwesenheit von Salpeter oder salpetriger Säure — leicht überzeugen und sie beseitigen
kann, so ist eine Verwechselung des Cyanmethämoglobins mit dem
alkalischen Methämoglobin und dem Salpetermethämoglobin
nicht möglich, wenn man die fragliche rothe Flüssigkeit im Spectroskope betrachtet: Cyanmethämoglobin giebt, wie schon oben erwähnt, gar
keinen Absorptionsstreifen, das alkalische Methämoglobin zeigt das
Methämoglobinspectrum — einen Streifen im Roth — und das
Salpetermethämoglobin dasselbe Spectrum, nur etwas schwächer
als das alkalische Methämoglobin.

Obige, auf der Bildung von Cyanmethämoglobin beruhende Reaction zur
Erkennung von Blausäure (Cyankalium und ähnlichen Cyaniden) ist
ungemein empfindlich, so dass sie den empfindlichsten der seither bekannten
Blausäurereactionen (S. 219) mindestens gleichkommt; sie hat aber noch den
weiteren Vorzug, dass sie gegen Rhodanverbindungen sehr wenig
empfindlich ist, so dass Täuschungen mit den kleinen Mengen, im Organismus
normal vorkommenden Rhodanverbindungen gar nicht möglich sind.

c) Nachweis von Blausäure durch Wasserstoff-superoxyd [1]).

Bringt man, wie bei der vorigen Reaction, in zwei Fläschchen 1 proc.
Blutlösungen, von denen die eine aus normalem Blute, die andere aus dem
auf Blausäure zu prüfenden Blute hergestellt ist, und setzt vorsichtig
ganz neutrales Wasserstoffsuperoxyd hinzu, so geht die rothe Farbe der
blausäurehaltigen Blutlösung in Braunroth, Braun, Gelb und
Weiss über.

Diesem Farbenwechsel entsprechend sieht man im Spectroskope das
Oxyhämoglobinspectrum — zwei Streifen im Gelbgrün — allmälig
verschwinden; inzwischen tritt das Methämoglobinspectrum — ein
Streifen im Roth — auf und dieses verschwindet schliesslich ebenfalls, ohne
dass ein anderer Streifen erscheint.

Blausäurefreies Blut zersetzt das Wasserstoffsuperoxyd, ohne dadurch
selbst verändert zu werden: es behält sowohl seine Farbe als auch das Oxyhämoglobinspectrum nach wie vor bei.

Voraussetzung für das unzweideutige Gelingen dieser
Reaction ist, dass man vollkommen neutrales Wasserstoffsuperoxyd
und auch solches nicht in grossem Ueberschuss anwendet, widrigenfalls
auch normale Blutlösungen dadurch gestört bezw. verändert werden.

Hiernach kann die in Rede stehende Schönbein'sche Wasserstoff-
superoxydreaction auf Blausäure bei falscher Anwendung leicht zu
Irrthümern führen und ist deshalb im Laufe der Zeit wieder verlassen worden;
da sie aber in der Hand eines einigermaassen geübten Experten eine ausserordentlich empfindliche und zur Bestätigung der übrigen Nachweismethoden

---

[1]) Schönbein, Zeitschrift f. Biologie **3**, 325 (1867).

willkommene Blausäureprobe ist, so will sie Kobert wieder in ihr Recht eingesetzt wissen, nachdem es ihm gelungen ist, sie experimentell zu begründen. Dieselbe Substanz nämlich, welche die Selbstreduction des Blutes (s. oben a. 1, S. 228) bewirkt und durch Blausäure diese Fähigkeit einbüsst, ist es auch, welche im normalen Blute das Wasserstoffsuperoxyd zersetzt, so dass dieses ohne Einwirkung auf den Blutfarbstoff — Oxyhämoglobin — bleibt. Im blausäurehaltigen Blute besitzt jene fragliche Substanz nicht mehr die Fähigkeit, das Wasserstoffsuperoxyd zu zersetzen, in Folge dessen dieses nun das Oxyhämoglobin zu Methämoglobin und endlich vollständig oxydirt. Dass trotz des vorübergehenden gleichzeitigen Vorhandenseins von Blausäure und Methämoglobin kein Cyanmethämoglobin (s. o. a. 2) entsteht, kommt daher, dass die Blausäure vom Wasserstoffsuperoxyd (zu Oxamid) oxydirt wird, also beim Auftreten des Methämoglobins (Braunfärbung) gar nicht mehr vorhanden ist.

d) Nachweis von Blausäure durch Jodstärke.

Bringt man in ein Gläschen ein wenig (z. B. 1 ccm) Stärkekleister, der durch eine Spur (z. B. 0,04 mg) Jod blau gefärbt ist, und fügt die zu prüfende Flüssigkeit vorsichtig zu, so tritt bei Anwesenheit von Blausäure Entfärbung ein.

Mit Hülfe dieser Reaction, welche auf der Umsetzung von Blausäure und Jod in Jodcyan und Jodwasserstoff beruht ($CNH + J_2 = CNJ + HJ$), kann man die Blausäure noch in millionenfacher Verdünnung nachweisen; indessen ist wohl zu beachten, dass auch andere Substanzen: Aluminium- und Magnesiumsulfat, Alkalien, Schwefeldioxyd, Schwefelkohlenstoff, arsenige Säure, Zinnchlorür, Kohlenoxysulfid, Harnsäure, Eiweiss und namentlich Schwefelwasserstoff, der sich in Destillaten aus faulenden Organen vorfindet, die Jodstärke entfärben.

Ueber die giftigen Eigenschaften des Jodcyans vergleiche die oben citirte Kobert'sche Arbeit; es wirkt drei- bis viermal schwächer, als die ihm entsprechende Menge von Blausäure.

Zweite Gruppe.

Bittermandelöl, Benzaldehyd, Nitrobenzol.

Da das ätherische Bittermandelöl eine Verbindung von Cyanwasserstoff mit Benzaldehyd ist und für gewisse Zwecke durch Nitrobenzol ersetzt wird, so mag der Nachweis dieser drei Substanzen hier im Anschlusse an die Blausäuregruppe Platz finden.

Bittermandelöl.

Dasselbe besteht, wie oben erwähnt, im Wesentlichen aus einer Verbindung von Benzaldehyd und Cyanwasserstoff und wirkt wegen seines hohen Gehaltes an letzterem Bestandtheile stark giftig.

Im Magen eines mit Bittermandelöl Vergifteten fand Bischoff[1] 8,13 g des Giftes (mit nahezu 3 Proc. CNH) vor, im Blute Spuren von Blausäure und

---

[1] Berichte der deutsch. chem. Ges. 16, 1355 (1883).

Bittermandelöl, ebenso in Leber und Milz; im Gehirn dagegen nur Blausäurespuren und in den Nieren nur etwas Bittermandelöl; im Urin weder Blausäure noch Hippursäure.

Das ätherische Bittermandelöl findet in der Parfümerie und Likörfabrikation, sowie in der Medicin Anwendung und bildet auch den wirksamen Bestandtheil des Bittermandelwassers, des Kirschlorbeerwassers und ähnlicher Flüssigkeiten.

Frisch bereitet, stellt das Bittermandelöl eine farblose, stark lichtbrechende Flüssigkeit dar, welche den charakteristischen Geruch ihrer Componenten — Benzaldehyd und Blausäure — besitzt, allmälig aber eine Zersetzung in Benzoësäure, Benzoin u. s. w. erleidet.

Nachweis von Bittermandelöl.

Eine Vergiftung mit Bittermandelöl ist nur dann erwiesen, wenn die gleichzeitige Gegenwart seiner beiden Componenten — Benzaldehyd und Blausäure — constatirt ist.

Um den Nachweis des Bittermandelöles zu führen, wird das mit Wasser verdünnte Untersuchungsobject bei schwach saurer Reaction mit Wasserdämpfen destillirt, wobei die Blausäure in die ersten Antheile des Destillates übergeht und dort am Geruch und durch die früher (S. 218) angegebenen Reactionen leicht erkannt werden kann.

Inzwischen setzt man die Destillation fort und erhält beim Vorhandensein von Bittermandelöl ein meist milchig trübes Destillat, welches vorzugsweise nach Benzaldehyd riecht, besonders wenn es durch Schütteln mit gefälltem Quecksilberoxyd von geringen Mengen noch vorhandener Blausäure befreit worden ist.

Schüttelt man dann die Flüssigkeit mit Aether aus, so hinterlässt derselbe beim Verdunsten auf einem Uhrschälchen ölige Tropfen von bekanntem Geruch, die noch weiter als Benzaldehyd zu charakterisiren sind.

Benzaldehyd.

Der Benzaldehyd, $C_6H_5 . COH$, auch blausäurefreies Bittermandelöl genannt, ist nicht giftig; er bildet, wie schon erwähnt, den Hauptbestandtheil des Bittermandelöles (s. o.) und wird an dessen Stelle in der Likörfabrikation und Parfümerie verwendet.

Der Nachweis des Benzaldehyds wird wie derjenige des Bittermandelöles geführt und beruht darauf, dass das in diesem Falle keine Blausäure enthaltende Destillat beim Schütteln mit Aether an diesen eine Substanz abgiebt, welche beim Verdunsten des Lösungsmittels in Gestalt öliger, bittermandelartig riechender Tropfen zurückbleibt.

Um diese noch weiter als Benzaldehyd zu charakterisiren, erwärmt man sie in einem mit Condensationsrohr versehenen Kölbchen mit einer stark schwefelsauren Auflösung von Kaliumdichromat, destillirt dann das Gemisch mit Wasserdampf und schüttelt das Destillat mit Aether aus, welcher beim Verdunsten die bekannten, sublimirbaren und bei 120° C. schmelzenden Nadeln der Benzoësäure hinterlässt.

Concentrirte Schwefelsäure löst den Benzaldehyd mit rother Farbe auf; beim Erwärmen tritt Schwärzung ein.

Ueber Unterscheidung des Benzaldehyds vom Nitrobenzol siehe dieses.

Nitrobenzol.

Das Nitrobenzol, $C_6H_5.NO_2$, ist eine dem Bittermandelöle ähnliche Substanz, welche unter der Bezeichnung Mirbanöl, Mirbanessenz oder unechtes Bittermandelöl vielfach als Surrogat für das echte Bittermandelöl z. B. in der Parfümerie und Likörfabrikation angewendet wird.

Ein Gemisch von Nitrotoluol und Nitrobenzol dient zur Darstellung des sogenannten Anilinöles für die Fabrikation von Anilinfarben.

Als eine ziemlich stark giftige Substanz, welche schon mehrfach schwere, selbst tödtliche (technische und andere) Vergiftungen veranlasst hat, besitzt das Nitrobenzol auch ein grösseres sanitätspolizeiliches Interesse.

Der Nachweis des Nitrobenzols, welches schon an seinem bittermandelartigen Geruch leicht zu erkennen ist, geschieht in ganz analoger Weise wie derjenige des Bittermandelöles bezw. des Benzaldehyds, d. h. man destillirt das Object mit Wasserdampf und schüttelt das Destillat mit Aether aus, der dann beim Verdunsten das vorhandene Nitrobenzol in Gestalt von bittermandelartig riechenden Oeltropfen hinterlässt.

Um diese mit Nitrobenzol zu identificiren, löst man sie oder einen Theil[1]) davon in Weingeist, setzt etwas Zinkstaub und einige Tropfen verdünnte Salzsäure zu.

Nachdem die Wasserstoffentwickelung etwa $1/2$ Stunde im Gange war, übersättigt man die Flüssigkeit mit Natronlauge und schüttelt sie mehrmals mit Aether aus.

Liegt Nitrobenzol vor, so ist dasselbe bei der angedeuteten Behandlung in Anilin übergegangen:

$$C_6H_5NO_2 + 6H = C_6H_5NH_2 + 2H_2O,$$

welches beim Verdunsten der Aetherauszüge in öligen Tropfen zurückbleibt und als solches leicht, z. B. durch die Chlorkalkreaction (s. Anilin), erkannt werden kann.

Vom Bittermandelöl unterscheidet sich das Nitrobenzol u. a. dadurch, dass das Destillat keine Blausäure enthält, und von dem Benzaldehyd durch die, diesem nicht zukommende Umwandlung in Anilin.

Nachweis von Nitrobenzol in alkoholischen Getränken, Parfümerien, Seifen, Pomaden u. dergl.

Der bittermandelartige Geruch solcher Präparate kann von Nitrobenzol herrühren, dessen Anwendung wegen der giftigen Eigenschaften dieser Substanz als unzulässig zu bezeichnen ist.

---

[1]) Ein anderer Theil kann in ein Röhrchen eingeschmolzen und als *corpus delicti* vorgelegt werden.

Um alkoholische Flüssigkeiten auf Nitrobenzol zu prüfen, entfernt man zunächst durch gewöhnliche Destillation oder gelindes Eindampfen den Alkohol und destillirt dann den Rückstand mit Wasserdämpfen.

Seifen löst man in Wasser; ölige und fettige Substanzen vertheilt man darin, eventuell unter Zuhülfenahme von Alkohol, und unterwirft die Lösungen bezw. Emulsionen der Destillation mit Wasserdämpfen.

Den Destillaten entzieht man das übergegangene Oel durch Schütteln mit Aether und prüft dessen Verdunstungsrückstand, wie angegeben, auf Nitrobenzol oder Bittermandelöl.

Dritte Gruppe.

Phenol und verwandte Substanzen.

Carbolsäure.

Der toxikologisch wichtigste Vertreter aus der Gruppe der Phenole, die Carbolsäure, $C_6H_5 . OH$, hat wegen der ausgedehnten Anwendung als Antisepticum und Desinficiens schon zahlreiche Vergiftungen veranlasst, welche meist medicinale waren.

Ab und zu kommen aber auch Fälle vor, in denen Carbolsäurelösungen, trotz ihres warnenden Geruches und abschreckenden Geschmackes, unvorsichtig oder absichtlich getrunken werden.

Endlich spielt diese Substanz gelegentlich auch eine Rolle bei verbrecherischen Handlungen, welche die Abtreibung der Leibesfrucht bezwecken.

Ausser durch den Geruch kündigt sich die Carbolsäurevergiftung anatomisch durch Entzündungen und Aetzungen bezw. Brandflecke auf den Schleimhäuten an.

Der Harn (s. w. u.) besitzt nach Carbolsäurevergiftung charakteristische Eigenschaften (Carbolharn) und kann ausser Phenylätherschwefelsäure, welche durch Paarung der Carbolsäure mit den Sulfaten des Organismus entstand, auch noch freie Carbolsäure enthalten.

Zu beachten ist, dass diese Substanz spurenweise im Organismus normal vorkommt und ebenfalls in geringen Mengen ein Fäulnissproduct der Eiweisskörper bildet, woraus folgt, dass man den Nachweis der Carbolsäurevergiftung nur auf das Vorhandensein grösserer Mengen des Giftes stützen kann.

Im reinen Zustande bildet die Carbolsäure eine farblose (oft aber röthliche), krystallinische Masse, welche bei 42° C. schmilzt, den bekannten, durchdringenden Geruch besitzt und in Wasser, wässerigen Alkalien, Alkohol, Aether, Chloroform u. s. w. löslich ist.

Nachweis der Carbolsäure.

Die Abscheidung der Carbolsäure aus den Untersuchungsobjecten geschieht in der Regel durch Destillation nach Landolt, kann aber auch durch Ausschütteln nach dem Verfahren von Jacobson und Dragendorff bewirkt werden.

Methode von Landolt[1]).

Das zerkleinerte und genügend mit Wasser verdünnte Object, in welchem sich nennenswerthe Mengen von Carbolsäure, namentlich beim Ansäuern, schon durch den Geruch bemerklich machen werden, destillirt man nach Zusatz von verdünnter Schwefelsäure aus einer geräumigen Retorte mit Wasserdampf (vergl. den Apparat Fig. 24).

Sind reichlichere Mengen von Carbolsäure vorhanden, so bildet der erste Antheil des Destillates eine trübe Flüssigkeit von bekanntem Geruch mit obenauf schwimmenden Oeltropfen. Geringe Mengen von

Fig. 24.

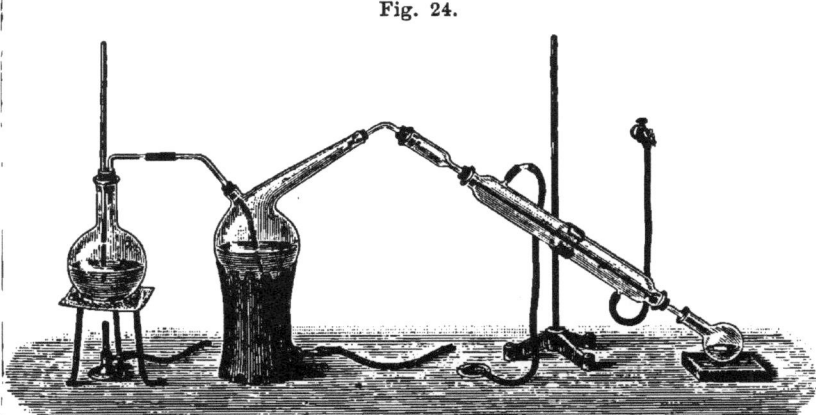

Carbolsäure sind im wässerigen Destillate gelöst, welches aber in diesem Falle probeweise deutlich auf Bromwasser reagirt.

Schüttelt man das Destillat mit Aether aus, so hinterlässt derselbe beim Verdunsten die etwa vorhandene Carbolsäure in öligen Tropfen, die sich in einer genügenden Menge von Wasser auflösen.

Diese, nöthigenfalls von theerartigen Beimengungen roher Carbolsäure mittelst Filtration durch ein nasses Filter getrennte Lösung giebt folgende Reactionen, die aber nicht bloss der Carbolsäure, sondern auch anderen Phenolen zukommen:

Bromwasser: bis zur bleibenden Gelbfärbung zugesetzt, erzeugt bald oder nach einiger Zeit einen gelblichweissen Niederschlag, selbst noch bei sehr grosser Verdünnung (Landolt).

Dieser Niederschlag [2]) — Tribromphenol, $C_6H_2Br_3OH$, — bildet nadelförmige Krystalle, welche bei 95° C. schmelzen, in warmem Alkohol, so-

[1]) Berichte der deutsch. chem. Ges. 4, 770 (1871).
[2]) Eine Probe davon kann als *corpus delicti* vorgelegt werden.

wie in Kalilauge löslich sind und aus der letzteren Lösung durch Säuren wieder abgeschieden werden.

Durch Natriumamalgam in alkoholischer Lösung wird das Tribromphenol in Phenol umgewandelt.

Hat man grössere Mengen von Carbolsäure isolirt, so kann man einen Theil davon durch Erwärmen mit concentrirter Salpetersäure in einem mit Condensationsrohr versehenen Kölbchen in Trinitrophenol überführen, dieses mit Aether ausschütteln und weiter zum Nachweise bringen (s. Pikrinsäure).

Eisenchlorid: in ganz verdünnter Lösung tropfenweise zugesetzt, erzeugt eine blaue Färbung.

Chlorkalklösung: versetzt man die zu prüfende, mit ¼ Volum Ammoniak vermischte Flüssigkeit mit einigen Tropfen eines (im Verhältniss 1:20 bereiteten und filtrirten) wässerigen Chlorkalkauszuges, so tritt beim gelinden Erwärmen ebenfalls eine blaue Färbung ein. Sehr verdünnte Carbollösungen zeigen erst nach einiger Zeit eine grüne oder grünliche Färbung (Lex).

Nach Flückiger führt man diese Reaction besser so aus, dass man die mit Ammoniak erwärmte, zu prüfende Flüssigkeit auf den Wandungen einer Porcellanschale vertheilt und Bromdämpfen aussetzt.

Millon's Reagens [1] giebt, wenn man die mit einigen Tropfen desselben vermischte Flüssigkeit zum Kochen erhitzt und dann vorsichtig, d. h. mit Vermeidung eines Ueberschusses, Salpetersäure hinzufügt, eine intensiv rothe Färbung (Plugge [2], Almén).

Nach Dragendorff erhält man diese Färbung schöner, wenn man die mit Millon'schem Reagens versetzte Flüssigkeit kalt stehen lässt.

Obige Reactionen gehören zwar nicht ausschliesslich der Carbolsäure an, genügen aber meist zu deren Identificirung, da gerichtlich-chemische Untersuchungen auf diese Substanz meist nur zur Bestätigung eines durch anderweitige Momente bereits so gut wie erwiesenen Vergiftungsfalles verlangt werden.

Für schwierigere Fälle sollen weiter unten noch einige andere Phenolreactionen angegeben werden.

Methode von Jacobson und Dragendorff [3].

Man macerirt das zerkleinerte und mit Schwefelsäure angesäuerte Object 24 Stunden mit einer reichlichen Menge von Alkohol, filtrirt dann ab und lässt das Filtrat in flachen Schalen verdunsten oder destillirt den Alkohol unter vermindertem Luftdruck (bei 400 bis 500 mm Manometerstand) ab.

Der wässerige Verdunstungs- oder Destillationsrückstand wird erst durch Schütteln mit Petroleumäther entfettet, dann mit Benzol geschüttelt und dessen Verdunstungsrückstand zu den Reactionen benutzt.

---

[1] Wird erhalten, wenn man Quecksilber in kalter, rauchender Salpetersäure auflöst und die Lösung mit dem doppelten Volum Wasser verdünnt. Mit der Zeit wird das Millon'sche Reagens unwirksam, lässt sich aber durch Zusatz von ein wenig Kaliumnitrit wieder wirksam machen.

[2] Archiv d. Pharmacie **228**, 9 (1890).

[3] Zeitschr. f. analyt. Chemie **26**, 405 (1887).

Dieses Verfahren ist also analog demjenigen zur Ausmittelung von Pflanzengiften (s. w. u.).

Einige weitere Reactionen der Carbolsäure und anderer Phenole.

Die Phenole sind bekanntlich theils flüssig, theils fest (krystallinisch), einige derselben besitzen einen charakteristischen Geruch und lösen sich in Wasser zum Theil schwer, leicht dagegen in Alkohol und Aether.

Ausser der Carbolsäure finden auch noch einige andere medicinische Anwendung und können deshalb bei gerichtlich-chemischen Untersuchungen vorkommen.

Von den zahlreichen sonstigen Reactionen[1] der Carbolsäure und anderer Phenole mögen hier noch folgende Platz finden:

Liebermann'sche Reaction[2]: Eine kleine Menge der zu prüfenden phenolartigen Substanz wird in concentrirter Schwefelsäure gelöst und mit einigen Tropfen einer Auflösung von 0,6 g Kaliumnitrit in 10,0 g concentrirter Schwefelsäure — Liebermann'sches Reagens — versetzt.

Die verschiedenen Phenole geben hierbei verschiedene Färbungen, die sich auf Zusatz von Eisessig oder beim Uebersättigen der mit Wasser verdünnten Flüssigkeiten ändern; z. B.:

Carbolsäure giebt eine blaue Lösung, die auf Zusatz von Eisessig oder Wasser roth wird und sich auf Zusatz von Ammoniak wieder blau färbt.

Eykmann'sche Reaction[3]: Man stellt sie in der Regel so an, dass man die betreffende verdünnte, wässerige Phenollösung mit einigen Tropfen einer Auflösung von Aethylnitrit in Alkohol[4] — Eykmann'sches Reagens — versetzt und dann mit dem gleichen Volumen concentrirter Schwefelsäure mischt.

Bei dieser Reaction kennzeichnen sich verschiedene Phenole ebenfalls durch verschiedene Färbungen, die durch Zusatz von Eisessig oder Wasser und Ammoniak verändert werden; z. B.:

Carbolsäure giebt noch bei einer Verdünnung von 1:2 000 000 eine Rothfärbung, die auf Zusatz von Ammoniak in Blau übergeht.

Die Lösung eines Tröpfchens Phenol in concentrirter Schwefelsäure giebt mit Eykmann'schem Reagens eine grüne Färbung, die durch wenig Wasser in Roth und dann durch Ammoniak in Blau übergeführt wird.

Ueber das Verhalten anderer Phenole bei der Eykmann'schen Reaction vergleiche die später folgende Tabelle.

Reichl'sche Reaction[5]: Dieselbe beruht ebenfalls auf der Bildung

---

[1] Vergl. z. B. Nickel, Farbenreactionen der Kohlenstoffverbindungen (Berlin, Peters), sowie Vortmann, Anleitung zur chem. Analyse organischer Stoffe (Deuticke, Leipzig und Wien 1889).
[2] Berichte d. deutsch. chem. Ges. 7, 247 u. 1098 (1874).
[3] Zeitschrift f. analyt. Chemie 22, 576 (1883).
[4] *Spiritus ätheris nitrosi* oder leicht dadurch zu erhalten, dass man ein wenig Kaliumnitrit mit Alkohol übergiesst, dann die zur Zersetzung des Nitrits erforderliche Menge verdünnter Schwefelsäure zufügt und filtrirt.
[5] Berichte d. deutsch. chem. Ges. 9, 1429 (1876).

von Farbstoffen (Glycereïnen) beim Erhitzen von Phenolen mit Glycerin und concentrirter Schwefelsäure.

Erhitzt man z. B. einen Tropfen Carbolsäure mit zwei Tropfen Glycerin und drei bis sechs Tropfen concentrirter Schwefelsäure einige Zeit auf 120 bis 130⁰ C., so entsteht eine dunkle Masse, die sich in Wasser wenig und mit gelblichbrauner Farbe löst, auf Zusatz von Ammoniak dagegen eine rothe Lösung giebt.

Oxalsäure-Reaction: Mischt man eine geringe Menge (0,05 g) Carbolsäure mit der sieben- bis achtfachen Menge (0,1 bis 0,2 g) Oxalsäure und durchfeuchtet das Gemisch mit fünf bis sechs Tropfen concentrirter Schwefelsäure, so tritt beim Erhitzen eine gelblichrothe Färbung auf, die beim Verdünnen mit Wasser in Gelb und dann auf Zusatz von Ammoniak in Roth übergeht (Rosolsäurebildung).

Auch mit anderen Dicarbonsäuren (z. B. Bernsteinsäure, Weinsäure, Phtalsäure) geben die Phenole unter denselben Bedingungen Farbenreactionen.

Chloroform-Reaction[1]): Löst man die zu prüfende Substanz in einigen Tropfen Chloroform oder schüttelt man die wässerige Lösung derselben (z. B. ein Destillat) mit einigen Cubikcentimetern Chloroform aus und fügt zu der so oder so erhaltenen Chloroformlösung ein Stückchen Aetzkali, so färbt sich die Flüssigkeit beim gelinden Erwärmen, wenn ein Phenol vorhanden ist, in charakteristischer Weise, z. B. Carbolsäure, roth; Naphtole, blau; Thymol, dunkelroth; Brenzcatechin, gelbbraun; Resorcin, roth; Hydrochinon, gelbroth bis rothbraun; Pyrogallol und Phloroglucin, röthlichgelb.

Weselsky'sche Reaction[2]): Verdünnte Lösungen (1 : 2000) verschiedener Phenole geben, wenn man sie mit einigen Tropfen wässeriger Anilinnitratlösung und dann mit Kaliumnitrit versetzt, orange- bis zinnoberrothe Niederschläge (Azobenzolderivate).

Quantitative Bestimmung der Carbolsäure.

Soll die Carbolsäure quantitativ bestimmt werden, was deshalb nothwendig ist, weil geringe Mengen[3]) derselben sich unter den Verdauungs- und Fäulnissproducten der Eiweissstoffe vorfinden, so versetzt man das Destillat oder einen aliquoten Theil desselben mit Bromwasser bis zur bleibenden Gelbfärbung; sammelt den Niederschlag auf einem gewogenen Filter und trocknet ihn über Schwefelsäure bis zum constanten Gewicht.

Diese Methode ist zwar nicht genau, sofern sich neben Tribromphenol auch etwas Tribromphenolbrom bildet, genügt indessen für vorliegenden Zweck.

1 g Tribromphenol entspricht 0,2839 g Phenol; man braucht also nur die gefundene Menge Tribromphenol mit jener Zahl zu multipliciren, um die entsprechende Menge Phenol zu finden.

Die Carbolsäure kann natürlich auch maassanalytisch bestimmt werden[4]).

---

[1]) Vergl. auch Raupenstrauch, Reactionen einiger Phenole und analoger Körper mit Chloroform und Kalilauge, Pharm. Zeitung 33, 737 (1888).

[2]) Berichte d. deutsch. chem. Ges. 21 (III), 674 (1888).

[3]) Die von einem normalen Menschen in 24 Stunden producirte Menge von Carbolsäure beträgt durchschnittlich 0,015 g (Engel).

[4]) Vergl. hierüber z. B. Beckurts, Archiv d. Pharmacie 224, 561 (1886).

Thymol.

Dieses (auch als Thymiansäure oder Thymiankampher bezeichnete) p-Propyl-m-Kresol, $CH_3 . C_6H_3 . OH . C_3H_7$, ist ein Bestandtheil einiger ätherischer Oele (von *Thymus vulgaris*, *Monarda punctata* u. a.); es bildet farblose, bei 44° bis 45° C. schmelzende, in Wasser schwer, in Alkohol, Aether, Chloroform, Schwefelkohlenstoff und Eisessig leicht lösliche Krystalle und besitzt den leicht kenntlichen Geruch nach Thymian.

Thymol wird als innerliches und äusserliches Antisepticum angewendet.

Zum Nachweise des Thymols (welches analog der Carbolsäure abgeschieden werden kann) dienen neben dem bekannten Thymiangeruch u. a. folgende Reactionen[1]):

Bromwasser giebt eine milchige Trübung bezw. weissen Niederschlag.

Chlorkalklösung ruft in der vorher mit Ammoniak versetzten wässerigen Flüssigkeit eine grüne Färbung hervor, die bald verschwindet, aber beim Schütteln mit Luft wieder erscheint. Schüttelt man die grüne Flüssigkeit mit Aether, so färbt sich dieser rosa und hinterlässt beim Verdunsten einen rothen Rückstand, der sich in concentrirter Schwefelsäure mit grasgrüner Farbe löst.

Eisenchlorid giebt keine Färbung, beim Kochen tritt gelblichbraune Trübung ein.

Concentrirte Schwefelsäure löst das Thymol ohne Färbung auf; fügt man eine Spur eines Eisenoxydsalzes zu, so tritt beim Erwärmen eine rothe bis violette Färbung ein.

Neutralisirt man die mit dem 10 fachen Volum Wasser verdünnte Lösung von Thymol in concentrirter Schwefelsäure mit Bleiweiss und fügt dann zum Filtrate eine geringe Menge Eisenchlorid, so färbt sich die Flüssigkeit violett.

Traubenzuckerlösung giebt, wenn man einige Tropfen davon zu einer Lösung von Thymol in concentrirter Schwefelsäure hinzufügt (oder wenn man die Zuckerlösung mit einigen Tropfen einer alkoholischen Thymollösung versetzt und dann viel concentrirte Schwefelsäure hinzumischt), eine Rothfärbung (Molisch[2]).

Eykmann's Reagens (S. 237) liefert, wenn man einige Tropfen desselben über eine Lösung von Thymol in concentrirter Schwefelsäure schichtet und nach dem Abkühlen mischt, eine rothe, bald grün werdende Flüssigkeit, die beim Verdünnen mit Wasser wieder roth, auf Zusatz von Ammoniak gelb wird.

Chloroformreaction (S. 238): dunkelroth.

Brenzcatechin, Resorcin, Hydrochinon.

Diese drei isomeren, zweiatomigen Phenole, $C_6H_4(OH)_2$, sind krystallisirbare Substanzen, die in Wasser, Alkohol und Aether leicht löslich sind

---

[1]) Zeitschrift f. analyt. Chemie 21, 577 (1882); 22, 96 und 574 (1883); Ber. d. deutsch. chem. Ges. 14, 2306 (1881).

[2]) Monatshefte für Chemie VII, 198 (1886). An Stelle von Traubenzucker kann man auch Rohrzucker benutzen.

	Brenzcatechin	Resorcin	Hydrochinon
Bromwasser zur wässerigen Lösung der Substanz zugesetzt, erzeugt:	orangerothe Färbung, die durch Ammoniak in Schmutziggrün und Gelbbraun übergeht.	gelben Niederschlag, der sich in Ammoniak mit orangegelber Farbe löst.	röthlichgelbe Färbung, die durch Ammoniak in Grün, dann in Braun übergeht.
Eisenchlorid (*Liquor ferri sesquichlorati* mit dem 10fachen Vol. Wasser verdünnt) erzeugt in der wässerigen Lösung der Substanz:	smaragdgrüne Färbung, die durch Natriumbicarbonat violettroth wird.	dunkelviolette Färbung, die auf Zusatz von Salzsäure verschwindet.	vorübergehend blaue, dann gelbbraune Färbung.
Bleiacetat bewirkt in der wässerigen Lösung:	weissen Niederschlag, leicht löslich in Essigsäure.	keine Fällung.	keine Fällung.
Eykmann's Reagens (S. 237) färbt die Lösung der Substanz in concentrirter Schwefelsäure:	braun.	blau.	schmutzigrothbraun.
Beim Verdünnen mit Wasser färbt sich die Flüssigkeit:	gelblichbraun.	röthlichgelb.	gelblichbraun, trübe.
und beim Uebersättigen mit Ammoniak alsdann:	grün.	roth mit gelbgrüner Fluorescenz.	unverändert, wie oben.
Choroformreaction (S. 238):	gelblichbraun.	roth.	gelblichroth bis rothbraun.

und ihren wässerigen Lösungen, nach Zusatz von Schwefelsäure, am besten durch Schütteln mit Essigäther entzogen werden können.

Brenzcatechin kommt gelegentlich als pathologischer Bestandtheil im Harn vor; Resorcin wird zuweilen arzneilich als Antisepticum angewendet, ebenso Hydrochinon. Letzteres ist auch ein Spaltungsproduct des Arbutin's[1]), eines Glycosides aus den Blättern der Bärentraube und anderen Pflanzen. Gegen einige der gebräuchlichsten Phenolreagentien zeigen diese drei Substanzen vorstehendes Verhalten.

Ueber weitere Reactionen des Brenzcatechins, Resorcins und Hydrochinons vergl. die Lehrbücher der organischen Chemie.

Kreosot.

Das echte Kreosot aus Buchenholztheer, ein Gemenge von Guajacol (Brenzcatechinmonomethyläther) und Kreosol (Homobrenzcatechin-methyläther), mit anderen substituirten Phenolen ist officinell und wie die Carbolsäure (unechtes Kreosot aus Steinkohlentheer) giftig.

Es stellt eine farblose, leicht röthlich und braun werdende Flüssigkeit von rauchartigem Geruch dar, deren Löslichkeit in Wasser geringer ist, als diejenige der Carbolsäure.

Die Abscheidung des Kreosots aus Organen etc. geschieht wie bei der Carbolsäure, doch wird es in solchen Fällen Mangels äusserer Anhaltspunkte oft schwierig sein, beide Substanzen mit Bestimmtheit von einander zu unterscheiden, zumal unreines Kreosot häufig Carbolsäure enthält.

Vermischt man einen Tropfen reines Kreosot mit einem Tropfen Eisenchlorid (1:20) und 2 ccm Alkohol, so erhält man eine grüne Flüssigkeit, die sich beim Verdünnen mit Wasser unter Trübung (Ausscheidung von Kreosot) entfärbt. Carbolsäure liefert unter denselben Bedingungen eine violette Lösung.

Beim Schütteln mit dem gleichen Volum Collodium [eine Auflösung von Collodiumwolle (Di- und Trinitrocellulose) in Aether-Alkohol] giebt die Carbolsäure eine gelatinöse Masse, Kreosot aber nicht.

Pyrogallol.

Die Pyrogallussäure, ein dreiatomiges Phenol, $C_6 H_3 (OH)_3$, und als solches Pyrogallol genannt, ist eine weisse, krystallisirte, giftige Substanz, die u. a. in Verbindung mit ammoniakalischer Silberlösung als Haarfärbemittel benutzt wird, in Wasser leicht, in Alkohol und Aether schwerer löslich ist und bei 115° C. schmilzt. Ebenso, wie das Pyrogallol die Haare braun färbt, so erzeugt es auch auf der Haut braune Flecken.

Seine Lösungen werden durch Bleiacetat weiss gefällt, durch Eisenoxydulsulfat blauschwarz, durch Eisenchlorid roth gefärbt und wirken auf Gold-, Silber- und Quecksilbersalze stark reducirend unter Abscheidung der betreffenden Metalle.

Das dem Pyrogallol isomere Phloroglucin, farblose, verwitternde

---

[1]) Ueber Nachweis von Arbutin s. Dragendorff, Seite 555.

Krystalle, in Wasser, Alkohol und Aether leicht löslich, giebt mit B l e i a c e t a t
k e i n e n (sondern nur mit B l e i e s s i g einen weissen) Niederschlag.

Weitere Reactionen des Pyrogallols und Phloroglucins sind in den Lehrbüchern der organischen Chemie nachzuschlagen.

N a p h t o l e.

Die beiden Hydroxylderivate des Naphtalins — das α-N a p h t o l und das
β-N a p h t o l —, von denen namentlich das letztere gelegentlich medicinisch ge-
braucht wird, sind feste, krystallisirbare, in Wasser schwer, in Alkohol und
Aether leicht lösliche Substanzen.

α-N a p h t o l: seidenglänzende, bei 94^0 C. schmelzende, phenolartig
riechende Nadeln; β-N a p h t o l: fast geruchlose Blättchen; Schmelzpunkt
122^0 C.

Beide sind mit Wasserdämpfen flüchtig und geben mit C h l o r o f o r m
und K a l i h y d r a t die L u s t g a r t e n's c h e R e a c t i o n (s. Chloroform); Chlorkalklösung färbt die Lösung des α-N a p h t o l s v i o l e t t, diejenige des
β-N a p h t o l s g e l b.

J o d j o d k a l i u m (s. Alkaloidreagentien) erzeugt in Naphtollösungen nach
längerem Stehen oder beim Erwärmen flockige Fällungen, die auf Zusatz von
N a t r i u m t h i o s u l f a t (bis zum Entfärben der braunen Flüssigkeit) entweder
b l a u gefärbt sind und sich blau in Aether lösen (α-Naphtol) oder farblos werden (β-Naphtol).

S a l i c y l s ä u r e.

Dieselbe steht ihrer chemischen Zusammensetzung $\left(\text{Orthooxybenzoësäure,}\right.$

$C_6 H_4 \cdot \begin{smallmatrix} O H \\ C O O H \end{smallmatrix} \left.\right)$ und ihren Wirkungen nach den Phenolen sehr nahe und findet
als A n t i s e p t i c u m sowohl in der Medicin wie auch zur Conservirung von
Nahrungs- und Genussmitteln ausgedehnte Anwendung. Aehnliches gilt von
einigen salicylsauren Salzen (N a t r i u m s a l i c y l a t, Q u e c k s i l b e r s a l i c y l a t etc).

Allein oder neben Salicyladehyd kommt die Salicylsäure in einigen Spiräa-
arten vor und als Methyläther bildet sie einen Bestandtheil des G a u l t h e r i a -
oder W i n t e r g r ü n ö l e s, sowie einiger anderen ätherischen Oele; auch in
demjenigen der Gewürznelken kommt sie gelegentlich vor.

Die Anwendung der Salicylsäure als Conservirungsmittel für W e i n,
B i e r etc. ist unzulässig: zum Theil gesetzlich verboten.

Um S a l i c y l s ä u r e n a c h z u w e i s e n, kann man das Object bei schwefelsaurer Reaction mit Wasserdampf destilliren oder direct mit A e t h e r,
B e n z o l oder A m y l a l k o h o l ausschütteln.

Lässt man die Aetherauszüge aus dem Objecte oder aus dem Destillate
in einer Porcellanschale verdunsten, behandelt den Rückstand mit einigen
Tropfen Alkohol und warmem Wasser und fügt vorsichtig tropfenweise (eine
bis zur kaum noch erkennbaren Gelbfärbung verdünnte) E i s e n c h l o r i d -
l ö s u n g hinzu, so giebt sich die Anwesenheit von Salicylsäure durch eine
intensiv r o t h v i o l e t t e Färbung zu erkennen.

Hat man die mit Amylalkohol ausgeschüttelt, so kann man den Auszug
gleich mit demselben Volum Alkohol verdünnen und mit Eisenchlorid prüfen.

Um Salicylsäure in W e i n, B i e r, F r u c h t s ä f t e n, M i l c h u. dergl.,
sowie im H a r n zu erkennen, schüttelt man 50 bis 100 ccm der betreffenden,

mit Schwefelsäure angesäuerten, Flüssigkeit oder eine auf das genannte Volum eingedunstete grössere Menge des betreffenden Objectes mit einem Gemische gleicher Theile Aether und Petroleumäther aus und prüft den Verdunstungs-rückstand, wie angegeben, mit Eisenchlorid.

Bei der Prüfung von Wein auf Salicylsäure beobachtet man zuweilen eine blaue — nicht rothviollette — Eisenchloridreaction, die nicht von Salicylsäure herrührt.

Das arzneilich angewendete Salol ist Salicylsäure-Phenyläther; seine alkoholische Lösung färbt sich mit Eisenchlorid violett.

Vierte Gruppe.

Chloroform, Chloralhydrat, Jodoform und ähnliche Substanzen.

Chloroform.

Das Chloroform ist das gegenwärtig noch am häufigsten angewendete Anästheticum; man unterscheidet je nach der Darstellung Alkohol-chloroform und Chloralchloroform, beide sind aber chemisch und physiologisch völlig identisch.

Wegen seiner leichten Zersetzlichkeit (in Chlor, Chlorwasserstoff, Chlor-kohlenoxyd u. s. w.) ist das Chloroform nur kurze Zeit nach dem Tode noch nachweisbar; meist wird es schon bei der Section an seinem bekannten süss-lichen Geruche wahrgenommen.

Die Chloroformvergiftungen sind fast sämmtlich medicinale in Folge von Unvorsichtigkeit oder unglücklichen Zufällen bei der Narkose gelegentlich chirurgischer Operationen, doch kommen auch Vergiftungen mit Chloroform bei dessen Anwendung zur Linderung von Zahnschmerz vor. Sehr selten ist gewohnheitsmässiges Einathmen von Chloroform zum Zwecke eines rausch-artigen Zustandes.

Nachweis des Chloroforms.

Der allgemeine Weg zur Ausmittelung des Chloroforms ist die Destillation des mit Phosphorsäure deutlich angesäuerten[1]) und gut zerkleinerten Objectes, welches bei Anwesenheit von nicht zu geringen Mengen Chloroforms dessen süsslichen Geruch besitzt. In diesem Falle bildet das Destillat (bei Abwesenheit von Alkohol) meist eine trübe Flüssigkeit, aus welcher sich das Chloroform nach einiger Zeit am Boden in öligen Tropfen abscheidet[2]).

Im Uebrigen dienen zur Identificirung des Chloroforms folgende Reactionen, die aber auch dem Chloralhydrat zukommen, welches durch Alkalien unter Bildung von Chloroform zersetzt wird.

[1]) S. w. u. Nachweis des Chloralhydrates.
[2]) Eine Probe davon ist als *corpus delicti* einzureichen.

1. Hofmann'sche Reaction: Erwärmt man die zu untersuchende Flüssigkeit gelinde mit etwas alkoholischer Natronlauge und einem Tropfen eines primären Monamins, z. B. Anilin, so entsteht schon beim Vorhandensein minimaler Spuren von Chloroform der unverkennbare, durchdringend widerwärtige Geruch nach Isonitril (Isobenzonitril [1]):

$$CHCl_3 + 3NaOH + C_6H_5NH_2 = C_6H_5 . CN + 3NaCl + 3H_2O.$$

2. Lustgarten'sche Reaction[2]: Man löst etwa 0,1 g β-Naphtol in Kalilauge, erwärmt auf ca. 50° C. und setzt einige Tropfen des zu untersuchenden Destillates hinzu.

Enthält dasselbe Chloroform, so tritt vorübergehend Blaufärbung ein[3].

3. Schwarz'sche Reaction[4]; Man setzt zu einer Auflösung von 0,1 g Resorcin in 1 bis 2 ccm Wasser ein wenig der zu prüfenden Substanz, dann einige Tropfen Natronlauge (15 proc.) und erhitzt zum Sieden.

Ist auch nur eine Spur Chloroform vorhanden, so färbt sich die Flüssigkeit gelbroth mit schöner Fluorescenz.

4. Cyanreaction: Dieselbe beruht auf der Ueberführung des Chloroforms in Cyanammonium durch Ammoniak und Kalilauge:

$$CHCl_3 + 2NH_3 + 3KOH = NH_4 . CN + 3KCl + 3H_2O.$$

Man führt sie am sichersten so aus, dass man die zu prüfende Flüssigkeit mit etwas Salmiak und alkoholischer Kalilauge in ein geräumiges (von der Flüssigkeit nur zu $1/4$ gefülltes) Glasrohr einschmilzt und dieses einige Stunden im Wasserbade erhitzt.

Das Reactionsproduct prüft man auf Blausäure (s. dort) und erkennt aus deren Vorhandensein die ursprüngliche Anwesenheit von Chloroform.

5. Vitali'sche Reaction[5]: Dieselbe beruht darauf, dass Wasserstoffgas, welchem Chloroform und andere flüchtige Chlorverbindungen (s. w. u.) beigemischt sind, bei der Verbrennung Salzsäure liefert, welche sich durch Blaufärbung der Flamme zu erkennen giebt, wenn man in dieselbe einen Kupferdraht einführt.

Man benutzt dazu ein Kölbchen a mit dreifach durchbohrtem Stopfen (Fig. 25 a. f. S.), dessen eine Bohrung die Gaszuleitungsröhre b trägt, welche mit der Wasser enthaltenden Waschflasche c eines Kipp'-schen Wasserstoffentwicklers d verbunden ist.

---

[1] Bromoform und Jodoform verhalten sich ebenso.
[2] Monatshefte für Chemie 3, 715 (1882).
[3] Auch andere Phenole (s. diese) geben mit Chloroform Farbenreactionen.
[4] Zeitschr. f. analyt. Chemie 27, 668 (1888).
[5] Auch Chloralhydrat giebt diese Reaction; über Nachweis von Chloroform neben Chloralhydrat s. u. Chloralhydrat: Methode von Vitali und Tornani.

In der mittleren Bohrung befindet sich eine Trichterröhre *e*, welche bis auf den Boden des etwas Wasser enthaltenden Kölbchens *a* hinabreicht.

Die dritte Bohrung endlich trägt die Gasableitungsröhre *f*, an die ein Löthrohr *g* mit Platinspitze angefügt ist.

Hat man sich durch einen Vorversuch davon überzeugt, dass der den Apparat durchströmende und an der Platinspitze angezündete Wasserstoff keine Blaufärbung der Flamme liefert, wenn man diese auf einen an der Löthrohrspitze in geeigneter Weise befestigten, feinen

Fig. 25.

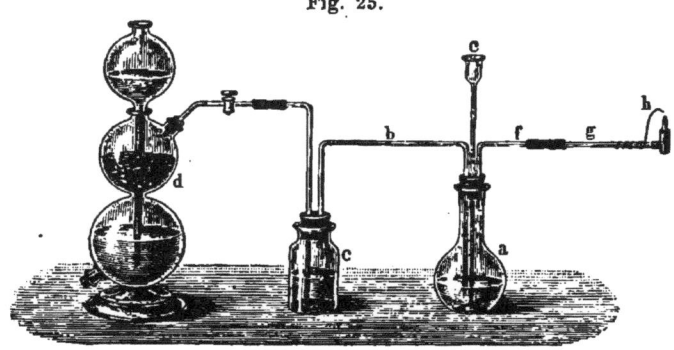

blanken Kupferdraht *h* wirken lässt, so schreitet man zur Ausführung der Reaction selbst, indem man die zu prüfende Flüssigkeit nach und nach durch das Trichterrohr *e* in das Kölbchen *a* fliessen lässt.

Enthält die Flüssigkeit Chloroform oder andere flüchtige Chlorverbindungen (s. w. u.), so mischen sich deren Dämpfe dem Wasserstoffgase bei und färben die Flamme am Kupferdrahte intensiv blau.

Die Vitali'sche Reaction eignet sich namentlich als Vorprobe auf leicht flüchtige Chlorverbindungen.

Directer Nachweis und quantitative Bestimmung des Chloroforms.

Methode von Schmiedeberg[1].

Dieses Verfahren besteht im Wesentlichen darin, dass man durch das Untersuchungsobject, namentlich Blut, einen Luftstrom hindurchleitet und diesen dann über chlorfreien, glühenden Aetzkalk führt, welcher das dem Luftstrome etwa beigemengte Chloroform (und auch

---

[1] Inaug.-Dissert., Dorpat 1866; Dragendorff, S. 30.

andere flüchtige Chlorverbindungen) unter Bildung von Chlorcalcium zersetzt.

Man bringt das zu untersuchende Blut in einen sehr geräumigen Kolben, der einerseits mit einem Luft enthaltenden Gasometer, andererseits mit einem leeren, als Vorlage dienenden Kolben von 150 bis 200 ccm Rauminhalt in Verbindung steht.

An die Vorlage schliesst sich ein 16 bis 18 cm langes und 4 mm dickes silbernes Röhrchen, welches mittelst eines durchbohrten Korkes an eine 24 bis 26 cm lange, schwer schmelzbare Glasröhre derart angefügt ist, dass es etwa zur Hälfte in diese hineinragt.

In das Glasrohr bringt man, von der Mündung der Silberröhre an bis etwa 5 cm vom Ende, eine Schicht chlorfreien Aetzkalk[1]) in linsen- bis erbsengrossen Stücken, legt einen losen Asbestpfropf vor und schliesst das Ende der Glasröhre mit einem Kork, in dessen Bohrung ein kurzes Glasröhrchen steckt.

Zum Beginn des Versuches wird der den Kalk enthaltende Theil des Glasrohres in einem Verbrennungsofen zum Glühen erhitzt. Alsdann lässt man durch das inzwischen auf 60⁰ bis 70⁰ erwärmte (oder zum Kochen gebrachte) Untersuchungsobject aus dem Gasometer[2]) einen Luftstrom hindurchstreichen, der zunächst den als Vorlage dienenden leeren Kolben, welcher auf einer Temperatur von 60⁰ bis 70⁰ C. erhalten wird, passirt und dann durch die glühende Kalkschicht hindurchgeht.

Nach Beendigung des Versuches löst man den erkalteten Aetzkalk in verdünnter chlorfreier Salpetersäure auf und setzt zu dieser Lösung Silbernitrat hinzu.

War in dem Untersuchungsobjecte Chloroform oder eine andere flüchtige Chlorverbindung (s. w. u.) vorhanden, so entsteht ein weisser Niederschlag von Chlorsilber.

Methode von Ludwig[3]).

Diese ist im Princip der vorigen sehr ähnlich, aber weniger umständlich.

Der Apparat besteht in der Hauptsache aus einem Kolben mit doppelt durchbohrtem Kork, in dessen eine Bohrung ein unten ausgezogenes und oben rechtwinkelig umgebogenes Verbrennungsrohr eingefügt ist, welches zum Theil mit reinen, gut gewaschenen Glasperlen oder Glasstückchen gefüllt ist und in einem Verbrennungsofen ruht. An das

---

[1]) Man erhält solchen durch Glühen von kohlensaurem Kalk, der durch Fällen reinen salpetersauren Kalkes durch kohlensaures Ammoniak erhalten wurde.

[2]) Statt dessen kann man natürlich auch den Luftstrom mittelst eines Aspirators oder einer Wasserluftpumpe hindurchsaugen.

[3]) Angewandte medicin. Chemie, S. 195.

offene Ende dieses Rohres ist ein mit etwas Silbernitratlösung gefüllter **Péligot**'scher Absorptionsapparat angefügt.

In den so vorgerichteten Apparat leitet man durch eine bis fast auf den Boden des Kolbens hinabreichende Gaszuleitungsröhre aus einem Gasometer [1]) einen Luftstrom, welcher vor Eintritt in den Kolben durch Kalilauge gewaschen wird, und erhitzt das Glasrohr zum Glühen.

Zeigt sich bei diesem **Vorversuche keine** Trübung der Silberlösung, so ist der Luftstrom und der Apparat **chlorfrei.**

Man bringt alsdann das Untersuchungsobject oder das daraus gewonnene Destillat in den Kolben, erwärmt diesen auf 50° bis 60° C. und lässt den Luftstrom längere Zeit hindurchstreichen. Entsteht in der Silberlösung eine Trübung von Chlorsilber, so rührt diese von **Chloroform oder anderen flüchtigen Chlorverbindungen** (s. w. u.) her.

Quantitative Bestimmung des Chloroforms.

Soll die Menge des Chloroforms ermittelt werden, so kann dies dadurch geschehen, dass man das bei den Methoden von **Schmiedeberg** und **Ludwig** aus einer abgewogenen Menge des Untersuchungsobjectes erhaltene Chlor. silber abfiltrirt, wäscht und wägt.

143,5 Thle. Chlorsilber entsprechen 39,83 Thln. Chloroform.

Man kann aber auch so verfahren, dass man das chloroformhaltige Destillat oder einen aliquoten Theil davon mit **chlorfreier, alkoholischer Kalilauge** einige Zeit am Rückflusskühler erwärmt, den Alkohol verdampft und im Rückstande das Chlor gewichts- oder maassanalytisch bestimmt.

106,5 Thle. Chlor entsprechen 119,5 Thln. Chloroform.

Aethylenchlorid, Aethylidenchlorid, Methylenchlorid.

Diese drei, dem Chloroform ähnlichen Chlorsubstitutionsproducte werden wie jenes zum Nachweise gebracht und können daher zu Verwechselungen führen, zumal **Methylenchlorid**, CH_2Cl_2, eine beschränkte arzneiliche Anwendung als Ersatz für Chloroform findet.

Alle drei verhalten sich bei der Reaction von **Vitali**, sowie bei den Methoden von **Ludwig** und **Schmiedeberg** wie Chloroform.

Von diesem unterscheidet sich das **Aethylenchlorid** und das ihm isomere **Aethylidenchlorid** (ein Bestandtheil des früher officinellen **Aran'schen Aethers**) dadurch, dass sie die oben (S. 244) angegebenen Chloroformreactionen **nicht** liefern und auch (im Gegensatz zum Chloroform) **Fehling**'sche Lösung **nicht** reduciren.

Das **Methylenchlorid** giebt (vielleicht nur in Folge einer Beimengung von Chloroform) die **Isonitrilreaction.**

Bromäthyl, Bromoform.

Das officinelle **Bromäthyl** (*Aether Bromatus*), C_2H_5Br, eine dem Chloroform im Geruch und sonstigen äusseren Eigenschaften ähnliche, leicht zersetz-

---

[1]) Vergl. die bezügl. Anmerkung bei der vorigen Methode.

liche Flüssigkeit, sowie das Bromoform, $CHBr_3$, verhalten sich beim Nachweise dem Chloroform analog, nur geben sie bei den Methoden von
Schmiedeberg und Ludwig (S. 245 u. 246) Bromcalcium bezw. Bromsilber.

Bromoform giebt auch die Isonitrilreaction (S. 244).

Chloralhydrat.

Das Chloralhydrat ist eines der beliebtesten und am häufigsten angewendeten narkotisch wirkenden Mittel, welches indessen wegen seiner, die
Herzthätigkeit schwächenden Eigenschaften schon viele acute Vergiftungen
mit tödtlichem Ausgange verschuldet hat.

Ausserdem giebt es auch eine, dem Morphinismus ähnliche, chronische
Chloralvergiftung, welche durch gewohnheitsmässiges Chloralessen entsteht
und zu körperlicher und geistiger Zerrüttung führt.

Das dem Organismus zugeführte Chloralhydrat wird nicht, wie man
früher glaubte, durch die Alkalessenz des Blutes in Chloroform und Ameisensäure (s. w. u.) zerlegt, sondern in Urochloralsäure (s. w. u.) umgewandelt.
Wegen seiner leichten Zersetzlichkeit ist das Chloralhydrat selbst bei tödtlichen
Vergiftungen oft nicht mehr nachzuweisen.

Nachweis des Chloralhydrates.

Das Chloralhydrat kann durch Destillation oder durch Ausschütteln isolirt werden.

Destillationsmethode.

Da das Chloralhydrat beim Erhitzen in alkalischer Lösung in
Chloroform und Ameisensäure zerlegt wird:

$$CCl_3 . CH{<}^{OH}_{OH} = CHCl_3 + H.COOH,$$

in Folge dessen es bei gerichtlich-chemischen Analysen leicht mit Chloroform verwechselt werden kann, so muss das der Destillation zu unter-
werfende Object neutral oder schwach sauer reagiren.

Alkalische Objecte müssen deshalb vorher mit Weinsäure deutlich
angesäuert, stark sauer reagirende Objecte aber mit Magnesiumcarbonat
annähernd neutralisirt werden.

Die Destillation geschieht nach Zusatz der nöthigen Wassermenge
und ein wenig Alkohol in gewöhnlicher Weise.

Im Destillate erkennt man das Chloralhydrat durch die folgenden
Reactionen:

1. Versetzt man eine Probe der zu prüfenden Flüssigkeit mit
   einer Lösung von Calciumsulfhydrat, so entsteht bei An-

wesenheit von Chloralhydrat nach kurzer Zeit eine rothe Färbung (Hirschfeld) [1]).

2. Einige Tropfen des Destillates werden mit alkoholischer Natronlauge und einem Tropfen Anilin erwärmt.

Ist Chloralhydrat vorhanden, so wird dasselbe durch die Natronlauge in Ameisensäure und Chloroform (s. obige Gleichung) gespalten, welches letztere an dem Auftreten des Isonitrilgeruches (s. Hofmann'sche Reaction, S. 244) erkannt wird.

3. Erwärmt man die zu prüfende Flüssigkeit mit einer Auflösung von β-Naphtol in Kalilauge, so erhält man bei Gegenwart von Chloralhydrat (aus demselben Grunde, wie bei 2) die Lustgarten'sche Chloroformreaction (S. 244) — Blaufärbung.

Die vorstehenden beiden Reactionen sind für Chloralhydrat natürlich nur dann beweisend, wenn die zu prüfende Flüssigkeit kein Chloroform enthält.

4. Die auf Chloralhydrat zu untersuchende (aber kein Chloroform enthaltende) Flüssigkeit wird mit etwas Magnesiumoxyd etwa $1/2$ Stunde am Rückflusskühler gekocht, wobei etwa vorhandenes Chloralhydrat in Chloroform und ameisensaures Magnesium:

$$2\,CCl_3 - CH{<}{OH \atop OH} + MgO = 2\,CHCl_3 + {H.COO \atop H.COO}Mg + H_2O$$

übergeführt wird [2]).

Um zunächst den Nachweis des bei obiger Reaction entstandenen Chloroforms zu führen, unterwirft man den Kolbeninhalt der Destillation im Wasserbade und prüft das Destillat in bekannter Weise (S. 244) auf Chloroform.

Der Destillationsrückstand wird filtrirt und zu den üblichen Reactionen auf Ameisensäure benutzt.

Unter Umständen kann es zweckmässig sein, aus dem Destillationsrückstande vom Chloroform die Ameisensäure durch Destillation mit Phosphorsäure abzuscheiden und im Destillate durch Silbernitrat, Quecksilberchlorid etc. nachzuweisen.

Methode von Dragendorff und Tiesenhausen [3]).

Dieselbe unterscheidet sich von der vorigen dadurch, dass das Chloralhydrat nicht durch Destillation, sondern auf extractivem Wege durch Ausschütteln, abgeschieden wird.

---

[1]) Archiv d. Pharm. 223, 26 (1885).
[2]) Man kann diese Reaction gleich zur quantitativen Bestimmung des Chloralhydrates (s. w. u.) benutzen und verwendet dann an Stelle des Magnesiumoxydes Normal-Natronlauge.
[3]) Beiträge zur gerichtlichen Chemie. Pharm. Zeitsch. f. Russland 25, 309 und 321. — Chem. Centralblatt 1886, 636.

Zu diesem Zwecke wird das in geeigneter Weise zerkleinerte Untersuchungsobject mit verdünnter Schwefelsäure deutlich angesäuert und
in einem Kolben mit etwa dem dreifachen Volum Weingeist (96 Proc.)
24 Stunden macerirt.

Alsdann wird die Flüssigkeit abgegossen, filtrirt und in flachen
Schalen an der Luft verdunstet.

Der hinterbleibende wässerige Rückstand wird nun zunächst durch
Schütteln mit Petroleumäther entfettet und dann wiederholt mit Aether
ausgeschüttelt.

War in dem Untersuchungsobjecte Chloralhydrat enthalten, so ist
dieses bei der angedeuteten Behandlung in den Aether übergegangen,
dessen Verdunstungsrückstand dann die folgenden, bereits oben angegebenen Reactionen zeigt.

1. Erwärmt man den völlig trockenen Rückstand mit einigen
   Tropfen alkoholischer Natronlauge und einem Tropfen
   Anilin, so tritt selbst bei minimalsten Mengen von Chloral-
   hydrat der Isonitrilgeruch auf.

2. Eine andere Probe vom Verdunstungsrückstande wird mit
   einigen Tropfen concentrirter, wässeriger Kalilauge
   und ein wenig Naphtol erwärmt, wobei sich die Anwesenheit
   von Chloralhydrat durch eine Blaufärbung zu erkennen giebt.

3. Wird ein Theil des Rückstandes mit Kalilauge erwärmt, so entsteht bei Gegenwart von Chloralhydrat Ameisensäure und
   Chloroform.

Letztere Reaction, sowie die oben (S. 249) erwähnte Hirschfeld'sche
— Rothfärbung mit Calciumsulfhydrat — stehen an Empfindlichkeit den beiden
ersten nach.

Die Dragendorff-Tiesenhausen'sche Methode liefert im Allgemeinen gleich gute Resultate wie das Destillationsverfahren, nur bei Untersuchung von Blut und blutreichen Organen ist das letztere vorzuziehen.

Methode von Vitali und Tornani[1]).

Um Chloralhydrat neben Chloroform und umgekehrt nachzuweisen, destillirt man das mit Weinsäure angesäuerte und mit Wasser verdünnte Object aus einer Retorte im Wasserbade bis zur Trockne ab, indem
man durch die Flüssigkeit einen Strom von Kohlensäure leitet.

Das hierbei erhaltene Destillat wird wieder mit Weinsäure sauer gemacht und im Vitali'schen Apparate (S. 245) auf Chloroform geprüft,
bei welchem man in diesem Falle zwischen Kolben und Löthrohr eine Waschflasche mit concentrirter Schwefelsäure einschaltet, um Spuren von Chloralhydrat, die der Gasstrom etwa mitführt, zurückzuhalten.

Tritt die Vitali'sche Reaction (S. 245) ein, so ist Chloroform vorhanden.

Zum Nachweise des Chloralhydrates wird dann die weinsaure, kein
Chloroform enthaltende bezw. davon befreite Flüssigkeit mit Kalihydrat stark

---

[1]) L'Orosi 7, 377 und Archiv der Pharm. 223, 234 (1885).

alkalisch gemacht, während der Wasserstoff nach wie vor den Apparat durchstreicht.

Zeigt sich jetzt die Vitali'sche Reaction, so rührt sie von Chloralhydrat bezw. von Chloroform her, welches durch Spaltung des Chloralhydrates mittelst Kalilauge entstanden ist.

Quantitative Bestimmung des Chloralhydrates.

Zur Mengenbestimmung des Chloralhydrates kann man die dasselbe enthaltende Flüssigkeit [1] mit einem Ueberschusse von Normal-Natronlauge erhitzen, wobei das Chloralhydrat in Chloroform und Ameisensäure zerfällt, welche eine entsprechende Menge der Lauge neutralisirt:

$$CCl_3 \cdot CH{<}^{OH}_{OH} + NaOH = CHCl_3 + H \cdot COONa + H_2O.$$

Zieht man also den durch Rücktitration mit Normalsalzsäure ermittelten Ueberschuss der Natronlauge von der angewandten Menge derselben ab, so erhält man in der Differenz die Anzahl Cubikcentimeter Normal-Natronlauge, welche zur Zersetzung des Chloralhydrates nach obiger Gleichung erforderlich waren.

Nach dieser entsprechen 40 Theile NaOH, die in einem Liter Normal-Natronlauge enthalten sind, 165 Theilen Chloralhydrat.

Jedes verbrauchte Cubikcentimeter Normal-Natronlauge entspricht somit 0,165 g Chloralhydrat [2]).

Nachweis der Urochloralsäure im Harn.

Wie schon erwähnt wurde, enthält der Harn nach Genuss von Chloralhydrat nur geringe Mengen dieser Substanz, während die Hauptmenge derselben durch Paarung (S. 6) mit Bestandtheilen des Organismus in Urochloralsäure umgewandelt wird, die somit einen charakteristischen Bestandtheil des Harns bei Chloralvergiftung bildet.

Die Urochloralsäure, $C_8H_{11}Cl_3O_7$, bildet farblose, seidenglänzende, sternförmig gruppirte Nadeln, welche in Wasser und Alkohol leicht, in Aether-Alkohol schwerer löslich, in Aether unlöslich sind.

Ihre Lösungen sind stark sauer, zersetzen Carbonate, reduciren alkalische Kupfer-, Silber- und Wismuthsalzlösungen; sie färben Indigolösung, welche mit Natriumcarbonat schwach alkalisch gemacht ist, gelb und drehen den polarisirten Lichtstrahl nach links.

Die Urochloralsäure liefert mit Kalium, Natrium, Barium und Kupfer krystallisirbare Salze, bräunt sich beim Erhitzen mit Kalilauge und entwickelt dabei einen caramelähnlichen Geruch, giebt aber (zum Unterschiede von Chloralhydrat) die Hofmann'sche Isonitrilreaction nicht.

Zum Nachweise der Urochloralsäure im Harn geben folgende Methoden der Darstellung dieser Substanz die nöthigen Anhaltspunkte.

---

[1]) Ist dieselbe sauer, so muss sie mit reinem Calciumcarbonat neutralisirt werden.

[2]) V. Meyer und Haffter, Berichte der deutsch. chem. Ges. 6, 600 (1873).

Methode von v. Mering und Musculus[1]).

Der zur Syrupconsistenz eingedampfte und dann mit Schwefelsäure angesäuerte Harn wird wiederholt mit einem Gemisch von zwei Volum Aether und einem Volum Alkohol ausgeschüttelt, der Destillationsrückstand von den vereinigten Aether-Alkoholauszügen mit Kalilauge neutralisirt, eingedampft und mit Alkohol (90 Proc.) aufgenommen.

Die filtrirte Flüssigkeit wird nun mit Aether versetzt, der Niederschlag in Wasser gelöst und die mit Thierkohle entfärbte Lösung auf ein kleines Volum eingeengt.

Ist die Masse nach einiger Zeit im Vacuum über Schwefelsäure krystallinisch und trocken geworden, so wäscht man sie mit absolutem Alkohol, löst sie dann in wenig Wasser und schüttelt die mit einem geringen Ueberschuss von Salzsäure angesäuerte Lösung mit Aether-Alkohol (s. o.), wobei eine Ausscheidung von Chlorkalium eintritt, die sich noch vermehrt, wenn man die filtrirte Flüssigkeit, mit viel Aether versetzt, 48 Stunden stehen lässt.

Die nun wieder filtrirte Flüssigkeit wird durch Destillation vom Aether und Alkohol befreit, der Rückstand mit feuchtem Silberoxyd entchlort und das vom Silber durch Schwefelwasserstoff schnell befreite Filtrat zum Syrup eingedampft, aus welchem nach etwa 12 Stunden die Urochloralsäure auskrystallisirt.

Methode von Külz[2]).

Der Harn wird, wie bei der vorigen Methode, im concentrirten und angesäuerten Zustande mit Aether-Alkohol behandelt, der Destillationsrückstand von den vereinigten Auszügen erst mit Bleiacetat und das Filtrat von diesem Niederschlage mit Bleiessig gefällt.

Letzteren Niederschlag zerlegt man mit Schwefelwasserstoff, neutralisirt das vom Schwefelwasserstoff befreite Filtrat mit Barytwasser, dampft auf ein kleines Volum ein und zerlegt das urochloralsaure Barium durch Schwefelsäure.

Das Filtrat vom Bariumsulfat wird zum Syrup eingedampft und im Vacuum über Schwefelsäure zur Trockne gebracht, wobei eine krystallinische Masse entsteht, die man wiederholt mit Aether auskocht.

Aus den eingedunsteten Aetherauszügen scheidet sich nach einiger Zeit die Urochloralsäure in Krystallen aus.

Sulfonal.

Dieses neuerdings als Schlaf- und Beruhigungsmittel angewendete Präparat, welches seiner chemischen Natur nach als Diäthylsulfon-Dimethyl-Methan, $C\begin{smallmatrix}CH_3\\SO_2\cdot C_2H_5\\SO_2\cdot C_2H_5\\CH_3\end{smallmatrix}$ zu bezeichnen ist, bildet farblose, geruchlose, bei

[1]) Berichte der deutsch. chem. Ges. 8, 662 (1875) u. 15, 1020 (1882).
[2]) Pflüger's Archiv 33, 221 u. Chem. Centralblatt 1884, 345.

125⁰ bis 126⁰ C. schmelzende Krystalle, die in Alkohol leicht, in Wasser und Aether schwerer löslich sind.

Eine Verwechselung von S u l f o n a l und C h l o r a l h y d r a t ist schon deshalb ausgeschlossen, weil ersteres gegen Kalilauge selbst in der Hitze beständig ist, während letzteres dabei in Chloroform und Ameisensäure (S. 248) gespalten wird.

Mit der gleichen Menge Cyankalium oder mit Holzkohlenpulver gemischt und im Röhrchen erhitzt, entwickelt Sulfonal den Geruch nach M e r c a p t a n; der Rückstand liefert im ersteren Falle die Eisenchloridreaction auf R h o d a n - v e r b i n d u n g e n.

Jodoform.

Das Jodoform hat in den letzten Jahren häufig Anwendung als äusserliches und innerliches Medicament an Stelle von Jod gefunden und oft medicinale Vergiftungen herbeigeführt, die mitunter Geisteskrankheiten im Gefolge hatten.

Nachweis des Jodoforms.

Das Jodoform gehört zu denjenigen Substanzen, die sich selbst in minimalsten Mengen schon fast unzweideutig durch ihren G e r u c h verrathen.

Zur A b s c h e i d u n g d e s J o d o f o r m s aus Organen, Mageninhalt und dergl. unterwirft man das zerkleinerte und mit Wasser vermischte Object der D e s t i l l a t i o n i m W a s s e r d a m p f s t r o m e (App. S. 235) und schüttelt das schwach alkalisch gemachte, s a f r a n ä h n l i c h r i c - c h e n d e Destillat mit Aether oder Petroleumäther aus.

Sind greifbare Mengen von Jodoform vorhanden, so hinterbleibt dasselbe nach dem Verdunsten der Auszüge in Form g e l b e r P a r t i - k e l, die sich unter dem Mikroskope als hexagonale Blättchen erweisen.

Erhält man solche, sich unschwer als Jodoform charakterisirende Blättchen nicht, so löst man den Rückstand, wenn er jodoformartig riecht, in wenig Alkohol und führt mit dieser Lösung die folgenden Reactionen aus:

L u s t g a r t e n' s c h e R e a c t i o n [1]): In eine Reagensröhre bringt man w e n i g Phenolalkali [2]), giebt dazu einige Tropfen der alkoholischen Lösung des auf Jodoform zu prüfenden Verdunstungsrückstandes und erwärmt vorsichtig über einer kleinen Flamme.

Bei Anwesenheit einiger Milligramme Jodoform entsteht alsbald am Boden des Reagensglases ein r o t h e r Beschlag, der sich in einigen

---

[1]) Monatshefte für Chemie **3**, 715 (1882).

[2]) d. h. eine Lösung von 20g P h e n o l und 40g A e t z n a t r o n in 70ccm W a s s e r. Statt Phenol kann auch R e s o r c i n mit der entsprechenden Menge von Aetznatron genommen werden. Vergl. die Resorcinreaction des Chloroforms (S. 244).

Tropfen verdünnten Alkohols mit carminrother Farbe löst. Aether beeinträchtigt die Empfindlichkeit dieser Reaction.

Hofmann'sche Reaction: Dieselbe wurde bereits oben (S. 244) beschrieben und liefert bei Gegenwart von Jodoform denselben charakteristischen Geruch nach Isonitril, wie das Chloroform.

Sollte wegen der leichten Zersetzlichkeit des Jodoforms dieses selbst nicht mehr nachweisbar sein, so bleibt nichts weiter übrig, als das Untersuchungsobject mit Aetzkali stark alkalisch zu machen, einzutrocknen, zu verkohlen und den wässerigen Auszug der Kohle, wie früher (S. 156) angegeben, auf Jod zu prüfen.

Nachweis des Jodoforms in Blut und Harn[1]).

Zur Prüfung auf Jodoform wird der zu untersuchende Harn oder das betreffende Blut, letzteres jedoch erst nach dem Verdünnen mit dem doppelten Volum Wasser und Zusatz von Aetzkali bis zur stark alkalischen Reaction, im Wasserdampfstrome destillirt.

Sind etwa 50 ccm Destillat erhalten worden, so macht man es mit Aetzkali alkalisch, schüttelt mit Aether aus, lässt die Auszüge verdunsten und führt mit der alkoholischen Lösung des Rückstandes die Lustgarten'sche Reaction (s. o.) aus.

Im Uebrigen muss man sich auch hier darauf beschränken, den Harn oder das Blut mit Aetzkali einzudampfen und den verkohlten Rückstand bezw. dessen wässerigen Auszug auf Jod zu prüfen (S. 156).

Das neuerdings als Ersatz für Jodoform empfohlene Jodol — Tetrajodpyrrol, C_4J_4NH — ein gelbes, krystallinisches Pulver, ist geruchlos.

In seiner alkoholischen Lösung ruft Silbernitrat einen weissen, sofort sich schwärzenden Niederschlag hervor, alkoholische Quecksilberchloridlösung eine grüne Färbung. Beim vorsichtigen Erwärmen mit concentrirter Schwefelsäure giebt Jodol eine grüne, später schmutzig violett und braun werdende Lösung.

Die Sozojodolsäure — Dijodparaphenolsulfosäure, $C_6H_2J_2(OH)SO_3H$ + $3H_2O$ —, farblose, in Alkohol und Wasser lösliche Prismen, giebt mit Eisenchlorid die Phenolreaction — Violettfärbung — und scheidet beim Erwärmen mit Salpetersäure (unter Bildung von Pikrinsäure) Jod ab.

Die sozojodolsauren Salze — Sozojodolpräparate — enthalten die verschiedensten Metalle und sind meist farblose, in Wasser lösliche, krystallisirbare Substanzen.

Sozojodolquecksilber bildet ein gelbes, in Wasser sehr schwer, in Kochsalzlösung leichter lösliches Pulver.

---

[1]) Lustgarten, Monatshefte für Chemie 3, 715 (1882).

Fünfte Gruppe.

Alkohole, Aether und verwandte Substanzen.

Aethylalkohol oder Weingeist.

Dieser ist immer gemeint, wenn von Alkohol oder Alkoholvergiftung die Rede ist, die am häufigsten in der als Delirium oder Säuferwahnsinn bekannten chronischen Form vorkommt, vereinzelt aber auch acut, und zwar in Folge einmaligen Genusses einer unvernünftig grossen Menge Branntwein und dergl., auftritt und dann in der Regel einen tödtlichen Ausgang nimmt.

Zur Feststellung von Alkoholvergiftungen bedarf es meist der Mitwirkung des gerichtlichen Chemikers nicht; derselbe begegnet aber bei seinen Untersuchungen dem Alkohol öfter, z. B. als Lösungsmittel für Gifte, Medicamente, sowie bisweilen auch als Conservirungsmittel für Leichentheile etc. Vergl. hierüber S. 24.

Dass bei toxikologischen Untersuchungen auf Alkohol auch der ganz allgemeine Genuss alkoholischer Getränke berücksichtigt werden muss, bedarf wohl einer besonderen Erwähnung ebensowenig, als die bekannte Thatsache, dass der Branntwein ein sehr bequemes Mittel zur Beibringung namentlich giftiger Pflanzenstoffe ist, die man den betreffenden Pflanzen in einfachster Weise durch „Ansetzen mit Branntwein" entziehen kann.

Denaturirter und renaturirter Spiritus.

Nach §. 1 des am 1. October 1887 in Kraft getretenen Gesetzes, betreffend die Besteuerung des Branntweins, vom 24. Juni 1887 bleibt von der Verbrauchsabgabe befreit: „Branntwein, welcher zu gewerblichen Zwecken, einschliesslich der Essigbereitung, zu Heil- und wissenschaftlichen oder zu Putz-, Heizungs-, Koch- oder Beleuchtungszwecken verwendet wird, nach näherer Bestimmung des Bundesrathes."

Diese Bestimmungen sind, weil bei ihrer Ausführung die Mitwirkung amtlicher Chemiker vorgesehen ist, ihrem Wortlaute nach im Anhange zur zweiten Abtheilung dieses Buches wiedergegeben.

Hier sei nur bemerkt, dass diesen Anordnungen zufolge der für gewerbliche und häusliche Zwecke bestimmte Spiritus in genau vorgeschriebener Weise denaturirt, d. h. durch gewisse Zusätze (gewöhnlich Holzgeist und Pyridin) zum Genusse untauglich gemacht werden muss, ohne dass er dadurch gerade gesundheitsschädliche oder seinen Verwendungszwecken zuwiderlaufende Eigenschaften erhält.

Denaturirten Spiritus zu renaturiren, d. h. durch gewisse Reinigungsmanipulationen (z. B. Destillation über Säure und Filtration durch Kohle) wieder genussfähig zu machen, ist verboten.

Chemisch charakterisirt sich der renaturirte Branntwein oder die aus solchem hergestellten alkoholischen Getränke durch das Vorhandensein gewisser Bestandtheile des zur Denaturirung benutzten Holzgeistes, namentlich Aceton und Allylalkohol.

Letzterer destillirt bei 96 bis 97° C. und kennzeichnet sich leicht dadurch, dass er bei der Oxydation mit Silberoxyd in Acroleïn übergeht, welches den bekannten stechenden Geruch (nach verbranntem Fett) besitzt.

Den vielfachen Klagen gegenüber, welche sich bei Einführung des denaturirten Spiritus für gewerbliche und häusliche Zwecke in der ersten Zeit erhoben, ergaben bezügliche Erhebungen im kaiserlichen Gesundheitsamte, dass die Verwendung des mit Holzgeist und Pyridin denaturirten Spiritus für Haushaltungszwecke ganz unbedenklich ist; bei gewerblicher Anwendung haben sich allerdings vorübergehende Störungen im Allgemeinbefinden der Arbeiter gezeigt, aber nur in mangelhaft ventilirten, engen und überheizten Räumen [1]).

Nachweis des Alkohols.

Das nöthigenfalls mit etwas Wasser verdünnte, neutral oder schwach sauer reagirende Object wird im Wasserbade oder über Drahtnetz destillirt.

Das etwa $1/4$ bis $1/3$ der angewandten Flüssigkeitsmenge betragende Destillat wird nunmehr mittelst ein- oder mehrmaliger Rectification [2]), wobei man immer die erste Hälfte des vorher erhaltenen Destillates sammelt, möglichst concentrirt.

Während man beim Vorhandensein grösserer Mengen von Alkohol auf die angedeutete Weise schliesslich eine Flüssigkeit [3]) erhält, die sich schon durch Geruch, Siedepunkt, specifisches Gewicht und Brennbarkeit unschwer als Alkohol erkennen lässt, stützt sich der Nachweis kleiner Alkoholmengen auf folgende Reactionen, die aber meist auch anderen flüchtigen organischen Verbindungen — Aldehyd, Aether, Aceton, Essigäther u. dergl. — zukommen [4]).

1. Lieben'sche Reaction [5]): Eine Probe vom Destillate wird mit verdünnter Kalilauge stark alkalisch gemacht, auf 50° bis 60° C. erwärmt und dann unter beständigem Umschütteln so lange mit einer verdünnten Auflösung von Jod in Jodkalium versetzt, bis die Flüssigkeit gelb gefärbt bleibt.

Sind die vorhandenen Alkoholmengen auch nur sehr geringe, so tritt doch bald der charakteristische safranähnliche Geruch des Jodoforms auf und es scheiden sich dann bei längerem Stehen der Flüssigkeit am Boden derselben kleine gelbe Flittern ab, die unter dem Mikroskope betrachtet, sich als die bekannten sechsseitigen und sternförmig gruppirten Täfelchen des Jodoforms erweisen.

2. Berthelot'sche Reaction [6]): Man versetzt eine kleine Probe des Destillates mit einigen Tropfen Benzoylchlorid, schüttelt stark um

---

[1]) Vergl. A. W. v. Hofmann, Krämer und Löwenherz, Chemische Industrie 1889, 193 u. 521.

[2]) Die letzte Rectification wird, wenn möglich, über frisch geglühtem Kaliumcarbonat oder Chlorcalcium vorgenommen.

[3]) Eine Probe davon würde als *corpus delicti* vorzulegen sein.

[4]) Ueber Unterscheidung von Alkohol, Aceton und Aldehyd s. u. Harn.

[5]) Ann. d. Chem. u. Pharm. Suppl. 7, 218 u. 377 (1870).

[6]) Zeitschr. f. analyt. Chemie 11, 93 (1871).

und fügt, nachdem das Gemisch einige Minuten gestanden, concentrirte Kalilauge bis zur stark alkalischen Reaction hinzu.

Enthielt das Destillat Alkohol, so tritt der charakteristische Geruch des Aethylbenzoates auf, während derjenige des Benzoylchlorids (weil es durch die Kalilauge in Chlorkalium und Kaliumbenzoat zersetzt wird) verschwindet.

Die Berthelot'sche Probe ist weniger empfindlich, aber charakteristischer als die Lieben'sche Reaction.

3. Vermischt man eine kleine Menge der zu prüfenden Flüssigkeit vorsichtig mit dem gleichen Volumen concentrirter Schwefelsäure und etwas Natriumacetat (in Substanz), so zeigt der beim Erwärmen sich bemerkbar machende Geruch nach Essigäther das Vorhandensein von Alkohol an.

4. Eine andere, mit Schwefelsäure angesäuerte Probe wird mit soviel einer stark verdünnten Kaliumbichromatlösung versetzt, bis die Flüssigkeit schwach gelb gefärbt erscheint, und dann gelinde erwärmt. Ist Alkohol (oder eine andere leicht oxydirbare organische Substanz) vorhanden, so tritt (bisweilen von Aldehydgeruch begleitet) Grünfärbung auf.

Vorstehende Reactionen werden zum Nachweise von Alkohol in den meisten Fällen genügen; demselben Zwecke dienen weiterhin nachstehende Proben:

5. Vitali'sche Reaction: Dieselbe beruht auf der Bildung von Xanthogensäure und deren Verhalten zu Ammoniummolybdänat; man führt sie nach Dragendorff am besten, wie folgt, aus:
Eine Probe der augenscheinlich nur sehr wenig Alkohol enthaltenden Flüssigkeit wird in einem Schälchen mit etwas festem Aetzkali und zwei bis drei Tropfen Schwefelkohlenstoff gut gemischt und kurze Zeit bei Zimmertemperatur stehen gelassen. Hat sich die Hauptmenge des Schwefelkohlenstoffs verflüchtigt, so fügt man einen Tropfen Ammoniummolybdänat (1 : 10) hinzu und säuert mit verdünnter (1 : 8) Schwefelsäure stark an. War Alkohol vorhanden, so entsteht eine Rothfärbung.

Alkoholreichere Destillate verdunstet man nach Zusatz von Aetzkali und Schwefelkohlenstoff bei 50° C. zur Trockne und versetzt den in Wasser aufgenommenen Rückstand, wie angegeben, mit Ammoniummolybdänat und Schwefelsäure.

Ein bis zwei Tropfen 16- bis 20 procentiger Weingeist geben schon diese Reaction; über deren Ausführung s. auch u. Harn.

6. Taylor-Buchheim'sche Reaction: Das Princip derselben ist die Oxydation von Alkoholdampf zu Aldehyd und Essigsäure.
Stellt man über die in einem Schälchen befindliche, zu prüfende Flüssigkeit ein solches mit Platinmohr [1]) und stülpt dann über beide eine luftdicht schliessende, tubulirte Glasglocke, so tritt unter derselben nach einiger Zeit bei Gegenwart von Alkohol der Geruch nach Aldehyd und Essigsäure auf;

---

[1]) Ueber Bereitung eines sehr wirksamen Platinmohrs s. Loew, Berichte d. deutsch. chem. Ges. 23, 289 (1890).

ein bei dem Platinmohr liegendes Stückchen feuchtes blaues Reagenspapier röthet sich.

Will man diese Reaction zum directen Nachweise von Alkoholspuren in Organen, Blut und dergl. benutzen, so erwärmt man das zerkleinerte, nöthigenfalls mit etwas Wasser vermischte und genau neutralisirte Object in einem Kolben auf dem Wasserbade und lässt die sich entwickelnden Dämpfe in geeigneter Weise ein auf den Kolben aufgesetztes, rechtwinklig gebogenes Glasrohr passiren, in welchem sich eine Schicht Platinmohr befindet.

Enthalten die Dämpfe spurenweise Alkohol, so wird ein hinter dem Platinmohr eingeschobenes und diesen berührendes feuchtes Reagenspapier geröthet, während ein ebenso vor dem Platinmohr angebrachtes Reagenspapier (anfänglich wenigstens) unverändert bleibt. Den sauren, wässerigen Auszug des Platinmohrs benutze man noch zum Nachweise der Essigsäure z. B. mittelst der Kakodylreaction.

Sanitätspolizeiliche und medicinisch-chemische Untersuchungen.

Alkoholische Getränke.
(Spirituosen.)

Die verschiedenen Genussmittel, deren gemeinsamer, wesentlicher Bestandtheil der Alkohol ist — Wein, Bier, Branntwein, Liköre u. dergl. —, sind sehr oft Gegenstand gerichtlich- oder polizeilich-chemischer Untersuchungen zum Zwecke der Feststellung von Fälschungen, die gerade auf diesem Gebiete eine ausserordentliche Ausdehnung angenommen haben.

Bezüglich derartiger, meist recht schwieriger Untersuchungen kann hier nur auf Specialwerke der Nahrungsmittelchemie verwiesen werden.

Für die Prüfung von Branntweinen [einschliesslich Rum, Arac, Cognac[1])] und Likören kommen ähnlich wie bei Wein und Bier im Allgemeinen folgende Gesichtspunkte in Betracht:

1. Aeussere Eigenschaften: Farbe, Geruch, Geschmack.
2. Reaction: Neutral oder nur ganz schwach sauer; reagirt ein Branntwein stark sauer, so verdunstet man den Alkohol im Wasserbade und sucht im wässerigen Rückstande die Natur der Säure näher festzustellen. Vergl. hierüber S. 148 ff.
3. Nachweis von Fuselöl: s. S. 262.
4. Alkoholgehalt: 50 ccm Branntwein werden auf die Hälfte bis ein Drittel des ursprünglichen Volumens überdestillirt; im Destillate bestimmt man das specifische Gewicht und ermittelt

---

[1]) Neuere Arbeiten hierüber sind: Fresenius, Zeitschr. f. analyt. Chem. **29**, 283 (1890) u. E. Sell, Ueber Cognac, Rum und Arac; Arbeiten aus dem Kaiserlichen Gesundheitsamte Bd. VI u. VII (1890 u. 1891).

daraus mit Hülfe der Hehner'schen Tabellen[1]) den Alkoholgehalt. Derselbe beträgt in der Regel 40 bis 50 Vol.-Proc.

5. Extractgehalt: 50 ccm Branntwein werden in einer gewogenen Platinschale auf dem Wasserbade eingedampft und der
Rückstand zwei Stunden bei 100° C. (Wassertrockenschrank) getrocknet.

Bei normal durch Destillation erzeugten Branntweinen ist
der Extractgehalt sehr gering; bei Likören mehr oder weniger
erheblich.

6. Aschengehalt: Der Extract (s. o.) von 50 ccm Branntwein
wird verascht; normale Branntweine enthalten nur Spuren von
Asche; Liköre, ihrem Extractgehalte entsprechend, mehr.

Bezüglich des Nachweises einzelner sanitätspolizeilich
wichtiger Stoffe — z. B. Bittermandelöl, Nitrobenzol,
Holzgeist, Bitterstoffe, Farben u. s. w. — sind die betreffenden
Abschnitte dieses Buches nachzuschlagen.

Nachweis von Alkohol (Aldehyd und Aceton) im Harn[2]).

Im Harn ist Alkohol nur nach dem Genusse grosser Mengen nachweisbar, wahrscheinlich aber kann er sich unter Umständen darin nachträglich
bilden, z. B. durch Gährung des Zuckers.

Aldehyd erscheint als solcher im Harn wieder und ist nicht als Umwandlungsproduct des Alkohols anzusehen. — Bei gewissen Krankheiten enthält der Urin Aceton.

Zum Nachweise bezw. zur Unterscheidung von Alkohol,
Aldehyd und Aceton können folgende Reactionen benutzt werden, zu deren
Ausführung der zu prüfende Harn vorerst der Destillation zu unterwerfen ist:

1. Die Lieben'sche Reaction (S. 256): tritt bei Aldehyd und
Aceton sofort, bei Alkohol dagegen erst in der Wärme und nach längerer
Zeit ein.

2. Die Vitali'sche Reaction (S. 257): 1 ccm des Destillates wird
kurze Zeit mit etwas Schwefelkohlenstoff und einem Tropfen concentrirter Kalilauge geschüttelt, dann mit einem Kryställchen Ammoniummolybdänat versetzt
und mit einem geringen Ueberschusse verdünnter Schwefelsäure angesäuert.

Bei Gegenwart von Alkohol und Aceton, nicht aber von Aldehyd färbt
sich die Flüssigkeit schön weinroth; beim Schütteln theilt sich die Färbung
dem Schwefelkohlenstoff mit.

3. Die Legal'sche Reaction: Flüssigkeiten, welche Aceton oder
Aldehyd enthalten, färben sich auf Zusatz von etwas verdünnter Nitroprussid-
kaliumlösung und Kalilauge roth. Rührt diese Färbung von Aceton her,
so geht sie auf Zusatz von Essigsäure in Weinroth und dann beim Erwärmen in Violett über, war dagegen jene Rothfärbung durch Aldehyd
veranlasst, so verblasst sie auf Zusatz von Essigsäure und verwandelt sich
beim Erhitzen in Grün.

---

[1]) Zeitschr. f. analyt. Chemie 19, 485 (1880); diese Tabellen sind auch im
Verlage von Kreidel in Wiesbaden besonders erschienen.
[2]) Vergl. Albertoni, Zeitschr. f. analyt. Chemie 27, 407 (1888). Daselbst ist auf weitere Literatur über diesen Gegenstand zurückverwiesen.

17*

4. Ammoniakalische Silberlösung: giebt nur beim Erwärmen mit Aldehyd enthaltenden Flüssigkeiten den bekannten Silberspiegel.

Quantitative Bestimmung des Alkohols.

Beim Vorhandensein grösserer Mengen von Alkohol kann man aus dem specifischen Gewichte des Destillates (s. o. Branntweinprüfung) einen Rückschluss auf dessen Alkoholgehalt ziehen; für toxikologische Zwecke haben aber derartige Mengenbestimmungen keinen sonderlichen Werth.

Aldehyd, Paraldehyd, Aceton.

Der Aldehyd kommt als Verunreinigung im Branntwein vor; er findet selbst keine medicinische Anwendung, wohl aber der Paraldehyd, und zwar als Schlafmittel [1]).

Bei der Destillation aus schwefelsaurer Lösung geht der Paraldehyd, der sich schon durch seinen eigenthümlichen Geruch (z. B. auch in der Ausathmungsluft) kenntlich macht, in gewöhnlichen Aldehyd über:

$$(C_2H_4O)_3 = 3\,C_2H_4O,$$

und wird dann als solcher nachgewiesen.

Ausser durch die bereits oben (u. Harn) angedeuteten Reactionen charakterisiren sich aldehydhaltige Destillate durch folgendes Verhalten:

Setzt man zu der in einem weissen Schälchen befindlichen, auf Aldehyd zu prüfenden Flüssigkeit einige Tropfen sog. fuchsinschweflige Säure [2]), so tritt bei Anwesenheit von ganz minimalen Mengen Aldehyd eine violettrothe Färbung ein, die auf Zusatz von concentrirter Salzsäure in Blau übergeht (Guyon; Bornträger [3]).

Essigsäure giebt mit diesem Reagens erst beim Kochen eine tiefrothe Färbung.

Das Aceton kommt bei gewissen Krankheiten im Harn vor und bildet einen charakteristischen Bestandtheil des renaturirten Branntweins (S. 255). Der Nachweis geschieht, wie oben beim Harn angedeutet.

Methylalkohol oder Holzgeist.

Der Methylalkohol bezw. der Holzgeist beansprucht bei amtlich chemischen Untersuchungen das Hauptinteresse als Denaturirungsmittel für steuerfreien Spiritus zu gewerblichen und häuslichen Zwecken (S. 255) und erlangt dadurch eine ausgedehnte praktische Bedeutung, die er früher nicht

---

[1]) Paraldehyd soll sich auch als Antidot bei Strychninvergiftung bewährt haben; B. Fischer, Die neueren Arzneimittel.

[2]) Durch Einleiten von Schwefeldioxyd in Fuchsinlösung bis zur schwach gelblichen Entfärbung zu bereiten oder besser dadurch, dass man 20 ccm Natriumbisulfitlösung ($d = 1,27$) mit einer Lösung von 1 g Fuchsin in 1000 ccm Wasser vermischt und nach einer Stunde 10 ccm reine concentrirte Salzsäure hinzufügt. Dieses Reagens ist in gut schliessenden Flaschen aufzubewahren.

[3]) Archiv d. Pharm. **227**, 420 (1889) u. Zeitschr. f. analyt. Chemie **28**, 60 (1889).

hatte und in Folge deren er nun auch die sanitätspolizeiliche Aufmerksamkeit auf sich lenkt.

Letzteres ist namentlich der Fall hinsichtlich der (gesetzlich verbotenen) Benutzung von denaturirtem bezw. renaturirtem Spiritus zur Herstellung von Trinkbranntwein.

Ueber die von Seiten der Steuerbehörde verlangte amtlich - chemische Prüfung des Holzgeistes für Denaturirungszwecke s. Anlage A. der (im Anhange zur zweiten Abtheilung dieses Buches abgedruckten) „Bestimmungen über die Denaturirung des Branntweins".

Nachweis von Methylalkohol (Holzgeist) in Weingeist und Branntwein.

10 ccm des zu prüfenden Weingeistes oder Branntweins, der keine ätherische Oele, Zucker oder andere Extractstoffe enthält, vermischt man bei Zimmertemperatur mit 1 ccm Kaliumpermanganatlösung (1 : 1000).

Hierbei giebt sich — in Abwesenheit anderer leicht reducirbarer Substanzen — die Anwesenheit von Holzgeist dadurch zu erkennen, dass die Flüssigkeit sofort entfärbt wird.

Reiner Weingeist reducirt das Permanganat erst in etwa 20 Minuten unter Gelbfärbung (Cazeneuve und Cotton [1]); Hager).

Enthält der zu prüfende Branntwein ätherische Oele, aber keine Extractstoffe, so schüttelt man 30 bis 40 ccm davon andauernd, aber nicht heftig mit etwa 20 ccm reinstem Olivenöl (Provenceröl) und lässt das Gemisch ruhig stehen.

Nach Trennung der beiden Schichten und Entfernung des Oeles behandelt man die alkoholische Flüssigkeit nochmals mit 20 ccm Olivenöl und filtrirt sie, nach abermaliger Trennung und Entfernung der Oelschicht, durch ein weisses, doppeltes Papierfilter. Das Filtrat wird, wie angegeben, mit Permanganat geprüft.

Liegen Branntweine mit ätherischen Oelen und Extractstoffen (Liköre) zur Untersuchung vor, so behandelt man mindestens 50 bis 60 ccm davon in der angedeuteten Weise zur Entfernung des ätherischen Oeles mit Olivenöl, filtrirt die davon wieder getrennte alkoholische Flüssigkeit durch ein nasses Papier- filter und unterwirft sie dann der Destillation.

Das Destillat dient zur Prüfung auf Holzgeist mittelst Permanganat (Habermann [2]).

Amylalkohol oder Fuselöl.

Der Amylalkohol, $C_5H_{11}OH$, ist der Hauptbestandtheil jenes als Fuselöl bezeichneten Gemisches kohlenstoffreicherer Alkohole und anderer Substanzen, z. B. des namentlich im Rübenspiritus enthaltenen Furfurols, die sich bei der alkoholischen Gährung stets neben dem Aethylalkohol bilden und dem Brannt- wein seinen bekannten unangenehmen „Fuchselgeruch" ertheilen.

Im concentrirten Zustande besitzt der Amylalkohol einen die Augen und Athmungsorgane heftig reizenden und Kopfschmerz erzeugenden Geruch.

---

[1]) Zeitschr. f. analyt. Chemie 20, 584 (1881).
[2]) Zeitschr. f. analyt. Chemie 27, 663 (1888) nach den Verhandlungen d. naturf. Vereins in Brünn.

Bezüglich der gesundheitsschädlichen Eigenschaften des Fuselöles scheint man sich übertriebenen Befürchtungen hingegeben zu haben, wenigstens in Betreff der geringen Fuselölmengen, die im Trinkbranntwein nachgewiesen worden sind (S. 269), doch ist nicht zu läugnen, dass fuselhaltiger Branntwein die Alkoholvergiftung nachhaltiger macht. Vom sanitätspolizeilichen Standpunkte aus ist deshalb darauf zu halten, dass der zum Genusse bestimmte Branntwein möglichst fuselfrei sei. Als erlaubte Grenze für den Fuselölgehalt des Trinkbranntweins dürfte 0,2 Vol.-Proc. anzunehmen sein.

Nachweis und Bestimmung von Fuselöl in Weingeist und Trinkbranntwein.

Nach den im Reichsgesundheitsamte ausgeführten Untersuchungen [1]) verfährt man am besten, wie folgt:

Qualitative Prüfung.

Geruchsprobe: Man spült mit 5 ccm des zu prüfenden Branntweins ein grosses Becherglas aus und schwenkt dasselbe mehrmals in der Luft umher, so dass der Alkohol rasch verdunstet. Bei Anwesenheit von Fuselöl ist dessen Geruch im Glase deutlich wahrnehmbar, vorausgesetzt, dass keine anderen riechenden Stoffe (ätherische Oele u. dergl.) zugegen sind.

Man kann auch den Branntwein auf 10 bis 15 Vol.-Proc. mit Wasser verdünnen und den Geruch prüfen.

Marquardt'sche Probe [2]): 30 bis 40 ccm Branntwein werden auf 12 bis 15 Proc. mit Wasser verdünnt und mit 15 ccm Chloralchloroform geschüttelt. Die abgeschiedene Chloroformschicht [3]) lässt man, nachdem sie mit dem gleichen Volum Wasser gewaschen und von diesem wieder getrennt ist, verdunsten, bringt den Rückstand mit wenig Wasser in ein Reagensglas und fügt einige Tropfen Schwefelsäure, sowie Kaliumpermanganatlösung (1 : 1000) bis zur bleibenden Rothfärbung hinzu. Hierauf wird das Reagensglas verkorkt und 24 Stunden ruhig stehen gelassen, während welcher Zeit man, falls Entfärbung eintritt, nach Bedarf noch Permanganatlösung zusetzt und öfter den Geruch prüft.

Enthält der betreffende Branntwein Fuselöl, so bemerkt man beim zeitweiligen Oeffnen des Gläschens nach einander den Geruch nach Valeraldehyd, Valeriansäure-Amylester und zuletzt nach Valeriansäure.

Uffelmann'sche Probe [4]): Dieselbe ist besonders dann zu empfeh-

---

[1]) Vergl. E. Sell, Arbeiten a. d. Kaiserl. Gesundheitsamte, Bd. IV, 109 (1888); C. Windisch, ebenda, Bd. V, 373 (1889). Diese Untersuchungen haben ergeben, dass die meisten Reactionen auf Fuselöl werthlos sind.

[2]) Berichte d. deutsch. chem. Ges. **15**, 1665 (1882).

[3]) Bei dieser und der folgenden Probe kann man auch die bei der quantitativen Fuselbestimmung (s. w. u.) erhaltenen Chloroformauszüge benutzen.

[4]) Archiv für Hygiene **1886**, 229.

len, wenn die Geruchsprüfung wegen Anwesenheit ätherischer Oele und anderer Riechstoffe zweifelhaft oder ergebnisslos bleibt.

Man schüttelt den zu prüfenden Branntwein, wie bei der vorigen Probe, mit Chloroform aus, wäscht dieses mit Wasser, lässt es in einem weissen Schälchen verdunsten und fügt zum Rückstande das drei- bis vierfache Volum einer **frisch bereiteten, durch Salzsäure grün gefärbten Lösung** [1]) von Methylviolett.

Beim Vorhandensein von Fuselöl erscheinen sogleich **röthlich-blau gefärbte Tropfen** auf der grünlichen Flüssigkeit.

Die zum Nachweise von Fuselöl häufig benutzte **Furfurolreaction von Jorissen** [2]) — Rothfärbung mit farblosem Anilinöl und Salzsäure — ist zur Branntweinprüfung nicht verwendbar, weil das Furfurol einerseits **kein** constanter Bestandtheil des Fuselöles ist, andererseits aber auch **normal im fuselfreien Branntwein** vorkommt [3]).

Quantitative Bestimmung des Fuselöles.

Soll der Fuselölgehalt eines Branntweins **quantitativ** bestimmt werden, so hat man sich hierzu der besonders von **Stutzer** und **Reit-**

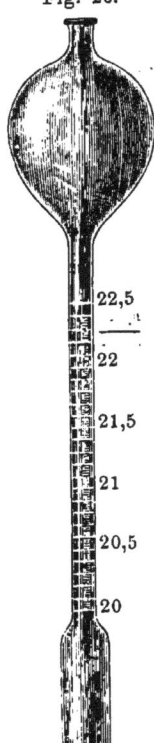

Fig. 26.

mair [4]) modificirten und zuletzt von E. **Sell** [5]) verbesserten Methode von **Röse** [6]) zu bedienen, welche im Wesentlichen darauf hinausläuft, einer bestimmten Menge von Branntwein das Fuselöl durch Schütteln mit Chloroform zu entziehen und aus der Volumvergrösserung der Chloroformschicht einen Rückschluss auf den Fuselölgehalt des betreffenden Branntweins zu ziehen.

Zur Ausführung einer derartigen Fuselölbestimmung dient der von **Herzfeld**, zuletzt von **Windisch** [7]) verbesserte Apparat: der sogenannte **Röse'sche Fuselölprober** oder die **Herzfeld'sche Schüttelbürette**.

Dieser Apparat (Fig. 26) besteht in der Hauptsache aus einem graduirten Rohre von 2,1 mm Radius und 18 cm Länge, welches sich in der aus der Zeichnung

[1]) 1 Thl. Methylviollett, 100 Thle. Wasser und so viel 0,2 proc. Salzsäure, dass die Flüssigkeit eine entschieden grüne Färbung annimmt.
[2]) Bull. Acad. Belg. 50, 108 nach Zeitschr. f. analyt. Chem. 20, 584 (1881).
[3]) Vergl. K. Foerster, Ber. d. deutsch. chem. Ges. 15, 230 u. 322 (1882).
[4]) Repert. d. analyt. Chem. 1886, 335.
[5]) Arbeiten aus d. kaiserl. Gesundheitsamte 4, 128 (1888).
[6]) Bericht über die vierte Versammlung bayer. Vertreter der angewandten Chemie, S. 27 (1885).
[7]) Arbeiten aus d. kaiserl. Gesundheitsamte 5, 373 (1889).

ersichtlichen Weise nach unten erweitert und nach oben in eine 180 bis 200 ccm fassende Kugel übergeht.

Das graduirte Rohr hat zwischen dem ersten (mit der Zahl 20 bezeichneten) und dem letzten (mit der Zahl 22,5 bezeichneten) Theilstriche einen Rauminhalt von 2,5 ccm und ist in 125 Grade eingetheilt. Da der Abstand zwischen je zwei Graden somit einem Rauminhalte von 0,02 ccm entspricht, so kann man an diesem Instrumente noch Mengen von 0,01 ccm genau ablesen.

Vorversuch.

Derselbe bezweckt die Feststellung der Volumvergrösserung des Chloroforms durch reinen, fuselfreien Alkohol.

Man giebt in den Fuselölprober, nachdem derselbe in Wasser von 15⁰ C. eingesenkt ist, durch einen bis fast auf den Boden reichenden langhalsigen Trichter (ohne die Wandungen des Apparates zu benetzen) reines (destillirtes und entwässertes, auch möglichst alkoholfreies) Chloroform, welches in einem Fläschchen mit Glasstöpsel ungefähr abgemessen und auf 15⁰ C. temperirt ist, und stellt den Meniscus genau auf den Theilstrich 20 ein, indem man mittelst eines Glasröhrchens nach Bedarf Chloroform zusetzt oder herausnimmt.

Alsdann bringt man 100 ccm fuselfreien Alkohol von genau 30 Vol.-Proc. ($d = 0,96564$), der im Maasskölbchen auf 15⁰ C. abgekühlt ist, in den Apparat und setzt 1 ccm Schwefelsäure ($d = 1,2857$) zu.

Derselbe wird nun, nachdem er mit einem Korke verschlossen ist, aus dem Kühlcylinder herausgenommen, umgekehrt, so dass der gesammte Inhalt in die Kugel fliesst, 150 mal kräftig geschüttelt und schliesslich in ursprünglicher Lage wieder in das Kühlgefäss eingesenkt.

Nach Trennung beider Flüssigkeitsschichten versetzt man den frei schwimmenden Apparat, um die an den Wandungen haftenden und obenauf schwimmenden Chloroformtropfen nach unten zu bringen, in eine rotirende Bewegung und liest nach etwa 10 Minuten den Meniscus der vermehrten Chloroformschicht ab.

Die abgelesene Zahl (z. B. 21,64) dient als Basis für die Volumvermehrung der Chloroformschicht bei der Prüfung fuselhaltigen Branntweins; sie muss für das anzuwendende Chloroform jedesmal festgestellt werden.

Je 0,01 ccm Volumvermehrung der Chloroformschicht über die beim Vorversuch ermittelte Grundzahl hinaus entspricht einem Gehalte von 0,006631 Vol.-Proc. Fuselöl.

Hauptversuch.

Zur Mengenbestimmung des Fuselöles im Branntwein misst man von demselben bei 15° C. genau 200 ccm ab, giesst sie in einen geräumigen, mit einem Kühler verbundenen Destillirkolben, setzt eine geringe Menge Kalilauge zu (um den störenden Einfluss ätherischer Oele zu beseitigen) und destillirt etwa $4/5$ ab. Um das zeitweilig sehr unangenehme Stossen der alkalisch-alkoholischen Flüssigkeit und ein Ueberkochen derselben zu vermeiden, schaltet man zweckmässig zwischen Kolben und

Tabelle zur Verdünnung der Alkoholdestillate auf 30 Vol.-Proc.

100 ccm Alkoholdestillat		100 ccm Alkoholdestillat		100 ccm Alkoholdestillat	
von Vol.-Proc.	sind zu verdünnen mit ccm Wasser	von Vol.-Proc.	sind zu verdünnen mit ccm Wasser	von Vol.-Proc.	sind zu verdünnen mit ccm Wasser
31	3,3	46	53,9	61	105,2
32	6,6	47	57,3	62	108,6
33	10,0	48	60,7	63	112,1
34	13,4	49	64,1	64	115,5
35	16,7	50	67,5	65	119,9
36	20,1	51	70,9	66	122,4
37	23,4	52	74,3	67	125,9
38	26,8	53	77,7	68	129,4
39	30,2	54	81,2	69	132,8
40	33,5	55	84,6	70	136,3
41	36,9	56	88,0	71	139,7
42	40,3	57	91,4	72	143,2
43	43,7	58	94,9	73	146,7
44	47,1	59	98,3	74	150,2
45	50,5	60	101,8	75	153,6

Kühler ein Steigrohr ein, welches in eine nicht zu enge Capillare endigt, und destillirt über einigen Bimssteinstücken. Als Vorlage dient der schon zum Abmessen des Branntweins benutzte 200 ccm-Kolben.

Nachdem, wie erwähnt, etwa $4/5$ der Flüssigkeit überdestillirt sind, füllt man den Kolben bis fast zur Marke mit Wasser, mischt den Inhalt gut durch, kühlt auf 15° C. ab, stellt den Meniscus genau auf die Marke ein und bestimmt das specifische Gewicht dieses (mit D zu bezeichnenden) Alkoholdestillates mittelst eines (Reischauer'schen) Pyknometers[1]).

Der dem gefundenen specifischen Gewichte dieser Flüssigkeit entsprechende (den Hehner'schen Tabellen zu entnehmende) Alkoholgehalt kann mehr oder weniger als 30 Vol.-Proc. betragen. Im ersteren Falle hat man so viel Wasser, im letzteren so viel absoluten (fuselfreien) Alkohol zuzusetzen, bis der Alkoholgehalt 30 Vol.-Proc. beträgt.

Die zur Verdünnung eines mehr als 30 Vol.-Proc. Alkohol enthaltenden Branntweindestillates erforderliche Wassermenge kann entweder der Tabelle (s. v. S.) entnommen oder nach der unten angegebenen Formel berechnet werden.

Berechnung des Wasserzusatzes.

Bezeichnet man den durch die specifische Gewichtsbestimmung ermittelten Alkoholgehalt des Destillates mit v und die Anzahl Cubikcentimeter Wasser, welche zugesetzt werden sollen, damit das Destillat auf 30 Vol.-Proc. Alkohol verdünnt wird, mit x, so beträgt nach dem Wasserzusatze die Flüssigkeitsmenge, in welcher der ursprüngliche Alkoholgehalt v enthalten ist, $100 + x$ ccm.

Da nun diese Flüssigkeit durch den Wasserzusatz auf 30 Vol.-Proc. Alkohol verdünnt werden soll, so muss sich verhalten

$$(100 + x) : v = 100 : 30,$$

woraus sich ergiebt:

$$x = \frac{10\,v - 300}{3},$$

d. h. um eine Flüssigkeit mit v Vol-Proc. Alkohol auf 30 Vol.-Proc. Alkohol zu verdünnen, muss man zu 100 ccm derselben $\frac{10\,v - 300}{3}$ ccm Wasser hinzufügen.

Berechnung des Alkoholzusatzes.

Ergiebt sich aus der specifischen Gewichtsbestimmung des Branntweindestillates, dass dasselbe weniger als 30 Vol.-Proc. Alkohol enthält, so muss es durch Zusatz von absolutem, fuselfreiem Alkohol auf den angegebenen Gehalt verstärkt werden.

Bezeichnet man den durch die specifische Gewichtsbestimmung gefundenen Alkoholgehalt des Branntweindestillates mit v und die zur Verstärkung auf 30 Vol.-Proc. erforderliche Anzahl Cubikcentimeter absoluten Alkohols mit x, so beträgt das mit Alkohol verstärkte Destillat $(100 + x)$ ccm und enthält jetzt $(v + x)$ ccm Alkohol.

Da die Flüssigkeit 30 Vol.-Proc. Alkohol enthalten soll, so muss sich ihre Menge zum Alkoholgehalte verhalten, wie $100 : 30$. Mithin ist:

$$(100 + x) : (v + x) = 100 : 30,$$

---

[1]) Das Reischauer'sche Pyknometer ist ein cylindrisches 50 ccm-Kölbchen mit sehr engem Halse; natürlich kann man an Stelle dieses auch ein anderes gutes Pyknometer benutzen.

woraus sich ergiebt:

$$x = \frac{300 - 10\,v}{7},$$

d. h. um eine Flüssigkeit mit v Vol.-Proc. Alkohol auf 30 Vol.-Proc. zu verstärken, muss man zu 100 ccm derselben $\dfrac{300 - 10\,v}{7}$ ccm absoluten Alkohol zusetzen.

Die, wie vorstehend angegeben, berechnete Menge Wasser bezw. Alkohol lässt man nun (aus einer Bürette) zu 100 ccm des oben mit D bezeichneten Alkoholdestillates, welches in einen geräumigen Kolben übergeführt ist, zufliessen, kühlt nach guter Durchmischung auf 15° C. ab und bestimmt das specifische Gewicht.

Findet man dasselbe nicht zu 0,96564 (entsprechend 30 Vol.-Proc. Alkohol), so setzt man noch nach Bedarf berechnete Mengen Wasser oder Alkohol zu, bis die specifische Gewichtsbestimmung jene Zahl ergiebt.

Die so erhaltene Flüssigkeit (F) wird nun, wie beim Vorversuche beschrieben, durch Ausschütteln mit Chloroform u. s. w. auf Fuselöl geprüft.

Diese Prüfung ist doppelt auszuführen.

Sollte die Volumvermehrung der Chloroformschicht über den obersten Theilstrich (22,5) der graduirten Röhre hinausgehen, was indessen sehr selten vorkommt, so läge ein Branntwein mit mindestens 0,5 Vol.-Proc. Fuselöl vor. Interessirt es nun in einem solchen Falle überhaupt noch, den Fuselgehalt genauer zu bestimmen, so kann dies mittelst der alten Herzfeld'-schen Schüttelbürette geschehen, deren graduirte Röhre einen weit grösseren Rauminhalt (6 ccm) hat, aber keine so genaue Ablesung der Volumvermehrung des Chloroforms gestattet, wie der (S. 263) abgebildete, verbesserte Apparat.

Berechnung des Resultates.

Angenommen, der Vorversuch habe eine Volumvermehrung der Chloroformschicht von 20 ccm auf 21,64 ccm ergeben, der Hauptversuch dagegen eine solche auf 21,88 ccm, so würde die durch den Fuselgehalt des untersuchten Branntweins bedingte Volumvermehrung des Chloroforms 21,88 — 21,64 = 0,24 ccm betragen.

Da nun (s. Vorversuch) je 0,01 ccm Volumvermehrung der Chloroformschicht einem Fuselölgehalte von 0,006631 Vol.-Proc. entspricht, so enthält das betreffende Destillat 0,006631 × 0,24 = 0,15914 Vol.-Proc. Fuselöl.

Für die Basis 21,64, d. h. die beim Vorversuch ermittelte Volumvermehrung, der Chloroformschicht hat E. Sell folgende Tabelle berechnet, aus welcher man die der abgelesenen Volumvermehrung entsprechenden Vol.-Proc. Fuselöl direct entnehmen kann.

Tabelle zur Ermittelung des Fuselölgehaltes.

(E. Sell, Arbeiten aus dem Kaiserl. Gesundheitsamte, Bd. IV, S. 137.)

Abgelesene ccm	Vol.-Proc. Fuselöl	Abgelesene ccm	Vol.-Proc. Fuselöl	Abgelesene ccm	Vol.-Proc. Fuselöl
21,64	0	21,86	0,1459	22,08	0,2918
65	0,0066	87	1525	09	2984
66	133	88	15914	10	0,3050
67	199	89	1658	11	3117
68	265	21,90	1724	12	3183
69	332	91	17904	13	3249
21,70	398	92	1857	14	3316
71	464	93	1923	15	3382
72	5305	94	1989	16	3448
73	597	95	0,20554	17	35144
74	663	96	2122	18	3581
75	7294	97	2188	19	3647
76	796	98	2255	22,20	37134
77	862	99	2321	21	3780
78	928	22,00	2387	22	3846
79	995	01	24535	23	3912
21,80	0,1061	02	2520	24	3979
81	1127	03	2586	25	0,4045
82	1194	04	26524	26	4111
83	1260	05	2719	27	4178
84	1326	06	2785	28	4244
85	1393	07	2851	29	4310

Der so berechnete oder der Tabelle entnommene Fuselölgehalt bedarf aber, weil das Branntweindestillat (D) mit Wasser oder Alkohol versetzt werden musste, um sein specifisches Gewicht auf 0,96564 zu bringen, noch einer Correctur [1].

Mussten z. B. 100 ccm Branntweindestillat (D), um das eben erwähnte specifische Gewicht zu erhalten, mit a ccm Wasser oder Alkohol versetzt werden, so beträgt die Flüssigkeitsmenge dann (100 + a) ccm.

Wurden nun in dieser Flüssigkeit f Vol.-Proc. Fuselöl gefunden, so muss natürlich dieses Resultat von 100 ccm auf 100 + a ccm umgerechnet werden.

---

[1] Dieselbe unterbleibt natürlich für den Fall, dass das mit Wasser auf 200 ccm verdünnte Branntweindestillat zufälliger Weise einmal das specif. Gew. 0,96564 schon besitzt, ein weiterer Wasser- oder Alkoholzusatz somit unnöthig ist.

Bezeichnet man mit:

a die Anzahl der dem Branntweindestillate zugesetzten Cubikcentimeter Wasser oder Alkohol,

f die gefundenen (bezw. der Tabelle entnommenen) Vol.-Proc. Fuselöl,

x die gesuchten Vol.-Proc. Fuselöl,

so verhält sich:

$$100 : f = (100 + a) : x,$$

woraus sich ergiebt:

$$x = f \left(\frac{100 + a}{100} \right).$$

Das Gesagte soll hier nochmals kurz an einem

Beispiel

erläutert werden:

Angenommen das (aus 200 ccm des untersuchten Branntweins stammende und mit Wasser wieder auf 200 ccm verdünnte) Alkoholdestillat (D) zeigte das specif. Gew. 0,9420, entsprechend 46,02 Vol.-Proc. Alkohol.

Um aus diesem Destillate (D) eine nur 30 Vol.-Proc. Alkohol enthaltende Flüssigkeit (F) herzustellen, mussten 100 ccm des Destillates (D) mit 54 ccm Wasser verdünnt werden.

100 ccm dieser (im Ganzen also 154 ccm betragenden) Flüssigkeit (F) ergaben (s. o. Berechnung des Resultates) 0,15914 Vol.-Proc. Fuselöl.

Dieser (in 100 ccm der Flüssigkeit F gefundene) scheinbare Fuselölgehalt muss nun auf den wahren (d. h. in der gesammten, 154 ccm betragenden Flüssigkeit enthaltenen) Fuselölgehalt umgerechnet werden, indem man in obige Gleichung:

$$x = f \left(\frac{100 + a}{100} \right)$$

für a (die im vorliegenden Beispiele zugesetzte Anzahl von Cubikcentimetern Wasser) 54 und für f (die gefundenen Volumprocente scheinbaren Fuselölgehalt) 0,15914 einsetzt.

Der wahre Fuselölgehalt (x) des untersuchten Branntweins ist demnach:

$$x = 0,15914 \left(\frac{100 + 54}{100} \right) = 0,2451 \text{ Vol.-Proc.}$$

Von 258, im Kaiserl. Gesundheitsamte nach obiger Methode untersuchten, Proben Trinkbranntwein aus verschiedenen Gegenden Deutschlands enthielten:

33	Proben	kein Fuselöl,					
51	„	bis zu	0,05	Vol.-Proc. Fuselöl,			
55	„	von 0,05 bis 0,10		Vol.-Proc. Fuselöl,			
37	„	„ 0,10	„	0,15	„	„	„
45	„	„ 0,15	„	0,20	„	„	„
27	„	„ 0,20	„	0,25	„	„	„
6	„	„ 0,25	„	0,30	„	„	„
4	„	„ 0,30	„	0,50	„	„	„

Ausserdem ergaben zwei Zwetschenbranntweine: 0,228 und 0,307 Vol.-Proc. Fuselöl; fünf Trester- bezw. Hefenbranntweine: 0,212, 0,360, 0,439, 0,512, 0,582 Vol.-Proc. Fuselöl.

Beziehungen zwischen Fuselölgehalt und Preis des Branntweins sind nicht vorhanden.

Amylenhydrat.

Unter dieser Bezeichnung findet neuerdings der tertiäre Amylalkohol arzneiliche Anwendung als Hypnoticum und hat bereits zu Intoxi-
kationen Veranlassung gegeben [1]).

Das Amylenhydrat bildet eine farblose, ölige Flüssigkeit von durch-
dringendem (an Champher, Pfefferminzöl und Paraldehyd erinnerndem) Geruch,
giebt mit acht Theilen Wasser von 15º C. eine beim Erwärmen sich trübende
Lösung, mischt sich mit Alkohol, Aether und Chloroform in allen Verhältnissen
und liefert bei der Oxydation mit Kaliumbichromat und Schwefelsäure (s. o.
Marquardt'sche Probe S. 262) keine Valeriansäure, sondern
Essigsäure und Aceton.

Aetherartige Verbindungen.

Aethyläther.

Derselbe hat bei unvorsichtiger Anwendung als Anästheticum, sowie in
einigen eigenthümlichen Fällen gewohnheitsmässigen Aetherathmens [2]) Vergiftungen veranlasst.

Ein Gemisch von Aether und Weingeist (1 : 3) findet als *Spiritus aethereus*
oder Hoffmann's Tropfen arzneiliche Anwendung. An Stelle des Aethyl-
äthers wird neuerdings der Methyläthyläther als Anästheticum benutzt,
eine schon bei 11º C. gasförmige Flüssigkeit.

Der Nachweis des Aethers (oder Schwefeläthers) kann in Ermangelung charakteristischer Reactionen nur dadurch geführt werden, dass
man bei sehr vorsichtiger Destillation eine Flüssigkeit erhält, die sich durch
ihren Geruch, Siedepunkt und Unlöslichkeit in Wasser als Aether
oder wenigstens ätherhaltig erweist.

Essigäther.

Der Essigäther soll hier nur deshalb erwähnt werden, weil er bei Untersuchungen auf leicht flüchtige Gifte zuweilen angetroffen wird.

Sein Nachweis beruht darauf, dass das betreffende Destillat den bekannten erfrischend obstartigen Geruch besitzt und, mit Barytwasser erhitzt,
Alkohol und Essigsäure bezw. Bariumacetat liefert. Letzteres weist man, nach
Abscheidung des Barytüberschusses durch Kohlensäure, im Verdampfungs-
rückstande des Filtrates durch die Kakodylreaction nach.

Aethylnitrit.

(Spiritus aetheris nitrosi.)

Dieses Präparat findet Anwendung zu arzneilichen Zwecken und als Zusatz zu verschiedenen Spirituosen, Rum, Franzbranntwein und dergl.; es besitzt
einen angenehmen Geruch und Geschmack, ist nicht schädlich und enthält

---

[1]) B. Fischer, Die neueren Arzneimittel.
[2]) Levin, Toxikologie, S. 193.

Aldehyd, Essigäther, häufig auch Essigsäure. Auch Spuren von Blausäure kommen zuweilen im rohen *Spiritus ätheris nitrosi* vor. Derselbe ist mit Wasser, Alkohol und Aether mischbar; auf eine frisch bereitete concentrirte Lösung von Eisenchlorür oder Eisenoxydulsulfat geschichtet, erzeugt er an der Berührungsstelle nach kurzer Zeit eine schwarzbraune Zone.

Ueber das Verhalten des Aethylnitrits zu Phenolen s. dort — Eykmann'sche Reaction (S. 237).

Amylnitrit.

Der ab und zu als Anästheticum benutzte officinelle Salpetrigsäure-Amyläther, eine fruchtartig riechende, in Wasser unlösliche Flüssigkeit, deren Dampf eingeathmet im Gesicht Röthe und Hitzegefühl erzeugt, kann im Destillate chemisch noch dadurch erkannt werden, dass er beim Erhitzen mit Kalihydrat in Kaliumnitrit und Amylalkohol zerlegt wird.

Nach Amylnitritvergiftung lässt sich in dem chokoladefarbenen Blute spectroskopisch der Absorptionsstreifen des Methämoglobins nachweisen.

Nitroglycerin.

(Salpetersäure-Glycerinäther.)

Das Nitroglycerin oder Sprengöl (Nobel's Sprengöl) findet, mit Kieselguhr gemischt und dann als Dynamit bezeichnet, ausgedehnte Anwendung als Sprengmittel und unterliegt in dieser Hinsicht den Bestimmungen eines besonderen Gesetzes.

Vom toxikologischen Standpunkte ist das Nitroglycerin als eine stark giftige Substanz zu bezeichnen, die schon in sehr geringen Mengen Kopfschmerz, Bewusstlosigkeit und Lähmungen veranlasst, in etwas grösserer Quantität — d. h. wenige Tropfen — aber bereits den Tod herbeiführen kann [1]).

Nach Nitroglycerinvergiftung finden sich im Magen, Darm und Gehirn anatomische Veränderungen und das Blut zeigt im Spectroskope das Absorptionsband des Methämoglobins.

Der Fäulniss scheint das Nitroglycerin ziemlich lange zu widerstehen.

Nachweis des Nitroglycerins.

Bei genauerer Betrachtung des Objectes — Magen-, Darminhalt oder Erbrochenes — wird man das Nitroglycerin zuweilen schon in Form öliger Tropfen wahrnehmen und aussondern können.

Im Allgemeinen aber verfährt man zur Abscheidung des Nitroglycerins so, dass man das Untersuchungsobject bei saurer Reaction mit absolutem Alkohol digerirt und dessen wässerigen Destillationsrückstand mit Aether schüttelt.

Statt dessen kann man auch, wenn es zweckmässiger erscheinen sollte, das zerkleinerte Object direct mit Aether ausschütteln.

Die Aetherauszüge lässt man verdunsten, behandelt den Rückstand (zur Beseitigung von Fett) mit wenig Alkohol, lässt das Filtrat wieder

---

[1]) Kobert-Werber, Compendium der praktischen Toxikologie, S. 101.

verdunsten und setzt etwas Wasser zu, wobei sich vorhandenes Nitroglycerin als öliges Liquidum abscheidet.

Zur weiteren Identificirung dient folgendes Verhalten:

1. Eine **Spur** des fraglichen Oeles in einem Capillarröhrchen erhitzt, explodirt heftig.

2. Eine andere **kleine** Probe davon vermischt man mit einem
   Tropfen **Anilin** und ebenso viel concentrirter **Schwefelsäure** [1]); liegt Nitroglycerin vor, so entsteht eine **purpurrothe** Färbung, die auf Zusatz von Wasser in **Grün** übergeht.
   Bei etwas grösserer Menge tritt **dunkelrothe** Färbung und
   schwache Verpuffung ein.

3. Unter den gleichen Bedingungen mit **Brucinlösung** [2]) (S. 150)
   zusammengebracht, färbt sich die Mischung ebenfalls intensiv
   roth.

4. Durch Kalihydrat in alkoholischer Lösung wird das Nitroglycerin
   beim Erwärmen in **Kaliumnitrat** und **Glycerin** zerlegt.

Letzteres charakterisirt sich u. a. dadurch, dass es beim
Erwärmen mit trockenem, saurem Kaliumsulfat den bekannten
Acroleïngeruch (nach verbranntem Fett) entwickelt.

Sechste Gruppe.

Aetherische Oele.

Auch solche Substanzen können gelegentlich bei toxikologischen Analysen
vorkommen, ja selbst Gegenstand solcher werden, da — abgesehen von der
ausgedehnten Verwendung vieler ätherischer Oele bei Herstellung von **Likören,
Zuckerwerk, Confituren,** kosmetischen Präparaten etc. — viele der
hierher gehörigen Substanzen arzneilich gebraucht, einzelne sogar als Mittel
zur Erreichung verbrecherischer Absichten missbraucht werden.

Zur letzteren Gattung ätherischer Oele, die sich ihren Eigenschaften nach
als giftige oder wenigstens schädliche Stoffe charakterisiren, gehört, ausser dem
schon früher (S. 231) besprochenen (blausäurehältigen) **Bittermandelöl,** in erster Linie das **Sadebaumöl,** das **Senföl,** auch das **Terpentinöl** u. a. m.

Bei Untersuchungen auf ätherische Oele achte man auch auf das Vorhandensein von Pflanzenresten, z. B. *Juniperus Sabina* etc.

Nachweis ätherischer Oele.

Das allgemeine Verfahren zum Nachweise ätherischer Oele, deren Anwesenheit sich oft schon durch den Geruch bemerklich machen wird, besteht

---

[1]) Diese Reaction gehört der aus dem Nitroglycerin in Freiheit gesetzten
Salpetersäure an und ist deshalb nur beweisend, wenn Nitrate, Nitrite und andere Nitroverbindungen nicht zugegen sind.

[2]) Von dieser Reaction gilt dasselbe, wie von der vorigen.

darin, dass man das mit Wasser genügend verdünnte Object der Destillation mit Wasserdämpfen (s. Apparat S. 235) unterwirft und das Destillat, in welchem sich das ätherische Oel meist als Emulsion oder in Tropfen abgeschieden vorfindet, mit möglichst leicht siedendem und geruchlosem Petroleumäther (S. 36) schüttelt.

Hebt man die Petroleumätherschicht ab und lässt sie bei Zimmertemperatur in einem geradwandigen Gefässe — Bechergläschen — verdunsten, so hinterbleibt das etwa vorhandene ätherische Oel in Tropfen von charakteristischem Geruch, der oft das einzige Erkennungsmittel für bestimmte Substanzen dieser Gruppe bilden wird.

Weiterhin kann zur Identificirung von ätherischen Oelen ihr Verhalten gegen: a) Aetherische Bromlösung (1:20); b) Chloralhydrat (unrein); c) Alkoholische Salzsäure; d) Concentrirte reine Schwefelsäure; e) Fröhde's Reagens (s. dieses); f) Eisenchlorid und Schwefelsäure [Mischung von 6 Vol. concentrirter Schwefelsäure mit 1 Vol. wässeriger Eisenchloridlösung (1:20)]; g) Rauchende Salpetersäure; h) Pikrinsäure benutzt werden.

Diese Reactionen sind meist Farbenreactionen.

Versetzt man Mischungen gleicher Volume ätherischer Oele und Chloroform mit reiner concentrirter Schwefelsäure oder mit Eisenchlorid-Schwefelsäure, so treten vielfach auch charakteristische Färbungen, sowohl der Säure wie des Chloroforms, auf [1]).

Ausser dem schon früher besprochenen Bittermandelöle sollen hier nur noch folgende ätherische Oele kurz erwähnt werden.

Terpentinöl.

Dasselbe wirkt giftig, wenn es in Dampfform eingeathmet oder in grösseren Dosen eingenommen wird — Magendarmentzündung.

Der Harn besitzt einen veilchenartigen Geruch und stark reducirende Eigenschaften (Terpentinglycuronsäure) [2]).

Ausser an seinem bekannten Geruche kennzeichnet sich das Terpentinöl durch folgende Reactionen:

Aetherische Bromlösung: farblos; Alkoholische Salzsäure: gelbbraun; Reine concentrirte Schwefelsäure und Fröhde's Reagens: rothbraun, dann blutroth; Rauchende Salpetersäure: lebhafte Zersetzung und Rothfärbung; Eisenchlorid-Schwefelsäure: braun mit rothem Saum.

Sadebaumöl.

Dieses, namentlich in den Zweigspitzen von *Juniperus Sabina* enthaltene ätherische Oel (*Oleum Sabinae*) besitzt heftig reizende Eigenschaften — Magenentzündung — und wirkt als Abortivmittel. In letzterer Beziehung findet es (gewöhnlich in Form von Abkochungen der Zweige des Sadebaums) Anwendung bei verbrecherischen Versuchen zur Abtreibung der Leibesfrucht und wird in diesem Falle Gegenstand toxikologischer Untersuchungen.

---

[1]) Vergl. hierüber Dragendorff, S. 42 ff. Weitere, diesen Gegenstand betreffende Angaben finden sich z. B. Chemiker-Ztg. 13, 264 (1889): A. Ihl, Farbenreactionen einiger ätherischer Oele.

[2]) Ber. d. deutsch. chem. Ges. 15, 2752 (1882).

Sehr wesentlich ist dabei das Auffinden von Resten der genannten Pflanze, da das Oel selbst meist nicht mehr nachweisbar ist, jedoch kommt der anatomische Befund dem Nachweise von Sadebaumvergiftungen zu Hülfe.

Das Sadebaumöl wird leicht an seinem, auch der Pflanze selbst eigenen, durchdringend widerwärtigem Geruche und brennend bitterem Geschmacke erkannt.

Gegen Reagentien zeigt es folgendes Verhalten: Aetherische Bromlösung: farblos; Alkoholische Salzsäure: blassröthlich; Concentrirte reine Schwefelsäure: orangebraun mit allmälig erkennbarem, rothem Saum; Fröhde's Reagens: gelbbraun; Rauchende Salpetersäure: Zersetzung, gelbbraun; Eisenchlorid-Schwefelsäure: zuletzt kirschroth.

Mit gleichem Volum Chloroform gemischt und mit concentrirter Schwefelsäure versetzt, färbt sich das Chloroform hellbraun, die Säure blutroth.

Senföl.

Das seiner chemischen Natur nach im Wesentlichen als Rhodanallyl, $C_3H_5 . N . CS$, zu bezeichnende und auch künstlich dargestellte ätherische Oel aus dem schwarzen Senfsamen (*Sinapis nigra*) ist insofern als giftig zu betrachten, als es schon in minimalen Mengen heftige Entzündungen hervorruft.

Der Nachweis des Senföles beruht auf seinem durchdringenden, die Augen stark reizenden Geruch und auf seiner Eigenschaft, auf der Haut Blasen zu ziehen. Durch Kalilauge oder beim Erwärmen mit concentrirter Ammoniakflüssigkeit wird es leicht zersetzt. An der Luft und am Lichte färbt es sich rothbraun unter Abscheidung gelber Flocken und giebt dann in ätherischer Lösung mit Eisenchlorid die bekannte Rhodanreaction.

Fette Oele.

Solche können aus verschiedenen Gründen bei toxikologischen Untersuchungen vorkommen, z. B. als Bestandtheile von Speisen und Medicamenten, ferner als Begleitsubstanzen in giftigen, fettreichen Samen (z. B. von *Ricinus communis*), endlich als Gifte selbst (z. B. Crotonöl).

Zum Nachweise fetter Oele wird das Untersuchungsobject auf dem Wasserbade eingetrocknet, zerkleinert und mit Aether oder Petroleumäther ausgezogen, eine Operation, die man bei kleinen Objecten am besten so ausführt, dass man die zerkleinerte Substanz, mit reinem, gebranntem Gyps vermischt und eingetrocknet, die gepulverte Masse im Soxhlet'schen Apparate (S. 283) extrahirt.

Lässt man die Auszüge verdunsten, so hinterbleibt das fette Oel (gemeinschaftlich mit dem, dem Objecte selbst eigenen Fette), wird sich aber unter diesen Umständen wohl nur in seltenen Ausnahmefällen mit einem bestimmten Oele identificiren lassen.

Von besonderer Wichtigkeit ist das (aus der asiatischen Euphorbiacee, *Croton tiglium*, stammende) Crotonöl.

Crotonöl.

Es bildet eine dunkelbraune, dicke Flüssigkeit, die eigenthümlich riecht, brennend scharf schmeckt, auf der Haut entzündliche Erscheinungen hervorruft und innerlich schon in kleinen Dosen giftig wirkt[1]).
Vergiftungen mit Crotonöl sind (absichtlich und unabsichtlich) schon oft vorgekommen.
Der giftige Bestandtheil des Crotonöles ist die sonst nicht näher bekannte Crotonolsäure[2]).

Siebente Gruppe.

Schwefelkohlenstoff, Kohlenwasserstoffe, Petroleum.

Schwefelkohlenstoff.

Die technische und gewerbliche Anwendung von Schwefelkohlenstoff, CS_2 (auch zur Conservirung von Nahrungs- und Genussmitteln), veranlasst gar nicht selten Vergiftungen.
Dasselbe gilt von der ebenfalls als Conservirungsmittel benutzten Xanthogensäure, die im Organismus in ihre Componenten — Alkohol und Schwefelkohlenstoff — zerlegt wird.
Die Wirkungen des Schwefelkohlenstoffs in dem einen wie in dem anderen Falle sind in erster Linie narkotische; in schwereren Fällen tritt Blutzersetzung ein, die sich schon äusserlich in einer schwarzen Färbung zu erkennen giebt.
Der Nachweis des Schwefelkohlenstoffs wird meist schon durch den eigenthümlichen (rettigartigen) Geruch geführt, den die Objecte oder die daraus erhaltenen Destillate besitzen.
Im Uebrigen kann zur Bestätigung der Geruchsprobe noch folgendes Verhalten des Schwefelkohlenstoffs benutzt werden:
Mit alkoholischer Bleizuckerlösung oder mit Bleizucker und Ammoniak erwärmt, liefert er eine schwarze Färbung bezw. einen schwarzen Niederschlag; in einer ätherischen Lösung von Triäthylphosphin bewirkt er eine rothe Fällung[3]) (wenn man z. B. schwefelkohlenstoffhaltige Luft durch eine solche Lösung hindurch saugt).
Erwärmt man Schwefelkohlenstoff mit alkoholischer Kalilauge, so entsteht Xanthogensäure, die beim Erwärmen mit Ammoniummolybdänat und etwas verdünnter Schwefelsäure eine Rothfärbung liefert (s. Vitali'-sche Alkoholreaction S. 257).
Dampft man die Mischung eines Tropfens Schwefelkohlenstoff mit gesättigter alkoholischer Ammoniaklösung ein, so hinterbleibt Rhodanammonium[4]) (vergl. die Liebig'sche Reaction S. 218).

---

[1]) Vergl. z. B. Hirschheydt, Wirkung des Crotonöles; Dissert. Dorpat 1887.
[2]) Vergl. Kobert, Arbeiten d. pharmacol. Inst. zu Dorpat. IV (1890).
[3]) A. W. Hofmann, Liebig's Ann. Suppl.-Bd. I, 26.
[4]) Flückiger, Pharm. Chem., II. Aufl. (1888), Bd. II, S. 6.

18*

Kohlenwasserstoffe.

Petroleum.

Zwar sind einzelnen Kohlenwasserstoffen — Petroleumäther, Benzol — gesundheitsschädliche Eigenschaften unter Umständen nicht abzusprechen; auch von Petroleumvergiftung ist gelegentlich bei Personen die Rede, die in geschlossenen Räumen — Lagerkellern — dem Petroleumdunste ausgesetzt sind.

Das sanitätspolizeiliche Interesse des Petroleums concentrirt sich aber nicht auf seine toxischen Wirkungen, sondern auf die bedingungsweise grosse Feuergefährlichkeit dieses fast in jedem Haushalte benutzten Beleuchtungsmateriales.

Zur Verhütung diesbezüglicher Unglücksfälle wurde im Deutschen Reiche unter dem 24. Februar 1882 ein Gesetz erlassen, dem zufolge ein Petroleum, welches bei 760 mm Barometerstand und schon beim Erwärmen auf weniger als 21° C. entflammbare Dämpfe entwickelt, als „feuergefährlich" und „nur mit besonderen Vorsichtsmaassregeln zu Brennzwecken verwendbar" bezeichnet werden muss.

Dieses (im Anhange zur zweiten Abtheilung dieses Buches abgedruckte) Gesetz verlangt eine ganz bestimmt vorgeschriebene amtliche Prüfung des Leuchtpetroleums, bezüglich deren auf die (gleichfalls im Anhange dem Wortlaute noch wiedergegebene) „Anweisung für die Untersuchung des Petroleums auf seine Entflammbarkeit mittelst des Abel'schen Petroleumprobers" verwiesen werden muss.

Achte Gruppe.

Flüchtige basische Substanzen.

Zu dieser Gruppe gehören eine Reihe von Stoffen, die, dem Ammoniak näher oder entfernter verwandt, wie dieses durch Destillation (mit oder ohne Wasserdampf) erst dann abgeschieden werden können, nachdem man das Untersuchungsobject alkalisch gemacht hat: nämlich 1) die wenigen flüchtigen Alkaloide (Coniin, Nicotin, Lobeliin, Spartern), deren Nachweis später (im III. Abschnitte) erörtert werden soll; 2) Anilin, Chinolin, Pyridin und ähnliche Basen, deren wichtigste hier kurz erwähnt werden mögen; endlich 3) basische Fäulniss- oder sonstige Zersetzungsprodukte stickstoffhaltiger organischer Materie (vergl. auch Ptomaïne).

Anilin.

Das Anilin, $C_6H_5 . NH_2$, welches mehrfach Vergiftungen veranlasst hat, die meist leichtere technische Intoxicationen waren, geht bei der Destillation des mit Aetznatron versetzten Objectes im Wasserdampfstrome über und bildet ein milchiges Destillat von bekanntem Geruch.

Auch das unter dem Namen Antifebrin (s. dort) jetzt officinelle Acetanilid könnte bei der Destillation mit Aetzalkalien unter Abscheidung von Anilin zersetzt werden.

Schüttelt man das Destillat mit Aether, so nimmt dieser das Anilin leicht auf und hinterlässt es beim Verdunsten in öligen Tropfen, die sich zum Unterschiede von äusserlich ähnlichen Substanzen durch folgendes Verhalten als Anilin charakterisiren:

Versetzt man die wässerige Lösung eines Tröpfchens der zu prüfenden Substanz vorsichtig mit C h l o r k a l k l ö s u n g oder N a t r i u m h y p o c h l o r i d, so tritt eine p u r p u r v i o l e t t e Färbung auf, die allmälig in ein schmutziges R o t h übergeht.

Mischt man in einem Porcellanschälchen ein wenig Anilin oder Anilinsalz mit einigen Tropfen c o n c e n t r i r t e r. S c h w e f e l s ä u r e und fügt dazu etwas K a l i u m b i c h r o m a t l ö s u n g, so entsteht eine vorübergehende b l a u e Färbung.

B r o m w a s s e r erzeugt in wässeriger Anilinlösung eine f l e i s c h r o t h e Fällung (L a n d o l t).

Mit etwas überschüssiger S a l p e t e r s ä u r e eingedampft, hinterlässt das Anilin einen r o t h e n Rückstand.

Das A n i l i n ö l, welches das Rohmaterial für die Darstellung der Anilinfarben bildet, ist ein G e m i s c h v o n A n i l i n u n d T o l u i d i n.

Um A n i l i n v o n A n i l i n ö l zu unterscheiden, schüttelt man die durch Chlorkalklösung blau gefärbte Flüssigkeit mit Aether, hebt denselben ab und schüttelt ihn mit säurehaltigem Wasser. Lag A n i l i n ö l vor, so färbt sich das saure Wasser violettroth, während es bei reinem Anilin ungefärbt bleibt.

Pyridinbasen.

Das Pyridin, C_5H_5N, und die sich von ihm ableitenden Pyridinbasen, $C_nH_{2n-5}N$, finden sich unter den Zersetzungsproducten stickstoffhaltiger (namentlich thierischer) Stoffe — Thieröl, animalischer Theer —; einige derselben entstehen auch bei der Fleischfäulniss (s. Ptomaïne). Alle sind giftig. Das Pyridin selbst tritt auch unter den Zersetzungsproducten gewisser Alkaloide auf und kommt als Verunreinigung im Amylalkohol und im Salmiakgeist vor. Im rohen Zustande dient es zur Denaturirung des Spiritus (s. dort), reines Pyridin wird arzneilich angewendet.

Es bildet, wie die Pyridinbasen überhaupt, eine farblose, stark alkalische, stechend riechende, flüchtige Flüssigkeit, welche in Wasser leicht löslich ist. Die kohlenstoffreicheren Glieder dieser Reihe sind es nicht.

Die Pyridinbasen gehen aus wässerigen Lösungen (Destillaten mit Wasserdampf) beim Schütteln in P e t r o l e u m ä t h e r, A e t h e r und C h l o r o f o r m über und bleiben beim Verdunsten dieser Lösungsmittel im Rückstande.

Das Pyridin zeigt in seinem Verhalten zu Reagentien (z. B. K u p f e r - s u l f a t, Q u e c k s i l b e r c h l o r i d, P l a t i n c h l o r i d) grosse Aehnlichkeit mit dem A m m o n i a k.

Erkennungsmittel für Pyridinbasen sind: 1) der G e r u c h; 2) die F ä l l - b a r k e i t durch Q u e c k s i l b e r c h l o r i d, C a d m i u m c h l o r i d oder C a d - m i u m j o d i d (auch bei starker Verdünnung); 3) H o f m a n n's R e a c t i o n[1]: erwärmt man einen Tropfen Pyridin gelinde mit der gleichen Menge J o d - m e t h y l in einem Reagensglase, rührt dann das entstandene Pyridinjodmethylat mit etwas gepulvertem Aetzkali und einigen Tropfen Wasser zu einem dicken Brei an und erhitzt wieder, so entsteht ein sehr charakteristischer (an Isonitrile oder Senföle erinnernder) Geruch; 4) a l l g e m e i n e A l k a l o i d -

---

[1] Ber. d. deutsch. chem. Ges. **14**, 1498 (1881) u. **17**, 827 u. 1908 (1884).

reagentien (s. diese), z. B. Phosphormolybdänsäure, Gerbsäure, Pikrinsäure, Jodjodkalium geben mit Lösungen von Pyridin oder dessen Salzen Niederschläge.

Chinolin.

Das Chinolin, C_9H_7N, ein farbloses oder gelbliches, in Wasser untersinkendes, dünnes Oel von aromatischem Geruch, brennend bitterem Geschmack und alkalischer Reaction, findet sich sowohl im animalischen wie im Steinkohlentheer und tritt auch als Zersetzungsproduct gewisser Alkaloide (Chinin, Chinchonin, Strychnin) auf.

Einige Salze und Derivate (Kaïrin, Thallin) des Chinolins fanden zeitweilig als Chininersatz arzneiliche Verwendung; Thallin ist jetzt officinell.

Das Chinolin destillirt mit Wasserdämpfen über und lässt sich dem Destillate (oder den alkalisch gemachten wässerigen Lösungen seiner Salze) durch Schütteln mit Petroleumäther, Aether oder Benzol entziehen und hinterbleibt beim Verdunsten des Lösungsmittels als flüssiger Rückstand von charakteristischem Geruch.

Chinolinlösungen werden durch allgemeine Alkaloidreagentien (s. diese) gefällt; z. B. durch Jodjodkalium, Phosphormolybdänsäure, Quecksilberchlorid, Quecksilberjodidjodkalium und Pikrinsäure. Der durch letzteres Reagens erzeugte gelbe Niederschlag löst sich in Kalilauge mit rother Farbe.

Käufliches Chinolin wird in salz- oder schwefelsaurer Lösung durch Chlorwasser oder etwas Chlorkalklösung violett gefärbt.

Zweiter Abschnitt.

Pflanzengifte: Alkaloide und Bitterstoffe.

I. Allgemeines über Pflanzengifte, deren Ausmittelung und quantitative Bestimmung.

Die wirksamen Bestandtheile sogenannter Giftpflanzen sind chemisch sehr verschieden; hier aber sollen unter Pflanzengiften nur Alkaloide und diesen sich ähnlich verhaltende Bitterstoffe verstanden werden, welche sich im Pflanzenreiche fertig gebildet vorfinden und als Gifte von toxikologischem Interesse sind. Mehrere derselben, wie z. B. Strychnin, Atropin und Digitalin, sind bekanntlich als Medicamente in Anwendung und unter diesem Gesichtspunkte verdienen dann auch einige, den Alkaloiden nahe stehende, synthetisch dargestellte Präparate — Antifebrin, Antipyrin u. a.[1] — Beachtung, denen man jetzt bei Untersuchungen

---

[1] Solche Substanzen sind im Capitel „Analyse auf Pflanzengifte" gelegentlich erwähnt.

auf Pflanzengifte leicht begegnen kann. Dasselbe gilt endlich von denjenigen alkaloidischen Substanzen, welche zwar keine Gifte im gebräuchlichen Sinne, aber die wirksamen Bestandtheile sehr verbreiteter Genussmittel — Kaffee, Thee, Cacao und Chokolade — sind.

Zu den Pflanzengiften gehören die energischsten Gifte, welche schon in ausserordentlich kleinen Mengen das Leben zu gefährden oder den Tod herbeizuführen vermögen, wie z. B. das schon erwähnte Strychnin. Häufig sind die Wirkungen solcher Gifte auf den lebenden Organismus so charakteristisch, dass die Vergiftungssymptome allein schon eine ganz sichere Diagnose auf das, gegebenen Falles in Frage kommende Gift ermöglichen.

Aus demselben Grunde werden auch bei gerichtlichen Untersuchungen zuweilen physiologische Reactionen zur Bestätigung oder Vervollständigung des chemischen Befundes herangezogen. Dagegen bietet der Leichenbefund in pathologisch-anatomischer Hinsicht meist keinen Anhalt für den Tod durch ein bestimmtes Pflanzengift dar.

Führt die Vergiftung schnell zum Tode, so ist der Magen und Darm das geeignetste Object für die chemische Analyse. War aber, was bei Alkaloiden meist sehr rasch geschieht, das Gift bereits resorbirt, so kann man es öfter noch in Leber, Milz, Niere, Gehirn und Blut, sowie im Harn auffinden.

In Bezug auf die Dauer der Nachweisbarkeit herrscht ziemlich allgemein die Ansicht, dass Pflanzengifte in faulenden Objecten schon nach kurzer Zeit nicht mehr nachweisbar sind, doch zeigen Fälle aus der Praxis, in denen einzelne Alkaloide — Strychnin, Morphin, Atropin — noch nach Wochen und Monaten in exhumirten Leichentheilen nachgewiesen werden konnten, dass obige Ansicht von der schnellen Vergänglichkeit alkaloidischer Gifte keine allgemeine Gültigkeit besitzt.

Vergiftungen mit Pflanzengiften in Form chemischer Präparate sind selten, weil diese dem grossen Publicum zu wenig bekannt und zu schwer zugänglich sind.

Viel öfter sind derartige Vergiftungen unbeabsichtigte Folgen unvorsichtigen Genusses giftiger Pflanzentheile — Samen, Früchte u. dergl. —, aus denen übrigens, wie Fälle aus der Praxis lehren, auch von Laien nach den bekannten Methoden des Kaffeekochens und der sogenannten kalten Destillation — d. i. Ansetzen mit Branntwein — Abkochungen, Aufgüsse und Extracte hergestellt werden können, die sich bei genügender Giftigkeit für verbrecherische Zwecke um so besser eignen, als der meist bittere Geschmack giftiger Pflanzenstoffe bei kaffeeähnlichen oder spirituösen Getränken an sich nichts Befremdliches hat.

Gleichwohl kommen auch solche Vergiftungen, bei denen, statt der reinen Substanzen, Pflanzentheile (Drogen) benutzt werden, nicht so oft vor, als man glauben könnte, wenn man bedenkt, dass viele Giftpflanzen — Schierling, Tollkirsche, Herbstzeitlose u. a. — ziemlich allgemein bekannt und Jedem ohne Weiteres zugänglich sind.

Aus dem Gesagten soll jedoch nicht gefolgert werden, dass gerichtlich-chemische Untersuchungen auf Pflanzengifte seltene Ausnahmen wären: müssen diese Gifte doch schon in allen denjenigen Fällen berücktigt werden, in denen das Gericht eine „Analyse auf Gift überhaupt" anordnet.

Der Nachweis von Pflanzengiften bildet, wenn nicht besonders günstige äussere Umstände vorliegen, unstreitig das schwierigste Capitel der gerichtlichen Chemie, da es dem Experten in solchen Fällen obliegt, kleine Mengen von mitunter leicht veränderlichen Substanzen aus grossen Massen organischen Beiwerkes mit möglichst geringem Verluste und in einem solchen Zustande von Reinheit abzuscheiden, dass die (schon gegen geringe Verunreinigungen sehr empfindlichen) Identitätsreactionen mit voller Schärfe eintreten können.

Ferner hat man sich daran zu erinnern, dass eine Reihe von Giftpflanzen nicht bloss einen, sondern mehrere giftige Bestandtheile enthalten, die dann möglichst getrennt und gesondert zum Nachweise gebracht werden sollen.

Diese und andere Schwierigkeiten haben sich noch beträchtlich vermehrt, seitdem bekannt ist, dass bei der Fäulniss stickstoffhaltiger, organischer Materie Zersetzungsproducte — Leichenalkaloide, Ptomaïne — auftreten, welche nicht bloss die allgemeinen Gruppenreactionen, sondern auch Specialreactionen einzelner Pflanzengifte liefern.

Zum Glück wird der Nachweis von Pflanzengiften, wenn wirklich eine derartige Vergiftung vorliegt, zuweilen sehr erleichtert durch äussere Umstände, derart z. B., dass die ärztlich beobachteten Krankheitserscheinungen, bezw. die Todesart auf ein ganz bestimmtes Pflanzengift hinweisen oder dass sich von demselben noch Reste vorfinden, sei es in Substanz oder in Gestalt von Pflanzentheilen u. s. w. Deshalb wurde schon oben (S. 25) bei der allgemeinen Vorprüfung auf die Wichtigkeit des Auffindens von Pflanzenresten in den Untersuchungsobjecten aufmerksam gemacht.

Was endlich die quantitative Bestimmung von Pflanzengiften anbetrifft, so kann dieselbe, falls es gelingt, wägbare Mengen eines solchen Giftes in augenscheinlich reiner Form abzuscheiden, am einfachsten dadurch bewirkt werden, dass man die betreffende Substanz auf einem tarirten Uhrgläschen im Exsiccator trocknet und wägt.

Eine andere Methode, die aber bei toxikologischen Analysen nur in seltenen Ausnahmefällen und auch dann nur zur annähernden Bestimmung von Alkaloidmengen benutzt werden kann, ist das maassanalytische Verfahren von Meyer, welches auf der mehr oder weniger vollkommenen Fällbarkeit vieler Alkaloide durch Quecksilberjodid-Jodkalium (s. w. u. Meyer'sches Reagens) beruht.

Zur Herstellung dieser Titerflüssigkeit löst man 13,546 g Quecksilberchlorid und 49,8 g Jodkalium in Wasser und verdünnt diese Lösung auf ein Liter.

Je 1 ccm dieser Lösung entspricht z. B. 0,0268 g Aconitin, 0,0145 g Atropin, 0,0233 g Brucin, 0,00416 g Coniïn, 0,0108 g Chinin, 0,0120 g

Chinidin, 0,0102 g Cinchonin, 0,0200 g Morphin, 0,0213 g Narcotin, 0,00405 g Nicotin, 0,01375 g Physostigmin, 0,0167 g Strychnin und 0,0296 g Veratrin.

Die mit Physostigmin und Veratrin erhaltenen Resultate sind durch Addition von bezw. 0,000105 g und 0,000068 g Alkaloid pro Cubiccentimeter verbrauchter Titerflüssigkeit zu corrigiren.

Zur Ausführung der Titration versetzt man die reine, schwach schwefelsaure Alkaloidlösung, deren Concentration etwa 1 : 200 sein muss, so lange tropfenweise unter Umrühren mit obiger, in einer Bürette befindlichen Titerflüssigkeit, bis keine Fällung mehr erfolgt oder bis die titrirte Alkaloidlösung bereits einen kleinen Ueberschuss von Titerflüssigkeit enthält, was man daran erkennt, dass ein Tropfen jener Lösung beim Einfliessen in einen Tropfen verdünnter Alkaloidlösung eine weissliche Trübung bewirkt. Diese Prüfung wird in einem Uhrschälchen auf schwarzem Grunde ausgeführt [1]).

Bei toxikologischen Analysen wird man nach Lage der Sache auf quantitative Bestimmungen von Pflanzengiften meistens überhaupt verzichten müssen.

II. Abscheidung und Reinigung von Pflanzengiften.

Mit Ausnahme der wenigen Fälle, in denen einzelne Pflanzengifte aus den Untersuchungsobjecten direct durch Destillation (S. 276) oder mittelst der Fällungsmethode (s. u.) isolirt werden können, geschieht die Abscheidung von Pflanzengiften auf extractivem Wege.

Zu diesem Zwecke zieht man der Regel nach das zerkleinerte Untersuchungsobject — Speisereste, Mageninhalt, Leichentheile etc. — in einem Kolben bei gelinder Wasserbadwärme mehrmals mit weinsaurem Alkohol aus und führt die nach dem Erkalten filtrirten und vereinigten alkoholischen Auszüge in eine wässerige, weinsaure Flüssigkeit über, so wie es unten bei der Analyse auf Pflanzengifte nach der Methode von Stas-Otto näher beschrieben ist.

Die weitere Isolirung der Pflanzengifte aus der so erhaltenen Lösung geschieht am häufigsten nach der

Methode des Ausschüttelns.

Dieselbe beruht darauf, dass die meisten Pflanzengifte die Eigenschaft besitzen, aus wässerigen (sauren oder alkalischen) Lösungen beim Schütteln derselben mit Aether, Benzol, Chloroform und anderen mit Wasser nicht mischbaren Flüssigkeiten mehr oder weniger leicht und vollständig in letztere überzugehen.

Das Ausschütteln selbst wird in Scheidetrichtern, besser aber in verschliessbaren cylindrischen Gefässen — Schüttelcylindern — vorge-

---

[1]) Näheres über die Bestimmung von Alkaloiden nach Meyer vergl. z. B. Dragendorff, Analyse von Pflanzen und Pflanzentheilen (1882).

nommen, derart, dass man die zu extrahirende wässerige Giftlösung wiederholt mit kleinen Quantitäten der genannten Extractionsmittel — Aether, Benzol u. dergl. — ausschüttelt oder genauer gesagt: durch öfteres Umstülpen des Cylinders, ohne eigentlich zu schütteln, in innigste Berührung bringt.

Ueberlässt man dann das Schüttelgefäss der Ruhe, so findet (im Cylinder leichter und schneller als im Scheidetrichter) eine Trennung der beiden Flüssigkeitsschichten statt[1]), worauf man diejenige des Aethers, Benzols u. s. w. mit einer Pipette abhebt[2]) und durch eine entsprechende Menge frischen Extractionsmittels ersetzt.

Die Wahl desselben bei der Untersuchung auf bestimmte Pflanzengifte hängt natürlich von den Löslichkeitsverhältnissen des im speciellen Falle in Frage kommenden Giftes ab, worüber später (im dritten Abschnitte) besondere Angaben gemacht werden sollen. Liegt aber kein begründeter Hinweis auf ein bestimmtes Gift vor, so genügt das allgemeinste Lösungsmittel (Aether) zuweilen nicht und müssen dann mehrere solcher systematisch zur Anwendung gelangen, wie es z. B. beim Stas-Otto'schen, und noch mehr beim Dragendorff'schen Verfahren der Analyse auf Pflanzengifte (s. den vierten Abschnitt) der Fall ist.

Nur verhältnissmässig wenige Pflanzengifte — z. B. Colchicin, Digitalin u. a. — gehen schon aus sauren Flüssigkeiten in Aether und ähnliche Extractionsmittel über; die meisten bleiben in der sauren Lösung als salzartige, in Aether, Benzol u. dergl. nicht lösliche Verbindungen zurück. Wird aber die saure Flüssigkeit mit Aetznatron, Ammoniak, Natriumcarbonat u. dergl. alkalisch gemacht und in der angedeuteten Weise mit Aether etc. geschüttelt, so werden die meisten (der durch das Alkali aus den Salzen frei gemachten) Alkaloide von den mehrfach erwähnten Extractionsmitteln aufgenommen.

Im Hinblick auf dieses Verhalten unterscheidet man bei toxikologischen Analysen im Ganzen und Grossen zwei, leicht von einander trennbare Gruppen von Pflanzengiften: nämlich solche, welche aus sauren (oder neutralen) und solche, welche nur aus alkalischen Lösungen in Aether etc. übergehen.

Endlich giebt es auch einige Pflanzengifte, die durch Ausschütteln ihrer (neutralen, sauren oder alkalischen) wässerigen Lösungen mit Aether etc. überhaupt nicht isolirt werden können und deshalb nach der folgenden Methode abgeschieden werden müssen.

---

[1]) Oft lässt sich die Trennung beider Schichten durch Zusatz einiger Tropfen absoluten Alkohols beschleunigen.

[2]) Befindet sich, wie z. B. bei Chloroformausschüttelungen, das Extractionsmittel unter der wässerigen Flüssigkeit, so führt man die mit dem Finger dicht verschlossene Pipette durch die obere Schicht hindurch und saugt die untere auf.

Methode der (indirecten) Extraction.

Bei diesem Verfahren wird zunächst, wie bei dem vorigen, aus dem Untersuchungsobjecte ein weinsaurer, wässeriger oder auch alkoholischer Auszug hergestellt und dessen dickflüssiger Verdampfungsrückstand (oder das mit Weinsäure angesäuerte Object selbst) unter Zusatz einer angemessenen Menge von reinem, weissem Bolus [1]) oder besser von ge-

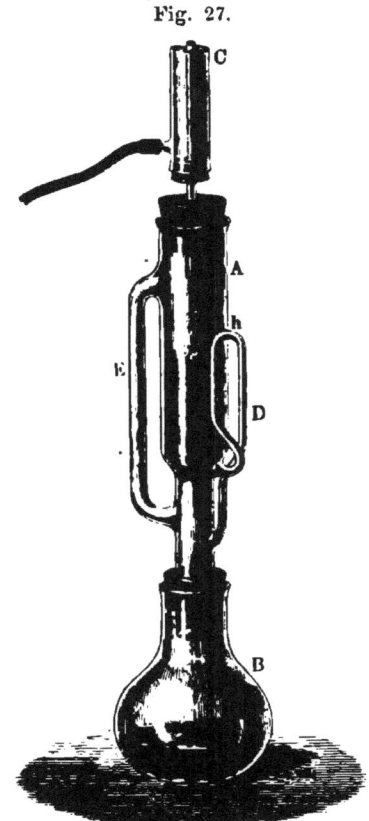

Fig. 27.

branntem Gyps [2]) auf dem Wasserbade eingetrocknet. Die sauer reagirende Masse wird dann gepulvert und mit Aether, Chloroform oder einem anderen geeigneten Lösungsmittel ausgezogen. In erster Linie empfiehlt sich Aether, da derselbe die am wenigsten gefärbten Extracte liefert.

Zu diesem Zwecke bedient man sich am besten des bekannten Soxhlet'schen Extractionsapparates (Fig. 27), der auch bei toxikologischen Analysen mehr und mehr Anwendung finden wird.

Dieser Apparat besteht in seinem Haupttheile aus der Röhre A, an deren stilförmigen Fortsatz ein Kölbchen B angefügt ist, während die obere Mündung mit einem den Kühler C tragenden Korke geschlossen ist.

Der ganze Apparat wird an einem Stative derart befestigt, dass das Kölbchen B in einem Wasserbade oder auf einem Drahtnetze erhitzt werden kann.

An der Röhre A befindet sich auf der einen Seite das Rohr E, auf der anderen der kleine Heber D.

Die zu extrahirende Substanz — im vorliegenden Falle also die gepulverte Gypsmasse — wird in eine, durch Zusammenrollen von Filtrirpapier hergestellte Hülse gebracht, welche eben noch bequem in das Rohr A eingeschoben werden kann.

Diese Hülse, welche nicht so hoch sein darf, dass sie an den höchsten

[1]) E. Heintz, Zeitschr. f. analyt. Chemie 17, 166 (1878).
[2]) Küster u. Hilger (Mittheilungen aus dem pharmaceutischen Institute zu Erlangen, Heft II, S. 291) haben dieses Verfahren beim Nachweise von Opiumalkaloiden (s. diese) benutzt; es lässt sich aber auch auf andere Alkaloide anwenden und besitzt vor der Methode des Ausschüttelns gewisse Vorzüge.

Punkt h des Hebers heranreicht, erhält man einfach, indem man ein Stück Filtrirpapier auf ein Reagensglas von entsprechender Weite doppelt aufrollt und den überstehenden Rand nach innen·umbiegt, so dass dadurch die Hülse einen Boden erhält, auf welchen ein Wattepfropfen aufgelegt wird.

Nachdem die Substanz eingefüllt ist, bedeckt man sie wieder mit einem Wattepfropfen, schliesst die Hülse durch Umbiegen des oberen Randes und schiebt sie in das Rohr A ein.

Sobald dies geschehen und der Apparat wieder zusammengefügt ist, giesst man durch den Kühler C mittelst eines Trichters von der Flüssigkeit, mit welcher extrahirt werden soll, — z. B. Aether — so viel ein, dass der Heber in Thätigkeit tritt.

Ist die Flüssigkeit auf diesem Wege in das Kölbchen B gelangt, so giesst man von derselben durch den Kühler noch so viel nach, dass die Hülse etwa zur Hälfte davon bedeckt wird, und erhitzt das Kölbchen je nach der Natur des Extractionsmittels im Wasserbade oder über Drahtnetz so stark, dass die Dämpfe durch E in den Kühler C gelangen, wo sie verdichtet werden und nach A zurückfliessen. Hier sammelt sich die Flüssigkeit, bis sie die Höhe h des Hebers erreicht hat und fliesst dann durch diesen wieder in das Kölbchen ab, von wo aus sie den eben beschriebenen Kreislauf von Neuem beginnt.

Die Destillation wird so regulirt, dass der Heber etwa alle 10 Minuten in Thätigkeit tritt, und ist so lange fortzusetzen, als das Extractionsmittel noch etwas aufnimmt, d. h. bis eine Probe der aus A entnommenen Flüssigkeit beim Verdunsten auf einem Uhrglase überhaupt keinen Rückstand mehr hinterlässt oder doch wenigstens keinen solchen, welcher auf allgemeine Alkaloid-reagentien (s. w. u.) reagirt.

Ist die gepulverte Gypsmasse (s. o.) im s a u r e n Zustande auf diese Weise erschöpft, so nimmt man sie aus der Hülse heraus, trocknet sie in einem Schälchen auf dem Wasserbade aus, durchfeuchtet sie dann mit Ammoniakflüssigkeit (oder einer anderen Alkalilösung) und extrahirt die jetzt a l k a l i s c h e Gypsmasse nach dem abermaligen Trocknen ganz so, wie es mit der s a u r e n Masse geschehen ist.

Die weitere Behandlung und Reinigung der so erhaltenen Extracte würde, wie bei den entsprechenden, durch Ausschütteln gewonnenen Flüssigkeiten zu bewerkstelligen sein.

Fällungsmethode.

Dieselbe findet namentlich zur Isolirung solcher Pflanzengifte Anwendung, welche in Wasser leicht löslich sind, und besteht darin, dass man das Alkaloid aus seiner Lösung durch ein geeignetes Reagens ausfällt, um es dann aus dem gesammelten und durch Waschen gereinigten Niederschlage wieder abzuscheiden [1]).

Die für einzelne Pflanzengifte geeignetsten Fällungsmittel werden später beim speciellen Nachweise derselben namhaft gemacht werden; ist aber das zu suchende Gift nicht näher bekannt, so muss man sich eines möglichst allgemeinen Fällungsmittels (s. u. allgemeine Gruppenreagentien) bedienen.

---

[1]) Vergl. S o n n e n s c h e i n, Handb. d. gerichtl. Chemie, S. 312.

Sehr gebräuchlich sind in dieser Beziehung: Phosphormolyb-dänsäure, Phosphorwolframsäure und auch wohl Queck-silberjodid-Jodkalium.

Will man z. B. ein Pflanzengift mittelst eines dieser Fällungsmittel isoliren, so versetzt man die zu untersuchende schwefelsaure oder salzsaure Flüssigkeit so lange mit dem betreffenden Reagens, als noch ein Niederschlag bemerklich ist, fügt dann noch einen Ueberschuss [1]) des Fällungsmittels hinzu und lässt den Niederschlag absitzen. Hierauf wird derselbe auf dem Filter oder durch Decantation mit Wasser, dem etwas von dem benutzten Reagens zugesetzt ist, oder mit verdünnter Salz- oder Schwefelsäure ausgewaschen, um sogleich zerlegt zu werden.

Zu diesem Zwecke werden die Phosphorwolfram- oder Phos-phormolybdänsäure-Niederschläge in einer Schale mit Barium-carbonat und Wasser zu einem dünnen Brei angerührt, auf dem Wasser-bade eingetrocknet und im pulverförmigen Zustande mit Alkohol, Aether oder einem ähnlichen Lösungsmittel im Soxhlet'schen Apparate (S. 283) extrahirt.

Alkaloidniederschläge, welche durch Bariumcarbonat nicht zerlegt werden, behandelt man in derselben Weise mit gebrannter Mag-nesia, Natriumbicarbonat, Aetzbaryt oder Kalkhydrat, bedient sich aber grundsätzlich eines möglichst milden Zer-setzungsmittels, weil manche Pflanzengifte durch Aetzbaryt oder Kalkhydrat zersetzt werden.

Ist ein flüchtiges Alkaloid zu erwarten, so muss die Zerlegung des Niederschlages in einem Kölbchen vorgenommen werden, welches mit einer, verdünnte Salzsäure enthaltenden Absorptionsvorrichtung ver-sehen ist.

Um aus Niederschlägen mit Quecksilberjodid-Jodkalium das Alkaloid abzuscheiden, suspendirt man sie nach dem Waschen sofort in Wasser und leitet Schwefelwasserstoff ein. Im Filtrate vom Queck-silbersulfid befindet sich das Alkaloid als jodwasserstoffsaures Salz, wel-ches durch Silbersulfat leicht in das schwefelsaure Salz umgewandelt werden kann.

Erfahrungen, welche Hilger und Küster [2]) in Bezug auf die Fällungs-methode (speciell bei Opiumalkaloiden) gemacht haben, ergaben, dass es nicht möglich ist, die Alkaloide aus ihren Verbindungen mit Phosphormolyb-dänsäure und Quecksilberjodid-Jodkalium leicht und vollkommen rein zu gewinnen, so dass eine erfolgreiche Charakteristik möglich wäre.

---

[1]) Manche Niederschläge sind im Ueberschusse des Fällungsmittels löslich.
[2]) Mittheilungen aus d. pharmaceutischen Institute zu Erlangen, Heft 2, S. 304 (1889).

Reinigung der abgeschiedenen Pflanzengifte.

Schon oben wurde betont, dass die möglichste Reindarstellung von Pflanzengiften eine unerlässliche Vorbedingung für den sicheren Nachweis derselben ist, da viele charakteristische Reactionen oft schon durch geringe Verunreinigungen der zu prüfenden Substanz gestört oder aufgehoben werden.

Man muss deshalb auf die Gewinnung des Giftes in möglichst reinem Zustande die grösste Sorgfalt verwenden, zu welchem Zwecke — vorbehaltlich einiger specielleren Notizen beim Nachweise einzelner Pflanzengifte (s. folgenden Abschnitt) — hier wenigstens einige allgemeine Gesichtspunkte angedeutet werden sollen, nach welchen man verfährt, um Pflanzengifte schliesslich möglichst rein zu gewinnen.

Da die überwiegende Mehrzahl der hier in Betracht kommenden Pflanzengifte aus s a u r e n, w ä s s e r i g e n Flüssigkeiten von A e t h e r, P e t r o l e u m ä t h e r, Benzol, Chloroform und ähnlichen Lösungsmitteln n i c h t aufgenommen wird, so kann man Alkaloidlösungen dieser Art — z. B. den aus dem Objecte hergestellten w ä s s e r i g e n, w e i n -s a u r e n Auszug — schon dadurch von F e t t, H a r z, F a r b s t o f f e n und anderen Verunreinigungen, die sich später dem Pflanzengifte beimischen würden, befreien, dass man die betreffende Lösung bei d e u t -l i c h s a u r e r Reaction mit immer erneuten Mengen von Aether, Benzol und dergleichen so lange schüttelt[1]), als das Reinigungsmittel noch gefärbt erscheint oder beim Verdunsten einen nennenswerthen Rückstand hinterlässt.

Macht man dann die so gereinigte wässerige, saure Flüssigkeit alkalisch und schüttelt sie wieder mit Aether u. dergl., so gehen die betreffenden Pflanzengifte meist schon recht rein in den Aether[2]) u. s. w. über und bleiben beim Verdunsten des Lösungsmittels oft schon in charakteristischer Form (flüssig, fest, amorph oder krystallinisch) zurück.

Eine weitere Reinigung kann dann meist noch in der Weise vorgenommen werden, dass man die Lösung des Alkaloids in Aether u. s. w. erst mit stark verdünnter Säure (H Cl oder $H_2 SO_4$), zuletzt mit Wasser schüttelt, wobei das Alkaloid als Salz in die wässerige Lösung[3]) wandert, während fettige, harzige und färbende Beimengungen im Aether u. s. w. zurückbleiben.

---

[1]) Nach demselben Princip kann die Reinigung der Alkaloide bei der Extraction im S o x h l e t 'schen Apparate (S. 283) bewirkt werden, indem man die Gypsmasse erst mit einem Extractionsmittel erschöpft, welches Farbstoffe, Fett u. s. w. löst, das Alkaloid aber nicht.

[2]) Die Verdunstungsrückstände eines oder einiger Tropfen dieser Lösungen dienen zu den Farbenreactionen des folgenden Capitels.

[3]) Diese ist unmittelbar für die Fällungsreactionen des folgenden Capitels geeignet.

In analoger Weise lassen sich die wenigen Pflanzengifte reinigen, welche aus saurer, wässeriger Flüssigkeit von Aether etc. aufgenommen werden, aus alkalischer Lösung aber nicht.

In einem solchen Falle schüttelt man die betreffende wässerige Flüssigkeit bei alkalischer Reaction mit Aether u. s. w., der hier nur fettige und sonstige Verunreinigungen aufnimmt, säuert dann mit Weinsäure an, schüttelt wieder mit Aether u. s. w. und entzieht dieser Lösung das Pflanzengift durch stark verdünnte Natronlauge oder Ammoniakflüssigkeit.

Will man das so gereinigte Alkaloid aus der wässerigen (sauren oder alkalischen) Lösung wieder in freien Zustand überführen, so macht man die betreffende Flüssigkeit, wenn sie sauer ist, alkalisch oder wenn sie alkalisch ist, sauer und schüttelt sie wieder mit Aether u. s. w. aus.

Die Reindarstellung von Pflanzengiften kann gelegentlich auch sehr gut dadurch bewirkt werden, dass man sie aus seiner wässerigen oder alkoholischen Lösung durch ein geeignetes Reagens fällt, den Niederschlag auswäscht und das Gift daraus wieder abscheidet (s. o. Fällungsmethode).

III. Reagentien und Reactionen auf Pflanzengifte.

Zu Untersuchungen auf Pflanzengifte bedarf man besonderer Reagentien und Reactionen, die entweder allgemeine oder specielle sind, je nachdem durch sie eine (bei der Analyse gefundene) Substanz nur im Allgemeinen als Pflanzengift charakterisirt oder mit einem bestimmten Pflanzengifte identificirt werden soll.

A. Allgemeine Alkaloid- oder Gruppenreagentien.

Brombromkalium: eine, dem häufiger gebrauchten Jodjodkalium analog zu bereitende Auflösung von Brom in Bromkalium, giebt mit vielen Alkaloiden noch bei grosser Verdünnung gelbliche, meist amorphe Niederschläge; in einzelnen Fällen auch Färbungen.

Cadmiumjodid-Jodkalium (Marmé'sches Reagens [1]) liefert mit den meisten Alkaloiden in schwefelsauren Lösungen bis $1/10000$ Verdünnung weissliche oder gelbliche, anfangs amorphe, später krystallinisch werdende Fällungen, welche im Ueberschusse des Reagens, sowie in Alkohol löslich sind.

Bereitung: In eine kochende, concentrirte, wässerige Lösung von Jodkalium trägt man Jodcadmium ein, so lange dasselbe gelöst wird, und fügt dann noch das gleiche Volum einer kalt gesättigten Jodkaliumlösung hinzu.

---

[1] Zeitschr. f. rat. Medicin, 1867.

Seinen Mengenverhältnissen nach enthält dieses Reagens 10 g Cd J$_2$, 20 g K J und 70 g H$_2$O.

Chlorjodlösung (Dittmar'sches Reagens[1]) giebt mit Alkaloiden, welche Pyridin- bezw. Chinolinderivate sind — selbstverständlich auch mit den Pyridin- und Chinolinbasen selbst — in salzsaurer Lösung hellgelbe krystallinische Niederschläge, welche durch Ammoniak geschwärzt werden.

Das Dittmar'sche Reagens ist entweder ein Gemisch von Jodkalium, Kaliumnitrit und Salzsäure und heisst dann Chlorjodsalzsäure oder es ist eine wässerige Lösung von Chlorjod und heisst dann Chlorjodlösung.

Bereitung[2]): Chlorjodsalzsäure erhält man, wenn man 5 ccm Jodkaliumlösung (1:10) mit 18 ccm Kaliumnitritlösung (1:10) mischt und dann 6,5 ccm Salzsäure (33 Proc.) zusetzt. Nachdem das Aufbrausen vorüber ist, wird die Flüssigkeit filtrirt.

Chlorjodlösung wird bereitet: entweder durch Einwirkung von Chlorgas auf Jod in Wasser oder durch Schütteln von Chlorjod mit Wasser.

Beide Lösungen — Chlorjodsalzsäure und Chlorjodlösung — sind nicht immer ohne Unterschied zu verwenden.

Erdmann's Reagens[3]): löst viele Alkaloide mit charakteristischen Färbungen auf.

Bereitung: sechs Tropfen Salpetersäure ($d = 1,25$) werden in 100 ccm Wasser gelöst und zehn Tropfen dieser Lösung mit 20 g reiner concentrirter Schwefelsäure gemischt.

Fröhde's Reagens[4]): giebt ebenfalls mit vielen Alkaloiden Farbenerscheinungen.

Bereitung: Man löst 0,1 g Natriummolybdänat in 10 ccm concentrirter reiner Schwefelsäure auf. — Wegen geringer Haltbarkeit ist dieses Reagens stets frisch zu bereiten.

Gerbsäure (Tanninlösung): eine Auflösung von 1 Thl. Gallusgerbsäure in 8 Thln. Wasser und 1 Thl. Alkohol giebt in neutralen oder nur ganz schwach sauren wässerigen Flüssigkeiten weisse oder gelbliche flockige Niederschläge.

Goldchlorid (Goldlösung): in der Concentration 1:20 bereitet, reagirt auf nicht zu verdünnte salzsaure, wässerige oder alkoholische Alkaloidlösungen unter Bildung weisslichgelber oder gelber, amorpher oder krystallinischer Fällungen.

Jodjodkalium: erzeugt in wässrigen, neutralen oder schwefelsauren Alkaloidlösungen braune Niederschläge, die in Alkohol meist löslich sind.

---

[1]) Ber. d. deutsch. chem. Ges. 18, 1612 (1885).
[2]) Vorschrift von Dragendorff; briefliche Mittheilung des Hrn. Staatsrath Prof. Dr. Kobert in Dorpat.
[3]) Liebig's Annalen 120, 188 (1861).
[4]) Archiv d. Pharm. 176, 54 (1866).

Bereitung: 10 Thle. Jodkalium und 5 Thle. Jod werden in 100 Thln. Wasser aufgelöst.

Jodjodwasserstoff, d. h. eine Lösung von Jod in Jodwasserstoffsäure, reagirt auf einige Alkaloide noch empfindlicher als das Jodjodkalium.

Molybdän-Schwefelsäure: s. **Fröhde**'sches Reagens.

Phosphorantimonsäure (**Schultze**'sches Reagens [1]): liefert mit vielen Alkaloiden in wässerigen, schwefelsauren Lösungen **amorphe, weisse Niederschläge.** Im Allgemeinen ist dieses Reagens weniger empfindlich als die beiden folgenden.

Bereitung: Zu 3 Vol. concentrirter wässeriger Natriumphosphatlösung lässt man unter fortwährendem Umschütteln 1 Vol. Antimonpentachlorid tropfenweise zufliessen.

Phosphormolybdänsäure (**Sonnenschein's** Reagens [2]): erzeugt in den schwefelsauren Lösungen der meisten Alkaloide, aber auch mit Ammoniak und vielen seiner Derivate, **hellgelbe** oder **bräunlichgelbe** Niederschläge, die in Alkalien und kohlensauren Alkalien löslich sind und bei einzelnen Alkaloiden (s. dort) noch ein besonderes charakteristisches Verhalten zeigen.

Bereitung: Eine mit Salpetersäure angesäuerte Lösung von **Natriumphosphat** wird mit einer ebenfalls salpetersauren Auflösung von **Ammoniummolybdänat** gefällt, der entstandene gelbe Niederschlag gewaschen und in möglichst wenig Sodalösung aufgelöst.

Diese Lösung wird zur Trockne eingedunstet, der Rückstand so lange geglüht, als noch Ammoniak entweicht, dann in der zehnfachen Menge Wasser gelöst und mit so viel Salpetersäure versetzt, bis der anfänglich enstandene Niederschlag wieder verschwindet.

Phosphorwolframsäure (**Scheibler**'sches Reagens [3]): giebt unter denselben Bedingungen, wie das vorige Reagens mit vielen Alkaloiden (und ähnlichen Stickstoffverbindungen) **amorphe** Niederschläge, die im Allgemeinen beständiger, theilweise aber leichter löslich sind, als die Phosphormolybdänfällungen.

Bereitung: Man versetzt eine wässerige Lösung von wolframsaurem Natrium mit etwas officineller (20 proc.) Phosphorsäure oder löst 10 g Natriumwolframat und 6 bis 8 g Natriumphosphat in 50 ccm salpetersaurem Wasser auf.

Pikrinsäure: in der Concentration 1 : 100 bereitet, erzeugt in nicht zu verdünnten Lösungen von Alkaloiden oder deren Salzen **gelbe, krystallinische,** oder **flockige, bald krystallinisch** werdende Niederschläge.

Platinchlorid: die wässerige Lösung 1 : 20 giebt **weissliche** oder **gelbe** Fällungen, die sich vielfach erst beim allmählichen Verdunsten der wässerigen oder alkoholischen Alkaloidlösung abscheiden.

---

[1] Liebig's Annalen 109, 177 (1859).
[2] Ueber ein neues Reagens auf Alkaloide. Berlin 1857.
[3] Journ. f. prakt. Chemie 80, 211 (1860).

Quecksilberchlorid: giebt in nicht zu verdünnten Flüssigkeiten mit vielen Alkaloiden weisse oder gelbliche, meist bald krystallinisch werdende Niederschläge oder Trübungen.

Quecksilberjodid-Jodkalium (Mayer'sches Reagens [1]): bewirkt in den salzsauren oder schwefelsauren Lösungen der meisten Alkaloide weisse oder gelbliche, oft leicht veränderliche Fällungen oder Trübungen.

Bereitung: Eine wässerige Lösung von Quecksilberchlorid wird mit so viel Jodkaliumlösung versetzt, dass der anfangs entstehende Niederschlag sich wieder löst.

Zweckmässig findet auch die von Mayer zu quantitativen Alkaloidbestimmungen empfohlene Titerflüssigkeit (S. 280) als Reagens Anwendung.

Schwefelsäure im chemisch reinen, concentrirten Zustande, namentlich frei von niederen Oxyden des Stickstoffs, giebt mit einigen Alkaloiden Färbungen, theils schon in der Kälte, theils erst beim Erwärmen.

Ausserdem wird die Schwefelsäure vielfach in Verbindung mit anderen Reagentien angewendet, z. B. mit Salpetersäure (Erdmann's Reagens), Brom (Grandeau'sche Reaction), Molybdänsäure (Fröhde'sches Reagens), Eisenchlorid (Lindo'sche Reaction), Jodsäure (Selmi's Reagens), Vanadinsäure (Mandelin'sches Reagens) und Zucker (Weppen'sche Reaction).

Salpetersäure: im concentrirten reinen Zustande ($d = 1,4$) liefert mit einer Anzahl von Alkaloiden Färbungen.

Tanninlösung: dasselbe wie Gerbsäure. S. 288.

Vanadin-Schwefelsäure (Mandelin'sches Reagens): giebt ebenfalls Farbenreactionen.

Bereitung: 1 Thl. vanadinsaures Ammonium wird in 200 Thln. reiner, concentrirter Schwefelsäure gelöst.

Wismuthjodid-Jodkalium (Dragendorff'sches Reagens): ruft namentlich in schwefelsauren Lösungen vieler Alkaloide orangefarbene, amorphe Fällungen hervor, zum Theil noch bei sehr starken Verdünnungen.

Bereitung: Wismuthjodid wird in warmer, concentrirter Jodkaliumlösung gelöst und die Flüssigkeit dann mit der gleichen Menge Jodkaliumlösung vermischt, als zur Auflösung des Wismuthjodids nothwendig war (Dragendorff).

---

[1] Nicht zu verwechseln mit dem Nessler'schen Reagens (zur Prüfung auf Ammoniak), welches man erhält, wenn man rothes Quecksilberjodid portionsweise in eine Lösung von 2,0 g Jodkalium in 5,0 g Wasser bis zur Sättigung einträgt, die Flüssigkeit dann noch mit 20 ccm Wasser und 30 ccm Kalilauge (*Liquor Kali caustici*, 13,4 g Aetzkali enthaltend) vermischt und nach dem Absetzen durch Asbest filtrirt. — Eine der Nessler'schen ähnliche alkalische Quecksilberjodid-Jodkaliumlösung ist Sachse's Reagens auf Traubenzucker; es enthält 1,8 g HgJ_2 + 2,5 g KJ + 8 g KOH in der zum Gesammtgewicht von 100 g nöthigen Wassermenge gelöst.

Oder man löst einerseits 80 g basisches Wismuthnitrat in 200 ccm Salpetersäure ($d = 1,18$), andererseits 272 g Jodkalium in wenig Wasser auf und giesst die Wismuthlösung langsam und unter Umschütteln in die Jodkaliumlösung, wobei sich der zuerst entstehende braune Niederschlag mit gelbrother Farbe löst.

Nachdem der Salpeter durch möglichst starke Abkühlung der Flüssigkeit auskrystallisirt und entfernt ist, wird die Lösung auf 1 Liter verdünnt. — Gehalt: 1 ccm $= 0,054$ bis $0,057$ g Wismuth (Kraut).

Das Reagens ist vor Licht geschützt aufzubewahren!

Zinkjodid-Jodkalium: giebt mit einigen Alkaloiden in nicht zu verdünnten Lösungen weisse, dann gelbliche, krystallinische oder amorphe, später krystallinisch werdende Niederschläge.

Bereitung: Man löst Zinkjodid in warmer, concentrirter Jodkaliumlösung auf und setzt dann von dieser noch so viel zu, als zur Lösung des Zinkjodids benutzt worden war.

B. Allgemeine und specielle Alkaloidreactionen.

Die zur Charakteristik und Identificirung der einzelnen Pflanzengifte dienenden allgemeinen und speciellen Reactionen bilden den Hauptinhalt des folgenden Capitels, dem hier nur einige Bemerkungen über die Art und Weise der Ausführung sogenannter Alkaloidreactionen vorausgeschickt werden sollen.

Die Reactionen auf Pflanzengifte sind entweder Fällungs- oder Farbenreactionen; je nachdem beim Zusammentreffen des Alkaloids mit dem Reagens Niederschläge (Trübungen) entstehen oder (meist auffallende) Farbenerscheinungen auftreten.

Beide Arten von Reactionen sind grossentheils ausserordentlich empfindlich, so dass sie schon mit Spuren von alkaloidischen Substanzen, wenn diese nur genügend rein sind, sicher eintreten.

Dies berücksichtige man bei Ausführung solcher Reactionen und bedenke, dass bei gerichtlich-chemischen Analysen von dem fraglichen isolirten Pflanzengifte vielfach nur sehr geringe Mengen zur Verfügung stehen!

Zu den Fällungsreactionen benutzt man meist wässerige, neutrale, salzsaure oder schwefelsaure, seltener alkoholische Lösungen der Pflanzengifte.

Sind dieselben in Aether, Benzol, Chloroform u. dergl. gelöst, so lässt man die Lösung oder einen Theil derselben auf einem Uhrgläschen verdunsten und rührt den mit einigen Tropfen Wasser versetzten Rückstand mit einem, nöthigenfalls in sehr verdünnte Salz- oder Schwefelsäure getauchten Glasstäbchen um.

Die Ausführung von Fällungsreactionen geschieht am besten in der Weise, dass man einen Tropfen der zu prüfenden Alkaloidlösung mittelst eines dünnen Glasstäbchens oder ausgezogenen Röhrchens in ein Uhrglas, daneben einen Tropfen des Reagenzes bringt, beide

Tropfen dann zusammenfliessen lässt und zusieht, ob sich beim Zusammentreffen der Flüssigkeiten **Niederschläge**, **Trübungen** oder **Zonen** bilden, namentlich, wenn man den Vorgang gegen einen geeigneten (dunklen oder hellen) Hintergrund — schwarzes oder weisses Papier — betrachtet.

Die Fällungen können **farblos** oder **gefärbt**, dauernd oder vorübergehend **amorph** oder **krystallinisch** sein, entweder **sogleich** oder erst **nach einiger Zeit** auftreten oder sonst noch bemerkenswerthe Eigenschaften besitzen.

Die **Farbenreactionen**, deren allgemeinste diejenigen mit concentrirter, reiner **Schwefelsäure**, concentrirter, reiner **Salpetersäure**, **Erdmann's** und **Fröhde's Reagens** sind, führt man gewöhnlich so aus, dass man, wenn das fragliche Gift nicht schon in Substanz vorliegt, die Lösung desselben tropfenweise in Porcellanschälchen oder auf Glasplatten mit **weisser** Unterlage verdunsten und auf die zu prüfenden Partikelchen, bezw. Verdunstungsrückstände, je einen Tropfen der zu benutzenden Reagentien mittelst eines Glasstäbchens fallen lässt. Viele Pflanzengifte geben dann **sogleich**, oder beim **Umrühren**, in der **Kälte** oder in der **Wärme**, **dauernde** oder **wechselnde Färbungen**, die vielfach durch Zusatz minimaler Mengen anderer Substanzen (z. B. **Bromwasser**, **Kaliumbichromat**, **Zucker** u. s. w.) besonders charakteristisch werden.

Die Ausführung solcher Reactionen wird bei den einzelnen Pflanzengiften näher angegeben werden.

Dritter Abschnitt.

Allgemeine Charakteristik und specieller Nachweis einzelner Pflanzengifte.

Vorbemerkung.

Wer sich mit der gerichtlich-chemischen Ermittelung von Pflanzengiften vertraut machen will, muss erst die Substanzen, die er aufsuchen will, selbst und ihr Verhalten zu Lösungsmitteln und Reagentien gründlich kennen lernen, ehe er Versuche zum Nachweise solcher Gifte in complicirteren Objecten — Speisen, Organen, Blut, Harn u. s. w. — unternimmt.

Man führe deshalb die in dem vorliegenden Abschnitte zum speciellen Nachweise einzelner Gifte angegebenen Reactionen zuerst mit den reinen (käuflichen) Substanzen selbst aus, scheide sie dann aus wässerigen Lösungen, bezw. aus Getränken ab und suche sie mit Hülfe der gewonnenen Erfahrungen schliess-

lich in complicirteren Objecten — breiigen Massen vegetabilischer oder animalischer Natur — auf.

Auch der gerichtlich - chemische Experte wird bei Untersuchungen auf
Pflanzengifte nicht versäumen, ein dem vorliegenden möglichst ähnliches und
mit dem vermutheten Gifte vermischtes Object in Parallele mit dem Hauptobjecte zu untersuchen, weil nur so gleiche Bedingungen für die Vergleichung
der Reactionen beim Haupt- und beim Controlversuche geschaffen werden.

Aconitin.

Die verschiedenen Aconitumarten enthalten eine Reihe verschiedener,
zum Theil noch ungenügend bekannter Alkaloide, deren wichtigste das A c o -
n i t i n aus *Aconitum Napellus* und das P s e u d a c o n i t i n aus *Aconitum
ferox* sind, sofern sie die Hauptbestandtheile der käuflichen, arzneilich angewandten A c o n i t i n p r ä p a r a t e bilden, und zwar besteht das d e u t s c h e
u n d f r a n z ö s i s c h e A c o n i t i n der Hauptsache nach aus A c o n i t i n, das
e n g l i s c h e Aconitin dagegen meist (wenn auch nicht immer) aus P s e u d -
a c o n i t i n (s. dieses).

Die übrigen Aconitalkaloide[1]) sind hier nur von Interesse, weil sie in wechselnden Mengen constante Verunreinigungen der derzeitigen Aconitinpräparate
bilden, deren Wirkung deshalb eine ungemein verschiedene ist, und weil ihnen
gerade Eigenschaften zukommen, auf welche sich der Nachweis des Aconitins
bezw. der Aconitbasen überhaupt stützt.

Das seither als J a p a c o n i t i n bezeichnete krystallisirbare Alkaloid der
japanischen Aconitknollen hat sich als identisch mit Aconitin erwiesen.

Das (praktisch vorläufig noch nicht in Betracht kommende) r e i n e A c o -
n i t i n, $C_{33}H_{44}NO_{12}$, bildet farblose, tafelförmige Krystalle, welche in W a s s e r
schwer, in A l k o h o l, A e t h e r, B e n z o l und C h l o r o f o r m leicht löslich
sind, bei 183⁰ bis 186⁰ C. schmelzen und auf der Zunge ein lange anhaltendes
Prickeln und Brennen hervorrufen, aber n i c h t b i t t e r schmecken.

Bezüglich des Reinheitsgrades kommt dem reinen, krystallisirten Aconitin
das f r a n z ö s i s c h e A c o n i t i n des Handels (speciell das *Aconitine pure* oder
A. crystallisé von D u q u e s n e l) am nächsten, während das d e u t s c h e A c o -
n i t i n ein wechselndes Gemenge aller Alkaloide von *Aconitum Napellus* einschliesslich deren Zersetzungsproducte darstellt.

Es bildet ein weisses oder gelbliches, amorphes, geruchloses Pulver von
kratzend bitterem Geschmack, welches sich in kaltem Wasser nur wenig löst,
beim Erwärmen damit zunächst zusammenbackt, dann aber in Lösung geht.

Das A c o n i t i n ist ein intensives Gift, dessen Wirkung sich auf verschiedene Nervencentren und Nervenenden, sowie auf das Herz erstreckt; in grösseren Dosen tödtet es die (quergestreifte) Musculatur und die Nervenstämme.

Das Aconitin wird sehr bald mit S p e i c h e l und U r i n u n v e r ä n d e r t
ausgeschieden.

---

[1]) Neuere Literatur: J ü r g e n s, Beiträge zur Kenntniss der Alkaloide
von *Aconitum Napellus*. Dissert. Dorpat 1885. — W a g n e r, Beiträge zur Toxikologie des Aconitins. Dorpat 1887. — L u b b e, Chem. u. pharmacol. Untersuchungen des krystall. Alkaloids aus japanischen Knollen. Dorpat 1890. —
L e z i u s, Unters. einer japan. Sturmhutknolle. Dorpat 1890.

Nachweis des Aconitins.

Da das Aconitin, bezw. die Aconitalkaloide leicht zersetzliche Substanzen sind, so hat man bei Ausmittelung von Aconitinvergiftungen die Anwendung von Mineralsäuren, Aetzalkalien und hohen Temperaturen zu vermeiden.

Zur Extraction des Objectes benutzt man deshalb weinsauren Alkohol und zur Abscheidung der Aconitbasen aus den sauren Extracten Natriumbicarbonat. Die Temperatur überschreite 60⁰ bis 70⁰ C. nicht.

Aus sauren Lösungen geht Aconitin spurenweise nur in Chloroform, nicht aber in Benzol und Petroleumäther über, aus alkalischen Flüssigkeiten aber wird es von Aether, wie von den anderen genannten Lösungsmitteln aufgenommen und bleibt beim Verdunsten derselben meist krystallinisch zurück.

Dieser Rückstand charakterisirt sich als Aconitin durch die folgenden Reactionen, die aber nur den käuflichen, französischen und deutschen Aconitinpräparaten, bezw. den Aconitbasen überhaupt zukommen, während das chemisch reine, krystallisirte Aconitin nur die Jürgens'sche Reaction giebt.

a) Jürgens'sche Reaction.

Jodkalium giebt mit Aconitin in schwach essigsaurer Lösung selbst in minimalsten Mengen charakteristisch krystallisirtes Jodwasserstoffaconitin.

Zur Ausführung dieser Reaction löst man den zu prüfenden Verdunstungsrückstand auf einem Uhrgläschen in einem Tropfen essigsäurehaltigem Wasser auf, fügt ein Körnchen Jodkalium hinzu und lässt die Lösung verdunsten.

Betrachtet man dann den (nöthigenfalls durch Abspülen mit einem Tropfen Wasser vom überschüssigen Jodkalium befreiten) Rückstand unter dem Mikroskop, so sieht man scheinbar rhombische, tafelförmige Krystalle, die an den spitzen Kanten abgestumpft und mitunter schief kreuzförmig durchwachsen sind[1]).

b) Sonstige Specialreactionen.

Phosphorsäure: Dampft man die zu prüfende Substanz mit 1 bis 2 ccm officineller Phosphorsäure (20 proc.) auf dem Wasserbade ein, so zeigt sich bei einer bestimmten Concentration eine röthliche Färbung, die später in Violett übergeht.

---

[1]) Beiträge zur Kenntniss der Alkaloide von *Aconitum Napellus*. Dissert. Dorpat 1885.

In dieser Reaction stimmt das Aconitin mit dem Delphinin und Digitalin überein, unterscheidet sich aber von diesen beiden Pflanzengiften u. a. dadurch, dass es die Grandeau'sche Reaction nicht giebt.

Concentrirte Schwefelsäure löst das Aconitin mit gelber Farbe, die allmälig (in 2 bis 5 Stunden) in Gelbroth, Rothbraun und Violett übergeht, um schliesslich (nach etwa 24 Stunden) ganz zu verschwinden.

Vitali's Reaction (s. bei Atropin) tritt beim Aconitin (zum Unterschiede von Pseudaconitin) nicht ein.

c) Allgemeine Alkaloid- oder Gruppenreactionen.

Eine Lösung von Jod in Jodwasserstoff (bis zur gelbbräunlichen Färbung verdünnt) giebt noch mit sehr verdünnten Aconitinlösungen sichtbare Fällungen; ähnlich verhalten sich: Quecksilberjodidjodkalium, Wismuthjodidjodkalium, Phosphormolybdänsäure, Phosphorwolframsäure, Cadmiumjodidjodkalium, Gerbsäure und Goldchlorid.

Die übrigen Alkaloidreagentien geben nur mit concentrirten Aconitinlösungen Niederschläge.

Nachweis des Aconitins im Speichel.

Wie schon erwähnt, geht das dem Organismus zugeführte Aconitin sehr rasch in den Speichel über.

Um es darin nachzuweisen, versetzt man denselben mit absolutem Alkohol und etwas Weinsäure, lässt das Gemisch etwa 6 Stunden ruhig stehen und filtrirt das Mucin etc. ab.

Das klare Filtrat überlässt man dann der freiwilligen Verdunstung, macht den noch mit etwas Wasser verdünnten Rückstand mit Natriumbicarbonat alkalisch und schüttelt mit Aether aus, dessen Verdunstungsrückstand man, wie angegeben, auf Aconitin prüft.

Pseudaconitin.

Das Pseudaconitin (Nepalin, Napellin, $C_{36}H_{49}NO_{12}$) ist das bekannteste Alkaloid aus *Aconitum ferox* und der wirksame Bestandtheil der englischen Aconitinpräparate, wenn diese (was nicht immer der Fall) aus der genannten Aconitumart hergestellt sind[1]).

Das reine Pseudaconitin krystallisirt (beim langsamen Verdunsten seiner Lösung in einem Gemische von Aether und Petroleumäther) in Nadeln oder körnigen Krystallen, die bei 104° bis 105° C. schmelzen und sich in Wasser, Alkohol, Aether und Benzol leichter als das krystallisirte Aconitin lösen.

---

[1]) Englisches Aconitin ist zuweilen aus *Aconitum Napellus* dargestellt und gleicht dann dem deutschen Aconitin.

Das käufliche englische Aconitin stellt meist ein schmutzigweisses, feines, brennend aber nicht bitter schmeckendes Pulver dar, welches beim Erwärmen mit Wasser nicht zusammenbackt.

Das Pseudaconitin ist stark giftig.

Nachweis des Pseudaconitins.

Um Pseudaconitin, bezw. englisches Aconitin nachzuweisen, verfährt man mit denselben Vorsichtsmaassregeln, wie beim Aconitin.

Der schliesslich erhaltene alkaloidische Verdunstungsrückstand charakterisirt sich als Pseudaconitin, bezw. englisches Aconitin, durch folgende

Specialreactionen.

Jürgens'sche Reaction: in analoger Weise ausgeführt wie beim Aconitin, liefert Jodwasserstoffpseudaconitin, welches sich vom Jodwasserstoffaconitin (S. 294) durch die nadelförmige Gestalt der häufig zu Drusen vereinigten Krystalle unterscheidet.

Phosphorsäure: giebt die beim Aconitin angegebene Färbung nicht.

Concentrirte Schwefelsäure: liefert keine charakteristische Färbung; fügt man aber zur erwärmten Lösung des Alkaloids in concentrirter Schwefelsäure einige Tropfen Vanadinschwefelsäure, so tritt (zum Unterschiede von Aconitin) rothviolette Färbung ein.

Vitali's Reaction (s. bei Atropin): Der beim Verdampfen einer Spur von Pseudaconitin mit einigen Tropfen rauchender Salpetersäure hinterbleibende gelbe Rückstand färbt sich auf Zusatz eines Tropfens alkoholischer Kalilauge (1:10) schön roth.

Das Verhalten des Pseudaconitins gegen die allgemeinen Gruppenreagentien ist demjenigen des Aconitins sehr ähnlich.

Apomorphin.

Das Apomorphin, $C_{17}H_{17}NO_2$, bekanntlich kein naturelles Product, sondern durch Einwirkung von concentrirter Schwefelsäure oder Salzsäure aus Morphin oder Methylmorphin (Codeïn) dargestellt, interessirt hier vorzugsweise als Medicament (Brechmittel), zu welchem Zwecke das salzsaure Salz verwendet wird.

Dasselbe bildet ein weisses, meist jedoch grünliches oder grauweisses blätterig-krystallinisches Pulver.

Das Apomorphin selbst ist amorph und nur in ganz frischem Zustande weiss; an der Luft färbt es sich sehr bald grün und löst sich dann theilweise in Wasser und Alkohol mit grüner, in Aether und Benzol mit rother und in Chloroform mit violetter Farbe. Dieselbe Veränderung erleiden auch die anfangs farblosen Lösungen des reinen Apomorphins.

Durch diese Veränderlichkeit, bezw. die rothe oder violette Färbung der Aether-, Benzol- oder Chloroformauszüge giebt sich das Apomorphin bei Untersuchungen auf Pflanzengifte leicht zu erkennen, so dass man noch früh genug auf diese zersetzliche Substanz Rücksicht nehmen kann.

Nachweis des Apomorphins.

Aus sauren Flüssigkeiten wird das Apomorphin nicht aufgenommen, nur seine farbigen Zersetzungsproducte gehen in Aether, Benzol, Chloroform oder Amylalkohol über. Dasselbe gilt von alkalischen Flüssigkeiten, die einen Ueberschuss von Aetzalkalien enthalten, worin das Apomorphin löslich ist.

Aus diesem Grunde und weil dieses Alkaloid gegen ätzende Alkalien sehr empfindlich ist, versetze man die auf Apomorphin zu untersuchende Flüssigkeit nur mit so viel Ammoniak, als zur Herstellung einer entschieden alkalischen Reaction erforderlich ist.

Auch aus solchen Lösungen nimmt Aether etc. das Apomorphin nicht rein, sondern mit den farbigen Zersetzungsproducten vermischt auf und hinterlässt es beim Verdunsten als einen mehr oder minder grün gefärbten Rückstand, der sich weiterhin durch folgendes Verhalten als Apomorphin kennzeichnet.

a) Specialreactionen [1]).

Concentrirte Schwefelsäure: löst farblos, auf Zusatz eines Körnchens Salpeter oder einer Spur Salpetersäure tritt sofort und schon in der Kälte eine dunkelblutrothe Färbung ein.

Concentrirte Salpetersäure: liefert eine tief violettrothe Lösung, die bald rothbraun, schliesslich braunroth wird.

Fröhde's Reagens: färbt grün oder violett, je nachdem das Apomorphin weniger oder mehr durch Einwirkung der Luft verändert ist.

Pellagri's Reaction: lässt man Jodtinctur vorsichtig tropfenweise zu einer wässerigen Apomorphinlösung fliessen, so entsteht eine smaragdgrüne Färbung; schüttelt man diese grüne Lösung mit Aether, so färbt sich letzterer roth, während die wässerige Flüssigkeit ihre grüne Farbe behält.

Eisenchlorid: färbt Apomorphinlösungen vorübergehend roth, dann violett, endlich schwarz.

Otto's Reaction: Barytwasser giebt einen weissen Niederschlag, der sich schnell grünlich, dann bläulich färbt und sich bei weiterem Zusatze des Fällungsmittels mit blauer Farbe löst, welche

---

[1]) Man vergleiche dieselben mit denjenigen des Codeïns und Morphins.

bald durch Grün und Grüngelb in Braungelb und Braun übergeht.

Gegen Jodsäure, Silbernitrat und Goldlösung verhält sich Apomorphin wie Morphin (s. dort).

b) Allgemeine Alkaloid- oder Gruppenreactionen.

Apomorphinlösungen werden durch die Mehrzahl der allgemeinen Reagentien gefällt; z. B. durch Jodjodkalium (roth), Pikrinsäure (gelb), Goldchlorid (purpurfarben), Gerbsäure (grünlichgelb), Platinchlorid (gelb) und Quecksilberchlorid (weiss).

Atropin.

Während man früher glaubte, dass das Atropin ($C_{17}H_{23}NO_3$, auch Daturin genannt) neben dem ihm isomeren Hyoscyamin den alkaloidischen Hauptbestandtheil der Tollkirsche (*Atropa Belladonna*) und des Stechapfels (*Datura Stramonium*) bilde, haben neuere Untersuchungen [1] ergeben, dass das Atropin ein bei seiner Darstellung aus den genannten Pflanzen entstehendes Umwandlungsproduct des Hyoscyamins ist.

Das Atropin krystallisirt in nadelförmigen Krystallen, die bei 115[0] C. schmelzen; es schmeckt intensiv bitter, löst sich wenig in Wasser, leichter in Aether und Benzol, am leichtesten in Alkohol, Chloroform und Amylalkohol.

Wegen seiner mydriatischen — pupillenerweiternden — Eigenschaft findet das Atropin Anwendung in der Augenheilkunde.

Bei Vergiftungen verbreitet es sich mit dem Blute sehr rasch durch den ganzen Körper und wird deshalb vorzugsweise in blutreichen Organen anzutreffen sein.

In den ersten Stunden findet man es noch im Magen, im Darm und ziemlich sicher auch im Urin.

Bei der nahen chemischen und physiologischen Verwandtschaft von Atropin und Hyoscyamin wird bei gerichtlichen Untersuchungen Mangels anderweitiger Anhaltspunkte nicht zu entscheiden sein, ob gegebenen Falls Atropin oder Hyoscyamin vorliegt.

Geschah eine solche Vergiftung mit der Tollkirsche oder dem Stechapfel, so wird man im Mageninhalte meist noch Reste der betreffenden Giftpflanzen finden.

Besonders charakteristisch sind die nierenförmigen Samen und der sogenannte Blauschillerstoff [2] der Tollkirschen: eine fluorescirende Substanz, die in saurem Wasser löslich ist, aus alkalischen Flüssigkeiten von Amylalkohol aufgenommen und von diesem wieder an saures Wasser abgegeben wird.

Diese Substanz kommt aber auch noch in anderen Pflanzen vor; so z. B. in *Scopolia orientalis* (neben Solanin und einem mydriatisch wirkenden Alkaloide), in *Scopolia japonica* (neben Atropin, Hyoscyamin und Hyoscin) und in *Scopolia Hardnackiana* (neben Hyoscyamin) [3].

---

[1]) E. Schmidt, Archiv d. Pharmacie 226, 617 (1888).
[2]) Archiv d. Pharmacie 223, 721 (1885) und 224, 155 (1886).
[3]) E. Schmidt u. Henschke, Arch. d. Pharm. 226, 185 u. 203 (1888).

Der Stechapfelsamen enthält einen in starkem Weingeist löslichen, grün fluorescirenden Stoff.

Nachweis des Atropins.

Bei Untersuchungen auf Atropin ist zu beachten, dass sich dieses Alkaloid (selbst aus Lösungen seiner Salze) mit Wasser- und Alkoholdämpfen verflüchtigen kann und überhaupt eine ziemlich empfindliche Substanz ist.

Gleichwohl vermag es unter Umständen einige Wochen der Fäulniss zu widerstehen.

Aus sauren Lösungen wird Atropin nicht aufgenommen[1]), nach Zusatz von Soda aber geht es in Aether, Benzol, Chloroform und Amylalkohol über und bleibt beim Verdunsten (namentlich des Benzolauszuges) oft krystallinisch zurück.

Zur Erkennung des Atropins dient neben dem physiologischen Experiment — pupillenerweiternde Wirkung einer sehr verdünnten Atropinlösung auf das Auge einer Katze — in erster Linie die

a) Vitali'sche Reaction.

Zur Ausführung derselben verdunstet man eine sehr geringe Menge der zu prüfenden Substanz in einem Porcellanschälchen mit einigen Tropfen rauchender Salpetersäure auf dem Wasserbade zur Trockne und befeuchtet den meist gelb gefärbten Rückstand nach dem Erkalten mit alkoholischer Kalilauge (1:10). Atropin (sowie einige andere Alkaloide) liefern hierbei eine violette Färbung, die dann in Roth übergeht.

b) Sonstige Specialreactionen[2]).

Concentrirte Schwefelsäure (oder auch syrupöse Phosphorsäure) löst Atropin farblos, beim Erwärmen tritt Bräunung ein.

Setzt man dann sogleich etwa das doppelte Volum Wasser zu, so entwickelt die aufschäumende Masse einen süsslichen Blumengeruch, der deutlicher bemerkbar sein soll, wenn man etwas Atropin in ein auf 150⁰ C. erhitztes Gemisch von concentrirter Schwefelsäure und Kaliumbichromat einträgt und sofort etwas Wasser einspritzt.

Eine solche oder ähnliche Geruchsempfindung bewirkt das Atropin auch dann, wenn man es in Substanz auf einigen Krystallen von Chromsäure erwärmt, bis letztere sich grün färbt, oder wenn man Atropin im Reagensröhrchen bis zum Auftreten weisser Nebel erhitzt.

---

[1]) Nur der Aether löst, vermöge seines Wassergehaltes, etwas Atropinsalz auf.

[2]) Die hier nicht mit aufgenommenen Reactionen s. bei Dragendorff, S. 211.

Man führe solche, auf ganz subjectiven Wahrnehmungen beruhende Atropinproben nur aus, wenn eine genügende Menge reinen Materials vorliegt.

Im letzteren Falle wird es auch allein möglich sein, das Atropin als solches vom Hyoscyamin zu unterscheiden. Vergl. hierüber das beim letztgenannten Alkaloide Gesagte.

c) Allgemeine Alkaloid- oder Gruppenreactionen.

Stark verdünnte Atropinlösungen werden durch Jodjodkalium, Quecksilberjodidjodkalium, Wismuthjodidjodkalium, Phosphormolybdänsäure, Phosphorwolframsäure und Phosphorantimonsäure gefällt. Die übrigen allgemeinen Reagentien erzeugen nur in concentrirteren Lösungen Niederschläge, z. B. Gerbsäure (weissflockig), Pikrinsäure (nach längerem Stehen gelb, krystallinisch, im Ueberschuss des Reagens löslich), Goldchlorid (gelbe Blättchen; Schmelzpunkt 135⁰ bis 137⁰), Platinchlorid (allmählich monokline Kryställchen).

Berberisalkaloide[1]).

Von diesen soll hier ausser dem Hauptvertreter der Gruppe, dem Berberin, nur das arzneilich angewendete Hydrastin erwähnt werden, die beide in einem, aus der Wurzel von *Hydrastis canadensis* hergestellten Fluidextracte enthalten sind.

Berberin.

Das nicht bloss in verschiedenen Berberisarten, sondern auch in anderen Pflanzenfamilien neben Hydrastin und Oxyacanthin vorkommende Berberin, $C_{20}H_{17}NO_4 + 6H_2O$, krystallisirt in gelben, bitter schmeckenden Nadeln, die sich mit gleicher Farbe in heissem Wasser und Alkohol auflösen und bei 120⁰ C. schmelzen.

Petroleumäther nimmt das Berberin weder aus sauren noch aus ammoniakalischen Lösungen auf, aus letzteren geht es jedoch in Benzol und Chloroform über und macht sich dabei meist schon durch seine gelbe Farbe kenntlich.

Zum Nachweise des Berberins dienen ausser den erwähnten Eigenschaften folgende Reactionen[2]).

Specialreactionen.

Jodjodkalium erzeugt in alkoholischen Lösungen des Berberins und seiner Salze einen grün glänzenden, flimmernden Niederschlag von rothbraun durchscheinenden und farblosen Krystallen (jodwasserstoffsaures Berberin und Bijodberberin. — Identitätsreaction).

---

[1]) E. Schmidt, Archiv d. Pharmacie **225**, 141 (1887) und folgende Jahrgänge.

[2]) Im Uebrigen s. Dragendorff, S. 202.

Die rothbraunen Krystalle zeigen unter dem Mikroskope Polarisationserscheinungen (v. Hirschhausen).

Concentrirte Schwefelsäure: löst das Berberin mit oliven-
grüner Farbe auf.

Fröhde's Reagens: giebt eine braungrüne, in Violett und
Braun übergehende Färbung.

Vanadinschwefelsäure: färbt sich blauviolett, dann rothviolett und rothbraun.

Chlorgas färbt salzsaure Berberinlösungen roth.

Bromwasser verhält sich ähnlich, nicht selten entsteht dabei erst
ein gelber Niederschlag und auf weiteren Bromzusatz Rothfärbung.

Kaliumchlorat giebt in salzsauren Berberinlösungen einen gelben
Niederschlag.

Von den allgemeinen Gruppenreagentien sind schwefelsauren
Berberinlösungen gegenüber besonders empfindlich: Phosphorwolframsäure,
Phosphormolybdänsäure, Quecksilberjodidjodkalium, Wismuthjodidjodkalium, Platinchlorid, Goldchlorid, Quecksilberchlorid und Pikrinsäure.

Hydrastin[1]).

Das in der Wurzel von *Hydrastis canadensis* (neben Berberin) enthaltene
Hydrastin, $C_{21} H_{21} N O_6$, bildet farblose, bittere Krystalle, die in Wasser unlöslich sind, sich aber in heissem Alkohol und Benzol lösen.

Aus sauren Lösungen geht das Hydrastin in Petroleumäther nicht,
wohl aber in Benzol und Chloroform über und lässt sich somit vom
Berberin leicht trennen, welches von diesen Lösungsmitteln aus sauren
Flüssigkeiten nur spurenweise aufgenommen wird.

Vom Berberin unterscheidet sich das Hydrastin, abgesehen von der
Färbung, dadurch, dass es die Identitätsreaction des Berberins nicht giebt,
und dass es von concentrirter Schwefelsäure farblos gelöst wird,
mit Fröhde's Reagens sich grün oder grünbraun färbt und mit
Vanadinschwefelsäure eine hellrothe Färbung liefert[2]).

Die meisten allgemeinen Gruppenreagentien geben mit schwefelsauren Hydrastinlösungen Fällungen.

Brucin.

Das Brucin (Caniramin, Vomicin), $C_{23} H_{26} N_2 O_4 + 4 H_2 O$, neben
Strychnin (s. dort) in verschiedenen Strychnosarten enthalten, wirkt ähnlich,
aber schwächer wie dieses, dem es auch hinsichtlich seiner Widerstandsfähigkeit
gegen Fäulniss gleicht. Je nach den Krystallisationsbedingungen bildet das
Brucin farblose, verwitternde, monokline Tafeln oder weisse, federartige Formen
oder ein der Borsäure nicht unähnliches, krystallinisch-blätteriges Pulver. Es
löst sich schwer in Wasser, absolutem Aether und Petroleumäther, leichter
in Benzol, am leichtesten in Alkohol, Amylalkohol und Chloroform. Die Lösungen reagiren alkalisch und schmecken intensiv bitter.
Krystallwasserhaltiges Brucin schmilzt bei etwa 100⁰ C., krystallwasserfreies
bei 178⁰ C. Aus den Lösungen seiner (meist krystallisirenden) Salze wird es

---

[1]) Archiv d. Pharmacie **226**, 329 (1888) und folgende Jahrgänge.
[2]) Weitere Reactionen s. bei Dragendorff, S. 203.

durch ätzende oder kohlensaure Alkalien, Ammoniak[1]) und auch durch Magnesia abgeschieden. Es geht nur aus alkalischen Flüssigkeiten in Aether, Benzol, Chloroform oder Amylalkohol über.

Nachweis des Brucins.

Die zu prüfende Lösung wird, nachdem sie bei saurer Reaction durch Schütteln mit Aether gereinigt ist, alkalisch gemacht und mit Aether, Benzol oder Chloroform erschöpft.

Beim Verdunsten dieser Auszüge kann das Brucin krystallinisch oder amorph hinterbleiben und charakterisirt sich als solches durch folgende Reactionen:

a) Identitätsreaction.

Concentrirte Salpetersäure ($d = 1,3$ bis $1,4$) liefert eine blutrothe Lösung, die bald orange und schliesslich gelb wird. Verdünnt man die gelb gewordene Flüssigkeit mit etwas Wasser[2]) und fügt (frisch bereitet) Zinnchlorürlösung oder (farbloses) Schwefelammonium hinzu, so tritt Violettfärbung auf.

b) Sonstige Specialreactionen.

Concentrirte Schwefelsäure: löst farblos; auf Zusatz eines Körnchens Salpeter (oder einer Spur Salpetersäure) tritt Rothfärbung ein, die bald in Gelb übergeht[3]).

Man kann diese Reaction auch so ausführen, dass man die schwach salpetersaure, wässerige Lösung der zu prüfenden Substanz in einem Reagensglase vorsichtig in der Weise mit concentrirter Schwefelsäure versetzt, dass sich zwei Flüssigkeitsschichten bilden, an deren gemeinsamer Grenze dann, bei Anwesenheit von Brucin, eine rothe, bald in Gelb übergehende Zone auftritt.

Quecksilberoxydulnitratlösung, welche möglichst wenig freie Säure enthält, löst Brucin ohne Färbung auf, beim gelinden Erwärmen auf dem Wasserbade aber färbt sich die Flüssigkeit vom Rande aus roth und beim Verdunsten hinterbleibt ein rother Rückstand (Flückiger).

Die gleiche Erscheinung zeigt sich, wenn man das Reagens in einem

---

[1]) Ueberschüssiges Ammoniak löst das Brucin auf und scheidet es erst beim Verdunsten wieder ab.

[2]) Weil die Reaction um so besser gelingt, je weniger Salpetersäure vorhanden ist.

[3]) Die gelb gewordene Lösung kann (bei Vergiftungen mit Drogen oder Präparaten, welche Brucin und Strychnin gleichzeitig enthalten) noch zur Identitätsreaction des Strychnins (s. dort) benutzt werden.

Porcellanschälchen auf dem Wasserbade gelinde erwärmt und die zu prüfende Substanz in wässeriger Lösung zusetzt.

Kaliumbichromat erzeugt, wenn man einen Tropfen [1] stark verdünnter, wässeriger Lösung desselben zu einer Lösung von Brucin in verdünnter Schwefelsäure hinzufügt, eine himbeerrothe Färbung, die allmählich (beim Erwärmen schneller) in Orangeroth und schliesslich Braunorange übergeht.

Bei gewisser Concentration kann sich die Flüssigkeit auch sofort tiefroth färben.

Chlorwasser und Ammoniak: Versetzt man die concentrirte, salzsaure Lösung der fraglichen Substanz mit concentrirtem Chlorwasser oder leitet man, was vorzuziehen, in jene Lösung Chlorgas ein, so entsteht beim Vorhandensein von Brucin eine rosen- oder blutrothe Färbung, die durch Ammoniak in Braungelb oder Gelb umgewandelt wird.

c) Allgemeine Alkaloid- oder Gruppenreactionen.

Die empfindlichsten sind: Jodjodkalium, Quecksilberjodidjodkalium, Goldchlorid, Wismuthjodidjodkalium, Phosphormolybdänsäure [2], Cadmiumjodidjodkalium, Gerbsäure und Platinchlorid.

Chelidoniumalkaloide.

Die beiden wichtigsten Vertreter dieser Gruppe von Alkaloiden, welche als die wirksamen Bestandtheile des Schöllkrautes (*Chelidonium majus*) und der Wurzel von *Sanguinaria canadensis* angesehen werden, sind das Chelidonin [3], $C_{10}H_{19}NO_5 + H_2O$, und das toxisch stärker wirkende Sanguinarin, $C_{17}H_{15}NO_4$, von denen das erstere aus saurer Lösung in Chloroform, das andere aus ammoniakalischer Lösung in Benzol übergeht.

Beide sind in reinem Zustande krystallisirbar und geben mit concentrirter Schwefelsäure, Erdmann'schem und Fröhde'schem Reagens, Vanadinschwefelsäure u. s. w. meist grüne, blaue oder violette Farbenreactionen [4].

Chinaalkaloide.

Diese wichtige Gruppe von Alkaloiden soll hier nur erwähnt werden, weil einige ihrer Vertreter als Medicamente Beachtung seitens des Gerichtschemikers verdienen.

---

[1] Um jeden Ueberschuss von Bichromat zu vermeiden, tauche man in das stark verdünnte Reagens ein Glasstäbchen und führe es dann in die zu prüfende Lösung ein.

[2] Der ockergelbe Niederschlag giebt mit concentrirter Schwefelsäure und Salpetersäure die betreffenden Specialreactionen des Brucins.

[3] Henschke, Archiv d. Pharmacie 226, 624 (1888).

[4] Vergl. hierüber Dragendorff, S. 263, sowie E. Schmidt, Pharm. Chemie II, 1233/34.

Chinaalkaloide werden aus alkalischen Lösungen von Aether, Benzol und Chloroform — Chinin selbst auch von Petroleumäther — aufgenommen.

Löst man den sehr bitteren Verdunstungsrückstand in schwefelsaurem [1]) Wasser, so erhält man eine selbst noch bei sehr starker Verdünnung blau fluorescirende Flüssigkeit.

Mit concentrirter Schwefelsäure, Erdmann'schem und Fröhde'schem Reagens, Vanadinschwefelsäure und concentrirter Salpetersäure geben die Chinaalkaloide keine bemerkenswerthe Färbungen.

Von den wichtigeren

Specialreactionen

der Chinabasen mögen folgende hier Platz finden [2]).

Herapathitreaction: Fügt man zu einer schwefelsauren, alkoholischen Chininlösung Jodtinctur, so entsteht beim Erkalten ein grün schillernder Niederschlag von schwefelsaurem Jodchinin (Herapathit), welches prachtvolle Polarisationserscheinungen zeigt.

Thalleiochinreaction: Vermischt man die wässerige Lösung von Chinin oder eines Chininsalzes mit einer geeigneten Menge ($\frac{1}{5}$ Volum) starken Chlorwassers, so entsteht auf tropfenweisen Zusatz von Ammoniak eine smaragdgrüne Färbung, welche auf Zusatz von Säure (beim Neutralitätspunkte) blau, dann (bei Gegenwart eines Säureüberschusses) violett bis roth wird.

Man kann diese Reaction auch so ausführen, dass man 0,02 g Kaliumchlorat mit 4 Tropfen officineller Salzsäure gelinde erwärmt und der dabei gelb gewordenen Flüssigkeit 5 ccm Wasser, 0,01 g Chinin oder Chininsalz und 1 ccm Ammoniak zusetzt.

Eiolart'sche Reaction: Fügt man zu einer mit etwas Bromwasser vermischten Chininsalzlösung etwas Quecksilbercyanidlösung und Calciumcarbonat, so tritt noch bei sehr grosser Verdünnung (1:500000) Rothfärbung ein.

Aehnliche Reactionen giebt auch das dem Chinin isomere Chinidin (Conchinin); vom Cinchonin ist keine charakteristische Reaction bekannt. Cinchonidin zeigt in seinem Verhalten zu Agentien grosse Aehnlichkeit mit Chinin und Cinchonin.

Die allgemeinen Gruppenreagentien geben der Mehrzahl nach mit den Chinaalkaloiden Fällungen.

Cocaïn.

Die in Südamerika von altersher ganz allgemein als Genuss- und Heilmittel verwendeten Cocablätter (von *Erythroxylon Coca*) enthalten als wirksamen Bestandtheil (neben einigen anderen Alkaloiden) das Cocaïn, $C_{17}H_{21}NO_4$, welches als solches wie als salzsaures Salz seit einigen Jahren in der Medicin als örtliches Anästheticum Anwendung findet.

---

[1]) Halogensäuren thun das nicht, wirken sogar störend. Auch Metallsalze der Halogene — Quecksilber ausgenommen — heben die Fluorescenz saurer Chininlösungen auf.
[2]) Weitere Reactionen s. bei Dragendorff, S. 187, sowie E. Schmidt, Pharm. Chemie II, 1236 ff.

Es bildet farblose, grosse, in Wasser schwer, in Alkohol und Aether leicht lösliche Krystalle von alkalischer Reaction und bitterlichem, die Zungennerven vorübergehend betäubendem Geschmack.

Das Cocaïn ist giftig; seine missbräuchliche Anwendung führt zu einer gefährlichen, dem Morphinismus vergleichbaren, chronischen Vergiftung. Für den Nachweis des Cocaïns ist zu bemerken, dass es nur aus alkalischen Lösungen aufgenommen wird, und zwar von Petroleumäther, Aether, Benzol und Chloroform.

Zur Identificirung des Cocaïns sind folgende

Specialreactionen

angegeben worden.

Palladiumchlorür erzeugt, wenn man 2 bis 3 Tropfen einer 5 proc. Lösung davon zu dem Gemische einiger Tropfen Cocaïnlösung mit 2 bis 3 ccm Chlorwasser hinzusetzt, einen rothen Niederschlag, der in Alkohol und Aether unlöslich ist, von Natriumthiosulfat aber gelöst wird.

Chromsäure oder Kaliumdichromatlösung, deren Concentration einem Gehalte von 5 Proc. Chromsäure entspricht, tropfenweise zu einer wässerigen Lösung von Cocaïnhydrochlorid hinzugesetzt, erzeugt einen deutlichen, sich aber sofort wieder lösenden Niederschlag. Auf Zusatz von 1 ccm concentrirter Salzsäure scheidet sich dann ein orangefarbener Niederschlag von Cocaïnchromat aus [1]).

Kaliumpermanganat: Versetzt man eine concentrirte, wässerige Lösung von Cocaïnhydrochlorid tropfenweise mit Kaliumpermanganat (1:100), so scheiden sich violette Kryställchen von Cocaïnpermanganat ab.

Concentrirte Schwefelsäure: Erhitzt man etwas Cocaïn in einem Reagensgläschen mit concentrirter Schwefelsäure, so entwickeln sich Dämpfe von Benzoësäure, die sich an den kalten Gefässwandungen verdichten. Dabei bemerkt man, auch noch nach dem Erkalten, einen angenehmen Geruch, der aber von demjenigen des Atropins verschieden ist [2]).

Mit den allgemeinen Gruppenreagentien giebt das Cocaïn noch in stark verdünnten Lösungen Niederschläge; am empfindlichsten sind: Jodjodkalium, Phosphormolybdänsäure und Quecksilberjodidjodkalium, ferner Cadmiumjodidjodkalium, Goldchlorid, Phosphorwolframsäure, Pikrinsäure und Wismuthjodidjodkalium.

Codeïn.

Das Codeïn oder Methylmorphin, $C_{17}H_{18}.CH_3NO_3$, ein Alkaloid aus dem Opium (s. dort), bildet kleine, glänzende, nadelförmige Krystalle oder (in Verbindung mit 1 Mol. H_2O) grosse rhombische Octaëder, die an der Luft oberflächlich verwittern.

Es löst sich in Wasser (beim Erhitzen erst, nachdem es zu einer öligen Flüssigkeit geschmolzen ist), Alkohol, Aether, Benzol, Chloroform und Amylalkohol, kaum aber in Petroleumäther. Die wässerige

---

[1]) Mezger, Pharm. Zeitg. 34, 697 (1889); daselbst finden sich auch Angaben über das Verhalten anderer Alkaloide gegen Chromsäure, sowie gegen Chromsäure und Salzsäure.

[2]) Wie dieses, so wirkt auch Cocaïn pupillenerweiternd auf das Auge, giebt aber die Vitali'sche Reaction (S. 299) nicht.

Lösung des Codeïns reagirt stark alkalisch und schmeckt, wie diejenige seiner Salze, bitter. Diese werden durch Aetzalkalien und Ammoniak zersetzt; ein Ueberschuss des letzteren löst das Codeïn wieder auf.

Nachweis des Codeïns.

Dasselbe geht aus alkalischen bezw. ammoniakalischen Flüssigkeiten beim Schütteln in Aether, Benzol, Chloroform oder Amylalkohol über, der auch schon aus sauren Lösungen nachweisbare Mengen von Codeïn aufnimmt.

Ueber die Trennung desselben von anderen Opiumalkaloiden wird beim Opium die Rede sein.

Das Codeïn ist officinell; es kennzeichnet sich durch folgende Reactionen:

a) Specialreactionen.

Fröhde's Reagens: löst anfangs gelblich, die Farbe geht aber bald in Grün und schliesslich in Blau über; Wärme beschleunigt diesen Farbenwechsel (Dragendorff).

Concentrirte Schwefelsäure: giebt eine farblose Lösung, die beim Erwärmen (nach mehrtägigem Stehen auch in der Kälte) bläulich wird.

Erdmann's Reagens: löst das Codeïn in der Kälte farblos, beim Erwärmen tritt Blaufärbung ein.

Schwefelsäure und Eisenchlorid: Bringt man zur farblosen Lösung des Alkaloids in concentrirter Schwefelsäure eine Spur Eisenchlorid, so tritt Blaufärbung ein.

Schwefelsäure und Zucker: Die mit einigen Tropfen concentrirten Rohrzuckersyrups vermischte Lösung des Codeïns in concentrirter Schwefelsäure färbt sich beim gelinden Erwärmen roth (Schneider).

Vanadinschwefelsäure: färbt grünblau bis blau.

Concentrirte Salpetersäure: löst braunroth.

Chlorwasser und Ammoniak: Die farblose Lösung des Codeïns in Chlorwasser wird durch Ammoniak roth gefärbt.

Pellagri'sche Reaction: Dieselbe tritt beim Codeïn erst ein, nachdem dasselbe durch Erhitzen mit Salzsäure in Apomorphin (s. dieses) übergeführt ist:

$$C_{17}H_{18}.CH_3.NO_3 + HCl = C_{17}H_{17}NO_2 + CH_3Cl + H_2O.$$

Zu diesem Zwecke dampft man die Lösung des Codeïns in concentrirter Salzsäure unter Zusatz von etwas Schwefelsäure ein, löst den schmutzig violett oder roth gefärbten Rückstand, nachdem er zuvor einige Zeit auf 100 bis 120° C. erhitzt war, in etwas verdünnter Salzsäure, neutralisirt die Lösung genau mit Natriumbicarbonat und prüft sie dann, wie (S. 297) angegeben, mit Jodtinctur.

Jodsäure wird von Codeïn (zum Unterschiede von Morphin, s. dieses) nicht reducirt.

b) Allgemeine Alkaloid- oder Gruppenreactionen.

Phosphormolybdänsäure, Jodjodkalium, Quecksilberjodidjodkalium und Wismuthjodidjodkalium geben zum Theil noch in sehr verdünnten Codeïnlösungen Fällungen, während Gerbsäure, Pikrinsäure, Gold- und Platinchlorid weniger empfindlich sind.

Coffeïn.

Theïn, Theophyllin, Theobromin.

Bei dieser Gruppe von Alkaloiden tritt das toxikologische Interesse so weit zurück, dass sie hier unerwähnt bleiben könnten, wenn sie nicht die wirksamen Bestandtheile allgemein verbreiteter Genussmittel: Kaffee, Thee, Maté, Cacao und Schokolade bildeten und demgemäss bei gerichtlich-chemischen Untersuchungen auf Pflanzengifte durch ihre gelegentliche Anwesenheit die Aufmerksamkeit der Experten auf sich lenkten.

Das Coffeïn, $C_8 H_{10} N_4 O_2 + H_2 O$, kommt ausser im Kaffee bekanntlich auch im Thee vor und heisst dann Theïn; ferner findet es sich im Paraguaythee oder Maté, der aus den Blättern und Zweigspitzen von *Ilex aquifolium* besteht; in der Guaranapaste, einer aus den Samen von *Paulinia sorbilis* hergestellten Masse, sowie in den Cola- oder Gurunüssen.

Das Coffeïn findet arzneiliche Anwendung; zu demselben Zwecke sind neuerdings Doppelsalze des Coffeïns mit Natriumbenzoat und -salicylat empfohlen worden. Beide sind in Wasser leicht löslich; mit Eisenchlorid giebt ersteres einen rothbraunen Niederschlag, letzteres eine violette Färbung.

Das Coffeïn geht aus sauren Lösungen in Benzol, leichter in Chloroform über und scheidet sich beim Verdunsten der Auszüge meist in charakteristischen, seidenglänzenden, langen Nadeln ab, welche bei etwa 180° C. sublimiren und in heissem Wasser leicht löslich sind.

Zur Erkennung des Coffeïns dient folgende, auf der Bildung von Amalinsäure beruhende Reaction:

Verdunstet man die zu prüfende Substanz mit einem mässigen Ueberschuss von Chlorwasser auf dem Wasserbade, so hinterbleibt ein rothbrauner Rückstand, der durch wenig Ammoniak purpurviolett gefärbt wird; zur Ausführung dieser Reaction bedeckt man das den Verdunstungsrückstand enthaltende Schälchen mit einer Glasplatte, die man mit einem Tropfen concentrirter Ammoniakflüssigkeit benetzt hat.

Concentrirte Schwefelsäure und Salpetersäure färben das Coffeïn bei gewöhnlicher Temperatur nicht.

Allgemeine Gruppenreagentien geben nur mit nicht zu verdünnter (höchstens 1 : 1000) Coffeïnlösung Fällungen; am empfindlichsten sind:

Phosphormolybdänsäure, Phosphorwolframsäure, Gerbsäure, Wismuthjodidjodkalium und Jodjodkalium.

Theïn und Theophyllin.

Theïn ist, wie schon erwähnt, nur ein anderer Name für das im Thee vorkommende Coffeïn. Ausser diesem enthält der Thee noch ein zweites, dem Theobromin isomeres Alkaloid, das Theophyllin[1]), eine in heissem Wasser leicht lösliche, tafelförmig krystallisirende Substanz, welche beim Eindampfen mit Chlorwasser einen rothen Rückstand hinterlässt, der sich mit Ammoniak violett färbt (s. o. Erkennung von Coffeïn).

Theobromin.

Das Theobromin, $C_7 H_8 N_4 O_2 + H_2 O$, der alkaloidische Bestandtheil des Cacaos, kommt (neben Coffeïn) auch in den Colanüssen und der Guaranapaste vor. Es bildet ein weisses, in Wasser, absolutem Alkohol und Chloroform schwer lösliches Pulver, welches bei 290^0 C. sublimirt. Theobromin geht (zum Unterschied von Coffeïn) weder aus saurer noch aus alkalischer Lösung in Benzol über; am besten führt man es aus saurer Lösung in (warmen) Amylalkohol oder Chloroform über.

Zur Trennung des Coffeïns von Theobromin kann man aus der, durch Schütteln mit Petroleumäther gereinigten, sauren Flüssigkeit, bei ammoniakalischer Reaction mit Benzol das Coffeïn ausschütteln und der wieder angesäuerten Lösung durch Chloroform das Theobromin entziehen.

Gegen Chlorwasser und Ammoniak verhält sich Theobromin wie Coffeïn. Die Reaction gelingt am besten, wenn man die Lösung des Theobromins in Chlorwasser so schnell wie möglich eindampft und den Rückstand mit wenig Ammoniak in Berührung bringt (s. Coffeïn).

Ueber die Untersuchung alkaloidischer Genussmittel: Kaffee, Thee, Cacao, Schokolade auf Verfälschungen sind die Specialwerke der Nahrungsmittelchemie zu befragen.

Quantitative Bestimmungen der wirksamen Bestandtheile — Coffeïn, Theïn, Theobromin — geben im Allgemeinen keinen Anhalt für die normale Beschaffenheit der betreffenden Waaren.

Colchicin[2]).

Das besonders in den Knollen und im Samen der Herbstzeitlose (*Colchicum autumnale*) enthaltene Alkaloid Colchicin, $C_{22} H_{25} N O_6$, stellt meist ein amorphes, gelbliches, bitteres Pulver von kleberiger Beschaffenheit dar, welches sich im reinen Zustande in Wasser, Alkohol, Benzol und Chloroform leicht, weniger aber in Aether und fast gar nicht in Petroleumäther löst. Die mehr oder weniger gelblich oder gelb gefärbten neutralen Lösungen nehmen auf Zusatz von Säuren oder Alkalien eine intensiv gelbe Farbe an.

---

[1]) Kossel, Berichte d. deutsch. chem. Ges. 21, 2164 (1888).
[2]) Zeisel, Monatshefte f. Chemie 7, 557 (1886) und folgende Bände.

Das Colchicin wirkt stark drastisch-giftig; es findet auch arzneiliche Anwendung in Form von *Vinum Colchici* oder *Tinctura Colchici* und gab schon öfter Veranlassung zu leichteren oder schwereren Vergiftungen, die häufig einen tödtlichen Ausgang nahmen.

Bei Untersuchungen auf Colchicin achte man auf Reste von Samen oder den Knollen der Herbstzeitlose; die geeignetsten Objecte sind Darminhalt, Harn, Nieren.

Colchicinähnliche Substanzen kommen im Bier (s. dieses), sowie in faulenden Leichen vor (s. Ptomaïne).

Nachweis des Colchicins.

Das Colchicin gehört zu den wenigen Alkaloiden, welche wegen ihrer schwach basischen Eigenschaften schon aus sauren wässerigen Flüssigkeiten von Aether, besser von Benzol oder Chloroform aufgenommen werden.

Um das Colchicin aus dem (gelb gefärbten) Verdunstungsrückstande möglichst rein zu erhalten, behandelt man ihn mit warmem Wasser, schüttelt die kalt filtrirte Flüssigkeit erst mit Petroleumäther (der nur fettige, harzige und färbende Verunreinigungen aufnimmt) und dann mit Chloroform aus, oder man fällt das Colchicin aus wässeriger Lösung mit Gerbsäure, sammelt und wäscht den Niederschlag mit Wasser auf einem Filter, mischt ihn noch feucht mit Bleioxyd oder Bleihydrat, und zieht die eingetrocknete und gepulverte Masse mit Chloroform aus.

Zur Abscheidung des Colchicins aus Leichentheilen empfahl neuerdings Obolonski[1]) die zerkleinerten und mit Glaspulver zerriebenen Objecte mit Oxalsäure zu versetzen, 12 Stunden mit Alkohol zu digeriren, die Flüssigkeit abzupressen und den Rückstand noch zweimal mit Alkohol zu behandeln. Die vereinigten Flüssigkeiten sollen dann bei einer 80° C. nicht übersteigenden Temperatur eingedampft, der erkaltete Rückstand mit Alkohol auf das ursprüngliche Volum gebracht und filtrirt werden. Das Filtrat wird wieder eingedampft, der Rückstand mit Alkohol aufgenommen und diese Operation noch so oft wiederholt, bis der Alkohol keine Klumpen mehr abscheidet. Die dann wieder von Alkohol befreite Flüssigkeit wird erst mit Petroleumäther, darauf mit Chloroform ausgeschüttelt.

Die in dem einen oder anderen Falle erhaltenen Chloroformauszüge hinterlassen das Colchicin fast immer als gelbe, firnissartige Substanz, welche folgende Reactionen giebt.

a) Identitätsreaction.

Concentrirte Salpetersäure ($d = 1,4$) liefert eine schmutzig-violette, beim Umrühren braunroth und schliesslich gelb werdende Färbung. Macht man die durch Wasserzusatz gelb gewordene Lösung

1) Zeitschrift f. analyt. Chem. 29, 493 (1890).

mit Aetznatron alkalisch, so färbt sie sich orangegelb oder orangeroth.

b) Sonstige Specialreactionen.

Concentrirte Schwefelsäure: löst mit intensiv gelber Farbe, die auf Zusatz einer Spur Salpetersäure oder eines Körnchens Salpeter in Braunviolett, später in Violett übergeht.

Erdmann's Reagens: Blaufärbung.

Eisenchlorid: Kocht man die Lösung des Colchicins in rauchender Salzsäure mit einigen Tropfen Eisenchlorid stark ein, so resultirt beim Erkalten eine schwarzgrüne, trübe Flüssigkeit, die beim Verdünnen mit Wasser olivengrün wird und beim Schütteln mit einigen Tropfen Chloroform an letzteres einen granatrothen oder gelbbraunen Farbstoff abgiebt.

c) Allgemeine Alkaloid- oder Gruppenreactionen.

Besonders empfindliche Reagentien auf Colchicin sind: Gerbsäure, Goldchlorid, Jodjodkalium, Phosphormolybdänsäure (deren Niederschlag die Identitätsreaction des Colchicins giebt), sowie Wismuthjodidjodkalium. Von den übrigen allgemeinen Reagentien sind Pikrinsäure, Cadmiumjodidjodkalium, Quecksilberjodidjodkalium und Platinchlorid für Colchicin deshalb charakteristisch, weil sie auf dieses nicht oder doch nur in sehr concentrirten Lösungen einwirken.

Coniin.

Das Coniin, $C_8H_{17}N$, neben Methylconiin, Conhydrin und Pseudoconhydrin[1]) den Hauptbestandtheil der Schierlingsalkaloide bildend, ist im reinen Zustande eine farblose, ölige Flüssigkeit, die sich an der Luft unter schnell fortschreitender Bräunung zersetzt, einen betäubend widerwärtigen Geruch (nach Mäusen) besitzt und scharf, tabaksähnlich schmeckt.

Das Coniin ist eine ziemlich starke Base und wirkt, wie seine (meist zerfliesslichen) Salze energisch giftig, indem es (ähnlich dem Curare) gewisse Nervenenden lähmt.

Bei Vergiftungen mit der Schierlingspflanze (*Conium maculatum*) achte man auf Reste von Blättern oder Früchten im Mageninhalte. Bei Untersuchungen auf Coniin läuft man Gefahr, Verwechselungen mit Ptomaïnen (s. diese) zu begehen.

---

[1]) Mit diesem Namen haben Ladenburg und Adam ein kürzlich von E. Merck im *Conium maculatum* entdecktes, mit Conhydrin, $C_8H_{17}NO$, isomeres und ihm auch sonst sehr ähnliches Alkaloid bezeichnet. Berichte d. deutsch. chem. Gesellschaft 24, 1671 (1891).

Nachweis des Coniins.

Da das Coniin eines der wenigen leicht flüchtigen Alkaloide ist, so kann man es einfach nach der schon früher (S. 276) angegebenen Methode der Destillation abscheiden. Es lässt sich aber auch nach dem üblichen Verfahren der Analyse auf Pflanzengifte isoliren, und zwar geht es dabei aus der mit Soda alkalisch gemachten Lösung in Petroleumäther, Aether, Benzol u. s. w. über, um beim Verdunsten des Lösungsmittels als öliger, bräunlicher Rückstand zu hinterbleiben, der sich ausser durch seine äussere Beschaffenheit und seinen charakteristischen Geruch in Ermangelung von Specialreactionen durch folgendes Verhalten [1]) als Coniin kennzeichnet.

Die wässerige Lösung desselben reagirt alkalisch und trübt sich beim Erhitzen, da das Coniin in kaltem Wasser leichter löslich ist als in heissem.

Beim Neutralisiren mit Salzsäure verschwindet der Geruch und beim Verdunsten auf dem Uhrglase verbleibt ein krystallinischer Rückstand [2]), der, mikroskopisch betrachtet, aus nadel- oder säulenförmigen Krystallen besteht, welche das Farbenspiel der das Licht doppelt brechenden Substanzen zeigen.

Am besten erhält man ein solches Präparat, wenn man eine Lösung von Coniin in Petroleumäther mit einer Lösung von Chlorwasserstoff in Aether mischt und verdunsten lässt.

Die Erscheinung der Doppelbrechung verschwindet allmählich, indem sich die betreffenden Krystalle in andere Formen umlagern.

Haucht man das krystallisirte, salzsaure Coniin an, so tritt der Coniingeruch wieder hervor.

Von den allgemeinen Alkaloidreagentien sind am empfindlichsten: Jodjodkalium, Phosphormolybdänsäure, Quecksilberjodidjodkalium und Wismuthjodidjodkalium, während die übrigen derartigen Reagentien nur in viel concentrirteren Coniinlösungen Niederschläge hervorrufen.

Curarin.

Das Curarin ist der chemisch bis jetzt nicht näher bekannte giftige Bestandtheil des Curare[3]) oder Urari, d. h. des eingetrocknet in den Handel kommenden Extractes der Rinde verschiedener Strychnosarten, den die

---

[1]) Vergl. dasselbe beim Nicotin.
[2]) Grünliche oder bläuliche Färbung desselben rührt von gewissen Verunreinigungen des Coniins her.
[3]) Vergl. Flückiger, Archiv d. Pharmacie 228, 78 (1890).

Eingeborenen Südamerikas zum Vergiften ihrer Pfeile benutzen. Daher auch der Name **Pfeilgift**. Dasselbe wird von Wunden sehr rasch resorbirt, lähmt alle willkürlichen Muskeln, weniger das Gehirn, und tödtet schon in kleinen Dosen schnell (durch Ersticken in Folge Lähmung der Athemmuskeln). Vom Magen aus wirkt es wegen langsamer Resorption und schneller Ausscheidung durch die Nieren bei Weitem nicht so energisch; es findet auch Anwendung in der Medicin und interessirt aus diesem Grunde, besonders wegen seiner gelegentlichen Anwendung als Antidot bei vermutheter Strychninvergiftung, hier mehr, denn als Gift.

Die Wirkung der verschiedenen Curaresorten ist sehr verschieden; viele enthalten ausser **Curarin** noch ein anderes Alkaloid, das **Curin**: ein weisses, krystallinisches Pulver, welches in seinen Löslichkeitsverhältnissen dem Curarin gleicht, sich von diesem aber dadurch unterscheidet, dass es **nicht** giftig ist und durch Schwefelsäure **nicht** gefärbt wird.

Das **Curarin**, im reinsten Zustande farblose, vierseitige Prismen von äusserst bitterem Geschmacke bildend, stellt gewöhnlich eine gelbe, amorphe, in Alkohol, Wasser und (alkoholhaltigem) Chloroform leicht, in Aether und Petroleumäther unlösliche Masse dar.

Nachweis des Curarins.

Das Curarin gehört zu denjenigen Pflanzengiften, welche nach der üblichen Abscheidungsmethode durch Ausschütteln seiner Lösung mit Aether und ähnlichen Lösungsmitteln **nicht**[1]) isolirt werden kann, bei dessen Nachweise vielmehr die **Methode der** (indirecten) **Extraction (S. 283)** Anwendung finden **muss**.

Zu diesem Zwecke dampft man den schwach sauren, wässerigen oder alkoholischen Auszug aus dem betreffenden Untersuchungsobjecte auf dem Wasserbade auf ein kleines Volum ein, macht die Flüssigkeit dann mit Ammoniak alkalisch und bringt sie über Sand oder gebranntem Gyps zur Trockne.

Die gepulverte Masse wird nun längere Zeit im Soxhlet'schen Apparate (S. 283) mit starkem Alkohol extrahirt, der Extract zur Trockne verdampft und der Rückstand mit kaltem Wasser behandelt.

Diesen, nöthigenfalls filtrirten Auszug verdunstet man wieder zur Trockne und zieht den jetzt verbleibenden Rückstand mit absolutem Alkohol aus, der beim Verdunsten das Curarin bisweilen schon genügend rein hinterlässt.

Sollte dies noch nicht der Fall sein, so behandelt man den letzten Rückstand wiederholt mit kleinen Portionen von Chloroform und lässt jeden dieser Auszüge für sich verdunsten.

Die ersten unreineren Verdunstungsrückstände werden zu physiologischen Experimenten benutzt, die späteren, reinen Rückstände geben, wenn sie Curarin enthalten, folgende chemischen Reactionen:

a) Specialreactionen[2]).

Concentrirte **Schwefelsäure**: (am besten so angewendet, dass man die Lösung der zu prüfenden Substanz in **verdünnter** Schwefelsäure auf

---

[1]) Das dem Curarin in der Hauptreaction sehr ähnliche Strychnin wird von Aether aus alkalischer Lösung aufgenommen.

[2]) Man beachte deren Aehnlichkeit mit denjenigen des **Brucins** und **Strychnins**.

dem Wasserbade eindampft) liefert eine blassviolette Färbung, die allmählich in ein mehr oder minder schmutziges Roth übergeht und sich dann lange erhält.

Concentrirte Schwefelsäure und Kaliumbichromat: Fügt man zur Lösung der Substanz in concentrirter Schwefelsäure ein Körnchen Kaliumbichromat, so treten beim Umrühren bleibend schöne blaue Streifen auf.

Erdmann's Reagens: Anfangs violettbräunlich, später rein violett.

Fröhde's Reagens: liefert eine violette Färbung.

Concentrirte Salpetersäure: giebt eine purpurrothe Färbung.

Chlorwasser und Ammoniak: bewirkt keine Farbenänderung.

b) Allgemeine Alkaloid- und Gruppenreactionen.

Die meisten allgemeinen Alkaloidreagentien fällen das Curarin zum Theil noch in sehr verdünnten Lösungen; zu den empfindlichsten gehört hier das Platinchlorid. Auch im Verhalten zu anderen Reagentien zeigt das Curarin eine gewisse Aehnlichkeit mit dem Strychnin.

Cytisin.

Im Goldregen (*Cytisus Laburnum*, sowie in anderen Cytisusarten) ist ein Gift enthalten, welches auf Menschen ähnlich wie Strychnin wirkt: das Cytisin, $C_{11}H_{14}N_2O$ [1]).

Dasselbe bildet schöne Krystalle; von den Salzen ist namentlich das Nitrat durch seine Krystallisirfähigkeit ausgezeichnet.

Aus den Lösungen der Salze wird das Cytisin durch Kalilauge frei gemacht und geht dann beim Schütteln in Chloroform oder Amylalkohol über, um beim Verdunsten des Lösungsmittels als öliger, krystallinisch erstarrender Rückstand zu hinterbleiben.

Bei der leichten Löslichkeit des Cytisins in Wasser dürfte es sich besser nach dem Extractionsverfahren (S. 283) isoliren lassen.

Concentrirte Schwefelsäure löst das Cytisin farblos, auf Zusatz von Salpetersäure tritt orange Färbung auf; Bichromat färbt die Lösung des Cytisins in concentrirter Schwefelsäure braun.

Von den allgemeinen Alkaloidreagentien sind dem Cytisin gegenüber besonders empfindlich: Quecksilberjodidjodkalium, Jodjodkalium, Cadmiumjodidjodkalium, Bromwasser, Phosphormolybdänsäure, Gerbsäure und Pikrinsäure.

Vergiftungen mit den Früchten des Goldregens kommen gelegentlich aus Unvorsichtigkeit vor.

Cytisin scheint nicht bloss physiologisch (Kobert), sondern auch chemisch mit Ulexin (aus *Ulex europaeus*) identisch zu sein.

---

[1]) Neuere Literatur: Radziwillowicz: Ueber Nachweis und Wirkung des Cytisins. Dissert. Dorpat 1887. — Partheil, Berichte d. deutsch. chem. Ges. 23, 3201 (1890) und Apotheker-Zeitung 1891, Nr. 11. — Buchka und Magelhaes, Ber. d. deutsch. chem. Ges. 24, 253 und 674 (1891). — Plugge, Archiv d. Pharmacie 229, 68 (1891).

Delphinin[1]).

Delphisin, Delphinoidin, Staphisagrin.

Die unter dem Namen Stephanskörner bekannten giftigen Samen von *Delphinium Staphisagria* enthalten ein Gemenge krystallisirbarer Alkaloide — Delphinin, Delphisin — und amorpher Basen — Delphinoidin und Staphisagrin —. Auch letzteres ist noch keine einheitliche Substanz, sondern besteht aus einem Gemenge von (vielleicht vier) in Aether unlöslichen, in Chloroform und Benzol löslichen amorphen Basen, die in ihrem Verhalten zu Reagentien mit dem Delphinoidin übereinstimmen.

Dieses Alkaloid, sowie das als Staphisagrin bezeichnete Alkaloidgemisch, ist für den Nachweis des Delphinins bezw. der Delphiniumalkaloide überhaupt wichtig, weil ihm die charakteristischen Farbenreactionen zukommen, welche die (nicht genügend reinen) käuflichen Delphininpräparate zeigen.

Absolut reines Delphinin und Delphisin geben keine Farbenreactionen. Die Verhältnisse liegen also hier ganz ähnlich wie beim Aconitin, dessen Nachweis sich im Wesentlichen auch nur auf Reactionen seiner Beimengungen stützt.

Das Delphinin, $C_{31} H_{49} N O_7$, krystallisirt in rhombischen Tafeln, die bei 191° bis 192° C. schmelzen, in Wasser schwer, leichter in Alkohol, Aether und Benzol, in allen Verhältnissen aber in Chloroform löslich sind. Von den Salzen des Delphinins sind nur das Nitrat und das Sulfat, sowie das Platin- und Goldsalz krystallisirbar, letztere beiden am besten aus einem Gemische von Aether und Chloroform. Reines Delphinin schmeckt nicht bitter, sondern erzeugt auf der Zunge ein prickelndes und brennendes Gefühl. Grössere Dosen rufen im Schlunde Würgen hervor.

Das mit dem Delphinin wahrscheinlich isomere Delphisin bildet nadelförmige Krystalle, die fast bei derselben Temperatur, wie Delphinin, schmelzen.

Auch im Verhalten gegen Reagentien stimmen Delphinin und Delphisin im Wesentlichen überein, so dass der Hauptunterschied zwischen diesen beiden Alkaloiden in ihren physiologischen Eigenschaften zu liegen scheint.

Nachweis des Delphinins.

Die Delphiniumalkaloide sind gegen Einwirkung starker Säuren und Alkalien empfindlich. Deshalb empfiehlt es sich, die Extraction mittelst weinsauren Alkohols und die Abscheidung der Basen durch Natriumbicarbonat zu bewirken.

Schüttelt man die damit alkalisch gemachte wässerige Lösung mit Aether, so nimmt dieser vorwiegend die beiden krystallisirbaren Alkaloide — Delphinin und Delphisin — auf, während die amorphen Basen — Delphinoidin und Staphisagrin — in der wässerigen Flüssigkeit verbleiben und derselben durch Schütteln mit Chloroform entzogen werden können.

---

[1]) Kara-Stojanow: Ueber die Alkaloide von Delphinium-Staphisagria. Inaug.-Dissert. Dorpat 1890.

Für die Identificirung des Delphinins durch Reagentien ist, wie schon erwähnt, zu beachten, dass es im reinen Zustande keine Farbenreactionen zeigt; letztere sind nur dem Delphinoidin, $C_{25}H_{42}NO_4$, und verwandten amorphen Basen (Staphisagrin) eigen und können nur insofern zur Identificirung des Delphinins dienen, als dieses in praxi meist noch Beimengungen jener amorphen Alkaloide enthält.

Unter dieser Voraussetzung charakterisirt sich das Delphinin durch folgendes Verhalten:

a) Specialreactionen.

Concentrirte Schwefelsäure: liefert eine rothbraune Lösung mit grüner Fluorescenz.

Concentrirte Schwefelsäure und Zucker: Mischt man ein wenig der zu prüfenden Substanz mit einem Tropfen Zuckersyrup und rührt dann einen Tropfen concentrirter Schwefelsäure hinein, so tritt eine grünbraune, in Schmutzigbraun übergehende Färbung ein.

Concentrirte Schwefelsäure und Aepfelsäure: Verreibt man das mit etwa zwei Theilen Aepfelsäure gemengte Alkaloid mit etwas concentrirter Schwefelsäure, so entsteht eine orangerothe Färbung mit grüner Fluorescenz; die Färbung geht dann in Rosa und Violett über.

Grandeau'sche Reaction: Rührt man die Lösung des Alkaloids in concentrirter Schwefelsäure mit einem in Bromwasser getauchten Glasstäbchen um, so nimmt die Flüssigkeit eine violette, bald in Gelb übergehende Färbung an.

Nach anderen Angaben verwandelt sich das Violett allmählich in Kirsch- und Blutroth.

Fröhde's Reagens: löst das Delphinin mit brauner, bald in Dunkelroth übergehender Farbe auf.

Concentrirte Phosphorsäure: giebt eine bräunlichgelbe Lösung mit grüner Fluorescenz.

Chlorjodlösung: giebt mit einer (neutralen) Lösung von salzsaurem Delphinin sofort einen hellgelben, flockigen Niederschlag, der sich beim Kochen löst und beim Erkalten theils amorph, theils krystallinisch wieder abscheidet.

Verdünnte Salzsäure löst diesen Niederschlag schon bei gewöhnlicher Temperatur leicht auf und aus der gelben Lösung scheiden sich nach einigen Tagen gelbe Krystalle ab[1]).

---

[1]) Aus der entsprechenden Lösung des Delphinoidin-Chlorjodniederschlages scheiden sich keine Krystalle ab.

Alkoholische Delphininlösungen reduciren ammoniakalische Silberlösung erst beim Erwärmen, Gold- und Platinchlorid bei Gegenwart überschüssiger Natronlauge aber nicht.

Quecksilberjodid verhält sich anders; erwärmt man nämlich einige Körnchen Delphinin mit einer alkoholischen Sublimatlösung (5 g $HgCl_2 + 95$ g Alkohol von 50 Proc.), so löst sich ein Theil der Substanz auf, der grössere Theil bleibt aber unverändert. Die Lösung scheidet beim Abkühlen einen weissen Niederschlag aus, der sich in der Wärme wieder löst, wobei sich das ungelöst gebliebene Delphinin nicht gelb färbt.

b) Allgemeine Alkaloid- oder Gruppenreactionen.

Die empfindlichsten sind diejenigen mit Jodjodkalium, Cadmiumjodidjodkalium, Phosphorwolframsäure und Phosphormolybdänsäure; weniger: Pikrinsäure, Quecksilberjodidjodkalium und Wismuthjodidjodkalium. Goldchlorid giebt einen erst nach längerer Zeit krystallinisch werdenden Niederschlag. — Auch Gerbsäure ruft schon in ziemlich verdünnten salzsauren Lösungen von Delphiniumalkaloiden amorphe Fällungen hervor.

Digitalin.

Der als „Digitalin" bezeichnete, auch arzneilich angewendete, wirksame Bestandtheil der Blätter des Fingerhutes (*Digitalis purpurea*) ist keine einheitliche Substanz, sondern ein nach Art der Darstellung wechselndes Gemenge von wenigstens vier verschiedenen Körpern [1]), welche zur Gruppe der Bitterstoffe und zu derjenigen der Glycoside gehören: nämlich Digitalin, Digitaleïn, Digitoxin und Digitonin.

Das deutsche Digitalin stellt ein amorphes, gelbliches Pulver dar, welches sich in kaltem Wasser bis auf eine unerhebliche Trübung vollständig auflöst, während das französische Digitalin krystallinisch ist und sich in Wasser nur zu einem kleinen Theile löst. Wässerige Digitalinlösungen schäumen beim Schütteln stark (in Folge ihres Gehaltes an Digitonin, welches der Saponingruppe angehört).

Wie in der Medicin, so hat man es auch in der gerichtlichen Chemie stets nur mit jenem als Digitalin bezeichneten Gemenge verschiedener Digitalisbestandtheile zu thun, sei es, dass die Vergiftung mit einem der erwähnten Digitalispräparate oder mit der Fingerhutpflanze selbst veranlasst wurde, in welchem letzteren Falle man im Mageninhalte Reste der leicht kenntlichen, dicht behaarten und starkaderigen Blätter der Digitalis antreffen kann.

Das Digitalin wirkt in charakteristischer Weise lähmend auf den Herzmuskel und kann, selbst in Spuren, an dieser Wirkung auf das Froschherz erkannt werden.

Da das dem Organismus zugeführte Digitalin im Blute anscheinend schnell zersetzt wird und eine Ausscheidung mit dem Urin nicht erwiesen ist, so hat man bei vermutheter Digitalisvergiftung sein Augenmerk in erster Linie auf etwa erbrochene Massen und auf den Inhalt des Magens zu richten.

Gegen die Fäulniss scheint es nicht sehr empfindlich zu sein.

---

[1]) Schmiedeberg, Archiv f. experimentelle Pathologie und Pharmakologie 3, 16 (1875).

Nachweis des Digitalins.

Um das Digitalin den Untersuchungsobjecten vollständig zu entziehen, empfiehlt es sich, dieselben im zerkleinerten oder eingedampften Zustande mit Eisessig anzurühren, nach einiger Zeit mit Wasser auf dünne Breiconsistenz zu bringen, mehrere Stunden auf 40 bis 50° C. zu erwärmen und dann mit der doppelten Menge Alkohol zu mischen.

Der filtrirte, durch Verdunsten auf dem Wasserbade von Alkohol befreite und nach dem Erkalten nochmals filtrirte wässerige, essigsaure Extract giebt das Digitalin beim Schütteln an Aether und Benzol theilweise, an Chloroform oder Amylalkohol vollständig ab.

Ob nun der Verdunstungsrückstand dieser Auszüge Digitalisbestandtheile enthält oder nicht, ergiebt sich [ausser dem hier kaum zu entbehrenden physiologischen Versuch (s. o.), zu welchem eine essigsaure Lösung der fraglichen Substanz zu benutzen sein würde] durch folgendes Verhalten:

a) Specialreactionen.

α. Deutsches Digitalin: Hauptbestandtheil Digitaleïn.

Grandeau'sche Reaction: Löst man eine Spur Digitalin in concentrirter Schwefelsäure, so erhält man eine röthlich-braune Lösung, die nach längerem Stehen kirschroth, beim Umrühren mit einem in Bromwasser getauchten Stäbchen sofort violettroth wird.

Concentrirte Salzsäure: löst mit gelbgrüner Färbung.

β. Französisches Digitalin (Nativelle): Hauptbestandtheil Digitoxin.

Concentrirte Schwefelsäure: löst mit grüner Farbe, die durch Bromdampf in Johannisbeerroth umgewandelt wird.

Concentrirte Salzsäure: liefert eine gelblichgrüne, später smaragdgrün werdende Färbung.

γ. Französisches Digitalin (Homolle): Hauptbestandtheil Digitalin.

Concentrirte Schwefelsäure: liefert eine braunschwarze Lösung, die allmählich braunroth, schliesslich carminroth wird.

Concentrirte Salzsäure: giebt eine gelblichgrüne, später smaragdgrün werdende Färbung.

Alle Digitalinpräparate, sofern sie nicht etwa aus reinem Digitoxin (*β*) bestehen, liefern die

Brunner'sche Gallenreaction: Löst man sehr geringe Mengen von Digitalin und gereinigter Galle [1]) in Wasser oder verdünntem Weingeist und fügt einige Tropfen concentrirter Schwefelsäure hinzu, so entsteht (meist erst) beim Erwärmen auf dem Wasserbade eine schöne Rothfärbung.

Diese Reaction, die Umkehrung der bekannten Pettenkofer'schen Gallensäurereaction, beruht darauf, dass Digitalin und Digitaleïn in ihrer Eigenschaft als Glycoside beim Erhitzen mit Säuren unter Bildung von Zucker zersetzt werden, der dann mit den Gallensäuren die Pettenkofer'sche Reaction giebt. — Digitoxin ist kein Glycosid, liefert keinen Zucker und deshalb auch keine Gallenreaction.

Lafon'sche Reaction (wahrscheinlich nur französischen Digitalinpräparaten zukommend): Löst man Digitalin in einem Gemisch gleicher Theile concentrirter Schwefelsäure und Alkohol, erwärmt die Lösung bis zum Eintritt gelblicher Färbung und fügt einen Tropfen verdünnte Eisenchloridlösung hinzu, so färbt sich die Flüssigkeit blaugrün [2]).

b) Allgemeine Alkaloid- oder Gruppenreactionen.

Da die wirksamen Digitalisbestandtheile keine Alkaloide sind, so liefern sie auch keine allgemeinen Alkaloidreactionen. Nur Gerbsäure erzeugt in nicht zu verdünnten, wässerigen Digitalinlösungen eine weisse, flockige Fällung.

Ammoniakalische Bleizuckerlösung: giebt (zum Unterschiede von Alkaloiden) mit Digitalinlösungen Fällungen.

Emetin.

Dieses Alkaloid bildet den wirksamen Bestandtheil der arzneilich angewendeten Brechwurzel (*Radix Ipecacuanhae*), sowie der daraus dargestellten pharmaceutischen Präparate [Dover'sches Pulver (mit Opiumzusatz), Brechwurzelsyrup, -wein und -tinctur]. Es hat zwar noch zu keinen Vergiftungen Veranlassung gegeben, kann aber, wegen seiner Anwendung als Brechmittel bei vermutheten Vergiftungen, den auf Pflanzengifte untersuchenden gerichtlichen Experten gelegentlich zu Irrthümern verleiten.

Das käufliche (meist nicht ganz reine) Emetin ist ein weisses, in Wasser sehr schwer, in Alkohol und Aether leicht lösliches, bitter kratzend schmeckendes, am Lichte sich gelb färbendes Pulver von alkalischer Reaction.

Das Emetin geht nur aus alkalischen Lösungen in die gebräuchlichen Lösungsmittel — Petroleumäther, Aether, Benzol, Chloroform oder Amylalkohol — über und hinterbleibt meist als gelblicher, amorpher Rückstand, der sich gegen Reagentien folgendermaassen verhält.

Concentrirte Schwefelsäure löst farblos oder braungrün.

Erdmann's Reagens giebt eine grüne, dann gelb werdende Lösung.

---

[1]) Unter der Bezeichnung *fel tauri depuratum* in den Apotheken zu haben.
[2]) Compt. rend. 1885. Daselbst befinden sich weitere Angaben über die neuerdings im Handel befindlichen Digitaline.

Fröhde's Reagens liefert (mit reinem Emetin) eine braune Färbung, die auf sofortigen Zusatz eines Tropfens concentrirter Salzsäure blau wird.

Das aus Ipecacuanhapräparaten abgeschiedene Emetin färbt sich mit Fröhde'schem Reagens sehr bald roth, später braungrün (Podwysotzki).

Allgemeine Alkaloid- oder Gruppenreagentien geben meist noch mit stark verdünnten Emetinsalzlösungen Fällungen.

Hyoscyamin.

Das Hyoscyamin bildet neben Hyoscin den giftigen Bestandtheil des Bilsenkrautes (*Hyoscyamus niger*) und findet sich neben Atropin auch in der Belladonna, im Stechapfel und in *Scopolia atropoides* vor.

Die drei genannten Alkaloide, Hyoscyamin, Hyoscin und Atropin, sind isomer $C_{17}H_{23}NO_3$ und auch in ihren chemischen und physiologischen Eigenschaften einander so ähnlich, dass es bei gerichtlichen Untersuchungen nur selten gelingen wird, sie ohne anderweitige Anhaltspunkte von einander zu unterscheiden. Es kann deswegen hier im Allgemeinen auf das schon beim Atropin Gesagte verwiesen werden, mit dem Hinzufügen, dass die Krystalle des Atropins bei 113^0 bis 114^0 C., diejenigen des Hyoscyamins schon bei 108^0 bis 109^0 C. schmelzen und dass das Hyoscin einen nicht krystallisirbaren Syrup darstellt.

Hyoscyamin und Hyoscin, sowie das mit ersterem identische Duboisin (aus *Duboisia myoporoïdes*) finden Anwendung in der Augenheilkunde.

Hyoscyaminvergiftungen sind fast immer ökonomische in Folge Verwechselung der Bilsenkrautwurzel mit essbaren Wurzeln oder in Folge unvorsichtigen Genusses von Bilsenkrautsamen.

Der Nachweis von Hyoscyamin wird wie derjenige des Atropins geführt; auch die Specialreactionen sind dieselben.

Von den Gruppenreagentien, die sich im Allgemeinen gegen Hyoscyamin und Atropin gleich verhalten, sind Platinchlorid und Goldchlorid insofern die wichtigsten, als die krystallographische Beschaffenheit der Platin- und Golddoppelsalze die Möglichkeit bietet, Atropin und Hyoscyamin von einander zu unterscheiden.

Atropinplatinchlorid krystallisirt monoklin, wogegen die Krystalle des Hyoscyaminplatinchlorids dem triklinen System angehören.

Das Goldsalz des Atropins bildet ein gelbes, glanzloses Pulver, welches bei 136^0 bis 138^0 C. schmilzt, während das entsprechende Hyoscyaminsalz in glänzenden Blättchen krystallisirt, die bei 159^0 C. schmelzen.

Morphin.

Das wichtigste der zahlreichen Alkaloide des Opiums (s. dieses), das Morphin, $C_{17}H_{19}NO_3 + H_2O$, krystallisirt in nadel- oder säulenförmigen Krystallen, die sich durch geringe Löslichkeit in Wasser und den gebräuchlichen organischen Lösungsmitteln — Weingeist ausgenommen — auszeichnen.

Das Morphin ist eine starke Base, die wohl charakterisirte Salze bildet, von denen das salzsaure und schwefelsaure officinell sind. Das salz-

s a u r e Morphin bildet seidenglänzende, weisse Nadeln, die sich in Wasser und
Alkohol auflösen; das S u l f a t krystallisirt ebenfalls in Nadeln, die in Wasser
löslich sind. Die Lösungen beider Salze reagiren neutral und sind sehr bitter;
Kali- oder Natronlauge scheiden daraus das Morphin ab, welches sich im
Ueberschusse des Fällungsmittels wieder löst. Ammoniak scheidet das Morphin
auch ab, löst es aber nicht wieder auf.

Kein anderes Pflanzengift fordert so viele Opfer als das Morphin, dessen
missbräuchliche Anwendung [1]) nachgerade den Charakter eines nur der
Trunksucht vergleichbaren Lasters angenommen hat, welches als M o r p h i u m -
s u c h t oder M o r p h i n i s m u s bekannt ist.

Gegen diese c h r o n i s c h e Form der Morphinvergiftung, welche zur vollständigen körperlichen und geistigen Zerrüttung des Organismus führt, tritt
die a c u t e Morphinvergiftung ganz zurück, die sich auf vereinzelte Fälle von
medicinalen Vergiftungen oder von Selbstmord beschränkt.

Nachweis des Morphins.

Das bereits oben angedeutete Verhalten des Morphins gegen Alkalien
und seine geringe Löslichkeit in den bei Ausmittelung von Pflanzengiften gebräuchlichsten Lösungsmitteln bedingt bei Untersuchungen auf
Morphin oder Opiumalkaloide (s. dort) überhaupt eine Abweichung von
dem üblichen Verfahren, derart, dass man die zu untersuchende Lösung
mit A m m o n i a k alkalisch macht und s o f o r t (ehe das abgeschiedene
Morphin krystallinisch und dadurch schwer löslich geworden) mit Amylalkohol ausschüttelt, den man vorher auf 50⁰ bis 60⁰C. erwärmt hatte.

Zur weiteren Reinigung des etwa vorhandenen Morphins schüttelt
man die amylalkoholischen Auszüge mit verdünnter Schwefelsäure aus
und prüft eine Probe der sauren, wässerigen Flüssigkeit mit J o d s ä u r e
(s. u.). Findet keine Abscheidung von Jod statt, so kann auch kein
Morphin zugegen sein, andernfalls macht man die schwefelsaure Flüssigkeit wieder a m m o n i a k a l i s c h und schüttelt sie sofort, wie oben, wieder mit warmem Amylalkohol aus, der dann beim Verdunsten eine meist
amorphe Masse hinterlässt, welche, wenn sie Morphin ist, folgende
Reactionen zeigt.

a) Specialreactionen.

F r ö h d e ' s R e a g e n s : löst mit violetter Farbe, die allmählich
in B l a u , dann in G r ü n , später in G e l b und zuletzt in ein blasses
R o t h übergeht.

C o n c e n t r i r t e Schwefelsäure und Salpeter: Die farb-
l o s e Lösung des Alkaloids in concentrirter Schwefelsäure wird im frisch
bereiteten Zustande von Salpeter nicht verändert [2]); hat sie aber

---

[1]) Meist Einspritzung unter die Haut.
[2]) Vergl. die entsprechende Reaction des Apomorphins; selbstverständlich
giebt das Morphin nach obiger Behandlung mit concentrirter Schwefelsäure
auch die anderen Apomorphinreactionen.

24 Stunden bei gewöhnlicher Temperatur (in einem bedeckten Gläschen) gestanden oder war sie vorher eine halbe Stunde auf 100° C. erhitzt worden, so färbt sie sich auf Zusatz eines Körnchens **Salpeter blutroth**.

Pellagri'sche Reaction: Dampft man die Lösung von ein wenig Morphin in **concentrirter Salzsäure** mit einigen Tropfen **concentrirter Schwefelsäure** auf dem Wasserbade ein, so hinterbleibt ein **rother** Rückstand. Macht man diesen nach Zusatz von ein wenig Salzsäure mit Natriumbicarbonat **neutral** oder schwach alkalisch und fügt dann allmählich kleine Mengen von **Jodtinctur** hinzu, so färbt sich die Flüssigkeit **grün** und giebt beim Schütteln mit **Aether** an diesen einen **rothen** Farbstoff ab.

Concentrirte Schwefelsäure und Zucker: Bringt man zur farblosen Lösung des Morphins in concentrirter Schwefelsäure ein Körnchen Rohrzucker oder trägt man das mit etwa der vierfachen Menge feingepulverten Zuckers gemischte Morphin in concentrirte Schwefelsäure ein, so tritt eine Rothfärbung ein, die auf Zusatz eines Tropfens **Bromwasser** intensiver wird.

Concentrirte Salpetersäure: löst mit blutrother Farbe, die allmählich in **Gelb** übergeht; die gelb gewordene Lösung wird auf Zusatz von **Zinnchlorür** oder **Schwefelammonium nicht violett** gefärbt [1]).

Eisenchlorid: Versetzt man eine **neutrale** Lösung von salzsaurem oder schwefelsaurem Morphin vorsichtig mit einigen Tropfen verdünnter, **säurefreier** [2]) Eisenchloridlösung, so färbt sich das Gemisch **blau**.

Jodsäure wird durch Morphin unter Abscheidung von Jod reducirt. Schüttelt man also eine schwefelsaure Morphinlösung nach Zusatz eines Körnchens **Jodsäure** oder **Natriumjodats** mit einigen Tropfen Chloroform, so färbt sich letzteres **roth** [3]).

Ammoniakalische Kupferlösung [4]), vorsichtig zu einer (neutralen) Morphinlösung zugesetzt, verliert ihre blaue Farbe, an deren Stelle ein schönes **Smaragdgrün** tritt.

Silbernitratlösung wird von Morphin (am besten als Acetat angewandt) unter Abscheidung von Silber reducirt; im Filtrate vom grauen Silberniederschlage ruft Salpetersäure eine **blutrothe** Färbung hervor (**Horsley**).

---

[1]) Vergl. die entsprechende Reaction des Brucins.

[2]) Durch Auflösen von **sublimirtem** Eisenchlorid in Wasser oder dadurch herzustellen, dass man gewöhnliche, wässerige Eisenchloridlösung mit reinem Natriumcarbonat bis zur eintretenden Trübung neutralisirt.

[3]) Man versäume nicht, sich durch einen Controlversuch (mit Hinweglassung der zu prüfenden Substanz) von der Reinheit der Reagentien zu überzeugen. Obige Reaction ist für Morphin überhaupt nur beweisend, dann aber sehr charakteristisch, wenn andere ebenso wirkende Substanzen ausgeschlossen sind.

[4]) Durch Uebersättigen einer 10 proc. Kupfersulfatlösung mit Ammoniak zu erhalten.

b) Allgemeine Alkaloid- oder Gruppenreactionen.

Jodjodkalium, Phosphorwolframsäure, Quecksilber-jodidjodkalium, Wismuthjodidjodkalium und **Goldchlorid** zeichnen sich durch besondere Empfindlichkeit gegen Morphinsalzlösungen aus. **Platinchlorid** erzeugt erst nach einiger Zeit einen orangegelben, körnigen Niederschlag.

Muscarin.

Das **Muscarin**, $C_5H_{13}NO_2$, ist neben dem (ihm nahe verwandten) **Neurin** (s. Ptomaïne) in dem allbekannten Fliegenpilze (*Agaricus muscarius*) enthalten, dessen giftigen Bestandtheil es bildet. Es stellt eine syrupöse, über Schwefelsäure krystallinisch erstarrende, an der Luft aber wieder zerfliessende syrupöse Masse dar, die sich in **Wasser** und **Alkohol** leicht, schwer in **Chloroform**, gar nicht in **Aether** löst und stark alkalisch reagirt. Das Muscarin besitzt weder Farbe, noch Geschmack, noch Geruch; erhitzt man es mit feuchtem Aetzkali oder Bleioxyd, so entwickelt es den Geruch nach Trimethylamin. Trocken erhitzt, schmilzt es bald unter Bräunung, wird dann über 100⁰ C. wieder fest und zersetzt sich unter Verbreitung eines schwach tabakähnlichen Geruches.

Das Muscarin ist eine starke, aber leicht zersetzliche und sehr giftige Base, deren Wirkungen denjenigen des Atropins gerade entgegengesetzt sind. So verengt z. B. das Muscarin die Pupille und verlangsamt die Herzthätigkeit, während Atropin die Pupille erweitert und die Herzthätigkeit steigert. Beide sind also in Bezug auf einander Gegengifte.

Bei vermutheter Fliegenpilzvergiftung hat man, wie bei Pilzvergiftungen überhaupt, sein Augenmerk auf das Vorhandensein von Pilzresten in den verdächtigen Speisen, Mageninhalt u. dergl. zu richten.

Im Uebrigen könnte man nur noch den (wohl meist vergeblichen) Versuch machen, aus dem Objecte nach der Methode der Muscarindarstellung[1]) eine Substanz zu isoliren, welche sich durch ihre obigen Eigenschaften, besonders aber durch ihre physiologischen Wirkungen als Muscarin charakterisirt, wobei zu beachten ist, dass unter den Ptomaïnen (s. dort) Muscarin und eine diesem sehr ähnliche Substanz vorkommt.

Mutterkorn.

Das **Mutterkorn** (*Secale cornutum*) — der Ruhezustand (*Sclerotium*) des auf den Aehren von Roggen und anderen Gramineen parasitirenden Pilzes *Claviceps purpurea* — enthält verschiedene, noch ungenügend bekannte Alkaloide, von denen (nach **Kobert**) das **Cornutin** den specifisch wirksamen — krampferzeugenden — Bestandtheil darstellt, während die **Sphacellinsäure**, ein giftiges Harz, als Ursache der typhösen Form der Mutterkornvergiftung und des Mutterkornbrandes anzusehen ist.

---

[1]) Vergl. z. B. E. Schmidt, Pharmaceut. Chemie **2**, 1290.

Secale cornutum ist officinell. Bei gerichtlich-chemischen Untersuchungen kann es gelegentlich, wenn auch selten, als Gift bezw. Abortivmittel in Frage kommen; häufiger sind Prüfungen von Mehl und Brot auf Mutterkorn aus sanitären Gründen.

Nachweis des Mutterkorns.

Bei Untersuchungen auf Mutterkorn zum Zwecke der Ermittelung einer Vergiftung kommt es, da der Nachweis dieses Giftes nicht auf denjenigen der Mutterkornalkaloide gestützt werden kann, in erster Linie darauf an, aus dem Objecte — Mageninhalt, Erbrochenem — die Pilzsubstanz selbst zu isoliren und mit Partikelchen von Mutterkornpulver mikroskopisch zu identificiren.

Soweit der Nachweis von Mutterkorn chemisch geführt werden kann, gründet er sich auf das Vorhandensein eines in der Schale des Mutterkorns enthaltenen, charakteristischen Farbstoffes, des Sclererythrins.

Rücksichtlich des mikroskopischen Nachweises von Mutterkornfragmenten im Mageninhalt einer Leiche theilte neuerdings E. Schär [1] seine Beobachtungen mit, aus denen folgende Stelle als Richtschnur hier Platz finden mag:

„Bekanntlich besteht die Substanz des Mutterkorns, abweichend von dem locker filzartigen Hyphengewebe zahlreicher Pilzorgane, aus sehr dicht und zugleich unregelmässig verwachsenen kleinen Zellen, deren Lumen von demjenigen der meisten Pilzfäden (Hyphen) kaum abweicht, die aber wegen ihres relativ geringen Längendurchmessers nicht mehr als fadenförmige, sondern eher als kurze, etwas keulenförmige Zellen, gewissermaassen als kurz abgegliederte Fragmente von Pilzfäden erscheinen. In Folge der unregelmässigen, dichten Verfilzung zahlreichster, sehr kleiner und nur mässig verlängerter Zellen, deren Hyphennatur erst nach Behandlung mit energisch wirkenden Agentien, wie etwa Chromsäure, zu Tage tritt, erscheint das Mutterkorngewebe sowohl in möglichst dünnen Querschnitten als in Längsschnitten als ein kleinzelliges Pseudoparenchym, dessen Zellen rundlich, annähernd isodiametrisch, aber 30- bis 40 mal kleiner sind als diejenigen des Getreidekorns. An derartigen Schnitten wird nicht selten zwischen den Zellen in einer Ausdehnung, die etwa den Intercellularräumen eines normalen Parenchymgewebes entspricht, eine nicht näher bestimmbare, feinkörnige, aus kleinsten rundlichen Körperchen bestehende Substanz bemerkt, ausserdem zeigen die äusseren und inneren Gewebspartien zuweilen geringfügige Unterschiede hinsichtlich der Wanddicke, des Durchmessers und der mehr oder weniger regelmässigen Lage der Zellen. Diejenigen Fragmente eines Mutterkornpulvers, welche der äussersten Schicht der Droge entsprechen, sind ausserdem bekanntlich dadurch gekennzeichnet, dass einige wenige der äussersten Zellenreihen, ohne im Uebrigen von dem Hauptgewebe erheblich abzuweichen, von dem intensiv färbenden violettrothen Farbstoff durchsetzt und von dem nahezu farblosen übrigen Pseudoparenchym scharf abgegrenzt sind [2].

---

[1] Archiv d. Pharmacie 228, 257 (1890).
[2] Bei den aus dem Mageninhalte isolirten Mutterkornpartikelchen war diese Localisirung des Farbstoffes nicht mehr vorhanden. Derselbe hatte in Folge

Besonders deutlich tritt jenes parenchymartige Gefüge des Mutterkorns allerdings erst dann zu Tage, wenn die Quer- und Längsschnitte zuvor durch Einlegen in Aether von Fett befreit und überdies abwechselnd mit Alkali und Säure behandelt worden sind. — — —

Bei Betrachtung in Glycerin zeigte sich die feinkörnig-zellige Masse mit zahllosen Fetttröpfchen durchsetzt, in genau gleicher Weise, wie dies bei gepulvertem, im Uebrigen unverändert gelassenen Mutterkorn der Fall ist. Das mikroskopische Bild erwies sich als nahezu übereinstimmend mit demjenigen von *pulvis secalis cornuti* in seinen feineren Partikeln. Noch deutlicher war jedoch die Uebereinstimmung des Objectes mit Mutterkornpulver, wenn die (aus dem Mageninhalte isolirten) Klümpchenfragmente nach Abwaschung und Durchdringung mit Alkohol in Nelkenöl eingelegt und mit einer analog behandelten Probe der Controlsubstanz verglichen wurden. Selbstverständlich waren die Fetttröpfchen verschwunden und in Folge der optischen Wirkung des ätherischen Oeles trat nunmehr das äusserst kleinzellige, parenchymähnliche Gefüge der Mutterkornsubstanz scharf zu Tage und war namentlich die vollkommene Identität der Durchschnittsgrösse der Zelllumina bei dem Hauptobjecte und dem Controlobjecte aus gewöhnlichem Mutterkornpulver leicht zu constatiren.

Von höchst befriedigender, ja recht eigentlich überraschender Wirkung erwies sich endlich das Chloralhydrat in concentrirten Lösungen (2 : 1 aq oder 3 : 2 aq). — — —

Bei Verwendung dieses (namentlich zu schwierigeren Untersuchungen vegetabilischer Pulver sehr empfehlenswerthen) mikrochemischen Reagens darf allerdings ein charakteristisches Verhalten desselben nicht übersehen werden, nämlich sein Vermögen, dünne Celluloseschichten, wie solche in den Zellwänden zarterer parenchymatischer Gewebe vorliegen, bei längerem Contact in einen, dem Zustande der Lösung sich nähernden Grad der Quellung zu versetzen, wobei zugleich Veränderungen im optischen Verhalten der Substanz das anscheinende Verschwinden derselben in mikroskopischen Objecten begünstigen mögen." — — —

Für den Farbstoffnachweis bei *Secale cornutum* aus Mageninhalt, sowie in Mutterkornpulver empfiehlt Schär (l. c.), die fraglichen Partikelchen mit concentrirten, wässerigen Chloralhydratlösungen (s. o.) zu verreiben, einige Minuten stehen zu lassen oder bei 30 bis 40° C. zu digeriren und die Flüssigkeit nach dem Absetzen des Ungelösten durch ein ganz kleines Filter in ein Porcellanschälchen oder in ein Uhrglas auf weissem Grunde zu filtriren.

Ist die Substanz Mutterkorn, so erhält man eine kirschrothe Flüssigkeit, die, wenn man sie auf chemisch reinstes Filtrirpapier tropft oder von Streifchen desselben aufsaugen lässt, bleibend hellrothe Flecken oder Schichten liefert, deren Ränder sich bräunlich verfärben. Benetzt man das geröthete Papier mit ammoniakhaltigem Alkohol, so tritt eine schmutzig violette Färbung ein.

Einwirkung des Magensaftes die ganze Pilzsubstanz gleichmässig durchdrungen und die betreffenden Gewebepartien zeigten eine rothbraune, deutlich ins Röthliche spielende, bald dunklere, bald hellere Färbung.

Sanitätspolizeiliche Untersuchungen.

Erkennung von Mutterkorn und Unkrautsamen in Mehl und Brot.

Zum Nachweise von Mutterkorn im Mehl ist die E. Hoffmann'-sche Reaction zu benutzen [1]), die sich ebenfalls auf den Nachweis des charakteristischen Mutterkornfarbstoffs, des Sclererythrins, und sein Verhalten zu Alkalien gründet.

„10 g Mehl werden mit 20 g Aether und 10 Tropfen verdünnter Schwefelsäure (1:5) 5 bis 6 Stunden stehen gelassen, hierauf filtrirt und mit Aether bis zu 20 ccm wieder nachgewaschen. Diese 20 ccm Filtrat versetzt man mit 10 bis 15 Tropfen einer kalt gesättigten wässerigen Lösung von doppeltkohlensaurem Natrium und schüttelt stark um. Diese letztere Lösung färbt sich bei Gegenwart von Mutterkorn violett. Diese Probe lässt mit Sicherheit 0,01 Proc. Mutterkorn erkennen."

Diese Reaction lässt sich nach E. Schär (l. c.) noch verschärfen, wenn man die zu untersuchende Probe mit concentrirter, wässeriger Chloralhydrat-lösung (S. 324) mischt, einige Stunden stehen lässt, dann die mit etwas Wasser verdünnte kleisterartige Masse mit schwefelsaurem Aether ausschüttelt und diesen Auszug dann, wie bei der Hoffmann'schen Reaction, auf sein Verhalten gegen Natriumbicarbonat prüft.

Die Hoffmann'sche Reaction ist in diesem Falle mitunter empfindlicher, wenn man sie als Zonenreaction ausführt, d. h. wenn man die ätherische Flüssigkeit auf die Natriumbicarbonatlösung schichtet.

Die Wittstein'sche Reaction auf Mutterkorn — Entwickelung von Trimethylamin bei Einwirkung von Kalilauge auf Mehl — beweist an sich gar nichts, sondern könnte höchstens als Bestätigung der Hoffmann'schen Reaction benutzt werden.

Da der Farbstoff, auf den sich der Nachweis des Mutterkorns gründet, durch den Backprocess leicht verändert werden kann, so empfiehlt es sich, an Stelle des Brotes das zu seiner Herstellung benutzte Mehl zu prüfen.

Ist dies nicht möglich, so digerirt man 30 g des zerkleinerten Brotes mit schwefelsaurem Alkohol, verdunstet die abgepresste und filtrirte Flüssigkeit bei gelinder Wärme und behandelt den Rückstand mit 10 ccm Aether. Diesen Auszug schüttelt man dann, wie angegeben, mit Natriumbicarbonatlösung und erkennt an dem Auftreten der violetten Färbung die Anwesenheit von Mutterkorn.

Die oben erwähnte Schär'sche Modification der Hoffmann'-schen Reaction ist natürlich auch auf Brot verwendbar.

---

[1]) Vereinbarungen der freien Vereinigung bayer. Vertreter der angewandten Chemie. Von Hilger (J. Springer, Berlin 1885). Vergl. auch Hilger, Archiv. d. Pharmacie 223, 828 (1885).

Um den Nachweis des Mutterkorns in Mehl und Brot mikroskopisch zu führen, kann man die Stärke durch Malzauszug — Diastase — verzuckern und das Ungelöste [1] auf Mutterkorn untersuchen.

Da das Mutterkorn stark giftig ist, so sind Mehle und Backwaaren, die solches auch in ganz geringen Mengen enthalten, als nicht genussfähig zu bezeichnen.

Prüfung von Mehl auf Unkrautsamen.

Um Mehl auf seine Reinheit von Unkrautsamen (Raden, Wicken, Wachtelweizen u. dergl.) zu prüfen, soll man sich der Vogel'schen Reaction bedienen.

„2 g Mehl werden mit 10 ccm eines 70 proc. Alkohols, dem 5 Proc. Salzsäure zugesetzt sind, einige Zeit stehen gelassen (am besten bei 40 bis 50° C.). Die bei Gegenwart gewisser Unkräuter auftretenden Färbungen der Flüssigkeit (roth, grün u. s. w.) mögen jedoch nicht ohne Weiteres als maassgebend betrachtet werden [2]."

Nachweis von Kornradensamenpulver im Mehl[3].

Zu den toxikologisch wichtigsten Unkrautsamen, die sich im Mehle vorfinden können, gehört die Kornrade (*Agrostemma Githago*), deren giftiger Bestandtheil — Githagin — zur Gruppe der Saponinsubstanzen (s. diese) gehört.

Mehl, welches 5 Proc. Kornraden enthält, liefert bei der Vogel'schen Probe eine orangegelbe Flüssigkeit; reines Mehl giebt nur eine blassgelbe Färbung.

Um Githagin zu isoliren und durch Reactionen zu charakterisiren, digerirt man (nach Petermann) 500 g Mehl mit 2 Liter 85 proc. Alkohol[4] im Wasserbade, versetzt das heisse Filtrat mit absolutem Alkohol und nimmt den in der Kälte abgeschiedenen und bei 100° C. getrockneten Niederschlag in kaltem Wasser auf.

In dieser Lösung erzeugt absoluter Alkohol einen Niederschlag, der nach dem Abfiltriren und Trocknen ein gelblichweisses Pulver darstellt, welches mit Wasser geschüttelt stark schäumt und sich durch folgende Reactionen als Githagin kennzeichnet:

Concentrirte Schwefelsäure: liefert eine violettrothe Färbung.

[1] Dieses giebt, auch wenn es Mutterkorn enthält, die Hoffmann'sche Reaction nicht.

[2] Vereinbarungen der freien Vereinigung bayer. Vertreter der angew. Chemie. Von Hilger.

[3] Arbeiten des Pharmakologischen Institutes zu Dorpat. Herausgegeben von Prof. Dr. R. Kobert. Heft 6. Mit einer Farbentafel (Ferd. Enke, Stuttgart 1891): II. Ueber Agrostemma Githago von Nicolai Kruskal.

[4] Nach Kobert und Kruskal (l. c.) löst sich das Githagin in Methylalkohol leichter als in Aethyl- oder Amylalkohol. — Petermann's Methode befindet sich im *Bulletin de l'académie de Belgique* 1879.

Silbernitrat: wird beim Kochen reducirt.

Fehling'sche Lösung: erst nach dem Kochen der Substanz mit verdünnter Salzsäure.

Das von Kobert und Kruskal (l. c.) dargestellte und als Agrostemma-Sapotoxin bezeichnete Githagin zeigte gegen Reagentien folgendes Verhalten:

Concentrirte Schwefelsäure: löst mit hellgelber Farbe, die im Verlaufe einiger Stunden in Orange und Roth übergeht.

Fröhde's Reagens: färbt bräunlichgelb, allmählich rothbraun.

Vanadinschwefelsäure: giebt eine braunrothe Färbung.

Kaliumbichromat: wird grün entfärbt.

Lafon's Reagens: (alkoholische Schwefelsäure und Eisenchlorid) giebt eine undeutlich grüne Färbung.

Rauchende Salpetersäure: löst mit gelber Farbe; beim Erwärmen entsteht Oxalsäure.

Concentrirte Salzsäure, concentrirte Essigsäure, Ammoniak, Kali- oder Natronlauge lösen das Githagin ohne merkliche Veränderung leicht auf.

Barythydrat: giebt in concentrirten Lösungen einen voluminösen, weissen, in Wasser löslichen Niederschlag.

Bleiessig: giebt eine weisse, Bleiacetat keine Fällung.

Kaliumpermanganat: wird schnell entfärbt.

Silbernitrat und Fehling'sche Lösung verhalten sich, wie schon oben angegeben.

Schwieriger als der chemische Nachweis ist die, eine genaue Kenntniss des anatomischen Baues der Samen voraussetzende mikroskopische Erkennung[1]) des Kornradenpulvers im Mehle.

Das Agrostemma-Sapotoxin oder Githagin ist auch für Menschen schädlich bezw. giftig.

Narceïn.

Das Narceïn, $C_{23}H_{29}NO_9$, ist eines der in untergeordneten Mengen im Opium (s. dort) vorkommenden Alkaloide und bildet lange, weisse, nadelförmige Krystalle, die sich in alkalisch-wässerigen Flüssigkeiten leichter als in reinem Wasser lösen. In Alkohol, Chloroform und Amylalkohol ist das Narceïn bei gewöhnlicher Temperatur schwer löslich; Petroleumäther, Aether und Benzol lösen es gar nicht und nehmen es auch aus alkalischen Flüssigkeiten nicht auf. In Chloroform und Amylalkohol dagegen geht es, wenn auch nur theilweise, sowohl aus alkalischen, wie auch aus sauren Lösungen über.

Dieses Verhalten ist zu beachten, wenn es sich um die Trennung des Narceïns von anderen Alkaloiden handelt.

Dasselbe giebt u. a. folgende

---

[1]) Vergl. hierüber die oben citirte Kobert-Kruskal'sche Arbeit, sowie Möller, Real-Encyklopädie der gesammten Pharmacie 1, 185 (1886).

Specialreactionen[1]).

Concentrirte Schwefelsäure: löst Narceïn mit graubrauner Farbe, die im Laufe mehrerer Stunden, beim Erwärmen aber sogleich in Blutroth übergeht.

Beim Eindampfen mit verdünnter Schwefelsäure (1:5) verhält sich das Narceïn wie Narcotin (s. dort).

Fröhde's Reagens: liefert eine braungrüne Lösung, die später grün und dann roth wird; beim Erwärmen tritt rasch kirschrothe Färbung auf.

Die Lösung einer etwas grösseren Menge von Narceïn, in Fröhde'schem Reagens bis zur Rothfärbung erwärmt, färbt sich beim Erkalten vom Rande aus schön kornblumenblau.

Erdmann's Reagens und concentrirte Salpetersäure lösen das Narceïn mit gelber Farbe auf, die bald in Braungelb, beim Erwärmen in Dunkelorange übergeht.

Jodwasser: färbt festes Narceïn blau; Gegenwart von Morphin soll diese Reaction verhindern oder doch beeinträchtigen.

Chlorwasser und Ammoniak: bewirken eine tiefrothe Färbung.

Zur Ausführung dieser Reaction wird das in einem Schälchen befindliche Alkaloid mit Chlorwasser übergossen und unter Umrühren mit Ammoniak versetzt.

Allgemeine Alkaloid- oder Gruppenreactionen.

Besonders charakteristisch verhält sich Zinkjodidjodkalium, welches einen weissen, haarförmigen Niederschlag erzeugt, der sich nach einiger Zeit blau färbt. Diese Färbung tritt sofort ein, wenn man dem Reagens etwas Jodlösung zusetzt, soll aber durch Morphin verhindert werden (s. o. Jodwasser).

Von den übrigen allgemeinen Alkaloidreagentien zeichnen sich Phosphormolybdänsäure, Jodjodkalium, Quecksilberjodidjodkalium und Wismuthjodidjodkalium durch Empfindlichkeit aus.

Narkotin.

Das Narkotin, $C_{22}H_{23}NO_7$, macht nächst dem Morphin die Hauptmenge der Opiumalkaloide (s. diese) aus, ist aber weniger giftig als dieses. Aeusserlich ist es dem Narceïn ähnlich; es krystallisirt (aus heissem Alkohol) in langen, farblosen Nadeln, die weder Geschmack noch alkalische Reaction besitzen, in Wasser und verdünnter Essigsäure (1 ccm Wasser und 2 Tropfen Essigsäure) unlöslich, in Amylalkohol schwer, in Aether und Benzol leichter und in Chloroform am leichtesten löslich sind.

Für den Nachweis des Narkotins ist es wichtig, dass dieses Alkaloid, wenn auch nur spurenweise, schon aus sauren Flüssigkeiten in Chloroform übergeht. Um es in reichlicheren Mengen zu erhalten, ist die alkalische Lösung mit Aether oder Benzol zu schütteln.

Die charakteristischsten Reactionen des Narkotins sind folgende:

----

[1]) Bezüglich der hier nicht aufgenommenen Reactionen vergl. die Werke von Otto und Dragendorff.

Specialreactionen.

Husemann'sche Reaction: Verdunstet man die Lösung des Alkaloids in verdünnter Schwefelsäure (1:5) vorsichtig über einem kleinen Flämmchen, so tritt Rothfärbung ein. Fügt man dann nach dem Erkalten eine Spur Salpetersäure oder Natriumnitrit hinzu, so färbt sich die Masse violett.

Eine ähnliche Färbung erhält man auch ohne die genannten Oxydationsmittel, wenn man das Verdampfen obiger Lösung bis zur Entwickelung von Schwefelsäuredämpfen fortsetzt.

Die durch Erhitzen mit Schwefelsäure geröthete Alkaloidlösung wird auf Zusatz von alkoholischer Kalilauge orange (Arnold).

Fröhde's Reagens (in der gewöhnlichen Weise S. 288 bereitet): löst das Narkotin mit grüner Farbe.

Verwendet man aber concentrirtes Fröhde'sches Reagens, d. h. solches, welches auf je 1 ccm concentrirter Schwefelsäure 0,01 g Molybdänat enthält, so färbt sich die grüne Lösung bald kirschroth.

Erdmann's Reagens: löst das Narkotin mit rother Farbe auf.

Jodsäure: wird nicht reducirt. Vergl. hierüber auch Morphin.

Allgemeine Alkaloid- oder Gruppenreactionen.

Schwefelsaure oder salzsaure Narkotinlösungen werden namentlich von Jodjodkalium, Phosphormolybdänsäure, Quecksilberjodid- und Wismuthjodidjodkalium noch in grosser Verdünnung gefällt.

Nicotin.

Das Alkaloid des Tabaks (*Nicotiana tabacum*), das Nicotin, $C_{10}H_{14}N_2$, ist eine farblose, an der Luft bald gelb werdende und allmählich verharzende Flüssigkeit von brennend scharfem Geschmack und eigenthümlichem (tabaksähnlichem) Geruche. Das Nicotin ist stark giftig; mit Wasser mischt es sich und in den üblichen organischen Lösungsmitteln ist es leicht löslich. Die Lösungen reagiren stark alkalisch.

Nachweis von Nicotin.

Bei Untersuchungen auf Nicotin hat man wohl zu berücksichtigen, dass dasselbe eine flüchtige Substanz ist; das Verdunsten oder Verdampfen von Nicotinlösungen muss deshalb bei gewöhnlicher oder doch nur ganz mässiger Wasserbadtemperatur vorgenommen werden.

Die Abscheidung des Nicotins kann, wie diejenige des Coniins, d. h. durch Destillation des mit Soda alkalisch gemachten Objectes, im Wasserdampfstrome oder in üblicher Weise durch Ausschütteln aus alkalischer Lösung, am besten mit einem möglichst niedrig siedenden, geruchlosen Petroleumäther (S. 36) bewerkstelligt werden. Auf letztere Art würde das Nicotin auch dem wässerigen Destillate zu entziehen sein.

Hat der Petroleumäther Nicotin aufgenommen, so hinterlässt er es beim Verdunsten als ölig-flüssigen Rückstand von bekanntem Geruch und stark alkalischer Reaction. In Rücksicht auf die Flüchtigkeit des Nicotins wird man indessen vorziehen, das Alkaloid durch Schütteln der Petroleumätherlösung mit salzsaurem Wasser in letzteres überzuführen und die salzsaure Lösung vorsichtig zu verdunsten.

Das salzsaure Nicotin hinterbleibt dann als gelblicher, firnissartiger Rückstand, der erst nach längerer Zeit über Schwefelsäure krystallinische Structur — Zersetzungsproducte — annimmt. Vergl. die Eigenschaften des salzsauren Coniins S. 311.

Zur weiteren Identificirung des Nicotins dient die Roussin'-sche Reaction: Fügt man zu einer Lösung von Nicotin in Aether ein gleiches Volum einer ätherischen Jodlösung, so entsteht beim Vorhandensein grösserer Mengen von Nicotin ein Niederschlag oder doch wenigstens eine Trübung. Im Laufe kürzerer oder längerer Zeit bilden sich dann (auch wenn ein Niederschlag nicht vorhanden war) lange, rothe Krystallnadeln — Roussin'sche Krystalle —, welche das Licht mit blauer Farbe reflectiren.

Durch allgemeine Alkaloidreagentien — Platinchlorid, Goldchlorid, Jodjodkalium, Phosphormolybdänsäure, Wismuthjodidjodkalium und Quecksilberjodidjodkalium — werden die Lösungen des Nicotins und seiner Salze bei erheblich grösserer Verdünnung gefällt, als es bei Coniin der Fall ist.

Von diesen unterscheidet sich das Nicotin (abgesehen vom Geruch, der Beschaffenheit des salzsauren Salzes und dem Verhalten gegen allgemeine Alkaloidreagentien) durch die physiologische Wirkung und dadurch, dass sich wässerige Nicotinlösungen beim Erwärmen nicht trüben.

Wie bei Untersuchungen auf Coniin, so kann man auch bei solchen auf Nicotin flüchtige Ptomaïne antreffen.

Opium.

Man versteht hierunter den an der Luft eingetrockneten Milchsaft der unreifen Früchte des Mohns (*Papaver somniferum*).

. Das Opium, welches bekanntlich nicht bloss zur Bereitung von Medicamenten benutzt wird, sondern auch als Genussmittel — Opiumrauchen, Opiumessen — namentlich im Orient sich einer grossen Beliebtheit erfreut, kommt in Gestalt kleiner Kuchen (Brode) in den Handel, die eine grosse Zahl mehr oder minder bekannter Alkaloide — Opiumbasen — in Form schwefelsaurer oder mekonsaurer Salze enthalten.

Das seiner Menge und seiner medicinischen Verwendung nach wichtigste Alkaloid des Opiums ist das schon oben (S. 319) beschriebene Morphin, dessen Gehalt in dem zu pharmaceutischen Zwecken dienenden kleinasiatischen Opium zwischen 10 bis 17 Proc. schwankt. Der Morphingehalt anderer Opiumsorten ist je nach Herkunft sehr verschieden (1 bis 22 Proc.). Ausser dem Morphin findet sich nur noch ein Alkaloid in erheblicherer Menge (4 bis 8 Proc.) im Opium vor, nämlich das Narkotin (S. 328).

Von den übrigen zahlreichen Alkaloiden des Opiums sind in den vorhergehenden und folgenden Abschnitten nur die wichtigeren berücksichtigt, so weit sie etwa für den Nachweis von Opiumvergiftungen in Frage kommen; es sind dies die nur in untergeordneten Mengen im Opium enthaltenen Alkaloide: Codeïn (0,2 bis 0,8 Proc.), Narceïn (0,1 bis 0,4 Proc.), Papaverin (0,5 bis 1,0 Proc.) und Thebaïn (0,2 bis 0,5 Proc.).

Rücksichtlich ihrer Giftigkeit nimmt die erste Stelle unter den Opiumbasen das Thebaïn ein, an welches sich dann Narceïn, Papaverin, Codeïn und Morphin anschliessen.

Die Opiumvergiftungen, die in der Hauptsache Morphinvergiftungen sind und unter allen Vergiftungen wohl am häufigsten vorkommen, sind selten Morde, öfter Selbstmorde, meist aber Folgen von unvorsichtiger oder gewohnheitsmässiger Anwendung von Opiumpräparaten. Die Opiumvergiftungen sind somit meist chronische (s. Morphinismus); ihr erstes Stadium ist ein durch Genuss von Opium absichtlich hervorgebrachter, rauschartiger Zustand, dessen schlimme Nachwirkungen nur durch immer gesteigerte Dosen desselben Giftes beseitigt werden können; ein Verfahren, welches zur gänzlichen Zerrüttung des Organismus führt.

Vergiftungen mit Mohnköpfen oder wässerigen Abkochungen solcher kommen ebenfalls nicht selten vor, sind den Opiumvergiftungen ähnlich und werden chemisch, wie diese, ermittelt. Für beide Arten von Vergiftungen muss noch erwähnt werden, dass in allen Theilen von *Papaver Rhoeas* und auch in *P. somniferum* bezw. im Opium ein als Rhoeadin benanntes Alkaloid vorkommt, welches beim Erwärmen mit verdünnten Mineralsäuren eine intensiv blutrothe, noch bei $1/80\,000$ Verdünnung sichtbare Färbung liefert.

Nachweis von Opium.

Bei Untersuchungen auf Opium hat man dem Gesagten zufolge ausser dem Nachweise von Morphin noch denjenigen eines oder mehrerer der übrigen Opiumalkaloide — Codeïn, Narceïn, Narkotin, Papaverin, Thebaïn — zu führen und die Gegenwart von Mekonin, sowie namentlich der für das Opium charakteristischen Mekonsäure darzuthun.

Hat man direct auf Opium zu analysiren, so empfiehlt es sich, statt des üblichen weinsauren einen (kalten) salzsauren, alkoholischen Extract aus dem Objecte herzustellen, der in diesem Falle auch die Mekonsäure enthalten würde.

Nachweis der Mekonsäure.

Um diese direct nachzuweisen, verdampft man nach Otto[1] den schwach salzsauren Auszug, nimmt den Rückstand in Wasser auf und kocht die filtrirte Flüssigkeit mit gebrannter Magnesia im Ueberschusse.

War Mekonsäure vorhanden, so enthält die (filtrirte) Lösung mekonsaures Magnesium und giebt in Folge dessen nach dem Ansäuern mit wenig Salzsäure auf Zusatz von Eisenchlorid eine dunkel- oder blutrothe Färbung, die beim Erwärmen mit Salzsäure bleibt (Unterschied von Essigsäure), auch von Goldchlorid nicht verändert wird (Unterschied von Rhodanverbindungen). Zinnchlorür zerstört die rothe Färbung, ein wenig Kaliumnitrit ruft sie wieder hervor.

Die Mekonsäure, $C_7H_4O_7 + 3H_2O$, bildet farblose Blättchen, welche in Wasser und Aether schwer, in Alkohol und heissem Wasser leicht löslich sind. Die mekonsauren Salze sind mit Ausnahme der Alkalisalze in Wasser schwer oder unlöslich; so giebt z. B. Bleizuckerlösung einen weissen Niederschlag, Silbernitrat eine weisse, beim Erwärmen gelb

---

[1] Anleitung zur Ausmittelung der Gifte, S. 133.

werdende Fällung; Mercuronitrat einen weissen, Mercurinitrat
einen gelblichen Niederschlag. Die charakteristischste Reaction ist obige
mit Eisenoxydsalz.

Nachweis von Opium mit specieller Berücksichtigung von Morphin, Narkotin und Codeïn nach Hilger und Küster[1]).

Bei dieser Methode, welche sich durch die Art der Extraction
wesentlich von dem gebräuchlichen Verfahren des Ausschüttelns unterscheidet, wird die nöthigenfalls zerkleinerte oder zerriebene Substanz
mit weinsäurehaltigem Wasser derart extrahirt, dass man die
Masse damit zu einem dünnen Brei anrührt und diesen eine Stunde bei
50° bis 60° C. digerirt.

Nach dem Abkühlen auf 30° C. bringt man den ganzen Brei auf
einen Trichter, der etwa 1 cm über seiner Spitze eine fein durchlöcherte
Siebplatte trägt, und saugt die Flüssigkeit mittelst der Wasserluftpumpe ab.

Der auf dem Trichter verbleibende Rückstand wird nun nochmals
mit weinsäurehaltigem Wasser angerührt und wie beschrieben weiter
behandelt.

Die vereinigten Filtrate werden jetzt auf dem Wasserbade auf dünne
Extractconsistenz eingedampft, mit ca. 25 g gebranntem Gyps vermischt und noch kurze Zeit auf dem Wasserbade erwärmt, bis die Masse
trocken geworden ist.

Alsdann zerreibt man dieselbe und extrahirt das schmutzig-graue
Pulver, nachdem man es in eine Hülse von Filtrirpapier eingeschlossen
hat, drei Stunden lang im Soxhlet'schen Fettextractionsapparate
(S. 283).

In dem Verdunstungsrückstande dieses Aetherauszuges ist ohne
weitere Reinigung das Narkotin (S. 328) nachweisbar.

Die mit Aether erschöpfte und von diesem vollständig befreite
saure Gypsmasse wird nun in einem Schälchen mit concentrirter
reiner Sodalösung bis zur stark alkalischen Reaction vermischt, auf
dem Wasserbade zur Trockne gebracht und wiederum im Soxhlet'-
schen Apparate mit Aether und zwar sechs Stunden lang extrahirt.

Hierbei scheiden sich oft schon an den Wandungen des Kölbchens,
in welchem der Aether siedet, kleine Kryställchen aus, die man nach
beendigter Extraction und nach dem Entleeren des Kölbchens herausnimmt, um sie auf Morphin (S. 320) zu prüfen (s. auch unten).

Den Aetherextract aus der alkalischen Gypsmasse lässt man
verdunsten, nimmt den Rückstand in salzsaurem Wasser auf und

---

[1]) Mittheilungen a. d. pharmaceut. Institute zu Erlangen. Herausgegeben
von A. Hilger, Heft II, S. 291.

schüttelt diese Lösung zur Entfernung etwa noch vorhandenen Narkotins mit Chloroform aus.

Die Chloroformextracte sind nach dem Verdunsten des Lösungsmittels auf das eben genannte Alkaloid zu prüfen, während die vom Chloroform befreite, wässerige, salzsaure Flüssigkeit zur Prüfung auf Codeïn (S. 306) schwach alkalisch gemacht und mit Aether ausgeschüttelt wird. Dieser Verdunstungsrückstand giebt sehr reine Codeïnreaction.

Um das wegen seiner Schwerlöslichkeit in der alkalischen Gypsmasse verbliebene Morphin weiter nachzuweisen, wird dieselbe entweder direct mit warmem Amylalkohol behandelt oder man säuert sie an und zieht sie dann mit Alkohol aus, um diesen Auszug in der früher angedeuteten Weise (S. 320) auf Morphin zu prüfen.

Statt dessen kann man auch diesen alkoholischen Auszug eindampfen, den wässerigen Rückstand mit frisch gefälltem Thonerdehydrat entfärben, das noch gelbe Filtrat mit Bleioxydhydrat und Bleiessig fällen und dem Niederschlage das Morphin durch Chloroform entziehen.

Untersuchung auf Opium nach Dragendorff[1]).

Die in bekannter Weise zur Untersuchung auf Pflanzengifte vorbereitete schwach salzsaure, wässerige Flüssigkeit wird:

1. zunächst zweimal mit Benzol ausgeschüttelt, welches von den hier in Betracht kommenden Opiumbestandtheilen das Mekonin aufnimmt und beim Verdunsten meist krystallinisch hinterlässt.

Das Mekonin, $C_{10}H_{10}O_4$, ist eine indifferente, in geringen Mengen im Opium und auch in der Wurzel von *Hydrastis canadensis* vorkommende Substanz, welche in farblosen, glänzenden Nadeln krystallisirt, die in kaltem Wasser schwer, in heissem Wasser leicht löslich sind. In Alkohol, Aether und Benzol löst sich das Mekonin ebenfalls und wird ausserdem noch daran erkannt, dass es mit concentrirter Schwefelsäure eine grüne Färbung liefert, die im Laufe von 24 bis 48 Stunden in Roth übergeht.

Erwärmt man die grüne oder bereits roth gewordene Lösung des Mekonins in concentrirter Schwefelsäure, so tritt eine schön smaragdgrüne Färbung auf, die blau, dann violett, endlich wieder roth wird.

Die mit Benzol behandelte saure, wässerige Flüssigkeit wird dann:

2. einmal mit Amylalkohol geschüttelt, dessen Verdunstungsrückstand man in der oben (S. 331) angegebenen Weise auf Mekonsäure prüft.

---

[1]) Vergl. S. 260 seines bekannten Werkes.

Nachdem die 1. mit Benzol und 2. mit Amylalkohol behandelte saure Flüssigkeit durch Schütteln mit Petroleumäther vom anhaftenden Amylalkohol befreit ist, wird sie

3. ammoniakalisch gemacht und zwei- bis dreimal mit Benzol geschüttelt.

Im Verdunstungsrückstande dieses Auszuges können sich von den hier in Frage kommenden Opiumbasen das Codeïn, Narkotin und Thebaïn vorfinden.

Für den Nachweis dieser Alkaloide neben einander bezw. ihre Trennung von einander kommen folgende Momente in Betracht:

a) Löst man den, diese drei Alkaloide enthaltenden Verdunstungsrückstand in saurem Wasser — man erinnere sich dabei der Unlöslichkeit des Narkotins in verdünnter Essigsäure — und macht diese Lösung ammoniakalisch, so werden Narkotin und Thebaïn gefällt, während das Codeïn in Lösung bleibt und dem Filtrate durch Benzol entzogen werden kann.

b) Nur grössere Mengen von Narkotin und Thebaïn lassen sich dadurch trennen, dass das letztgenannte Alkaloid ein in Wasser schwer lösliches saures Tartrat bildet.

Das Thebaïn lässt sich aber auch, wenn eine solche Trennung nicht möglich ist, neben Narkotin durch sein Verhalten gegen concentrirte Schwefelsäure erkennen, während sich andererseits die Gegenwart von Narkotin neben Thebaïn beim Eindampfen mit verdünnter Schwefelsäure (s. Husemann'sche Reaction S. 329) kenntlich macht.

Die ammoniakalische, mit Benzol behandelte Flüssigkeit (3) wird:

4. mit Chloroform ausgeschüttelt, in welches Narceïn und Morphin übergeht.

Um im Verdunstungsrückstande der Chloroformauszüge diese beiden Alkaloide neben einander nachzuweisen, kann man von dem Umstande Gebrauch machen, dass Narceïn schon aus sauren, wässerigen Lösungen von Chloroform aufgenommen wird.

In Gemischen von Narceïn und Morphin giebt das Fröhde'sche Reagens im ersten Augenblicke die Morphinreaction, später diejenige des Narceïns.

Die blaue Jodreaction des Narceïns, ebenso diejenige mit Zinkjodidjodkalium, soweit es sich dabei um die Blaufärbung des Niederschlages handelt, tritt, wie schon an anderer Stelle erwähnt, in Gemischen von Narceïn und Morphin mitunter gar nicht oder doch nur ganz undeutlich ein.

Endlich wird die ammoniakalische, zuletzt mit Chloroform behandelte Flüssigkeit (4)

5. mit Amylalkohol ausgeschüttelt, der noch weitere Mengen von Narceïn und Morphin aufnimmt.

Papaverin.

Dieses in geringen Mengen im Opium (s. dort) vorkommende Alkaloid, $C_{20}H_{21}NO_4$, bildet weisse, nadelförmige Krystalle, die in Wasser und in den gebräuchlichen organischen Lösungsmitteln schwer, in der Hitze leichter löslich sind. Auch den Salzen des Papaverins ist im Allgemeinen eine bemerkenswerthe Schwerlöslichkeit eigen.

Das Papaverin geht schon theilweise aus sauren, vollständig aus ammoniakalischen Lösungen in Chloroform über und hinterbleibt beim Verdunsten meist krystallinisch.

Zur Erkennung des Papaverins dienen folgende

Specialreactionen.

Concentrirte Schwefelsäure: löst das (selten ganz reine) Alkaloid ohne Färbung auf; erst beim längeren Erwärmen wird die Lösung allmählich dunkelviolett.

Meist aber ist das Papaverin nicht absolut rein und giebt daher mit concentrirter Schwefelsäure schon in der Kälte eine blauviolette Färbung.

Fröhde's Reagens: färbt das Papaverin in der Kälte grün; beim Erwärmen geht die Färbung in Blau, dann in Violett und schliesslich in Roth über.

Erdmann's Reagens und concentrirte Salpetersäure: liefern eine dunkelrothe Lösung.

Das Verhalten des Papaverins gegen allgemeine Gruppenreagentien bietet nichts Charakteristisches.

Physostigmin.

Das Physostigmin (Eserin), $C_{16}H_{21}N_3O_2$, bildet neben Eseridin, $C_{16}H_{23}N_3O_3$, und dem strychninähnlich wirkenden Calabarin den giftigen Bestandtheil der Calabarbohne (*Physostigma venenosum*) und findet sich auch in den sogenannten Calinüssen.

Das Physostigmin hat die Eigenschaft, die Pupille zu verengern und wird deshalb als Salicylat, welches übrigens das am leichtesten krystallisirbare und beständigste Physostigminsalz ist, vorzugsweise in der Augenheilkunde gebraucht.

Das Physostigmin ist eine farblose, krystallisirte oder undeutlich krystallinische Substanz, die sich in saurem und alkalischem Wasser leichter löst als in reinem Wasser. Diese Lösungen färben sich aber, namentlich die sauren und alkalischen, am Lichte und in der Wärme allmählich intensiv roth.

Das Physostigmin ist geschmacklos, reagirt alkalisch und liefert nur schwer krystallisirbare und leicht zersetzliche Salze.

Nachweis des Physostigmins.

Aus dem Gesagten geht schon hervor, dass dieses Alkaloid leicht veränderlich ist. Bei den Versuchen, dasselbe zu isoliren, ist Licht und Wärme, sowie die Anwendung von Mineralsäuren und ätzenden Alkalien auszuschliessen.

Das Physostigmin wird nur aus alkalischen Lösungen von Aether, Benzol, Chloroform und Amylalkohol aufgenommen und kennzeichnet sich durch folgende

Specialreactionen.

Concentrirte Schwefelsäure: löst das Alkaloid ohne bemerkenswerthe (höchstens hellbräunliche oder gelbliche, nach 24 Stunden röthlich werdende) Färbung auf.

Concentrirte Salpetersäure: liefert eine gelbe Lösung.

Bromwasser: bewirkt in der Lösung des Physostigmins in concentrirter Schwefelsäure eine rothbraune Färbung, in der wässerigen Lösung noch bei $1/5000$ Verdünnung einen gelblichen Niederschlag.

Unter den allgemeinen Alkaloidreagentien zeichnen sich Jodjodkalium, Phosphormolybdänsäure und Wismuthjodidjodkalium durch besondere Empfindlichkeit aus.

Mangels anderer charakteristischer Reaction wird man, um ein isolirtes Alkaloid mit Physostigmin zu identificiren, wo möglich den physiologischen Versuch an dem Auge einer Katze ausführen.

.

Pikrotoxin.

Der giftige Bitterstoff der Kokkelskörner, d. h. die Früchte von *Menispermum Cocculi*, das Pikrotoxin, $C_{30}H_{34}O_{13}$, krystallisirt aus heissem Wasser oder beim langsamen Verdunsten seiner alkoholischen Lösung leicht in oft büschelförmig gruppirten Nadeln, die sich in alkalischem Wasser, Alkohol, Chloroform und Amylalkohol leicht, in Aether weniger lösen und einen intensiv bitteren Geschmack besitzen.

Die Kokkelskörner haben schon mehrfach zu Vergiftungen Veranlassung gegeben und sind auch zuweilen in gewissenloser Weise bei der Bierbereitung benutzt worden.

Nachweis des Pikrotoxins.

Das Pikrotoxin gehört zu den wenigen Pflanzengiften, welche nur aus neutralen oder sauren, nicht aber aus alkalischen Flüssigkeiten aufgenommen werden, und zwar am besten durch Chloroform, schwieriger durch Aether, gar nicht durch Benzol und Petroleumäther.

Löst man den Chloroformverdunstungsrückstand in heissem Wasser oder Alkohol, so wird man das Pikrotoxin beim Erkalten, bezw. langsamen Verdunsten dieser Lösungen oft in charakteristisch krystallisirter Form erhalten.

Ausserdem erkennt man das Pikrotoxin durch folgende

Specialreactionen.

Concentrirte Schwefelsäure: färbt das Pikrotoxin orangeroth und löst es dann mit gelber Farbe auf. Fügt man zu dieser in einem Schälchen dünn ausgebreiteten Lösung einen oder einige Tropfen Kaliumbichromat, so umgeben sich diese mit rothbraunen Rändern.

Beim Vermischen beider Flüssigkeiten tritt Braunfärbung auf, die beim Umrühren mit einem Glasstäbchen in Grün übergeht.

Langley'sche Reaction: Ein Gemisch von Pikrotoxin und der drei- bis vierfachen Menge Salpeter mit concentrirter Schwefelsäure durchfeuchtet und dann mit concentrirter Kalilauge alkalisch gemacht, färbt sich vorübergehend ziegelroth.

Nach Dragendorff führt man diese Reaction besser so aus, dass man die zu prüfende Substanz mit wenig concentrirter Salpetersäure auf dem Wasserbade rasch eindampft, den Rückstand mit möglichst wenig concentrirter Schwefelsäure befeuchtet und dann mit concentrirter Natronlauge übergiesst.

Fröhde's Reagens: löst das Pikrotoxin mit gelber Farbe auf.

Zur weiteren Charakteristik des Pikrotoxins kann dienen, dass es sich, da es kein Alkaloid, sondern ein Bitterstoff ist, gegen die allgemeinen Alkaloidreagentien indifferent verhält, dass es aus ammoniakalischer Lösung durch Bleiessig gefällt wird und Fehling'-sche Lösung beim Erhitzen reducirt.

Alkalische Pikrotoxinlösungen färben sich beim Erwärmen gelb, dann ziegelroth, zersetzen sich auch unter denselben Erscheinungen schon bei gewöhnlicher Temperatur.

Nachweis von Pikrotoxin im Biere[1]).

Sollte einmal Veranlassung vorhanden sein, Bier direct auf Pikrotoxin zu prüfen, so dampfe man ein grösseres Quantum — mindestens 1 Liter — davon nach der Neutralisirung mit gebrannter Magnesia auf dem Wasserbade zum Syrup ein, digerire denselben mit dem vier- bis fünffachen Volum Alkohol und verdunste diesen Auszug.

Der Rückstand wird mit heissem Wasser behandelt, die Lösung durch ein nasses Filter filtrirt und einige Male mit Aether oder besser mit Chloroform ausgeschüttelt.

Sollte der Verdunstungsrückstand von den Aether- oder Chloroformauszügen noch viel fremde Beimengungen enthalten, so behandelt man ihn nochmals mit heissem Wasser u. s. w., wie oben angegeben, und schüttelt wieder mit Aether oder Chloroform aus.

Ist Pikrotoxin vorhanden, so kann man es auf die angedeutete Art schliesslich krystallisirt erhalten und ausserdem an seinem intensiv bitteren Geschmacke, seiner physiologischen Wirkung, z. B. auf Fische[2]), und durch die oben angegebenen Reactionen erkennen.

---

[1]) E. Schmidt, Pharmaceut. Chemie 2, 1319.
[2]) Der zu dem Experimente zu benutzende kleine Fisch muss natürlich seine Lebensfähigkeit in Gefangenschaft bei täglichem Wasserwechsel einige Tage bewiesen haben. Setzt man dann am achten oder neunten Tage dem frischen Wasser etwas von der zu prüfenden Substanz zu, so stirbt der Fisch,

Das Pikrotoxin wird auch bei dem später zu beschreibenden Dragendorff'schen Verfahren zur Prüfung des Bieres auf fremde Bitterstoffe gefunden.

Pilocarpin.

Das in der Medicin viel gebrauchte Pilocarpin, $C_{11}H_{16}N_2O_2$, ist neben Pilocarpidin, $C_{10}H_{14}N_2O_2$, und Jaborin (?) in den Jaborandiblättern, sowohl in den echten (von *Pilocarpus pennatifolius*) wie in den unechten (von *Piper reticulatum*) enthalten, bildet den specifisch auf die Schweiss- und Speichelabsonderung wirkenden Bestandtheil dieser Drogen und hat nicht selten (medicinale) Vergiftungen veranlasst.

Das Pilocarpin stellt eine halbflüssige, kleberige, nicht flüchtige Masse dar, welche alkalisch reagirt, in Wasser, Alkohol, Aether und Chloroform leicht, in Benzol aber unlöslich ist und bei genauer Neutralisirung mit Säuren krystallisirbare Salze — *Pilocarpinum hydrochloricum* und *P. nitricum* sind officinell — bildet.

Das Pilocarpin und das Jaborin gehen aus sauren Lösungen spurweise, aus neutralen zur Hälfte, aus alkalischen vollständig in Chloroform über; in Benzol nur aus alkalischen Flüssigkeiten.

Das Jaborin unterscheidet sich von Pilocarpin durch seine atropinähnliche Wirkung. Pilocarpidin wirkt ähnlich, nur schwächer als Pilocarpin.

Der Nachweis des Pilocarpins, bezw. der Jaborandialkaloide ist schwierig, weil charakteristische, chemische Reactionen fehlen.

Concentrirte Schwefelsäure, Erdmann'sches und Fröhde'sches Reagens geben mit Pilocarpin keine bemerkenswerthen Färbungen.

Fügt man zur Lösung des Pilocarpins in concentrirter Schwefelsäure ein wenig Kaliumdichromat, so zeigt sich eine bräunlichgrüne, allmählich ganz grün werdende Färbung.

Von den allgemeinen Gruppenreagentien sind Jodjodkalium, Phosphormolybdänsäure, Phosphorwolframsäure und Wismuthjodidjodkalium als besonders empfindlich gegen salzsaure Pilocarpinlösungen zu bezeichnen.

Extracten der echten Jaborandiblätter entzieht Petroleumäther etwas ätherisches Jaborandiöl.

- - - -

Pilzgifte.

Bei der ausserordentlich mangelhaften Kenntniss von den Pilzgiften und deren leichter Veränderlichkeit sind Vergiftungen mit Pilzen nur dadurch festzustellen, dass im Mageninhalt, im Erbrochenen oder in den Speiseresten noch Pilzsubstanz selbst gefunden und botanisch mit einem Giftpilze identificirt wird.

In einem vor der Naturforscher-Gesellschaft zu Dorpat gehaltenen Vortrage, auf den hier nur noch aufmerksam gemacht werden kann, behandelt Kobert[1] vier Gruppen von Pilzvergiftungen:

---

wenn diese Pikrotoxin ist, innerhalb 2 bis 24 Stunden, entsprechend einer Dosis von 0,01 bis 0,0002 g Pikrotoxin in 250 ccm Wasser.

[1] Sonderabdruck aus der St. Petersburger Medicin. Wochenschrift 1891, Nr. 51 u. 52.

1. Vergiftungen mit Pilzen, welche Muscarin enthalten: Fliegenpilz (*Agaricus muscarius L.*), Pantherschwamm (*Agaricus pantherinus Fr.*), Hexenpilz oder Löcherschwamm (*Boletus luridus Schaeff.*) und der Speiteufel (*Russula emetica Fr.* oder *Agaricus emeticus Schaeff.*).

Der Fliegenpilz enthält ausser dem Muscarin ein, diesem entgegenwirkendes Pilzatropin, sowie ein als Amanitin bezeichnetes, mit Cholin identisches, Alkaloid.

2. Vergiftungen mit Pilzen, die wegen eines in ihnen enthaltenen milchigen Saftes den Gattungsnamen *Lactarius* oder *Gallorrhoeus* führen. Besonders gefährlich ist der Giftreizker, dessen Milchsaft ein entzündend wirkendes Harz enthält.

3. Vergiftungen mit Pilzen, welche Helvellasäure, $C^{12}H^{20}O^7$, enthalten [1]): Morchel (*Helvella esculenta Pers.*). Das Morchelgift besitzt die Eigenschaft, die rothen Blutkörperchen aufzulösen und schwere Reizungen des Gehirns hervorzurufen; es ähnelt in dieser Beziehung den Gallensäuren. Durch Trocknen oder Ausziehen mit heissem Wasser lässt sich die Morchel entgiften.

4. Vergiftungen mit Pilzen, welche wahrscheinlich Toxalbumine enthalten: Knollenblätterpilz (*Amanita phalloides Fr.* = *Agaricus phalloides* = *Ag. bulbosus B.*) und seine weissen, grünen, gelben, braunen oder rothen Varietäten.

Manche Pilze (z. B. *Polyporus*) enthalten beträchtliche Mengen von Oxalsäure bezw. Oxalaten. (W. Zopf.)

Saponin, Sapotoxin.

Unter Saponin, mit welchem Namen anfänglich der seifenartig schäumende Bestandtheil der Seifenwurzel (*Saponaria officinalis*) bezeichnet wurde, versteht man jetzt [2]) eine ganze Gruppe, im Pflanzenreiche weit verbreiteter, einander mehr oder minder ähnlicher Substanzen, welche sich ihrer Elementarzusammensetzung zufolge mehreren allgemeinen Formeln [3]) unterordnen lassen.

In physiologischer Hinsicht sind die Saponinsubstanzen theils ungiftig, theils giftig und werden im letzteren Falle als Sapotoxine bezeichnet.

Ihrer chemischen Natur nach sind die Saponine Glycoside und spalten beim Erhitzen mit Säuren Zucker ab; sie stellen weisse, amorphe Pulver dar, welche einen brennenden oder kratzenden, mitunter intensiv bitteren Geschmack besitzen; ihr Staub erregt Niesen.

In Wasser sind die Saponine löslich, in Alkohol nur einige, in Aether, Petroleumäther, Benzol und Chloroform lösen sie sich nicht.

Soweit näher bekannt, lassen sich die Saponine durch Ausschütteln alkalischer, neutraler oder saurer Lösungen durch die gebräuchlichen

---

[1]) Vergl. Böhm u. Külz, Archiv f. experimentelle Pathologie u. Pharmakologie 19, 403 (1885).

[2]) Nach dem gegenwärtigen Stande der Untersuchungen von Kobert und Kruskal im 6. Hefte der von Kobert herausgegebenen „Arbeiten des pharmakologischen Institutes zu Dorpat" (Ferd. Enke, Stuttgart 1891).

[3]) Eine dieser Formeln scheint $Cn H_{2}n O_{10}$ zu sein, der sich die Saponine $C_{19}H_{30}O_{10}$ und $C_{17}H_{26}O_{10}$ unterordnen. Weiter auf diese interessanten Verhältnisse einzugehen, ist hier nicht der Ort. Vergl. auch Flückiger, Archiv d. Pharmacie 210, 532 (1877).

Extractionsmittel nicht isoliren; nur in Amylalkohol sind Saponine aus sauren Flüssigkeiten mehr oder minder schwierig überführbar.

Zur Abscheidung von Saponin- bezw. Sapotoxinsubstanzen wird man daher besser ihre Eigenschaft, durch Bleiessig (nicht aber durch Bleiacetat) gefällt und aus dem Niederschlage durch Schwefelwasserstoff abgeschieden zu werden, benutzen.

Von bekannteren Saponinen mögen hier ausser dem schon früher (S. 326) besprochenen Agrostemma Sapotoxin oder Githagin (aus dem Kornradesamen) noch erwähnt werden: die Quillajasäure und das Quillajasapotoxin (der giftige Bestandtheil der Quillajarinde); das levantische Sapotoxin (aus *Saponaria alba*), das Sapindus Sapotoxin (aus den Seifennüssen, *Sapindus Saponaria*), das Chamälirin (aus *Chamaelirium luteum*), das Senegin (aus der Senegawurzel) u. a. m.

Die wässerigen Lösungen sind, von der Quillajasäure abgesehen, neutral; sie schäumen beim Schütteln namentlich bei Gegenwart von Alkalien oder deren Carbonaten und zeigen gegen Reagentien im Allgemeinen folgendes Verhalten:

Concentrirte Schwefelsäure löst die Saponine meist mit rother oder brauner, dann in Roth oder Violett übergehender Farbe auf.

Fröhde's Reagens liefert bräunliche oder braune Lösungen, die später grün oder violett werden.

Rauchende (oder in einzelnen Fällen auch concentrirte) Salpetersäure löst gelb oder farblos; auf Zusatz von etwas Kaliumdichromat färbt sich die Lösung grün oder braun und beim Erwärmen grün.

Vanadinschwefelsäure färbt einige Saponinsubstanzen blau, andere braun, dann braunroth, wieder andere kirschroth.

Concentrirte Salzsäure löst farblos; beim Erwärmen tritt Trübung und Dunkelfärbung oder Röthung ein; Wasserzusatz bewirkt Abscheidung weisser oder schwarzer Flocken.

Barytwasser (heiss gesättigt) giebt weisse, in Wasser lösliche Niederschläge.

Bleiessig liefert voluminöse Fällungen; durch Bleizucker wird nur die Quillajasäure gefällt.

Vergl. auch die früher (S. 326) angegebenen Reactionen des Githagins oder Agrostemma Sapotoxins.

Solanin.

Das Solanin, $C_{42}H_{73}NO_{15}$, der schwach giftige Stoff der Kartoffelkeime und verschiedener Theile anderer Solanumarten — Nachtschatten, Bittersüss, Paradies- oder Liebesäpfel etc. — bildet im reinen Zustande weisse, nadelförmige Krystalle von bitterem Geschmack und alkalischer Reaction. In Wasser, Alkohol, Aether, Benzol ist das Solanin wenig löslich; heisse, alkoholische Lösungen zeigen beim Erkalten die Eigenschaft des Gelatinirens.

Für den Nachweis von Solanin ist seine leichte Zersetzlichkeit in Solanidin und Zucker zu berücksichtigen: eine Spaltung, die sich bei Einwirkung von Mineralsäuren, sowie im Organismus vollzieht. Aus Organen wird man deshalb wohl meist Solanidin statt Solanin isoliren.

Während nun Solanin wässerigen, alkalischen Lösungen nur durch (warmen) Amylalkohol entzogen werden kann, geht das (dem Solanin chemisch und physiologisch ähnliche) Solanidin aus solchen Lösungen auch in Aether und Benzol über, aus sauren Flüssigkeiten aber nur in Chloroform.

Zur Erkennung des Solanins können folgende Reactionen dienen.

Concentrirte Schwefelsäure löst orangefarben, auf Zusatz von einem oder einigen Tropfen Bromwasser treten rothe Streifen auf.

Erdmann's Reagens liefert eine röthlichgelbe Färbung, die in Schmutzigroth und Violett übergeht.

Fröhde's Reagens löst gelbroth, dann kirschroth, endlich braun.

Alkoholschwefelsäure (d. h. ein Gemisch von 9 ccm absolutem Alkohol und 6 ccm concentrirter Schwefelsäure) ruft eine johannisbeerrothe Färbung hervor.

Schichtet man eine alkoholische Solaninlösung mit concentrirter Schwefelsäure, so zeigt sich eine rothe Zone.

Selenschwefelsäure (0,3 g selensaures Natrium, 8 ccm Wasser und 6 ccm concentrirte Schwefelsäure) giebt beim Stehen nach gelindem Erwärmen eine himbeerrothe Färbung.

Vanadinschwefelsäure löst orangefarben, dann roth, endlich violett.

Gegen die allgemeinen Alkaloidreagentien — mit Ausnahme der Phosphormolybdänsäure — sind Solaninlösungen unempfindlich; nach dem Erhitzen mit Salzsäure aber, d. h. nach Umwandlung des Solanins in Solanidin, geben die meisten dieser allgemeinen Reagentien (auch Platinchlorid) Fällungen.

Während sich somit Solanidin vom Solanin unterscheiden lässt, stimmen beide in ihrem Verhalten zu Alkoholschwefelsäure, Selenschwefelsäure und Vanadinschwefelsäure überein.

Strychnin.

Das Strychnin, $C_{21}H_{22}N_2O_2$, findet sich in wechselnden Mengenverhältnissen neben Brucin besonders im Samen und in der Rinde verschiedener Strychnosarten: so z. B. in dem, unter der Bezeichnung Brechnüsse oder Krähenaugen bekannten Samen von *Strychnos nux vomica* und in den sogenannten Ignatiusbohnen, dem Samen von *Strychnos Ignatii;* ferner in der falschen Angusturarinde[1]), sowie in verschiedenen (asiatischen) Pfeilgiften (s. auch Curarin).

Das Strychnin ist eine starke Base, die in vierseitigen, rhombischen Säulen krystallisirt oder ein weisser, körnig-krystallinisches Pulver bildet, welches selbst in kochendem Wasser sehr schwer, viel leichter in Alkohol (90 proc.), am leichtesten aber in Chloroform löslich ist. In (nicht absolutem) Aether, sowie in Benzol und Amylalkohol löst sich das Strychnin nur wenig, aber immer noch genügend, um den wässerigen Lösungen seiner Salze nach Zusatz von ätzenden oder kohlensauren Alkalien oder von Ammoniak beim Schütteln mit jenen Lösungsmitteln entzogen zu werden.

Das Strychnin besitzt, ebenso wie seine (in neutralen, wässerigen Flüssigkeiten theils löslichen, theils unlöslichen) Salze einen so intensiv bitteren Geschmack, dass es möglich ist, das in Rede stehende Alkaloid noch bei $\frac{1}{670\,000}$ Verdünnung wahrzunehmen.

Vergiftungen mit Krähenaugen und anderen Strychnosdrogen oder mit aus diesen dargestellten Präparaten, sowie mit Strychnin selbst oder mit seinen

---

[1]) Die Rinde von *Strychnos nux vomica*, mit welcher die früher als Fiebermittel benutzte echte Angusturarinde (von *Galipea officinalis*) verfälscht wurde.

Salzen (Nitrat, Sulfat, Acetat) kommen nicht selten vor. Meist sind es Selbstmorde oder medicinale Vergiftungen in Folge unvorsichtigen oder zu lange
fortgesetzten Gebrauches von Medicamenten (*Strychninum nitricum*, *Extractum
Strychni* oder *Tinctura Strychni*), ab und zu auch ökonomische Vergiftungen,
hervorgerufen durch sogenannten Strychnin- oder Giftweizen[1]) zum Ver-
tilgen von Ratten, Mäusen u. dergl.

Das Strychnin gehört zu den heftigsten Giften; seine bekannteste
Wirkung ist der Starrkrampf (Tetanus).

Als Gegengifte sind in Anwendung: Apomorphin, Morphin, Chloralhydrat und Paraldehyd.

Das dem Organismus zugeführte Strychnin wird, namentlich in der Leber,
hartnäckig zurückgehalten[2]); im Gehirn, Rückenmark und Herzen ist
es nur spurenweise aufgefunden worden, vorübergehend auch im Blute und
im Urin.

Bei Vergiftungen mit Strychnosdrogen und aus diesen hergestellten Präparaten (s. o.) findet man neben Strychnin auch Brucin,
sowie gelegentlich Reste der betreffenden Pflanzentheile, z. B. graubraune,
hornartige, mit mikroskopisch feinen, seidenglänzenden Härchen
besetzte Partikelchen oder Bruchstücke von Krähenaugen.

Für den gerichtlich-chemischen Nachweis des Strychnins ist wichtig, dass
dieses Alkaloid ausserordentlich lange — man spricht in einzelnen
Fällen sogar von 1 bis 3 Jahren — der Fäulniss widersteht, die Beantwortung der Frage aber, ob eine nach der Methode für Strychnin aufgefundene alkaloidische Substanz in der That Strychnin sei, kann unter
Umständen recht schwierig sein, weil es nicht bloss Pflanzengifte, sondern
auch Ptomaïne giebt, die in ihren chemischen Reactionen oder in
ihren physiologischen Wirkungen dem Strychnin mehr oder
minder ähnlich sind. Gewisse Derivate, z. B. Methyl- und Aethyl-
strychnin, stimmen in der Hauptreaction mit der Muttersubstanz überein,
besitzen aber deren physiologische Wirkungen nicht; in streitigen Fällen entscheidet der physiologische Versuch an Fröschen, bei denen schon $1/_{100}$ mg in
charakteristischer Weise die tetanisirende Wirkung des Strychnins hervorbringt.

Nachweis des Strychnins.

Das Strychnin wird von den gebräuchlichen Lösungsmitteln aus
wässerigen, sauren Flüssigkeiten nicht aufgenommen; macht man
aber dieselbe mit ätzenden oder kohlensauren Alkalien oder mit
Ammoniak alkalisch, so geht das Strychnin alsdann beim (sofortigen) Schütteln mit Aether, Benzol, Chloroform oder Amylalkohol in das betreffende Lösungsmittel über, am leichtesten in
Chloroform; nächst diesen empfiehlt sich in erster Reihe Benzol,
während Petroleumäther nur in dem Falle anzuwenden sein würde,

---

[1]) Derselbe muss durch auffällige Färbung (Anilinroth) kenntlich gemacht
sein. Vereinzelt wurde versucht, solchen gefärbten Giftweizen in verbrecherischer
Absicht mit anderem Mehl zusammen zu verbacken.

[2]) Ueber die Vertheilung des Strychnins in Leichen nach Analysen
von Dr. Bischoff in Berlin vergl. C. Wolff: Einige Fälle von
Strychninvergiftung. Dissert. Halle a/S. 1887. Dieselben Analysen
finden sich auch bei Dragendorff, S. 163.

wenn eine Trennung des Strychnins von anderen (in Petroleumäther unlöslichen) Pflanzengiften vorzunehmen wäre.

Beim Verdunsten der gereinigten Chloroform-, Benzol- oder Aetherauszüge hinterbleibt das Strychnin meist in krystallinischer Form und charakterisirt sich als solches, abgesehen von seiner intensiven Bitterkeit und seiner tetanisirenden Wirkung [1]), durch folgendes Verhalten:

a) Identitätsreaction.

Verreibt man eine Spur der zu prüfenden Substanz mit nicht ganz concentrirter Schwefelsäure (5 Thle. concentrirter Schwefelsäure und 1 Thl. Wasser) in einem Schälchen und führt in der in dünner Schicht ausgebreiteten Lösung mittelst eines Glasstäbchens ein Körnchen Kaliumbichromat herum, so treten blaue oder blauviolette Streifen auf, die bald in Roth übergehen und später verschwinden.

Vorzüglich gelingt diese Reaction nach Otto, wenn man den strychninhaltigen Verdunstungsrückstand im Schälchen mit etwas (bis zur Gelbfärbung verdünnter) Kaliumbichromatlösung übergiesst, die Flüssigkeit nach einigen Minuten abtropfen lässt, mit etwas Wasser nachwäscht, letzteres dann mit Fliesspapier entfernt und den aus Strychninchromat bestehenden gelben Anflug im Schälchen mit Schwefelsäure von obiger Concentration versetzt.

Die Identitätsreaction des Strychnins wird endlich auch dann sehr schön erhalten, wenn man Schwefelsäure von obiger Concentration in einem Porcellanschälchen ausbreitet, ein Körnchen Strychninchromat oder Ferricyanstrychnin (s. w. u.) zusetzt und mit einem Glasstäbchen umrührt.

b) Sonstige Specialreactionen.

Concentrirte Schwefelsäure und Salpeter, Erdmann's und Fröhde's Reagens geben mit reinem Strychnin keine Färbungen.

Vanadinschwefelsäure löst mit blauer Farbe, die allmählich in Violett und Roth übergeht; auf Zusatz von Wasser tritt eine, längere Zeit bleibende Rosafärbung ein.

Concentrirte Salpetersäure färbt nur gelblich, später dunkelgelb.

Kaliumbichromat (1,200) bewirkt in schwefelsauren Strychninlösungen nach kürzerer oder längerer Zeit einen gelben, nadelförmigen Niederschlag, welcher in mässig concentrirter Schwefelsäure die Identitätsreaction des Strychnins (s. o.) sehr schön giebt.

---

[1]) Die auch bei einigen Ptomaïnen sehr ähnlich ist.

Ferricyankalium erzeugt in Strychninsalzlösungen einen gelben, krystallinischen Niederschlag von ferricyanwasserstoffsaurem Strychnin, welches gegen Schwefelsäure dasselbe Verhalten zeigt wie chromsaures Strychnin (s. Identitätsreaction).

c) Allgemeine Alkaloid- oder Gruppenreactionen.

Strychninsalzlösungen geben mit den meisten allgemeinen Gruppenreagentien Niederschläge selbst bei sehr starker Verdünnung, so z. B. mit Gerbsäure, Jodjodkalium, Pikrinsäure, Quecksilberjodidjodkalium und Wismuthjodidjodkalium. Weniger empfindlich sind: Goldchlorid, welches in wässerigen Lösungen einen röthlichgelben Niederschlag bewirkt, und Platinchlorid, welches gelblichweisse Fällung liefert. — Phosphormolybdänsäure giebt einen Niederschlag, welcher mit concentrirter Schwefelsäure und Kaliumbichromat die Identitätsreaction des Strychnins liefert.

Nachweis von Strychnin und Brucin neben einander und Trennung beider Alkaloide von einander.

Wie schon früher erwähnt, finden sich bei Vergiftungen mit Strychnosdrogen oder aus diesen dargestellten Präparaten beide Alkaloide — Strychnin und Brucin — neben einander vor. Beide lassen sich in ein und derselben Probe nach einander nachweisen.

Löst man nämlich die zu prüfende Substanz in concentrirter Schwefelsäure auf und fügt man dann eine Spur Salpeter hinzu, so tritt beim Vorhandensein von Brucin (s. dieses) dessen bekannte Reaction: roth — orange — gelb ein.

Behandelt man nun die gelb gewordene Lösung in der oben angedeuteten Weise mit einem Körnchen Kaliumbichromat, so tritt beim Vorhandensein von Strychnin die Identitätsreaction (s. o.) dieses Alkaloids in ganz unzweideutiger Weise ein [1].

Will man Brucin von Strychnin trennen, so geschieht dies am besten in Form der chromsauren Salze in essigsaurer Lösung: Strychninchromat wird gefällt, Brucinchromat bleibt in Lösung und scheidet sich erst beim Verdunsten der filtrirten Lösung aus.

Annähernd lassen sich Brucin und Strychnin auch durch kalten, absoluten Alkohol, welcher vorwiegend Brucin auflöst, von einander scheiden.

Nachweis von Strychnin neben Morphin und Trennung beider von einander.

Die Möglichkeit gleichzeitiger Anwesenheit von Strychnin und Morphin in einem und demselben Untersuchungsobject wird dadurch nahe gelegt, dass das Morphin als Antidot bei Strychninvergiftung angewendet wird.

---

[1] Wenn nicht etwa unverhältnissmässig viel Brucin zugegen ist, in welchem Falle man die Hauptmenge desselben durch Alkohol (s. o. Trennung) erst entfernen müsste.

Ueberwiegt in einer Mischung beider Alkaloide das Morphin nicht zu sehr das Strychnin, so beeinträchtigt es die Identitätsreaction des letzteren nicht.

Uebrigens lassen sich beide Alkaloide auch leicht von einander trennen, wenn man ihre gemeinschaftliche wässerige Lösung mit Aetznatron stark alkalisch macht und mit Aether ausschüttelt, der in diesem Falle nur Strychnin aufnimmt.

Einem trockenen Gemische von Strychnin und Morphin entzieht Benzol oder Chloroform bei gewöhnlicher Temperatur nur das erstere Alkaloid.

Nachweis von Strychnin im Biere.

Um gegebenen Falles zu ermitteln, ob ein Bier unter Benutzung von Brechnüssen (Nux vomica) hergestellt ist, kann man 1 bis 2 Liter vom Untersuchungsobject längere Zeit (12 bis 24 Stunden) mit 50 g reiner Thierkohle digeriren, letztere dann abfiltriren, mit kaltem Wasser waschen und dann mit Alkohol auskochen.

War Strychnin vorhanden, so wurde es von der Thierkohle gebunden und beim Kochen mit Alkohol an diesen wieder abgegeben.

Verdampft man den alkoholischen Auszug und behandelt den Rückstand mit Chloroform, so nimmt letzteres das etwa vorhandene Strychnin auf, dessen Nachweis im Verdunstungsrückstande der filtrirten Chloroformlösung durch die oben angegebenen Reactionen geführt werden kann.

Thebaïn.

Das zu den Opiumalkaloiden (s. diese) gehörende Thebaïn, $C_{19}H_{21}NO_3$, krystallisirt in weissen, glänzenden Blättchen, die sich in Alkohol, Benzol und Chloroform leicht, in Wasser und Ammoniak kaum lösen.

Da das Thebaïn zur Zersetzung neigt, so wird es bei (Opium-) Vergiftungen oft nicht nachweisbar sein; von seinen Salzen sind durch Schwerlöslichkeit das saure Tartrat und das Salicylat ausgezeichnet; ersteres krystallisirt auch gut und ermöglicht eine Trennung von anderen Opiumalkaloiden, deren saure Tartrate leicht löslich sind (z. B. Narcotin).

Aus sauren Lösungen geht das Thebaïn nur in Chloroform über; aus alkalischen Flüssigkeiten auch in die anderen gebräuchlichen Ausschüttelungsflüssigkeiten, ausgenommen Petroleumäther.

Concentrirte Schwefelsäure löst das Thebaïn mit blutrother, in Gelbroth übergehender Farbe.

Fröhde's Reagens verhält sich ebenso, Erdmann's Reagens ähnlich.

Concentrirte Salpetersäure färbt sich mit Thebaïn gelb.

Chlorwasser und Ammoniak geben eine rothbraune Färbung.

Die empfindlichsten allgemeinen Alkaloidreagentien sind Jodjodkalium, Phosphorwolframsäure, Quecksilberjodidjodkalium und Wismuthjodidjodkalium.

Veratrin.

Das arzneilich angewendete „Veratrin", der wirksame Bestandtheil des Sabadillsamens, ist ein Gemenge von zwei, schwer zu trennenden und deshalb bei toxikologischen Analysen als Einheit zu behandelnden Alkaloiden:

nämlich dem krystallisirbaren Veratrin, $C_{32}H_{49}NO_9$, und dem, ihm isomeren, amorphen Veratridin.

Dieses „Veratrin" stellt ein weisses, äusserlich amorph erscheinendes Pulver dar, dessen Staub heftig zum Niesen reizt. — Es schmeckt brennend scharf, löst sich sehr wenig in Wasser, leicht aber in verdünnten Säuren, Alkohol und Chloroform, weniger leicht in Aether auf. Schmelzpunkt: 150⁰ bis 155⁰ C.

Das Veratrin, der Hauptvertreter der Gruppe der Veratrum - Alkaloide (s. w. u.), ist stark giftig; es wirkt u. a. brechenerregend und ruft auf den Schleimhäuten des Magens und Darms entzündliche Erscheinungen hervor. Zu beachten ist, dass das Veratrin in das Blut, sowie auch in den Harn übergeht und darin nachgewiesen werden kann.

Nachweis des Veratrins.

Obschon das Veratrin zu derjenigen Classe von Pflanzengiften gehört, welche aus sauren Lösungen nicht in Aether u. dergl. übergehen, so gilt dies doch nur für stark schwefelsaure Flüssigkeiten; schwach sauren Lösungen hingegen werden geringe Mengen Veratrin schon von Aether und Benzol, reichlicher von Chloroform und Amylalkohol entzogen. Will man also eine auf Veratrin zu untersuchende Flüssigkeit einer vorgängigen Reinigung unterziehen, so kann dies bei schwefelsaurer Reaction durch Schütteln mit Aether, besser Petroleumäther, geschehen.

Zur Abscheidung des Veratrins wird die zu untersuchende Lösung mit Natriumcarbonat alkalisch gemacht und mit Aether, Benzol oder Chloroform ausgeschüttelt.

Die Verdunstungsrückstände dieser Lösungsmittel sind amorph und geben, wenn sie Veratrin enthalten, folgende

a) Specialreactionen.

ConcentrirteSchwefelsäure: löst gelb, allmählich orange, dann blutroth und zuletzt (nach ca. einer halben Stunde) bleibend carminroth.

Beim Erwärmen geht die gelbe Lösung sogleich in Roth über. — Die (bei gewöhnlicher Temperatur und allmählich entstandene) rothe Lösung färbt sich auf Zusatz von ein wenig Salpetermehl hell kirschroth.

Erdmann's Reagens: wirkt ebenso, nur dass sich der Farbenwechsel schneller vollzieht.

Fröhde's Reagens: verhält sich wie das vorige.

Grandeau'sche Reaction: Die gelbe Lösung des Veratrins in concentrirter Schwefelsäure färbt sich auf Zusatz von Bromwasser sofort purpurfarben.

Weppen'sche Reaction: Bestreut man die in einem Porcellanschälchen ausgebreitete gelbe Lösung des Veratrins in concentrirter Schwefelsäure mit wenig Zuckerpulver, so tritt allmählich eine grüne, später eine blaue Färbung ein.

Wenn nicht zu geringe Mengen des Alkaloids zur Verfügung stehen, führt man die Weppen'sche Reaction besser so aus, dass man das Alkaloid mit etwa der sechsfachen Menge Zucker innig mischt und das Gemisch alsdann mit einigen Tropfen concentrirter Schwefelsäure verreibt, wobei sich die anfangs gelbliche Masse nach einiger Zeit vom Rande aus grün, später schön blau färbt.

Der Farbenwechsel von Gelb zu Blau wird durch Anhauchen beschleunigt; Zusatz von sehr wenig Wasser bedingt sofortige Blaufärbung.

Concentrirte Salpetersäure: löst das Veratrin mit gelber Farbe.

Vitali'sche Reaction (S. 299): Gelber Rückstand, welcher sich mit alkoholischer Kalilauge rothviolett bis orangerosa färbt.

Concentrirte Salzsäure: löst in der Kälte farblos, beim Erhitzen schön kirschroth (Trapp). — Diese Färbung ist sehr beständig, selbst wenn sie nur von 0,2 mg Veratrin herrührt.

b) Allgemeine Alkaloid- oder Gruppenreactionen.

Jodjodkalium, Phosphormolybdänsäure, Quecksilberjodid-Jodkalium und Gerbsäure geben in schwefelsauren Veratrinlösungen (bis $^1/_{5000}$ Verdünnung) Fällungen; weniger empfindlich (bis $^1/_{1000}$ Verdünnung) sind: Cadmiumjodid-Jodkalium, Goldchlorid und Pikrinsäure. — Kaliumbichromat, Platinchlorid und Quecksilberchlorid sind noch weniger empfindlich, reagiren aber noch bei Verdünnung $^1/_{500}$.

Sonstige Veratrum-Alkaloide.

Ausser Veratrin enthält der Sabadillsamen[1]) noch zwei Alkaloide — Sabadillin und Sabatrin —, die aber als Gifte kaum in Betracht kommen, obwohl sie chemisch dem Veratrin sehr ähnlich sind. Sie werden bei Vergiftungen mit Sabadillsamen gleichzeitig mit Veratrin isolirt und geben, wie dieses, mit vielen allgemeinen Gruppenreagentien Niederschläge. Der Hauptunterschied zwischen Veratrin einerseits und Sabadillin und Sabatrin andererseits liegt in der Weppen'schen Reaction, bei der sich die letzteren Alkaloide erst braun, dann rothviolett färben.

Andere Veratreen (Nieswurzelarten) enthalten andere Alkaloide, von denen zu nennen sind[2]):

  a) Veratroïdin, $C_{32}H_{53}NO_9$, eine dem Veratrin ähnliche amorphe Base, die durch Aether und Chloroform aus alkalischen Flüssigkeiten gewonnen werden kann.

---

[1]) Näheres siehe: Weigelin, Ueber die Alkaloide des Sabadillsamens. Dissert. Dorpat 1871. — E. Schmidt u. Köppen, Berichte d. deutsch. chem. Ges. 9, 1115 (1876). — Bosetti, Archiv d. Pharm. 221, 81 (1883).
[2]) Nach der neuesten „Untersuchung der Alkaloide des *Veratrum album* etc." von C. Pehkschen. Dissert. Dorpat 1890.

b) **Pseudojervin** (?), $C_{29}H_{49}NO_{12}$, rhombische Krystalle, löslich in Chloroform und Alkohol.

c) **Jervin**, $C_{14}H_{22}NO_2$, nadelförmige Krystalle; das salzsaure Salz krystallisirt schön aus schwach salzsauren alkoholischen Lösungen.

Gegen **allgemeine Alkaloidreagentien** verhalten sich die genannten drei Alkaloide wie **Veratrin**; ihre **Farbenreactionen** sind in folgender Tabelle zusammengestellt:

	Veratroïdin	Jervin	Pseudojervin
Concentrirte Schwefelsäure	wie Veratrin	gelbgrün bis dunkelgrün, ohne Fluorescenz	giebt im reinen Zustande keine Farbenreactionen.
Fröhde's Reagens	gelb-schmutzigbraun	gelbgrün	
Grandeau'sche Reaction	braungelb	—	
Concentrirte Salpetersäure	rosagelb	farblos, rosagelb	Mit Veratroïdin und Jervin verunreinigt, zeigt
Vitali'sche Reaction	dunkelgelb	dunkelgelb	es die seither für
Weppen'sche Reaction	braun	violettblau	Rubijervin angegebenen
Concentrirte Salzsäure	rosa, beim Erwärmen farblos, beim Kochen kirschroth	farblos, allmählich rosa, beim Erhitzen schmutziggelb	Färbungen.
Verdünnte (11 proc.) Salzsäure	rosa (Veratrin: farblos)		—

Als charakteristischen Bestandtheil enthalten die Veratreen noch **Jervasäure**, deren Anwesenheit neben obigen Alkaloiden zur Bestätigung einer Vergiftung mit **Nieswurzeln** beitragen könnte.

Die **Jervasäure** wird aus **essigsauren** Flüssigkeiten durch **Bleiacetat** gefällt und durch Zerlegung des Niederschlages mit Schwefelwasserstoff und Eindampfen des Filtrates krystallisirt erhalten[1]).

---

[1]) Näheres über Eigenschaften und Reactionen der Jervasäure und ihrer Salze siehe: H. **Weppen**, Archiv d. Pharm. **211**, 101 (1873).

Ptomaïne.

Seit etwa 30 Jahren sind gelegentlich gerichtlich - chemischer Untersuchungen von Leichentheilen, namentlich von Eingeweiden, Stoffe beobachtet worden, welche, nach den Methoden zur Ausmittelung von Pflanzengiften isolirt, mit diesen nicht bloss bezüglich ihres Verhaltens gegen allgemeine Gruppenreagentien eine gewisse Aehnlichkeit zeigten, sondern sogar in einzelnen Specialreactionen mit gewissen Pflanzengiften nahezu übereinstimmten.

Man bezeichnet solche Stoffe, die ihrer chemischen Natur nach organische Basen [1]) sind, zum Unterschiede von den Pflanzenbasen oder Alkaloiden (nach dem Vorgange von Selmi, der zuerst die gerichtlich-chemische Bedeutung solcher Substanzen hervorhob) als Ptomaïne oder Leichenalkaloide.

Diese Ptomaïne, auch Cadaver- oder Fäulnissalkaloide genannt, sieht man jetzt wohl allgemein als Zersetzungsproducte von Eiweissstoffen an, speciell wenn diese Zersetzung, wie es ja in Leichen der Fall ist, bei mehr oder minder vollständigem Abschluss von Luft (Sauerstoff) stattfindet.

Verstand man unter Ptomaïnen somit anfänglich nur jene alkaloidähnlichen Zersetzungsproducte von todtem animalischem Eiweiss, so hat sich der Begriff der Ptomaïne mehr und mehr dahin erweitert, dass man darunter jetzt alle derartigen Zersetzungsproducte thierischer und pflanzlicher Eiweissstoffe versteht, im ersteren Falle auch dann, wenn die Eiweisszersetzung, sei es durch bacterielle Thätigkeit (bei Infectionskrankheiten) oder bei anderen pathologischen Zuständen, sich schon im lebenden Organismus vollzieht [2]).

Die gerichtliche Chemie aber hat es mit Ptomaïnen nur in soweit zu thun, als dieselben bei Untersuchungen von Leichentheilen, Blut, Speisen und einzelnen Nahrungsmitteln nach den Methoden der Analyse auf Pflanzengifte isolirt und wegen ihrer Aehnlichkeit mit solchen verwechselt werden können, gleichgiltig ob die fragliche Substanz sich bereits im lebenden Organismus durch irgend welchen (bacteriellen oder nicht bacteriellen) pathologischen Process gebildet hatte oder erst durch Fäulniss todten Materials entstanden war.

Aber selbst wenn man die Ptomaïne im engsten Sinne nur als Producte der Fleischfäulniss auffasst, sind die Verhältnisse noch verwickelt genug, weil in verschiedenen Stadien der Fäulniss und nach Maassgabe verschiedener, bei der Zersetzung abweichender, äusserer Umstände — Luftzutritt, Temperatur, Feuchtigkeit, Boden- und Grundwasserverhältnisse — verschiedenartige Fäulnissproducte entstehen.

Toxikologisch betrachtet, sind die Ptomaïne theils giftig, theils ungiftig; von den ersteren erinnern einige rücksichtlich ihrer Wirkungen sehr an Pflanzengifte und bilden auch den giftigen Bestandtheil verdorbener Nahrungsmittel — Fleischgift, Wurstgift, Fischgift, Muschelgift, Käsegift, Mehlgift, Maisgift u. s. w.

Vergegenwärtigt man sich nun die Thatsache, dass schon zu wiederholten Malen bei Untersuchungen von Leichentheilen auf Pflanzengifte zwecks Feststellung vermutheter Giftmorde Ptomaïne gefunden worden sind, die chemisch und theilweise auch toxikologisch eine mitunter geradezu frappante Aehnlichkeit mit gewissen Pflanzengiften — Colchicin, Coniin,

---

[1]) Bei Vergiftungen mit Arsen und Phosphor sind Ptomaïne gefunden, welche Arsen und Phosphor enthielten und als Arsine und Phosphine zu bezeichnen sind.

[2]) Vergl. Brieger's Untersuchungen über Ptomaïne. Berlin 1885.

Delphinin, Morphin, Strychnin — hatten und wenig fehlte, dass die betreffenden Angeklagten Opfer von Justizmorden wurden, so bedarf es keines besonderen Hinweises auf die Bedeutung[1]) der Ptomaïne für die forensisch-chemische Praxis, am wenigsten für den, welcher die an und für sich schon beträchtlichen Schwierigkeiten einer gerichtlich-chemischen Analyse auf Alkaloide und ähnliche Gifte aus eigener Erfahrung kennt.

Von den weiter unten beschriebenen Methoden der Analyse auf Pflanzengifte liegt die Gefahr, an Stelle oder gleichzeitig mit einem solchen auch Ptomaïne zu isoliren, beim Stass-Otto'schen Verfahren näher als beim Dragendorff'schen, wenigstens so lange im letzteren Falle mit Petroleumäther und Benzol gearbeitet wird, in welche beiden Lösungsmittel Ptomaïne viel weniger leicht übergehen als in Aether, Chloroform oder Amylalkohol.

Eine Reaction, um Pflanzengifte von Fäulnissalkaloiden zu unterscheiden, ist bis jetzt ebenso wenig bekannt, als eine Methode, Substanzen beiderlei Art von einander zu trennen.

Dem ersteren Zwecke sollte z. B. die Brouardel-Boutmy'sche Reaction[2]) dienen, welche darauf beruht, dass Ptomaïne, als bei Luftabschluss entstandene Producte, das Bestreben haben, sich zu oxydiren bezw. andere Substanzen zu reduciren. Die Reaction selbst besteht darin, dass man ein wenig von der fraglichen Substanz zu einer verdünnten und mit etwas Eisenchlorid versetzten Lösung von rothem Blutlaugensalz hinzufügt. War die Substanz ein Ptomaïn, so reducirt sie das rothe Blutlaugensalz zu gelbem, welches letztere nun auf das Eisenchlorid unter Bildung von Berlinerblau reagirt.

Da aber eine ganze Reihe bekannter Pflanzenbasen — Colchicin, Morphin u. s. w. — die Brouardel-Boutmy'sche Reaction ebenfalls liefern, so ist sie für den Zweck, dem sie dienen sollte, vollständig unbrauchbar.

Zuverlässiger soll die von Wefers Bettink und van Dissel vorgeschlagene Modification[3]) der Brouardel-Boutmy'schen Reaction sein, darin bestehend, dass dabei chromsäurehaltiges Eisenchlorid als Oxydationsmittel benutzt wird.

Man führt diese Reaction so aus, dass man eine geringe Menge der fraglichen Substanz auf einem Uhrgläschen mit einem Tropfen verdünnter (2,5 proc.) Salzsäure versetzt, ein Körnchen rothes Blutlaugensalz zufügt und nach Lösung bezw. Mischung der Masse einen Tropfen chromsäurehaltige Eisenchloridlösung zufliessen lässt.

Diese Lösung wird bereitet, indem man 2,5 g krystallisirtes Eisenchlorid mit 2 ccm Salzsäure (von 11 Proc.) und der nöthigen Menge Wasser zu 100 ccm löst und 30 ccm dieser Lösung mit 0,15 g krystallisirter Chromsäure versetzt.

Andere, zu gleichem Zwecke empfohlene, Reactionen sind auch nicht mehr werth als die Brouardel-Boutmy'sche Unterscheidungsprobe von Pflanzen- und Fäulnissalkaloiden.

Ein Verfahren zur Trennung solcher Substanzen gründeten Hilger und Tamba[4]) auf die verschiedene Löslichkeit der Oxalate von Pflanzen- und Fäulnissbasen in Aether.

---

[1]) Man lese die Aufsätze von Th. Husemann, Archiv d. Pharm. **216**, 169 (1880); **219**, 187 (1881); **220**, 270 (1882).

[2]) Ber. d. deutsch. chem. Ges. **14**, 1293 (1881).

[3]) Nach Husemann, Archiv d. Pharm. **222**, 532 (1884).

[4]) Chem. Central-Blatt 1886, 506.

Versetzt man hiernach eine ätherische Lösung der zu prüfenden Substanz mit einer ätherischen Oxalsäurelösung, so soll nur dann ein Niederschlag entstehen, wenn der fragliche Stoff ein Pflanzenalkaloid ist, während Fäulnissbasen unter den angegebenen Bedingungen nicht gefällt werden sollen.

In vielen Fällen mag dies zutreffen, die allgemeine Giltigkeit des Hilger-Tamba'schen Trennungsprincips ist aber noch nicht bewiesen.

Giebt es auch, wie gesagt, gegenwärtig noch kein Mittel, um Pflanzenalkaloide in einfacher und unzweideutiger Weise von Fäulnissbasen zu unterscheiden, so fehlt es doch andererseits auch nicht an gewissen Anhaltspunkten, welche gegebenen Falles die Beantwortung der Frage ermöglichen, ob eine nach den Methoden der Analyse auf Pflanzengifte isolirte Substanz ein von aussen eingeführtes Pflanzengift oder ein im Objecte selbst erst entstandenes Ptomaïn ist.

Solche Anhaltspunkte sind z. B. folgende:

Gewisse Ptomaïne geben allerdings Specialreactionen gewisser Pflanzenalkaloide, indessen erstreckt sich diese Uebereinstimmung in der Regel nur auf eine oder einige Reactionen, während in anderen Reactionen das Ptomaïn von dem muthmaasslichen Pflanzenalkaloide abweicht [1].

Hieraus folgt die Nothwendigkeit, eine bei einer gerichtlich-chemischen Analyse abgeschiedene alkaloidähnliche Substanz mit dem (aus einem möglichst ähnlichen Untersuchungsobjecte isolirten) vermutheten Pflanzengifte in möglichst vielen Reactionen zu vergleichen.

Ein zweiter Punkt ist der, dass sich Ptomaïne von den Pflanzenbasen, mit denen sie gewisse Aehnlichkeit im Verhalten gegen Reagentien aufweisen, oft in ihren äusseren Eigenschaften: Aussehen, Geruch, Geschmack u. s. w. unterscheiden.

Endlich ist nur ein Theil der Ptomaïne giftig, und so weit dies der Fall, stimmen die physiologischen Reactionen der Ptomaïne meist nicht mit denjenigen der chemisch ähnlichen Pflanzengifte überein.

Wenn also irgend möglich, so lasse man mit einem Theile der thunlichst gereinigten Substanz, über deren ptomaïnartigen Charakter man im Zweifel ist, ein physiologisches Experiment ausführen.

Die Wichtigkeit des Auffindens von Pflanzenresten im Erbrochenen, Mageninhalt u. dergl. bei Ausmittelung von Pflanzengiften wurde in Rücksicht auf Complikationen durch Ptomaïne schon bei den Vorproben (S. 25) betont; denn es leuchtet ein, dass die Frage, ob gegebenen Falls die fragliche isolirte Substanz ein Ptomaïn oder ein Pflanzengift ist, sich leicht beantworten lässt, wenn bei Durchmusterung des Objectes Reste einer Pflanze gefunden worden sind, die das vermuthete Pflanzengift enthält.

Obschon es dem Gesagten zu Folge Anhaltspunkte giebt, welche den Experten vor Verwechselung des einen oder anderen Pflanzengiftes mit einem ähnlichen Ptomaïne schützten, so steht doch andererseits fest, dass manche Analyse auf Pflanzengifte zu keiner endgiltigen Entscheidung darüber führt, ob die isolirte Substanz ein von aussen eingeführtes Alkaloid oder ein Fäulnissproduct ist.

„Nur wo der Chemiker und der Pharmakolog zu derselben Diagnose kommen und diese auch mit den in vita beobachteten Symptomen überein-

---

[1] Nur ein Fall ist bekannt, in welchem ein Ptomaïn — nämlich das Leichenmuscarin — mit einem Pflanzenalkaloide — dem Muscarin — in Zusammensetzung und Wirkung identisch ist.

stimmt, da ist die Sicherheit vorhanden, dass der Verstorbene wirklich durch dieses Gift ums Leben gekommen ist [1])".

Nachstehend mögen noch einige Angaben über die, für die gerichtliche Chemie wichtigsten [2]), Ptomaïne Platz finden und, so weit diese nicht besondere Namen haben, vom rein praktischen Standpunkte aus bezeichnet und in den Vordergrund gestellt werden.

Leichenatropin, d. h. eine, vielleicht auch einige Substanzen, welche Zersetzungsproducte animalischer Stoffe sind, ihrer physiologischen Wirkung nach aber dem Atropin bezw. den mydriatisch wirkenden Pflanzenalkaloiden mitunter zum Verwechseln ähnlich sind, scheinen die Hauptrolle bei der sog. Wurstvergiftung zu spielen.

Eine hierher gehörige Substanz ist auch aus faulender Muskelfleischflüssigkeit in krystallisirbarem Zustande erhalten worden [3]).

Soweit bekannt, unterscheidet sich das Leichenatropin von dem Atropin (bezw. Hyoscyamin) namentlich dadurch, dass es die Vitali'sche Reaction nicht giebt.

Leichencodeïn ähnelt dem Codeïn nur darin, dass es beim Eindampfen mit Salzsäure und etwas Schwefelsäure einen rothen Rückstand hinterlässt.

Leichencolchicin, eine aus einer 22 Monate alten Leiche isolirte, wahrscheinlich peptonartige Fäulnisssubstanz [4]), erwies sich ihrer äusseren Beschaffenheit nach, sowie in Bezug auf ihre Löslichkeitsverhältnisse und Reactionen dem Colchicin so ähnlich, dass sie von diesem nur durch das Fehlen der Eisenchloridreaction und ihre Fällbarkeit durch Pikrinsäure mit Bestimmtheit unterschieden werden konnte.

Leichenconiine, d. h. flüssige, flüchtige, dem Coniin ähnliche Fäulnissbasen, sind bei Untersuchung menschlicher und thierischer Organe nicht selten aufgefunden worden. Sie werden als farblose oder gelbliche, stark alkalisch reagirende Flüssigkeiten beschrieben, welche einen mehr oder weniger coniinartigen — mitunter mehr an Nicotin erinnernden — Geruch und einen scharfen, tabakartigen Geschmack besassen.

Die Leichenconiine sind theils giftig, theils ungiftig; unter den ersteren soll es eine Substanz geben, welche mit den toxischen Wirkungen des Pflanzenconiins übereinstimmt und auch dessen chemisches Verhalten theilt.

Ein von Schwanert [5]) isolirtes Leichenconiin gab mit Fröhde'schem Reagens beim Erwärmen Blaufärbung.

Zu den Leichenconiinen gehört auch das Cadaverin (s. u.).

Leichencurarin, eine curareartig wirkende, sehr oft auftretende Fäulnissbase, bildet harnstoffartige Krystalle. Das Curarin unterscheidet sich von ähnlich wirkenden Ptomaïnen meist dadurch, dass ersteres weder aus sauren noch alkalischen Lösungen in die gebräuchlichen Ausschüttelungsflüssigkeiten übergeht.

Leichendelphinin, ein Ptomaïn, welches italienische Sachverständige bei einem Kriminalprocesse mit Delphinin verwechselten, weil es sich gegen

[1]) Kobert-Werber, Compendium der praktischen Toxikologie, S. 12.
[2]) Zusammenstellungen zahlreicher Ptomaïne finden sich z. B. von Brieger in Virchow's Archiv 115, 488 (1889), von Kobert in dessen Compendium der praktischen Toxikologie.
[3]) Sonnenschein und Zülzer; vergl. die oben citirten Aufsätze von Husemann.
[4]) Baumert, Arch. d. Pharm. 225, 911, (1887) u. Liebermann, ebenda.
[5]) Berichte d. deutsch. chem. Ges. 7, 1332 (1874). — Vergl. auch Otto, S. 90 ff. und Husemann, Archiv d. Pharmacie.

Schwefelsäure und Phosphorsäure wie das betreffende Pflanzenalkaloid verhält, unterscheidet sich von diesen durch das Fehlen der Grandeau'schen Reaction, sowie durch die Nichtfällbarkeit mittelst einer neutralen, ätherischen Lösung von Platinchlorid, welche in ätherischen Delphininlösungen einen weissen, flockigen, in dem gleichen Volum absoluten Alkohols nicht löslichen Niederschlag hervorruft. Fröde's Reagens liefert mit Leichendelphinin keine Rothfärbung, Gold-Natriumthiosulfat keine Fällung.

Das Leichendelphinin besitzt nicht die physiologische Wirkung des Pflanzendelphinins [1].

Leichendigitalin wird aus sauren Lösungen von Aether aufgenommen; es giebt zum Unterschiede von Digitalin die Grandeau'sche Reaction nicht [2].

Leichenmorphin stimmt, von mehr oder weniger morphinähnlicher Wirkung abgesehen, mit Morphin namentlich im Verhalten zu Jodsäure überein. Aehnlich sind auch die Reactionen mit Salpetersäure und mit Schwefelsäure [3]; die übrigen Reactionen des Morphins — z. B. mit Eisenchlorid, sowie die Pellagri'sche Probe — giebt Leichenmorphin nicht.

Leichenmuscarin stimmt in Zusammensetzung und Wirkung mit dem Muscarin überein (Brieger).

Leichennicotin, ein dem Nicotin sehr ähnliches Cadaveralkaloid, wurde aus einer sechs Wochen alten Leiche durch Aether isolirt. Die Substanz war nicht giftig, flüssig und flüchtig, anfänglich gelb, färbte sich an der Luft braun, löste sich in Wasser und besass einen betäubend starken, nicotinähnlichen Geruch, aber keinen bitteren Geschmack [4].

Das firnissartige, gelbe, salzsaure Salz dieses Leichennicotins zeigte beim Stehen keine Krystallbildung, lieferte die Roussin'schen Krystalle nicht und unterschied sich auch im Verhalten gegen Jodjodkalium, Goldchlorid, Platinchlorid, Quecksilberchlorid und Wismuthjodidjodkalium von Nicotin.

Leichenstrychnine sind mehrfach beobachtet worden. In einem Falle gab das betreffende Ptomaïn nicht nur verschiedene chemische Reactionen, einschliesslich der Identitätsreaction des Strychnins, sondern besass auch dessen tetanisirende Wirkung.

In anderen Fällen ähnelte das betreffende Ptomaïn dem eben genannten Pflanzenalkaloide entweder nur in Bezug auf das chemische Verhalten oder nur rücksichtlich der tetanisirenden Wirkung.

Ueber ein Leichenstrychnin der ersteren Gruppe, also ein Ptomaïn mit strychninähnlichen Reactionen ohne tetanisirende Wirkung, dem Amthor [5] zweimal in circa acht Tage alten Leichen begegnete, giebt dieser Autor Folgendes an:

Das betreffende Ptomaïn war bei der Analyse nach Stas-Otto aus alkalischer Lösung in Aether sowohl wie in Amylalkohol übergegangen und hinterblieb beim Verdunsten der Auszüge in nicht krystallisirter Form. Das salzsaure Salz krystallisirte leicht, das essigsaure schwieriger in feinen, sternförmig gruppirten Nadeln.

Die fragliche Substanz reagirte, wie Strychnin, alkalisch, schmeckte

---

[1] Husemann, Archiv d. Pharmacie **217**, 328 (1880).
[2] Husemann, l. c. 332.
[3] Ebenda S. 333.
[4] Wolkenhaar, Correspondenzblatt des Vereins analyt. Chemiker I. 33 und 37.
[5] Bericht über die 6. Versammlung bayer. Vertreter der angewandten Chemie zu München 1887, Seite 59 (Jul. Springer, Berlin).

aber nur schwach bitter und wirkte selbst in grösseren Dosen nicht tetanisirend.

Sonstige Uebereinstimmungen und Abweichungen im Verhalten des Leichenstrychnins von demjenigen des Strychnins sind aus folgender Gegenüberstellung der beiderseitigen Reactionen ersichtlich:

Reactionen	Leichenstrychnin	Strychnin
Pikrinsäure:	bräunlichgelber, nicht krystallinischer Niederschlag	hellgelber, krystallinischer Niederschlag
Derselbe liefert mit		
Kaliumbichromat und Schwefelsäure:	grüne Färbung	violette Färbung
Kaliumbichromat:	röthlichbrauner, nicht krystallinischer Niederschlag	gelber, krystallinischer Niederschlag
Derselbe liefert mit		
Schwefelsäure:	blaue, in Stahlblau und Röthlich übergehende Färbung	blaue oder violette, länger andauernde Färbung
Gerbsäure:	bräunliche Fällung	weisse Fällung
Chlorwasser:	weisser, in Ammoniak löslicher Niederschlag	
Ferricyankalium:	bräunlicher, amorpher Niederschlag	gelber, krystallinischer Niederschlag
Platinchlorid:	amorpher, gelber Niederschlag mit wenigen Krystallen	gelber, körniger Niederschlag
Rhodankalium:	bräunlichgelber, amorpher Niederschlag	farbloser, krystallinischer Niederschlag
Natronlauge:	amorpher, weisser Niederschlag	
Salpetersäure:	färbt schmutzigroth, dann gelb	färbt erst beim Erwärmen gelblich
Salpetersäure und alkoholische Kalilauge:	vorübergehend rosa, dann tief orange	blutroth
Phosphorwolfram- und Phosphormolybdänsäure:	liefern amorphe Fällungen.	

Im Anschluss an diese, den Nachweis von Atropin, Colchicin, Coniin, Curarin, Delphinin, Digitalin, Morphin, Muscarin, Nicotin und Strychnin besonders gefährdenden Ptomaïne mögen noch folgende Substanzen aus dieser Gruppe Erwähnung finden:

Cadaverin (Pentamethylendiamin: $C_5H_{14}N$) erscheint bei der Fleischfäulniss gewöhnlich erst in grösseren Mengen, wenn das in den ersten Stadien
auftretende Cholin wieder verschwunden ist und kommt auch (als Stoffwechselproduct gewisser Bacterien) im lebenden Organismus bei gewissen Krankheiten
vor, z. B. bei Cystinurie im Harn, bei der Cholera im Darminhalt.

Im freien Zustande ist das Cadaverin, welches eine stark alkalische
flüchtige Flüssigkeit von piperidinartigem Geruch darstellt, giftig, seine Salze
sind es viel weniger [1]).

Das schön krystallisirende salzsaure Cadaverin zerfällt beim trocknen
Erhitzen in Chlorammonium und salzsaures Piperidin.

Mit verschiedenen allgemeinen Alkaloidreagentien giebt das
Cadaverin Fällungen.

Cholin, $C_5H_{15}NO_2$, kann bei gerichtlich-chemischen Untersuchungen
gelegentlich als Product der Fäulniss von Leichen, sowie der chemischen Zersetzung von Lecithinen (jener im Thier- und Pflanzenreiche sehr weit verbreiteten fettähnlichen Substanzen) beobachtet werden.

Das Cholin stellt einen wasserlöslichen, alkalischen Syrup dar, welcher
beim Erhitzen den Geruch nach Trimethylamin entwickelt.

Aus alkalischen Lösungen geht das Cholin in Chloroform über; die
gebräuchlichsten allgemeinen Alkaloidreagentien — Phosphorwolframsäure ausgenommen — geben mit Cholinlösungen keine Fällungen.

Durch Oxydation verwandelt sich das wenig giftige Cholin in das stark
giftige Muscarin (S. 322), neben welchem es sich im Fliegenpilze vorfindet.
Auch andere Pilze, z. B. die Morchel (S. 339), enthalten Cholin.

Gadinin, $C_{17}H_{17}NO_2$, mag hier als einer der giftigen Bestandtheile erwähnt werden, die sich in in Zersetzung begriffenen (schlecht conservirten)
Fischen bilden.

Fischvergiftungen kommen öfter vor und sind meist durch Ptomaïne,
selten durch specifische Gifte der lebenden Fische veranlasst. Bei manchen
Fischarten sind die Eier sehr giftig.

Käsegift, Tyrotoxicon, Tyrotoxin wird als eine krystallisirbare,
mit Wasserdämpfen flüchtige Substanz beschrieben [2]), die sich in Wasser,
Alkohol, Aether und Chloroform löst, stark reducirend und giftig wirkt
und auf die gewöhnlichen Fällungsmittel nicht reagirt.

Methylguanidin, $CH_4N_2.CH_3$, ein zerfliessliches, stark alkalisches
Fäulnissproduct.

Mydaleïn wirkt theils atropin-, theils muscarinartig; soll mit allgemeinen
Gruppenreagentien meist ölige Fällungen geben.

Mydatoxin, $C_{16}H_{13}NO_2$, ein in Alkohol und Aether unlöslicher, stark
alkalischer und giftiger Syrup, ist, wie das ungiftige Mydin, $C_8H_{11}NO$, aus
faulenden Leichen isolirt worden.

Mytilotoxin, $C_6H_{15}NO_2$, der giftige, curareartig wirkende Bestandtheil
der Miesmuscheln, wenn sie in stagnirenden Gewässern leben [3]).

Neurin, $C_5H_{13}NO$, ist eine alkalische, hygroskopische Masse, die neben
Cholin und Muscarin im Fliegenpilze vorkommt und sich auch bei (5- bis 6 tägiger)
Fäulniss von Fleisch, sowie durch Wasseraustritt aus Cholin bildet. Neurin
wirkt wie Muscarin, nur etwas schwächer.

Neuridin, $C_5H_{14}N_2$, isomer mit Pentamethylendiamin (Cadaverin) und
Saprin, ist ein Bestandtheil des Gehirns, faulenden Fleisches, in Zersetzung

---

[1]) Vergl. R. Kobert, Ueber Cadaverin, Therapeutische Monatshefte
1891 (Februar).

[2]) Chem. Centralblatt 1886, 70; 1888, 288; 1891, 554.

[3]) Ueber Miesmuschelvergiftungen s. Brieger.

begriffener Wurst, Fische, Käse und Leim. Es stellt eine widerlich riechende, in Wasser leicht, in absolutem Alkohol unlösliche, durch $HgCl_2$ fällbare, gelatinöse Masse dar.

Putrescin (Tetramethylendiamin, $C_4H_{12}N_2$) bildet sich bei der Fäulniss von Leichen und kommt auch als pathologisches Stoffwechselproduct (bei Cystinurie) im Harn vor. Es stellt eine flüchtige, nicht giftige, piperidinartig riechende Flüssigkeit dar.

Pyridinbasen (S. 277) sind unter den Ptomaïnen vertreten durch Collidin, $C_8H_{11}N$, Parvolin, $C_9H_{13}N$, und Coridin, $C_{10}H_{15}N$.

Saprin (isomer mit Putrescin) ist ein ebenfalls ungiftiges Product der Leichenfäulniss.

Sepsin ist jene häufig vorkommende Fäulnissbase, welche schwere Darmentzündungen mit oft tödlichem Ausgange hervorruft.

Tetanin und Tetanotoxin sind basische, von gewissen Bacterien erzeugte Zersetzungsproducte, die strychninähnlich wirken, aber sich chemisch davon ganz verschieden verhalten.

Typhotoxin bildet sich bei den Reinculturen der Typhusbacillen und ist sehr giftig.

Wurstgift scheint seiner Wirkung nach in sehr naher Beziehung zum Leichenatropin (s. o.) zu stehen.

Im Anschluss an die Ptomaïne mögen hier noch die

Toxalbumine

wenigstens erwähnt werden; es sind dies eigenthümliche giftige Eiweisskörper, die in der Natur fertig gebildet vorkommen oder die Stoffwechselproducte von Mikroorganismen sind.

Zu den ersteren gehören: Schlangengift, Spinnengift, sowie das Ricin (aus den Ricinussamen), das Abrin (aus *Abrus precatorius*) und das Phallin (aus dem Knollenblätterpilze: *Amanita phalloides = Agaricus Phalloides = A. bulbosus*) [1].

Von den durch bacterielle Thätigkeit entstehenden Toxalbuminen sei dasjenige des Diphteriebacillus [2] genannt.

Die Eiweissgifte verhalten sich in ihren Reactionen im Allgemeinen wie Eiweisskörper oder Peptone und sind ungemein leicht zersetzlich.

Ueber Nachweis von Toxalbuminen im Blute s. 3. Abth.

---

[1] Kobert, Arbeiten aus dem pharmacologischen Institute in Dorpat; über Ricin daselbst Heft 3, über Abrin, Sitzungsberichte der Dorpater Naturforscher-Gesellschaft 9, 114 (1889), sowie H. Hellin, Dissertation, Dorpat 1891; über Phallin, vergl. den S. 338 citirten Vortrag von Kobert am 22. Nov. 1891 in der Dorpater Naturforscher-Gesellschaft.

[2] Brieger und Fränkel, Ber. d. deutsch. chem. Ges. 1890 (III) 251.

Vierter Abschnitt.

Die Analyse auf Pflanzengifte.

Da, wie schon erwähnt, Vergiftungen solcher Art nicht immer durch Pflanzengifte in Substanz, sondern oft genug auch durch den Genuss giftiger Pflanzentheile (Drogen) veranlasst werden, so durchsuche man vor Eintritt in die Analyse die gegebenen Objecte — Magen und Darm nebst Inhalt, Speisereste, Erbrochenes u. dergl. — auf das Genaueste, auch mit der Lupe, nach Pflanzenresten, Blättern, Früchten, Haaren oder vegetabilischen, pulverförmigen Substanzen — und lasse sie vorkommenden Falles von einem Botaniker oder Pharmakognosten bestimmen; denn derartige Funde sind bei Analysen auf Pflanzengifte stets von Interesse, mitunter sogar — z. B. bei Collisionen mit Fäulnissalkaloiden, bei Pilzvergiftungen u. s. w. — das einzige Mittel, um gewisse Vergiftungen festzustellen.

Von den verschiedenen Methoden zur Ausmittelung von Pflanzengiften sollen nachstehend nur die beiden gebräuchlichsten beschrieben werden, nämlich die von Otto modificirte Methode von Stas, sowie diejenige von Dragendorff.

Das ursprüngliche Stas'sche[1], sowie das Erdmann-Uslar'sche[2] Verfahren hat heute nur noch historisches Interesse.

Methode von Stas-Otto[3].

Dieses Verfahren gründet sich auf die Thatsache, dass die hier in Frage kommenden Gifte in Wasser lösliche saure, weinsaure Salze bilden und dieser Lösung theils direct, theils erst nach Zusatz von Alkalien, theils auch gar nicht durch Schütteln mit Aether oder Amylalkohol entzogen werden können.

Hiernach unterscheidet man beim Stas-Otto'schen Verfahren folgende (nicht scharf zu trennende) Gruppen von Pflanzengiften; nämlich:

1. Gruppe: die aus saurer Lösung in Aether,
2. Gruppe: die aus alkalischer Lösung in Aether,
3. Gruppe: die aus ammoniakalischer Lösung in Aether,
4. Gruppe: die aus ammoniakalischer Lösung in Amylalkohol übergehen und endlich
5. Gruppe: die unter den angegebenen Verhältnissen in der wässerigen Lösung verbleiben.

In allen Gruppen können an Stelle von Pflanzengiften und mit solchen gleichzeitig Ptomaïne angetroffen werden.

---

[1] Annalen d. Chemie u. Pharmacie 84, 379 (1852).
[2] Ebenda 120, 121 (1861).
[3] Annalen der Chemie und Pharmacie 100, 44 (1856). — Otto, Anleitung zur Ausmittelung der Gifte, S. 103.

Dies vorausgeschickt, verfährt man bei der Analyse auf Pflanzengifte nach Stas-Otto, wie folgt[1]):

Das nöthigenfalls genügend zerkleinerte Untersuchungsobject wird, wenn es nicht sauer reagirt, mit Weinsäure angesäuert; andernfalls stumpft man die vorhandene Säure erst mit reinem Natriumcarbonat ab und säuert dann mit Weinsäure an.

Handelt es sich bei einer Analyse auf Gift überhaupt um die Untersuchung der Rückstände von der Phosphor- und Blausäureprüfung auf Pflanzengifte, so concentrirt man die annähernd neutralisirten, aber noch deutlich weinsauer reagirenden flüssigen Massen vorsichtig bei gelinder Wärme auf dem Wasserbade und fügt dann allmählich die nöthige Menge absoluten Alkohol zu.

Das so vorbereitete Object wird nun in einem Kolben mit 96 proc. Alkohol (S. 32) übergossen und unter öfterem Umschütteln einige Zeit bei Zimmertemperatur stehen gelassen, während welcher Zeit man darauf achtet, dass die Reaction deutlich sauer bleibt und, wenn dies nicht der Fall ist, nach Bedarf Weinsäure zusetzt.

Nachdem dieser erste, kalt bereitete weinsaure Alkoholextract der Hauptsache nach durch ein mit Alkohol benetztes Filter abgegossen ist, vermischt man den Rückstand im Kolben wieder mit Alkohol und digerirt die deutlich sauer bleibende Masse auf dem Wasserbade etwa eine Stunde lang bei circa 60° C., während welcher Operation der Kolben mit einer langen Condensationsröhre versehen ist.

Nach dem Erkalten wird die Flüssigkeit durch das schon benutzte Filter dem ersten Extracte beigefügt und der Alkohol im Kolben erneuert.

Die Digestion wird nun in derselben Weise und unter dauernder Erhaltung saurer Reaction noch ein- oder zweimal wiederholt, jedenfalls aber so oft, bis das Extractionsmittel aus dem Objecte anscheinend nichts mehr aufnimmt bezw. farblos bleibt.

Alsdann dampft man die vereinigten, eventuell nochmals filtrirten Auszüge in einer oder mehreren flachen Porcellanschalen auf Wasserbädern bei ca. 60° C. langsam ein (oder destillirt den Alkohol bei entsprechend vermindertem Drucke ab), vermischt den syrupösen Rückstand mit warmem Wasser und lässt vollständig erkalten.

Die filtrirte, wässerige Flüssigkeit wird wiederum, wie angedeutet, auf Syrupconsistenz eingedampft, der Rückstand allmählich unter Umrühren mit absolutem Alkohol so lange versetzt, als noch eine Abscheidung zu bemerken ist, dann einige Zeit der Ruhe überlassen und filtrirt.

Das Filtrat nebst dem zum Auswaschen des Filters benutzten Alkohol dampft man nun wieder bei gelinder Wärme stark ein, vermischt

---

[1]) Besondere Vorsichtsmaassregeln sind noch anzuwenden, wenn z. B. Apomorphin, Atropin, Cantharidin, Hyoscyamin und Physostigmin in Frage kommen. Vergl. das bei den betreffenden Alkaloiden im vorigen Abschnitte Gesagte (Otto S. 105 und 106).

den so von Alkohol befreiten Rückstand, wie zuerst mit warmem Wasser und lässt vollständig erkalten.

Diese, wenn nöthig, nochmals filtrirte Flüssigkeit reagirt meist stark sauer und muss deshalb vor der weiteren Behandlung mit reinem Natrium-carbonat annähernd, aber nicht vollständig neutralisirt werden. Hat man unvorsichtiger Weise zu weit neutralisirt, so muss man wieder so viel Weinsäure zusetzen, dass die ganze Flüssigkeit einen deutlich sauren Charakter besitzt.

Die weitere Untersuchung derselben gestaltet sich nun folgender-maassen:

Die, wie angegeben, hergestellte wässerige, weinsaure Flüssig-keit wird zunächst

I. sauer, wie sie ist, mit Aether ausgeschüttelt.

Derselbe nimmt stets fettige, harzartige, färbende und sonstige Verunreinigungen auf, er kann aber auch das eine oder andere von denjenigen Pflanzengiften enthalten, die vermöge ihrer schwach basischen oder indifferenten Natur nur lose oder gar keine Verbindungen mit Säuren bilden.

Von den bekannteren Pflanzengiften, denen sich in dieser Be-ziehung das Cantharidin (s. w. u.) anschliesst, gehen aus sauren oder neutralen Lösungen in Aether über: Colchicin, Digitalin und Picrotoxin.

Zuweilen besitzen die Aetherauszüge eine röthliche oder violette Färbung, welche auf das Vorhandensein von Apomorphin hinweist. Endlich können auch vermittelst des Wassergehaltes des Aethers Pflanzen-gifte — Atropin, Veratrin u. a. —, die an sich nur aus alkalischen Flüssig-keiten in Aether übergehen, spurenweise und in Salzform schon in die Aetherauszüge der sauren Flüssigkeit gelangen, dieser aber durch Schütteln mit Wasser wieder entzogen werden [1]).

Die Aetherauszüge der sauren Flüssigkeit lässt man (vereinigt oder nach Maassgabe ihrer äusserlichen Reinheit gesondert) in kleinen Becher-gläschen freiwillig verdunsten, um den Rückstand später auf Pflanzen-gifte der ersten Gruppe (s. w. u.) zu prüfen.

Die mit Aether erschöpfte wässerige, saure Flüssigkeit (I) wird alsdann

II. mit Natronlauge im Ueberschuss versetzt und wieder mit Aether ausgeschüttelt.

Der Ueberschuss von Natronlauge ist nöthig, um etwa vorhandenes Morphin in Lösung zu halten, welches erst der dritten Gruppe von Pflanzen-

----

[1]) Bei Analysen auf Gifte überhaupt (Abth. 3) ist zu berücksichtigen, dass unter obigen Verhältnissen auch Quecksilberchlorid und Queck-silbercyanid in den Aether übergehen.

giften angehört und hier also möglichst auszuschliessen ist. Aus demselben Grunde empfiehlt es sich, die saure Flüssigkeit (I) vor dem Zusatz der Natronlauge durch gelindes Erwärmen vom anhaftenden Aether zu befreien. Ist Veranlassung vorhanden, auf-Apomorphin Rücksicht zu nehmen, so wird statt des Aetznatrons besser Natriumbicarbonat verwendet.

In die Aetherauszüge aus der alkalischen Flüssigkeit geht die überwiegende Mehrzahl der Pflanzengifte: Aconitin, Atropin, Brucin, Codeïn, Coniin, Delphinin, Emetin, Hyoscyamin, Narcotin, Nicotin, Papaverin, Physostigmin, Strychnin, Thebaïn, Veratrin u. a. über, vielleicht auch Reste solcher Gifte, die (wie z. B. Colchicin, Digitalin und Zersetzungsproducte von Apomorphin) in der Hauptsache schon der sauren Flüssigkeit (I) entzogen worden waren.

Näheres hierüber soll bei Untersuchung auf Pflanzengifte der zweiten Gruppe angegeben werden.

Die mit Aether ausgeschüttelte alkalische Flüssigkeit (II)[1]) wird nunmehr

III. durch Zusatz von Chlorammonium ammoniakalisch
gemacht[2]) und (wenn Apomorphin in Frage kommt, erst)

     a. mit Aether (andernfalls sogleich),

     b. mit Amylalkohol[3]) ausgeschüttelt.

In den ätherischen Auszügen können sich Apomorphin und spurenweise auch Morphin vorfinden, während letzteres, sowie Narceïn, der Hauptsache nach in den Amylalkohol übergehen.

Ueber die weitere Prüfung dieser Auszüge s. u. Untersuchung auf Pflanzengifte der dritten Gruppe.

Schliesslich wird die ammoniakalische Flüssigkeit (III)

---

[1]) Will man sie einer Vorprüfung auf Morphin unterwerfen, so säuere man eine Probe davon mit Schwefelsäure an und schüttele die Flüssigkeit mit Jodsäure und Chloroform (S. 321).
Tritt keine Jodabscheidung ein, so ist auch kein Morphin zugegen; andernfalls kann es vorhanden sein, die Reaction kann aber auch von anderen reducirend wirkenden Substanzen (z. B. von Ptomaïnen) herrühren.
Bei Analysen auf Gifte überhaupt ist zu beachten, dass auch arsenige Säure und deren Salze sich der Jodsäure gegenüber wie Morphin verhalten und mit diesem Pflanzengifte auch die weitere Eigenschaft gemeinsam haben, aus wässerigen Lösungen in Amylalkohol überzugehen. Vergl. S. 367.

[2]) Aetznatron und Chlorammonium setzen sich bekanntlich in Ammoniak, Chlornatrium und Wasser um.

[3]) Derselbe wird zweckmässig vorher auf 50 bis 60° C. erwärmt, damit er das Morphin leichter aufnimmt.

IV. mit Kohlensäure behandelt, über etwas Sand zur Trockne eingedampft und der Rückstand mit Alkohol oder Chloroform ausgezogen (App. S. 283).

Auf diese Art werden diejenigen Pflanzengifte isolirt, welche sich bei den Operationen I bis III nicht oder doch nur theilweise gewinnen lassen, wie z. B. Berberin, Cytisin, Solanin, Curarin und Narceïn. Das Nähere hierüber wird später bei Untersuchung auf Pflanzengifte der vierten Gruppe mitgetheilt werden.

In vorstehend angedeuteter Weise hat man zu arbeiten, wenn ein vorher nicht näher bezeichnetes Pflanzengift aufgesucht bezw. die Frage beantwortet werden soll, ob überhaupt ein solches vorhanden ist? Meist wird es sich dabei wirklich nur um eines derselben handeln, doch kommen auch Fälle vor, in denen Vergiftungen mit, mehrere Pflanzengifte enthaltenden Präparaten — z. B. Opium — ausgeführt wurden.

Deshalb darf man die Analyse nicht abbrechen, wenn man gleich in den ersten Stationen ein Pflanzengift antrifft, sondern man muss sie, wenn der gerichtsseitig ertheilte Auftrag allgemein gehalten ist, von Anfang bis zu Ende durchführen.

Ist aber der Auftrag ein begrenzter, auf bestimmte Pflanzengifte gerichteter, so bleibt es dem Ermessen des Experten überlassen, unter Berücksichtigung des, beim speciellen Nachweise der einzelnen Pflanzengifte Gesagten (Abschnitt III) das Stas-Otto'sche Verfahren zweckentsprechend zu modificiren.

Nachstehend soll nun zunächst die weitere Prüfung der, bei den obigen Hauptstationen des Analysenganges erhaltenen Aether- und sonstigen Auszüge erörtert und der Weg zur Diagnose auf bestimmte Pflanzengifte angezeigt werden, die dann nach den speciellen Angaben des vorigen Abschnittes zu identificiren sein würden.

Untersuchung auf Pflanzengifte der ersten Gruppe.

Colchicin, Digitalin, Pikrotoxin.
(Cantharidin.)

Um festzustellen, ob die Aetherauszüge aus der sauren Flüssigkeit (I. S. 359) ausser den gewöhnlichen Verunreinigungen auch Pflanzengifte aufgenommen haben, erwärmt man den Verdunstungsrückstand mit etwas Wasser auf dem Wasserbade, filtrirt die Lösung durch ein Filterchen, welches man gut nachwäscht, und prüft das (nach Bedarf durch Eindunsten concentrirte) Filtrat mit allgemeinen Gruppenreagentien (S. 287).

Fällungsreactionen.

Einzelne, in Uhrgläsern befindliche Tropfen der zu prüfenden Flüssigkeit werden in bekannter Weise (S. 291) mit Gerbsäure, Goldlösung, Jodjodkalium u. s. w. versetzt, wobei im Allgemeinen folgende Fälle zu unterscheiden sind:

a) Besitzt die zu prüfende Flüssigkeit einen bitteren Geschmack und gelbe Färbung und giebt sie mit Jodjodkalium,

Gerbsäure und Goldlösung Fällungen, so kann Colchicin vorhanden sein.

Ist die zu prüfende Flüssigkeit noch nicht genügend rein und erlaubt es die Menge derselben, so empfiehlt es sich, das fragliche Colchicin mit Gerbsäure zu fällen, den Niederschlag mit Bleioxydhydrat einzutrocknen, den Rückstand mit Chloroform zu extrahiren, und diese Lösung zu weiterer Prüfung (s. u. Farbenreactionen) tropfenweise in Porcellanschalen verdunsten zu lassen.

b) Schmeckt die zu prüfende Flüssigkeit unangenehm **kratzend** und wird sie durch **Gerbsäure**[1]), **nicht aber** durch **Jodjodkalium** und **Goldlösung** gefällt, so kann sie **Digitalin** enthalten.

c) Auffallend **bitterer** Geschmack und indifferentes Verhalten der zu untersuchenden Lösung gegen **Gerbsäure, Jodjodkalium** und **Goldlösung** deutet auf **Pikrotoxin**.

Die Ergebnisse dieser Vorprüfung finden, wenn wirklich ein hier in Frage kommendes Pflanzengift vorliegt, Erweiterung und Bestätigung durch folgende, wie S. 292 angedeutet, auszuführende

Farbenreactionen auf Pflanzengifte der Gruppe I.

Tabelle I.

Concentrirte reine Schwefelsäure färbt oder löst:		
Intensiv **gelb**; **HNO³** oder **KNO³** ruft **blaue**, dann **violette**, schliesslich **blassgelbe** Färbung hervor, die durch **KOH** in **Ziegelroth** umgewandelt wird.	**Orangeroth, dann gelb**; beim Vermischen mit einem Tropfen **K²Cr²O⁷ braune**, beim Umrühren in **Grün** übergehende Färbung.	Verschieden: **röthlich, braunroth, schwarzbraun, grünbraun, grün**; beim längeren Stehen tritt mitunter eine **kirsch-** oder **carmoisinrothe** Färbung auf.
Fröhde'sches Reagens färbt:		Conc. Schwefelsäure und Brom:
gelb oder **grünlichgelb**.	**gold-** oder **safrangelb**.	Die Lösung der Substanz in concentr. H²SO⁴ färbt sich auf Zusatz einer Spur Bromwasser oder bei Einwirkung von Bromdampf (unter Glasglocke) **violett** oder **roth**.
Vanadinschwefelsäure färbt oder löst:		
Grün, blau- oder **braungrün, braun.**	**Gelbroth.**	**Dunkelbraun**, anfänglich mit rothem Strich.
		Die Lösung der Substanz in offic. Phosphorsäure färbt sich beim Eindampfen **röthlich**, später **violett**.
Diagnose:	Diagnose:	Diagnose: Digitalin.
Colchicin.	Picrotoxin.	

Das durch vorstehende Reactionen diagnosticirte Pflanzengift ist nach den betreffenden speciellen Angaben des vorigen Abschnittes (Colchicin, S. 308, Digitalin, S. 316, Picrotoxin, S. 336) nöthigenfalls weiter rein darzustellen und zu identificiren.

---

[1]) In zu verdünnten Lösungen giebt dieses Reagens keine Fällung.

Von sonstigen, aus wässerigen sauren Flüssigkeiten in Aether übergehenden, obiger Gruppe von Pflanzengiften verwandten Substanzen mag hier ausser Coffeïn (S. 307) noch das

Cantharidin

erwähnt werden.

Dasselbe ist ein Thiergift [1]); es findet sich namentlich in den unter der Bezeichnung „spanische Fliegen" oder Cantharidien bekannten Käfern (*Lytta vesicatoria*) und verwandten Gattungen (*Mylabris*, *Meloe* u. a.).

Das Cantharidin oder Cantharidincamphor, $C_{10}H_{12}O_4$, findet wegen seiner blasenziehenden Wirkung arzneiliche Anwendung in Form von Pflastern und Tincturen.

Innerlich genommen wirkt das Cantharidin bezw. das Cantharidenpulver lebensgefährlich giftig durch Reizung und Entzündung des Darmkanales, der Harnwege, des Gehirns und Rückenmarks; es geht rasch in den Harn über.

Cantharidinvergiftungen sind gar nicht selten, zumal die spanischen Fliegen oder daraus hergestellte Extracte in verbrecherischer Absicht gelegentlich als Abortivmittel benutzt werden.

Seiner chemischen Natur nach ist das Cantharidin ein Säureanhydrid, welches sich in alkalischen Flüssigkeiten unter Bildung cantharidinsaurer Salze löst.

In Wasser und Säuren ist das Cantharidin schwer, in Aether, Benzol und Chloroform leicht löslich.

Zum Nachweise von Cantharidin [2]) wird das Untersuchungsobject — Magen- und Darminhalt, Erbrochenes — mit Kalilauge (1:12) vermischt und in einer Porcellanschale so lange erhitzt, bis eine ganz gleichartige Flüssigkeit entstanden ist, die man nach dem Erkalten nöthigenfalls mit Wasser verdünnt und zum Zwecke der Reinigung mit Chloroform behandelt.

Die von letzterem getrennte wässerige Lösung wird alsdann mit Schwefelsäure stark sauer gemacht, mit dem vierfachen Volum Alkohol (90 bis 95 Proc.) vermischt und einige Zeit zum Sieden erhitzt.

Die heiss filtrirte Flüssigkeit kühlt man möglichst stark ab, filtrirt sie dann nochmals und schüttelt sie, nachdem der Alkohol vollständig entfernt ist, mit Chloroform aus.

Liegt Harn zur Untersuchung vor, so behandelt man denselben nach dem Ansäuern mit Schwefelsäure direct mit Chloroform.

Die in dem einen wie in dem andern Falle erhaltenen Chloroformauszüge lässt man, nachdem sie durch Waschen mit Wasser von freier Säure gereinigt sind, verdunsten und prüft den Rückstand in Ermangelung anderweitiger Reactionen auf seine blasenziehende Wirkung [3]), zu welchem Zwecke der fragliche Rückstand mit einigen Tropfen Mandelöl aufgenommen und auf die Haut — Oberarm, Brust — applicirt wird.

Enthält der Verdunstungsrückstand der Chloroformauszüge viel Cantharidin, so hinterbleibt dasselbe beim Behandeln mit Petroleumäther in krystallinischer Form.

---

[1]) Arbeiten über andere Thiergifte sind namentlich von Kobert ausgeführt.
[2]) Dragendorff, S. 325.
[3]) Andere Substanzen mit gleicher oder ähnlicher Wirkung, wie z. B. Senföl, werden bei obiger Behandlung mit Kalilauge unwirksam gemacht.

Untersuchung auf Pflanzengifte der zweiten Gruppe.

Aconitin, Atropin, Brucin, Chelidonin, Cocain, Codein, Coniin, Delphinin, Emetin, Hyoscyamin, Narcotin, Nicotin, Papaverin, Physostigmin, Pilocarpin, Solanidin, Strychnin, Thebain, Veratrin.

Da die meisten Alkaloide die Eigenschaft besitzen, aus alkalischen Flüssigkeiten in Aether überzugehen, so gestaltet sich die Prüfung auf diese zweite Gruppe von Pflanzengiften naturgemäss am umständlichsten.

Zunächst handelt es sich nur um Beantwortung der Vorfrage, ob die Aetherauszüge aus der alkalischen Flüssigkeit (II, S. 359) überhaupt eine Substanz enthalten, die sich im Allgemeinen als ein hierher gehöriges Pflanzengift charakterisirt.

Zu diesem Zwecke verdunstet man die ätherische Flüssigkeit oder einen Theil derselben in einem Schälchen mit senkrechten Wänden oder einem Bechergläschen, wobei einige Alkaloide (z. B. Nicotin, Coniin) als ölige Tropfen von bekanntem Geruch, andere im festen Zustande meist amorph, gelegentlich auch krystallinisch hinterbleiben. Auch die Reaction dieses Rückstandes ist zu beachten.

Um denselben weiter zu prüfen, nimmt man einen kleinen Theil davon auf ein Uhrgläschen, giebt dazu einen oder einige Tropfen Wasser, rührt das Gemisch mit einem, in verdünnte Salz- oder Schwefelsäure getauchten Glasstäbchen um und vertheilt diese, neutral oder nur schwach sauer reagirende Lösung auf eine Anzahl von Uhrgläschen zwecks Prüfung mit den wichtigsten Gruppenreagentien: Gerbsäure, Goldlösung, Jodjodkalium, Phosphormolybdänsäure, Phosphorwolframsäure, Pikrinsäure, Platinchlorid, Quecksilberjodidjodkalium, Wismuthjodidjodkalium u. s. w.

Ergiebt die Prüfung mit den genannten Reagentien weder eine Fällung oder Trübung, noch eine bemerkenswerthe Färbung, so ist anzunehmen, dass kein hier zu erwartendes Pflanzengift vorhanden ist.

Sind aber Anzeichen dafür vorhanden, so sucht man, wenn irgend möglich, das durch die allgemeine Prüfung angezeigte Pflanzengift dadurch weiter zu reinigen, dass man es der ätherischen Lösung durch wiederholtes Schütteln mit schwefelsaurem Wasser vollständig entzieht und aus dieser Lösung nach Zusatz von Natronlauge wieder in Aether überführt.

Von dem so gereinigten (eventuell auch von dem ursprünglichen) Aetherextracte lässt man kleine Proben auf Uhrgläsern mit weisser Unterlage oder auf Porcellan verdunsten und prüft die (amorphen oder krystallinischen) Rückstände zunächst auf ihr Verhalten gegen concentrirte Schwefelsäure, Erdmann'sches und Fröhde'sches Reagens, Vanadinschwefelsäure, sowie gegen concentrirte Salpetersäure (1 : 4), um aus den dabei beobachteten Erscheinungen weitere Anhaltspunkte zu gewinnen.

Die wichtigsten der hier in Frage kommenden Gifte zeigen bei dieser Vorprüfung folgendes Verhalten:

Tabelle II.

Reactionen auf Pflanzengifte der Gruppe II.

Conc. Schwefel- säure	Erdmann's Reaction	Fröhde's Reaction	Vanadin- Schwefel- säure	Conc. Salpeter- säure	Diagnose:
gelb, gelbrth., rothbraun, violett	gelb	gelb	braun	farblos, gelblich	Aconitin S. 293/96
farblos	farblos	farblos	roth, gelbroth, gelblich	farblos	Atropin Hyoscyamin S. 298/300
farblos	roth, gelb	roth, gelb	roth, allmählich verschwindend	roth, orange, gelb	Brucin S. 301/303
grün, braun- violett oder violett, grün	grün, blau	grün, blau oder violett, grün	grün, blau oder violett, schwarz		Chelidonin (Sanguinarin) S. 303
farblos	farblos	farblos, grünlich	orange, blaugrün oder grünlich	farblos	Chinin u. dgl. S. 303
farblos			orange		Cocain S. 304
farblos beim Erwärmen blau [1]	farblos blau	gelblich, grün, blau	grünbraun, blaugrün, braun	braun- roth oder gelb	Codeïn S. 305
farblos	farblos	farblos, gelblich	grün, bräunlich	farblos, gelblich	Coniin S. 310
rothbraun	rothbraun, bräunlich	dunkelbraun, roth	rothbraun, braun	gelb	Delphinin S. 314/16
braungrün oder farblos	grün, gelb	roth, braun- grün oder braun [2]	braun	orange, dann heller	Emetin S. 318
gelb, anfangs grünlich	roth	grün, gelb, roth	roth, carmin	farblos	Narcotin S. 328/29

[1] Ebenso auf Zusatz von etwas Eisenchlorid ohne Erwärmen.
[2] Setzt man sofort einen Tropfen concentrirte Salzsäure zu, so färbt sich die Flüssigkeit blau, dann grün.

Conc. Schwefel- säure	Erdmann's Reaction	Fröhde's Reaction	Vanadin- Schwefel- säure	Conc. Salpeter- säure	Diagnose:
farblos	farblos	farblos	vorübergehend dunkler	farblos, gelblich	Nicotin S. 329/30
farblos; bald oder beim Erwärmen violett	roth	grün, beim Erwärmen blauviolett, roth	violett, braun, blaugrün, orangegelb	roth oder gelb, orange	Papaverin S. 334/35
farblos, gelb- lich, röthlich			grüngelb, carmoisinroth, gelbbraun	gelb	Physostig- min S. 335/36
farblos	farblos	farblos	lichtorange	farblos	Pilocarpin S. 338
orange	röthlichgelb, roth, violett	gelbroth, rothbraun, gelb	braun; von aussen nach innen: roth, gelb, grün, violett	farblos, später blau	Solan(id)in S. 340/41
farblos, mit $K^2Cr^2O^7$ violette Streifen	farblos	farblos	violett, roth	gelb	Strychnin S. 341/44
roth, gelbroth	ähnlich wie H^2SO^4	orangegelb	ähnlich wie H^2SO^4	gelb	Thebain S. 345
gelb, orange, roth	wie H^2SO^4, aber schnellerer Farben- wechsel	wie Erdmann's Reagens	braunroth, dunkelroth- violett	gelb	Veratrin S. 346/48

Untersuchung auf Pflanzengifte der dritten Gruppe.

Apomorphin, Morphin, Narceïn.

War Apomorphin vorhanden, so ist es schon bei Untersuchung auf die Gifte der ersten oder zweiten Gruppe bemerkt worden (farbige, in Aether übergehende Zersetzungsproducte, S. 297) und hinterbleibt hier nach dem Verdunsten des Aetherauszuges als grüner, krystal- linischer Rückstand, der die oben (S. 297) angegebenen Specialreactionen liefert.

Um im Amylalkoholauszuge Morphin und Narceïn nach- zuweisen, schüttelt man denselben wiederholt mit schwefelsaurem Wasser und prüft eine Probe davon mit Jodsäure und Chloroform auf Morphin (vergl. S. 321).

Die Hauptmenge der wässerigen, schwefelsauren Flüssigkeit über- sättigt man wieder mit Ammoniak und schüttelt sie mit Amylalkohol aus, der nun beim Verdunsten Morphin oder Narceïn oder ein Ge- misch beider Alkaloide in krystallinischem Zustande hinterlässt.

Besteht derselbe aus Morphin oder aus Narceïn, so liefert er die für beide Alkaloide früher (S. 320 u. 328) beschriebenen Specialreactionen.

In Gemischen von Morphin und Narceïn zeigt das Fröhde'sche Reagens zuerst Morphin, dann Narceïn an; die Jodreaction des letzteren wird durch Morphin beeinträchtigt oder ganz aufgehoben. Beide Alkaloide lassen sich in der Hauptsache durch kaltes Wasser trennen, in welchem das Morphin sehr schwer löslich ist.

Bei Analysen auf Gifte überhaupt kann im Falle von Arsenikvergiftung im Amylalkoholauszuge arsenige Säure allein oder neben Morphin vorkommen und den Nachweis des letzteren stören (vergl. auch S. 360). In solchen Fällen muss das Arsen durch Schwefelwasserstoff in salzsaurer Lösung von Morphin getrennt werden.

Untersuchung auf Gifte der vierten Gruppe.

Narceïn, Curarin u. a.

Es handelt sich hier um die Gifte, welche, wie z. B. Narceïn, nur theilweise, oder wie Curarin, gar nicht aus wässerigen (sauren, alkalischen oder ammoniakalischen) Flüssigkeiten in Aether, Amylalkohol u. dergl. übergeführt werden können, also im Rückstande verbleiben.

Derselbe wird, wie schon (S. 361) angedeutet, nach dem Sättigen mit Kohlensäure unter Zusatz von reinem Sande zur Trockne verdunstet, zerrieben und mit absolutem Alkohol extrahirt (App. S. 283). .

Nachdem letzterer verdunstet ist, behandelt man den Rückstand mit warmem Wasser, filtrirt (Fett etc.), verdampft zur Trockne, nimmt das Uebrigbleibende wieder in absolutem Alkohol auf und lässt die Lösung verdunsten.

Besteht der Rückstand aus Narceïn, was in der Regel nur dann der Fall sein wird, wenn dieses Alkaloid schon im Amylalkoholauszuge (s. o. Gruppe 3) gefunden war, so liefert er die früher (S. 328) angegebenen Specialreactionen. .

Liegt Curarin vor, so bildet dasselbe einen amorphen, hygroskopischen Rückstand, der gegen Reagentien das schon oben (S. 312) mitgetheilte Verhalten zeigt.

Dasselbe ähnelt dem des Strychnins und Brucins, doch ist eine Verwechselung nicht gut möglich, weil Strychnin und Brucin aus alkalischen Lösungen in Aether u. dergl. übergehen, was das Curarin nicht thut. .

An dieser Stelle des Stas-Otto'schen Verfahrens wird man gegebenen Falles auch Berberin (S. 300) und Cytisin (S. 313) finden.

Methode von Dragendorff.

Dieselbe, ursprünglich nur für den Nachweis von Strychnin und Brucin bestimmt, hat sich für die Ermittelung einer sehr grossen Zahl von Pflanzengiften und diesen nahe stehenden Substanzen brauchbar erwiesen. Sie ist, wie die Stas-Otto'sche, ein Ausschüttelungsverfahren, unterscheidet sich aber von diesem durch die Auswahl der Extractionsmittel. Als solche verwendet Dragendorff: Petroleumäther, Benzol, Chloroform und Amylalkohol und zwar in folgender systematischer Anordnung.

Die, wie früher (S. 358) angegeben, aus dem Untersuchungsobjecte erhaltene, wässerige saure Flüssigkeit wird sauer, wie sie ist,

1. mit Petroleumäther geschüttelt,

der hauptsächlich Fette, Harze, Farbstoffe und andere Verunreinigungen aufnimmt.

Ausserdem können in den Petroleumäther übergehen und nach dessen Verdunstung im Rückstande bleiben:

Aetherische Oele, Aconitbestandtheile, Benzoësäure, Campher und ähnliche Stoffe, Capsicin (scharf schmeckendes, hautröthendes Weichharz aus dem spanischen Pfeffer), Cardol (blasenziehender Bestandtheil der Elephantenläuse [Anacardium]), Niesswurzbestandtheile, Picrinsäure, Piperin (Bestandtheil des Pfeffers), Salicylsäure.

Die mit Petroleumäther erschöpfte saure Flüssigkeit wird nun

2. mit Benzol geschüttelt,

welches ausser Resten der vorher genannten Stoffe Absynthiin, Aloëtin, Anemonin, Cantharidin (S. 363), Caryophyllin, Cascarillin, Colocynthin, Coffeïn, Colchiceïn, Cnicin, Chrysaminsäure, Cubebin, Daphnin, Delphinoidin, Digitalin, Ericolin, Elaterin, Geisospermin, Gratiolin, Hydrastin, Menyanthin, Populin, Phenole, Quassiin, Ranunculol, Santonin, Veratrin u. a. aufnimmt.

Die mit Benzol erschöpfte saure Flüssigkeit wird nun

3. mit Chloroform geschüttelt,

welches ausser Resten vorher genannter Substanzen Aspidospermin, Aesculin, Berberin, Brucin, Chelidonin, Cinchonin, Colchicin, Convallaramin, Delphinoidin, Digitaleïn, Geisospermin, Gelseminsäure, Helleboreïn, Hydrastin, Jervin, Narceïn, Narcotin, Oxyacanthin, Papaverin, Pereirin, Picrotoxin, Physostigmin, Quebrachin, Sanguinarin, Solanidin, Saponine, Syringin, Theobromin und Veratrin aufnimmt.

Die mit Chloroform erschöpfte und mit Petroleumäther von Chloroform befreite saure Flüssigkeit wird nun ammoniakalisch gemacht und wieder

4. mit Petroleumäther geschüttelt,

welcher vorzugsweise flüssige Alkaloide: Coniin, Lobeliin, Mercurialin, Nicotin, Piperidin, Spartein und sonstige basische Stoffe: Anilin, Chinolin, Picolin, Toluidin, sowie theilweise auch Vertreter der folgenden Gruppe (5) aufnimmt.

Die mit Petroleumäther erschöpfte ammoniakalische Flüssigkeit wird nun

5. mit Benzol geschüttelt,

welches hier: Aconitin, Antipyrin, Atropin, Brucin, Chinaalkaloide, Codeïn, Delphinin, Delphinoidin, Emetin, Geisospermin, Hyoscyamin, Lycaconitin, Myoctonin, Narcotin, Nepalin, Physostigmin, Pilocarpin, Sabadillin, Sabatrin, Sanguinarin, Strychnin, Taxin, Thebain, Veratrin aufnimmt.

Die mit Benzol erschöpfte ammoniakalische Flüssigkeit wird nun

6. mit Chloroform geschüttelt,

welches ausser Resten von Chinabasen, Berberin, Narceïn, Papaverin und etwas Morphin aufnimmt.

Die mit Chloroform erschöpfte ammoniakalische Flüssigkeit wird nun

7. mit Amylalkohol geschüttelt,

in welchen Morphin, Narceïn und Solanin — auch wohl Saponine und Salicin übergehen.

In der nach 1. bis 7. behandelten Flüssigkeit kann verblieben sein und nach dem Eindampfen mit Sand (vergl. S. 361) durch Chloroform isolirt werden: Curarin.

Vorstehende Andeutungen genügen schon, um zu zeigen, wie ausserordentlich schwierig sich Analysen auf Pflanzengifte ohne bestimmte Anhaltspunkte gestalten können.

Auf die erwähnten Substanzen sämmtlich hier näher einzugehen, würde für die Zwecke des vorliegenden Buches zu weit führen und auch insofern überflüssig sein, als wohl Niemand derartige Untersuchungen ausführen wird, ohne Dragendorff's berühmtes Werk zu befragen, auf welches somit rücksichtlich aller hier nur namentlich aufgeführten Substanzen verwiesen werden kann.

Nachweis fremder Bitterstoffe und Alkaloide (Hopfensurrogate) im Biere.

Die Definition des Bieres als ein nur aus Hopfen und Malz bereitetes Getränk macht die Verwendung jeder anderen bitteren Substanz an Stelle des Hopfens zu einer strafbaren Handlung, gleichgültig, ob das betreffende Ersatzmittel für Hopfen nach Art und Menge geeignet ist, die Gesundheit zu schädigen oder nicht.

Der wirksame Bestandtheil des Hopfens ist das Lupulin, eine meist aus Harz bestehende Substanz der Drüsenorgane der Hopfenpflanze, aber kein Alkaloid. Die alkaloidische Substanz, welche dem normalen Biere wie Colchicin entzogen wird, diesem ähnliche Reactionen liefert und deshalb als „Bier-alkaloid" [1]) bezeichnet wird, scheint ein Malzpepton zu sein und kann leicht zu Verwechselungen mit Colchicin Veranlassung geben (s. w. u.).

Die Untersuchung von Bier auf Hopfensurrogate ist eine ebenso wichtige als schwierige Aufgabe und nur dann mit Sicherheit zu lösen, wenn dabei bekanntere Bitterstoffe in Frage kommen oder wenn, was jetzt wohl nur sehr selten vorkommen wird, plumpe Fälschungen mit Herbstzeitlose, Kokkelskörnern, Krähenaugen und anderen, notorische Pflanzengifte enthaltenden Materialien ausgeführt werden.

Von den zuletzt erwähnten Giften abgesehen, deren Nachweis im Allgemeinen keine zu grosse Schwierigkeiten machen wird, werden als Hopfensurrogate genannt: Aloë, Coloquinthen, Enzian, *Ledum palustre* (Porst), *Menyanthes trifoliata* (Bitterklee, Dreiblatt), Pikrinsäure, Quassia, Weidenrinden und Wermuthkraut. Doch kommen zweifellos häufiger andere, wenn auch unschädliche, bittere Pflanzenstoffe zur Verwendung, deren Nachweis bis jetzt nicht gelungen ist, weil sie entweder in zu geringen Mengen im Biere vorhanden sind oder weil man noch nicht im Besitze von zuverlässigen Erkennungsmitteln ist [2]).

Die sehr wichtige Frage, ob ein Bier bloss Hopfen enthalte oder ob derselbe durch einen anderen Bitterstoff ersetzt sei, soll sich folgendermaassen entscheiden lassen [3]).

a) Fügt man zu etwas Bier so lange Bleiessig, bis kein Niederschlag mehr erfolgt, und lässt diesen dann ruhig absetzen, so hat die darüber stehende klare Flüssigkeit keinen bitteren Geschmack mehr, wenn nur Hopfen im Biere vorhanden war, während bei allen Surrogaten die Flüssigkeit bitter bleibt, da nur Hopfenbitter durch Bleiessig gefällt wird.

In dieser Allgemeinheit dürfte obige Vorprobe wohl schwerlich Gültigkeit haben, denn es ist mit Sicherheit anzunehmen, dass noch mancher andere, bei der Bierbereitung Verwendung findende Bitterstoff die Eigenschaft des Hopfenbitters theilt, durch Bleiessig gefällt zu werden.

b) Kocht man Bier auf ⅓ seines Volumens ein und versetzt den Rest noch heiss mit Kochsalz, so entwickelt sich der Geruch nach Hopfen bezw. nach anderen Pflanzenstoffen.

Das beste, wenn auch nicht für alle Fälle ausreichende Verfahren zur Prüfung von Bier auf Hopfensurrogate ist die, von der freien Vereinigung [4]) bayerischer Vertreter der angewandten Chemie angenommene, Methode von Dragendorff.

Diesen Vereinbarungen zufolge werden 3 l des betreffenden Bieres mit Seesand oder Bolus zur Trockne eingedampft und dann im Extractionsapparate (S. 283) mit Alkohol extrahirt.

Der wässerige Verdunstungsrückstand dieses Auszuges wird dann nach dem früher (S. 368) erörterten Principe von Dragendorff erst bei saurer, dann bei ammoniakalischer Reaction der Reihe nach mit Petroleumäther, Benzol und Chloroform ausgeschüttelt.

---

[1]) Vergl. hierüber Dannenberg, Arch. d. Pharm. 1877. — Dragendorff, S. 289. — Otto, Anleitung etc. S. 123 u. 253. — Baumert, Arch. d. Pharm. **225**, 911 (1887).

[2]) Elsner, Die Praxis des Chemikers u. s. w. S. 148.

[3]) Dietzsch, Nahrungsmittel und Getränke, S. 155.

[4]) Vergl. deren, von Hilger herausgegebene Vereinbarungen, S. 155.

Dragendorff[1]) selbst bereitet das Bier zur Untersuchung auf Hopfensurrogate, wenn diese durch Bleiessig nicht[2]) fällbar sind — worüber obige Vorprobe von Dietzsch Auskunft giebt — in der Weise vor, dass er 1 bis 2 l Bier auf dem Wasserbade etwa zur Hälfte eindunstet und den Rückstand mit möglichst basischem Bleiessig, eventuell mit Bleiessig und Ammoniak so lange versetzt, als noch ein Niederschlag entsteht, der sofort abfiltrirt, aber nicht ausgewaschen wird.

Nachdem die Flüssigkeit durch Schwefelsäure entbleit und nach abermaliger Filtration mit so viel Ammoniak versetzt ist, dass sie nur noch essigsaure Reaction (nach S. 149 mit Methylviolett zu prüfen) zeigt, wird sie auf etwa 300 ccm eingedampft und unter Umrühren mit dem vierfachen Volum absolutem Alkohol vermischt.

Nach kräftigem Umschütteln und 24 stündigem Stehen in der Kälte giesst oder filtrirt man die Flüssigkeit vom Niederschlage (Dextrin) ab, befreit sie durch Destillation und Eindampfen vom Alkohol und schüttelt den wässerigen Rückstand zunächst bei saurer, später bei ammoniakalischer Reaction in der bekannten Weise mit Petroleumäther, Benzol und Chloroform aus.

Eine Probe normalen Bieres ist stets in Parallele mit dem zu prüfenden Biere zu untersuchen.

Normalem, aus Gerstenmalz und Hopfen bereitetem Biere werden durch die genannten Ausschüttelungsflüssigkeiten nur geringe Mengen von Substanzen entzogen, die nur ganz schwach oder nicht bitter schmecken, die durch concentrirte Schwefelsäure, Schwefelsäure und Zucker, concentrirte Salpetersäure nur gelblich oder ohne Färbung gelöst werden und deren Lösung in verdünnter Schwefelsäure durch Gruppenreagentien — Brombromkalium, Cadmiumjodidjodkalium, Eisenchlorid, Gerbsäure, Goldchlorid, Jodjodkalium, Kaliumbichromat, Pikrinsäure, Quecksilberchlorid und Quecksilberjodidjodkalium — nicht gefällt werden.

Werden statt dessen in den Rückständen der verschiedenen Auszüge Substanzen angetroffen, welche sich durch ihre äussere Beschaffenheit, bitteren Geschmack, durch Farben- und Fällungsreactionen (S. 291) bemerkbar machen, so ist das Vorhandensein von Hopfensurrogaten anzunehmen und zu versuchen, ob sich die fragliche Substanz — was freilich häufig nicht der Fall sein wird — mit einem der bekanntesten Fälschungsmittel identificiren lässt.

Von solchen berücksichtigt Dragendorff besonders folgende:

Aloë: der wässerige Rückstand des Alkoholextractes (s. o.) wird mit neutralem Bleiacetat gefällt und das saure Filtrat mit Amylalkohol geschüttelt, der nach dem Verdampfen einen Rückstand hinterlässt, welcher den charakteristischen Aloëgeschmack besitzt und gegen Reagentien folgendes Verhalten zeigt:

Ammoniak oder Kalilauge liefern Rothfärbung (Aloëtin), Kali- und Natronlauge Braunfärbung (Aloïn), Vanadinschwefelsäure färbt dunkelbraungrün, Alkoholschwefelsäure beim Erwärmen hellgrün; die Lösung der fraglichen Rückstandes in einem Tropfen Wasser wird durch Quecksilberoxydulnitrat röthlich gefärbt, durch Gerbsäure und Brombromkalium getrübt und von letzterem Reagens im Ueberschuss rothviolett gefärbt; Goldchlorid bewirkt eine himbeerrothe Färbung, später eine violette Abscheidung (Gold). Verdampft man die

---

[1]) S. 338 seines bekannten Werkes.
[2]) Andernfalls verzichtet er auf diese, das Hopfenbitter ausscheidende Reinigungsoperation.

Lösung von etwas Aloïn in rauchender Salpetersäure auf dem Wasserbade, so hinterbleibt ein rother Rückstand, dessen alkoholische Lösung mit einer alkoholischen Cyankaliumlösung eine violettrothe in Rosa übergehende Färbung giebt.

Colchicin: geht aus der wässerigen, sauren Flüssigkeit in Aether, Amylalkohol und Chloroform über und hinterbleibt als gelblicher, amorpher Rückstand.

Wohl zu beachten ist hier der schon oben erwähnte colchicinähnliche Bestandtheil des normalen Bieres, der sich in seinen Reactionen dem Colchicin ähnlich verhält, durch concentrirte Salpetersäure aber nicht violett, sondern roth gefärbt wird und sich vom Colchicin auch noch dadurch unterscheidet, dass er nach Ueberführung in die Gerbsäureverbindung und Abscheidung aus derselben durch Bleioxyd die rothe Salpetersäurereaction nicht mehr giebt.

Coloquinthen: Colocynthin geht aus sauren Flüssigkeiten in Benzol schwer, in Chloroform und Essigäther leicht ein; es färbt sich mit concentrirter Schwefelsäure gelb, dann roth, mit Fröhde'schem Reagens kirschroth, mit Vanadinschwefelsäure blutroth, dann blau. Das (im Gegensatze zum Colocynthin in Wasser schwer lösliche) Colocynthein stimmt mit jenen in seinem Verhalten zu concentrirter Schwefelsäure überein, giebt aber mit Fröhde'schem Reagens erst nach einiger Zeit eine schmutzigrothe, mit Vanadinschwefelsäure eine rothe oder blaue Färbung.

Enzian: wird am besten durch Bleiessig und Ammoniak gefällt, aus dem gewaschenen Niederschlage durch Schwefelwasserstoff frei gemacht und durch Schütteln des sauren Filtrates mit Benzol oder Chloroform isolirt. Wässerige Lösungen von Enzianbitter werden durch Eisenchlorid braun gefärbt (nicht, wie normale Bierbestandtheile, gefällt) und reduciren ammoniakalische Silber- und alkalische Kupferlösung. — Brombromkalium, Goldchlorid, Phosphormolybdänsäure und Quecksilberoxydulnitrat geben Fällungen, Quecksilberchlorid und Quecksilberjodidjodkalium aber nur Trübungen.

Ledum palustre (Porst): giebt an Petroleumäther etwas ätherisches Oel von charakteristischem Geruch, sowie geringe Mengen einer Substanz ab, welche der entsprechenden aus normalem Biere sehr ähnlich ist. Benzol und Chloroform liefern bittere, amorphe Rückstände, die sich in concentrirter Schwefelsäure (mit oder ohne Zusatz von Zucker) rothviolett lösen, beim Kochen mit verdünnter Schwefelsäure (1 : 10) den Geruch nach Ericinol entwickeln, Goldchlorid und Fehling'sche Lösung reduciren und durch Jodjodkalium und Gerbsäure, nicht aber durch Bleiessig gefällt werden.

Die ammoniakalischen Ausschüttelungen liefern keine charakteristischen Substanzen.

Menyanthes trifoliata (Bitterklee): der darin enthaltene Bitterstoff (Menyanthin) geht aus saurer Lösung spurenweise in Petroleumäther, reichlicher in Benzol, noch besser in Chloroform über und verbleibt beim Verdunsten als bitterer Rückstand, der ammoniakalische Silberlösung und alkalische Kupferlösung reducirt, mit Gerbsäure, Goldchlorid, Jodjodkalium und Quecksilberjodidjodkalium Fällungen oder Trübungen giebt und beim Erwärmen mit verdünnter Schwefelsäure den Geruch nach Menyanthol entwickelt.

Quassia: das äusserst bittere Quassiin geht nur spurenweise in Petroleumäther über, dessen Verdunstungsrückstand sich im Uebrigen wenig von demjenigen aus normalem Biere unterscheidet. Besser wird Quassiin von Benzol, am besten von Chloroform aufgenommen, es reducirt ammo-

niakalische Silberlösung und Goldchlorid, färbt sich mit Schwefelsäure und Zucker blassröthlich und wird von Bleiessig, Gerbsäure, Jodjodkalium und Quecksilberjodidjodkalium gefällt.

Salicin (Weidenrinde): geht am besten aus saurer Lösung in Amylalkohol über. Es färbt sich mit concentrirter Schwefelsäure roth,
mit Fröhde'schem Reagens violettblau (beständiger, als bei Morphin),
mit Selenschwefelsäure und Alkoholschwefelsäure roth, Vanadinschwefelsäure hellrosa. Wird Salicin mit verdünnter Schwefelsäure und Kaliumbichromat erwärmt, so tritt Geruch nach salicyliger
Säure auf.

Wermuth: giebt an Petroleumäther etwas ätherisches Oel von
bekanntem Geruch und einen Theil des Bitterstoffes (Absynthiin) ab. Der Verdunstungsrückstand wird von concentrirter Schwefelsäure mit brauner
Farbe gelöst, welche beim Stehen in feuchter Luft später in Violett übergeht. Schwefelsäure und Zucker geben allmählich eine rothviolette
Lösung. Der filtrirte, wässerige Auszug des Verdunstungsrückstandes reducirt
ammoniakalische Silberlösung und giebt mit Goldchlorid und
Quecksilberjodidjodkalium Niederschläge, mit Brombromkalium,
Gerbsäure, Jodjodkalium und Quecksilberoxydulnitrat aber nur
schwache Trübungen.

Die Verdunstungsrückstände der Benzol- und Chloroformauszüge
enthalten ebenfalls Absynthiin; die ammoniakalischen Ausschüttelungen
liefern nichts Bemerkenswerthes.

Ueber den Nachweis von Pikrinsäure, Pikrotoxin und Strychnin
im Biere sind die betreffenden Abschnitte dieses Buches nachzuschlagen.

Fünfter Abschnitt.

Organische Säuren,

besonders

Oxalsäure und deren Verbindungen.

Die giftigste und auch vom praktischen Standpunkte wichtigste organische Säure ist die Oxalsäure, die sowohl selbst (z. B. durch Verwechselung
mit Bittersalz), wie auch in Form ihrer Salze öfter Vergiftungen veranlasst,
da sie nicht bloss technisch (z. B. zur Herstellung von Tinte, von Beize
in der Kattundruckerei, zum Entfärben von Stroh), sondern auch im Haus-
halt (zur Reinigung von metallenen Geräthschaften, Entfernung von Rost-
und Tintenflecken) vielfach benutzt wird.

Zu den typischen Wirkungen der Oxalsäure und ihrer Salze, deren be-
kanntestes das Kleesalz ist, gehört die Glycosurie; dasselbe Symptom
bringen auch das Oxamid, die Oxalursäure und deren Salze hervor [1].

Da die Oxalsäure zu den häufiger in der Natur vorkommenden Pflanzensäuren gehört, so darf man den Nachweis einer

---

[1] Kobert, Vortrag auf der 64. Vers. deutsch. Naturforscher und Aerzte
zu Halle 1891; Kobert und Kohl, Arbeiten des pharmakolog. Institutes in
Dorpat VII, 130 (1891).

Oxalsäurevergiftung nicht schon auf den qualitativen Nachweis geringer Mengen dieser Säure oder ihrer Salze stützen,
sondern muss dieses Gift stets quantitativ bestimmen[1]).

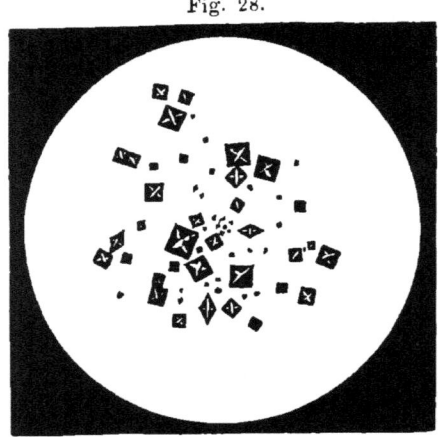

Fig. 28.

In Harnsedimenten findet sich
Oxalsäure in Form ihres charakteristisch krystallisirten Kalksalzes.

Nachweis von Oxalsäure.

Um freie Oxalsäure im
Erbrochenen, Mageninhalt, Organen und dergleichen nachzuweisen, kocht man das auf dem
Wasserbade getrocknete Object
— an welchem nicht selten
Krystalle von Calciumoxalat bemerkbar sind — mit starkem
Alkohol aus, entfernt letzteren
aus den filtrirten Extracten
durch Destillation und Eindampfen und behandelt den trockenen Rückstand mit Wasser.

War Oxalsäure vorhanden, so giebt die filtrirte, essigsaure Lösung mit Calciumacetat (oder die mit Natriumacetat versetzte
Lösung mit Chlorcalcium) einen weissen, pulverförmigen Niederschlag, der seiner Menge nach zu bestimmen und als Calciumoxalat
(s. w. u.) zu charakterisiren ist.

Weitere Erkennungsmittel für aber nur absolut reine Oxalsäure
sind:
Kaliumpermanganat, welches bei Gegenwart von verdünnter Schwefelsäure beim Erhitzen entfärbt wird.
Bleiacetat, welches einen weissen Niederschlag giebt, der, in Wasser
suspendirt und mit Schwefelwasserstoff behandelt, in Bleisulfid und Oxalsäure zerlegt wird.
Silbernitrat, welches einen in Salpetersäure löslichen weissen
Niederschlag giebt und
Goldchlorid, welches unter Abscheidung von Gold reducirt
wird.

Die in obiger Weise abgeschiedene Oxalsäure war als solche in den
Objecten vorhanden; sie kann aber auch aus sogenannten überoxal-
saurem Kalium herrühren, welches bei der Digestion mit absolutem
Alkohol in saures Kaliumoxalat und Oxalsäure zerlegt wird (Bischoff,
l. c.).

---

[1]) Ueber Vertheilung von Oxalsäure im Organismus s. Bischoff, Berichte d. deutsch. chem. Ges. 16, 1347 (1883).

Nachweis oxalsaurer Salze.

Von den oxalsauren Salzen kommt bei toxikologischen Untersuchungen in erster Reihe das Kleesalz, auch Sauerklee- oder Bitterkleesalz genannt, in Frage, welches als schwache Beize, sowie zur Beseitigung von Rost- und Tintenflecken im Gebrauch ist.

Seiner chemischen Zusammensetzung nach ist das Kleesalz meist ein Gemisch von saurem und übersaurem Kaliumoxalat, seltener nur saures Salz.

Zum Nachweise von Kleesalz, sowie von leicht löslichen Oxalaten — Alkalioxalaten — kocht man den in Alkohol unlöslichen Rückstand von der Prüfung auf freie Oxalsäure (s. o.) mit Wasser aus und scheidet aus der, mit Essigsäure oder Natriumacetat versetzten, Flüssigkeit die Oxalsäure durch Calciumacetat, bezw. Chlorcalcium, als Calciumoxalat ab.

Letzteres, im gefällten Zustande ein weisses krystallinisches Pulver, bei langsamer Abscheidung aber glänzende Quadratoctaëder bildend, charakterisirt sich als solches durch folgendes Verhalten:

1. Beim Erhitzen mit concentrirter Schwefelsäure wird es (im reinen Zustande ohne Verkohlung) unter Entwickelung von Kohlenoxyd und Kohlendioxyd zersetzt.
2. Mit Sodalösung gekocht, setzt es sich in Calciumcarbonat und Natriumoxalat um; das Filtrat giebt somit nach dem Ansäuern mit Essigsäure auf Zusatz von Chlorcalcium wieder einen Niederschlag von Calciumoxalat.
3. In verdünnter Salzsäure löst sich das Calciumoxalat leicht auf und wird auf Zusatz von Natriumacetat wieder gefällt.

Um auch die in Form von Calciumoxalat vorhandene Oxalsäure zu isoliren, bezw. um auf Oxalsäure überhaupt zu prüfen, muss man die Objecte mit salzsaurem Alkohol extrahiren und im Uebrigen wie zum Nachweise freier Oxalsäure verfahren.

Quantitative Bestimmung der Oxalsäure.

Der aus einem abgewogenen Theile des Objectes aus kochend heisser, essigsaurer Lösung erhaltene Niederschlag von Calciumoxalat wird gewaschen, getrocknet und durch starkes Glühen in Calciumoxyd übergeführt.

100 Thle. desselben entsprechen 160,7 Thln. wasserfreier oder 225 Thln. krystallisirter Oxalsäure.

Essigsäure.

Diese, in der verdünnter Form des Essigs ganz allgemein als Genussmittel dienende Säure gehört in concentrirtem Zustande oder als Eisessig zu den ätzenden Giften (S. 148).

Ausserdem gewinnt die Essigsäure toxikologisches Interesse, wenn sie mit giftigen Metallen oder organischen Basen zu Salzen verbunden ist oder in Gestalt pharmaceutischer Präparate, unter denen namentlich der **Meerzwiebelessig**[1] (*Acetum Scillae*) und der **Fingerhutessig** (*Acetum Digitalis*) zu nennen sind.

Um freie oder gebundene **Essigsäure nachzuweisen**, destillirt man das Object direct oder nach Zusatz von **Schwefelsäure** mit Wasserdampf und erkennt diese Säure ausser an ihrem Geruche durch ihr bekanntes Verhalten gegen **Eisenchlorid** — Rothfärbung, die auf Zusatz von Salzsäure verschwindet; beim Kochen rothbrauner Niederschlag.

Um **kleine Mengen von Essigsäure** nachzuweisen, neutralisirt man die zu prüfende Flüssigkeit mit Kaliumcarbonat und dampft zur Trockne ein.

Der Rückstand kennzeichnet sich als ein **Acetat** dadurch, dass eine Probe davon, mit concentrirter Schwefelsäure übergossen, den Geruch nach **Essigsäure** und beim Erwärmen nach Zusatz von Alkohol den Geruch nach **Essigäther** entwickelt.

Wird das trockene Gemisch der zu prüfenden Substanz mit **Arsenigsäureanhydrid** im Röhrchen stark erhitzt, so entsteht, selbst wenn nur Spuren eines Acetates vorhanden sind, der widerwärtige Geruch nach **Kakodyl** (**Arsendimethyloxyd** oder **Alkarsin**).

Für den **Nachweis von Acetaten** ist noch zu beachten, dass die meisten derselben, auch solche mit Blei, Kupfer, Zink, schon in Alkohol löslich sind.

Sechster Abschnitt.

Corallin, Gummigutti, Pikrinsäure, Victoriagelb.

(Eosin, Martiusgelb, Anilingelb.)

Von den zahlreichen organischen Farbstoffen werden nur drei: **Corallin**, **Gummigutti** und **Pikrinsäure**, zu den gesundheitsschädlichen Farben im Sinne des Gesetzes vom 5. Juli 1887 (vergl. S. 194) gerechnet, doch dürfte sich deren Zahl unschwer vermehren lassen. **Dinitrokresolkalium** (Victoriagelb, Safransurrogat) zum mindesten hat sich nicht bloss bei Thierversuchen, sondern auch bei einem Unglücksfalle als eine für Menschen ziemlich stark giftige Substanz erwiesen[2].

Die Betrachtungen dieses Abschnittes mögen aber auf die genannten Farbstoffe und einige ähnliche beschränkt bleiben[3].

---

[1] Die zu den **Glycosiden** gehörenden Bestandtheile von *Scilla maritima*: Scillaïn, Scillipicrin, Scillitoxin, Scillin sind noch ganz ungenügend bekannt, noch weniger lässt sich über deren gerichtlich-chemischen Nachweis etwas angeben.

[2] **Weyl**, Die Theerfarbstoffe (1889), vergl. auch Berichte d. deutsch. chem. Ges. 21, 512 (1888).

[3] Weitere Angaben über Nachweis von Farbstoffen macht **Dragendorff**, S. 297 ff.

Die Verwendung von Farbstoffen bei der Herstellung von Nahrungsmitteln, Genussmitteln und Gebrauchsgegenständen ist in erster Linie eine Frage des sanitären Interesses (vergl. die früheren Abschnitte über Metallgifte, sowie das Gesetz vom 5. Juli 1887), jedoch liegen strafbare Handlungen, Täuschungen im Sinne des Nahrungsmittelgesetzes auch in allen denjenigen Fällen vor, wenn unschädliche Farbstoffe dazu benutzt werden, um die betreffenden Waaren besser erscheinen zu lassen, als sie in Wirklichkeit sind.

Ueber Prüfung der verschiedensten Nahrungs- und Genussmittel — Wein, Spirituosen, Essig, Fruchtsäfte, Butter, Backwaaren, Conserven u. dergl. — auf echte oder künstliche Färbung, ist die Specialliteratur der Nahrungsmittelchemie zu befragen.

Corallin.

Dieser, in saurer Lösung gelbe, in alkalischer Lösung schön rothe Farbstoff — die käufliche Rosolsäure — lässt sich durch Ausschütteln mit Aether, Chloroform oder Amylalkohol isoliren, nicht aber durch Petroleumäther oder Benzol.

Die Auszüge aus saurer Lösung hinterlassen orangefarbene Rückstände, die durch Ammoniak roth gefärbt werden. Aehnlich verhält sich Eosin, welches aber spurenweise schon von Petroleumäther aufgenommen wird und am reichlichsten aus ammoniakalischer Lösung in Amylalkohol übergeht, diesem eine orange Färbung nebst Fluorescenz ertheilend.

Gummigutti.

Das als gelbe Wasserfarbe angewendete Gummigutt — auch Gummi Cambioga genannt — ist der eingetrocknete gelbe Saft aus dem Stamme der Garcinia Morella.

Es enthält neben Gummi 60 bis 80 Proc. eines als Cambiogasäure bezeichneten, sauren, purgirend wirkenden Harzes und liefert mit Wasser verrieben eine schön gelbe Emulsion von brennendem Geschmack. In Alkohol und Aether löst es sich orangefarben. Ammoniak und Kalilauge färben die gelbe wässerige Lösung des Gummigutti roth oder rothbraun; in der alkalischen Flüssigkeit erzeugt Bleiacetat einen gelben Niederschlag von cambiogasaurem Blei, auch Barium-, Kupfer- und Silbersalze bewirken Fällungen.

Pikrinsäure.

Pikrinsäure (Trinitrophenol, $C_6 H_2 O H (NO_2)_3$ — Pikrinsalpetersäure — auch Welter'sches Bitter genannt) ist schon lange als Gift bekannt, wird aber trotz dessen noch heute gelegentlich zum Färben von Nahrungs- oder Genussmitteln (Eiernudeln, Maccaroni, Confituren u. dergl.) verwendet. Wegen ihres bitteren Geschmackes soll die Pikrinsäure auch mitunter als Hopfensurrogat in der Brauerei benutzt worden sein. Ihre Hauptverwendung findet sie in der Wollen- und Seidenfärberei; sie gehört zu den gesundheitsschädlichen

Farben im Sinne des Gesetzes vom 5. Juli 1887 (s. dieses). Bei Pikrinsäure-
Vergiftung sind Körperhaut und innere Organe gelb verfärbt, der Harn ist
gelbroth (s. w. u.). Dasselbe Pigment (Pikraminsäure) ist in der Leber enthalten.

Die Pikrinsäure und ihre Salze wirken coagulirend auf Eiweiss und verändern in Folge dessen auch die rothen Blutkörperchen in charakteristischer
Weise, indem diese eine gezackte, mitunter stechapfelähnliche Form annehmen [1]).

Ausmittelung der Pikrinsäure [2]).

Um die Pikrinsäure aus Fleischmassen, welche in diesem Falle mehr
oder weniger gelb gefärbt erscheinen, zu isoliren, macerirt man die gehörig zerkleinerten Objecte erst einige Stunden bei gewöhnlicher Temperatur mit schwefelsaurem Wasser, setzt dann das dreifache Volumen
95proc. Weingeist hinzu und digerirt 24 Stunden bei 50 bis 60° C.
Alsdann werden die Massen colirt, filtrirt und durch Destillation vom
Alkohol befreit. Die hinterbleibenden wässerigen Rückstände, welche
bei Leber braunroth, bei Blut bald braunroth, bald gelbgrün, bei Milz
und Dünndarm röthlichgelb, bei den übrigen Organen grünlich bis gelbgrünlich gefärbt erscheinen, werden filtrirt, durch Schütteln mit Petroleumäther [3]) entfettet, dann mit Ammoniak stark alkalisch gemacht und
nach einigen Stunden mit so viel Salzsäure versetzt, bis saure Reaction
eintritt und die durch das Ammoniak hervorgerufenen Niederschläge
sich wieder gelöst haben.

Die so vorbereiteten Flüssigkeiten werden jetzt wiederholt mit Aether
ausgeschüttelt, der bei Anwesenheit von Pikrinsäure meist mehr oder
weniger stark gelbgrün oder gelb gefärbt erscheint und beim Verdunsten
entsprechend gefärbte Rückstände hinterlässt. Bei Leber und Lungen
kommen auch braunrothe Rückstände vor.

Soll die Pikrinsäure aus Blut oder Milz isolirt werden, so modificirt man
das vorstehend angedeutete Verfahren zweckmässig dahin, dass man den
wässerigen Alkoholdestillationsrückstand vor dem Zusatz des Ammoniaks statt
mit Petroleumäther mit Aether auszieht, den Verdunstungsrückstand ammoniakalisch, nach einigen Stunden salzsauer macht und die nöthigenfalls
filtrirte Flüssigkeit mit Aether ausschüttelt, der nun, falls Pikrinsäure vorhanden, einen reinen, gelbgrün gefärbten Verdunstungsrückstand liefert. Hat
sich die Untersuchung von vornherein auf pikrinsaures Kalium zu richten, so
wird die Maceration und Digestion der Organe besser mit reinem als mit
schwefelsaurem Wasser vorgenommen. In einem solchen Falle ist es ferner
vorzuziehen, die wässerigen Alkoholdestillationsrückstände, nachdem sie
mittelst Petroleumäther entfettet sind, sofort, d. h. ohne sie vorher mit
Ammoniak und Salzsäure versetzt zu haben, mit Aether auszuschütteln, den
man dann verdunsten lässt.

---

[1]) Ein Beitrag zur Toxikologie der Pikrinsäure von A. Rymsza, Inaugural-
Dissertation, Dorpat 1889. Dieser Arbeit sind auch die meisten Angaben über
Ausmittelung und Nachweis der Pikrinsäure entnommen.
[2]) l. c. S. 20, 92.
[3]) Derselbe nimmt zuweilen geringe Mengen von Pikrinsäure auf und
hinterlässt dann schwach gelbgrünlich gefärbte Verdunstungrückstände.

Nachweis der Pikrinsäure.

Die, wie vorstehend angegeben, erhaltenen Aetherverdunstungsrück-
stände sind, wenn sie Pikrinsäure enthalten, meistens charakteristisch
gefärbt und zeigen folgendes Verhalten:

1. Sie lösen sich in Wasser, leichter in Alkohol auf; die Lösungen
sind gelb gefärbt, schmecken bitter und liefern mitunter gelbe
krystallinische Verdunstungsrückstände.

2. Legt man in die zu prüfende wässerige Lösung einen Faden
reiner weisser Wolle oder Seide, so ist derselbe nach einem oder
einigen Tagen mehr oder weniger intensiv gelb gefärbt und
bleibt es auch beim Waschen mit Wasser. $1/10$ mg Pikrinsäure
in 11 ccm Wasser — entsprechend einer Verdünnung von
$1/110\,000$ — giebt noch einen gelbgrünen Anflug auf der Wolle.
Baumwolle fixirt die Pikrinsäure nicht.

3. Versetzt man eine wässerige Pikrinsäurelösung mit zwei Tropfen
Cyankaliumlösung und zwei Tropfen Natronlauge, so tritt beim
schwachen Erwärmen eine blutrothe Färbung — Kaliumiso-
purpurat — auf, die noch 1 mg Pikrinsäure in 5 ccm Flüssigkeit, mithin in einer Verdünnung bis zu $1/5000$, deutlich anzeigt.

Noch geringere Mengen (bis zu $1/20$ mg) Pikrinsäure sind
mittelst dieser Isopurpursäure-Reaction erkennbar, wenn man
die zu prüfende Flüssigkeit in einem weissen Schälchen auf dem
Wasserbade eintrocknet, den Rückstand mit drei Tropfen Ammoniak und einem Tropfen Cyankalium versetzt und wieder eindunstet. Man erhält dann einen dunkelroth gefärbten, in Wasser
mit blutrother Farbe löslichen Fleck.

Zur weiteren Identificirung der Pikrinsäure können, wenn es die Umstände
gestatten, noch folgende Reactionen dienen, die indessen schon durch geringe
Beimengungen von Fett u. dergl. in ihrer Empfindlichkeit beeinträchtigt werden;
es gilt dies namentlich von den unter 4. und 5. angeführten Proben.

4. Versetzt man eine wässerige Pikrinsäurelösung mit je drei Tropfen
Natronlauge und Traubenzuckerlösung, so färbt sich die Flüssigkeit
beim Erhitzen (in Folge Reduction der Pikrinsäure zu Pikraminsäure)
dunkelroth [1]).

· Die Empfindlichkeit dieser Reaction reicht bei reinen Lösungen
bis zu $1/70\,000$ Verdünnung.

Trocknet man die zu prüfende Lösung auf dem Wasserbade ein, und
färbt sich der Rückstand nach Zusatz je eines Tropfens Natronlauge
und Traubenzuckerlösung beim Erwärmen dunkelroth, wenn noch
$1/17$ mg Pikrinsäure vorhanden ist.

5. Eine mit je drei Tropfen Natronlauge und Schwefelammonium versetzte wässerige Pikrinsäurelösung nimmt beim Erhitzen gleichfalls
und aus demselben Grunde wie bei voriger Reaction eine dunkelrothe

---

[1]) Braun, Zeitschrift f. analyt. Chemie 4, 185 (1865).

Färbung[1]) an; $1/10$ mg Pikrinsäure iu 8 ccm Wasser ist auf diese Art noch nachweisbar (Empfindlichkeit also $1/80\,000$).

Als Rückstandsreaction (wie oben) ausgeführt, steigt die Empfindlichkeit dieser Probe noch auf $1/25$ mg Pikrinsäure.

6. Fügt man zu einer wässerigen Pikrinsäurelösung zwei Tropfen einer ammoniakalischen Kupfersulfatlösung (gleiche Volumen Ammoniak und Kupfersulfatlösung 1 : 10), so entsteht ein gelbgrüner Niederschlag, bestehend aus nadelförmigen, hexagonalen und sargdeckelförmigen Krystallen, welche das Licht polarisiren. Empfindlichkeit $1/80\,000$, d. h. $1/10$ mg Pikrinsäure iu 8 ccm Wasser liefert noch einen solchen Kupferniederschlag.

Ueber Unterscheidung der Pikrinsäure von Victoriagelb (sog. Safransurrogat) s. dort.

Sanitätspolizeiliche und medicinisch-chemische Untersuchungen auf Pikrinsäure.

Nachweis der Pikrinsäure im Bier.

Nach den Vereinbarungen der bayerischen Vertreter der angewandten Chemie ist die Methode von Fleck[2]) zu benutzen.

Der wie zur Untersuchung auf Hopfensurrogate hergestellte alkoholische Extract (S. 370) wird verdampft und der Rückstand wiederholt mit Wasser ausgekocht.

Die Auszüge dampft man wiederum zur Trockne ein und behandelt sie mit Aether, der dann die vorhandene Pikrinsäure fast rein aufnimmt und sie beim Verdunsten hinterlässt.

Will man die Pikrinsäure in solchen Fällen quantitativ bestimmen, so löst man sie nochmals in Chloroform oder Benzol auf und lässt die Lösung in einem tarirten Schälchen verdunsten.

Nachweis der Pikrinsäure in Mehlspeisen, Confituren und dergleichen.

Die zu untersuchenden Gegenstände — Eiernudeln, Maccaroni, Confituren u. s. w. — werden nach Fleck[3]) in zerkleinertem Zustande mit Alkohol extrahirt, die filtrirten Lösungen eingedampft und die hinterbleibenden Rückstände mit etwas 10 procentiger Salzsäure übergossen. Rührt die Gelbfärbung von Pikrinsäure her, so verschwindet sie sofort und die Flüssigkeit nimmt, wenn man ein Stück reines Zink hineinlegt, im Laufe einiger Stunden eine blaue Färbung an.

Victoriagelb (Safransurrogat) wird unter den gleichen Bedingungen von der Salzsäure nicht sofort entfärbt und die Flüssigkeit färbt sich nach Zusatz von Zink im Laufe der Zeit roth. Vergl. auch unter Dinitrokresolkalium.

---

[1]) Braun, l. c. (oben) und Christel, Arch. d. Pharm. **221**, 190 (1883).
[2]) Correspondenzblatt des Vereins analytischer Chemiker 1880, S. 77.
[3]) Repertorium d. analyt. Chemie 1886, S. 649.

Den Nachweis von Eigelb (Eidotter) gründet Bein [1]) auf dessen Gehalt an Lecithin bezw. an in Aether löslicher (aus Glycerinphosphorsäure stammender) Phosphorsäure.

Nachweis der Pikrinsäure im Harn [2]).

Die dem Organismus zugeführte Pikrinsäure geht theils unverändert, theils zu Pikraminsäure reducirt in den Harn über, in welchem diese Säure dann als aromatischer Paarling der Aethersulfosäuren erscheint und dessen anfangs hellrothe, später braunrothe Farbe bedingt. Im Uebrigen ist der Harn sauer, frei von Eiweiss, Gallenfarbstoffen und Blut. Die Pikrinsäure selbst ist nur etwa bis zum dritten oder vierten Tage nach der Vergiftung nachweisbar, später ist in dem noch bis zum achten Tage braunroth gefärbten Harn nur noch die Verbindung der Pikrinsäure mit den Aethersulfosäuren vorhanden.

Zum Nachweis der Pikrinsäure im Harn schüttelt man denselben nach Zusatz einiger Tropfen Salzsäure mehrmals mit Aether aus und prüft den gelbgrün gefärbten Verdunstungsrückstand bezw. seine wässerige Auflösung mit ammoniakalischer Kupferlösung (s. Nachweis d. Pikrinsäure).

Die Cyankalium-, Traubenzucker- und Schwefelammonium-Reaction sind in diesem Falle nicht verlässlich, weil die betreffenden Färbungen auch bei Aetherauszügen pikrinsäurefreien Harns vorkommen können, ja sogar beim Erwärmen des Aetherverdunstungsrückstandes mit Ammoniak und Natronlauge allein (ohne Cyankalium, Traubenzucker oder Schwefelammonium).

Prüfung auf Pikraminsäure [3]): Ist in dem braunroth gefärbten Harn bei vermutheter Pikrinsäurevergiftung diese Säure nach dem obigen Verfahren nicht mehr nachweisbar, so kann man noch den Nachweis des Reductionsproductes der Pikrinsäure, der Pikraminsäure, versuchen, die, wie schon erwähnt, im Harne nicht als solche vorhanden, sondern mit den Aethersulfosäuren desselben gepaart ist.

Um diese Verbindung zu spalten und die Pikraminsäure nachzuweisen, erhitzt man den Harn nach Zusatz einiger Cubikcentimeter Salzsäure zwei Stunden lang, filtrirt nach dem Erkalten und schüttelt die dunkelrothe Flüssigkeit mit Aether aus, der gelb gefärbt erscheint und beim Verdunsten einen braunrothen, in heissem Wasser löslichen Rückstand hinterlässt.

Da normaler Harn bei der vorstehend angedeuteten Behandlung ein ähnliches Verhalten zeigt, so empfiehlt es sich, davon ein gleich grosses Quantum derselben Behandlung zu unterwerfen und die wässerigen Lösungen, den braunrothen Aetherverdunstungsrückstand des normalen und des zu prüfenden Harns auf folgende Reactionen [4]) mit einander zu vergleichen:

---

[1]) Berichte d. deutsch. chem. Ges. 23, 423 (1890).
[2]) Rymsza, S. 26 und 82.
[3]) Rymsza, S. 84.
[4]) Auszug aus der im Original l. c. S. 98 und 99 befindlichen grösseren Tabelle.

Reactionstabelle zur Prüfung von Harn- und Leber-
auszügen bei Pikrinsäurevergiftung.

Reagens	Aromatischer Paarling der Sulfo-säuren des Harns		Aetherverdunstungs-Rückstand von Leber-auszug nach Pikrin-säurevergiftung
	nach Pikrinsäure-Vergiftung	im normalen Zustande	
Silbernitrat	braungelb, sehr reichlich	schwarz, reichlich	rothbraun, sehr reichlich
Quecksilberoxydul-nitrat	gelbbraun, sehr reichlich	braunweiss, sehr reichlich	braungelb; nach ge-höriger Reinigung roth-gelb; sehr reichlich
Bleiacetat	braungelb, sehr reichlich	hellbraun, reichlich	braungelb; nach ge-höriger Reinigung gelbroth; sehr reichlich
Kupfersulfat	braungelb, reichlich	braungelb, reichlich	braungelb, reichlich
Ammoniakalisches Kupfersulfat	braunschwarz. reichlich; amorph	0	braun, sehr reichlich, z. Thl. amorph, z. Thl. polarisirende Krystalle
Quecksilberchlorid	braungelb, mässig	hellbraun, gering	braungelb, reichlich
Zinnchlorür	hellgelbbraun, reichlich	gelbweiss, reichlich	braungelb, reichlich
Eisenchlorid	braun, mässig	hellbraun, gering	braungelb, mässig
Eisenvitriol	braun, reichlich	hellbraun,	braungelb, mässig
Chlorkalk	braun, reichlich	weiss, mässig	braunweiss, reichlich
Nickelchlorid	braun, gering	0	hellbraun, gering
Kobaltoxydulnitrat	braun, gering	Trübung	braungelb, reichlich
Schweflige Säure	braungelb, gering	Trübung	röthlichbraun, gering

Prüfung von Blut nach Pikrinsäurevergiftung [1]).

Unter dem Mikroskope zeigen die rothen Blutkörperchen theilweise ein unregelmässig gezacktes, mitunter stechapfelförmiges Aussehen und neben einer Vermehrung der weissen Blutkörperchen bemerkt man feine Körnchen, sowie braungelbe oder braunrothe Farbstoffpartikelchen.

Im Spectroskope zeigt Blut nach Pikrinsäurevergiftung in der Regel nur die beiden Absorptionsstreifen des Oxyhämoglobins, verhält sich also wie normales Blut; lässt man es in geschlossenen Gefässen einige Stunden stehen, so tritt zu den beiden genannten Streifen im Gelb und Grün ein solcher im Roth hinzu, der ein Methämoglobinstreifen ist, und sich vom Hämatinstreifen dadurch unterscheidet, dass er auf Zusatz eines Tropfens Blausäure sofort verschwindet [2]). Auf Zusatz einiger Tropfen Schwefelammonium verschmelzen die beiden Oxyhämoglobinstreifen, der Methämoglobinstreifen verschwindet und es tritt später an anderer Stelle der Sulfhämoglobinstreifen auf.

Das nach Pikrinsäurevergiftung im Blute partiell auftretende Methämoglobin ist sehr beständig und in dem mit Wasser verdünnten Blute bei offenem Gefässe noch bis zum zehnten Tage nachweisbar.

Victoriagelb [3]).

Dieser, seiner chemischen Natur nach als Dinitrokresolkalium zu bezeichnende, auch unter dem Namen Safransurrogat bekannte, Farbstoff gehört, obwohl er in dem Gesetze vom 5. Juli 1887 nicht erwähnt ist, zu den gesundheitsschädlichen Farben, deren Verwendung zur künstlichen Färbung von Nahrungs- und Genussmitteln unbedingt zu verbieten ist.

Wegen ihrer ähnlichen äusseren Eigenschaften werden Victoriagelb und Pikrinsäure zu etwa den gleichen Zwecken benutzt und müssen bei Vergiftungsfällen genau von einander unterschieden werden.

Victoriagelb stellt ein dunkelorangefarbenes Pulver dar, welches schon in kaltem Wasser, wie auch in Alkohol ziemlich leicht löslich ist.

Pikrinsäure bildet weisslichgelbe, glänzende Blättchen und Nadeln, die sich in kaltem Wasser sehr schwer, in heissem Wasser und Alkohol leicht lösen.

Victoriagelb giebt mit Salzsäure und Zinnchlorür nach Zusatz von Ammoniak eine kirschrothe,

Pikrinsäure unter denselben Bedingungen eine braunrothe Färbung.

Victoriagelb liefert, wenn man der wässerigen Lösung einige Tropfen Salzsäure und dann ein Stückchen reines Zink zusetzt, eine rothe, bei längerem Stehen verschwindende Färbung.

Pikrinsäure in dem gleichen Falle eine blaue, später braungrünliche beständige Färbung.

Andere Unterscheidungsreactionen sind kaum brauchbar; allerdings soll nach Weyl Dinitrokresolkalium (im Gegensatz zur Pikrinsäure, S. 380) durch ammoniakalische Kupfersulfatlösung nicht gefällt werden. Rymsza (l. c.) aber erhielt auch bei Dinitrokresolkalium Niederschläge von blaugrünen, nadelförmigen, das Licht polarisirenden Krystallen.

[1]) Vergl. die citirte Rymsza'sche Dissertation, S. 75.
[2]) Kobert, Dorpater Naturforschergesellschaft 1888, S. 442.
[3]) Weyl, Berichte d. deutsch. chem. Ges., S. 512 (1888). — Gerlach, Chem. Centralblatt 1888, S. 838. — Weyl, Die Theerfarben 1889.

Nachweis von Victoriagelb.

Der wie zur Ausmittelung von Pikrinsäure hergestellte und dann vom Alkohol befreite Extract, welcher gelblich, gelb, braungelb oder gelblichbraun gefärbt sein kann, wird nach Entfettung mit Petroleumäther mit Aether ausgeschüttelt, welcher beim Verdunsten mehr oder weniger gelb gefärbte Rückstände hinterlässt, die sich auch in heissem Wasser nicht, aber leicht in Alkohol lösen (Dinitrokresol[1]). Letztere Lösung färbt sich auf vorsichtigen Zusatz von Kalilauge orange und hinterlässt beim Verdunsten einen safranfarbenen Rückstand (Dinitrokresolkalium), der sich in Wasser mit oranger Farbe leicht löst.

Diese Lösung giebt mit Salzsäure Zinnchlorür und Ammoniak oder mit Salzsäure und Zink die oben angegebenen Reactionen, unter denen besonders die erstere in Frage kommt, wenn das fragliche Victoriagelb aus Organen[2]) isolirt worden ist und von Pikrinsäure unterschieden werden soll.

Um Victoriagelb in Mehlspeisen, sowie im Harn nachzuweisen, verfährt man analog wie zur Prüfung auf Pikrinsäure (S. 380).

Der Harn ist nach Genuss von Dinitrokresolkalium gelb gefärbt und giebt an Aether eine blassgelbe, als braunrother Verdunstungsrückstand hinterbleibende Substanz ab, die aber keine charakteristischen Reactionen auf Dinitrokresolkalium giebt, weil dieses bei seiner weiteren Wanderung durch den Organismus zersetzt wird.

Das dem Dinitrokresolkalium ähnliche Dinitro-α-Naphtolnatrium oder -calcium — Martius-, Manchester-, Naphtalingelb — wird aus sauren Lösungen durch Petroleumäther, besser durch Aether, Benzol, Chloroform oder Amylalkohol ausgezogen; aus ammoniakalischen Lösungen wird das Martiusgelb nicht aufgenommen soll.

· Ganz ähnlich verhält sich Anilingelb, dessen dunkelbraune ammoniakalische Lösung an die genannten Lösungsmittel höchstens Spuren von Farbstoff abgiebt.

---

[1]) Dinitrokresolkalium wird im Magen in Dinitrokresol und Chlorkalium zerlegt.

[2]) Dieselben sind, zum Unterschiede von Pikrinsäurevergiftung, nicht gelb gefärbt.

ANHANG

(zur zweiten Abtheilung).

A. Steueramtliche Untersuchungen von Branntwein, Likören, Zuckerwaaren und Chocolade.

Bestimmungen über die Denaturirung des Branntweins.

Am 15. December 1887 beschloss der Bundesrath, „dass als allgemeines Denaturirungsmittel im Sinne des §. 8 des Regulativs, betreffend die Steuerfreiheit des Branntweins zu gewerblichen Zwecken, ein Gemisch von vier Theilen Holzgeist und einem Theil Pyridinbasen verwendet werden darf, welches dem zu denaturirenden Branntwein in dem Verhältniss von $2\frac{1}{2}$ Liter zu je 100 Liter reinen Alkohols zugesetzt wird".

Aus den vom Bundesrathe am 8. Juni 1888 veröffentlichten „Bestimmungen über die Denaturirung des Branntweins" [1]) seien hier nur folgende Punkte hervorgehoben:

Dem allgemeinen Denaturirungsmittel darf von den zur Zusammensetzung desselben ermächtigten Fabriken ein Zusatz von 40 g Lavendelöl oder 60 g Rosmarinöl auf je ein Liter beigemengt werden.

Für bestimmte Zwecke darf Branntwein, statt mit dem allgemeinen Denaturirungsmittel oder mit Pyridinbasen allein, auch nur mit 5 Proc. Holzgeist von der vorgeschriebenen Beschaffenheit (s. unten) denaturirt werden.

Zur Herstellung von Branglasur ist die Denaturirung mit einer Lösung von 1 Gew.-Thl. Schellack in 2 Gew.-Thln. Alkohol von 95 Proc. zulässig, welche dem Branntwein im Verhältniss von 20 Proc. zuzusetzen ist.

Für gewisse näher bezeichnete (pharmaceutisch- oder technisch-chemische) Zwecke darf der Branntwein mit 0,5 Proc. Terpentinöl oder 0,025 Proc. Thieröl oder 10 Proc. Schwefeläther denaturirt werden.

Zur Essigfabrikation ist auch eine Denaturirung mit 200 Proc. Essig (von 3 Proc. Gehalt an Essigsäure) oder mit 30 Proc. Essig (von 6 Proc. Gehalt an Essigsäure), 70 Proc. Wasser und 100 Proc. Bier zulässig. An Stelle des Wassers, des Bieres oder des Hefenwassers darf neben der vorgeschriebenen Essigmenge ein Zusatz von 100 Proc. reinen Naturweines treten.

Die Bestandtheile des allgemeinen Denaturirungsmittels — Holzgeist und Pyridinbasen — sind nach der (unten wörtlich folgenden) Anlage A und B, die anderen Denaturirungsmittel: Thieröl, Terpentinöl, Schwefeläther und Schellacklösung nach der (unten ebenfalls wörtlich abgedruckten) Anlage C durch amtliche Chemiker auf ihre vorschriftsmässige Beschaffenheit zu prüfen.

----

[1]) Abgedruckt z. B. im Anhange des 28. Bandes der Zeitschrift für analytische Chemie.

Denaturirten Branntwein ganz oder theilweise zu renaturiren (S. 255) oder demselben Stoffe beizufügen, durch welche Geruch und Geschmack des Denaturirungsmittels verändert wird, ist verboten, ebenso renaturirten oder bezüglich seines Geruches und Geschmackes veränderten denaturirten Branntwein in den Verkehr zu bringen.

Anlage A.

Beschaffenheit der Bestandtheile des allgemeinen Denaturirungsmittels.

1. Der Holzgeist: Derselbe soll farblos oder schwach gelblich gefärbt sein. Bei der Destillation von 100 Raumtheilen des Holzgeistes sollen bei dem normalen Barometerstande von 760 mm Quecksilberdruck bis zu einer Temperatur von 75 Graden des hunderttheiligen Thermometers mindestens 90 Raumtheile übergegangen sein. Der Holzgeist soll mit Wasser ohne wesentliche Trübung in jedem Verhältnisse mischbar sein. Der Gehalt an Aceton soll 30 Proc. übersteigen. Der Holzgeist soll wenigstens 1, aber nicht mehr als 1,5 Proc. an Brom entfärbenden Bestandtheilen enthalten.

2. Die Pyridinbasen: Das Pyridinbasengemisch soll farblos oder schwach gelblich gefärbt sein. Sein Wassergehalt soll 10 Proc. nicht übersteigen. Bei der Destillation von 100 Raumtheilen des Gemisches sollen bei dem normalen Barometerstand von 760 mm bis zu einer Temperatur von 140 Graden des hunderttheiligen Thermometers mindestens 90 Raumtheile übergegangen sein. Das Gemisch soll mit Wasser ohne wesentliche Trübung in jedem Verhältniss mischbar und frei von Ammoniak sein.

Anlage B.

Anleitung zur Prüfung des Holzgeistes und der Pyridinbasen.

I. Der Holzgeist.

1. Farbe: Dieselbe soll nicht dunkler sein, als die einer Auflösung von 2 ccm Zehntelnormaljodlösung in einem Liter destillirten Wassers.

2. Siedetemperatur: 100 ccm Holzgeist werden in einen Metallkolben gebracht; auf denselben ist ein mit Kugel versehenes Siederohr aufgesetzt, welches durch einen seitlichen Stutzen mit einem Liebig'schen Kühler verbunden ist. Durch die obere Oeffnung wird ein amtlich beglaubigtes Thermometer mit hunderttheiliger Scala eingeführt, dessen Quecksilbergefäss bis unterhalb des Stutzens hinabreicht. Der Kolben wird so mässig erhitzt, dass das übergegangene Destillat aus dem Kühler tropfenweise abläuft. Das Destillat wird in einem graduirten Glascylinder aufgefangen, und es sollen, wenn das Thermometer 75 Grad zeigt, bei normalem Barometerstande mindestens 90 ccm übergegangen sein.

Weicht der Barometerstand vom normalen ab, so soll für je 30 mm ein Grad in Anrechnung gebracht werden, also z. B. sollen bei 770 mm 90 ccm bei 75,3 Grad, bei 750 mm 90 ccm bei 74,7 Grad übergegangen sein.

3. Mischbarkeit mit Wasser: 20 ccm Holzgeist sollen mit 40 ccm Wasser eine klare oder doch nur schwach opalisirende Mischung geben.

4. Abscheidung mit Natronlauge: Beim Durchschütteln von 20 ccm Holzgeist mit 40 ccm Natronlauge von 1,3 spec. Gew. sollen nach einer halben Stunde mindestens 5 ccm Holzgeist abgeschieden werden.

5. Gehalt an Aceton: 1 ccm einer Mischung von 10 ccm Holzgeist mit 90 ccm Wasser wird in einem engen Mischcylinder mit 10 ccm Doppeltnormalnatronlauge (80 g Natriumhydroxyd im Liter) durchgeschüttelt. Darauf werden 5 ccm Doppeltnormaljodlösung (254 g Jod im Liter) unter erneutem Schütteln hinzugefügt. Das sich ausscheidende Jodoform wird mit 10 ccm Aether vom spec. Gew. 0,722 unter kräftigem Schütteln aufgenommen. Von der nach kurzer Ruhe sich abscheidenden Aetherschicht werden 5 ccm mittelst einer Pipette auf ein gewogenes Uhrglas gebracht und auf demselben langsam verdunstet. Dann wird das Uhrglas zwei Stunden über Schwefelsäure gestellt und gewogen. Die Gewichtszunahme soll nicht weniger als 0,07 g betragen.

6. Aufnahmefähigkeit für Brom: 100 ccm einer Lösung von Kaliumbromat und Kaliumbromid, welche nach der unten folgenden Anweisung hergestellt ist, werden mit 20 ccm einer in der gleichfalls unten angegebenen Weise verdünnten Schwefelsäure versetzt. Zu diesem Gemisch, das eine Bromlösung von 0,703 g Brom darstellt, wird aus einer in 0,1 ccm getheilten Bürette tropfenweise unter fortwährendem Umrühren so lange Holzgeist hinzugesetzt, bis dauernde Entfärbung eintritt. Zur Entfärbung sollen nicht mehr als 30 ccm und nicht weniger als 20 ccm Holzgeist erforderlich sein.

Die Prüfungen der Aufnahmefähigkeit für Brom sind stets bei vollem Tageslicht auszuführen.

Anweisung zur Herstellung der Bestandtheile der Bromlösung.

a) Bromsalze: Nach wenigstens zweistündigem Trocknen bei 100⁰ und Abkühlenlassen im Exsiccator werden 2,447 g Kaliumbromat und 8,719 g Kaliumbromid, welche vorher auf ihre Reinheit geprüft sind, abgewogen und in Wasser gelöst. Die Lösung wird zu einem Liter aufgefüllt.

b) Verdünnte Schwefelsäure: 1 Vol. concentrirte Schwefelsäure wird mit 3 Vol. Wasser vermischt. Das Gemisch lässt man erkalten.

II. Die Pyridinbasen.

1. Farbe: Wie beim Holzgeist.
2. Verhalten gegen Cadmiumchlorid: 10 ccm einer Lösung von 1 ccm Pyridinbasen in 100 ccm Wasser werden mit 5 ccm einer fünfprocentigen wässerigen Lösung von wasserfreiem, geschmolzenem Cadmiumchlorid versetzt und kräftig geschüttelt; es soll alsbald eine deutliche krystallinische Ausscheidung eintreten. Mit 5 ccm Nessler'schem Reagens (S. 290, Anm.) sollen 10 ccm derselben Pyridinbasenlösung einen weissen Niederschlag geben.
3. Siedetemperatur: Man verfährt wie beim Holzgeist, doch soll das Destillat, erst wenn das Thermometer auf 140 Grad gestiegen ist, mindestens 90 ccm betragen.
4. Mischbarkeit mit Wasser: Wie beim Holzgeist.
5. Wassergehalt: Beim Durchschütteln von 20 ccm Basen und 20 ccm Natronlauge von 1,4 spec. Gew. sollen nach einigem Stehenlassen mindestens 18,5 ccm der Basen abgeschieden werden.
6. Titration der Basen: 1 ccm Pyridinbasen in 10 ccm Wasser gelöst, werde mit Normalschwefelsäure versetzt, bis ein Tropfen der Mischung auf Congopapier einen deutlichen blauen Rand hervorruft, der alsbald

wieder verschwindet. Es sollen nicht weniger als 10 ccm der Säurelösung bis zum Eintritt dieser Reaction verbraucht werden.

Zur Herstellung des Congopapiers wird Filtrirpapier durch eine Lösung von 1 g Congoroth in 1 Liter Wasser gezogen und getrocknet.

Anlage C.

Anleitung zur Untersuchung von Thieröl, Terpentinöl und Aether.

I. Thieröl.

1. **Farbe**: Dieselbe soll schwarzbraun sein.

2. **Siedetemperatur**: Werden 100 ccm in der für den Holzgeist angegebenen Weise destillirt, so sollen unter 90 Grad nicht mehr als 5 ccm, bis 180 Grad aber wenigstens 50 ccm übergehen.

3. **Pyrrolreaction**: 2,5 ccm einer einprocentigen alkoholischen Lösung des Thieröls werden mit Alkohol auf 100 ccm verdünnt. Bringt man in 10 ccm dieser Lösung, die 0,025 Proc. Thieröl enthält, einen mit concentrirter Salzsäure befeuchteten Fichtenholzspan, so soll derselbe nach wenigen Minuten deutliche Rothfärbung zeigen.

4. **Verhalten gegen Quecksilberchlorid**: 5 ccm der einprocentigen alkoholischen Lösung des Thieröles sollen beim Versetzen mit 5 ccm einer zweiprocentigen alkoholischen Lösung von Quecksilberchlorid alsbald eine voluminöse, flockige Fällung geben. 5 ccm der 0,025proc. alkoholischen Lösung von Thieröl, mit 5 ccm der Quecksilberchloridlösung versetzt, sollen alsbald noch eine deutliche Trübung zeigen.

II. Terpentinöl.

1. **Specifisches Gewicht**: Dasselbe soll zwischen 0,855 und 0,865 bei 15 Grad liegen.

2. **Siedetemperatur**: Werden 100 ccm in der für den Holzgeist angegebenen Weise destillirt, so sollen unter 150 Grad nicht mehr als 5 ccm, bis 160 Grad aber mindestens 90 ccm übergehen.

3. **Mischbarkeit mit Wasser**: 20 ccm Terpentinöl werden mit 20 ccm Wasser kräftig geschüttelt. Wenn nach einigem Stehen beide Schichten sich getrennt haben und klar geworden sind, so soll die obere wenigstens 19 ccm betragen.

III. Aether.

1. **Specifisches Gewicht**: Dasselbe soll nicht mehr als 0,730 betragen.

2. **Mischbarkeit mit Wasser**: 20 ccm Aether werden mit 20 ccm Wasser kräftig geschüttelt. Nach dem Absetzen soll die Aetherschicht wenigstens 18 ccm betragen.

IV. Schellacklösung.

10 g der Lösung sollen beim Verdunsten auf dem Wasserbade und darauf folgendem Erhitzen des eingedampften Rückstandes im Trockenschranke während einer halben Stunde auf eine Temperatur von 100 bis 105 Grad mindestens 3,3 g Schellack hinterlassen.

Von sonstigen steueramtlichen Untersuchungen [1] müssen hier wenigstens erwähnt werden:

1. „Anleitung zur Ermittelung des Alkoholgehaltes im Branntwein." Dieselbe ist laut Bekanntmachung des Bundesrathes vom 5. Juni 1889 mit dem 1. Juli 1889 in Kraft getreten.

2. „Anleitung zur Bestimmung des Extractgehaltes von Branntweinen."

3. Ausführungsbestimmungen zu §. 7 des Gesetzes vom 9. Juli 1887, betreffend die Besteuerung des Zuckers. Dieselbe wurde vom Bundesrathe unter dem 8. Juli 1889 bekannt gemacht und enthält in

Anlage B eine „Instruction zur Untersuchung von Chocolade, Conditorwaaren und Likören auf ihren Gehalt an Rohrzucker";

Anlage C eine „Anweisung zur Feststellung des Bonificationswerthes von Invertzuckersyrup".

B. Verordnung, betreffend das Feilhalten von Petroleum.
Vom 24. Februar 1882.

§. 1. Das gewerbsmässige Verkaufen und Feilhalten von Petroleum, welches unter einem Barometerstande von 760 mm schon bei einer Erwärmung auf weniger als 21 Grad des hunderttheiligen Thermometers entflammbare Dämpfe entweichen lässt, ist nur in solchen Gefässen gestattet, welche an in die Augen fallender Stelle auf rothem Grunde in deutlichen Buchstaben die nicht verwischbare Inschrift „Feuergefährlich" tragen.

Wird derartiges Petroleum gewerbsmässig zur Abgabe in Mengen von weniger als 50 kg feilgehalten oder in solchen geringeren Mengen verkauft, so muss die Inschrift in gleicher Weise noch die Worte: „Nur mit besonderen Vorsichtsmaassregeln zu Brennzwecken verwendbar" enthalten.

§. 2. Die Untersuchung des Petroleums auf seine Entflammbarkeit im Sinne des §. 1 hat mittelst des Abel'schen Petroleumprobers (Fig. 29, S. 394) unter Beachtung der vom Reichskanzler wegen Handhabung des Probers zu erlassenden näheren Vorschriften (s. w. u.) zu erfolgen.

Wird die Untersuchung unter einem anderen Barometerstande als 760 mm vorgenommen, so ist derjenige Wärmegrad maassgebend, welcher nach einer vom Reichskanzler zu veröffentlichenden Umrechnungstabelle

---

[1] Dieselben sind zum Theil sehr umfänglich und finden sich z. B. abgedruckt im Anhange der Zeitschrift für analytische Chemie Bd. 28 (1889), Bd. 29 (1890) und Bd. 30 (1891).

(s. w. u.) unter dem jeweiligen Barometerstande dem in §. 1 bezeichneten Wärmegrade entspricht.

§. 3. Diese Verordnung findet auf das Verkaufen und Feilhalten von Petroleum in den Apotheken zu Heilzwecken nicht Anwendung.

§. 4. Als Petroleum im Sinne dieser Verordnung gelten das Rohpetroleum und dessen Destillationsproducte.

§. 5. Diese Verordnung tritt mit dem 1. Januar 1883 in Kraft.

C. Anweisung für die Untersuchung des Petroleums auf seine Entflammbarkeit mittelst des Abel'schen Petroleumprobers.

Bekanntmachung vom 20. April 1882.

I. Vorbereitungen.

1. Wahl des Arbeitsraumes. Für die Untersuchung des Petroleums ist ein möglichst zugfreier Platz in einem Arbeitsraume von der mittleren Temperatur bewohnter Zimmer zu wählen.

2. Behandlung des Petroleums vor Beginn der Untersuchung. Das Petroleum ist vor der Untersuchung in einem geschlossenen Behälter innerhalb des Arbeitsraumes genügend lange aufzubewahren, so dass es nahezu die Temperatur des letzteren angenommen hat.

3. Ablesung des Barometerstandes und Festsetzung des Wärmegrades, bei welchem das Proben zu beginnen hat. Vor Beginn der Untersuchung wird der Stand eines geeigneten, im Arbeitsraume befindlichen Barometers in ganzen Millimetern abgelesen und auf Grund desselben aus nachfolgender Tafel derjenige Wärmegrad des Petroleums (s. Nr. 12) ermittelt, bei welchem das Proben durch das erste Oeffnen des Schiebers [1]) zu beginnen hat.

Bei einem Barometerstande   erfolgt der Beginn des Probens

von 685 mm bis einschliesslich 695 mm bei						+ 14,0° C.
von mehr als 695 „ „ „ 705 „ „						+ 14,5° „
„ „ „ 705 „ „ „ 715 „ „						+ 15,0° „
„ „ „ 715 „ „ „ 725 „ „						+ 15,5° „
„ „ „ 725 „ „ „ 735 „ „						+ 16,0° „
„ „ „ 735 „ „ „ 745 „ „						+ 16,0° „
„ „ „ 745 „ „ „ 755 „ „						+ 16,5° „
„ „ „ 755 „ „ „ 765 „ „						+ 17,0° „
„ „ „ 765 „ „ „ 775 „ „						+ 17,0° „
„ „ „ 775 „ „ „ 785 „ „						+ 17,5° „

[1]) d des unten (S. 394) abgebildeten Abel'schen Apparates.

4. **Ermittelung des maassgebenden Entflammungs-punktes.** Weicht der gemäss Nr. 3 gefundene Barometerstand von dem im §. 1 der Verordnung (s. oben) vom 24. Februar 1882 bezeichneten Normal-Barometerstande (760 mm) um mehr als $2\frac{1}{2}$ mm nach oben oder unten ab, so ist noch derjenige Wärmegrad zu ermitteln, welcher gemäss §. 2, Absatz 2 daselbst bei dem jeweiligen Barometer-stande dem Normal-Entflammungspunkte (21^0 C. bei 760 mm) entspricht und maassgebend ist. Zu diesem Zwecke sucht man in der obersten Zeile der Umrechnungstabelle (S. 395) die der Höhe des beobachteten Barometerstandes am nächsten kommende Zahl auf, geht in der mit dieser Zahl überschriebenen Spalte bis zu der durch einen leeren Raum oberhalb und unterhalb hervorgehobenen Zeile hinab. Die Zahl, auf welche man in dieser Zeile trifft, bezeichnet den maassgebenden Wärme-grad, unter welchem das Petroleum entflammbare Dämpfe nicht abgeben darf, wenn es nicht den Beschränkungen in §. 1 der Verordnung vom 24. Februar 1882 unterliegen soll. (Beispiele: Zeigt das Barometer einen Stand von 742 mm, so liegt der maassgebende Wärmegrad bei $20,3^0$ C., zeigt es jedoch 744 mm, so liegt derselbe bei $20,5^0$ C.)

5. **Aufstellung des Probers.** Nach Ausführung der in Nr. 3 und 4 vorgeschriebenen Ermittelungen wird der Prober, zunächst ohne das Petroleumgefäss (A) [1]), so aufgestellt, dass die rothe Marke des in den Wasserbehälter eingehängten Thermometers (c) sich nahezu in gleicher Höhe mit den Augen des Untersuchenden befindet.

6. **Füllung des Wasserbehälters und Vorwärmung des Bades.** Hierauf wird der Wasserbehälter (C) durch den Trichter (f) mit Wasser von $+ 50^0$ C. bis $+ 52^0$ C. so weit gefüllt, dass dasselbe anfängt, durch das Abflussrohr abzulaufen.

Ist Wasser von der erforderlichen Wärme anderweitig nicht zu beschaffen, so kann man den Wasserbehälter des Probers selbst, unter Anwendung der beigegebenen Spirituslampe (E) oder eines Gasbrenners oder dergleichen, dazu benutzen, das Wasser vorzuwärmen. Bei dieser Art der Vorwärmung ist aber jedenfalls eine Ueberhitzung des Trag-ringes an dem Dreifusse zu vermeiden.

7. **Füllung der Zündungslampe.** Die mit einem rund ge-flochtenen Dochte versehene Zündungslampe (e) wird mit loser Watte angefüllt und so lange Petroleum auf die Watte gegossen, bis diese und der Docht sich gehörig vollgesogen haben. Hierauf wird der nicht an-gesogene Ueberschuss an Petroleum durch Auftupfen mit einem Tuche entfernt, die Watte aber in der Lampe belassen. Die Mündung der Dochttülle ist zugleich von etwa anhaftendem Russ zu befreien.

8. **Reinigung des Petroleumgefässes und seines Deckels,** sowie des zugehörigen Thermometers; Behandlung des Petro-

---

[1]) Diese, in den Text eingeschalteten, Buchstaben beziehen sich auf Fig. 29, S. 394.

leums unmittelbar vor der Einfüllung. Das Petroleumgefäss
(A) und sein Deckel nebst zugehörigem Thermometer (b) werden nunmehr, jedes für sich, gut gereinigt und erforderlichen Falles mit Fliesspapier getrocknet.

Der Schluss der Vorbereitungen besteht darin, dass das Petroleum,
falls seine Temperatur (Nr. 2) nicht mindestens 2^0 C. unter dem gemäss
Nr. 3 ermittelten Wärmegrade liegt, bis zu 2^0 unter letzteren abgekühlt
wird. Das Gefäss ist auf dieselbe Temperatur zu bringen, wie das
Petroleum, und, falls es zu diesem Zwecke in Wasser getaucht wurde,
aufs Neue sorgfältig zu trocknen.

II. Das Proben.

9. Erwärmung des Wasserbades auf $+$ 54,5 bis 55^0 C.
Nach Beendigung aller Vorbereitungen und nach genügender Vorwärmung
des Wasserbades wird dieses mit Hülfe der Spirituslampe (E) auf den
durch eine rothe Marke an dem Thermometer (e) des Wasserbehälters
hervorgehobenen Wärmegrad von $+$ 54,5 bis 55^0 C. gebracht.

10. Befüllung des Petroleumgefässes und Aufsetzung
des Deckels. Inzwischen wird das Petroleum mit Hülfe der Glas-
pipette behutsam in das Gefäss (A) so weit eingefüllt, dass die äusserste
Spitze der Füllungsmarke (a) sich eben noch über den Flüssigkeits-
spiegel erhebt. Eine Benetzung der oberhalb der Marke liegenden
Seitenwandungen des Gefässes ist unter allen Umständen zu vermeiden;
sollte sie trotz aller Vorsicht erfolgt sein, so ist das Gefäss sofort zu entleeren, sorgfältig auszutrocknen und mit frischem Petroleum zu befüllen.
Etwaige an der Oberfläche des Petroleums sich zeigende Blasen werden
mittelst der frischen Kohlenspitze eines eben ausgebrannten Streich-
hölzchens vorsichtig entfernt.

Unmittelbar nach der Einfüllung wird der Deckel auf das Gefäss
gesetzt.

11. Einhängung des Petroleumgefässes. Das befüllte
Petroleumgefäss (A) wird hierauf mit Vorsicht und ohne das Petroleum
zu schütteln in den Wasserbehälter (C) eingehängt, nachdem constatirt
ist, dass der Wärmegrad des Wasserbades $+$ 55^0 C. beträgt. Die
Spirituslampe wird nach dieser Constatirung ausgelöscht.

Hatte die Wärme des Wasserbades 55^0 C. bereits überschritten, so
ist sie durch Nachgiessen kleiner Mengen kalten Wassers in den Trichter
(f) des Wasserbehälters bis auf 55^0 C. zu erniedrigen.

12. Entzündung des Zündflämmchens und Aufzug des
Triebwerkes. Nähert sich die Temperatur des Petroleums in dem
Petroleumgefässe (A) dem gemäss Nr. 3 ermittelten Wärmegrade, so
brennt man das Zündflämmchen (bei c) an und regulirt dasselbe dahin,
dass es seiner Grösse nach der auf dem Gefässdeckel befindlichen weissen
Perle ungefähr gleichkommt. Ferner zieht man das Triebwerk auf, in-

dem man den Knopf desselben in der Richtung des darauf markirten Pfeiles bis zum Anschlag dreht.

13. Das eigentliche Proben. Sobald das Petroleum den für den Anfang des Probens vorgeschriebenen Wärmegrad erreicht hat, drückt man mit der Hand gegen den Auslösungshebel des Triebwerkes, worauf der Drehschieber (d) seine langsame und gleichmässige Bewegung beginnt und in zwei vollen Zeitsecunden beendet. Während dieser Zeit beobachtet man, indem man jede störende Luftbewegung, namentlich auch das Athmen gegen den Apparat, vermeidet, das Verhalten des der Oberfläche des Petroleums sich nähernden Zündflämmchens. Nachdem das Triebwerk zur Ruhe gekommen, wird es sofort von Neuem aufgezogen und man wiederholt die Auslösung des Triebwerkes und den Zündungsversuch, sobald das Thermometer im Petroleumgefäss um einen halben Grad weiter gestiegen ist. Dies wird von halbem zu halbem Grad so lange fortgesetzt, bis eine Entflammung erfolgt.

Das Zündflämmchen wird sich besonders in der Nähe des Entflammungspunktes durch eine Art von Lichtschleier etwas vergrössern, doch bezeichnet erst das blitzartige Auftreten einer grösseren blauen Flamme, welche sich über die ganze freie Fläche des Petroleums ausdehnt, das Ende des Versuches, und zwar auch dann, wenn das in vielen Fällen durch die Entflammung verursachte Erlöschen des Zündflämmchens nicht eintritt.

Derjenige Wärmegrad, bei welchem die Zündvorrichtung zum letzten Male, d. h. mit deutlicher Entflammungswirkung in Bewegung gesetzt wurde, bezeichnet den Entflammungspunkt des untersuchten Petroleums.

III. Wiederholung des Probens und Schluss der Prüfungen.

14. Wiederholung des Probens. Nach Beendigung des ersten Probens ist die Prüfung in der vorgeschriebenen Weise mit einer anderen Portion desselben Petroleums zu wiederholen. Zuvor lässt man den erwärmten Gefässdeckel abkühlen, währenddessen man das Petroleumgefäss zu entleeren, im Wasser abzukühlen, auszutrocknen und frisch zu beschicken hat.

Auch das in das Gefäss einzusenkende Thermometer und der Gefässdeckel sind vor der Neubeschickung des Petroleumgefässes sorgfältig mit Fliesspapier zu trocknen, insbesondere sind auch alle etwa dem Deckel oder den Schieberöffnungen noch anhaftenden Petroleumspuren zu entfernen.

Vor der Einsetzung des Gefässes in den Wasserbehälter wird das Wasserbad mittelst der Spirituslampe wieder auf 55° C. erwärmt.

15. Anzahl der erforderlichen Wiederholungen. Ergiebt die wiederholte Prüfung einen Entflammungspunkt, welcher um nicht mehr als einen halben Grad von dem zuerst gefundenen abweicht, so nimmt man den Mittelwerth der beiden Zahlen als den scheinbaren

Entflammungspunkt an, d. h. als denjenigen Wärmegrad, bei welchem unter dem jeweiligen Barometerstande die Entflammung eintritt.

Beträgt die Abweichung des zweiten Ergebnisses von dem ersten einen Grad und mehr, so ist eine nochmalige Wiederholung der Prüfung erforderlich. Wenn alsdann zwischen den drei Ergebnissen sich grössere Unterschiede als $1\frac{1}{2}$ Grad nicht vorfinden, so ist der Durchschnittswerth aus allen drei Ergebnissen als scheinbarer Entflammungspunkt zu betrachten.

Sollten ausnahmsweise sich stärkere Abweichungen zeigen, so ist, sofern es sich nicht um sehr leichtes, beim ersten Oeffnen des Schiebers entflammtes und deshalb unzweifelhaft zu verwerfendes Petroleum handelt, die ganze Untersuchung des Petroleums auf seine Entflammbarkeit zu wiederholen. Vorher ist jedoch der Prober und die Art seiner Anwendung einer gründlichen Revision zu unterziehen. Dieselbe hat sich wesentlich auf die Richtigkeit der Aufsetzung des Gefässdeckels, der Einsenkung des Thermometers in das Gefäss und der Einhängung der Zündlampe, sowie auf die hinreichende Ausführung der Reinigung aller einzelnen Apparattheile zu erstrecken.

Fig. 29.

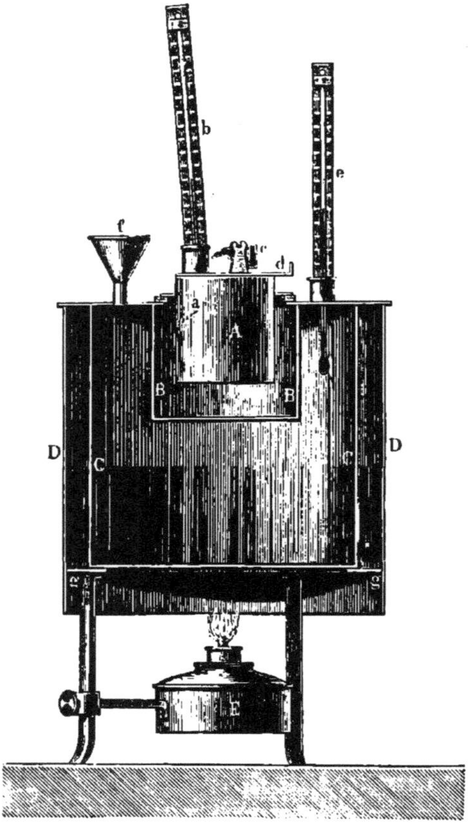

Abel'scher Petroleumprüfer.

16. Schluss. Ist der gemäss Nr. 15 gefundene, dem Mittelwerthe der wiederholten Untersuchungen entsprechende Entflammungspunkt niedriger als der gemäss Nr. 4 ermittelte maassgebende Entflammungspunkt, so ist das untersuchte Petroleum den Beschränkungen des §. 1 der Verordnung vom 24. Februar 1882 unterworfen.

Will man noch denjenigen Entflammungspunkt ermitteln, welcher bei Zugrundelegung des normalen Barometerstandes (760 mm) an die Stelle des unter dem jeweiligen Barometerstande gefundenen Entflammungspunktes treten würde, so sucht man zunächst in der dem letzteren

Barometerstand in Millimetern

Entflammungspunkte nach Graden des hunderttheiligen Thermometers

685	690	695	700	705	710	715	720	725	730	735	740	745	750	755	760	765	770	775	780	785
16,4	16,6	16,7	16,9	17,1	17,3	17,4	17,6	17,8	18,0	18,1	18,3	18,5	18,7	18,8	19,0	19,2	19,4	19,5	19,7	19,9
16,9	17,1	17,2	17,4	17,6	17,8	17,9	18,1	18,3	18,5	18,6	18,8	19,0	19,2	19,3	19,5	19,7	19,9	20,0	20,2	20,4
17,4	17,6	17,7	17,9	18,1	18,3	18,4	18,6	18,8	19,0	19,1	19,3	19,5	19,7	19,8	20,0	20,2	20,4	20,5	20,7	20,9
17,9	18,1	18,2	18,4	18,6	18,8	18,9	19,1	19,3	19,5	19,6	19,8	20,0	20,2	20,3	20,5	20,7	20,9	21,0	21,2	21,4
18,4	18,6	18,7	18,9	19,1	19,3	19,4	19,6	19,8	20,0	20,1	20,3	20,5	20,7	20,8	21,0	21,2	21,4	21,5	21,7	21,9
18,9	19,1	19,2	19,4	19,6	19,8	19,9	20,1	20,3	20,5	20,6	20,8	21,0	21,2	21,3	21,5	21,7	21,9	22,0	22,2	22,4
19,4	19,6	19,7	19,9	20,1	20,3	20,4	20,6	20,8	21,0	21,1	21,3	21,5	21,7	21,8	22,0	22,2	22,4	22,5	22,7	22,9
19,9	20,1	20,2	20,4	20,6	20,8	20,9	21,1	21,3	21,5	21,6	21,8	22,0	22,2	22,3	22,5	22,7	22,9	23,0	23,2	23,4
20,4	20,6	20,7	20,9	21,1	21,3	21,4	21,6	21,8	22,0	22,1	22,3	22,5	22,7	22,8	23,0	23,2	23,4	23,5	23,7	23,9
20,9	21,1	21,2	21,4	21,6	21,8	21,9	22,1	22,3	22,5	22,6	22,8	23,0	23,2	23,3	23,5	23,7	23,9	24,0	24,2	24,4
21,4	21,6	21,7	21,9	22,1	22,3	22,4	22,6	22,8	23,0	23,1	23,3	23,5	23,7	23,8	24,0	24,2	24,4	24,5	24,7	24,9
21,9	22,1	22,2	22,4	22,6	22,8	22,9	23,1	23,3	23,5	23,6	23,8	24,0	24,2	24,3	24,5	24,7	24,9	25,0	25,2	25,4
22,4	22,6	22,7	22,9	23,1	23,3	23,4	23,6	23,8	24,0	24,1	24,3	24,5	24,7	24,8	25,0	25,2	25,4	25,5	25,7	25,9

Barometerstande entsprechenden Spalte der Umrechnungstabelle (s. v. S.) diejenige Gradangabe, welche dem beobachteten Entflammungspunkte am nächsten kommt. Hierbei werden Bruchtheile von einem halben Zehntel oder mehr für ein volles Zehntel gerechnet, geringere Bruchtheile aber unberücksichtigt gelassen. In der Zeile, in welcher die hiernach berechnete Gradangabe steht, geht man bis zu derjenigen Spalte, welche oben mit 760 überschrieben ist. Die Zahl, bei welcher jene Zeile und diese Spalte zusammentreffen, zeigt den gewünschten, auf den Normalbarometerstand umgerechneten Entflammungspunkt an.

Beispiel. Der Barometerstand betrage 727 mm. Da eine besondere Spalte für 727 mm in der Tabelle (s. v. S.) nicht vorhanden ist, so ist die mit 725 mm überschriebene entsprechende Spalte maassgebend. Das erste Probiren habe ergeben 19,0° C., das zweite 20,5° C., das hiernach erforderte dritte 19,5° C. Der Durchschnittswerth beträgt somit 19,67° C. Derselbe wird abgerundet auf 19,7° C. In der mit 725 überschriebenen Spalte findet man als der Zahl 19,7 am nächsten kommend die Zahl 19,8. In der Zeile, in welcher diese Zahl steht, findet man jetzt in der mit 760 überschriebenen Spalte die fettgedruckte Zahl 21,0. Die letztere ist somit der auf den Normalbarometerstand umgerechnete Entflammungspunkt des untersuchten Petroleums.

Die vorstehende Prüfung auf Entzündlichkeit giebt keinen Anhalt für die Brauchbarkeit des Petroleums; diese hängt vielmehr von der Zusammensetzung bezw. von dem Verhältniss leicht- und schwersiedender Bestandtheile ab und lässt sich daher nur durch Destillationsproben ermitteln, die in ganz bestimmter Weise auszuführen sind und hier nur erwähnt werden können [1].

---

[1] Vergl. z. B. C. Engler, Chemiker-Zeitung 1886.

Dritte Abtheilung.

Nachdem in den vorhergehenden Abschnitten die allgemeinen Regeln und Vorbedingungen für gerichtlich-chemische Untersuchungen, sowie die Prüfung auf einzelne Gifte und Giftgruppen erläutert worden ist, bleibt nur noch übrig, im Allgemeinen den Weg anzudeuten, den man bei der „Analyse auf Gift überhaupt", d. h. dann einzuschlagen pflegt, wenn die Entscheidung über einen räthselhaften Erkrankungs- oder Todesfall lediglich davon abhängt, ob in den eingelieferten Untersuchungsobjecten Gift gefunden wird oder nicht.

Im Anschluss an dieses Capitel soll dann noch der Nachweis von Blut und Blutflecken, sowie die Ermittelung von Schrift- bezw. Urkundenfälschungen zur Erörterung gelangen.

Erster Abschnitt.

Die gerichtlich-chemische Analyse auf Gift überhaupt[1]).

Fehlt, wie in derartigen Fällen, von vornherein jeder Anhalt dafür, ob bezw. welches Gift in den Untersuchungsobjecten vorhanden ist, oder liegen in Bezug hierauf nur Vermuthungen vor, die nicht selten recht trügerisch sind und deshalb nie zu einer vorgefassten Meinung führen dürfen, so steht der gerichtlich-chemische Experte einer sehr schwierigen Aufgabe gegenüber: geeignet, sein ganzes fachwissenschaftliches Wissen und Können zu erproben.

Im Allgemeinen sei vorausgeschickt, dass die Analyse auf Gift überhaupt in eine (hier besonders wichtige) Vorprüfung und Hauptprüfung zerfällt und in der Weise systematisch durchgeführt werden muss, dass ein und dieselbe Menge Material auf möglichst viele, unter Umständen auf alle Gruppen von Giften untersucht werden kann.

---

[1]) Man rufe sich die S. 11 bis 29 angedeuteten allgemeinen Regeln in das Gedächtniss zurück.

Vorprüfung.

Die allgemeinen Gesichtspunkte für die Vorprüfung sind schon oben (S. 24) angedeutet worden; es kommen dabei in erster Linie Farbe, Geruch[1]) und Reaction der Objecte in Betracht.

Weitere Vorproben sind: die Scherer'sche Reaction (auf Phosphor, S. 159); die Schönbein'sche Reaction (auf Blausäure und leicht zersetzliche Cyanide, S. 216); die Vitali'sche Reaction (auf Chloroform und andere leicht flüchtige Chlorverbindungen, S. 245); die Reinsch'sche Reaction (auf Arsen, S. 65; Antimon, S. 92; Quecksilber, S. 116).

Besteht das Object aus Mageninhalt, Erbrochenem, Speisebrei u. dergl., so ist dasselbe, wie ebenfalls schon erwähnt, nach Pflanzenresten, mineralischen Partikeln, Streichholzköpfchen und anderen Fremdkörpern zu durchmustern.

Seyda[2]) empfiehlt zu diesem Zwecke, eine Durchschnittsprobe vom Untersuchungsobjecte im Becherglase wiederholt mit starkem Alkohol, dann mit Aether zu extrahiren und den so entwässerten und entfetteten Rückstand zur makroskopischen und mikroskopischen Durchmusterung zu benutzen, die Extracte aber zu vorläufigen Reactionen auf Alkaloide, Oxalsäure, Brom-, Jod- und Cyanverbindungen, sowie auf gewisse, in Alkohol oder Aether lösliche Metallsalze — Quecksilberchlorid, Bleiacetat u. dergl. — zu verwenden.

Nach Vergiftung mit Oxalsäure oder Oxalaten finden sich auf der Schleimhaut des Magens bezw. im Magenschleime oft massenhaft kleine Krystalle — vorwiegend klinorhombische Prismen, vereinzelt auch quadratische Octaëder in Briefcouvertform — von Calciumoxalat. Die Krystalle sind mikroskopischklein und am leichtesten im polarisirten Lichte als leuchtende Körper auf dunklem Grunde zu erkennen[3]).

Liegt Harn zur Untersuchung vor, so erinnere man sich daran, dass derselbe nicht bloss Gifte oder deren Umwandlungsproducte — z. B. Urochloralsäure nach Chloralvergiftung — enthalten, sondern auch allgemein charakteristische pathologische Veränderungen erlitten haben kann. Man prüfe also nicht bloss, wie bei den wichtigsten Einzelgiften angegeben, auf Gifte — flüchtige Stoffe, Alkaloide, Kaliumchlorat, Brom-, Jod- und Cyanverbindungen[4]), Metallgifte — oder deren Umwandlungsproducte, sondern untersuche auch — von Farbe und Reaction abgesehen — auf Eiweiss, Blut, Zucker und ähnliche reducirend wirkende Substanzen.

---

[1]) Der auf Zusatz von Säuren oder Alkalien und beim Erwärmen deutlicher oder charakteristischer wird.

[2]) Chemiker-Zeitung 14, 31 u. ff. (1890). Ueber den Nachweis und quantitative Bestimmung unorganischer und organischer Gifte in Leichentheilen.

[3]) Bischoff, Berichte der deutsch. chem. Ges. 16, 1348 (1883).

[4]) Cyan-Methämoglobin-Reaction, S. 229.

Ein für die Vorprüfung wichtiges Object ist endlich auch das Blut, weil meist schon einige Tropfen davon zur Erkennung von Giften oder der durch sie veranlassten Veränderungen des Blutfarbstoffes genügen. So wurde z. B. schon oben (S. 228 ff.) ausführlich dargethan, wie man blausäurehaltiges Blut von blausäurefreiem leicht unterscheiden kann.

Die bezüglichen Untersuchungen sind meist spectroskopische, worüber im folgenden Abschnitte noch Einiges mitgetheilt werden soll. Neuerdings ist nun aber auch ein

Verfahren zur toxikologischen Untersuchung des Blutes von Kobert[1])

angegeben worden, welches sich nicht bloss zur Vorprüfung bei Untersuchungen auf Gifte überhaupt eignet, sondern auch einen wichtigen Fortschritt in der gerichtlich-chemischen Analyse von Blut bedeutet und zur Zeit die einzige Methode zum Nachweise von Toxalbuminen (S. 356) ist.

Dieses Verfahren gründet sich auf die Thatsache, dass der Blutfarbstoff, der dem physiologischen und chemischen Nachweise von Giften ausserordentlich hinderlich ist, für sich allein durch Zinkstaub abgeschieden werden kann, so dass selbst bei bereits in Fäulniss begriffenem Blute ein wasserhelles, fast geruchloses Filtrat erhalten wird, welches noch alle anderen Blutbestandtheile enthält, während durch die seither üblichen Behandlungsmethoden gleichzeitig mit dem Blutfarbstoffe auch das ganze Serumalbumin gefällt und die Prüfung auf eiweissartige Gifte unmöglich gemacht wird.

Das Verfahren selbst ist einfach folgendes:

Man löst eine Probe des zu untersuchenden Blutes in mindestens der drei- bis fünffachen Menge Wasser und schüttelt die neutrale oder mit Essigsäure genau neutralisirte Lösung mit chemisch reinem Zinkstaub, dessen Menge ein Viertel bis die Hälfte vom Gewichte des angewandten Blutes beträgt, energisch in einer gut verschlossenen Flasche.

Wird beim Absetzen eine helle Schicht sichtbar, so kann filtrirt werden.

Man prüft nun das meist wasserhelle Filtrat, welches ausser den normalen Blutbestandtheilen, eiweissartigen und anderen organischen und unorganischen Giften nachweisbare Mengen von Zink enthält, nach Abscheidung der letzteren durch Schwefelnatrium[2]) auf seine Wirkung, indem man eine Probe davon einem kleinen Thiere (Maus) einspritzt.

Treten Vergiftungserscheinungen auf, so scheidet man aus einer zweiten Probe des Filtrats das Eiweiss durch Ferrocyankalium und Essigsäure ab und spritzt die filtrirte und neutralisirte Flüssigkeit wieder einer Maus ein. Bleibt sie gesund, so war das Gift ein Eiweissstoff (Toxalbumin), zeigen sich aber Vergiftungssymptome wie beim ersten Versuchsthiere, so liegt ein chemisches Gift vor.

In diesem Falle scheidet man aus der Hauptmenge der Flüssigkeit das Eiweiss wie oben ab und untersucht das Filtrat in der üblichen Weise auf chemische Gifte.

[1]) Nachweis von Fermenten und Giften im Blute. Vortrag in der Abtheilung Pharmacie der Versammlung deutscher Naturforscher und Aerzte zu Halle a. d. S., 1891.

[2]) Ohne Ueberschuss.

Zur Vorsicht kann man den Zinkstaubniederschlag, der in der Regel nur Bruchtheile von Blausäure und Kohlenoxyd einschliesst, mit Alkohol ausziehen, um etwaige Reste organischer Gifte zu erhalten.

In ähnlicher Weise, wie vorstehend für Blut angegeben, glaubte man früher die Frage der An- oder Abwesenheit von Giften in irgend welchen Untersuchungsobjecten kurzer Hand durch eine (negativen Falles jede weitere Untersuchung überflüssig machende) physiologische Prüfung beantworten zu können. Die gerichtlich-chemische Praxis hat indessen ein solches Verfahren, welches unter Umständen recht werthvolle Anhaltspunkte bieten kann, aus verschiedenen Gründen [1]) als zuverlässig und beweiskräftig nicht anerkannt.

Hauptprüfung.

Ergab die Vorprüfung greifbare Anhaltspunkte für das Vorhandensein eines bestimmten Giftes, so wird die Analyse selbst natürlich auf dieses zu richten sein; anderenfalls hätte man folgenden, schon früher (S. 28) in seinen Hauptstationen angedeuteten Weg einzuschlagen.

a) Untersuchung auf flüchtige Stoffe.

Das zerkleinerte und mit Wasser verdünnte Untersuchungsobject wird mit Weinsäure angesäuert und in einer geräumigen Retorte im Wasserbade erhitzt.

Das Destillat kann Blausäure, Phosphor, Chloroform, Alkohol, Aether und andere aus saurer Lösung leicht flüchtige Substanzen enthalten.

Der Destillationsrückstand wird nun mit Wasserdampf destillirt (Apparat S. 235), wobei Phosphor, Carbolsäure, ätherische Oele, Nitrobenzol und andere schwerer flüchtige Stoffe erhalten werden.

Statt, wie angegeben, fractionirend zu destilliren, kann man auch die Prüfung auf flüchtige Gifte in einer Operation vornehmen und mit dem Nachweise des Phosphors nach Mitscherlich (S. 160) verbinden.

Ob in dem auf die eine oder andere Weise erhaltenen Destillate eine hier in Frage kommende flüchtige Substanz enthalten ist, wird in den meisten Fällen schon der Geruch und die sonstige äussere Beschaffenheit der Flüssigkeit zeigen.

Zur weiteren Untersuchung derselben empfiehlt Seyda (l. c.), die Destillate nöthigenfalls behufs Entfernung flüchtiger Schwefelverbindungen über Kaliumcarbonat zu rectificiren und mit den bereits beim Nachweise der einzelnen flüchtigen Gifte angegebenen Reactionen auf Alkohol, Aceton, Aldehyd, Chloroform, Nitrobenzol und ätherische Oele zu prüfen. Blausäure und andere Gifte mit saurem Charakter verbleiben bei der Rectification über Kaliumcarbonat natürlich im Destillationsrückstande und müssten daraus erst wieder durch Weinsäure frei gemacht werden.

---

[1]) Dragendorff, S. 17.

Um zu ermitteln, ob das Untersuchungsobject flüchtige basische Gifte enthält, filtrirt man einen Theil des weinsauren Retorteninhaltes ab und unterwirft das Filtrat, nachdem es mit Natriumbicarbonat, Soda oder Aetznatron alkalisch gemacht ist, von Neuem der Destillation im Dampfstrome.

In diesem Destillate würde man (vom Ammoniak abgesehen, welches meist als Zersetzungsproduct auftritt) flüchtige Basen, wie z. B. Anilin, Coniin, Chinolin, Nicotin, Pyridin u. s. w., zu suchen haben (vergl. S. 276).

Ein Theil des filtrirten weinsauren Destillationsrückstandes kann schliesslich auch zu Reactionen auf Oxalsäure und lösliche Metallsalze benutzt werden.

b) Untersuchung auf Alkaloide, Bitterstoffe und andere durch dieselbe Methode isolirbare Gifte.

Der bei der Untersuchung auf flüchtige Gifte verbliebene weinsaure Destillationsrückstand wird in einer Schale auf dem Wasserbade eingedampft und im fast trockenen Zustande mit Alkohol extrahirt, so wie es oben (S. 357) bei der Analyse auf Pflanzengifte nach Stas-Otto angegeben worden ist.

Die Analyse auf Alkaloide und Bitterstoffe kann dann nach der eben genannten Methode oder auch nach dem Verfahren von Dragendorff (S. 368) ausgeführt werden, jedoch ist zu berücksichtigen, dass der hier vorliegende (ursprünglich alkoholische) Extract auch andere Gifte, wie z. B. Oxalsäure, Pikrinsäure, giftige Metallsalze — Quecksilberchlorid, Metallacetate, Arsen, Brom- oder Jodverbindungen —, enthalten kann, von deren An- oder Abwesenheit man sich durch qualitative Reactionen überzeugen muss, einmal, weil der Nachweis eines Metallgiftes im ursprünglich alkoholischen Extracte in Bezug auf die Verbindungsform des ersteren wichtige Anhaltspunkte giebt (S. 51), dann aber auch, weil hier vorkommende Metallgifte gelegentlich auch in die zur Isolirung der Pflanzengifte üblichen Extractionsmittel übergehen — wie z. B. Quecksilberchlorid in Aether, Arsen in Amylalkohol (S. 367) — und in diesem Falle Störungen oder Täuschungen [1]) veranlassen können.

Aus diesen Gründen müsste ein etwa hier schon beobachtetes Metallgift z. B. durch Schwefelwasserstoff abgeschieden und das Filtrat davon auf Pflanzengifte untersucht werden, natürlich nach Entfernung des Schwefelwasserstoffs durch Kohlensäure.

Endlich versäume man nicht, eine Probe des Extractes auf Oxalsäure zu prüfen.

---

[1]) Arsenigsaure Salze wirken, wie schon früher (S. 360) bemerkt, wie Morphin reducirend auf Jodsäure.

Seyda (l. c.) prüft die zur Untersuchung auf Pflanzengifte vorbereitete, schliesslich wässerige, schwach weinsaure Flüssigkeit zunächst auf ihr Verhalten gegen Jodsäure und auf Meconsäure; wird erstere nicht reducirt, so braucht auf Morphin keine Rücksicht genommen zu werden.

Den Extract theilt er dann, nachdem er sich probeweise der Abwesenheit von Metallsalzen (s. oben) versichert hat, in drei Theile.

Der erste Theil wird mit Kalilauge alkalisch gemacht, mit Wasserdampf destillirt und das Destillat auf Anilin, Coniin, Nicotin und andere flüchtige Basen geprüft.

Waren diese Substanzen schon bei der Untersuchung auf flüchtige Gifte berücksichtigt worden, so kann der bezügliche Versuch hier wegfallen und der Extract nur in zwei Theile getheilt werden.

Den zweiten Theil schüttelt man a) bei neutraler oder saurer Reaction mit Aether, b) bei alkalischer Reaction mit Aether, c) bei alkalischer Reaction mit Chloroform und (falls die Jodsäure bei der Vorprobe reducirt worden war) d) bei ammoniakalischer Reaction mit Amylalkohol aus.

Ergiebt die Prüfung der Verdunstungsrückstände dieser Auszüge die Anwesenheit eines Pflanzengiftes, so wird der dritte Theil des Extractes zur Darstellung der vermutheten Substanz auf Grund ihrer Fällbarkeit oder sonstigen Eigenschaften verwendet.

Die allgemeinen und speciellen Reactionen der wichtigsten Pflanzengifte sind oben im Abschnitt III, S. 292, angegeben; hier mögen nun noch einige Angaben[1]) über Substanzen folgen, welche bei Untersuchungen auf Pflanzengifte angetroffen werden können, weil sie jetzt als Medicamente häufiger gebraucht und wie Pflanzengifte isolirt werden.

Antifebrin (Acetanilid), vergl. S. 276, geht (angeblich) schon aus saurer Lösung in Aether und Chloroform über; aus Harn erst, nachdem derselbe mit Salzsäure gekocht ist.

Beim Erwärmen mit Natronlauge und Chloroform giebt Antifebrin die Hofmann'sche (Isonitril-) Reaction (S. 244)[2]); mit der gleichen Menge (0,03 g) Natriumnitrit oder Nitrat verrieben und auf (1 ccm) concentrirte Schwefelsäure gestreut, liefert es eine feurigrothe Lösung und mit Vanadinschwefelsäure färbt es sich carmoisinroth, dann braun.

Antipyrin geht aus sauren und alkalischen Lösungen in Aether und Benzol, am besten in Chloroform über; löst sich in concentrirter Schwefelsäure farblos, auf Zusatz eines Körnchens Natriumnitrat gelb bis röthlich und in Mischung mit Zucker gelb. Salpetersäure (d = 1,185) löst farblos, beim gelinden Erwärmen tritt Gelbfärbung auf, die bald in ein beständiges Roth übergeht. Vanadinschwefelsäure löst das Antipyrin mit grüner oder blaugrüner Farbe. Jodjodkalium giebt einen rothgelben, in der Wärme löslichen, Quecksilberjodidjodkalium einen gelben,

---

[1]) Meist nach Flückiger. Reactionen. Berlin 1892. Dieses kleine Buch wird auch bei gerichtlich-chemischen Arbeiten mit Vortheil benutzt werden.

[2]) Methylacetanilid (Exalgin) liefert einen ganz anderen, nicht unangenehmen Geruch.

Gerbsäure einen weissen Niederschlag. Eisenchlorid ruft eine rothbraune Färbung hervor.

Phenacetin (Acetphenetidin) löst sich in Schwefelsäure (auch in der Wärme und beim Vorhandensein von Eisenchlorid) farblos[1]), in Salpetersäure dagegen gelb bis rothgelb.

Mit Natriumnitrit gemischt und auf concentrirte Schwefelsäure gestreut (s. Antifebrin S. 402) liefert Phenacetin eine dunkelviolette Färbung, die nach einigen Stunden in Grün übergeht. Bei Anwendung von Natriumnitrat entsteht unter den gleichen Bedingungen sofort eine grüne, in braun übergehende Färbung.

0,1 g Phenacetin mit 1 ccm Salzsäure eine Minute gekocht, dann mit 10 ccm Wasser verdünnt und nach dem Erkalten filtrirt, giebt auf Zusatz von drei Tropfen Chromsäurelösung eine rubinrothe Färbung.

Thallinsulfat, auf Erdmann's Reagens gestreut, liefert eine bleibend rothe Färbung; Jodlösung giebt eine braune. Gerbsäure eine weisse Fällung, Eisenchlorid eine grüne Färbung.

c) Untersuchung auf wasserlösliche Gifte.

Die mit Alkohol extrahirte Masse oder ein Theil davon wird wiederholt mit warmem Wasser ausgelaugt. Die vereinigten und geklärten Auszüge dampft man ein und prüft Proben der Flüssigkeit auf Metalle, Bariumverbindungen, Chlorate, Oxalate u. s. w. Zur Abscheidung solcher Stoffe aus Flüssigkeiten mit viel organischen Substanzen kann man sich zweckmässig eines Dialysators bedienen (vergl. z. B. S. 144).

d) Untersuchung auf Metallgifte.

Alle Rückstände von den vorhergehenden Operationen werden, soweit sie nicht durch Reagentien verändert sind, in einer Schale gesammelt und nöthigenfalls auf dem Wasserbade concentrirt, jedenfalls aber vollständig vom anhaftenden Alkohol befreit.

Die so vorbereitete Masse ist alsdann mit concentrirter arsenreiner Salzsäure zu vermischen, nach der Fresenius-v. Babo'schen Methode zu desorganisiren und, wie früher (S. 59) beschrieben, auf Metallgifte zu untersuchen.

War schon in einem früheren Stadium der Analyse ein bestimmtes Metallgift angetroffen worden, so kann die Untersuchung hier natürlich entsprechend modificirt werden.

A. Seyda (l. c.) schlägt folgenden, von dem seither üblichen abweichenden Weg ein:

---

[1]) Im unreinen Zustande zuweilen blau.

Die bei der Zerstörung des Untersuchungsobjectes durch Kaliumchlorat und Salzsäure erhaltene, von Chlorgas befreite Flüssigkeit wird auf ein bestimmtes Volum verdünnt.

I. Untersuchung auf Quecksilber, Antimon und Arsen.

1. 50 oder 100 ccm der stark sauren Flüssigkeit werden in einer Schale mit Kalilauge auf schwach saure Reaction gebracht und 15 Minuten lang mit einem Bäuschchen blanker Messingwolle (vergl. Methode von Fürbringer, S. 124) auf 70⁰ C. erhitzt, die dann nach dem Verfahren von Ludwig[1]) (S. 123) auf Quecksilber geprüft wird.

2. 50 ccm derselben Flüssigkeit werden, nachdem die Hauptmenge der Säure mit Ammoniak abgestumpft ist, in einer Platinschale mit einem Stück Zink sechs Stunden in Berührung gelassen. (Ein längeres Einwirken ist zu vermeiden, weil Antimon in concentrirter Chlorzinklösung löslich ist.) Giesst man nach der genannten Zeit den Schaleninhalt aus, so zeigen sich die geringsten Spuren von Antimon am Boden oder am Rande der Schale in Gestalt bräunlichschwarzer Flocken. Soll der Nachweis des Antimons analog demjenigen des Arsens im Marsh'schen Apparate geführt werden, so ist, wenn kein Antimonspiegel entsteht, der Rückstand im Wasserstoffentwickelungsgefäss auf reducirtes Antimon zu untersuchen.

3. 50 oder 100 ccm derselben Flüssigkeit werden im Marsh'schen Apparate direct — d. h. ohne vorherige Fällung mit Schwefelwasserstoff — geprüft. Es werden nur Arsenspiegel, aber keine Arsenflecke hergestellt. Zur Identificirung der ersteren genügt: Flüchtigkeit und Geruch, Löslichkeit in Natriumhypochlorit, die Silbernitratprobe und die Schwefelammoniumreaction.

II. Untersuchung auf die übrigen Metalle (ausser Zinn).

Die salzsaure Lösung — dieselbe, von welcher Proben zur Untersuchung auf Quecksilber, Antimon und Arsen dienten — wird mit reiner Natronlauge alkalisch, dann mit Essigsäure sauer gemacht und heiss bis zum Erkalten mit Schwefelwasserstoff behandelt. Alsdann macht man den Kolbeninhalt mit Natriumcarbonat alkalisch, lässt ihn bis zur Klärung stehen, filtrirt den schwarzen (meist aus Schwefeleisen bestehenden) Niederschlag ab, wäscht ihn mit schwefelwasserstoffhaltiger Schwefelnatriumlösung aus und oxydirt ihn vorsichtig in einer Porcellanschale mit Salpetersäure.

Der Rückstand wird mit Natronlauge befeuchtet, mit Kaliumcarbonat gemischt und trocken in schmelzenden Salpeter eingetragen. Nach dem Erkalten wird die Schmelze in Wasser gelöst, die Lösung mit Salzsäure angesäuert, filtrirt (Ag Cl, Pb Cl²) und mit Schwefelwasserstoff u. s. w., wie gewöhnlich, auf Metalle untersucht.

III. Untersuchung auf Zinn.

Das alkalische Filtrat von dem mit Schwefelnatriumlösung ausgewaschenen Schwefelwasserstoffniederschlage (II.) wird mit Salzsäure angesäuert, aufgekocht und trübe, wie es ist, bis zum Erkalten mit Schwefelwasserstoff behandelt. Nach Klärung der Flüssigkeit während 24stündigen Stehens an einem warmen Orte wird der Niederschlag abfiltrirt, mit Ammonacetat gewaschen und sammt Filter im Platintiegel verascht.

---

[1]) D. h. an Stelle des bei dieser Methode gebräuchlichen Zinkstaubes.

Der Rückstand wird, nachdem er mit Salpetersäure befeuchtet und wieder zur Trockne gebracht ist, geglüht und mit frisch geschmolzenem Aetznatron eine halbe Stunde im Flusse erhalten.

Nach dem Erkalten laugt man die Schmelze mit Wasser aus, lässt absetzen, filtrirt, säuert die Flüssigkeit mit Salzsäure an und fällt das Zinn durch Schwefelwasserstoff.

e) Untersuchung auf unlösliche Metallverbindungen oder Umsetzungsproducte anorganischer Gifte.

Es handelt sich hier um die Untersuchung des bei der Zerstörung mit Salzsäure und Kaliumchlorat verbliebenen unlöslichen Rückstandes, bezüglich dessen auf das früher (S. 186) Gesagte verwiesen werden muss.

Seyda (l. c.) entwässert diesen Rückstand mit Alkohol, entfettet ihn dann mit Aether und veräscht ihn im Porcellantiegel. Die Asche wird mit salzsäurehaltigem Wasser ausgezogen, das Unlösliche mit Natriumcarbonat geschmolzen und nach dem Erkalten mit Wasser behandelt. Bleibt ein ungelöster Rückstand, so wird derselbe in Salpetersäure gelöst und in bekannter Weise auf Barium, Blei und Silber geprüft.

--

Zweiter Abschnitt.

Spectroskopische Untersuchung und Nachweis von Blut. Erkennung von Blutflecken.

Blut kann aus zwei Gründen zur gerichtlich-chemischen Untersuchung kommen: erstens als Object in Vergiftungsfällen, dann aber auch als Gegenstand des Nachweises selbst, wenn es sich z. B. darum handelt, verdächtige Flecken auf Kleidern, Fussboden, Messern u. dergl. als Blutflecke zu charakterisiren, um dadurch den Verdacht eines Mordes zu begründen.

Bei dem Nachweise einzelner Gifte sind bereits früher Angaben über charakteristische Veränderungen des Blutes bezw. des Blutfarbstoffes bei gewissen Vergiftungen, z. B. mit Blausäure (S. 228), Kohlenoxyd (S. 169). Schwefelwasserstoff (S. 177) u. s. w., gemacht worden.

Die meisten dieser Untersuchungen sind spectroskopische, zu deren Ausführung man sich eines Bunsen-Kirchhoff'schen Spectralapparates oder in Ermangelung eines solchen ebenso gut des weit einfacheren und billigeren Taschenspectroskopes oder des Universalspectroskopes von Vogel [1]) bedient.

[1]) Berichte d. deutsch. chem. Ges. 10, 1482 (1877). — Zeitschr. f. analyt. Chemie 17, 187 (1878).

Auf die Einzelheiten[1]) spectroskopischer Untersuchungen kann hier nicht eingegangen werden; es genüge, daran zu erinnern, dass die spectroskopisch zu untersuchende Flüssigkeit, z. B. eine verdünnte wässerige Blutlösung, in Fläschchen mit planparallelen Wänden oder in Reagensröhren vor den Spalt des Spectroskopes gebracht und gegen eine Lichtquelle — Sonnenlicht, Gas- oder Petroleumlampe — hin beobachtet wird.

Gewisse Stoffe haben die Eigenschaften, ganz bestimmte Strahlen des weissen Lichtes auszuschliessen, zu absorbiren und dadurch für sie charakteristische schwarze Linien — Absorptionsbänder — im farbigen Spectrum erscheinen zu lassen.

So zeigen Lösungen von normalem Blute das Oxyhämoglobinspectrum, d. h. zwei nahe neben einander liegende Absorptionsbänder im gelbgrünen Felde des Spectrums.

Ein nahezu gleiches Spectrum zeigt das Blut nach Kohlenoxydvergiftung, doch lässt sich dieses Kohlenoxydhämoglobinspectrum, wie früher (S. 172) angegeben, leicht vom Oxyhämoglobinspectrum unterscheiden.

Reducirende Substanzen verwandeln das Oxyhämoglobin in Hämoglobin; solche Blutlösungen zeigen in Folge dessen das Hämoglobinspectrum: einen nicht scharf begrenzten Absorptionsstreifen an Stelle der beiden Streifen des Oxyhämoglobinspectrums; oxydirende Stoffe dagegen erzeugen Methämoglobin, welches besonders durch ein breites Absorptionsband im rothen Felde gekennzeichnet ist.

Ein sehr ähnliches Spectrum ist dasjenige des Hämatins in saurer Lösung, welches säurehaltiges Blut zeigt; das Absorptionsband liegt in diesem Falle etwas weiter nach rechts, im Orange; alkalihaltiges Blut giebt das Spectrum des Hämatins in alkalischer Lösung: ebenfalls einen breiten Absorptionsstreifen, der noch etwas weiter nach rechts an das gelbe Feld verschoben ist.

Nachweis von Blut.

Um in einer muthmaasslich Blut enthaltenden Flüssigkeit — Wasser, Harn — die Anwesenheit von Blut festzustellen, wird dieselbe in der angedeuteten Weise spectroskopisch untersucht. Der Nachweis des Blutfarbstoffes, des Oxyhämoglobins, ist erbracht, wenn die fragliche Flüssigkeit (nach dem Schütteln mit Luft) das Oxyhämoglobinspectrum, nach Zusatz von (farblosem) Schwefelammonium oder einer mit Weinsäure vermischten ammoniakalischen Eisenvitriollösung das Spectrum des reducirten Hämoglobins zeigt, welches letztere,

[1]) Vergleiche hierüber die ausführlichen Lehrbücher der Chemie und Physik, sowie namentlich: H. W. Vogel, Praktische Spectralanalyse irdischer Stoffe.

nachdem die Flüssigkeit mit Luft geschüttelt ist, allmählich wieder in das Oxyhämoglobinspectrum übergeht.

Eine andere Probe der fraglichen Blutlösung kann man mit Essigsäure sauer und nach spectroskopischer Beobachtung mit Ammoniak alkalisch machen.

Im ersteren Falle sieht man, wenn Blut vorhanden ist, das Spectrum des Hämatins in saurer Lösung, im letzteren Falle dasjenige des Hämatins in alkalischer Lösung.

Bluthaltiger Harn kennzeichnet sich ausserdem noch als solcher dadurch, dass er roth gefärbt ist, dass er Eiweiss enthält und somit nach dem Erhitzen auf Zusatz von etwas Salpetersäure ein (in diesem Falle braunes) Coagulum und beim Kochen mit Natronlauge einen rothen Niederschlag liefert, bestehend aus dem durch beigemengtes Hämatin gefärbten Calcium- und Magnesiumphosphat.

Der Nachweis von Blut im Harn kann endlich auch so geführt werden, dass man 50 bis 100 ccm davon mit Ammoniak schwach alkalisch macht, Gerbsäurelösung (S. 288) zusetzt und vorsichtig mit Essigsäure ansäuert.

Die so entstehende Fällung wird gesammelt, auf Objectgläschen getrocknet und zur Darstellung von Teichmann'schen Blutkrystallen (s. w. u.) verwendet.

Erkennung von Blutflecken [1]).

Nicht selten wird der Gerichtschemiker mit der Frage befasst, ob Flecke auf Kleidern, Wäsche, Erde, Holz, Messern u. dergl. Blutflecke sind, wie alt solche Flecke ungefähr sein können und ob sie von Menschen- oder Thierblut herrühren?

Von diesen Fragen ist zur Zeit nur die erste mit Sicherheit zu beantworten und zwar um so leichter, je frischer die betreffenden Flecke sind.

Dieselben sind nur dann als identisch mit Blutflecken zu erachten, wenn es gelungen ist, darin spectroskopisch oder mikroskopisch den Nachweis von Blutsubstanz zu führen.

Reactionen auf Eiweiss und Eisen beweisen, weil diese Stoffe in der organischen Natur ganz allgemein verbreitet sind, für den in Rede stehenden Zweck gar nichts.

Spectroskopischer Nachweis.

Derselbe gründet sich auf das bereits oben (S. 406) beschriebene charakteristische Verhalten wässeriger Blutfarbstofflösungen vor dem Spectroskope; er ist nur dann möglich, wenn die Menge des verfügbaren Materials keine zu geringe ist.

---

[1]) Vergl. A. Klein, Studien über den gerichtlich-chemischen Nachweis von Blut. Dissertation. Dorpat 1889.

In einem solchen Falle schneidet man eine Anzahl der verdächtigen Flecke, wenn sie sich auf Kleidungsstücken, Wäsche u. dergl. befinden, mit der Scheere aus oder man schabt von Holz, Stein, Eisen u. s. w. die muthmaassliche Blutsubstanz thunlichst vollständig ab, übergiesst sie oder die ausgeschiedenen Flecke in einem Reagirglase mit etwas Wasser und leitet längere Zeit Kohlensäure hindurch.

Die dabei erhaltene, meist röthliche oder bräunliche Flüssigkeit wird klar filtrirt und, wie angegeben, spectroskopisch untersucht.

Von gefärbten Kleidungsstücken könnte kein rother Extract erhalten werden, der bei abwechselnder Reduction — durch Schwefelammonium — und Oxydation — Schütteln mit Luft — dasselbe spectroskopische Verhalten zeigt, wie der Blutfarbstoff.

Blutflecke, die man mit heissem Wasser auszuwaschen suchte, um den Verdacht abzulenken, werden statt mit kohlensaurem Wasser mit stark verdünnter Natronlauge oder mit verdünntem Ammoniak behandelt.

Aus solchen Lösungen kann die Blutsubstanz, nach dem Ansäuern mit Essigsäure, durch Gerbsäure oder Zinkacetat gefällt und der Niederschlag zur Darstellung Teichmann'scher Blutkrystalle (s. u.) benutzt werden.

Mikroskopischer Nachweis.

Handelt es sich darum, Spuren von Blut nachzuweisen, so kann dies nur auf mikroskopischem Wege geschehen, und zwar meist mit Hülfe der Teichmann'schen Blut- oder Häminkrystalle.

Um diese darzustellen, wird der ausgeschnittene Fleck oder die abgeschabte fragliche Blutsubstanz mit kohlensaurem Wasser (s. o.) extrahirt und die klare Lösung tropfenweise auf einem Objectgläschen bei sehr mässiger Wärme eingetrocknet. Auf den Rückstand bringt man ein kaum sichtbares Körnchen Kochsalz, legt ein Deckgläschen darauf und lässt von der Seite her unter dieses einen oder einige Tropfen Eisessig zufliessen.

Nach einiger Zeit, während welcher die Essigsäure bei gewöhnlicher Temperatur auf die Blutsubstanz einwirkte, erwärmt man das Objectglas über einem Flämmchen ganz gelinde, bis Lösung erfolgt ist, die man dann ganz allmählich verdunsten lässt.

Betrachtet man nun den (nicht mehr nach Essigsäure riechenden) Rückstand unter dem Mikroskope bei etwa 300facher Vergrösserung, so sieht man, falls Blutsubstanz vorhanden war, ganz eigenartige Gebilde (Fig. 30): die Häminkrystalle.

Man kann dieselben auch recht gut in der Weise erhalten, dass man ein Körnchen der abgeschabten Blutsubstanz nebst einem Stäubchen Kochsalz auf den Objectkörper bringt, ein Deckgläschen darüber legt, den Spalt zwischen den Glasplatten mit Eisessig ausfüllt und im Uebrigen wie oben verfährt.

Fig. 30.

Hat man sich unter Benutzung von Thierblut die erforderliche Geschicklichkeit zur Darstellung von Häminkrystallen angeeignet, so wird man solche auch bei Untersuchung von Blutspuren, wenn Blut wirklich vorhanden ist, erhalten und dadurch den Nachweis desselben mit zweifelloser Sicherheit führen. Indessen kommen auch Fälle vor, in denen die Darstellung der Häminkrystalle trotz des Vorhandenseins aller Vorbedingungen nicht gelingt, so namentlich bei blutigen Rostflecken [1].

Zur Erkennung von Blut bezw. Blutflecken können auch die charakteristischen Formelemente des Blutes, die Blutkörperchen, benutzt werden. Ihr mikroskopischer Nachweis ist absolut beweisend, leider aber häufig nicht möglich, weil es nicht gelingt, die Blutkörperchen, besonders bei älteren Blutflecken, durch kohlensaures Wasser und andere indifferente Flüssigkeiten so weit frei zu legen, dass sie mikroskopisch sichtbar werden.

Nach Ferry de la Bellone [2] wird der muthmaassliche Blutfleck mit Kochsalzlösung (1 : 1000) behandelt und spectroskopisch untersucht.

Versetzt man diese Flüssigkeit mit einigen Tropfen concentrirter Chloralhydratlösung, so entsteht nach kürzerer oder längerer Zeit ein weisslicher oder rosafarbener Niederschlag. Einen Theil desselben erwärmt man auf dem Objectträger gelinde bis zur Gerinnung, färbt das Coagulum mit Fuchsinlösung, spült deren Ueberschuss mit Wasser ab und fügt einen Tropfen Essigsäure hinzu.

Betrachtet man jetzt das Präparat unter dem Mikroskope, so findet man, wenn Blut vorliegt, zahlreiche, durch Fuchsin geröthete Blutkörperchen.

Ein anderer Theil des Chloralniederschlages wird zur Darstellung von Häminkrystallen verwendet.

Während der Nachweis von Blut überhaupt nach der einen oder anderen Methode in der Regel gelingt, lassen sich gerichtsseitig oft gestellte Fragen nach Alter und Herkunft von Blut und Blutflecken zur Zeit experimentell mit Sicherheit nicht beantworten [3] und werden deshalb vom gerichtlichen Chemiker am besten abgelehnt.

Die Unterscheidung von Menschen- und Thierblut gehört überdies in die Competenz des Anatomen und gründet sich auf die verschiedene Form und Grösse der Blutkörperchen.

---

[1] Solche liefern bei Behandlung mit verdünnter, warmer Natronlauge eine in dünner Schicht grün, in dicker Schicht roth erscheinende Flüssigkeit.

[2] Journal de Pharm. et de Chim. 17, 253 (1888).

[3] Ueber bezügliche Versuche vergleiche die oben citirte Dissertation von. A. Klein.

Dritter Abschnitt.

Ermittelung von Schriftfälschungen.

Nicht selten werden dem gerichtlichen Chemiker irgend welche
Schriftstücke — Briefe, Quittungen, Wechsel, Contracte,
Testamente und andere Urkunden — mit dem Antrage vorgelegt,
sich gutachtlich darüber zu äussern, ob solche Schriftstücke echt oder
gefälscht sind.

Derartige Fälschungen sind mancherlei Art.

Der einfachste Fall ist der, dass in dem betreffenden Schriftstücke
einzelne Buchstaben oder Zahlen mechanisch — durch Radirung —
oder chemisch — durch Säure, Chlor u. s. w. — entfernt oder, wenn es
möglich war, durch Nachziehen mit Tusche oder Tinte direct verändert
worden sind. Häufig ist der Schriftfälscher genöthigt, beides zu thun,
d. h. Buchstaben, Zahlen, Worte zu entfernen und durch andere nachträglich zu ersetzen.

Bisweilen finden sich auf Urkunden Nachträge oder Zusätze, die
den Sinn des Schriftstückes ganz wesentlich verändern und es besteht
Verdacht, dass jene Zusätze jüngeren Datums sind, als sie nach Lage
der sonstigen Umstände sein könnten.

Endlich kommen aber auch Fälle vor, in denen ein Document ganz
beseitigt und zum Zwecke der Täuschung durch ein äusserlich ähnliches,
aber inhaltlich verschiedenes ersetzt worden ist.

Die bei vermutheten Urkunden - bezw. Schriftfälschungen gerichtsseitig gestellten Fragen laufen in der Regel darauf hinaus, festzustellen:
ob verdächtige Stellen im Papier von Radirungen herrühren;
ob sie durch Behandlung der Schriftzüge mit Chemikalien
entstanden sind; ob ein Schriftstück mit verschiedenartigen Tinten
hergestellt ist, ob alle Theile der Urkunde gleichen oder
verschiedenen Alters sind und ob eine solche ein den Umständen nach bestimmtes Alter hat oder ob das muthmaasslich
substituirte Schriftstück zu einer späteren Zeit entstanden ist als das Original?

Arbeiten und Gutachten solcher Art erfordern ganz besondere Kenntnisse und Geschicklichkeit; es giebt deshalb specielle Schriftsach-
verständige[1]), deren Aufgabe es auch ist, in zweifelhaften Fällen
Handschriften zu identificiren.

---

[1]) Ein solcher ständig beeideter Sachverständiger, C. Sittl, hat über seine
Arbeitsweise in der Chemiker-Zeitung 1891, Nr. 100, S. 1833 einige Mittheilungen gemacht, die oben berücksichtigt sind. Man vergl. auch Sonnenschein, Handbuch der gerichtlichen Chemie, S. 360 ff.

Die zu untersuchenden Schriftstücke und Schriftzeichen müssen bei der Untersuchung so viel als möglich
geschont werden. Nie darf die verdächtige Stelle im
Papier stark angegriffen oder die darauf befindlichen
Schriftzüge unleserlich gemacht werden. Anfänger müssen
deshalb ihre Studien bezüglich des Verhaltens von Schrift
gegen Reagentien an gleichgültigen Schriftstücken vornehmen, ehe sie an die Untersuchung des Objectes selbst
gehen und auch bei diesem sollen nur die weniger kri-
tischen Stellen in Prüfung genommen werden.

Auf alle Fälle empfiehlt es sich, ein Originalobject
vor der Prüfung durch Copiren, Photographiren etc. natur-
getreu vervielfältigen zu lassen.

Will sich der gerichtliche Chemiker eines auf Ermittelung von
Schriftfälschung abzielenden Auftrages entledigen und diesen nicht lieber
einem Specialsachverständigen überweisen, so kommen etwa folgende
Punkte in Betracht.

Zunächst ist die äussere Beschaffenheit des Schriftstückes
— Abgegriffenheit, Fettflecke, Bug, Radirung — zu beachten. Mit Tinte
später nachgezogene Schriftzeichen erscheinen meist verdickt.

Radirte Stellen sind häufig als solche leicht kenntlich, indem
man sie unter dem Mikroskope oder gegen das Licht betrachtet, selbst
wenn mit mehr oder weniger Erfolg versucht worden ist, die rauhe Oberfläche durch Glätten oder Ueberstreichen mit Gummi, Kleister, Leim,
Harzlösungen u. dergl. zu beseitigen. Radirte Stellen saugen leicht
Wasser auf, sie färben sich beim Bepinseln mit Jodlösung blau
(Kleister) oder gelbbraun (Leim), Gummi löst sich in Wasser, welches
dann durch Alkohol getrübt wird, Harzüberzüge sind in Alkohol löslich, der durch Wasser getrübt wird. Gerbsäurelösung macht unter
Umständen ausradirte Schriftzeichen wieder sichtbar.

Nach G. Bruylants[1]) färben sich feucht gewesene und dann
getrocknete Stellen im Papier, wenn man dasselbe Joddämpfen
aussetzt, blau, das übrige Papier nur gelblich oder bräunlich; benetzt man das so behandelte Papier mit Wasser, so färbt es sich blau,
die ehedem befeuchtet gewesenen Stellen heben sich aber von der Grund-
farbe mit blauvioletter Färbung ab.

Radirte Stellen färben sich im Joddampfe gelbbraun oder
braunviolett, jedenfalls dunkler, als nicht radirte Stellen und heben
sich auch nach dem Befeuchten des ganzen Papiers scharf von dem rein
blauen Untergrunde ab. Mit Gummi radirte Stellen zeigen intensiv
gefärbte Streifen, mit Brotkrume radirte Stellen stets gleichmässige Färbungen.

---

[1]) Versuche über zufällige oder betrügerische Veränderung von Papier
und Schriftstücken. Chem. Centralblatt 1891, 1, 391.

Da auch Schriftzüge, die man mittelst eines stumpfen Instrumentes in das Papier eindrückt, sich unter der Einwirkung von Joddämpfen durch stärkere Färbung bemerklich machen, so ist die Möglichkeit gegeben, radirte Bleistiftschrift durch Jod wieder augenfällig zu machen, besonders wenn man die Rückseite des Papiers im Spiegel betrachtet. So regenerirte Schriftzüge können auch, wie üblich, copirt werden.

Sind Schriftzüge u. dergl. auf chemischem Wege, d. h. durch Behandeln mit Salzsäure, Oxalsäure, Natriumhypochlorit, Chlorwasser etc., ausgelöscht worden, so färbt sich ein auf die fragliche Stelle gedrücktes feuchtes Lackmuspapier roth oder es treten beim Bepinseln mit verdünntem Ammoniak und Gerbsäurelösung, oder mit gelbem Blutlaugensalz (ohne vorgängige Behandlung mit Ammoniak) die ursprünglichen Schriftzüge wieder hervor.

Die Verschiedenartigkeit der Tinte eines und desselben Schriftstückes ergiebt sich aus dem verschiedenen Verhalten verschiedener Theile der Schrift gegen ein und dasselbe Reagens, welches man mit Hülfe eines feinen Pinsels anwendet.

Sittl (l. c.) erwähnt als bezügliches Reagens nur Salzsäure (1:1), während W. Thomson[1]) die fraglichen Schriftzüge der Reihe nach mit verdünnter Schwefelsäure, starker Salzsäure, verdünnter Salpetersäure, wässeriger Lösung von schwefliger Säure, Natronlauge, kalt gesättigter Oxalsäurelösung, Chlorkalksolution, Zinnchlorür und Zinnchlorid prüft.

Unter der Einwirkung solcher Reagentien erleiden die Schriftzüge entsprechend der gleichen oder verschiedenen Art der Tinte gleiche oder verschiedene Veränderungen (Färbungen, Auslöschungen).

Campechenholztinte z. B. färbt sich mit Säuren roth, Alizarintinte blau, Galläpfeltinte verschwindet, kann aber durch Ammoniak regenerirt werden.

Chlorwasser und Hypochlorite vernichten die meisten Tinten dauernd, nur Tusche ist, weil kohlehaltig, widerstandsfähig.

Die Ermittelung nachträglicher Zusätze beruht, abgesehen von der eben erwähnten Benutzung verschiedenartiger Tinten, darauf, dass gleichartige Tinten sich, ihrem Alter entsprechend, gegen ein und dasselbe Reagens verschieden verhalten, derart, dass ältere Schriftzeichen langsamer verändert werden als jüngere. Untersuchungen dieser Art führt man so aus, dass man die Zeitdauer zwischen dem Betupfen mit dem Reagens und dem Eintritte bemerkenswerther Veränderungen mit Hülfe eines — nach Bedarf auch Zehntel Secunden anzeigenden — Uhrwerkes (Metronom) bestimmt.

---

[1]) Chem. News 42 (1880). — Chem. Centralblatt 1881, S. 144.

Was endlich die Altersbestimmung von Schriftstücken anbetrifft, so kommt in Betracht, dass gute Copirtinte nach acht Tagen noch eine gute Copie auf Seidenpapier liefert; nach vier Wochen zeigen sich an einzelnen Buchstaben bereits Ränder, die nach zehn Jahren die ganze Schrift mit gelblicher Farbe umziehen.

Die Bestimmung dazwischen liegender Termine ist meist nur durch mikroskopisch-chemische Reactionen in Verbindung mit Zeitmessung zu bewerkstelligen. Rechnungen ergeben dann, ob das so ermittelte Alter einer Urkunde mit dem Datum derselben übereinstimmt oder nicht.

In sinnreicher und überzeugender Weise werden Schriftfälschungen neuerdings von Jeserich auf photographischem Wege ermittelt.

Die Photographie im Dienste der gerichtlichen Chemie.

Wenn der Werth der Photographie für die naturwissenschaftlichen und medicinischen Disciplinen darin besteht, dass sie vorübergehende Erscheinungen festhält und die subjective Einzelbeobachtung in ein objectives, beliebig vielen Personen zugängliches Beweismaterial verwandelt, so hat sie berechtigten Anspruch darauf, ein unter Umständen unentbehrliches Hülfsmittel des gerichtlichen Chemikers zu werden.

Oben wurde schon erwähnt, dass Schriftfälschungen neuerdings auf photographischem und zwar auf mikrophotographischem Wege nachgewiesen werden. Die Mikrophotographie bietet hier ein bequemes und zuverlässiges Mittel, um verschiedene Tinten, deren Differenzen dem Auge unsichtbar sind, bildlich klar vorzuführen; es giebt aber auch noch andere Fälle, in denen das Mikroskop in Verbindung mit dem photographischem Apparate dem Experten gute Dienste zu leisten vermag, so z. B. beim mikroskopischen Nachweise von Blutkörperchen oder Teichmann'schen Blutkrystallen, bei Identificirung von Haaren und anderen dergleichen mikroskopischen Arbeiten.

In allen solchen Fällen tritt an die Stelle des bei toxikologischen Analysen aus den Objecten isolirten und als Corpus delicti vorgelegten Giftes das Mikrophotogramm als unveränderliches, objectives und beliebig vielen Personen zugängliches Beweismittel.

Bezüglich der Einzelheiten mikrophotographischer Aufnahmen muss hier auf die Specialliteratur [1]) verwiesen werden.

------

[1]) Hervorgehoben sei: Jeserich, Die Mikrophotographie, Berlin 1888 (J. Springer).

SACHREGISTER.

AUTORENREGISTER.

A.

Abel 394.
Almen 124.

B.

Babo 59, 78.
Barfoed 222.
Beilstein 114.
Berthelot 256.
Berzelius 68, 94.
Bettendorf 40, 45, 207.
Blondlot 162.
Bloxam 75.
Boutmy 350.
Brouardel 350.
Brunner 318.
Buchheim 257.
Bunge 107.

C.

Caro 178.
Casselmann 114.
Cassius 136.

D.

Dalmon 164.
Dittmar 288.
Dover 318.
Dovson 176.
Drageudorff 221, 236, 249, 290, 333, 368.
Dusart 162, 163.

E.

Eiolart 304.
Erdmann 288, 357.
Eykmann 237, 239.

F.

Finkener 202.
Fischer 178.
Fleck 81, 380.
Flückiger 39, 83.
Fodor 175.
Fresenius 59, 78, 165.
Fröhde 288.
Fürbringer 124.

G.

Gay-Lussac 203.
Gentele 114.
Grandeau 317, 346.
Griffith 135.
Guignet 108.
Gutzeit 38, 83.

H.

Harpe 173.
Herzfeld 263.
Hilger 332.
Hirschfeld 249.
Hoffmann 325.
Hofmann 244, 254, 277.
Husemann 329.

J.

Jacabson 236.
Jacquemin 222.
Javelle 154.
Jeserich 60.
Jürgens 294, 296.

K.

Klein 118, 208.
Kobert 228.

Külz 252.
Küster 332.

L.

Labarraque 154.
Lafon 318.
Landolt 235.
Langley 337.
Legal 259.
Léger 130.
Lieben 256.
Liebermann 237.
Liebig 218, 275.
Lindo 290.
Lipowitz 166.
Ludwig 118, 123, 246.
Lugol 156.
Lustgarten 242, 244, 253.

M.

Mandelin 290.
Marsh 40, 45, 68, 69, 70, 73, 94.
Marmé 287.
Marquart 262.
Mayer 124.
Mayrhofer 90, 137.
Mering 252.
Meyer 68, 280, 290.
Millon 236.
Mitscherlich 160.
Musculus 252.

N.

Nega 124.
Nessler 290.
Neubauer 165.
Nobel 271.

27*